Zu diesem Buch

Dies ist die fesselnde Geschichte des dramatischen Jahrtausends, in dem Abraham geboren wurde, Moses die Gesetze schuf, die Phönizier das Alphabet erfanden, Ägypten den Höhepunkt seiner Macht erreichte, Troja brannte und Babylon fiel. Eine Zeit wird hier lebendig, die den Stoff der homerischen Epen lieferte, deren Dynamik im Gilgamesch-Epos Gestalt annahm.

Dieses Buch macht auf eindrucksvolle Weise deutlich, wie es vor 4000 Jahren in der Welt aussah. Lange genug zeigte die geschichtliche Landkarte dieser Epoche weiße Flecke; die jüngsten Forschungen indessen erlauben uns, aus den historischen Scherben des zweiten vorchristlichen Jahrtausends ein zusammenhängendes Bild zu fügen. Es ging nicht eben friedlich zu in dieser Welt. Die Reiterheere aus den übervölkerten Steppen Südrußlands bedrohten die europäischen Kulturen. Die Streitaxt herrschte.

Geoffrey Bibby, Professor für Archäologie in Århus, summiert die neuesten Erkenntnisse der Geschichtsforschung zu einem Panorama, in dem nicht kulturhistorische Verallgemeinerungen, sondern präzise Informationen zählen. Seiner packenden Darstellungskunst ist es zu danken, daß sich die Details zu einem Bild vom Alltag der Menschen, ihren Reisen und Geschäften, ihren Sorgen und Freuden verdichten. Der Bogen reicht von Ägypten bis zum Irland der Bronzezeit, von den phönizischen Siedlungen an den Ufern der Syrten bis zu den Zelten der Krieger der asiatischen Steppen.

Geoffrey Bibby, geboren 1917, studierte in Cambridge. Heute ist er Direktor des prähistorischen Museums in Århus, Dänemark. 1972 erschien als Taschenbuch (rororo sachbuch Nr. 6718) sein Werk «Faustkeil und Bronzeschwert. Erforschung der Frühzeit des europäischen Nordens».

Geoffrey Bibby

Als Troja brannte und Babylon fiel

Das mythische Zeitalter unserer Kultur

Mit 85 Abbildungen im Text und auf Tafeln

rororo

Rowohlt

Die Originalausgabe erschien bei Alfred A. Knopf, New York,
unter dem Titel «Four Thousand Years Ago»
Aus dem Amerikanischen übertragen von Karl-Ulrich von Hutten
Titel der deutschen Erstausgabe «Zu Abrahams Zeiten. Mensch und Kultur vor 4000 Jahren»
Umschlagentwurf Werner Rebhuhn (Foto: Knossos / Klaus D. Francke)

1.–18. Tausend September 1972
19.–25. Tausend Februar 1973

Ungekürzte Ausgabe
Veröffentlicht im Rowohlt Taschenbuch Verlag,
Reinbek bei Hamburg, September 1972

Gesamtherstellung Clausen & Bosse, Leck/Schleswig
Printed in Germany
ISBN 3 499 16784 0

Für meine Mutter
an der man sieht,
wie schnell
siebzig Jahre eigentlich vergehen
6. Oktober 1891 - 1961

Inhalt

Vorwort zur deutschen Ausgabe

Im ersten Buch Mose Kapitel 11, Vers 31, berichtet die Bibel: «Da nahm Tharah seinen Sohn Abram und Lot, seines Sohnes Haran Sohn, und seine Schwiegertochter Sarai, seines Sohnes Abram Weib, und führte sie aus Ur in Chaldäa, daß er ins Land Kanaan zöge; und sie kamen gen Haran und wohnten daselbst.»

Ob dieser Abraham und seine Frau Sara wirklich gelebt haben, ist viel diskutiert worden. Daß die Geschichte diese Überlieferung nicht Lügen straft, wenn auch die Ansichten über Zeit und Personen weit auseinandergehen, konnte die Archäologie belegen. Ur in Chaldäa wurde 1919 bis 1934 von Sir Leonard Woolley ausgegraben, Haran seit 1951. Wie diese Städte angelegt waren und die biblischen «Babel, Erech, Akkad und Chalne im Lande Sinear» (1. Mose 10, 10), die alle dem Wüstensand wieder entrissen wurden, wie die Menschen aussahen, die in ihnen lebten und sogar wie sie lebten, was sie fühlten und dachten, haben Bilder und Texte den Archäologen und Orientalisten dargetan.

Das Jahrtausend Abrahams, die Zeit von 2000 bis 1000 v. Chr. hat niemals zu den ganz dunklen Epochen der Weltgeschichte gehört. Die Sagen vom Trojanischen Krieg oder vom Labyrinth des Königs Minos auf Kreta waren in Altertum und Mittelalter so gegenwärtig wie heute. Ebenso wie die Berichte von Abraham und der Landnahme seines Stammes in Palästina bewahrt die Bibel die Geschichte von den Kindern Israel und ihrem Auszug aus Ägypten, von Moses, dem Zug durch die Wüste und der Wiedereroberung Palästinas – bis hin zu den Königen Saul und David, die um 1000 v. Chr. lebten.

Die Pyramiden, die schon bewundert wurden, als Abraham lebte, hat der Wüstensand nie ganz vergraben. Die römischen Kaiser haben sich noch für die Kultur des alten Ägypten begeistert. Erst im europäischen Mittelalter versanken die Erinnerungen, und nur vereinzelt fanden Pilger und Reisende den Weg dorthin.

Napoleons Appell an die Wissenschaftler im «Institut de France», 1798, vor seinem mißglückten ägyptischen Abenteuer und sein begeisterter Ausruf an den Pyramiden «Soldaten, vierzig Jahrhunderte blicken auf euch herab!» rückte auch jenes größte Jahrtausend ägyptischer Geschichte wieder in den Blickpunkt der modernen Welt.

Kein Land der Erde ist so sorgfältig und mit so reichen Ergebnissen durchforscht worden. Die großen Pharaonen des 2. Jahrtausends mit den Namen Sesostris und Amenemhet, die energische Hatschepsut, das Schicksal Echnatons und seiner schönen Königin Nofretete wurden durch Funde weit bekannt. Die Entdeckung des goldstrotzenden Grabes mit der Mumie des jungen Pharao Tut-ench-Amun war – 1922 – eine Sensation. Der große Ramses II. und seine Tempel in Karnak und Abu Simbel sind heute Allerweltsthema.

Gerade die Forschung unseres Jahrhunderts hat Stück um Stück aus Geschichten Geschichte freigelegt, und zwar allenthalben auf dem Erdball. Hethiter und Sumerer wurden wiedererweckt. Im Industal, am Ganges und am Gelben Fluß in China fand man frühe Kulturen mit großen städtischen Siedlungen aus jener Zeit. Die Fischer an den

Küsten Perus, die Büffeljäger Nordamerikas, die Buschmänner in Afrika und die Hirtenvölker der asiatischen Steppen wurden von der Forschung in unser Geschichtsbild einbezogen. Die Megalith-Kultur auf Malta, die Nuragen Sardiniens, die Menhire Korsikas, die Dolmen der Bretagne und die gigantische Steinsetzung in Stonehenge oder die Hünengräber Nordeuropas, all das ist für uns eine neue Wirklichkeit geworden, all das gehört zu jener Zeit, als Abraham lebte.

Bisher hat es noch niemand unternommen, die Geschichte dieser Zeit als Einheit zu sehen, als Weltgeschichte. Solche Zusammenschau aller Ereignisse, soweit wir sie zum gegenwärtigen Zeitpunkt kennen, bietet Geoffrey Bibby mit dem vorliegenden Buch.

Politik und Archäologie haben in England eine seltsame Verbindung. In die Reihe der Diplomaten, Kolonialbeamten und Kaufleute, die als Archäologen berühmt wurden, fügt sich auch Geoffrey Bibby selbstverständlich ein. Geboren 1917 in Herversham, Westmorland, Student in Cambridge, gehört er zu jenen Jahrgängen, die früh in den Krieg und nach dem Krieg sogleich in einen praktischen Beruf kamen. Bibby, der von 1947 bis 1950 Executive Officer der Iraq Petroleum Company auf den Bahrein-Inseln war, entdeckte und erforschte in den Ländern des Persischen Golfes prähistorische Siedlungen des dritten und zweiten vorchristlichen Jahrtausends. Später leitete er mehrere Expeditionen und interessierte sich dabei vornehmlich für die Handelsverbindungen zwischen den Sumerern und den Bewohnern des Indus-Tales; Woolleys Forschen nach zwischenstaatlichen Beziehungen in jenen frühen Jahrtausenden hat hier eine Fortsetzung gefunden. Geoffrey Bibby nahm seinen Wohnsitz in Dänemark, wo er Direktor der Orientalischen Abteilung des Prähistorischen Museums in Århus ist. Er bereiste Europa und nahm an vielen prähistorischen Ausgrabungen in Großbritannien und Skandinavien teil. Die Ergebnisse dieser Studien faßte er in einem Buch über die Frühzeit Nordeuropas zusammen, das bei uns unter dem Titel «Faustkeil und Bronzeschwert» erschien.

Den vorliegenden Band nannte Bibby «Four Thousand Years Ago» und im Untertitel betont er, er wolle «a world Panorama of life in the second millennium b.c.» geben. Der Verfasser will also nicht etwa einen fehlenden Band in den Annalen der Weltgeschichte ersetzen. Er verknüpft zwar die Zusammenhänge, er zieht die großen Linien des Weltgeschehens nach, aber ihm geht es um etwas anderes. Bibby will nicht staubtrockene Fakten wissenschaftlicher Forschung bieten, er will die Menschen jener Zeit zeigen, jene Menschen, die – gleichzeitig mit Abraham – in Europa, in Ägypten und in Indien oder China, am Nordpol oder im Inneren Afrikas lebten. Er hat sich überlegt, was diese Menschen – etwa die Bewohner der Rheinlande, der dänischen Küsten oder der Downs in Mittelengland – damals von der Welt und der damaligen Weltgeschichte kannten oder kennen konnten.

Um uns das zu zeigen, wendet er einen Kunstgriff an. Tausend Jahre sind ein recht abstrakter Begriff. Wenn man ihn aufteilte in rund vierzig Generationen, die sich dann noch ineinander verschöben, so würde die Vorstellung für uns auch nicht klarer. Bibby verfährt anders; er rechnet das Menschenleben zu runden biblischen siebzig Jahren und reiht vierzehnmal diese siebzig Jahre aneinander. Vierzehn verschiedene Personen läßt er nacheinander diesen Zeitlauf erleben – wie in einem historischen Roman, nur daß er diese Figuren nicht als Hauptakteure auftreten läßt, sondern als namenlose Zuschauer: etwa den unbekannten Nilbauern, den Soldaten im Gefolge Hammurabis, den fahrenden iberischen Kaufmann, der bis hoch nach Skandinavien hinauf seine Glockenbecher und Bronzeschwerter anbot.

Bibby folgt allerdings den Resultaten der Forschung nicht immer pedantisch genau. Gerade das Beispiel Abraham ist dafür bezeichnend. Bibbys Datierung 1930 – 1860 v. Chr. ist ein gewisser Akt der Willkür, und die Konzeption des Buches verlangt dem Verfasser mehr als einmal eine solche, in allen Fällen offen eingestandene Präzisierung ab, die Historiker nicht anerkennen können. Aber auch wo die Daten nicht genau bestimmbar sind — die politische und die soziale Situation werden stets mit wachem Blick für die Wirklichkeit gezeichnet. Die Tage des Knaben Abram in der Großstadt Ur, die Wanderung mit dem Stamm tausend Kilometer flußaufwärts bis ins obermesopotamische Haran und weiter nach Palästina und die Erinnerungen des alten Patriarchen unter den Eichen des Haines Mamre kann so nur jemand schildern, der die geschichtlichen Fakten beherrscht und zudem die Länder und ihre Bewohner genau kennt. Bibby hat die Sonne wirklich über der Arabischen Wüste aufgehen sehen, so wie er durch ganz Europa gereist ist, um «die Gegenden durchzustreifen, nach denen ganze Epochen und Kulturen benannt worden sind, während sie jetzt von Gras überwuchert, schon seit Generationen nicht mehr beachtet werden», wie er im Vorwort seines ersten Buches berichtet. Bibby hat gerade in jenen Kapiteln, die der exakten Forschung immer noch problematisch erscheinen, mit der stets aufs Praktische gerichteten Phantasie des Engländers überraschende Lösungen und Erklärungen gefunden, etwa für das Hyksos-Problem Ägyptens, für das Nebeneinander der verschiedenen Völkerschaften in Europa, für die Abenteuer der skandinavischen oder der kretischen Seefahrer, für die erste Missionierung Nordwesteuropas.

Bibby treibt Geschichtsforschung aus Neugier auf den wirklichen Ablauf des Geschehens: wie alles gekommen ist. Das ist für ihn ein Weg zur Erkenntnis des menschlichen Wesens.

Der Verlag

ERSTES BUCH

Stein und Bronze

1
Die großen Städte

Die ersten Sonnenstrahlen des 2. Jahrtausends v. Chr. fallen fast waagerecht über die Arabische Wüste und die Dunstschwaden, die über dem Niltal liegen. Die Strömung des Nils ist immer noch stark, aber der Fluß ist nach den herbstlichen Überschwemmungen wieder in sein Bett zurückgekehrt. Die Dörfer durchstoßen mit ihren quadratischen Häusern aus Schilf oder ungebrannten Ziegelsteinen die Nebeldecke. Hier ist Leben und Bewegung. Rauchfähnchen steigen über eingezäunten Hofräumen zum Himmel. Das Schnattern der Gänse übertönt das dumpfe, kratzende Geräusch der Mahlsteine, mit denen die Frauen die Hirse für die Morgenmahlzeit zerkleinern. Verschlafen tritt ein Mann aus seiner Haustür und blickt in die aufgehende Sonne und das zerfließende Nebelmeer.

Es ist ein Morgen wie jeder andere auch. Der Mann empfindet ihn durchaus nicht als den Anbruch eines neuen Jahrtausends, nicht einmal als den Beginn eines neuen Jahres. Er wird nie erfahren, daß zweitausend gregorianische Jahre später eine neue Epoche anheben wird. Er hat andere Sorgen. Die Überschwemmung ist vorbei, die Äcker sind gepflügt und mit Gerste, Hirse und Flachs angesät, so wie es von Anbeginn üblich war. Jetzt beginnt die ruhige Zeit mit Gemüsepflanzen, Fischfang und Vogeljagd, bis die Sonne von Tag zu Tag heißer wird. Das stetige Sinken des Flußspiegels bringt es mit sich, daß dann das schnell wachsende Getreide dauernd bewässert werden muß – ein langes mühsames Vorspiel zur Ernte. So war es schon immer. So wird es immer bleiben.

Dabei war es gar nicht immer so. Der ägyptische Landarbeiter, der an der Peripherie seines Dorfes am oberen Nil in der Morgensonne steht, weiß nichts von der wohl schon damals fünf- bis sechstausend Jahre zurückliegenden Zeit, da die Bewohner des Niltals ein ganz anderes Leben führten. Damals durchstreiften sie die Randzonen der dichten Wälder, die sich zwischen steinigen Wüsten und den Sümpfen des Flußtals breitmachten. Sie lebten von Wild und Vögeln, die sie mit ihren Keulen, Bumerangs oder Pfeilen erlegen konnten, und hausten nomadenhaft in schnell zusammengebauten und ebensoschnell wieder verlassenen Dörfern aus Grashütten. Diese wilden Jägerstämme hatten Neuerungen wie Getreidebau und Viehhaltung nur zögernd aus dem Deltagebiet im Norden übernommen. Sie hatten gelernt, zu säen und zu ernten, zu mahlen, Butter und Käse zuzubereiten, zu spinnen und zu weben. In jahrhundertelanger Mühe und Plage war es ihnen gelungen, den Strom zu bändigen, den Urwald zu roden, die Sümpfe zu entwässern und Felder und Deiche anzulegen. Mit der Zeit hatten sie ein Netz von Kanälen gezogen, mit deren Hilfe der schmale Gürtel Ackerland tiefer in die unzugängliche Wüste hineingeschoben werden konnte. Aus dem Delta war als wichtige Errungenschaft der Pflug hinzugekommen und die revolutionäre Neuerung, ihn von Ochsen ziehen zu lassen. Die Qualität des Getreides hatte sich gebessert. Man baute nun auch Flachs an. Das Papyrusrohr wurde gut bezahlt, seitdem es zur Papierherstellung gebraucht wurde. Man hatte die Erfindung der Schrift vom Osten übernommen und einige ägyptische Schriftzeichen entwickelt. Regierungsform und Landbesitzer hatten immer wieder im Ablauf vieler Generationen gewechselt. Selbst die Götter kamen und gingen, als der primitive Animismus der Jägerstämme sich verfeinerte. Schutztiere, die die Totems der einzelnen Stämme verkörperten, wurden zu den tierköpfigen Schutzgöttern der verschiedenen Gaue. Später verschmolzen sie. Es entstand ein Pantheon, dessen Götter alle dem ganzen Land gehörten, auch wenn der einzelne Gott immer noch seinem ursprünglichen Bezirk besonders verpflichtet blieb. Jeder Gott hatte nun eigene Attribute und eine genau umrissene Sphäre des öffentlichen Lebens zu schützen und zu bewachen.

Vom Werden und Wachsen dieser Dinge weiß der Mann nichts. Er hat seine eigenen Mythen und Legenden, die ihm berichten, daß seine frühesten Vorfahren aus Punt, dem heiligen Land tief drunten im Süden an der Küste des Ostmeeres, kamen. Er nennt Ägypten die Zwei Länder; die größte Gestalt ihrer traditionsreichen Geschichte ist König Menes, der die zwei Länder, das Flußtal und das Deltagebiet, vor ungefähr vierzehnhundert Jahren zu einem Königreich vereint hat. Für unseren Bauern liegt das ebensoweit zurück wie Karl der Große für uns. Er weiß Geschichten von Kriegen und Königen aus der Zeit vor dem Zusammenschluß: von den «Falkenkönigen» aus seiner Heimat am Obernil, die die «Schilfkönige» im Delta besiegten und so ganz Oberägypten zum weißen Königtum unter der weißen Krone zusammenfügten. Menes hatte die weiße Krone getragen, bevor er das Delta seinem Reich einverleibte und sich damit auch die Krone von Unterägypten holte. Seither hatten die Träger der Doppelkrone vierzehnhundert Jahre lang das ganze Land beherrscht. Zuerst war Memphis, in der Nähe von Kairo, an der alten Grenze zwischen dem Weißen und dem Roten Königreich, Regierungssitz, später Theben, das 600 km weiter südlich unweit des Dorfes liegt, in dem wir unserem Landarbeiter begegnet sind.

Von den Memphis-Königen weiß dieser so gut wie nichts, und sie sind ihm im Grunde wohl auch völlig gleichgültig – er kümmert sich ebensowenig um sie, wie ein moderner Mensch sich um die historischen Vorgänge – sagen wir von der Völkerwanderung bis zum Dreißigjährigen Krieg – kümmert. Aber genauso, wie der Ägypter sein Leben lang Märchen und Geschichten über den Landvereiniger Menes mitanhören mußte, sind ihm die Legenden von den mächtigen Pharaonen der IV. Dynastie zu Ohren gekommen, die vor achthundert Jahren die großen Pyramiden vor den Toren ihrer Residenz errichtet hatten. An Pyramiden ist unser Mann gewöhnt. Jeder Pharao baute mindestens eine. Sobald er an die Regierung kam, wenn nicht gar schon vorher, begann er mit der Ausführung der bereitgehaltenen Pläne. Die Pyramide, das Sinnbild des Sonnengottes Rê ist die traditionelle Grabstätte eines Königs, als des Sohnes und der Inkarnation von Rê. Trotzdem: die großen Pyramiden der IV. Dynastie, in denen Cheops, Chefren und Mykerinos ihre Ruhestatt gefunden haben, waren etwas Besonderes. Vielleicht hat unser Bauer sie selbst gesehen, so wie Millionen Bewunderer, die seit Erbauung der Kolosse vor achthundert Jahren dorthin pilgerten und ihre ungeheuren Dimensionen bestaunten. Aber diese Pyramiden sind für ihn Vergangenheit, etwa wie für uns die gotischen Kathedralen.

Die Menschen im Süden aus dem alten Weißen Reich im Niltal empfinden vor Memphis immer noch eine tiefe, von Furcht nicht ganz freie Scheu. Obgleich Memphis seit mehr als zweihundert Jahren nicht mehr Sitz der Regierung ist, ist es auch im Jahr 2000 v. Chr. eine märchenhaft schöne und eindrucksvolle Stadt mit Palästen und Tempeln, die zehn aufeinanderfolgende Dynastien gebaut haben. Einen ganz besonderen Ruf genoß damals das He-Ku-Ptah, das «Haus der geistigen Inkarnation Ptahs», des Regionalgottes von Memphis, der gleichzeitig der Gott der Gelehrsamkeit war. Dieser Tempel war so berühmt, daß sein Name auf das ganze Land überging: die Griechen schrieben ihn nämlich «Aigyptos». Außerdem war Memphis für die Talbewohner das Tor des Nordens, das zum Delta, also zum alten Roten Reich führte.

Das Delta war den Gebieten des Niltals seit jeher kulturell überlegen. Es hatte stets engere Verbindungen zu den übrigen Kulturstaaten und zog seinen Nutzen aus dem ständig zunehmenden Handel über das Mittelmeer. Außerdem war es fruchtbarer als das Niltal und daher dichter besiedelt. Daß die Kunst des Ackerbaus und viele andere revolutionäre Neuerungen auf technischem und wirtschaftlichem Gebiet aus dem Delta in die fernen Regionen des Südens gekommen waren, hatte man dort längst vergessen. Geblieben war aber das Gefühl, einer kärgeren, weniger urbanen, männlicheren Kultur anzugehören. Der große Menes war Südländer, und auch jetzt, um 2000, wurde Ägypten vom Süden aus regiert.

Es ist anzunehmen, daß die Geschichte der letzten dreihundert Jahre in groben Umrissen auch den Bauern aus dem Süden bekannt war. Seitdem die Könige in Memphis ihre Macht gegen die immer stärker werdende Priesterkaste verteidigen mußten, spielten die Statthalter der südlichen Provinzen – ursprünglich vom Pharao ernannte Beamte – sich als selbständige Fürsten auf. Es war ihnen, obgleich sie nach wie vor dem König untertan blieben, gelungen, ihre Macht erheblich zu verankern. Zwar wurden sie durch interne Streitigkeiten lange in Schach gehalten; außerdem hatten die der Krone ergebenen Fürsten von Siut auf Befehl des Königs eine ganze Reihe von Aufstandsversuchen der nach Unabhängigkeit strebenden Fürsten von Theben im Keime erstickt. Dennoch rief um 2300 v. Chr. Intef von Theben seine Souveränität aus und nahm den Titel eines Pharao an – ein Vorgehen, an dem ihn die Könige von Memphis offenbar nicht hindern konnten. Sein Sohn nannte sich ebenfalls Intef und folgte ihm auf den Thron von Theben. Nach dem zweiten Intef kam eine Reihe von Pharaonen namens Mentuhotep an die Regierung, die offenbar einem anderen Zweig der gleichen Familie angehörten, denn die Linie der Intefs bestand weiter, wenn sie auch nicht mehr regierte. Unter der Herrschaft des zweiten Mentuhotep im Süden des Landes endete das alte Königtum von Memphis in einem Volksaufstand und einer Plünderung des Palastes durch den beutehungrigen Mob. Mentuhotep II. nutzte die Gelegenheit und marschierte nach Norden, unterdrückte die Revolution und vereinigte ganz Ägypten unter seiner Regierung. Theben blieb seine Hauptstadt, und unter seiner Regierung und der seiner Nachfolger, alle wiederum Mentuhotep geheißen, wurde die Provinzstadt dank einem Heer von Baumeistern und Bildhauern aus Memphis eine repräsentative Metropole mit Tempeln und Palästen. Mentuhotep III. hatte einen Staatsminister namens Amenemhet, der seine Herkunft in direkter Linie von den Intefs ableitete, und vielleicht war sein Sohn – ebenfalls Amenemhet geheißen – Staatsminister unter Mentuhotep V.

Damit stehen wir dicht vor der Wende des 2. Jahrtausends, und es ist höchstens ein bis zwei Jahre her, daß unser Landarbeiter von den Einfällen der Wüstenstämme aus Ost und West in das Nildelta gehört hat. Wahrscheinlich (doch das wissen wir nicht genau) besteht ein Zusammenhang zwischen diesen Überfällen und einer auf das Delta beschränkten Volkserhebung. Beides – der Einmarsch von außen und der Aufstand im Innern – wird vom Staatsminister Amenemhet mit kraftvoller Entschiedenheit abgewehrt und unterdrückt. Aber Amenemhet ist ehrgeizig, und vielleicht glaubt er wirklich an seine vermeintliche Abstammung von der legitimen Linie der Intefs. Seit der Unterdrückung des Aufstandes ist er der Machthaber, und es kann nur eine Frage der Zeit sein, bis er Mentuhotep V. absetzt und sich selbst zum Pharao ausruft. Gerüchte über seinen bevorstehenden Staatsstreich und Dynastiewechsel sind jedenfalls die diskrete Begleitmusik zum Anbruch des 2. Jahrtausends, den jener strahlende Sonnenaufgang der Welt verkündet.

Die Sonne stand in Mesopotamien bereits seit einer Stunde am Himmel, als ihre ersten Strahlen über dem Niltal aufblitzten. Zwischen der Senke des Euphrat und Tigris und der des Nils erstreckt sich eine 1350 km breite Wüstenfläche, und nur unter besonders günstigen Begleitumständen gelangten Nachrichten in weniger als vier bis fünf Monaten aus dem einen Stromland in das andere. Die Landarbeiter, die gerade den Weg zu den Feldern Mesopotamiens nehmen, wissen nichts von Amenemhets Machtergreifung und kaum mehr über Leben, Sitten und Gebräuche in Ägypten. Sie haben ihre eigene Daseinsform und Tradition.

Sie sind wie die Ägypter Abkömmlinge alter Bauerngeschlechter. Vor über viertausend Jahren – also um 6000 v. Chr. – haben die Jägerstämme in den Vorgebirgsketten östlich der Flußsenke begonnen, Feuer an das Präriegras zu legen, Getreide zu pflanzen und im Norden des Landes aus ungebrannten Ziegelsteinen kleine Dörfer zu bauen. Sie waren nicht die ersten Bauern auf der Erde. Diese Ehre dürfen, soweit wir heute wissen, die Bewohner von Jericho im Jordantal nördlich des Toten Meeres für sich beanspruchen, die schon im Jahre 6800 v. Chr. in einer befestigten Stadt lebten und Ackerbau trieben. Wenig später war die Kenntnis von Getreideanbau und Viehzucht bis in den nördlichen Teil des heutigen Irak gedrungen. Die sumpfigen Regionen der breiten Talsenke, wo Euphrat und Tigris zueinanderfinden und in ein einheitliches Flußsystem verschmelzen, wurden erst später besiedelt.

Die Pionierzeit ist längst vergessen, und wir täten vielleicht besser daran, den Gang unserer Erzählung nicht durch vergessene Ereignisse zu erschweren. Die Bewohner von Mesopotamien glaubten jedenfalls im Jahre 2000 v. Chr. ebenso wie die Ägypter, daß Aussaat und Ernte von Anbeginn der Zeit existiert hätten.

Und doch wurde die Landwirtschaft in Mesopotamien ganz anders betrieben als in Ägypten – es bestanden sogar Unterschiede zwischen dem Norden und dem Süden des Landes. Die längst vergessenen Urbauern hatten im Norden, in der Gegend von Mosul und bei den Ölfeldern von Kirkuk, ihre Siedlungen errichtet. Es ist eine zerklüftete Gegend mit tiefen Taleinschnitten und weitläufigen Hochplateaus, wo die Winter kalt und die Sommer heiß und trocken sind. Die Landwirtschaft dort ähnelt mit der extensiven Weidewirtschaft und dem Anbau von Gerste und Emmer – einem weizenähnlichen Getreide – den Verhältnissen in Mitteleuropa. Diese Getreidearten gedeihen nur, wo genügend Feuchtigkeit zum Wachsen vorhanden ist. Man kann sie in Mesopotamien das ganze Jahr über säen und muß nur darauf achten, daß sie vor der sengenden Dürre des Hochsommers geerntet werden. Dann kann man ohne Schwierigkeiten zweimal im Jahr ernten.

Im Süden, etwa nördlich von Bagdad bis hinunter an den Rand der großen Sümpfe, die sich, damals wie heute, bis zum Persischen Golf erstrecken, ähnelt die Situation der von Ägypten. Der Wasserstand von Euphrat und Tigris steigt und fällt je nach dem Grad der Schneeschmelze in den Gebirgsmassiven der Türkei und Persiens. Vor allem der Euphrat führt, wenn er seinen höchsten Stand erreicht hat, viel fruchtbaren Schlamm mit sich. Die Hochflut der beiden Ströme liegt um zwei Monate früher als die des Nils, nämlich im Juni und Juli, und überschwemmt, wenn sie nicht eingedämmt wird, weite Gebiete. Das tut der Nil auch, nur mit dem Unterschied, daß er durch ein enges Tal fließt. Der ägyptische Bauer des Jahres 2000 v. Chr. kann dem Steigen des Wassers befriedigt zusehen, weiß er doch, daß der Fluß in längstens acht bis neun Wochen von selbst zu seinem alten Bett zurückfindet. Es bleibt nicht mehr Wasser zurück, als der Bauer durch Staudämme festhält.

Für die Bauern aus dem endlos breiten, flachen Tal des Euphrat und Tigris bedeutet die Überschwemmung eine Katastrophe. Werden die Wassermassen nicht rechtzeitig gebändigt, so bedecken sie monatelang die Flur, ohne je vom Strombecken wiederaufgenommen zu werden. Der Euphrat jedenfalls mußte und muß sich sein Bett aus dem Bodensatz seines eigenen Schlamms herausgraben, und er liegt stellenweise höher als die von ihm durchströmte Gegend. Es kommt vor, daß der eine oder andere der beiden Flüsse sich in der Überschwemmungsperiode zu einem völlig neuen Lauf entschließt und daß das neue Flußbett an einer Stelle Kulturland wegspült und andere dem Verdorren überläßt, weil ihr Wasserreservoir plötzlich meilenweit entfernt liegt.

Für die ersten vergessenen Ansiedler im Süden von Mesopotamien war die Bändigung der zwei Ströme eine große Aufgabe. Aber man wurde der schwierigen Lage Herr. Gewaltige Schutzdämme verstärken jetzt, im Jahre 2000 v. Chr., die Uferböschungen der beiden Flüsse, die ein Netz von Kanälen speisen. Bei Hochwasser erlaubt dieses Kanalsystem den Strömen, sich nach festgelegten Normen auszubreiten, gleichzeitig leiten sie den gefahrbringenden Überschuß ab. Sobald der Wasserstand der Flüsse sinkt, werden die Schleusentore geschlossen und man hält so den Wasservorrat für die sommerliche Dürre zurück. Schließlich bewässern die Kanäle noch die den Überschwemmungen nicht zugänglichen, unter chronischer Trockenheit leidenden Areale. Die Angst vor den aufrührerischen Fluten, gepaart mit der angeborenen Fähigkeit, sie zu zähmen, saß den Mesopotamiern damals ebenso tief im Blut wie den Niederländern heute. Eines der Lieblingsthemen ihrer Märchenerzähler ist der mythische Kampf zwischen dem Gott Enlil und dem Wasserungeheuer Thramat, in dem es Enlil gelingt, das Ungetüm seinem Willen zu unterwerfen. Jedes Kind kennt die Geschichte von der Sintflut, der gewaltigsten aller Überschwemmungen: damals war die ganze Schöpfung ertrunken und mit ihr alle Menschen, bis auf Ziusadra, der sich selbst, seine Angehörigen und seine Haustiere auf Geheiß der Götter in einer selbstgebauten Arche gerettet hatte. Im Jahre 2000 war die Sintflut nicht Mythologie, sondern ein wirkliches Ereignis aus der Frühgeschichte des Landes. Die Archäologen haben in unserm Jahrhundert Spuren von Wasserkatastrophen größten Ausmaßes gefunden, die im Jahre 2000 v. Chr. schon anderthalb bis zwei Jahrtausende zurückliegen.

Die Bauern, die an jenem ersten Morgen des 2. Jahrtausends v. Chr. an den Kanaldeichen entlang zu ihren Feldern gingen, betrachteten sich nicht als Bewohner eines einheitlichen Staates. Ägypten war identisch mit den Zwei Ländern, und trotz aller internen Gegensätze fühlten seine Bewohner sich als Glieder einer Nation. Der Mesopotamier hingegen war in erster Linie Bürger seiner Stadt. Das hatte seine guten Gründe. Der Boden, den er bebaute, war fruchtbarer alluvialer Humus; nach seinen eigenen Steuererklärungen, die uns teilweise erhalten sind, erntete er dreiunddreißigfachen Ertrag. Ein geregelter und sicherer Anbau erheischte freilich ein höchst differenziertes, kostspieliges und ständig kontrolliertes Bewässerungssystem. Außerdem brauchte der mesopotamische Bauer Werkzeuge. An anderen Stellen des Erdrunds stellte der Landmann seine Werkzeuge an Ort und Stelle aus Holz oder Stein selbst her. Aber der Alluvialschlamm der mesopotamischen Tiefebene enthielt keinen einzigen Stein, und in ihm gedieh kein Hartholz. Von Anbeginn mußten die Siedler dieser Gegend nicht nur Lebensmittel für ihren Eigenbedarf anbauen, sondern so viel mehr, daß sie Hacken, Sicheln, Spaten und Hämmer dagegen eintauschen konnten. Das führte schon sehr früh zur Errichtung von zentralen Verwaltungen, die den Kanalbau großzügig und nach wirtschaftlichen Richtlinien organisieren konnten und die überschüssigen Agrarprodukte in den Gebieten außerhalb der Alluvialzone gegen die fehlenden Rohmaterialien tauschten. So waren vor undenklich langen Zeiten die Stadtstaaten entstanden. Im Zentrum einer solchen Stadt wohnten Kaufleute und Handwerker, und vor allem war hier der Zentralsitz der Verwaltung. Das Ackerland und die Dörfer lagen rundum. Diese Stadtstaaten waren unabhängige politische Einheiten.

So kommt es, daß in Mesopotamien nicht – wie in Ägypten – der Bauer der Vertreter seines Volkes ist. Tonangebend sind die organisierten Handwerker und Kaufleute, die auch zahlenmäßig in der Übermacht sind.

Der Stadtstaat hatte von Anbeginn eine strenggeführte Verwaltung, und die Form dieser Verwaltung würde man heute zweifellos als «kommunistisch» bezeichnen. Man sollte bei der Schilderung früherer Daseinsformen mit modernen Begriffen sehr sparsam umgehen, und im vorliegenden Fall ist die Parallele ohnehin in mancher Hinsicht ungenau – immerhin kommt sie dem wirklichen Sachverhalt nahe.

Sämtliche Produktionsmittel eines Staates gehören dem Staatsgott und unterstehen der Verwaltung eines Herrschers, der gleichzeitig oberster Priester des Gottes ist. Die Priesterschaft bildet die Verwaltung. Die Bewohner des Stadtstaates dürfen nichts besitzen außer ihren Wohnstätten, ihrer persönlichen Habe und dem für ihren Beruf notwendigen Handwerkszeug. Alles Ackerland ist Tempelbesitz; die Bauern liefern entweder einen bestimmten Prozentsatz ihrer Produkte an den Tempel ab oder arbeiten als ständige Angestellte desselben. Gewerbliche Tätigkeiten wie die der Weber, Brauer, Metallarbeiter, Schreiner, Steinschleifer oder Juweliere werden in tempeleigenen Werkstätten von fest angestellten Handwerkern ausgeführt. Der Tempel organisiert auch Handelskarawanen und stellt für die Überschüsse an Gerste, Sesamöl, Datteln, Wolle usw. Getreidesilos und Lagerhäuser zur Verfügung. Der Tempel entlohnt seine vielen Angestellten mit Getreide. Für die Landesverteidigung trägt der Priesterfürst die unmittelbare Verantwortung; er hält eine kleine ständige Truppe unter Waffen und kann im Bedarfsfall jederzeit die Miliz aufrufen. Seine Stellung vererbt sich in der Regel vom Vater auf den Sohn.

Um die Wende des 2. Jahrtausends v. Chr. ändert sich das alles. Auf einmal geschehen Dinge, die man als kapitalistische Revolution bezeichnen könnte. Freilich nicht in allen zwanzig Stadtstaaten gleichzeitig, aber mit dem Jahr 2000 ist die Entwicklung in allen Städten abgeschlossen. In den Tempelarchiven stoßen wir plötzlich auf Eintragungen, die besagen, daß auch selbständige Gruppen von Kaufleuten ihre Importe versteuern; ja, es werden sogar privatwirtschaftliche Unternehmungen mit Hilfe von Tempeldarlehen finanziert. Wir haben weiterhin Beweise dafür, daß große und kleine Landgüter im freien Handel den Besitzer wechseln. Trotzdem bleiben die Tempel unangetastet, sie vergrößern sogar zum Teil ihren Besitz. Es handelt sich offenbar um eine unblutige Revolution. Nichtsdestoweniger steht fest, daß ein tiefgreifender Umschwung stattgefunden hat, und das wirtschaftliche Gefüge paßt sich danach den Gesetzen der Privatinitiative und des Privatbesitzes an.

Die Bewohner des unteren Mesopotamiens müssen sich dieses Wandels bald genug bewußt geworden sein – alles ging viel zu schnell vonstatten, um auch nur kurze Zeit unbemerkt zu bleiben. Die Gründe dafür waren ihnen zweifellos besser bekannt als uns, hingen sie doch mit einer nicht allzu fernen geschichtlichen Entwicklung zusammen. Hier sind Vorgänge gemeint, die zwar zum Teil schon dreihundert Jahre zurückliegen, ihren Höhepunkt aber erst innerhalb der zwei letzten Generationen erreichten.

In ganz Südmesopotamien leben um diese Zeit zwei Völker nebeneinander, die Sumerer und die Semiten. Beide durchziehen alle Schichten der Bevölkerung. Wenn die Bauern, die wir auf den Kanaldämmen angetroffen haben, bartlos und untersetzt sind, und wenn sie miteinander in abgerissenen Lauten reden, handelt es sich zweifellos um Sumerer. Genausogut können sie aber von höherem Wuchs und schlanker gebaut sein, bärtig und mit langem Haupthaar, und sich einer flüssigen, konsonantenreichen Sprache bedienen: dann können wir sie für Semiten halten.

Vielleicht wußten die Angehörigen der beiden Rassen, wann ihre Vorväter das Land zuerst besiedelt haben – uns ist es nicht bekannt. Wir wissen aber, daß um 2000 v. Chr. neue Semitenstämme eingewandert waren: Amoriter aus den westlichen Wüsten. Es gab aber schon seit mehr als fünfhundert Jahren Semiten im Lande. Auch sie dürften aus dem Westen gekommen sein, der großen Wiege der semitischen Völker auf der arabischen Halbinsel.

Die Sumerer wohnen vielleicht schon länger an den Flüssen als die Semiten. Zumindest sind die frühesten dokumentarischen Zeugnisse auf gebrannten Tonplatten aufgezeichnet und, schon damals von den Trümmern und Scherben einer fünfzehnhundertjährigen Vergangenheit bedeckt, in sumerischer Sprache verfaßt. Es kommt hinzu, daß ihre dafür benutzten Schriftzeichen eindeutig für das sumerische Idiom erfunden sind, während es den semitischen Schreibern des Jahres 2000 offensichtlich schwerfällt, ihre eigene Sprache damit einzufangen. Die Sumerer waren vielleicht die ersten Siedler in den sumpfigen Regionen der unteren Flußläufe, wenn sie diesen Anspruch auch nicht selbst erheben. Neuzeitliche Forscher neigen zu der Annahme, daß sie ursprünglich aus dem Norden gekommen sind – nicht zuletzt, weil es in der sumerischen Sprache für die Begriffe «Land» und «Berg» nur ein gemeinsames Wort gibt. Auch nennen sie sich, wohl in Anspielung auf ihr dunkles Haar, «Schwarzköpfe», und das scheint anzudeuten, daß sie früher einmal Menschen mit helleren Haaren zu Nachbarn hatten. Alles das deutet auf den Kaukasus hin. Sie selbst aber behaupten, ihre Urahnen seien auf dem Wasserweg durch den Persischen Golf zugewandert.

Wie dem auch sei: die Sumerer haben im unteren Mesopotamien eine lange Tradition als herrschende Kaste aufzuweisen, während die Semiten zahlenmäßig zurückstehen und in politischer Hinsicht völlig bedeutungslos waren. Die kommunistischen Tempelgesetze sind in sumerischer Sprache aufgezeichnet, und die Priesterschaft übte ihre Macht mit

Hilfe von Menschen aus, die sumerische Namen trugen. Dann aber traten etwa 450 Jahre vor dem Beginn unserer Darstellung – also zu einem Zeitpunkt, der für die Leute von damals ebenso weit zurückliegt wie die Entdeckung Amerikas für uns – im nördlichen Teil eine Anzahl Stadtstaaten auf den Plan, die die gleichen Regierungsformen wie die südlicher gelegenen sumerischen Staaten hatten, aber semitisch sprachen. Die folgenden einhundertfünfzig Jahre waren unruhige Zeiten; zwischen den einzelnen Staaten – den semitischen wie den sumerischen – kommt es fast unablässig zu kriegerischen Auseinandersetzungen. Jede dieser Städte erhebt Anspruch auf Beherrschung der anderen. Einige

Sumerischer Kampfwagen, dargestellt auf der sogenannten «Standarte von Ur». Es waren langsame und schwerfällige Fahrzeuge mit vier starken Rädern. Sie wurden von Eseln gezogen. Aber es handelte sich dabei immerhin um die erste Mechanisierung in der Kriegführung, der Änderung von großer Tragweite.

Herrscher lassen sich bereits König nennen. Endlich reißt, dreihundert Jahre vor Beginn des zweiten Jahrtausends, in Kisch, der größten unter den semitischen Städten, ein Beamtensohn die Macht über den Norden an sich und nennt sich Sargon, d. h. Wahrer König. Im Jahr 2289 besiegt er dann den Führer des südlichen Städtebundes, dadurch wird der ganze Süden von Mesopotamien erstmalig unter einem Herrscher vereint.

Die Herrschaft Sargons von Akkad hat sich dem Gedächtnis der Mesopotamier von 2000 v. Chr. als glanzvoller Höhepunkt ihrer Vergangenheit eingeprägt. Während seiner sechsundfünfzigjährigen Regierungsdauer ist er kriegführend bis zu den Grenzen der Erde vorgestoßen. Er eroberte ganz Nordmesopotamien, folgte dem Lauf des Euphrat nach Westen, überquerte dann das Gebirge und marschierte weiter, bis seine Heere an der Mittelmeerküste zum Stillstand kamen. In südlicher Richtung stieß er das Tor zum Persischen Golf auf. «Vom Unteren bis zum Oberen Meer», so hieß es hochtönend, breitete sein Reich sich aus. Es war in der Tat ein Imperium, wie die Welt noch keins gesehen hatte, und es sollte sich späteren Eroberern als eine uneinnehmbare Bastion erweisen.

Sargon und sein ihm ebenbürtiger Urenkel Naram-Sin, der nach einer Periode der

Wirren und Aufstände das Reich seines Vorfahren wiederherstellte und es dreißig Jahre lang regierte, stehen den Mesopotamiern von 2000 v. Chr. viel plastischer vor Augen, als die auf ihn folgenden Herrscher. Seit Naram-Sins Tod sind jetzt bald zweihundert Jahre verstrichen; trotzdem lebt er im Gedächtnis der Menschen fort. Aber sein Reich zerfiel, als es an seinem verwundbarsten Punkt von Kriegerhorden aus dem persischen Hochland angegriffen wurde. Die Eindringlinge hielten Mesopotamien ungefähr hundert Jahre lang besetzt, wenn auch die südlichen Stadtstaaten sich praktisch einer fast vollständigen Unabhängigkeit erfreuten. Die alte Stadt Ur schüttelte als erste die Fremdherrschaft ab und vereinigte Südmesopotamien wieder in einer Hand. Die Sumerer wußten es zwar nicht, doch sollte dies ihre letzte Chance sein, die Macht im Lande auszuüben. Viele Menschen, die im Jahr 2000 lebten, sahen die wachsende Bedrohung durch die Elamiten im Osten und die semitischen Amoriter im Westen. Und vor sechzehn Jahren war die Dynastie von Ur durch einen zweiseitigen Angriff zusammengebrochen, Ibi-Sin, der König von Ur, als Gefangener nach Elam verschleppt worden, ein Marionettenreich von elamitischen Gnaden mit dem in der Mitte des Landes gelegenen Isin als Hauptstadt, gebietet jetzt über einen Landstrich von bescheidenen Ausmaßen. Kisch ist abermals Mittelpunkt der Semiten im Norden, während die neu zugewanderten semitischen Amoriter eine südliche Konföderation mit Larsa als Basis ins Leben gerufen haben.

Diese Periode kriegerischer Auseinandersetzungen und das Anwachsen der semitischen Macht haben – das steht eindeutig fest – das alteingesessene, kommunistische Tempel-Regime aus den Angeln gehoben. Sargon und seine Söhne hatten aus dem Heeresdienst entlassene Veteranen durch Landschenkungen belohnt – die Nomaden aus der Wüste, die mit ihren Herden und allem Zubehör zugezogen waren, hatten keine Lust, ihre ganze Habe dem allmächtigen Staat in den Rachen zu werfen. Ganz allgemein kommt hinzu, daß die Menschen, sobald Privatbesitz, wenn auch noch so lückenhaft, anerkannt wird, sich mit der Rolle von Lohnsklaven des Staates nicht länger abfinden können. Als die Priesterkaste nicht mehr fähig war, das Besitzrecht des Staates an allen Produktionsmitteln aufrechtzuerhalten, wurde die kapitalistische Revolution durch die Schwungkraft des allgemeinen Strebens nach Eigenbesitz wie im Sturm vorangetrieben.

Die mesopotamischen Bauern, die wir an jenem Wintermorgen auf dem Weg zur Arbeit antreffen, und die, das Wollcape über den Kopf gezogen, im Schutz eines Deiches ihre Gerstenkuchen und Trockenfische verzehren, können also durchaus Bauern mit eigenem Besitz sein. Es ist jedoch wahrscheinlicher, daß es sich um Pächter handelt, die ein Drittel ihres Reinertrages einem Grundherrn abliefern müssen. Die Aussaat der Wintergerste ist zur Zeit in vollem Betrieb, daher haben die Leute viel zu tun – zu viel jedenfalls, um auf Jagd oder Fischfang zu gehen, wenn sie auch stets ihre Speere mit den Bronzespitzen griffbereit mit sich führen. Die Zeiten sind unruhig, und überdies sind im Zweistromland Löwen keine Seltenheit. Hie und da taucht sogar ein ungezähmter Elefant auf. Aber im großen ganzen halten sich die wilden Tiere den bebauten Gegenden fern. Die Trennungslinie zwischen Wüste und Kulturland wird von den Tieren ernster genommen als von den Menschen.

Während die Sonne über dem Nil und den Zwillingsströmen aufgeht, steht sie schon hoch über dem Tal des Indus jenseits des persischen Hochplateaus. Das Industal ist das größte Flußsystem, das an Breite den Nil und an Länge Euphrat und Tigris übertrifft. Ein gewaltiges Netz von Parallelströmen und Nebenflüssen, bekannt als die Sieben Flüsse des Pundschab (von denen heutzutage viele ausgetrocknet sind), leitet die geschmolzenen Schneemassen des Karakorum und Hindukusch durch eine fast 2000 km lange Talsenke in den Indischen Ozean. Die Natur ist dort von verschwenderischer Üppigkeit, Sümpfe und Urwälder wechseln miteinander ab – nicht vergleichbar den ausgedörrten Wüsteneien, die der Indus heute durchfließt. Wahrscheinlich reichten damals die Regen bringenden Monsunwinde weiter nach Norden als in unserer Zeit, und es ist ebensogut möglich, daß in den Gebirgen, die den Strom speisen, mehr Regen und Schnee fiel als heute. Die jetzige Wüste ist weitgehend ein Werk von Menschenhand, Ergebnis zügellosen landwirtschaftlichen Raubbaus, gefolgt von Zerstörungen und Vernachlässigung. Im Jahre 2000 v. Chr. hatten die Zerstörungen noch nicht stattgefunden (wir werden sie übrigens mit ansehen), der Raubbau aber war bereits in vollem Schwung.

Ähnlich wie Mesopotamien und das Niltal ist das Tal der Neuen Flüsse die Wiege einer alteingesessenen Bauernkultur. Seine Fläche übertrifft die der beiden andern Flußsenken um ein Vielfaches. Kleine Städte und befestigte Plätze sind über eine Länge von annähernd 1500 km an der Küste des Indischen Ozeans verstreut. Sie reichten damals von der persischen Grenze bis in die Nähe des heutigen Bombay. Ins Innere des Landes stoßen menschliche Siedlungen etwa 1350 km weit vor, und zwar im Bereich des Indus und über die dem Gebirge vorgelagerten Hügelketten hinweg, die die Wasserscheide zwischen Indus und Ganges bilden. Jede Stadt und jedes Dorf (und sie sind Legion) verfügt über ein eigenes Areal von bewässertem Land, das ihm sein Auskommen sichert. Die meisten Bewohner des Industals leben in solchen Siedlungen, es sei denn, sie haben sich Haus und Hof in der Nachbarschaft ihrer Felder erbaut. Es gibt hier keine Parallele zu den weiträumigen, selbständigen Stadtstaaten Mesopotamiens. Statt dessen ist in Indien, ähnlich wie in Ägypten, der Regierungsapparat des ganzen Bereiches zentralisiert – allerdings nicht in einer einzigen Hauptstadt wie dort, sondern in zweien. Die Metropole des Unterindus ist Mohenjo-daro, an einem Flußknie über dreihundert Kilometer vom Meer entfernt gelegen. Der Oberindus wird von Harappa aus regiert, das achthundert Kilometer weiter nordöstlich liegt.

Nach damaligen Begriffen sind beides richtige Großstädte. Man braucht eine gute halbe Stunde, um sie zu durchqueren, sogar wenn man den Hauptverkehrsstraßen folgt, die beide Städte in gleichmäßige Häuserblocks aufteilen. Ein Besucher aus Ur oder Memphis, der an die aufs Geratewohl angelegten, krummen, von farbenfrohen Tempelfronten aufgelockerten Gassen seiner Heimatstadt gewöhnt ist, muß die breiten, staubbedeckten Avenuen mit den nicht enden wollenden, fensterlosen Fassaden ihrer weißverputzten Backsteinhäuser als fremdartig und monoton empfinden. Die kosmopolitischen Menschenmassen, die die Straßen verstopfen, kennen freilich nur diese Art von Architektur, deren Nüchternheit durch die buntscheckige Kleidung der Bewohner aufgelockert wird. Hier sind die verschiedensten Menschentypen zu sehen: in Wolle gehüllte Mongolen aus den nördlichen Gebirgen; dunkelhäutige, fast negroide Dravidier aus dem Süden, die baumwollene Gewänder tragen; dazu Armenier mit Adlernasen und endlich blasse, dunkelhaarige Typen, die an den Küsten des Mittelmeeres niemandem auffallen würden.

Die Eintönigkeit des architektonischen Bildes wird durch das massige Mauerwerk der Akropolis unterbrochen, die sich sowohl in Harappa wie in Mohenjo-daro westlich der Stadt erhebt. Die Akropolis ist nicht nur Regierungssitz, sondern zugleich Mittelpunkt des religiösen Lebens, des Handels und des Steuerwesens. Ein auswärtiger Bauer, der

Mohenjo-daro, von Westen kommend, betritt, klettert eine in die dicke Festungsmauer eingebaute Treppe hoch und erblickt, wenn er atemlos am Ziel angelangt ist und erst einmal verschnaufen will, zu seiner Linken die eindrucksvollen Umrisse des städtischen Getreidesilos. Drunten, an seiner Rampe, werden gerade aus vierräderigen Ochsenkarren Weizen- und Gerstensäcke ausgeladen – vielleicht auch Baumwollballen –, die man mit Seilen zu den Speichern in den oberen Stockwerken hochwindet. Für den Zuschauer ist das Getreide nicht einfach ein Lebensmittelvorrat. Es ist das überall gültige Zahlungsmittel. Der Getreidespeicher ist gleichzeitig Nationalbank und Staatskasse, und darum steht er in der Zitadelle oder – wie in Harappa – gleich daneben. Wo der Besucher steht, kann er nicht die reihenweise angelegten geziegelten Tennen sehen, auf denen städtische Arbeiter das Korn zu Mehl zerstoßen, aber er weiß, daß die Tennen sich in unmittelbarer Nähe befinden müssen. Auf dem Weg in die Stadt sieht er die anderen Regierungsgebäude der Akropolis. Da ist zwischen dem Getreidespeicher und dem Tempel die große Badeanlage, in der die öffentlichen Reinigungszeremonien an den von der Priesterschaft vorgeschriebenen Festtagen stattfinden. Nachdem er sie gebührend bestaunt hat, macht er eine kleine Schleife nach Süden zu der ungeheuren, mit einem Säulengang versehenen und aus Ziegeln errichteten Halle der Versammlungen. Dann geht er dem eigentlichen Zweck seines Stadtbesuches nach und kauft in einem der großen Geschäfte, deren Fußböden mit Lehmziegeln ausgelegt sind, Baumwollstoff und Öl ein. Zum Schluß wird noch kräftig über den Preis eines Leihesels geschachert, der die Sachen des Mannes in das Dorf zurückbringen soll.

Wir wissen nichts über die Regierungsform im Industal, wenig über die religiösen Vorstellungen und so gut wie nichts über die Vorgeschichte dieser Gebiete. Das wäre vielleicht anders, wenn wir die Bilderschrift lesen könnten, die die Bewohner des Indusbeckens benutzten. Vielleicht gab es dort zwei Reiche, deren jedes von einer der zwei Großstädte aus beherrscht wurde – ähnlich wie in Ober- und Unterägypten vor der Vereinigung und später auch in Assyrien und Babylonien. Die enge örtliche Verbindung zwischen Regierungsgebäuden und dem staatlichen Getreidespeicher und den Bädern scheint auf eine Priesterherrschaft oder zumindest eine machtvolle Staatsreligion hinzudeuten. Das Baden spielt in der privaten wie öffentlichen Sphäre der indischen Gemeinwesen eine so hervorragende Rolle, daß man um seine religiöse Bedeutung im Sinne der heutigen Hindulehre nicht herumkommt. Überhaupt strahlte die Religion in die verschiedensten Bezirke aus. Zahlreiche Tiere wurden als heilig angesehen, vor allem der Stier. Ein auf vielen quadratischen Kaufmannssiegeln dargestellter Gott weist mehrere jener Attribute auf, die heute mit dem Namen Schiva in Verbindung gebracht werden. Mit anderen Worten: Viele charakteristische Merkmale des neuzeitlichen Hinduismus haben augenscheinlich schon in der Kultur des Industals im 2. Jahrtausend v. Chr. bestanden.

Wahrscheinlich wurde zumindest das südliche Reich des Industals mit der Hauptstadt Mohenjo-daro von seinen Bewohnern Meluhha genannt. Die Mesopotamier wußten jedenfalls von einem Land dieses Namens, das viele Könige hatte und jenseits der Einfahrt in den Persischen Golf lag. Sie importierten Gold, Elfenbein, Karneol und Lapislazuli aus Meluhha – Produkte, die kaum einem anderen Land als Indien entstammen konnten. (Eine Bestätigung dieser Theorie mag man in der Tatsache erblicken, daß spätere Eroberer des Industals dessen Einwohner als die *Mlecha* bezeichnet haben.)

Dennoch bleibt für uns die ethnologische Herkunft des Bauern, den wir auf der oberen

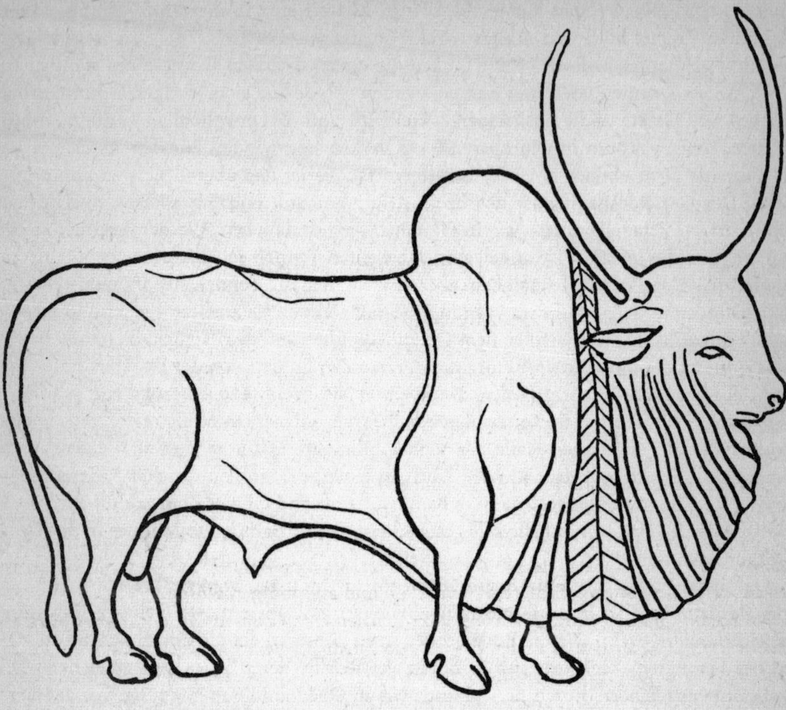

Ein Stier, hier nach einem Siegel aus Harappa dargestellt, findet sich auf vielen Siegeln aus dem Kulturkreis des Industals. Das Tier mag schon damals, wie heute, als heilig angesehen worden sein.

Plattform des Festungswalls von Mohenjo-daro stehen sahen, unbekannt. Wir dürfen aber annehmen, daß seine Kenntnis der eigenen geschichtlichen Vergangenheit ebenso reich an Einzelheiten und ebenso oberflächlich war wie die seiner Zeitgenossen in Mesopotamien und Ägypten. So, wie er dastand, war er der Erbe von mindestens fünfhundert Jahren städtischen Lebens und einer wohlgeordneten Landwirtschaft. So weit reichen unsere Beweismittel zurück; es ist aber mehr als wahrscheinlich, daß der Beginn der Zivilisation in den Gebieten der großen indischen Talsenke um viele hundert Jahre weiter zurückliegt – so weit, daß er im Dämmer der Mythen verschwindet. Sicher gibt es auch da Geschichten von Königen und Kriegen, die unmerklich bis zu den viel lebendigeren und ins einzelne gehenden Erinnerungen der letzten Generation hinführen und die Brücke zur Gegenwart bilden, d. h. zu der Regierungsform, zu den Gesetzen, Dekreten, Möglichkeiten und Enttäuschungen, die der erste Morgen des 2. Jahrtausends v. Chr. zwangsläufig mit sich bringt.

2

Die großen Wälder

In der erwartungsvollen Stille, die der Morgendämmerung vorangeht, war auf der großen Lichtung kein Laut zu hören. Am östlichen Waldrand standen die Fichten schwarz und silhouettenhaft vor der matten Helligkeit des Himmels. Im Westen, jenseits der abgeernteten Felder und der dunklen Weideflächen des Marschlandes, zog der tief am Horizont dahingleitende Mond ein silbriges Kielwasser über den Fjord. In ihren dicht aneinandergedrängten Hütten aus Holz und Torf schliefen die Menschen. In Pelze und selbstgewebte Umhänge gehüllt, waren sie so nahe wie möglich an die Feuerstätte in der Mitte des Raumes gerückt. Die niedrigen Türen waren fest vor der winterlichen Kälte verschlossen. Das neue Jahrtausend nahm im europäischen Norden unbemerkt seinen Anfang.

Es war freilich wie immer ein Wächter da, aber der döste vor seinem Feuer an der dem Wind abgekehrten Wand eines Geräteschuppens neben dem Pferch, der Vieh und Schafe umschloß. Die Einwohner waren hierzulande seit Generationen friedliebend. Deshalb brauchte man nur Wachen gegen Wölfe oder umherschweifende Luchse, deren Herannahen das Vieh sowieso mit Sicherheit bemerken und ankündigen würde.

Die Siedlung war typisch für viele ihresgleichen, die verstreut an den tiefen Wassereinschnitten der Fjorde und in den bewaldeten Niederungen von Südskandinavien lagen. Man konnte sie als neu bezeichnen, waren ihre Felder doch erst vor knapp drei Jahren aus dem Urwald herausgehauen und herausgebrannt. Und doch handelte es sich nicht um jungfräulichen Boden. Als die Leute das von ihnen bewohnte Dorf verlassen hatten und auf Weisung der Götter sieben Meilen über die Hügelketten zu diesem neuen Wohnsitz getreckt waren, hatten sie im noch jungen Unterholz knorrige alte Baumstümpfe gefunden, die anzeigten, daß hier zu Zeiten, an die das Gedächtnis der Menschen nicht heranreichte, andere Bauern gelebt hatten. Wo die Hügel sich in dem der Bucht vorgelagerten Flachland verloren, stieß man sogar auf ein altes Steingrab. Ein riesenhafter Deckstein ragte aus der flachen Erdanhäufung heraus. Der Zugang war von Brombeergestrüpp fast zugewachsen, die Holztür vermodert. Die Neuankömmlinge hatten die Grabkammer ausgeräumt und für die zwei ersten Beerdigungen in der Gemeinde benutzt. Im vergangenen Jahr hatten sie dann eine neue Grabstätte vollendet: es war ein hoher, luftiger, überraschend großer Raum, dessen Mauern aus aufgerichteten Steinquadern bestanden. Für das Dach hatten sie nicht weniger als sechs Steinplatten von gewaltigen Ausmaßen gebraucht. Als Zugang diente ein Steingang; den ganzen Bau bedeckte ein Torfhügel. Die Menschen waren mit Recht stolz auf das prachtvolle neue Grab, über dessen Kalkwänden sich der grüne Rasen wölbte. Gleichzeitig fürchteten sie sich ein wenig davor, wie denn auch kein Monat verging, ohne daß ein Bittgang zu der Grabkammer stattgefunden hätte mit Opfergaben und Schüsseln voll Speise und Trank für die Geister der drei Verstorbenen, die man dort zur Ruhe gebettet hatte.

Aber wenn man auch der eigenen Vorfahren mit tiefer Ehrfurcht gedachte und ihnen die geschuldeten Opfergaben darbrachte, machte man sich über die Menschen, die früher an diesem Ort gelebt hatten, so gut wie keine Gedanken. Waren doch die Knochenreste, die den Boden des Steingrabes bedeckten, ohne jede Zeremonie zusammengefegt und hinausgeworfen worden, um für die eigenen Toten Platz zu schaffen. An den Fjorden und in den Wäldern gab es genug Anzeichen – halb zugewachsene Lichtungen und verfallene, moosbewachsene Holzhütten –, die auf frühere Siedler hindeuteten. Man wußte sehr wohl, daß ein Dorf nicht von Dauer war. Nach längstens einem Dutzend Jahren, wenn der Ertrag von Hirse und Gerste nachzulassen begann, mußte man die Heimat verlassen und neue Anbauflächen ausfindig machen. Wenn dann der Urwald die verlassene Flur wieder in Besitz nahm, strömten dem erschöpften Boden neue Kräfte zu. So war es innerhalb eines Menschenlebens durchaus möglich, an den Ort zurückzukehren, wo früher die eigenen Felder gelegen hatten, hier abermals durch Feuer zu roden und frische Ernten zu erzielen. So und nicht anders fristete man an den Ufern des Nordmeeres sein Leben.

Die primitiven Waldbauern und Erbauer von Steingräbern lebten schon lange in diesem Lande, aber sie wußten aus alten Geschichten und Überlieferungen, daß ihre Vorfahren aus dem Süden gekommen waren. Sie konnten ihre Familien bis zu den ersten Siedlern vor rund fünfhundert Jahren zurückverfolgen – so weit wie für uns bis zur Entdeckung Amerikas. Sie unterhielten bis in die ungarische Tiefebene hinein verwikkelte Familienbeziehungen und Fehden mit Bewohnern der Länder, aus denen ihre Ahnen gekommen waren. Abenteuerlustige junge Leute brachen mitunter auf, um die uralten Wanderwege zu erkunden, wobei sie jahrelang von Stamm zu Stamm unter ihren fernen Blutsbrüdern herumzogen. Kehrten sie zurück, so brachten sie Familiennachrichten mit heim, vielleicht auch eine Frau oder eine Axt oder ein spiralenförmiges Kupferarmband als sichtbaren Beweis für den Wohlstand und die geistige Aufgeschlossenheit in den sagenumwobenen südlichen Ländern. Die kupfergeschmückten Heimkehrer wurden bewundert und beneidet, denn Schmuck oder gar Werkzeuge aus Metall waren kaum aufzutreiben. Nur selten wurde eine Sendung von flachen kupfernen Äxten aus einem der wenigen Schiffe ausgeladen, mit denen die Baumeister der Grabstätten und die Künder der religiösen Bräuche ins Land gekommen waren. Der Kaufpreis einer solchen Axt verschlang aber die Ersparnisse eines ganzen Lebens, und wenn ein junger Mann nach diesem Symbol des Wohlstands und kulturellen Fortschritts Verlangen trug, blieb ihm nichts anderes übrig, als außer Landes zu gehen und es sich zu verdienen.

Die Mehrzahl mußte sich mit Werkzeugen aus Feuerstein begnügen, und die Feuersteinschmiede brauchten die Konkurrenz des Metalls keineswegs zu fürchten. Im Gegenteil, sie hielten sich viel auf ihre Produktion zugute, die alle gängigen Waffen umfaßte: Äxte und Speere, ja sogar Hellebarden, aus dem einheimischen rotbraunen Feuerstein gefertigt, waren aus einigen Schritten Entfernung kaum von kupfernen Stücken zu unterscheiden.

Im Gegensatz zu dem üppigen, abwechslungsreichen Leben in den uralten Stadtstaaten des Mittleren Ostens mit ihren hochspezialisierten Handwerkern, wie Metallarbeiter, Schreiner, Juweliere, mit ihren Geschäftsleuten, Schreibern, Revisoren, Müllern, Webern usw. kannte man bei diesen Ackerbaupionieren des Nordens, von den halb landfremden Priestern abgesehen, nur einen Spezialisten, nämlich den Feuersteinschmied. Sonst wurden alle Arbeiten gemeinsam verrichtet, in einer durch die Jahrhunderte erprobten Aufteilung unter die Geschlechter. Die Frauen ernteten das Getreide mit der Sichel und zerrieben die Körner in trogartigen steinernen Handmühlen. Sie buken, webten und fertigten Töpfe aus Ton. Die Männer versorgten das Vieh; auch das Melken war ihre Sache – im übrigen gingen sie zur Jagd, wenn nicht gerade eine primitive Zimmererarbeit oder ähnliches zu erledigen war. Sie säten auch Getreide, fällten Bäume und rodeten das Unterholz. Beim Niederbrennen der Waldstücke zur Erschließung neuer Anbauflächen half hingegen das ganze Dorf, ausgenommen die kleinen Kinder, die in sicherer Entfernung vom Feuer die Schweine hüteten.

So verlief das Dasein dieser Menschen; sie wußten nichts von einem bevorstehenden Wandel. Anscheinend lebten sie in einer kraftvollen, urtümlichen Demokratie. Es gab den Rat der Älteren und einen Führer in jedem Dorf; die Dörfer wiederum standen in einem losen, auf Familienverbänden beruhenden Verhältnis zueinander. Große Herren in aristokratischen Vormachtstellungen kannte man hingegen nicht, ebensowenig Schlösser oder Herrenhäuser. Man nahm die Sklaverei als einen naturgegebenen Zustand hin, die Zahl der Sklaven war klein, weil es nur selten Kriege gab. Ob die Ackerflur und die Herden der Allgemeinheit gehörten, ist unbekannt; jedenfalls dürften sie gemeinschaftlich bewirtschaftet worden sein, und Klassenunterschiede kannte man so gut wie gar nicht. Natürlich gab es neben neuen Siedlern auch Ureinwohner, aus denen sich die Strandfischer und die Jäger im nicht ganz so undurchdringlichen Hinterland rekrutierten. Von Schranken zwischen den Menschen der einen oder der anderen Sorte war aber schon seit Generationen nicht mehr die Rede. In der Tat hatte nie ein nennenswerter Unterschied zwischen den Siedlern einerseits und den Jägern und Fischern andererseits, die lange vor Einführung der Landwirtschaft im Lande gewesen waren, bestanden. Heute waren die einen überhaupt nicht mehr von den anderen zu unterscheiden, und im Dorf konnte kaum einer behaupten, daß in seinen Adern kein Blut von Eingeborenen floß. Auch die Ureinwohner der Stranddörfer, die auf jahrtausendealten Muschelhaufen errichtet waren, betrieben neben der Jagd und der Fischerei Land- und Viehwirtschaft. Ihre Dörfer waren daher vielfach überhaupt nicht von den Siedlungen der Kolonisten zu unterscheiden. Da die Ureinwohner aber ihren Fischgründen zuliebe an feste Wohnplätze gebunden waren, erzielten sie schlechte landwirtschaftliche Erträge, weshalb für sie die Bearbeitung des Bodens eine Nebenbeschäftigung blieb.

Die Bauern im Norden wußten wahrscheinlich mehr von der Welt, als wir annehmen möchten. Es kamen viele Fremde von weit her, die sich gerne für empfangene Gastfreundschaft revanchierten, indem sie von fernen Landen und Orten erzählten, die sie besucht hatten. Die bärtigen Männer in ihren handgesponnenen Mänteln saßen die hellen Mittsommernächte hindurch unter der mächtigen Dorflinde – oder im Herbst um das flakkernde Hüttenfeuer – und lauschten bedächtig auf das, was der neueste Gast aus der Fremde zu berichten wußte, um es dann mit vorangegangenen Berichten und mit ihren eigenen Jugenderlebnissen in fernen Ländern zu vergleichen. Auch die Frauen hörten zu, während sie den Haustrunk auffüllten oder die Abendmahlzeit bereiteten. Ihre schweren, braungelben Bernsteingeschmeide erglühten im Spiel der Flammen. Sie konnten sich unter märchenhaft reichen Ländern wie Ägypten und Mesopotamien, von denen sie hin und wieder etwas hörten, nicht mehr vorstellen, als etwa ein heutiger persischer Kleinbauer unter der Stadt New York. Wo diese fabelhaften Gegenden sich befanden, ahnten sie nicht, doch wußten sie, daß es weit, weit fort war – zu weit, um an eine Reise dorthin zu denken. Was nützte alle Bronze des Ostens, wenn die eigenen Kinder ausgewachsene Männer geworden waren, bis man heimkehrte? Über Mitteleuropa bis zum Donaubecken wußten die Frauen hinwiederum aus Schilderungen recht gut Bescheid, denn die Menschen dort zählten von Anbeginn der Zeit zu ihren Blutsbrüdern. Wie wir in einem späteren Kapitel sehen werden, kamen auch hin und wieder Schiffe über die Nordsee, aus Britannien und von noch weiter her, um den geringen Warenaustausch zu besorgen und von Priestern und Grabstättenerbauern am Mittelmeer zu erzählen.

Auf dem gleichen Wege hatte die ländliche Bevölkerung von England und Schottland wie auch die von Nordfrankreich und Mitteldeutschland gewisse Kontakte mit dem südlichen Skandinavien, wenn man diese Gegend wohl auch als einigermaßen hinterwäldlerisch ansah – war sie doch von den eigentlichen Grenzregionen nicht weit entfernt. Dort, in den Tälern des südlichen Norwegens und Mittelschwedens, wo die Eichen- und Eschenbestände vor den in dichten Formationen vorrückenden Fichtenwäldern den Rückzug antraten und wo kurze Sommer und strenge Winter das Leben der Bauern hart und bitter machten, war die zivilisatorische Stoßkraft zum Stillstand gekommen.

In den milderen Regionen des südlichen England hingegen lebte es sich gut, wenn es dort auch nicht wesentlich anders zuging als bei den Bewohnern Dänemarks. In dieser Nacht, die den Anbruch des 2. Jahrtausends vor Christus brachte, lagen die Erdwälle des Wagenrings von Windmill Hill unter einer hauchdünnen Schneedecke menschenleer und verlassen da. Nur zweimal im Jahr, anläßlich der Volksfeste im Frühling und Herbst, warfen die großen Befestigungen das Echo der Rufe und des Gelächters von Hirten und Zuschauern zurück. Jetzt ruhten die hürdenartig gebauten Dörfer eng aneinandergeschmiegt in der Geborgenheit der vom Wald umsäumten Täler. Das Vieh hielt sich auf den Wiesen am Wasser auf, wo es von ganz wenigen Hirten betreut werden konnte; denn damals war die Witterung dort milder als heute, so daß man die Tiere nicht wie im weiter nördlich gelegenen Dänemark den Winter über in Pferche sperren und mit getrockneten Blättern ernähren mußte. Erst als die Temperatur fünfzehnhundert Jahre später in England zurückging, mußte man das Vieh den Winter über ins Haus nehmen.

In Britannien waren die Häuser von leichterer Bauart und nicht streng rechteckig wie die soliden Holzbauten Skandinaviens: in der Einrichtung unterschieden sie sich aber nicht sehr voneinander. Die Bronze war bereits ein Bestandteil des täglichen Lebens, wenn sie auch immer noch importiert werden mußte und daher weniger für die Herstellung von Handwerkszeug Verwendung fand als zu Schmuckzwecken. Für ersteres mußte man sich nach wie vor mit Stein, Feuerstein und Holz begnügen, was freilich bedeutete, daß in diesem wenig holzreichen Land die schweren skandinavischen Feuersteinäxte kaum Verwendung fanden. Übrigens bestanden zwischen den englischen und dänischen Bauern keinerlei Blutsbande. Die unterhalb der «Downs» ansässigen Bauern neigten eher zu verwandtschaftlichen Gefühlen gegenüber den Volksstämmen jenseits des Ärmelkanals. Von dort waren, so berichtete die Überlieferung, ihre Vorväter vor ungefähr tausend Jahren eingewandert. Drüben in den dichter bewaldeten Ardennen wohnten Menschen in ähnlichen, auf Hügelkuppen errichteten Dörfern. Ihr Leben verlief nicht anders als das ihrer englischen Verwandten, und sie konnten sich mit diesen sogar verständigen. Das Gefühl einer blutsmäßigen Zusammengehörigkeit verband die Bewohner Westeuropas bis dorthin, wo die Wälder Frankreichs an die Alpen stießen oder an den sonnigen Höhenzügen des Mittelmeers zum Stillstand kamen.

Zu jener Zeit hätte niemand dieses Zusammengehörigkeitsgefühl erklären, noch aus den Legenden und Märchen, in die es verwoben war, die urtümliche völkische Überlieferung herausdestillieren können, wonach vor mehr als zwei Jahrtausenden die Vorfahren aller Bauerngeschlechter westlich des Rheins von Nordafrika aus diesen jungfräulichen Kontinent Europa angesteuert hatten, während das ostrheinische Europa von Stämmen aus Kleinasien besiedelt worden war, die das Donaubecken besetzt und sich auf diesem Wege über die mitteleuropäische Tiefebene verbreitet hatten. Davon war nur das dunkle Gefühl geblieben, daß die westlichen Völkerstämme zusammengehörten und daß die Donauvölker östlich des Rheins irgendwie anders waren als jene.

Rekonstruktion eines Dorfes in Süddeutschland zu Anfang des 2. Jahrtausends v. Chr. (nach Fundamentenresten in Aichbühl).

Noch weiter im Süden und Westen, an der spanischen Mittelmeerküste, hätten die Einwohner der auf den Hügelkuppen erbauten Siedlungen mit Nachdruck gegen die Bezeichung «Hinterwäldler» protestiert. Wenngleich ihre Vorberge einen spärlichen Pinienwuchs aufweisen, verbrennen sie nicht, wie die Barbaren im übrigen Europa, ihre Wälder, um neue Anbauflächen zu gewinnen, noch rücken sie ihre Dörfer alle paar Jahre von einer Stelle zur andern. Ihre aus Steinen erbauten Städte tragen den Stempel des Dauerhaften; sie werden mit Wällen und Gräben befestigt und erstrecken sich über ein Areal von mehreren Tagewerken. Diese dunklen, schlanken Spanier, deren Schafherden die bis zum letzten Halm abgeweideten Bergkuppen bevölkern, sind ein altes Volk und halten sich darauf etwas zugute. Während die britannischen Hirten auf der Suche nach ihrer Herkunft sich mit einem Blick über den Kanal begnügen, haben die spanischen Hirten immer an der Tradition festgehalten, daß ihre Vorväter über die Meerenge aus Afrika gekommen sind.

Trotzdem denken sie weit weniger an die Vergangenheit als an die Zukunft. Sie halten sich nicht für ein verlorenes Häuflein am äußersten Rand des unendlichen Ozeans, sie wissen, daß sie Stoßtrupps der Zivilisation sind. Wie wir bald erfahren werden, stehen sie mit den Kulturen des Ostens in Verbindung; sie glauben, den Weg zur Neuzeit bereits beschritten zu haben. In ihren Siedlungen, die man fast als Städte bezeichnen kann, gibt es alles, was zur Zivilisation gehört, auch Paläste und Tempel; außerhalb der Stadtmauern haben sie eine Gräberstadt erbaut, die ebenso eindrucksvoll ist wie ähnliche in Kreta oder Ägypten. Als eindeutiges Zeichen des Fortschritts aber können sie mit der

Eigenherstellung von Bronze aufwarten. Zwar wurden die Kupfer- und Zinnvorkommen im Lande erst vor wenigen Generationen von Schürfspezialisten aus dem Osten entdeckt, doch ist die Produktion für den einheimischen Markt und auch für den Export bereits in vollem Gang. Es wird wohl nicht mehr lange dauern, bis sie den unwissenden, auf Feuerstein angewiesenen Barbaren der fernen Waldgebiete im Nordwesten die Segnungen der Zivilisation vermitteln.

Sie sind übrigens nicht die einzigen Europäer auf dem Weg zur Zivilisation. Auf dem Balkan und an der Donau gibt es bäuerliche Gemeinwesen, die vor kurzem vom Feuerstein zur Bronze übergegangen sind. Es handelt sich bei ihnen auch um Waldbauern, die nach Art der weiter nördlich lebenden, echten Hinterwäldler ihre Dörfer alle paar Jahre an neue Lichtungen verlegen. Aber ihre Forste sind die lichten Wälder der Ebenen, durch deren Baumreihen sogar die schweren Ochsenwagen ihren Weg finden. Das ist auch nötig, denn diese Bauern nehmen bei ihren Umzügen einen großen Besitz mit. Seit die kleinasiatischen Schürfer auch in jenen Bergen Kupfervorkommen entdeckt haben, sind die Bewohner des Balkans und des Donaubeckens dazu übergegangen, selbst Äxte und Breitbeile aus dem neuen Metall zu fertigen. In ihren rechteckigen Fachwerkhäusern stellen die Hausfrauen voller Stolz gebrannte Töpferwaren zur Schau, die mit Spiralen und Mäanderlinien in Weiß, Gelb und Rot bemalt sind – hausgemachte Gegenstände, aber sicher ebenso dekorativ wie gleichartige Importware aus Kleinasien. Diese Menschen sprechen mit der Nachsicht der höheren Kulturstufe von dem primitiven Dasein im Norden und im Westen, wo die Tongefäße gar nicht oder nur mit eingeritzten Kreidemotiven geschmückt sind, die das hierzulande herrschende, höhere Niveau vortäuschen sollen. Die Männer tragen sogar an Schnüren Petschafte mit ihrem Wappen um den Hals. Jetzt, wo die Verbindungen zu Kleinasien regelmäßiger geworden sind, weiß man, wie wichtig es ist, seine Ware zu stempeln. Im Gemeinderat wird sogar schon von der Möglichkeit gesprochen, junge Leute nach dem Süden zu schicken, damit sie dort die Kunst des Lesens und Schreibens lernen.

Ja, in Europa weht ein frischer Wind. Er bläst aus südöstlicher Richtung, und die europäischen Bauern verschließen sich nicht den neuen Möglichkeiten. In den Kulturländern gibt es märchenhafte Dinge, die man kaufen könnte, wenn man bloß das Geld dazu hätte. Aber vielleicht ließen diese Dinge sich auch hier machen. Allerdings müßten dann zuerst im eigenen Land Kupfer oder Zinn oder andere begehrte Tauschobjekte gefunden werden.

Die europäischen Bauern richteten ihre Blicke nicht über die Länder im Süden und Osten hinaus. In diesen zwei Himmelsrichtungen waren Reichtum und Kultur beheimatet; in den anderen lagen die kalten, von jeder Zivilisation unberührten Gebiete, in denen – wenn man weit genug ging – sogar das Pflanzenkleid der Erde aufhörte. Daß es jenseits dieser bekannten Welt andere von Menschen bewohnte Ländereien geben könne, kam damals niemandem in den Sinn. Unsere eigenen prähistorischen Interessen blieben ja bis in die jüngste Zeit auf Europa und jene Regionen beschränkt, in denen Kulturen der «Antike» nachweisbar waren. Selbst heute wissen wir viel zuwenig von dem Zustand, in dem die übrige Welt sich an dem – willkürlich von uns gewählten – Datum 2000 v. Chr. befand.

Südlich der Sahara zog sich damals jedenfalls ein breiter tropischer Graslandgürtel hin, der vom Saum der afrikanischen Guineaküste im Westen über das obere Nigertal hinweg zum Sudan, zum oberen Nil und zu den Bergen Abessiniens im Osten reichte. Nach Norden hin verdorren die Grünflächen allmählich im Wüstengebiet der Sahara, nach Süden gehen sie in die sumpfigen Wälder der Goldküste und des Kongo über. Es handelt sich um ein Gebiet von der ungefähren Größe Europas, und auch dieser Teil der Welt war zu Beginn des 2. Jahrtausends v. Chr. – darauf deuten viele Anzeichen hin – von ackerbautreibenden Völkerschaften bewohnt.

Die afrikanischen Bauern, Vorfahren der meisten heute in Amerika lebenden Neger, waren von dunkler Hautfarbe. Sie lebten in strohgedeckten Hütten, die zu kleinen dörflichen Gemeinschaften zusammengeschlossen waren, inmitten ihrer Felder. Diese Menschen wußten von Europa ebensowenig wie Europa von ihnen; ihre Art, den Boden zu bebauen, wich erheblich von den landwirtschaftlichen Gepflogenheiten nördlich der Sahara und des Mittelmeeres ab. Weizen und Gerste waren ihnen unbekannt. Nur die am weitesten östlich gelegenen Siedlungen, die in den verschiedensten, oft in kriegerische Verwicklungen ausartenden Beziehungen zu Ägypten standen, kannten Gerste und Hirse. Sie pflanzten sonst Sorghum und Erdnüsse, Kürbisse und Wassermelonen; zu dieser Ernährungsgrundlage kam die Ausbeute der Jagd. Haustiere hatten sie nicht, nur ihre östlichsten Stämme hatten von Ägypten gelernt, Schafe und sogar Rinder zu züchten.

Auf einer Fläche von der Größe Europas sind dort ebenso viele Kontraste festzustellen wie in unserem Erdteil. Zweifellos hielten sich die Nubier im Sudan für zivilisierter als die von der Jagd und primitivem Gartenbau lebenden Bewohner der fernen westlichen Gebiete. Und doch ist in diesem ganzen Bereich die Landwirtschaft so alt, daß über ihre Anfänge nichts überliefert ist. Auch wir wissen noch nicht viel darüber. Wir neigen dazu, sie auf die Zeit um 4000 oder gar 5000 v. Chr. zurückzuverlegen und dürfen die Frage aufwerfen, ob der Gedanke, wilde Pflanzen anzubauen, den Bewohnern dieses Gebietes von sich aus gekommen ist, oder ob er – ohne das entsprechende Saatgut – von den alteingesessenen Bauern des Niltals übernommen und im Gebiet des Niger auf die dort einheimischen Wildpflanzen angewandt wurde. Das gleiche Problem wird sich auch anderswo stellen, und wir brauchen uns weder den Verfechtern der einen, noch denen der anderen Theorie anzuschließen. Wie es auch zugegangen sein mag, überall spielte dieser Vorgang sich lange vor dem Jahre 2000 ab. Nicht anders als in Europa benutzten die afrikanischen Bauern jedenfalls zunächst nur Werkzeuge und Waffen aus Stein und Holz, wenn auch Bronze – vielleicht mehr, als wir annehmen – gegen Elfenbein aus dem Süden von Ägypten eingetauscht wurde. Auch die Kunst, zu weben und Töpfe herzustellen, nimmt nach Westen hin immer mehr ab. Dort begnügt man sich mit Kürbisflaschen und Körben und fertigt Kleidungsstücke aus Baumrinde. Völlig unzivilisierte «Wilde» gibt es aber selbst hier im Westen Afrikas nicht. Die Leute haben dort ihre Gemeindeverwaltungen, eine vernünftige Arbeitsteilung, Volkslieder und Legenden und zeigen Ansätze zum Kunsthandwerk. Geschichtliche Überlieferung und Stammbäume reichen viele Jahrhunderte zurück. Wir dürfen nicht glauben, sie hätten von ihrer Vergangenheit nichts gewußt, bloß weil wir nichts von ihr wissen.

In drei weiteren Teilen der Welt, deren jeder sich dem Umfang nach mit Europa messen kann, gab es zu Beginn des neuen Jahrtausends Gruppen von Gemeinwesen, die von den

Erträgen des Ackerbaus lebten. Auch dort muß es geschichtliche Überlieferung und Legenden gegeben haben, verschiedene Sprachen und Völker, Kriege, Könige und dynastische Kämpfe. Die Menschen waren die gleichen wie überall: Männer und Frauen gingen ihrer Arbeit und ihrem Vergnügen nach; Kriege wurden geführt, die Liebe kam nicht zu kurz; man machte sich Sorgen um die kommende Ernte oder um ein neues Dach für das Haus und sann über das Problem nach, wie das Wohlwollen der Götter zu erhalten sei. Jeder hielt sein Gemeinwesen für den Nabel der Welt. Jeder kannte die Nachbargemeinden bis zu einer Entfernung von ein paar Reisetagen. Der ganze Kulturkreis, zu dem wir ihn heute rechnen, war ihm ein Begriff, wenn er selbst auch geschworen hätte, daß er mit den fernen Völkerschaften dieses Gebietes nach Sprache, Aussehen und Lebensgewohnheiten nicht das geringste zu tun habe; sie unterschieden sich damals gewiß ebensosehr voneinander wie heute ein Holzfäller aus Labrador von einem mexikanischen Cowboy. Je nachdem in welcher Entfernung er vom kulturellen Mittelpunkt seines Gebietes lebte, wußte er, daß es noch andere Völker außerhalb dieses Gebietes gab, Menschen, die ganz anders lebten als er und Jäger oder Hirten, Nomaden oder Stadtbewohner waren.

Ein solches Gebiet war das nördliche Indien vom Quellgebiet des Ganges bis nach Burma, Siam und Indochina. Ebenso wie die europäischen Hinterwäldler und die afrikanischen Gartenbauern wußten die Bewohner dieses Gebietes von der Existenz einer geistig fortgeschrittenen und industrialisierten Kultur jenseits ihrer Grenzen. Eine Anzahl von Städten der Indusreiche lagen im Hügelland zwischen Indus und Ganges; einige waren neuerdings sogar am Oberlauf des Ganges errichtet worden. Kaufleute und Metallschürfer folgten dem Ganges stromabwärts. Sie brachten Waren aus den städtischen Manufakturen mit. Die Bauern im fernen Indien kannten die Bronze ebenso wie die Bauern im fernen Europa. Für beide waren Gegenstände aus Bronze seltene und unerhört teure Luxusartikel aus dem Bereich einer höheren Kultur, die zu erwerben ihnen ebenso schwerfiel wie heutzutage einem Eingeborenen von Sansibar oder den Fidschi-Inseln der Kauf eines Rundfunkgerätes oder eines Außenbordmotors.

Im Alltag begnügten sich die Menschen im östlichen Indien mit den steinernen Werkzeugen, die ihre Vorväter seit eh und je benutzt hatten: polierte Beile, mit Steinen beschwerte Grabstöcke und durchlöcherte Keulen. Der Getreidebau gewinnt vom Industal aus in östlicher Richtung an Boden, doch sind die Bewohner dort traditionsgemäß Reisbauern. Zu Anfang des ersten Jahres im neuen Jahrtausend bereiten sie sich schon auf die Frühlingsaussaat vor. Der Urwald muß während der Wintermonate niedergebrannt und gerodet werden. Auf den für diesen Zweck festgelegten Arealen an den Hängen der Hügel waren die starken Bäume im Jahr zuvor geringelt worden, so daß sie jetzt abgestorben und leichter zu fällen sind. Zumindest kann man die Stämme so anschneiden, daß sie beim Abbrennen des Areals stürzen. Das Unterholz und die schwächeren Bäume brauchen nicht gerodet zu werden, außer in den Randzonen, die vollständig freigelegt werden müssen, um das Übergreifen der Flammen auf den übrigen Urwald zu verhindern.

An den Tagen des Waldbrandes hat die gesamte dörfliche Bevölkerung alle Hände voll zu tun. Sie verläßt geschlossen ihre Lehm- und Bambushütten und bezieht notdürftige Unterkünfte in der Nähe des zu rodenden Areals. Nachdem man den Göttern des Feuers und der Fruchtbarkeit Opfer dargebracht hat, wird mit Fackeln das Unterholz in Brand gesteckt. Dabei muß man nach rückwärts in Windrichtung arbeiten, damit die

Flammen nicht vom Wind über die Begrenzungsstreifen hinausgetragen werden. Alle Männer und die Mehrzahl der Frauen sind auf den Beinen; sie legen überall Feuer an, schichten aus nur teilweise verkohlten Ästen und Buschwerk neue Scheiterhaufen und beaufsichtigen den Fall der Baumriesen. Später, wenn das Feuer langsam niederbrennt, müssen die verkohlten Bäume entästet und die Äste zu Asche verbrannt werden. Dann rollt man die Stämme bis zu den Grenzen des Areals, um sie später als feste Grundlage für die Einzäunung zu verwenden.

Während dieser Arbeiten, die die ersten zwei Monate des Jahres ausfüllen, haben die Kinder und die alten Leute ebenfalls ihre Beschäftigung: die Mahlzeiten müssen zubereitet, den durstigen Pionieren muß Wasser gebracht, die Asche muß gleichmäßig ausgebreitet und glattgerecht werden. Endlich liegt die ganze Fläche trost- und leblos da, die Erde ist geschwärzt, und bis auf die verkohlten Baumstümpfe ist weit und breit nichts zu sehen. Jetzt können die Männer wieder der Jagd nachgehen, bis auf diejenigen, die um die neugewonnene Flur einen starken Zaun errichten sollen, um die wilden Tiere fernzuhalten.

Das Areal muß nun erst einmal ruhen, bis die lebenspendende Asche in den Boden eingedrungen ist. Zu Beginn der Regenzeit, im Mai, kann dann gesät werden. Das ist Sache der Frauen. Sie fangen am Fuß der Hänge an und arbeiten sich langsam bergaufwärts, indem sie mit ihren steinbeschwerten Stöcken in Abständen von etwa 15 cm kleine Löcher in die Erde bohren und in jedes fünf oder sechs Bergreiskörner legen. Mehr braucht man nicht zu tun. Das Unkraut muß gejätet werden, aber sonst braucht der Reis bis zur Ernte keine weitere Pflege.

Mit der Ernte beginnt abermals für das ganze Dorf eine arbeitsreiche Zeit. Der Reis wird mit Tonsicheln geschnitten, deren Schnittflächen aus Feuerstein bestehen. Dann werden die Reiskörner in irdenen Gefäßen kurz aufgekocht und mit Sand vermischt, der in einem bienenstockförmigen Tonofen bis zur Rotglut erhitzt wurde. Sobald die Mischung trocken und der Sand durch geflochtene Siebe ausgesiebt wurde, wird der Reis zum Entfernen der Hülsen in tiefen hölzernen Mörsern geschlagen und anschließend von der Spreu gereinigt, indem man die Körner in geflochtenen Behältern hin- und herschüttelt. Der Reis kann dann in großen Töpfen gelagert werden, die man in die Fußböden der Häuser einläßt. Damit ist wieder eine Jahresernte eingebracht.

So geht das Leben seinen Gang, Aussaat und Ernte werden mit dörflichen Festen gefeiert. Man opfert den Göttern, die das Wachsen allen Lebens begünstigen, Früchte, Blumen und Reiskuchen. Das Jahr 2000 unterscheidet sich in keiner Weise von anderen Jahren.

Am Gelben Fluß in Nordchina ist das Dasein schon organisiert. Es ist die Zeit, die spätere Generationen nach der Hsia-Dynastie benennen werden – die erste von zahllosen Dynastien, die auf die Regierung der drei großen Kaiser des Goldenen Zeitalters: Yao, Shun und Yü folgen sollte. Hier gibt es einen Kaiser, aber er ist in Wahrheit nur das nominelle Oberhaupt einer losen Vereinigung von Dorfgemeinschaften, die sich auf das bewaldete Stromtal beschränken. Die Bauern roden auch hier ihre Anbauflächen mit Hilfe von Steinäxten und Feuer, denn die Bronze ist zwar bekannt, aber selten. Sie säen Hirse und Kaoliang und züchten Hornvieh, Schweine und Hunde für den Kochtopf. Ohne es zu wissen, betreiben sie eine Grenzlandwirtschaft, die in jeder Beziehung derjenigen in

Europa gleicht. Aber von Europa haben sie nie etwas gehört. Wahrscheinlich ist ihnen bekannt, auf welche Weise sie zu ihrer jetzigen Daseinsform gelangt sind, denn es kann kaum mehr als fünf- oder sechshundert Jahre her sein, daß ihre jagdliebenden Vorfahren anfingen, Lebensmittel anzubauen. Anders als sie, können wir da nur auf gut Glück raten. Es erscheint uns unwahrscheinlich, daß eine Lebensform, die derjenigen aller nördlich gelegenen Agrarbezirke aufs Haar gleicht, von dieser völlig unabhängig neu entdeckt wurde. Aber vom Süden kamen die Anregungen bestimmt nicht. Zwischen Nordchina und den südlichen Ackerbauregionen des Gangestals liegen die Ländermassen Südchinas und Indochinas mit ihren Bergen und undurchdringlichen Urwäldern, deren Einwohner von Säen und Ernten nie etwas gehört haben. Nur in den Küstenbezirken gibt es vereinzelte Fischerdörfer, in denen man Taro und Mehlwurzeln mit Grabstöcken nach Art des Reisbauern pflanzt. Diese Fischer sind aber stärker an den Inseln des Südostens interessiert als an den nördlichen Landesteilen mit ihren kalten Wintern. Wir dürfen daher annehmen, daß der Gedanke, den Boden zu bebauen, zusammen mit Hirsesamen und Haustieren von einer Oase zur anderen weitergegeben wurde, am nördlichen Vorgebirge des tibetischen Hochplateaus entlang und von da durch die verwilderte Graslandschaft, die den Taklamakan und den Koko Nor bedeckte.

Ähnlich wie in den südchinesischen Küstenregionen gibt es damals auch an den Küsten von Peru feste Siedlungen von gartenbautreibenden Fischern. Trotzdem erübrigt es sich, das Postulat eines transpazifischen Verkehrs aufzustellen, durch den das Prinzip des Pflanzenanbaus von einer Seite des Stillen Ozeans auf die andere übertragen worden sei – wenn sich auch auf diese Weise der Anbau von Baumwolle auf beiden Seiten des Ozeans erklären ließe. Die südamerikanischen Dorfbewohner leben noch an den gleichen Stellen, an denen ihre Vorfahren mehr als ein halbes Jahrtausend verbracht hatten, auf den unmerklich ansteigenden Bodenerhöhungen, die aus leeren Muscheln und allen übrigen Abfällen bestehen und in nächster Nähe des Meeres an den Ausgängen der steilen, unfruchtbaren Andentäler gelegen sind. Sie ernähren sich hauptsächlich von Fischen und Schalentieren, zu denen hin und wieder ein erlegter Seelöwe oder ein Tümmler hinzukommt. In den tiefgelegenen, sumpfigen Wiesen am Fluß pflanzen und ernten sie Paprika und Bohnen, Kürbisse und Baumwolle. Als einziges Kleidungsstück tragen sie vielfarbige, schöngewebte Umhänge. Töpfereiwaren kennen sie nicht. Was sollten sie auch außer den Kürbissen, die sie pflanzen, und den Körben und Netzen, auf deren Herstellung sie sich so gut verstehen, noch brauchen? Schließlich sind sie ja das fortschrittlichste Volk der ihnen bekannten Welt, und sie haben allen Grund, auf diese Tatsache stolz zu sein.

3
Das Hinterland

Wir haben im letzten Kapitel weit ausgeholt; trotzdem bleibt der größte Teil der Welt von unseren Ausführungen unberührt. Zahllose andere Menschen von verschiedenartigstem Typus haben die Sonne über dem Anbruch des 2. Jahrtausends v. Chr. aufgehen sehen. Bei all ihrer Verschiedenheit haben sie eines gemeinsam: sie nehmen die Welt hin, wie sie ist. Sie leben von dem, was die Natur ihnen bietet, und versuchen nicht wie die anderen Völker, auf die sich unsere Rückschau erstreckte, der Natur einen für sie günstigeren Ablauf aufzuzwingen. Statt anzupflanzen, was sie essen wollen, verspeisen sie, was die Natur wachsen ließ. Statt Tiere, deren Fleisch und Fell sie verwenden wollen, großzuziehen und in geschlossenen Herden zu halten, nehmen sie Fleisch und Häute der Tiere, die sich zufällig innerhalb ihres Lebensbereiches aufhalten. Sie sind Jäger und Fischer und sammeln die wildwachsenden Früchte der Erde.

Mit Ausnahme der wenigen, die in enger Fühlung mit den Bauern und Hirten der Grenzgebiete leben, wissen sie nicht, daß es auch anders sein könnte. Für sie hat es eine andere Daseinsform nie gegeben, und sie können sich eine solche nicht im entferntesten vorstellen. Fisch, Wildbret und eßbare Wildpflanzen sind und bleiben vorerst die einzige, für Menschen denkbare Nahrung, und man kann ihrer nur habhaft werden, indem man sie sich holt.

Die Sonne, die Stadt- und Landvolk des Niltals zu einem neuen Tag erweckt und den Himmel über den Melonenfeldern und Grashütten der Bauern in der Nigerregion bereits erhellt, findet die Jägergruppen im südafrikanischen Veldt schon auf den Beinen und im Begriff, die Verfolgung des Wildes an dem Punkt wiederaufzunehmen, wo das Gestirn tags zuvor über den letzten Augenblicken des dritten Jahrtausends untergegangen ist und damit die Jagd unterbrochen hat. Ein typisches, nicht mehr als vier Mann zählendes Team ist schon seit drei Tagen hinter einer verwundeten Giraffe her. Die Spuren zeigen deutlich, daß das Tier mit zunehmender Wirkung des Pfeilgiftes schwächer wird, und die Leute holen langsam den Abstand auf, der sich vergrößert hatte, als das frischverwundete Tier aus ihrer Umzingelung ausgebrochen war. Beim ersten Schein der Morgendämmerung sind sie aufgebrochen und folgen fast pausenlos der schwachen Fährte, die ihnen sagt, daß sich das Tier in immer kürzeren Abständen ausgeruht hat. Unterwegs fahnden sie fast automatisch nach irgend etwas Eßbarem, wobei sie Eidechsen nicht verschmähen oder eine Lerche von ihren noch nicht flüggen Jungen fortscheuchen. Vielleicht halten sie auch kurz an, um irgendeine Knollenfrucht auszugraben.

Es sind dunkle Menschen von kleinem Wuchs, diese Buschmänner aus dem Veldt, von unwahrscheinlicher Zähigkeit trotz ihrer zwergenhaften Ausmaße, und sie schwatzen munter drauflos, während sie der Spur nacheilen. Ihre Stimmung ist denkbar gut, wissen sie doch, daß die Jagd diesmal erfolgreich sein wird. Vor fünf Tagen, als sie ausgezogen waren, hatte der älteste von ihnen die Umrisse einer Giraffe auf die Wand des Höhlentempels gezeichnet. Es besteht für sie kein Zweifel, daß nur darum das jetzt von ihnen verfolgte Tier in Reichweite ihrer Pfeile geraten ist. Die Zeichnung bewirkt, daß es zur Strecke gebracht wird.

Am Nachmittag erspähen sie endlich ihre Beute, die mit gesenktem Hals und breitgespreizten Beinen im Schatten einer Baumgruppe steht. Bei ihrem Näherkommen versucht das Tier zu fliehen, stolpert aber und wendet sich erschöpft nach seinen Verfolgern um. Diese bleiben in sicherer Entfernung stehen, denn noch droht ihnen Gefahr von den Hufen. Die Buschmänner zielen auf das Herz der Giraffe. Sechs Pfeile müssen abgeschossen werden, bis einer seinen Zweck erfüllt. Das gewaltige Tier erzittert, macht zwei Sprünge und fällt dann unter Zuckungen auf den Boden. Die Jäger treten jetzt hinzu, um ihm mit ihren Steinmessern den Gnadenstoß zu versetzen. Während drei von ihnen an Ort und Stelle bleiben, um das erlegte Wild zu häuten und zu zerlegen, macht sich der vierte auf den langen Weg, um alle Familienmitglieder herbeizuholen.

Eine so gewaltige Fleischmenge läßt sich nämlich nicht zu dem vorübergehenden Wohnsitz der Familien beim Wasserloch unterhalb der Siedlungsgrenze transportieren. Die Menschen müssen sich, wie schon oft, zum Fleisch hinbequemen. Teile davon können für später in der Sonne gedörrt werden, das meiste aber muß man während der folgenden Tage, noch ehe es für den erprobtesten Magen zuviel Hautgout annimmt, an Ort und Stelle verzehren. Die Leute sind es nicht anders gewöhnt. Sie stopfen sich, so lange es geht, den Magen voll, und hungern, so lange sie müssen. So ist es nun einmal bei Jägern.

Die Familie – Frauen, Kinder und alte Leute – bricht daher, sobald die Nachricht angelangt ist, ihr Lager ab. Die einzigen Besitztümer, die sie mitnehmen, sind ein paar Felle für Notunterkünfte, ein Bündel Pfeile und einige Körbe mit zusätzlichen Steinmessern und Schabeisen sowie ein Vorrat an Wurzeln zur Zubereitung von Pfeilgift. Diese Gegenstände werden von den Frauen getragen, während der Familienälteste die Masken, Farben und Affenschwänze trägt, die für die Sicherung des Jagdglücks ungleich wichtiger sind als die Waffen. So sucht sich die ganze, splitternackte Gesellschaft in bester Laune ihren Weg durch das dornige Buschwerk.

So und nicht viel anders geht es in allen heißen Landstrichen zu. In den niederschlagsreichen Wäldern des Kongogebietes wird, ebenso wie im Amazonasbecken, auf andere Tiere Jagd gemacht; man sammelt dort andere Pflanzen und Knollen und hält nach anderem Kleinwild Ausschau. Die Menschen sehen anders aus, und sie sprechen andere Sprachen. Trotzdem sind die Alltagsprobleme überall die gleichen, ebenso die Alltagsvergnügungen. In Südindien und Australien nicht anders als auf der Inselkette zwischen beiden Kontinenten – allerdings nicht auf Neuseeland und den Inseln des Pazifiks, die noch kein Mensch betreten hat – führen Verwandte der südafrikanischen Buschmänner ein diesen ähnliches Dasein. Der große Völkerzug, durch den die Australoiden über die halbe Welt verstreut wurden, liegt viele tausend Jahre weit im Schoß der Vergangenheit. Dieses Geschehen ist seit Millennien im Gedächtnis der Menschen ausgelöscht, so daß die weit auseinanderliegenden Gemeinwesen nichts mehr voneinander wissen. Ihr Horizont ist auf das zugegeben weite Gebiet ihrer Jagdgründe begrenzt, und eine Familiengruppe kommt selten in Berührung mit ihrer Nachbargruppe. Andererseits ist es die Regel, daß die Männer sich ihre Frauen außerhalb ihrer Familiengruppe suchen müssen.

Wir werden den tropischen Jagdvölkern in diesem Buch nicht mehr begegnen. Das heraufziehende Jahrtausend hat ihre Lebensform nicht wesentlich verändert, ebensowenig wie es zu irgendwelchen Berührungspunkten mit der Geschichte führt, die wir erzählen wollen. Wir sollten aber nicht vergessen, daß es diese Jagdvölker gibt, daß sie einen großen Teil der Erdoberfläche bewohnen und daß sie einen bedeutenden Teil der Erdbevölkerung darstellen. Während in Europa und im Fernen Osten Ereignisse abrollen, die historisch besser belegt sind, erblickt eine Generation von Jägern nach der anderen das Licht der Welt, führt ihr Leben zu Ende und stirbt. Sie haben kein geringeres Anrecht auf ihren Platz in der Geschichte der Menschheit als jeder gebildete Bürger von Ur, Theben oder Harappa.

Über den arktischen Regionen steigt an jenem ersten Januartag des Jahres 2000 v. Chr. keine Sonne am Firmament empor. Dennoch leben in den trostlosen Landstrichen an den Polarmeeren Menschen. Sie haben sich vor dem düsteren Zwielicht des arktischen Wintertages in ihren halb unterirdischen Behausungen aus Torf und Stein zusammengefunden, wo es im hellen Licht und in der milden Wärme ihrer Tranlampen recht behaglich ist. Während das neue Jahrtausend auf der Welt heraufdämmert, schlafen sie ruhig weiter, denn wofür lohnte es sich wohl aufzuwachen? In den auf Pfählen dem Zugriff der Wölfe und Füchse entrückten Vorratslagern sind Lebensmittel für viele Wochen gespeichert, ganze Rümpfe von Renen und Seehunden und große Stapel von gefrorenen Fischen. Im Augenblick ist man auf die Jagd nicht angewiesen. Bis zum Tauwetter im Frühling ist es allerdings noch lange hin, und darum wäre es angebracht, sich bei nachlassendem Wind an einem Atemloch im Eis anzustellen und, das Wohlwollen der Götter vorausgesetzt, mit der Harpune einen Seehund zu erlegen. Von dieser Sorte kann man gar nicht genug bekommen, und man hat nicht zuletzt im Hinblick darauf das Winterquartier ans Meeresufer verlegt.

Mittlerweile kann das Weibervolk über den Tranlampen oder am offenen Feuer gleich beim Hauseingang das Essen zubereiten. Die Frauen machen auch mit Hilfe ihrer Schabeisen aus Feuerstein Tierfelle zurecht und nähen daraus mit Knochenahlen aus Sehnen Kleider, in denen die Männer beim langen Warten an den Atemlöchern der eisigen Kälte trotzen können.

Wenn aber die Stürme über das Land rasen und die Männer in den rechteckigen Heimstätten bleiben müssen, sitzen sie herum, reparieren unlustig die Harpunenriemen oder fertigen neue Spitzen aus Knochen oder Walroß-Stoßzähnen oder neue Messer und Schabeisen aus Feuerstein oder Schiefer an. Im Winter hat man Zeit im Überfluß, und so redet man gern von den langen Sommertagen. Die Erinnerungen an das vergangene und die Pläne für das kommende Jahr fließen zusammen.

Wenn das Eis aufbricht, wird die Gruppe weiterziehen, denn dann kann man die Seehunde nicht länger anschleichen, sondern muß sich auf die Suche nach Renen machen. Vor dem Aufbruch werden die Dächer abmontiert, damit Sommersonne und Sommerregen das Innere der Hütten von der winterlichen Verunreinigung säubern können. Dann packen alle ihre Zelte aus Fell, ihre Speere und Harpunen in große Fellboote. Mitunter müssen sie weit fahren, um die Rene zu finden. Oft genug fahren sie aber aus schierer Reiselust weiter. Denn obgleich sie sich in der Nähe einer Herde sicherer fühlen, können sie schließlich immer mit Fischen, Hasen und Beeren auskommen; vielleicht sichtet einer sogar ein Walroß oder einen richtiggehenden Wal, und man kann auf diese

Weise die ganze Familie auf mehrere Tage mit Festbraten versorgen. Auf solche Weise legen sie im Sommer große Entfernungen entlang den arktischen Küsten zurück, und der Sprung von Sibirien nach Alaska oder von Baffin Land nach Grönland oder von Norwegen nach Nowaja Semlja macht ihnen nicht viel aus. Kehren sie dann nicht mehr zu ihrem Winterquartier zurück, so ist das halb so schlimm; man kann immer ein neues bauen oder sich in einem alten, verlassenen Quartier wohnlich einrichten.

An einige feste Daten müssen sich die Menschen allerdings halten. Eines davon ist die Versorgung mit Renfleisch im Herbst, wenn die vorbeiziehenden Herden mittels Harpunen und Fallen ihren Tribut an den Herrn der Schöpfung entrichten. Ähnlich ergeht es den Lachsen im Mündungsgebiet der großen Ströme, wo man ohne Angeln oder Netze die Fische mit der Hand fangen und ans Ufer werfen kann. Schließlich sind da die alljährlichen Herbstmärkte, auf denen man mit den Waldbewohnern an den Flußmündungen zusammentrifft.

Die zwei Volksteile kennen und achten einander, sind aber beiderseitig auf der Hut. Das ganze Jahr über haben die arktischen Jäger einen kleinen Vorrat von Handelsgütern angesammelt: Bein aus Walroß- und Narwalstoßzähnen, Eisbär- und Polarfuchsfelle, Lampentran, geschnitzte Messergriffe aus Rengeweihen. Auf dem Markt werden diese Gegenstände gegen andere getauscht, die die Waldmenschen zu bieten haben: hohlgeschliffene Krummäxte, Otter- und Nerzfelle und mit Honig oder Melasse gefüllte Behälter aus Birkenrinde.

Die Lebensform der arktischen Jäger hat sich jahrtausendelang nicht geändert und wird es auch weitere Jahrtausende lang nicht tun. Ihre fernen Vorfahren haben am Rande des Eisgürtels, der vor undenklichen Zeiten bis in die Norddeutsche Tiefebene reichte, ein ganz ähnliches Leben geführt. Und was ihre Nachkommen betrifft, so wird es, wenn Alaska als 49. Staat in die USA eingegliedert wird, bei diesen nicht viel anders sein.

Auch die Waldmenschen führen ein auf jahrtausendealter Tradition beruhendes Leben. In den ungeheuren Nadelholzgebieten von Nordamerika, Rußland und Skandinavien sind sie während der langen Tage des vergangenen Sommers hinter dem wechselnden Wild hergezogen. Sie haben seit Urzeiten feste Lagerplätze, an denen sie jeweils für einige Wochen ihre aus Tierhäuten gefertigten Zelte aufschlagen, um der Jagd, der Fischerei und dem Einsammeln von Pflanzen und Beeren zu frönen, bis der dezimierte Wildbestand ein Weiterziehen notwendig macht. Ihr Dasein spielt sich in kleinen Gruppen von einigen Familien ab, die für sich leben. Eine Ausnahme bilden die Zusammenkünfte ganzer Stämme, zu denen Hunderte von Familien aus allen Himmelsrichtungen in einem Flußtal zusammenkommen, wo sie gemeinsam ihre Zelte aufschlagen, miteinander feilschen und nicht nur Neuigkeiten, sondern auch Töchter austauschen. Die Männer tun sich zu Beratungen über Krieg und Frieden, Stammesgrenzen, Jagdfragen, Fischrechte und die Nachfolge in der Stammesführung zusammen. Bei diesen Anlässen finden auch die Aufnahmefeierlichkeiten für die jungen Krieger statt, die nach bestandener Probezeit ihren Platz im Rate der Männer erhalten. Dann geht alles wieder auseinander, und die kleinen Gruppen von ledergekleideten Jägern in Mokassins treten durch die endlosen Wälder den Rückmarsch zu ihren eigenen Jagdgründen an.

Jetzt ist es allerdings Winter. Der Schnee liegt schwer auf den Fichten und Rottannen und hat über die Erde eine dichte Decke gebreitet. Man kann sich nur noch mit Schnee-

Diese Darstellung eines Jägers, der einen Elch verfolgt, ist auf einer Felsplatte in Zalavrouga im nordwestlichen Rußland eingeritzt. Obgleich die zeitliche Einordnung ungewiß erscheint, ist sie insofern wichtig, als aus ihr die frühe Benutzung von Skiern hervorgeht (die übrigens durch Funde in finnischen Mooren nachgewiesen sind). Der Jäger ist anscheinend mit Pfeil und Bogen bewaffnet.

schuhen oder Skiern fortbewegen, und auch so ausgerüstet ziehen die Jäger es vor, sich an ihre ausgetretenen Pfade zu halten, die zu den aufgestellten Fallen führen. In dieser Jahreszeit werden die Pelztiere gefangen; mit ihren Fellen wird die abgetragene Pelzkleidung ersetzt und der durch die Herbstjahrmärkte aufgebrauchte Vorrat an Handelsware aufgestockt.

Man lebt jetzt in den Winterquartieren – runden, zeltförmigen Hütten aus Grassoden, die mit Birkenrinde abgefüttert sind – und wird nicht vor dem Frühjahr weiterziehen. Hier, wo die Sonne immerhin um die Mittagszeit etwas Licht und Wärme spendet, gibt es mehr zu tun als bei den arktischen Völkerschaften. Es ist die Zeit des Holzeinschlags und der Zimmererarbeiten. Baumstämme werden ausgehöhlt und zu Kanus verarbeitet; die Siedlung tönt wider von den Schlägen der Grünsteinäxte, unter denen die Boote langsam Gestalt annehmen. Man fertigt neue Schlitten an oder repariert die alten, spannt Tierhäute auf dem Boden aus, um sie mit dem Schabeisen zu behandeln, macht Harpunen, Meißel und Äxte aus Rehgehörnen und versieht Messer aus Schiefer, Feuerstein oder Wildschweinhauern mit Griffen. Es gibt mehr als genug Arbeit, um die wenigen Stunden auszufüllen, während es Tag ist.

Mit der Jagd gibt man sich im Winter nicht viel ab. Es wurden ausgiebige Vorräte von Trockenfisch und Wildbret angelegt, zu denen ein gelegentlich in der Schlinge gefangener Hase hinzukommt. Die Männer sind ohnehin mit der Instandsetzung ihrer

Ausrüstung für den kommenden Sommer voll beschäftigt. Trotzdem bleibt ihnen abends vor dem Hauptfeuer der Siedlung noch die Muße, ihre Werkzeuge und Waffen zu schmükken, indem sie Tierfiguren in die knöchernen oder hölzernen Stiele ihrer Speere oder Äxte einritzen oder die Griffe ihrer Messer rundum mit einem Elch- oder Renkopf schmücken. Diese Schnitzereien werden von den Bewohnern des ebenen Landes weiter im Süden sehr geschätzt, und wer weiß, ob nicht irgendwo in den sagenhaften Regionen noch weiter nach dem Mittag so ein elchkopfgeschmückter Messergriff gar eine kupferne Klinge schmücken wird. Die Frauen sind mit der Kinderpflege, dem Zubereiten der Mahlzeiten und dem Gerben und Verarbeiten der Tierfelle vollauf beschäftigt. Jetzt, wo die Erde hartgefroren ist, bleiben ihnen freilich die Töpferarbeiten erspart, denn der Lehm läßt sich nicht länger ausgraben und mischen. Was jetzt an Töpfen vorhanden ist, muß den Winter hindurch vorhalten.

Dabei zählt die Herstellung von Tonwaren zu den Lieblingsbeschäftigungen der Frauen. Während sich der Lehm Scheibe für Scheibe in dickbäuchige Schüsseln und Zierschalen verwandelt, läßt sich herrlich schwatzen. In den Verzierungen kann künstlerisches Gefühl zum Ausdruck kommen: Sorgfältig ausgearbeitete Linienmuster werden mit dem, was man gerade zur Hand hat – einem zugespitzten Stöckchen oder einem Kamm, einem Stück Peitschenschnur oder einem scharfen Knochensplitter –, in den feuchten Ton eingeritzt. Auch das Brennen der fertigen Töpfe in dem ständig nachgefüllten Ofen bringt viel Spaß, geht dabei doch so manches «Kunstwerk» zu Bruch, oder es kommt nach dem Brand in verzerrter Gestalt oder verfärbt wieder zum Vorschein. Was gelungen ist, wird eifrig verglichen und kommentiert, und man zeigt es voller Stolz den Hausfrauen der Nachbarzelte. Jetzt, im Winter, bleibt den Frauen zur Befriedigung ihrer künstlerischen Triebe nur die Möglichkeit, die von ihnen aus Wildleder genähten Kleidungsstücke mit kunstvollen Fransen und Riemenstickereien zu schmücken. Auch hier ist der Wettbewerb groß.

An den Südrändern der endlosen Waldgebiete nehmen die Jäger auf den Herbstmärkten Verbindung mit den Bewohnern des Flachlandes auf. Während nun die Jäger der nördlichen Wälder überall so ziemlich das gleiche Leben führen, unterscheiden sich die Menschen, denen sie auf den Märkten begegnen, stark voneinander, je nachdem, ob sie in Amerika, Asien oder Europa beheimatet sind.

In Nordamerika treffen sie mit den Büffeljägern der großen Tiefebene zusammen. Sie setzen ihren Stolz darein, sich einzeln und zu Fuß den stärksten Bison auszusuchen und mit ihren Feuersteinspeeren zu erlegen. Noch geht unter ihnen die Sage von Vorfahren um, die vor tausend Jahren den damals im Mississippital ansässigen, gewaltigen Mammut in Fallen fingen.

Die südlichen Nachbarn der asiatischen Waldbewohner sind die Hirten der Steppengebiete. In einem späteren Kapitel werden wir diesen Menschen, die die endlosen Ebenen zwischen dem Schwarzen Meer und der Mongolei durchstreifen, indem sie ihre Schaf-, Rinder- und Pferdeherden von Tal zu Tal und von Wasserloch zu Wasserloch treiben, abermals begegnen.

Im Süden treiben die Hirten Handel mit den Bauern des Mittleren Ostens; diese kennen die Bronze und haben ihnen auch von den von eselbespannten, zweirädrigen Kampfwagen der Sumerer erzählt. Sie experimentieren gerade mit Varianten zu dieser umwälzenden Erfindung: sie bauen schwere, vierrädrige Ochsenwagen und leichte, zweirädrige Streitwagen, die von Pferden gezogen werden sollen. Von solchen Wundern moderner Technik dringen freilich nur unklare und verworrene Gerüchte bis zu den südlichen Ausläufern der Waldregion. Ebenso verirren sich die kupfernen Waffen, von denen man weiß, daß sie unter den reichen südlichen Herdenbesitzern gang und gäbe sind, nur selten nach dem Norden, wenn auch Nachbildungen der kupfernen Streitäxte aus Stein recht häufig vorkommen.

In Europa hören die Nadelwälder nicht im Flachland auf, sie gehen vielmehr in Eichen- und Erlenbestände über, die die tiefliegenden Küstenlandschaften um die Nordsee bedekken, und setzen sich über die mitteleuropäischen Ebenen fort. Hier sind die von den hinterwäldlerischen Bauern angelegten Lichtungen – ein Teil davon verlassen und bereits wieder überwuchert, andere kaum gerodet und für die Aussaat von Weizen und Gerste zwischen den Baumstümpfen vorbereitet. Nahe bei den bewirtschafteten Fluren stehen viereckige Behausungen aus Holz oder Fachwerk mit je zwei Räumen. An den Fjorden und Seeküsten trifft man allerdings ganz andersartige menschliche Siedlungen an.

Obwohl die Bauern nunmehr seit einem Jahrtausend und länger in den Wäldern leben, wissen sie, daß ihre Vorfahren aus dem Süden gekommen sind und ein Land besetzt haben, das ihnen nicht gehörte. Die wirklichen Ureinwohner des Landes sind – das ist ihnen bekannt – die Menschen, die heute in den Muschelhaufen-Dörfern leben und die schon hier waren, als die Vorväter der Bauern ins Land kamen. Sie unterscheiden sich von den Bauern durch helleres Haar und höheren Wuchs und sprechen eine andere Sprache als sie.

Einen Steinwurf von der Küste entfernt liegt die lange, niedrige Anhöhe, auf der das Fischerdorf steht. Sie ist mit Gras bewachsen. Nur im Umkreis der runden Flechtwerkhütten legten grabende Hunde und spielende Kinder den weißgrauen Untergrund von Austernschalen frei, aus denen der ganze Hügel besteht. Es handelt sich dabei um den Niederschlag jahrtausendealter Besiedlung; genauer ausgedrückt: die angesammelten Überbleibsel von Mahlzeiten, die von einhundertundzwanzig Generationen verzehrt wurden. Hinter dem Gewirr der Hütten bildet sich ein neuer Abfallhaufen, der seitlich über den Hügel hängt und nach wie vor hauptsächlich aus Austernschalen besteht; darunter die zerschlagenen und von den Hunden blankgenagten Knochen zahlloser Rene und Auerochsen. Am Rand des Hügels wühlen Schweine den Boden auf in der Hoffnung, unter dem fauligen Laub eine vergessene Eichel zu finden. Die Hunde liegen friedlich zusammengerollt und mit dem buschigen Schwanz über der Nase in der Wintersonne.

Jetzt kommen die Männer aus dem sumpfigen Moor zurück. Sie haben, ohne es zu wissen, den Anbruch des neuen Jahrtausends in ihren ausgehöhlten Kanus miterlebt, wo sie die Morgendämmerung abwarteten, um Wasservögel zu jagen. Über ihren Schultern hängen Bündel von Wildenten und Wasserhühnern, die sie mit ihren mit Feuersteinspitzen versehenen Pfeilen heruntergeholt haben. Was sie heimbringen, genügt jedenfalls für einen Tag, so daß die Frauen wenigstens heute nicht durch das eiskalte Wasser zu den Muschelbänken zu waten brauchen. Während sie die Vögel rupfen, wärmen die Männer ihre klammen Finger am offenen Feuer und erfrischen sich mit einem Trunk Bier aus dem Faß, das sie zusammen mit den Bechern in der vergangenen Woche gegen einen fetten Rehbock von Bauern eingehandelt haben.

Der Handel zwischen den Bauern und den Bewohnern des Muschelhaufens reißt nicht ab. Jedesmal, wenn letztere mehr Wild oder Fische gefangen haben, als sie selbst brauchen, wird der Überschuß zu Fuß oder mit dem Kanu die annähernd zehn Kilometer bis zum nächsten Bauerndorf gebracht. Die Leute im Dorf freuen sich immer über eine Abwechslung in ihrem Speisezettel, und es findet sich stets ein bereitwilliger Kunde, der dafür ein Stück selbstgewebtes Tuch, ein geschliffenes Feuersteinbeil, ein paar Töpfe oder ein Maß Korn oder Bier herzugeben bereit ist.

Mitunter verdingt sich ein junger Mann von den «Muschelhöhen» als Saisonarbeiter bei Bauern, um für sie auf die Jagd zu gehen oder ihnen bei der Ernte zu helfen. Hat er so einen Sommer lang geschafft, so mag er als Lohn eine Kuh nach Hause bringen; manche der jungen Leute betätigen sich seit neuestem in etwas planloser Weise als Viehhalter und roden sogar ein Stück Feld, um es zu bebauen. Freilich liegt ihnen die regelmäßige Arbeit, wie die Landwirtschaft sie erfordert, nicht sonderlich. Bei schönem Wetter machen sie sich vollzählig in ihren Kanus zum Fischfang auf; außerdem besteht immer die Möglichkeit, daß ein Rudel Grönlandwale oder Delphine gesichtet wird oder ein paar Seehunde auftauchen. Dann eilt jeder verfügbare Mann zum Wasser, um die Tiere ans Ufer zu treiben. Auf solche Weise wird der Landwirtschaft nicht die ihr gebührende Aufmerksamkeit zuteil, so daß alle Versuche, sie planmäßig zu betreiben, früher oder später wieder einschlafen.

Die Fischer legen große Entfernungen in ihren ausgehöhlten Kanus oder in größeren, mit Tierfellen überzogenen Fahrzeugen zurück. Manchmal besuchen sie sogar ihre Verwandten in den sumpfigen Niederungen von Ostengland; dann werden bei wehender Nordostbrise die großen quadratischen Segel gesetzt. Im englischen Marschland gibt es Niederlassungen von Jägern und Fischern, und viele von denen, die heute dort leben, sind aus Dänemark und Schweden eingewandert. Die Nordseefischer sind mutige Seeleute, und es ist unter ihnen die Rede davon, daß man doch auf einem der großen fremden Schiffe anheuern könnte, die hin und wieder in den heimischen Gewässern aufkreuzen. Sie haben sich über dieses Thema bereits mit dem Priester des Steinkammergrabkultes im nahe gelegenen Bauerndorf unterhalten.

4
Das Meer

An den Meeresküsten der Welt haben mehr Schiffe den Anbruch des neuen Jahrtausends gesehen, als man denken möchte. Es sind zumeist Galeeren von ziemlich plumper Bauart. Vielfach werden diese Fahrzeuge nachts an Land gezogen, beispielsweise an einen flachen Strand unterhalb der hohen Mauer einer Hafenstadt oder auch an das öde Ufer eines nicht minder öden Hinterlandes. Ihre Mannschaft schläft, in wasserdichte Umhänge gehüllt, neben den Ruderbänken oder unter dem Poopdeck. Es gehen aber auch Schiffe in geschützten Buchten vor Anker, vor allem, wenn die Uferhänge für das Heraufziehen der Fahrzeuge zu steil sind.

Dann werden Wachen aufgestellt, die zum hell werdenden Himmel hinaufblinzeln und gähnend den neuen Tag grüßen. Andere, die an einem hafenlosen Strand von der Nacht überrascht wurden oder vielleicht unter dem Kommando eines besonders draufgängerischen Kapitäns stehen, kämpfen sich auf See durch die Nacht, den Bug dem Wellenschlag zugekehrt und mit kurzen Ruderschlägen, die eben noch für die Einhaltung des Kurses genügen. Dort wird der Tagesanbruch besonders freudig begrüßt, weil man dann endlich die Küste wieder sehen kann, von der die ganze Nacht hindurch bedrohliche Laute zu hören waren.

Bei Sonnenaufgang wird die unter Deck schlafende Ablösungsmannschaft geweckt, werden alle Ruderbänke besetzt und das Segel gehißt, damit die günstigen Winde genutzt werden. So nehmen die Schiffe Kurs auf ihr fernes Ziel. Die Mannschaften der auf Land gezogenen Schiffe warten auf die Flut, mit deren Hilfe sie wieder flottwerden können; andere laden Warenballen und Metallbarren, mit Trinkwasser gefüllte Tierhäute und Säcke voll Gerste ein oder aus, alles unter der Aufsicht des Bootsmaates, während die Offiziere in der Stadt sind, um mit ihren Agenten die Papiere fertigzustellen oder mit den Händlern am Platz Tauschgeschäfte zu tätigen.

Um die Wende des Jahrtausends sind vorwiegend Handelsschiffe auf dem Wasser, und wir wissen viel zuwenig von ihren Unternehmungen. Aber jeder neue archäologische Fund – sei es die Entdeckung einer Küstenstadt oder ein Fund von Keilschrift-Tafeln – bestätigt, daß es damals einen großangelegten Seehandel gab mit regelmäßigen Routen über Entfernungen, die selbst nach heutigen Maßstäben eindrucksvoll sind.

Was den Fernen Osten, Afrika und Amerika betrifft, so wissen wir vom maritimen Handel dieser Erdteile ebensowenig wie von ihren Niederlassungen im Innern des Landes. Fehlende Beweismittel dürfen uns indessen nicht zu der Annahme verleiten, daß es an den Küsten von Indien, Malaya und China keinen Seehandel bis nach Afrika und sogar Amerika gegeben hat. Schriftliche Zeugnisse und archäologische Funde bestätigen die Existenz von Handelsverbindungen durch das Rote Meer, den Persischen Golf und den Indischen Ozean. Die Archäologie bringt hinreichende Nachweise für das Mittelmeerbecken und den nordöstlichen Atlantik. In diesen Räumen war es allerdings den Archäologen schon seit hundert und mehr Jahren möglich, nach Beweismaterial zu su-

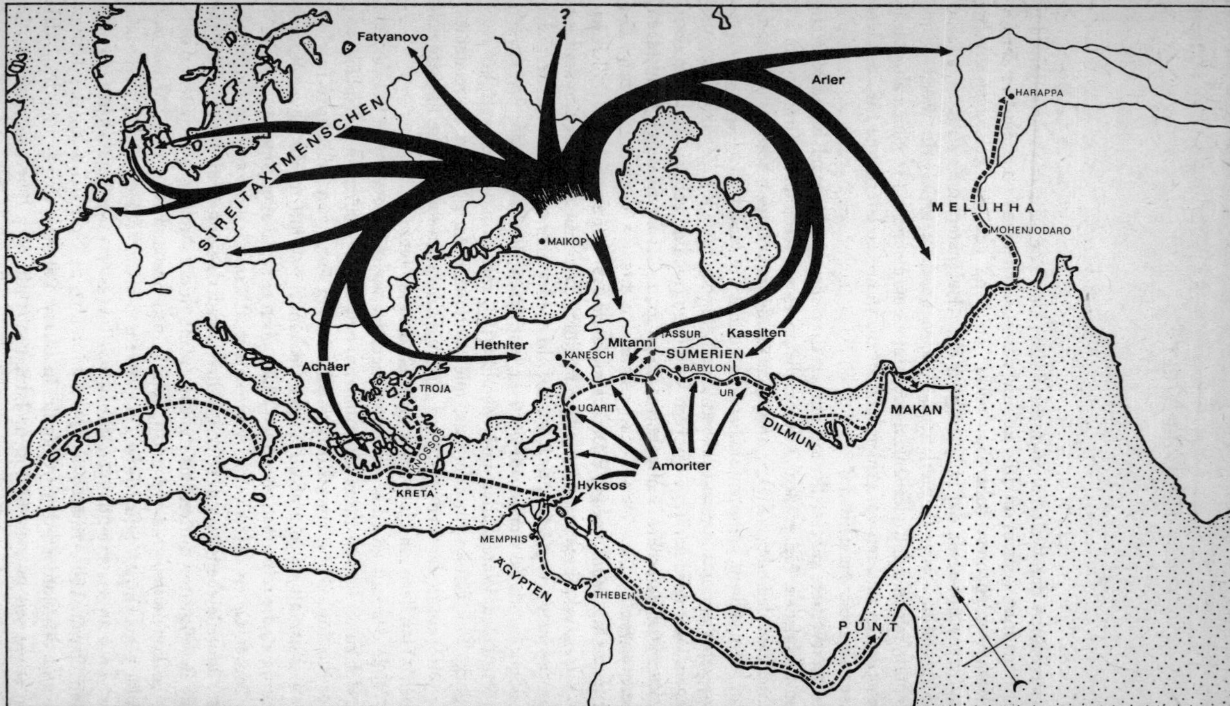

Europa und der Mittlere Osten zu Beginn des 2. Jahrtausends v. Chr. Punktierte Linien bezeichnen Handelsstraßen. Die Geschichte der nächsten fünfhundert Jahre steht im Zeichen indogermanischer Völker aus der südrussischen Steppe und der semitisch sprechenden Amoriter aus den nordarabischen Wüsten.

chen. Man darf annehmen, daß vergleichbare Fakten auch dort zu finden wären, wo sie bisher nicht gefahndet haben. Die folgende Schilderung der seefahrenden Abenteurer vom Jahre 2000 v. Chr. soll daher nicht besagen, daß es so nur in den genannten Regionen war.

Mit Rückenwind – im Persischen Golf bläst er fast immer von Norden – dauerte die Fahrt von Ur nach Dilmun drei Tage. Trotz der Gefahren, die eine solche Reise mit sich brachte – denn Stürme treten dort mit großer Plötzlichkeit auf, und man muß außerdem mit Seeräubern rechnen –, dürften die Kapitäne der Handelsfahrer einen Seufzer der Erleichterung ausgestoßen haben, wenn ihre Schiffe die Segel gesetzt und die lange Fahrt den Euphrat hinab angetreten hatten. Jetzt konnten sie die finanziellen Taschenspieler-Kunststücke vergessen, ohne die sie gar nicht vollbeladen hätten starten können. An Land, im Ischtar-Tempel, sind die Dokumente mit den einzelnen Gewinnbeteiligungen und den keineswegs zinslosen Darlehen hinterlegt, denen das Zustandekommen der Reise zu verdanken ist. Zum Glück ist das zusätzlich komplizierte Zahlungsmittel Geld noch nicht erfunden; die Tontäfelchen sprechen eine beredte Sprache: «Als Gegenleistung für soundso viele Ballen Wollwaren verpflichten sich die Geschäftspartner, bei der Rückkehr ihres Schiffes von Dilmun soundso viele Kupferbarren von guter Qualität zu übergeben. Für etwaige Transportverluste wird keine Haftung übernommen.» Hat man so etwas schon gehört: keine Haftung! Die Kapitäne, die der Zunft der in Ur ansässigen Dilmun-Fahrer angehören, von denen viele von Dilmun oder dem Hinterland stammen, haben für die fetten Kaufleute, die in sicherer Geborgenheit an Land leben, den Profit einkassieren, aber jedes Risiko scheuen, nichts als Verachtung übrig. Der Anblick der in der frischen Brise geblähten Segel, dazu das Bewußtsein einer vollen Ladung Wollwaren an Bord, verscheuchen bald die Sorgen, die nicht zu vermeiden sind, solange man festes Land unter den Füßen hat. Die Windungen des Flusses und die vielen Sandbänke erheischen außerdem die gespannte Aufmerksamkeit der Steuerleute, die achtern die großen Steuerruder bedienen.

Am Nachmittag durchfahren sie die Barriere, die das Mündungsgebiet des Euphrat von den offenen Wassern des Persischen Golfs trennt, und bei Sonnenuntergang wird die Insel Failaka auf der Höhe des Golfs von Kuweit gesichtet. Dort befindet sich an der geschützten Südküste eine kleine Siedlung von Kolonisten aus Dilmun, und dort können die Schiffe ohne Schwierigkeit für die Nacht an Land gezogen werden. Die Kapitäne zahlen gern eine nach ihrer Ladung gestaffelte Abgabe für den Schutz, den ihnen die geschlossene Ortschaft bietet, statt weiter unten an der Küste vor Anker zu gehen und einen Überfall durch die Piraten zu riskieren, von denen es an den Festlandufern wimmelt.

Am folgenden Abend gibt es diese Sicherheit nicht. Nachdem man über Tag an den ockerfarbenen Gestaden entlanggekreuzt ist, muß man im Schutze einer der sandigen Landzungen ankern und die ganze Nacht Wachen aufstellen, weil mit der Möglichkeit von Angriffen durch die Beduinenstämme an Land zu rechnen ist. Mit großer Erleichterung begrüßen die Leute die Morgendämmerung und stechen abermals in See, um den letzten Tag der Reise nach Dilmun hinter sich zu bringen.

Dilmun ist die Insel, die heute unter dem Namen Bahrein bekannt ist. An ihrer Nordküste zeichnen sich, wenn man von der offenen See kommt, die aus Kalkstein erbauten

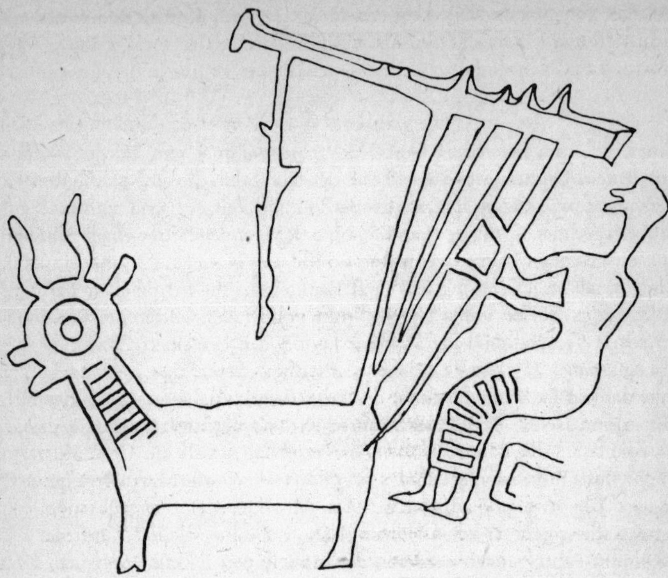

In den Städten Dilmuns spielt sich das Leben auf der gleichen Kulturstufe ab wie im zeitgenössischen Sumerien. Auf diesem in Failaka, Kuweit, gefundenen Siegel spielt ein Musiker auf einer Harfe vom gleichen Typ, wie er in den Königsgräbern von Ur gefunden wurde: Der Resonanzboden hat die Gestalt eines Stiers und ist mit einem stilisierten Stierkopf geschmückt.

Schutzwälle und Tempel von zwei großen Städten gegen das staubige Grün der Dattelpalmen ab. Auf Grund seiner reichlichen Versorgung mit Quellwasser und seiner üppigen Vegetation ist Dilmun schon seit tausend Jahren für sein gesundes Klima und seine Fruchtbarkeit berühmt. Das wissen die Seeleute, und während sie das Schiff auf das abschüssige Ufer hinaufziehen, singen sie die Ballade von Dilmun, dem gottgesegneten Land: wie es die Heimat Ziusudras wurde, den die Götter aus der Sintflut erretteten, und wie Gilgamesch hier das Geheimnis der Unsterblichkeit entdeckte und wieder verlor.

Viele Schiffe sind hier an Land gezogen, und die meisten sind größer als die von Ur. Es sind Ozeanfahrer, die teils aus dem Bergland Makan jenseits der Einfahrt zum Golf stammen, teils aus Meluhna, aus dem Industal, das einen vollen Reisemonat nach Osten entfernt liegt. Zwischen den Besatzungen sind lebhafte Unterhaltungen in verstümmeltem Sumerisch, untermischt mit Brocken aus fast allen östlichen Sprachen, in Gang. Mittlerweile hat sich unser Kapitän in die Stadt begeben, um mit seinem Agenten alles die Ladung Betreffende zu besprechen. Viele Besatzungen kennen einander gut. Sie haben sich nicht nur in Dilmun getroffen; die Schiffe aus Ur sind gelegentlich bis Makan gefahren, während umgekehrt Schiffe aus Makan und Meluhna nicht selten mesopotamische Häfen anlaufen. Fahrzeuge, die nach Dilmun gehören oder deren Mannschaften in der Stadt ansässig sind, segeln von hier aus alle Häfen der damals bekannten Welt an.

Soviel ist sicher: alle zivilisierten Völker, in Ägypten, in Mesopotamien und im Industal, sind vor allem Ackerbauern, auch wenn sie Import und Export betreiben. Es gab andere Kulturvölker, die hauptsächlich vom internationalen Handel lebten; ihr Wohlergehen, ja ihre nackte Existenz stand und fiel mit dem Offenhalten der Schiffahrtsrouten, die sie mit großer Sorgfalt angelegt hatten. An der Spitze der Mächte, die überseeischen Handel trieben, stand Dilmun: es trat als erste von ihnen in die Geschichte ein und ging auch als erste unter. Wir werden später in diesem Kapitel der zweiten Seemacht begegnen, nämlich Kreta. Die dritte von ihnen – Phönizien — tritt erst einige Jahrhunderte später ernsthaft auf den Plan.

Die Männer von Dilmun hingen mit Leib und Seele an der Seefahrerei. Obwohl ihre fruchtbare Insel Wasser im Überfluß besaß und für ihre Datteln berühmt war, und wenn auch im Meer hier viele Perlen gefischt wurden, die unter dem Namen «Fischaugen» nach dem Norden verkauft wurden, konnte sich die Bevölkerung der vielen Städte und Dörfer – ihre Grabhügel liegen noch heute zu Zehntausenden auf den Bahrein – weder von den Erträgnissen des Bodens noch von denen der Fischerei ernähren. Dilmun lebte vom Handel. Es saß gleichsam rittlings auf der wichtigsten Seeroute der damaligen Zeit und konnte daher seine Schiffe nach Mesopotamien und in die Häfen des Indusbekkens entsenden; gleichzeitig bot es dank seiner offenen Reeden und flachen Ufer den Schiffen aller Kulturvölker um den Indischen Ozean die willkommene Möglichkeit zum Landen. In seinen Mauern befand sich einer der größten Märkte der östlichen Welt, auf dem die landläufigen Verbrauchsgüter wie auch Luxuswaren, die von den großen Kulturvölkern im Norden und Osten gekauft wurden, umgeschlagen wurden. Das Hauptgeschäft bestand im Tausch von mesopotamischen Textilien gegen Kupfer aus den Minen von Makan, von dem wir immer noch nicht wissen, wo es genau lag, das aber wahrscheinlich an der Muskatküste (Oman) zu suchen ist. Ein großer Teil des Kupfers, das die Bronzeschmiede der sumerischen Städte verarbeiteten, kam zweifellos über die Dilmun-Märkte aus Makan. Aber auch Luxusartikel aus dem Industal wurden gehandelt.

Wenn die Kupferbarren im Laderaum der Handelsschiffe verstaut waren, nahmen die Kapitäne noch eine Deckladung indisches Holz an Bord – Mangrovenstangen für Bauzwecke oder auch Teakholz. Und schließlich füllten sie ihre Truhen mit kleinen, aber schweren Goldbarren, dazu Kämme, Figurinen und Schatullen aus Elfenbein, auch weiche Ledertaschen mit Karneol- und Lapislazulisteinen aus dem fernen Afghanistan. Mitunter wurde sogar Jade zum Kauf angeboten, dessen Herkunft allerdings niemandem bekannt war. Oft waren die Kisten in der Kajüte unter dem Heck mit Dingen gefüllt, deren Wert den der ganzen Ladung übertraf. Sie trugen die schützenden Siegel der Kaufleute von Dilmun und wurden außerdem ständig von zwei zuverlässigen Besatzungsmitgliedern bewacht, während das vollbeladene Fahrzeug in nördlicher Richtung gegen den Wind stampfte, den sicheren Gefilden von Failaka und den Kapitalisten zu, die sie in Ur erwarteten.

Tausend Meilen im Westen – soviel beträgt die Breite von Arabien – segelten andere Schiffe auf dem Roten Meer, das um 2000 v. Chr. ebenfalls eine wichtige Seefahrtroute war. Trotz dieser ihrer Bedeutung wissen wir sehr wenig über diese Route. Unsere geringen Kenntnisse verdanken wir den Aufzeichnungen ägyptischer Könige und Staatsbeamten, die nur ausnahmsweise und aus einem bestimmten Anlaß an der schriftlichen Fixierung des Handels mit überseeischen Gebieten interessiert waren. Wenn es dort selbständige Kaufleute gegeben hat, so wurden deren Geschäftsberichte sicher auf Papyrusrollen geschrieben, die im Verlauf der Zeit zugrunde gegangen sind, im Gegensatz zu den Aufzeichnungen über den Handel von Dilmun, die auf wetterbeständigem, gebranntem Ton eingeritzt sind. Im übrigen hat sich die archäologische Forschung nie ernsthaft mit dieser Schiffsroute befaßt.

Endziel der ägyptischen Schiffe war das Land Punt, dessen Lage der Phantasie der Leser überlassen bleibt. Trotzdem war Punt dem Ägypter von 2000 v. Chr. vom Hörensagen wohlbekannt, und er wußte genau, wo es sich befand. Weit länger, als es durch mündliche Überlieferung feststand (*wir* wissen, daß es sich um einen Zeitraum von gut tausend Jahren handelt), waren Güter aus Punt nach Ägypten geliefert worden, und mindestens dreihundert Jahre lang waren ägyptische Schiffe auf der Route nach Punt gefahren.

Sie traten die Seereise von dem Punkt des Roten Meeres an, der der ägyptischen Hauptstadt Theben am nächsten lag – und es dürfte kaum auf bloßem Zufall beruhen, daß Theben am großen Nilknie erbaut war, wo der Strom sich bis auf hundert Meilen der Küste des Roten Meeres nähert. Von dort fuhren sie in südlicher Richtung – wie weit, ist unbekannt. Die offiziellen Aufzeichnungen erwähnen nur die staatlichen Expeditionen nach Punt, doch hat es sicher in Ägypten und auch am Persischen Golf private Kaufleute und Unternehmer gegeben, die aus eigener Initiative und um des Gewinns willen, den ihnen die Fracht auf der Rückfahrt brachte, die große Reise auf sich nahmen: denn die Waren, die die königlichen Geleitzüge heimbrachten, sind von unermeßlichem Wert. Die Listen verzeichnen Gold, Elfenbein und Ebenholz, Weihrauch und Myrrhe, Affen, Leoparden und Sklaven, unter letzteren hauptsächlich Zwerge – alles Güter, die auf den ägyptischen Märkten hohe Preise erzielten. Sie vermitteln uns nebenbei den einzigen konkreten Hinweis auf die Topographie von Punt. Der Weihrauch muß (wie er es heute noch tut) von Hadramaut an der Südküste Arabiens gekommen sein; das Gold, das Elfenbein und das Ebenholz aus Zentralafrika. Was die Zwerge betrifft, so dürften sie, den Grabmalereien in Ägypten zufolge, von den Pygmäen aus dem afrikanischen Busch herstammen. Dennoch sind die eigentlichen Einwohner von Punt, die mit auf dem Rücken zusammengebundenen Händen abgebildet wurden, keine Neger, denn sie werden in roter Farbe, die nach ägyptischer Gewohnheit den hamitischen Rassen vorbehalten ist, dargestellt. Es könnte sein, daß wir hier einem weiteren seefahrenden Handelszentrum wie Dilmun auf der Spur sind, einer merkantilen Großmacht mit Sitz irgendwo beim Ausgang des Roten Meeres an der afrikanischen oder arabischen Küste, die ihre eigene Flotte aussandte, um Handelsgüter an den Gestaden Arabiens und weit im Süden des afrikanischen Kontinents zusammenzutragen. Die Schiffe dieser unbekannten Macht waren vielleicht bei Anbruch des 2. Jahrtausends v. Chr. ebenso zahlreich auf den Wassern des Roten Meeres und des Indischen Ozeans vertreten wie die ägyptischen. Sie brachten die Erzeugnisse der südlichen Länder auf die Märkte Ägyptens und luden dort Leinenballen und Fertigwaren für die Rückreise.

Weit im Norden, jenseits der Landenge von Suez und drei Tage Fahrt mit dem Segelschiff von der Nilmündung entfernt, lag Kreta, die bedeutendste Handelsmacht von allen.

Von den Höhen ihrer Kalksteinklippen und Vorgebirge aus konnten die Bewohner der winzigen Dörfer das blaue Mittelmeer überschauen, ohne in irgendeiner Richtung Land zu sehen. Aber die weißen Segel, von denen das Meer übersät war, erzählten von Ländern jenseits des Horizonts: im Süden Ägypten, im Osten Kleinasien, im Norden Griechenland und im Westen eine ganze Welt.

Die Männer von Kreta haben die See ebenso lange befahren, wie sie den Boden bebaut haben, nämlich – auch wenn sie sich dessen kaum bewußt waren – weit über tausend Jahre. In ihrer Überlieferung findet sich kein Hinweis auf die Herkunft ihrer Vorfahren, und selbst heute läßt sich diese Frage nicht beantworten. Die ältesten Spuren, die der Mensch auf Kreta hinterlassen hat, stammen von Bauern aus der Steinzeit, deren Werkzeuge und Töpfereiwaren eine verwirrende Mischung von nahöstlichen und ägyptischen Merkmalen aufweisen. Diese bäuerlichen Urväter sind also vielleicht aus zwei Richtungen in Kreta eingewandert; woher sie aber auch kamen, eines steht jedenfalls fest: sie kamen auf Schiffen. Jetzt sind die steilen Gebirgstäler und die terrassierten Hügelketten von zahllosen kleinen Dörfern und alleinstehenden landwirtschaftlichen Großbetrieben dicht übersät. Man baut Getreide, Oliven und Obst an; Hornvieh und Schweine weiden in den Tälern, während die Ziegen auf den Bergen ihre Nahrung suchen.

An den Küsten der Insel liegen die größeren Dörfer und eigentlichen Städte; die Fischerboote sind zusammen mit einem gelegentlich anlaufenden Frachter auf den schmalen Strand gezogen. Die Gold- und Kupferschmiede sowie die Edelsteinhändler können von ihren aus Holz und Ziegeln erbauten Läden, deren Fronten offenstehen, die steilen Straßen entlang hinunter bis zum Strand blicken, wo es sehr geschäftig zugeht, und darüber hinaus bis zur blauen See, die der Horizont abschließt. Sie schwatzen, wie das Krämer und Handwerker mit Vorliebe tun, über die Schwierigkeiten, mit denen der Handel zu kämpfen hat, über die steigenden Preise der Rohmaterialien, über den Mangel an Arbeitskräften und die winzige Gewinnspanne. Sie stellen Betrachtungen über den Bestimmungsort des Schiffes an, das gerade am Strand beladen wird, und tauschen die neuesten Nachrichten und Gerüchte aus, die sie von ihren Söhnen oder Brüdern in Übersee erhalten haben. Unter ihnen gibt es kaum eine Familie, die nicht mehrere Mitglieder im Ausland hat. Ein Kupferschmied erwähnt seinen im nördlichen Troja lebenden Bruder, der seit fünf Jahren dort ansässig ist, und zwar, wie die Sitte es bei einem Landfremden erheischt, außerhalb der Stadtmauern der reichen kleinen Festungsstadt am Eingang der Dardanellen. Er kauft Rohkupfer und gelegentlich auch Gold im Hinterland von Kleinasien und von den Küstenfahrern der Schwarzmeerroute und liefert das Metall nach Abzug einer hohen Gewinnspanne an seinen Bruder und andere Mitglieder seiner Zunft zu Hause in Kreta. Diese jammern über den ständigen Engpaß beim Bezug von Rohmaterialien zu annehmbaren Preisen und träumen von den Profiten, die sich ergeben werden, wenn zwei seit anderthalb Jahren auf See befindliche Schiffe, voll beladen mit spanischem Kupfer und Zinn von noch weiter her, erst wieder aus den fast mythischen westlichen Landen zurückgekehrt sein werden.

Geschichten, erzählt von Reisenden aus dem ganzen Mittelmeerbecken und aus dem Küstengebiet des Schwarzen Meeres, kann man in Hülle und Fülle in dieser kleinen kretischen Hafenstadt hören. Viele dortige Handwerker und Gewerbetreibende haben in ihrer Jugend weite Seereisen unternommen, und sie werden nicht müde, davon zu berichten. Es gibt unter ihnen so manchen, der jahrelang in den Diensten der Könige und Notabeln von Ägypten stand; andere haben Goldschmiedeartikel, bronzene Dolche und Äxte in den Küstensiedlungen Griechenlands oder auf den Inseln der Ägäis, auf Zypern oder in der Levante an den Mann gebracht. Es war ein abenteuerliches Dasein, aber nicht ohne materiellen und auch ideellen Gewinn. Dank der Gunst der Muttergöttin – beim Gedanken an sie wendet man den Blick unwillkürlich der in einer Mauernische untergebrachten, kleinen gedrungenen Steinfigur zu – gelten diese Leute jetzt als bedeutende Bürger, und sie haben ihre kleinen, aber wohlgebauten Häuser und ihre Familiengrabkammern außerhalb der Stadt.

Jetzt wird das allerdings anders, und man ist über den Wandel keineswegs erbaut. Weiter oben am Berg, der sich hinter der Stadt erhebt, ist ein gewaltiger Palast im Entstehen – ein prunkvoller Komplex von Dächern, Säulengängen und breiten Freitreppen. Heute, viertausend Jahre später, wissen wir nicht, warum ausgerechnet an diesem Punkt der kretischen Geschichte das alte, offenbar auf dem Gleichberechtigungsprinzip beruhende System Städten weichen mußte, die von derartigen Palastanlagen beherrscht werden. Sie wachsen gleichzeitig an drei Orten in den Himmel: in Knossos, Phaistos und Mallia, und sollen zweifellos den Machtanstieg einzelner regierender Fürsten anzeigen; denn in der Kette der archäologisch verbürgten Tatsachen fehlt kein Glied, so daß nichts für eine Periode der Fremdherrschaft spricht.

Nicht daß die Machtergreifung der Fürsten an sich erstaunlich wäre, wenn auch die Mitglieder der Handwerkszünfte wahrscheinlich davon überrascht wurden. Jedes System des privaten Handels trägt in sich den Samen der Oligarchie. Unter solch einem System vermag nur eine erdrückende Steuerlast die Reichen am Nochreicherwerden zu hindern – andererseits waren Steuern von solchen Ausmaßen damals unbekannt. Wahrscheinlich sind also die Millionäre von Kreta mit Hilfe ihres Geldes an die Macht gelangt und haben sich diese Paläste errichtet. Jedenfalls sehen sie, den Grundrissen nach zu urteilen, mehr wie Fabriken als wie Festungen aus. Sie sind die Zentralen der Massenproduktion von Verbrauchsgütern, Warenhäusern und Handelskontoren, gleichzeitig aber auch Stätten von Luxus und Wohlleben. Verteidigungsanlagen wurden nicht gebaut, weder für die Paläste noch für die von ihnen beherrschten Städte. Daraus können wir folgern, daß die Machtablösung auf friedliche Weise erfolgte, und zum zweiten, daß die Schiffe der stärksten Seemacht der Welt einen ausreichenden Schutz für das Land Kreta darstellten.

Die Schiffe aus Kreta, die nach den fernen westlichen Ländern ausfuhren, fanden dort eine von der ihrigen vollkommen verschiedene Welt. Die Kapitäne auf großer Fahrt waren halb Handelsherren, halb Pioniere. Ihre nachhaltigste Spur sollten sie, freilich ohne sich dessen bewußt zu sein, als Missionare zurücklassen. Wir wissen von ihnen auf Grund ihrer Leistungen; doch ist es außerordentlich schwer, Menschen danach richtig zu beurteilen.

Die Besatzungen dürften wohl nicht nur aus Kretern bestanden haben. Hinzu kamen Leute von allen Inseln der Ägäis und von der kleinasiatischen Küste, deren Bewohner, wie in Troja, vom Handel lebten. Vielleicht waren nicht alle Schiffe in kretischem Besitz, ja es ist wahrscheinlich, daß der Welthandel von Kaufleuten aus der ganzen Ägäis finanziert wurde. Die Mannschaften müssen, wie man sehen wird, von tiefer Religiosität erfüllt gewesen sein. Sie trugen Bilder und Amulette der großen Muttergöttin ihrer Heimat, seltsam abstrakte, geigenförmige, weibliche Figuren. Sie kamen aus Gegenden, wo die von sehr tiefer Religiosität zeugenden Beisetzungsbräuche es erforderten, daß die Toten in tief in den Felsen gehauenen Gemeinschaftsgräbern oder in runden, als überirdische Gewölbe angelegten Grabkammern zur Ruhe gebettet wurden.

Dem Kapitän standen viele Schiffsrouten zur Verfügung. Als ersten Punkt konnte er Malta oder Sizilien oder die südöstliche Küste Italiens anlaufen. Dort fand man überall kleine Handelsniederlassungen der eigenen Landsleute vor. Vielleicht war da nur ein kretischer Agent mit zwei oder drei womöglich eingeborenen Gehilfen; vielleicht beschränkte sich das Ganze auf ein paar Familien ägäischer Herkunft, die ihren Lebensunterhalt zusätzlich durch Fischfang und Ackerbau bestritten. Die Schiffe aus der Heimat, die zwei- oder dreimal im Jahr anliefen, brachten Versorgungs- und Handelsgüter und nahmen anschließend die Landesprodukte an Bord, die der Agent seit ihrem letzten Besuch angesammelt hatte. Nur selten ergab sich so eine volle Ladung, so daß die Schiffe in Richtung Sardinien, Südfrankreich oder Südspanien weiterfuhren.

Die spanischen Handelsniederlassungen waren vielleicht die wichtigsten auf der ganzen Route. In Spanien gab es Kupfer und sogar Gold und Zinn. Fast immer durfte man hier auf eine volle Ladung für die Heimfahrt rechnen, so daß die meisten Schiffe von hier aus die Rückreise antraten. Schließlich war die Fahrt von Kreta nach Spanien auch lang genug. Eine Ortschaft, die heute Los Millares heißt, war dazumal das bedeutendste Zentrum der östlichen Mittelmeerkultur in Spanien. Von Los Millares nach Knossos war es fast genausoweit wie von Ur zur Mündung des Indus. Es gab aber anscheinend doch Schiffe, die durch die Säulen des Herkules hindurchfuhren und entlang der Küste von Portugal mühsam gegen die atlantischen Brecher ankämpfen, dann den Golf von Biskaya durchquerten und nach der Bretagne weiterfuhren, um schließlich nordwärts in die geschützten Gewässer der Irischen See vorzustoßen und an der irischen oder walisischen Küste zu landen. Dieser zweite Teil der Reise führte ebensoweit von Los Millares fort, wie dieses von Kreta entfernt war. Es ist ausschließlich der Anziehungskraft des in den irischen Flüssen gewaschenen roten Goldes zuzuschreiben, wenn die Draufgänger unter den Schiffskapitänen den Gefahren trotzten, die der Atlantische Ozean und die gesamten, den Stürmen zugekehrten Küsten Europas heraufbeschworen. Es sieht aber so aus, als ob der eine oder andere von ihnen noch weiter gefahren wäre. Auf dem Weg durch den Ärmelkanal oder über Scapa Flow sind offenbar immer wieder Schiffe aus der Ägäis bis nach Dänemark gesegelt, wo sie eine über viertausend Meilen lange Reise beendeten. Dabei handelte es sich, das muß betont werden, nicht um vereinzelte Bravourstücke von waghalsigen Kapitänen. Es gibt Beweise dafür, daß in der von uns dargestellten Epoche Schiffe aus dem ägäischen Raum bereits seit mindestens zweihundert Jahren die nordeuropäischen und britischen Häfen anzulaufen pflegten – also seit einem Zeitpunkt, der für die Menschen von damals ebensoweit zurückliegt wie für uns die erstmalige Bekanntschaft der Europäer mit der Kartoffel.

Das Beweismaterial für diese Reisen ist allerdings noch dürftig und läßt verschiedene Lesarten zu. Da es für die Interpretation der Geschehnisse in den folgenden tausend Jahren wichtig ist, müssen wir es hier genau überprüfen.

Überall an diesem Reiseweg, auf Malta, Sizilien und Sardinien, an der Westküste Italiens und der Südküste Frankreichs, an den Süd- und Westküsten Spaniens bzw. Portugals, in der Bretagne, in Wales, Irland und Dänemark findet sich eine bemerkenswerte, einheitliche Gattung von Grabstätten, die an den genannten Stellen erst wenige

Jahrhunderte vor 2000 v. Chr. in Erscheinung tritt. Solche Grabstätten bestehen aus geräumigen Grabkammern, die für die Toten einer ganzen Gemeinde bestimmt sind; der Zugang erfolgt durch einen Korridor, der manchmal in den Naturfels gehauen ist, in anderen Fällen aus einem gemauerten Steingewölbe oder aus einem durch aufrecht stehende Steinplatten gebildeten Gang besteht, der mit liegenden Platten abgedeckt wird. Es kommt auch vor, daß die Grabstätten sich aus allen diesen Teilen zusammensetzen. Ihre Ähnlichkeit mit den Gemeinschaftsgräbern in Kreta und im ägäischen Raum fällt sofort auf, und sie wird um so größer, je näher die Vergleichsobjekte zum östlichen Mittelmeerraum liegen. Es kommt hinzu, daß Muttergöttin-Idole und in Stein geschnittene Reliefdarstellungen der Göttin sich vielfach in diesen Grabkammern und in den zu ihnen gehörenden Siedlungen vorfinden, wobei die Übereinstimmung um so auffallender wird, je näher man an Kreta heranrückt.

Andererseits ist die unmittelbare Wareneinfuhr aus Kreta in jenen Gegenden damals nur selten. Bisher ließ sie sich nur in Italien, Sizilien, Malta und Sardinien nachweisen. In Spanien und Portugal finden sich Kupferdolche, bei denen es sich um einheimische Nachahmungen kretischer Vorbilder handeln könnte. Nördlich von Portugal stößt man indessen auf keinerlei Spuren von Bronze und Kupfer, wenngleich Steinäxte und Dolche – eindeutige Nachahmungen in Stein von kupfernen Vorbildern – in den Gräbern auftauchen.

Für diesen Sachverhalt gilt es, eine Erklärung zu finden. Augenscheinlich wurde um 2200 v. Chr. eine in Kreta und der Ägäis heimische Bestattungsart in den europäischen Küstenregionen von Italien bis Dänemark eingeführt, wo sie bisher nicht bekannt war. Ferner steht fest, daß diese Neuerung damals nicht im europäischen Binnenland Fuß faßte. Später verbreitete sich die neue Sitte dann auf dem Wege der wechselseitigen Befruchtung in weiteren Küsten- und Binnenlandgebieten. Die Verehrung einer kretischen Göttin geht Hand in Hand mit den Bestattungszeremonien, doch läßt sich dieser Kult nicht überall nachweisen, namentlich nicht im Norden. Gegenstände, deren Herkunft aus Kreta feststeht, sind – zumindest in einer für die archäologische Forschung genügenden Anzahl – nur in etwa einem Viertel der von der neuen Bestattungsform erfaßten Gegenden nachweisbar.

Daraus hat man schließen wollen, daß die bis in den europäischen Norden vorgedrungenen Seefahrer keine Kaufleute, sondern Missionare waren. Nun dürften die Finanzierungsschwierigkeiten bei Missionsreisen von so gewaltigen Ausmaßen damals noch größer gewesen sein als heute, so daß die Schiffe zumindest ihre Fahrkosten durch zusätzliche Handelsgeschäfte decken mußten. Die einleuchtendste Erklärung für das Fehlen von ägäischen Handelsgütern in Nordeuropa während der Zeit, in der der Grabkammerkult dort Verbreitung fand, wäre, daß bei Handelsfahrten von so gewaltigen Ausmaßen entlang den Küsten von Europa ein mehrmaliger kompletter Ladungsumschlag vorgenommen werden mußte, wenn die Reise sich rentieren sollte. So, wie es heute noch die arabischen Küstensegler aus Muskat oder Dubai halten, die jedes Jahr den Weg von und nach Sansibar zurücklegen und unterwegs jeden Hafen anlaufen, haben vor viertausend Jahren die kretischen Handelsschiffe ihre ursprüngliche Ladung wohl im ersten Hafen gelöscht und sie durch örtliche Produkte ersetzt, wie Getreide, Häute oder feines Tuch, mit denen am nächsten Haltepunkt wiederum ein Geschäft zu machen war. Und so ging es weiter; bei jedem Umschlag konnte der Kapitän einen Gewinn einstreichen, den er in

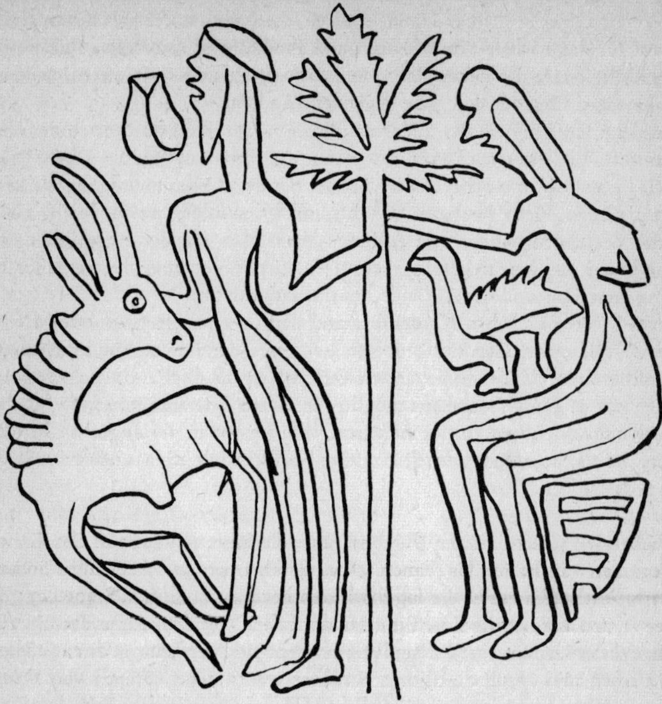

Ein runder Prägestempel aus Bahrein mit zwei menschlichen Figuren, einer Dattelpalme und einer Gazelle. Darstellungen von Gazellen befinden sich sehr häufig auf den Stempeln aus Dilmun.

leicht zu transportierenden Werten wie Gold, Zinn und Halbedelsteinen anlegte. Nur dank der Möglichkeit, den Laderaum mehrmals nutzbringend aufzufüllen, war eine endlos lange Reise in Gegenden, die von den Gütern der hochzivilisierten Städte noch so gut wie nichts wußten, überhaupt wirtschaftlich tragbar. So dürfen wir am Endpunkt der Reise in Dänemark als Tauschobjekte keine Kupferdolche und Silberbecher kretischen Ursprungs erwarten, sondern vielmehr die Erzeugnisse des Landes, wo zuletzt haltgemacht wurde: nämlich flache Hellebarden und Äxte aus gegossenem Kupfer sowie goldene Lunulen aus Irland. Und gerade das finden wir in Dänemark.

Die Schiffe, die bei den Stranddörfern von Irland, Wales und Dänemark an Land gezogen wurden, und ihre Besatzungen darf man aber mit Sicherheit als von Kreta kommend ansehen. Die fremden Männer verbreiteten dann offenbar ihren Glauben an die Muttergöttin und die Sitte der gemeinsamen Grabkammern. Daran kann auch der langsam fortschreitende Stilwandel bei den Grabkammern von gemauerten Natursteingewölben im Süden bis zu den aus großen, flachen Steinplatten errichteten Konstruktionsformen im Norden nichts ändern. Allerdings weist dieses Phänomen darauf hin, daß die örtlichen Vertreter der kretischen Handelsherren, die Agenten, die an Ort und Stelle verblieben, um für das nächste Schiff Waren und Produkte zu sammeln (und die in ihrer Freizeit als Missionare der neuen Religion walteten), keine Kreter waren, sondern ehemalige Faktoreigehilfen aus den nahe liegenden Ländern.

So sind denn bei Anbruch des 2. Jahrtausends v. Chr. die Schiffahrtslinien der Welt gut organisiert. Vielleicht sind sie nicht so alt, daß ihre Anfänge im Dunkel der Vergangenheit liegen. Der mesopotamische Handel mit dem Osten und der ägyptische Handel mit dem Süden dürfte heutigen Gesichtspunkten zufolge damals bereits ein halbes Jahrtausend bestanden haben; ihre Anfänge lagen also von der Schwelle des zweiten Jahrtausends aus gesehen ungefähr ebensoweit in der Vergangenheit wie für uns die Entdeckung Amerikas und die Anfänge des transatlantischen Handels. Der Handel Kretas mit dem Westen und dem Norden bestand damals erst seit zwei- oder dreihundert Jahren, was, auf unsere Geschichte übertragen, etwa der Entdeckung Australiens entspricht. Solche alten Handelsbeziehungen verknüpfen die Welt in vielen Punkten. Für einen Inder war es damals durchaus möglich, in einem Zeitraum von zwei bis drei Jahren nach Skandinavien und zurück zu reisen. Wie weit er in der anderen Richtung fahren konnte, läßt sich vielleicht durch künftige Nachforschungen an den Küsten des Fernen Ostens feststellen.

Hiermit haben wir unsern kurzen Überblick über die Welt von 2000 v. Chr. beendet, einer an Kontrasten nicht minder reichen Welt, als sie es in einer beliebigen anderen Geschichtsperiode ist. Wir haben die Hochkulturen der großen Flußtäler gesehen: Nil, Euphrat, Tigris und Indus, mit ihrem jahrhundertealten, auf künstliche Bewässerung der Fluren angewiesenen Bauernstand und der hochentwickelten Kultur ihrer Städte. Dank ihrer politischen und gesellschaftlichen Struktur waren der Gebrauch von Bronze, die Schrift, das Einplanen von landwirtschaftlichen Überschüssen zwecks Erhaltung der Monarchie, des Priester- und des Handwerkerstandes für sie eine Selbstverständlichkeit, ebenso die Vermehrung ihrer eigenen Produkte durch die Einfuhr von Luxuswaren und lebensnotwendigen Dingen.

An der Peripherie und außerhalb dieser hochzivilisierten Gebiete konnten wir einen landwirtschaftlichen Gürtel finden mit Bauern, die sich steinerner Geräte bedienen und während der letzten dreitausend Jahre die Kunst der Bodenbestellung weiter im Westen, vielleicht aber auch im Osten und Süden verbreitet haben, bis den Pionieren durch die atlantischen Küsten Europas und die Ränder der großen Fichtenwälder im Norden Einhalt geboten wurde. Über das Vordringen der landwirtschaftlichen Pioniere in Indien, China und Afrika waren wir auf Mutmaßungen angewiesen, und wir haben uns auch das Puzzlespiel der damaligen Bodenbewirtschaftung in Peru angesehen.

Es ist uns nicht entgangen, daß die Kenntnis des Ackerbaus auch über den Kaukasus in nördlicher Richtung vorgedrungen ist und die Jäger der russischen Steppe sich in Besitzer und Betreuer von Rinderherden und in Pferdezüchter verwandelten. Endlich sind wir auch mit den Jägern, Fischern und Pflanzensammlern zusammengekommen, mit Menschen, die seit unvordenklichen Zeiten vom Einsammeln dessen gelebt haben, was die Erde von sich aus an Eßbarem hervorbringt. Sogar heute sind solche «Sammler» auf der Erde nicht gänzlich ausgestorben; vor vier Jahrtausenden bildeten sie die Mehrzahl der Erdbevölkerung und erstreckten sich über den größten Teil des Globus. Ganz unberührt sind diese Menschen allerdings damals von der neuen bäuerlichen Lebensform auch nicht geblieben: ihre Art, sich an der Peripherie der säenden und erntenden Gebiete mit dieser Lebensform abzufinden, wurde uns gleichfalls vor Augen geführt.

Zum Schluß haben wir die Seewege betrachtet, die die zivilisierten Teile der Welt miteinander verbanden, sich bis zu den von den Meeresküsten gebildeten Grenzen der Zivilisation vorschoben und so den Kontakt der Pioniere mit den Kulturzentren aufrechterhielten. Wir sahen, wie Städte und Länder, die sich dem Seehandel verschrieben hatten und deren Wohlstand und kulturelles Niveau nicht hinter dem der alteingesessenen Kulturstaaten zurückblieb, diese Handelsverbindungen immer mehr ausbauten und dabei ihre religiösen und kulturellen Gepflogenheiten weit über die Welt verbreiteten.

Während der nun folgenden tausend Jahre wird allen diesen Völkerschaften gar so manches zustoßen.

ZWEITES BUCH

Die Streitwagen

5
Die Steppenreiter
2000 - 1930 v. Chr.

Die Berge des Kaukasus versperrten den Nomaden den Weg nach Süden: niedrige grüne Hügel, die man hinaufgaloppieren konnte, ohne die Pferde zu überanstrengen, dann waldige Hänge, Felsgeröll, steile, mit Gehängeschutt bedeckte Täler, wo das Futter schon knapp wurde, und schließlich abschüssige Berggrate aus grauem Gestein, die zum Himmelsblau hinaufragten, von Schneeadern überzogen und gekrönt von herabhängenden Gletscherzungen, die keines Menschen Fuß je betrat. Die Berge zogen sich von einem Meer zum anderen. Man mußte zehn Tage ohne Unterbrechung in schnellstem Tempo fahren, um sie hinter sich zu bringen, und sie ließen sich nirgends überqueren. Es gab nur eine einzige steile Paßstraße in der Nähe des Schwarzen Meeres, auf der die Pferde immer Schritt gehen mußten und die nach drei Tagereisen zu dem blauen Glast des Meeres und schließlich zu der kleinen Bucht hinunterführte, in der die Schiffe der Bronzehändler anlegten.

Die Nomaden — die Streitaxtmenschen, wie ihre Nachbarn sie vielleicht nannten – fühlten sich höchst unbehaglich, wenn sie in südlicher Richtung zu sehr in die Nähe des kaukasischen Gebirgsriegels oder der felsigen Ufer des Schwarzen oder des Kaspischen Meeres gerieten. Nach Norden war das anders. Da dehnten sich die endlosen, von Gras bewachsenen Ebenen wellenförmig aus; braungebrannt zur Sommerzeit und schneebedeckt im Winter, im Frühling jedoch grün, so weit das Auge reichte. Nach Norden und Nordwesten verliefen die Grasflächen sich im endlosen Raum; die einzige Unterbrechung der einförmigen Landschaft bildeten die gewaltigen, träge fließenden Ströme Wolga, Don und Dnjepr. Sogar die schnellsten Boten, über die die Nomaden verfügten, brauchten trotz des ausgezeichnet durchorganisierten Pferdewechsels mindestens einen Monat, um die endlosen Flächen zu durchqueren und die Nadelholzregion zu erreichen, von der es hieß, sie erstrecke sich ohne Unterbrechung bis zum Eismeer im hohen Norden.

Richtung Norden konnten die Streitaxtmenschen mit ihren Herden von kleinen, dunklen Rindern und ihren untersetzten, muskulösen Pferden nach Herzenslust umherstreifen. Diese Pferde waren ihr ganzer Stolz.

Die Vorfahren der Nomaden hatten von der Jagd gelebt: zu Fuß hatten sie mit ihren Hunden Antilopen, Wildrindern und Wildpferden der Steppe nachgestellt. Tief im Süden, im sagenumwobenen Zweistromland weit hinter den Bergen und lange vor der Zeit, zu der das Gedächtnis zurückreichte, hatte man mit der Aufzucht von Schafen und Hornvieh begonnen, wobei man die Tiere zunächst in Gefangenschaft hielt. Als der Gedanke, es ebenso zu machen, den Steppenjägern wenige Jahrhunderte vor dem Beginn unserer Schilderung vermittelt wurde, griffen diese ihn begierig auf. Hornvieh wurde in großen Mengen zusammengetrieben; aber auch das Pferd – ein in Mesopotamien unbekanntes Tier – wurde gezähmt, zunächst nur im Hinblick auf sein Fleisch und seine Milch.

Seit der Einführung der Viehwirtschaft war die Bevölkerungszahl bereits sprunghaft angestiegen. Etwas über zweihundert Jahre vor dem Anfang unserer Geschichte – zu einem Zeitpunkt, als man die Pferde noch nicht ins Geschirr spannte – hatten die ersten Auswanderer bereits der Steppe den Rücken gekehrt und sich nach Süden gewandt. Der Reichtum an Metallen und die Kunstfertigkeit der Metallarbeiter in den Ländern südlich des Kaukasus zog sie an. Sie hatten sich im nordöstlichen Kleinasien ein eigenes Königreich zurechtgeschneidert; und dort, in Alascha Höyük, wurden die Gräber ihrer Könige gefunden, unterirdische, aus Holz gefertigte Kammern, in denen die toten Herrscher inmitten einer Überfülle des kostbaren Metalls lagen, dessentwillen sie hierhergekommen waren.

Dann brachten Wanderer aus dem Süden eine ganz neue Idee mit. Sie erzählten von der Gepflogenheit in südlichen Ländern, Haustiere, z. B. Ochsen und Esel, zum Ziehen von zweirädrigen Karren abzurichten. Die Ochsen erwiesen sich als fügsam und waren imstande, im Schritt schwere Lasten zu ziehen. Bei den Pferden war es anders: man brauchte eine lange Übungszeit, um ein Pferd zu bändigen – und auch wenn das geschafft war, vermochte es nur ganz leichte Karren zu ziehen. Diese allerdings beförderte es sehr schnell. Spannte man zwei Pferde vor einen für den Transport von zwei Mann eingerichteten Streitwagen, so entwickelten sie ein Tempo, das bisher in der Geschichte der Menschheit nie erreicht worden war. Jedenfalls lief das Pferd viel schneller als der Mensch.

Kein Wunder also, daß das Pferd als Diener der Götter allgemeine Verehrung genießt. Muß nicht sogar der Sonnengott, der alle anderen Götter an Macht überragt und an einem einzigen Tage den Himmel von Horizont zu Horizont durchquert, auf seinem Weg von Pferden gezogen werden?

Durch die Erfindung des von Pferden gezogenen Karrens werden die Fesseln, die der Raum den Menschen auferlegt, gelockert. Den Hirten fällt das freie Verfügungsrecht über die Steppe in den Schoß.

Jetzt fangen die Streitaxtmenschen an, sich nach Norden in Marsch zu setzen und gleichzeitig in östlicher und westlicher Richtung fächerartig auszugreifen. Das Land, in das sie vorstoßen, ist keineswegs leer. Versprengte Gemeinschaften von Hirten, Volksstämme, die noch im Stadium der umherstreifenden Jäger leben, werden überrannt, wobei sie die neue Kunst des Wagenbaus und -fahrens lernen und sich dem Vormarsch anschließen.

Im Jahr 2000 v. Chr. ist die nach außen gerichtete Expansion der Hirtenvölker in den südrussischen Steppen bereits seit drei oder vier Generationen in Gang. Die Vorhuten dieser Bewegung nähern sich in westlicher Richtung bereits dem Rhein, während ihre Fluten sich im Osten am Uralgebirge brechen. Dennoch gibt es einen gewissen Zusammenhalt; der lose Bund einzelner Stämme untereinander, wie er in der eigentlichen Heimat zwischen dem Schwarzen und dem Kaspischen Meer bestanden hatte, bleibt nach wie vor erhalten. Der Vormarsch geht zwar schneller vonstatten als jede frühere Völkerwanderung, aber wiederum nicht schnell genug, um die Stammesverbindungen aufzulösen. Mit dem Pferdewagen können Boten in wenigen Monaten von einem Ende des sich immer mehr ausdehnenden Territoriums zum anderen gelangen.

Ein im Jahr 2000 v. Chr. geborenes Nomadenkind weiß von den losen verwandtschaftlichen Bindungen zwischen allen Hirtenstämmen, die der Länge und Breite nach Mittel- und Osteuropa bevölkern. Es ist selbst zum Wandern vorausbestimmt und wird sein Leben lang kaum je unter einem dauerhafteren Dach schlafen als den filzgedeckten Zelten seines Volkes. Wenn es überhaupt einen Ort gibt, den es als seine «Heimat» bezeichnet, denkt es dabei an das Land nördlich des Kaukasus – wahrscheinlich an die Gegend rund um das heutige Maikop, wo die reichgeschmückten Gräber der alten Fürsten, die den aus Holz gefertigten Grabkammern von Alascha Höyük sehr ähnlich sind, unter ihren grasbedeckten Hügeln liegen.

Wo auch immer die Weideflächen seines Volkes liegen, die Erziehung und die ersten Kinderjahre des im Jahr 2000 geborenen Nomaden sind überall ähnlich. Wenngleich es der Archäologie gelungen ist, die materiellen Funde aus der Zeit der «Streitaxtmenschen» sieben Kulturkreisen zuzuschreiben, die Ähnlichkeit im großen ist überzeugender als die kleinen Abweichungen der Töpfereitypen oder Begräbniszeremonien, auf die die Teilung sich stützt. Aber die Abweichungen verstärken sich mit dem Fortschreiten der Zeit, und zwar deshalb, weil einzelne «Horden» von Streitaxtmenschen sich langsam von dem Hauptstrom absondern. Sie werden gleichzeitig auf verschiedenartige Weise von den Völkern beeinflußt, mit denen sie während ihrer Wanderzeit in Berührung kommen. Das Jahr 2000 v. Chr. steht am Beginn dieser Wanderzeit, so daß die Gleichartigkeit der Stämme damals noch nicht verlorengegangen war.

Daß die Nomaden heute als Streitaxtmenschen bekannt sind, hat seinen guten Grund. Die Streitaxt ist ihre charakteristische Waffe, und jeder Mann besitzt eine. Sie wird ihm zum Zeitpunkt der Geschlechtsreife übergeben, und zwar bei einer Initiations-Feier, in deren Verlauf er in den Kriegerstand aufgenommen wird, unter Zeremonien, die ebenso kunstvoll und barbarisch gewesen sein dürften wie die uns von den Prärieindianern bekannten. Dieser «Tomahawk» ist das persönliche Eigentum jedes einzelnen Kriegers; der Waffe wohnt eine symbolische, ja vielleicht religiöse Bedeutung inne, die weit über ihren praktischen Nutzen hinausgeht, und sie wird beim Tode ihres Besitzers mit ihm beerdigt und so gelegt, daß er sie unmittelbar vor Augen hat.

Die Streitäxte selbst sind Kunstwerke. Je näher ihre Besitzer an ihrer ursprünglichen Heimat nördlich des Kaukasus leben, desto eher sind die Äxte aus Metall: aus massivem Kupfer, mit einem Loch zum Einführen des Schaftes und einer schmalen Schneide. Man möchte meinen, sie seien von Metallschmieden südlich des Gebirges hergestellt, nach dem Muster der Arbeitsäxte und Breitbeile des südlichen Mesopotamien geformt und von den Nomaden im Norden gegen Vieh und Häute, vielleicht sogar gegen die ersten Pferde, die über den Kaukasus gekommen sind, eingehandelt. Weiter im Norden gibt es kein Kupfer, deshalb sind die Äxte dort aus Stein. Sie werden nach dem gleichen Vorbild gearbeitet: schmale «Tomahawks» mit einem Schaftloch und einer schmucken Linienverzierung, die den Metalläxten nicht nur ähneln, sondern die jene offenkundig nachahmen sollen. Die Gußfugen der Metallaxt, die Furchen im Metall, die sich als Folge eines nicht tadelfreien Zusammenspiels der beiden Hohlformhälften gebildet haben, werden oft auf Steinäxten nachgebildet, während andererseits die Wahl des Steines, der häufig von rötlicher oder grauer Farbe ist, dem wohlerwogenen Versuch gleichkommt, eine halbwegs gelungene Nachbildung einer Kupferaxt herzustellen. In anderen Fällen werden Schmucksteine wie z. B. Porphyr benutzt, wobei Farbe und Maserung des Steins durch vorsichtiges Schleifen und Polieren zur Geltung gebracht werden.

Der Ehrenplatz für das Kriegsbeil in den Gräbern ist nur ein Bestandteil der reichhaltigen Begräbniszeremonien, die uns soviel über Leben und Anschauungen der Streitaxtmenschen sagen. Das Ritual ist in der Hauptsache das gleiche, ob es sich nun um die Beisetzung eines der frühen Könige aus der Gegend von Maikop handelt oder um einen schlichten Hirten aus dem nordeuropäischen Flachland. Die Leichen liegen immer auf der Seite, mit angezogenen Beinen, das Gesicht nach Süden gerichtet. Bei den Geschlechtern besteht ein Unterschied: Die Männer liegen auf der rechten Seite mit dem Kopf nach Westen, Frauen auf der linken Seite mit dem Kopf nach Osten. Und auch in den einfachsten Gräbern findet sich außer der Streitaxt zumindest ein Trinkgefäß, das in Reichweite des Toten aufgestellt ist. Freilich sind die Gräber durchaus nicht immer bescheiden ausgestattet. Insbesondere die Gräber von Maikop, die wahrscheinlich kurz vor 2000 v.

Eine silberne Vase aus Maikop ist mit dieser bemerkenswerten eingravierten Landschaft verziert. Im Hintergrund erhebt sich der Kaukasus; ein Bär weidet in der vorgelagerten Hügellandschaft. Dem Gebirge entströmen zwei Flüsse; sie durchqueren die Steppe, auf der Wildpferde, Rindvieh und Löwen umherstreifen.

Chr. angelegt wurden, weisen eine Fülle von Schmuckgegenständen von eindeutig königlicher Herkunft auf. Das prächtigste von ihnen besteht aus drei in Holz ausgeführten unterirdischen Kammern. Der Hauptraum enthält die Überreste eines Mannes, die unter einem mit Löwen und Stieren geschmückten Baldachin liegen. Der Tote trägt reichen Halsschmuck aus Türkis und Lapislazuli und ist umgeben von Trinkschalen und Vasen aus Gold, Silber und Stein, in die Szenen aus dem Bergland sowie Gruppen von Tieren einschließlich Pferden und Ochsen eingeritzt sind. Er hat drei mit einem Ansatz versehene Kupferäxte neben sich. In den Nebenräumen liegen Diener des Toten, ein Mann und eine Frau, denen entsprechend weniger kostbare Votivgaben mitgegeben wurden.

Die heute noch vorhandenen Gegenstände aus dem Besitz Verstorbener berichten uns einiges über das Leben der Steppennomaden. So wissen wir dank der vielen Pfeilspitzen aus Feuerstein, die in Gräbern gefunden wurden, daß diese Menschen nicht nur mit der Axt, sondern auch mit dem Bogen umzugehen verstanden. Die zweirädrigen Karren, die sich in den Gräbern fanden, beweisen, daß man bereits die Kunst des Wagenbaues und des Fahrens beherrschte und Tiere anzuschirren verstand. Zwei große, aus Bernstein gefertigte Knöpfe, die neben den Halswirbeln der Toten gefunden wurden, lassen uns vermuten, daß eines ihrer wichtigsten Kleidungsstücke ein loser, am Hals zugeknöpfter Umhang war. Andere Hinweise auf die Kleidung der damaligen Menschen besitzen wir nicht, doch dürfen wir annehmen, daß sie sich auf die Webkunst verstanden.

Anscheinend haben sie zu Göttern des Himmels und des Horizonts gebetet, was bei Nomaden und Hirtenvölkern üblich ist – während die Bauern zur Anbetung von Göttern und Göttinnen neigen, deren Wohnsitz sie in das Erdinnere oder in bestimmte Merkmale des Landschaftsbildes verlegen. Daß ihre Toten durchgehend mit dem Gesicht nach Süden liegen, läßt vermuten, daß sie Sonnenanbeter waren. Der spätere Verlauf der Dinge, den wir zu gegebener Zeit miterleben werden, bestätigt das ebenso wie die die Sonne darstellenden goldenen Scheiben aus den Gräbern ihrer Verwandten im nördlichen Kleinasien. Man nimmt auch an, daß das Pferd als heilig verehrt wurde. Daß der Axt eine rituelle und symbolische Bedeutung zukam, haben wir bereits gesehen.

Was für Menschen sind nun diese Leute, die im Jahr 2000 v. Chr. halb Europa mit ihren Streitwagen beherrschen und im Begriff stehen, ihren Machtbereich noch zu vergrößern? Wir wissen dank zahlloser Skelettfunde, daß es eine langköpfige Rasse war, die von einem Ende ihres Ausdehnungsgebietes bis zum anderen homogen bleibt. Sie tragen heute den im Hinblick auf ihre Herkunft gut gewählten Namen Kaukasier, eine Rasse, aus der sich nach wie vor ein Hauptbestandteil der europäischen und mittelöstlichen Völker zusammensetzt. Höchstwahrscheinlich ist ihre Sprache indogermanisch und gehört zu der Sprachgattung, zu der die meisten europäischen Sprachen, ferner das Persische und das Hindustani zählen. Nun muß man freilich den Unterschied von Sprache und Rasse beachten. Wenn Völker von zwei verschiedenen Rassen und Sprachen aufeinanderstoßen und sich vermischen, bleiben beide Rassen ebenso wie alle ihre Kreuzungsformen erhalten. Normalerweise unterdrückt aber eine Sprache die andere völlig. Die Sprache ist daher kein Rassenmerkmal, und es wäre unrichtig, wollte man allein ihretwegen die Streitaxtmenschen als Indogermanen bezeichnen. Trotzdem wird das auf den folgenden Seiten öfters geschehen; womit allerdings lediglich ein Volk gemeint ist, das eine indogermanische Sprache spricht und eine wesentliche Beimischung der kaukasischen Erbmasse sein eigen nennt, auf die die Streitaxtmenschen zurückgehen. Werden sie doch auf der Bühne des 2. Jahrtausends v. Chr. eine der Hauptrollen spielen – ein Grund mehr, weshalb sie einen Namen tragen müssen. Als was sie sich selbst bezeichneten, wissen wir nicht. Sie konnten nicht schreiben und haben keine Geschichte mit Ausnahme dessen, was die Archäologen über sie zutage fördern können.

Während des auf das Jahr 2000 folgenden Menschenalters ist die Ausbreitung der mit Streitäxten bewaffneten Indogermanen das bedeutendste Ereignis. Den Angehörigen der von Landwirtschaft und Handel lebenden Kulturvölker im Süden kam diese Tatsache allerdings nicht zum Bewußtsein. Für sie bleiben die Völkerwanderungen jenseits der zahllosen Bergketten zwischen der östlichen Türkei und dem westlichen Persien, hinter denen noch das gewaltige Bollwerk des Kaukasus aufragt, ohne sonderliches Interesse. In ihren Augen spielen – wie immer bei unmittelbar Beteiligten – die lokalen Probleme und Auseinandersetzungen die ausschlaggebende Rolle.

In Südmesopotamien, wo sechzehn Jahre vor dem neuen Jahrtausend die von Ur über das ganze Gebiet ausgeübte Herrschaft gestürzt worden war, blickt der König von Isin, Ischbi-Irra, trotz seiner Waffenbrüderschaft mit den Herrschern des östlich gelegenen Elam mit einiger Sorge auf den König von Larsa, Naplanum, der seinerseits von seinen Blutsbrüdern, den Amoritern aus der syrischen Wüste, unterstützt wird. Ehe die im Jahr 2000 geborenen Kinder herangewachsen sind, hat Isin seine südlichsten Besitzungen – die Städte Ur und Eridu – an Larsa verloren. Der Vorgang ist, außer für die Einwohner der beiden Städte, ziemlich belanglos. Sie werden im Verlauf dieses und des folgenden Menschenlebens noch mehrmals den Besitzer wechseln.

In Ägypten stürzt Amenemhet, der das Land seit dem Beginn des Jahrtausends de facto regierte, schließlich ein Jahrzehnt später den letzten Herrscher der XI. Dynastie, Mentuhotep V., und setzt sich als ersten Pharao der XII. Dynastie die Doppelkrone von Ober- und Unterägypten auf. Es handelt sich dabei um eine unblutige Revolution, von der das Volk kaum betroffen wird. Einschneidender ist dieses Geschehen für die Bewohner von Syrien und Palästina, die Amenemhet im Verlauf der nächsten Jahre seinem Herrschaftsbereich einverleibt, und zwar durch eine Reihe von Kriegszügen, die sich bis zu der aufstrebenden Stadt Ugarit nahe an der Grenze der heutigen Türkei erstrecken.

In jenen frühen Jahren des neuen Jahrhunderts bauen die Handelsfürsten von Kreta ihre neuen Paläste prächtig aus; von dem, was im fernen Nordosten auf den Steppen Rußlands vor sich geht, dringt keine Kunde bis zu ihnen. Sie erhalten ihre Nachrichten auf dem Seeweg, und lediglich von den Endpunkten dieser Routen erreichen sie unklare Gerüchte über das Auftauchen eines neuen Volkes. Die erste Berührung zwischen den Streitaxtnomaden aus Rußland und den handeltreibenden Missionaren aus der Ägäis hat im fernen Skandinavien stattgefunden.

Auf ihren peripherischen Vorstößen hatten die im Nomadenstand lebenden Hirten vor länger als einer Generation mit den am weitesten östlich gelegenen mitteleuropäischen Siedlungen der Bauernstämme aus dem Donaubecken den Kontakt aufgenommen. Die Dörfer dieser Siedler waren über die sumpfigen Niederungen der westlichen Teile Polens und der Ukraine verstreut; um für sie und die sie umgebenden Gerste- und Hirsefelder Platz zu machen, hatte man große Stücke aus der Waldlandschaft herausgeschnitten. Oft lagen die Dörfer etwas erhöht, auf hügeligem Gelände, das aus den feuchten Niederungen herausragte und von drei Seiten Schutz bot. Dort lebten die Dörfler in Fachwerkhäusern, die dick mit Lehm verschmiert und – etwa vierzig an der Zahl – kreisförmig angeordnet waren. Die Häuser enthalten zwei oder mehr Räume, mit Lehmböden und wabenförmigen Lehmöfen, in denen die Frauen das Essen kochen. Von der Hand der Frauen stammen auch, wie wir bereits erfahren haben, die überraschend hochentwickelten Töpfereiwaren mit ihren in Rot, Weiß und Schwarz aufgemalten Blätter- und Spiralmotiven. Die Werkzeuge und Waffen der Männer sind aus Stein oder Feuerstein, doch wurden nahe den Schwarzmeerküsten durch Händler aus Troja und der Ägäis kupferne Äxte eingeführt, ebenso Nadeln und Schmuck und sogar etwas Gold.

Die Hirten sind anscheinend mit ihren Herden an den Bauerndörfern vorbeigezogen, ohne in ihrem Vormarsch gehindert zu werden. In der Tat ist es ein bemerkenswertes Charakteristikum des Zuges des «Streitaxtmenschen», daß er nirgendwo Kampf, Mord oder plötzliche Todesfälle nach sich zieht. Die Erklärung liegt wahrscheinlich darin, daß die Dörfer sehr klein waren und daß die Hirten Weideland für ihre Rinder und Pferde auf den Steppen fanden, während die Bauern den schweren Lößboden der dichten Wälder vorzogen, und so gab es Land genug für alle. Beide Völker standen sich nicht auf Tod und Leben gegenüber.

Natürlich ist nicht anzunehmen, daß die Bauern den Hirten einen besonders herzlichen Empfang bereitet haben. Es wird da und dort Zusammenstöße gegeben haben und mancherlei Anlaß zu starkem Mißtrauen, gelegentlichen Verstimmungen und ausgesprochener Angst auf beiden Seiten. Wäre es aber zu ernsten kriegerischen Auseinandersetzungen zwischen der seßhaften Bevölkerung und den Zugewanderten gekommen, so hätten wir Spuren hiervon in Gestalt von verbrannten Dörfern und eingeschlagenen Schädeln gefunden. Jedenfalls war keine der beiden Seiten für einen solchen Krieg ausgerüstet. Die Dörfer der aus dem Donaubecken zugewanderten Bauern lagen erhöht auf Hügelkämmen oder auf Halbinseln, die sich in Seen vorschoben. Es war ein leichtes, sie mit Hilfe von Palisaden und Gräbern zu befestigen, was übrigens bei vielen von ihnen schon der Fall war. Solche Befestigungsanlagen umkreisten die mit Bogen und Streitäxten ausgerüsteten Krieger auf ihren Wagen, ohne etwas zu erreichen; trotz ihrer Beweglichkeit konnten sie mit ihren leichten Waffen noch weniger anfangen, als in ferner Zukunft die Indianer bei ihrem Bemühen, die Festungswerke der nordamerikanischen Kolonisten zu erstürmen. Kamen andererseits die Bauern aus ihren Einfriedungen heraus, um die Offensive zu ergreifen, so waren sie den schnellfahrenden Hirten auf Gnade und Ungnade ausgeliefert.

Übrigens haben die Nomaden ihren Zug nach Westen ohne nennenswerte Mengen von rollendem Material angetreten. Es sind sogar Zweifel darüber geäußert worden, ob ihre Vorhuten überhaupt Pferde besessen haben. Aber es ist schwer, mit negativen Beweismitteln einen Standpunkt zu vertreten. Wie das bei Nomaden nicht anders zu erwarten ist, stößt man nur äußerst selten auf Überbleibsel ihrer Lager, wo man noch am ehesten irgendwelche Hinweise auf das Vorhandensein von Pferden finden müßte. Wir kennen zahllose Gräber von Streitaxtmenschen, doch war ein Pferd viel zu wertvoll, um mit seinem toten Herrn begraben zu werden. Fest steht jedenfalls, daß das zahme Pferd, bis zum Erscheinen dieses Menschenschlages unbekannt, dann einige Generationen später überall gezüchtet wurde. Man muß wohl annehmen, daß die Nomadenstämme Pferde besaßen, da sie das Land der Bauern so schnell durchziehen konnten.

Die Hirtenvölker sind nicht bei Nacht und Nebel durch die Gegend gezogen. Wenn ihr Tempo auch von heute aus gesehen – aus einem Abstand von viertausend Jahren – imponierend schnell erscheint, so wurden die Nomaden doch nicht etwa vom Bewußtsein eines geschichtlichen Auftrags vorangetrieben, von einem inneren Zwang, so weit nach Westen vorzustoßen wie möglich. Wo sie gute Weideflächen fanden, blieben sie – vielleicht zehn Jahre lang, vielleicht für immer. Sie überließen es wohl auch anderen Stämmen, sie bei einem Vorstoß ins Schlepptau zu nehmen. Manchmal zwang sie der Bevölkerungszuwachs und die dadurch erforderliche Vergrößerung ihrer Herden, ihren Aktionsradius von sich aus zu vergrößern.

In den Jahrzehnten nach 2000 v. Chr. hat eine Anzahl von ihnen den Rhein erreicht; andere gelangten bis nach Dänemark und Schweden.

In Dänemark stießen sie auf die Erbauer der steinernen Grabkammern, die «Megalithmenschen», deren Handelsverbindungen und kulturelle Kontakte sich auf dem Seeweg bis nach Kreta erstreckten. Zuerst vermischten sie sich nicht miteinander, lebten doch die seßhaften Bauern hauptsächlich in Küstennähe und auf den Inseln, umgeben von dichten Eichen-, Eschen- und Ulmenwäldern. Die eingewanderten Streitaxtträger beschränkten sich auf das im Binnenland gelegene Rückgrat Jütlands, wo für ihre Herden gute Weidemöglichkeiten bestanden. Das Land war keineswegs menschenleer. Seit unvordenklichen Zeiten hatten Jäger in kleinen Trupps diese Gegend bewohnt und vom Ertrag ihrer mit Feuersteinspitzen versehenen Pfeile und Speere gelebt. Mit dem Einzug der Hirten und Herden verschwinden diese Jäger allmählich von der Bildfläche; sie wurden aber wohl kaum ausgerottet, sondern eher aufgesaugt. Dennoch hat man den Eindruck, daß der Waffenstillstand zwischen Bauern und Hirten in Jütland schwieriger aufrechtzuerhalten war als sonstwo. Die Streitaxtmenschen hatten das Meer erreicht und konnten nicht mehr weiterziehen, wenn ihr Weideland erschöpft war. Trotzdem deutet nichts auf Kriegshandlungen hin. Wer indessen zu Beginn des Jahrtausends als Kind der ersten, die indogermanische Sprache sprechenden Hirten in Jütland das Licht der Welt erblickt hat, erlebte, wie die Grabkammer-Bauern an der Küste ihre Dörfer verließen und auf die dänischen Inseln auswanderten. Die Streitaxtleute trugen sich vielleicht mit dem Gedanken, den Geflüchteten zu folgen; ihre Stammesbrüder in Südschweden hatten inzwischen wohl gleichfalls von der gegenüberliegenden Seite aus ein Auge auf die dänischen Inseln geworfen.

Im Süden, den Rhein entlang, gab es andere Ereignisse und Probleme. Aus irgendeinem Grund stießen die Nomaden nicht über den Rhein vor. Vielleicht wurden ihnen die Wälder zu dicht. Sie hätten die weiten Ebenen verlassen müssen, den Lößboden, dem sie die Grasflächen und die für sie so wichtige Bewegungsfreiheit verdankten. Vielleicht war auch das Land jenseits des Stromes ohnehin durch die Siedlungen seßhafter Einwohner zu stark bevölkert. Oder der Ausdehnungsdrang der Nomaden hatte seine Schwungkraft verloren. Schließlich hatten sie genug Länder überrannt, und es war an der Zeit, sich irgendwo fest niederzulassen.

Die Menschen, die in den ersten Jahren des 2. Jahrtausends v. Chr. jung gewesen waren, fingen in vorgerückten Jahren an, ihre Gewinne zu festigen. Jetzt waren diese Wanderungen nur noch saisongebunden; sie zogen innerhalb eines begrenzten Gebietes von einem Weidegrund zum anderen. Sie söhnten sich mit den Bauern aus, und im Zuge der Verbrüderung ergaben sich manche Bindungen zwischen den Angehörigen der zwei Völker. Die folgende Generation bestand blutsmäßig und kulturell aus Mischlingen. Eine Differenzierung trat ein, als die immer weiter verstreuten Stämme keine Verbindung zueinander mehr hatten und sie in Kunst, Handwerk und Lebensgewohnheiten von den verschiedenartigen Völkern beeinflußt wurden, unter denen sie sich niedergelassen hatten.

Die Menschen indogermanischer Sprache hatten sich über einen riesigen Raum verbreitet. Sie hatten die landwirtschaftlichen Gebiete von halb Europa überrannt und waren im Norden bis in die subarktischen Nadelholzgebiete vorgestoßen, die seit eh und je den Jägern gehörten. Einhundertundfünfzig Meilen nordöstlich von Moskau haben die Hirten, die in der Gegend von Fatyanovo seßhaft geworden waren, manches aus der Überlieferung der Jäger gelernt und dazu die Kunst, Bären, Wölfe und Rene mit Fallen zu fangen. Gleichzeitig sieht es aber so aus, als hätten sie besonders enge Beziehungen zu dem gut tausend Meilen im Süden liegenden Land ihrer Herkunft aufrechterhalten. Jedenfalls schwingen ihre Häuptlinge kupferne Streitäxte, und sie tragen kupferne und silberne Armreifen, Halsbänder und Ohrringe.

Von Fatyanovo bis zum Rhein werden die um das Jahr 2000 v. Chr. geborenen Menschen, die in ihrer Jugend an der großen Völkerwanderung teilgenommen hatten, noch als alte Leute auf die Kuban-Steppe nördlich des Kaukasus als auf ihre angestammte Heimat zurückblicken – so verschieden auch die nationalen Gefühle ihrer Enkel sein mögen. Ihre nahen Verwandten leben noch im Kubangebiet und gehören dort jetzt dem Ältestenrat der verbliebenen Stämme an. Ihre Großeltern haben ihnen vom Anfang der großen Wanderung erzählt; sie selbst haben sie miterlebt und vielleicht an ihr teilgenommen, ehe sie sich für ihre alten Tage in die heimischen Weidegründe zurückzogen. Jetzt sitzen sie vor ihren Zelten und sprechen über die Vergangenheit – oder über die Zukunft.

Immer öfter wenden sie ihre Blicke nach Süden. Dort liegen die Gebirgsketten des Kaukasus, und hinter ihnen weitere Berge. Weideland für das Vieh gibt es dort nicht,

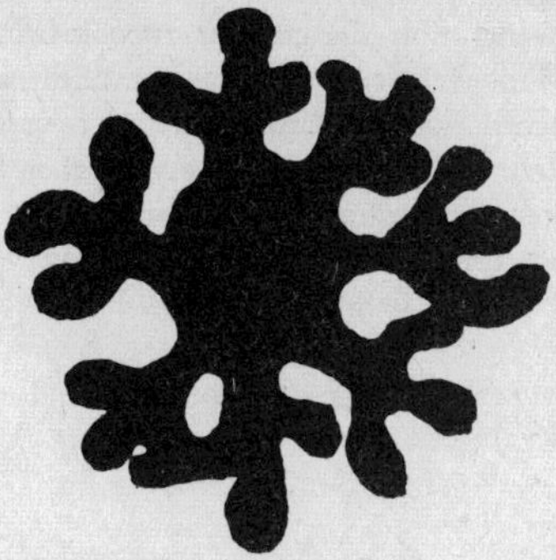

Sonnenscheibe aus einer schwedischen Felszeichnung.

aber jenseits der vielen Berge ist der Reichtum der Welt gestapelt: Kupfer, Gold und Edelsteine, prächtige Städte und üppige Felder. Von dorther kommen die Handelsleute mit ihren Bronzeäxten, die sie, wenn irgend möglich, gegen Pferde tauschen möchten. Die Alten denken an ihre Blutsbrüder, die vor dreihundert und mehr Jahren in den Norden Kleinasiens ausgewandert waren und dort ein eigenes Königreich gegründet hatten; und im Wachtraum ergreifen sie Besitz von den Reichtümern des Südens. Dann reden sie wohl mit den jungen Männern über die Möglichkeiten, die sich ihnen jenseits der Berge bieten.

Und die sind in den dichtbesiedelten, von Städten übersäten Arealen am Rande der großen Kulturkreise zweifellos für Wagenlenker gegeben. Seltsamerweise ist der zweirädrige Wagen als Offensivwaffe nicht zu gebrauchen; man kann mit ihm keine Stadtmauern einrennen. In der Defensive erweist der Wagen sich aber als revolutionäre Waffe. Eine Streitmacht auf Rädern, die sich innerhalb von Stadtmauern befindet, kann gegen eine Belagerungstruppe einen wirkungsvollen Ausfall unternehmen. Eine durchtrainierte Truppe auf Streitwagen ist ohne weiteres imstande, von einer befestigten Stadt aus ein viel größeres Stück der sie umgebenden Landschaft in Schach zu halten, als das mit Fußtruppen möglich wäre.

Darum liegt den Duodezfürsten der Stämme und Gemeinwesen in den Gebirgen südlich des Kaukasus so viel am Besitz von Pferden und Kampfwagen. Die Aufzucht von Pferden und ihre Gewöhnung an das Geschirr ist eine neue Kunst, die große Anforderung an Können und Erfahrung stellt, und gar erst die Führung eines Kampfwagens im Schlachtgetümmel läßt sich nicht von heute auf morgen lernen. Daher bieten sich den jungen Leuten aus dem Kubangebiet, die von Kindesbeinen an mit Pferden und Wagen vertraut sind, große berufliche Möglichkeiten in den südlichen Ländern, wenn ihnen der Sinn danach steht. Und das ist bei vielen der Fall.

Bei den Wagenlenkern aus dem Norden handelt es sich beileibe nicht um gewöhnliche Söldner, die eine fremde, indogermanische Sprache sprechen und aus Pferdegeschichten und Dressurgeheimnissen eine Art Kult gemacht haben. Sie stellen eine Elite dar und erheben Anspruch darauf, wie Edelleute behandelt und den Priestern oder den jungen Prinzen des königlichen Hauses gleichgestellt zu werden.

Noch zu Lebzeiten der Generation, die im Jahr 2000 v. Chr. geboren war, haben die einen oder anderen dieser jungen Krieger noch mehr erreicht als die Zugehörigkeit zum Elitekorps eines ausländischen Königs. Durch Intrigen oder Gewalttaten, Heirat oder Verträge sind eine ganze Reihe von ihnen zu den tatsächlichen Beherrschern der Fremden aufgerückt, in deren Dienste sie ursprünglich getreten waren.

Die Indogermanen befinden sich auf dem Weg nach Süden.

6

Der Gottesfreund
1930 - 1860 v. Chr.

Dies sind die Geschlechter Tharahs: Tharah zeugte Abram, Nahor und Haran. Aber Haran zeugte Lot. Haran aber starb vor seinem Vater Tharah in seinem Vaterlande zu Ur in Chaldäa ...

Da nahm Tharah seinen Sohn Abram und Lot, seines Sohnes Haran Sohn, und seine Schwiegertochter Sarai, seines Sohnes Abram Weib, und führte sie aus Ur in Chaldäa, daß er ins Land Kanaan zöge; und sie kamen gen Haran und wohnten daselbst ...

Und der Herr sprach zu Abram: Gehe aus deinem Vaterlande und von deiner Freundschaft und aus deines Vaters Hause in ein Land, das ich dir zeigen will ...

Also nahm Abram sein Weib Sarai und Lot, seines Bruders Sohn, mit aller ihrer Habe, die sie gewonnen hatten, und die Seelen, die sie erworben hatten in Haran; und zogen aus, zu reisen in das Land Kanaan ...

Die freie Stadt Ur lag weit hingebreitet in ihrer ganzen Üppigkeit an den Ufern des breiten Euphratstromes. Von der obersten Terrasse des «Ziggurat», des Tempelberges, den vor fast zweihundert Jahren der große König Ur-Nammu aus an der Sonne getrockneten Backsteinen hatte errichten lassen, blickte man über die flachen Dächer bis zu den neuen Häusern hinüber, die zu jener Zeit auf der ebenen Sandfläche unterhalb des Stadthügels gebaut wurden. Man konnte die an den Flußkais anlegenden oder gerade abfahrenden Schiffe und Kähne mit dem Blick verfolgen. Zwischen den Kaianlagen und der eigentlichen Stadt konnte man die Mauer erkennen, die um die Enklave der Kaufleute, den «Karum», das Freihafenareal, gezogen war; dort unterhielten die größeren Firmen ihre Büroräume, Waren- und Zunfthäuser.

Die Kinder dieser Stadt wuchsen zweisprachig auf, sie schwatzten mit der größten Unbefangenheit sumerisch oder semitisch. Ihrem Aussehen oder ihrer spärlichen Kleidung war nicht zu entnehmen, welcher der beiden Rassen sie angehörten. Unter der Jugend gab es indessen vereinzelte Typen, die größer und schlanker waren als alle übrigen. Sie sprachen das sumerische Idiom nur mit Mühe und durchsetzten sogar das Semitische mit vielen Kehllauten, die nachzuahmen und übermütig zu entstellen die anderen Kinder nie müde wurden. Obgleich sie in Ur geboren waren, gehörten diese Kinder nicht ganz hierher. Sie waren Einwanderer, wenn auch in der zweiten Generation, nämlich Söhne von Amoritern, Zugereisten aus dem Westen.

Es mag sein, daß unter den Jungen, die in den zwanziger Jahren des neunzehnten Jahrhunderts v. Chr. auf den Ziggurat-Stufen herumtollten auch Abram, der Sohn des Tharah, war. Wenn ja, dann ließ der Knabe sich in seinem Spiel gewiß nicht durch das Bewußtsein seiner schicksalhaften Berufung stören: er ahnte nicht im entferntesten, daß die Menschheit in ihm durch Jahrtausende den Gründer zweier großer Rassen erblicken würde und daß aus ihm Khalilullah, der Gottesfreund, werden sollte.

Sein Vater, Tharah, besaß unten im Karum ein Haus, wie das bei allen einigermaßen wohlhabenden Semiten der Fall war. Trotzdem waren für ihn die Zelte, die in der westlichen Wüste verstreut lagen, seine eigentliche Heimat. Abram hatte jeden Winter und Frühling seines bisher so kurzen Lebens in Zelten verbracht, wobei er den Schafen, Ziegen und Packeseln auf langen Wanderzügen das Euphrattal hinauf und hinunter zum Mittelmeer folgte. Waren doch die Amoriter nicht nur ein Hirtenvolk, sie trieben auch Handel; sie kontrollierten den gesamten Überlandverkehr vom Unteren bis zum Oberen Meer.

Die Herrschaft, die sie über die Karawanenstraßen ausübten, brachte den Amoritern großen Wohlstand ein. Ur war der wichtigste Umschlagplatz für die Reichtümer des Ostens. Drunten im Karum, unweit der Karawanserei, wo die Eselkarawanen für die Wüstenreisen zusammengestellt wurden, befanden sich das Zunfthaus und die Büros der Alik Dilmun, der Zunft für jene Kaufleute, die Besitzer und zugleich Kapitäne der Schiffe nach Dilmun waren. Der Seehandel mit dem Osten war noch ebenso bedeutend wie vor siebzig Jahren, wenn sich auch einiges geändert hatte. Da hatte beispielsweise Dilmun selbst einen größeren Anteil des Handels übernommen. Die Schiffe aus Ur fuhren nicht mehr die weite Strecke bis nach Makan, um Kupfer zu laden; andererseits konn-

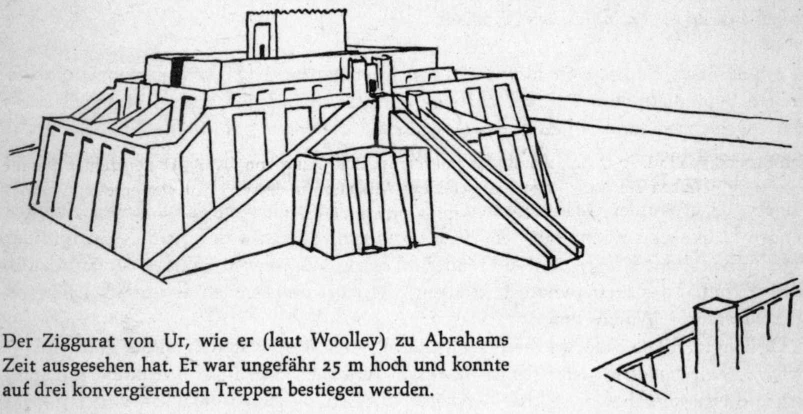

Der Ziggurat von Ur, wie er (laut Woolley) zu Abrahams Zeit ausgesehen hat. Er war ungefähr 25 m hoch und konnte auf drei konvergierenden Treppen bestiegen werden.

ten sich nur die alten Leute unter der Kaufmannschaft an die Zeit erinnern, da Handelsschiffe aus Makan an den Kais von Ur anlegten. Jetzt fuhren die Schiffe aus Makan und dem Indusgebiet nicht mehr über Dilmun hinaus, wo sie ihre Ladung von Kupfer, Gold, Elfenbein, Karneol und Lapislazuli löschten und auf dem großen Markt an der Küste gegen Silber, Wolle und Stückgüter austauschten, die durch die Alik Dilmun aus Sumerien hergeschafft worden waren. Sogar Schiffe aus Dilmun tauchten jetzt im Hafen von Ur seltener auf als früher; der Güterumschlag wurde in steigendem Maße von Schiffen aus Ur bestritten, so daß die seefahrenden Kaufleute, die Geldgeber und Teilhaber, die diese Unternehmungen finanzierten, einen doppelten Gewinn einstreichen konnten.

Der Preis, den die amoritischen Karawanenunternehmer für Luxusartikel des indischen Gewerbes bezahlen mußten, war ein übertrieben hoher, auf den man sich zudem

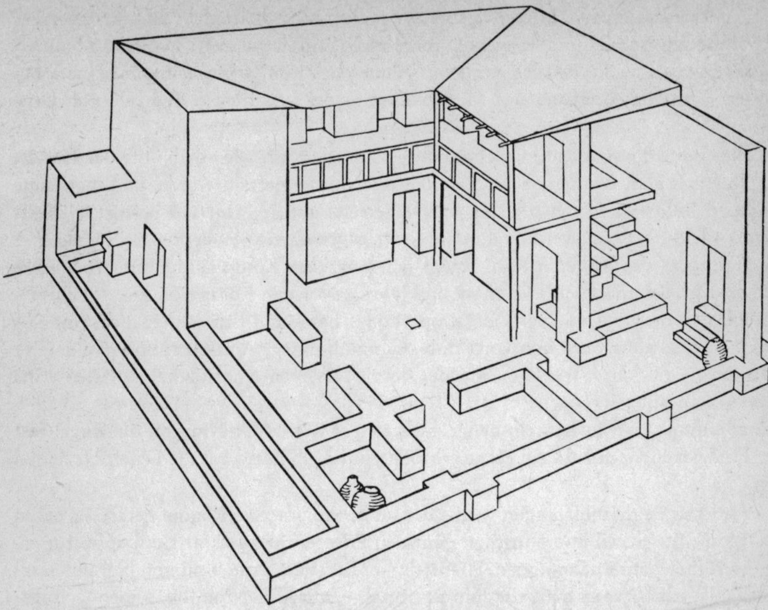

Ein Bürgerhaus in Ur zur Zeit Abrahams (nach einer Zeichnung von Roux). Die einzelnen Räume haben Zugang zu einem ungedeckten Innenhof, in dessen Mitte sich eine Entwässerungsanlage befindet.

erst nach stundenlangem Feilschen und Verhandeln einigte. Er wurde zum Schluß mit peinlicher Genauigkeit unter Zuhilfenahme der amtlichen Gewichte in Silber ausgewogen. Diese entenförmigen Gewichte waren vielfach aus Halbedelsteinen gefertigt. Das Karawanengeschäft war freilich trotz der hohen Preise einträglich genug. Sogar mit Kupfer ließ sich an den Gestaden des Mittelmeeres ein sicherer Gewinn erzielen, besonders wenn das Metall von den angesehenen Kupferschmieden der Amoriter verarbeitet war. Für Edelsteine und Elfenbein aus dem Osten wurde jeder Preis bezahlt.

Leicht könnten wir jetzt Tharah, den Vater des Knaben Abram, im Schatten seines Warenhauses sitzen und mit einem Landsmann aus dem Norden Bier trinken sehen, mit langen Saugrohren aus Bambus, die in einen gemeinsamen Topf getaucht werden. Sie unterhalten sich vermutlich über Handelsfragen und Politik – beides Themen, die die Amoriter von Ur stark interessieren.

Die meisten Amoriter lebten noch nicht lange in Ur, denn die Stadt hatte bis vor kurzem zur östlichen Einflußsphäre gehört. Die Amoriter waren allerdings schon lange in Mesopotamien ansässig. Sie erinnerten sich an alte Geschichten, wonach ihre Stämme zu den Zeiten ihrer Urgroßeltern aus den Wüsten Syriens ins Zweistromland eingedrungen waren und sich als Sitz ihrer Herrschaft zunächst Mari am großen Euphratknie und später Larsa auserkoren hatten. Kein anderer als der Amoriterkönig des im Norden gelegenen Larsa hatte mit den Elamiten und deren Schützlingen in Isin gemeinsame Sache gemacht, um die Vorherrschaft von Ur über das ganze südliche Mesopotamien zu stürzen. Aber das lag schon gut hundertundzwanzig Jahre zurück. Seither stand Ur in einem nominellen Vasallenverhältnis zu Isin; es wurde im Namen des Königs von Isin von seinem Beauftragten, dem Hohenpriester des Mondtempels – des wichtigsten Tempels von Ur – regiert.

Das alles hatte der Stadt nicht viel anhaben können. Nach wie vor blühte der Handel in Ur, ohne daß nach der Person des Oberlehnsherrn viel gefragt wurde, und man lebte in Saus und Braus. Der Hohepriester war seinerseits auf der Hut vor politischen Fallstricken. So hatte beispielsweise Enannatum, der gegenwärtige Hohepriester, obgleich er der jüngere Sohn des früheren Königs von Isin war, dem König Gungunum von Larsa den Treueid geleistet, obgleich jener wenige Jahre zuvor den König von Isin – Enannatums leiblichen Bruder – von seinem Thron verjagt hatte und sich seither nicht nur König von Larsa, sondern auch von Ur nannte. Gungunum war Amoriter; und nachdem er sich Ur einverleibt hatte, war die Zahl der dort ansässigen amoritischen Kaufleute ins Ungemessene gestiegen.

Jetzt allerdings hielt in Isin ein neuer, tatkräftiger König, Ur-Ninurta, die Zügel fest in der Hand, so daß sich bald die Frage erheben würde, ob Larsa auf die Dauer Ur halten konnte.

Unter solchen Begleitumständen wuchs der junge Abram zum Manne heran. Er nahm an den Tempelfesten teil und entrichtete mit den Priestern der Ischtar Dankopfer für erfolgreiche Handelsunternehmungen. Hier nahm er Sarai zur Frau, und von hier aus setzte er sich alljährlich, wenn die kalte Jahreszeit nahte, mit seiner Familie, seinen Gefolgsleuten und seinen schwer beladenen Packeseln westwärts in Bewegung, um den Winter über die Herden seines Stammes auf die Weide zu führen, wobei er sich einen der Frühlingsmärkte am entgegengesetzten Rand der Wüste zum Ziel nahm. Das Kamel war damals noch nicht gezähmt, und die Pferde der Indogermanen hatten sich in südlicher Richtung nur bis zu den nordwestlichen Gebirgsketten von Persien verbreitet. Gegen Ende des Frühjahrs tauchte er dann wieder in Ur auf; seine Tiere und Wagen waren jetzt mit Silber und Marmor aus dem Norden, mit ägyptischem Leinen, mit Zedernholz aus dem Libanon oder Weihrauch aus dem tiefsten Süden beladen.

Die Lasten, die man auf der Rückreise mit sich führte, waren nicht immer das Ergebnis friedlichen Handels. Schließlich waren diese halbwegs seßhaften Amoriter Mesopotamiens vor ein paar Generationen noch als räuberische Wüstensöhne mit Waffengewalt in die Siedlungen der Flußtäler eingedrungen. Sobald sie wieder Wüstenluft atmeten, fielen sie in ihre alten Gewohnheiten zurück. Zwischen den einzelnen Stämmen und Familiengruppen wechselten Verbrüderung und Feindschaft ständig. Während des Aufenthaltes in Städten spürte man die Gegensätze kaum, aber in der Weite der Wüste wurden sie erneut angefacht. Während der winterlichen Wanderzeit nahm die aus dem Süden kommende junge Generation begeistert die alten Sitten auf. Sie verteidigten ihre eigenen Herden und Habseligkeiten leidenschaftlich und machten sich mit Vergnügen über den Besitz ihrer jeweiligen Feinde her. Sie schlossen sich zu Banden zusammen und überfielen eine Oase oder plünderten eine Siedlung am Rande der Wüste. Sie waren ebensosehr Räuber wie Händler, und ihre Ware bezahlten sie nur, wenn sie sich nicht auf billigere Weise beschaffen ließ.

Wenn Abram wirklich zur zweiten Generation des 2. Jahrtausends v. Chr. gehörte, so war er etwa vierundzwanzig Jahre alt, als die Amoriter von Ur in ernste Schwierigkeiten gerieten. Im Jahre 1906 v. Chr. starb König Gungunum von Larsa; wahrscheinlich fiel er in einer Schlacht. Ur-Ninurta, der König von Isin, gewann die Oberhoheit über Ur. War das vielleicht auch nicht der einzige Grund, so brachte jedenfalls eine politische Umwälzung die Amoriter in Ungnade, so daß Tharah seine Habe sammelte und der Stadt den Rücken kehrte.

Diesmal war es keine Handelskarawane, die durch die Tore von Ur auszog und in nördlicher Richtung dem Euphratufer folgte. Hier war ein Stamm von vielleicht drei- bis vierhundert Menschen in Bewegung geraten. Die alten Leute und die kleinen Kinder reisten in vierrädrigen Ochsenkarren, umgeben von großen Herden weidender Schafe und Ziegen und gefolgt von mehreren hundert Packeseln. Schwere Güter wurden vielleicht gleichzeitig per Schiff auf dem Strom befördert. Die Überlieferung berichtet, daß die Reise nach Harran führte – sicher kein zufälliges Ziel.

Die alte Stadt Harran lag rund 1000 km nordwestlich von Ur in den Hügelketten vor dem türkischen Gebirge. Trotz der großen Entfernung war die Strecke zwischen Ur und Harran vielbefahren und allgemein bekannt. Das eine oder andere Mitglied von Tharahs Familie kannte die Straße sicher schon von früher, bestanden doch zwischen den zwei Städten seit eh und je enge wirtschaftliche Verbindungen. Beide Städte, Harran wie Ur, waren dem Mondgott Sin geweiht. Schon seit Jahrhunderten waren die Mondtempel von Ur und Harran im Mittleren Osten berühmt. Zur Zeit des Tempelkommunismus, vor knapp hundert Jahren, als Handel und Industrie völlig im Besitz und unter der Leitung der Priesterschaft standen, unterhielten die zwei Mondtempel enge Handelsbeziehungen zueinander, denn Harran war der Sammelpunkt für die Bodenschätze der türkischen Gebirge, und in Ur floß der Reichtum aus Indien zusammen.

Vor allem wurde das taurische Silber über Harran nach Süden verfrachtet, und wir wissen, daß dieses Silber von Ur aus in den Schiffen des Alik Dilmun noch weiter südlich gebracht und dort gegen Kupfer aus Makan und Gold aus dem Indusbecken getauscht wurde.

Es ist wohl sicher, daß der Handel, der die beiden Zentren verband und Gold und Kupfer nach Norden und Silber in den Süden brachte, zu Abrams Zeiten in den Händen der Amoriter lag. Die Route, auf die der Handel angewiesen war, folgte dem Euphrattal, und dieses hatten die Amoriter in den zwei Generationen, die das Wüstenleben aufgegeben hatten, in seiner ganzen Länge unter ihre Herrschaft gebracht.

Tharahs Stammesangehörige, die sich in langem Zug auf ihrer Zwei-Monate-Reise zu ihren Verwandten und Geschäftsfreunden im Norden fortbewegten, müssen zuerst die Gebiete der kleinen amoritischen Stadtstaaten im heutigen Gebiet von Bagdad durchziehen. Vielleicht haben sie für eine Nacht ihre Zelte in der Nähe eines kleinen Dorfes namens Babylon aufgeschlagen und bei dieser Gelegenheit den dortigen Statthalter, einen gewissen Sumu-abum, aufgesucht. Dann zogen sie weiter und überschritten vierzehn Tage später die Grenze des Königreiches Mari, das ebenfalls von Amoritern beherrscht wurde. Wiederum vierzehn Tage hinter Mari stießen sie dann auf den Punkt, wo Euphrat und Balik sich vereinigen. Von da wandte man sich, dem Baliktal folgend, nach Norden und erreichte Harran in weniger als einer Woche.

Der Stamm Tharahs hat sich anscheinend eine Reihe von Jahren in Harran aufgehalten. Daß die Handelsbeziehungen zu Ur abgebrochen wurden, erscheint unglaubhaft –

wenn es auch vielleicht für eine Weile notwendig war, nicht amoritische Strohmänner am südlichen Ende des Geschäftsnetzes einzusetzen. Während er der Jugend langsam entwuchs und zum gereiften Mann wurde, lernte Abram vermutlich die nördlichen Handelsrouten ebensogut kennen wie früher die südlichen.

In Harran traf er mit vielen Kaufleuten zusammen, darunter nicht wenige aus dem semitischen, aber nicht amoritischen Königreich Assyrien. Dieses lag in Nordmesopotamien an beiden Ufern des oberen Tigris. Es war ein kleines Land und zu jener Zeit ziemlich unbedeutend; die Sprache erinnerte an das semitische Idiom im südlichen Mesopotamien und wurde gleich diesem in Keilschrift auf Tontafeln festgehalten. Wie alle Kulturstaaten jener Zeit verfügte Assyrien über weitreichende Handelsbeziehungen – sie reichten bis zu den Städten des Südens und westwärts entlang den Vorgebirgen der Türkei und über den Anti-Taurus in das Innere von Kleinasien hinein. Diese Route führte über Harran nach ungefähr zweihundert Meilen bis Kanesch.

Kanesch lag schon in Kleinasien am Rande des Taurusgebirges. Von seinen Bewohnern wissen wir wenig; wenn der Archäologe sie als Kappadokier bezeichnet, so ist das nur ein geographisches Etikett. Abram hingegen dürfte die dortigen Menschen gut gekannt und sehr wahrscheinlich ihre Hauptstadt besucht haben. Bei solchen Anlässen hielt er sich aber kaum in der Stadt selbst auf: vor ihren Toren lag nämlich ein Karum, ein konzessioniertes, von den assyrischen Handelszentren betriebenes Areal, dem in hohem Maße exterritoriale Privilegien innewohnten.

Das Karum ist uns bereits in Ur begegnet; es zählte übrigens sehr wahrscheinlich zu den charakteristischen Einrichtungen der damaligen Welt. In Ur scheint das Karum allerdings nur eine aus verwaltungstechnischen Gründen abgetrennte und für die Kanzleien und Warenhäuser der Kaufleute bestimmte Zone gewesen zu sein. Die Bewohner waren in der Mehrzahl Bürger von Ur und unterstanden den Gesetzen und Steuerverordnungen der Stadt, ohne größere Privilegien zu genießen als beispielsweise heute die Londoner City. In rückständigeren Regionen wie der von Kanesch entsprach das Karum hingegen weit mehr den Faktoreien der früheren europäischen Handelskompanien im Osten oder den exterritorialen Vierteln, die es bis vor kurzem in chinesischen Städten gab. Es waren Kolonien von fremden Handelsleuten, die unter Selbstverwaltung standen – kleine, hermetisch abgeschlossene Vororte, die sich selbst regierten und denen sehr wahrscheinlich eigene Verteidigungsmittel zur Verfügung standen.

Während die Handelskarawanen der Amoriter von Harran in jener Zeit von Karum zu Karum zogen, dürften ihre Teilnehmer sicher die politischen Verhältnisse in den Gebieten, durch die sie kamen, einer genauen Prüfung unterzogen haben. So war ihnen der Städtebund ein Begriff, in dem Sumu-abum im Jahre 1895 die kleinen Stadtstaaten am mittleren Euphrat zusammenfaßte. Man wunderte sich vielleicht darüber, daß Sumu-abum seinen eigenen kleinen Heimatort Babylon zur Hauptstadt des neugegründeten Bundes machte und nicht die nahe gelegene historische Stadt Kisch. Die Leute hatten wohl auch von einem in der nördlichen Türkei ansässigen Volksstamm gehört, der dazumal noch nicht unter dem Namen Hethiter bekannt war, ihn aber später führen sollte. Wenn ihre Existenz den Karawanenleuten überhaupt zu Ohren gekommen ist, so haben diese sich gewiß nicht darum gekümmert, daß die Herrscher jenes Stammes eine unbekannte Sprache sprachen, angeblich aus dem Norden gekommen waren und von Pferden gezogene Streitwagen besaßen.

Wann Abrams Stammesgenossen den Entschluß faßten, von Harran aus nach Süden vorzustoßen, ist uns nicht bekannt. Auch den Grund hierfür kennen wir nicht. Möglicherweise wurde auf sie von assyrischer Seite ein handelspolitischer Druck ausgeübt. Vielleicht sind die späteren Hethiter militärisch gegen sie vorgegangen. Zu einem Zeitpunkt, den einige Forscher um 1872 v. Chr. ansetzen, wurde das Karum von Kanesch durch Feuer zerstört. Und es sieht beinahe so aus, als seien die Brandstifter von Norden gekommen.

Ein Mensch, der zur zweiten Generation unseres Jahrtausends gehörte, wäre damals etwa 58 Jahre alt gewesen. Diesem Kapitel zuliebe sind wir auf eine durchaus unwissenschaftliche Weise (und ohne dafür einen einzigen Beweis zu haben) von der Voraussetzung ausgegangen, daß Abram, der Sohn des Tharah, dieser Generation angehörte. Er hätte demnach in vorgerückten Jahren gestanden, als er mit seinen Stammesgenossen abermals auf Wanderschaft ging – diesmal nach Süden und Westen auf den Straßen, die durch Kanaan nach Ägypten führten.

Zu jener Zeit war Sesostris III. ägyptischer Pharao. Seit Amenemhet I. sich als erster König der XII. Dynastie die Krone aufgesetzt hat, sind rund 120 Jahre vergangen. Innerhalb dieser vier Generationen ist der Wohlstand und mit ihm das Beamtentum in Ägypten gewachsen und hat sich der außenpolitische Einfluß des Landes verstärkt. Als die Väter der jetzigen Generation junge Leute waren, hatten Amenemhet I. und sein Sohn Sesostris I. eine Reihe von wohldurchdachten Maßnahmen eingeführt, um die Unabhängigkeit der erblichen Adligen in den «Nomen», den Verwaltungsdistrikten des Niltals, zu beschneiden. So setzten sie in jedem «Nome» einen nur der Krone verantwortlichen, leitenden Steuerbeamten ein, der das Einziehen und Abführen der Steuergelder zu überwachen hatte, obwohl die eigentlichen Durchführungsmaßnahmen nach wie vor dem Adel oblagen. Die Bestimmung, wonach alle 15 Jahre eine Volkszählung stattfinden sollte, verringerte die Möglichkeit von betrügerischen Manipulationen bei den Steuererklärungen. Gleichzeitig wurde ein Zehn-Richter-Kollegium eingesetzt, das dem Wesir, dem Oberhaupt der gesamten Verwaltungsmaschinerie, Rechenschaft schuldig war – eine weitere Maßnahme zur Zügelung der Machtgelüste des Adels.

Die gegenwärtige Epoche war im großen und ganzen eine friedliche Zeit für das ägyptische Volk. Sesostris I. hatte im Jahre 1927 v. Chr. das Zeitliche gesegnet – in einem Augenblick, da der Geburtsjahrgang 1930 der Obhut seiner Mütter noch kaum entwachsen war. Die Angehörigen dieses Jahrgangs waren während der 32jährigen Regierungsdauer von Sesostris' Sohn Amenemhet II. zu Männern und Frauen geworden. Während Abram in Ur und später in Harran seine Karawanen zusammenstellte und auf den Handelsstraßen von Mesopotamien und in der syrischen Wüste seine Nachbarn ausplünderte, sorgte Amenemhet für den Abbau der Kupferminen auf der Halbinsel Sinai und der Goldminen im östlichen Sudan, die sein Großvater vor fünfzig Jahren erobert hatte. Er entsandte Handelsexpeditionen nach Punt an der Südspitze des Roten Meeres und unterhielt Handelsvertretungen in den sich entfaltenden Städten entlang der Küste des Libanon.

Amenemhet II. starb 1895 v. Chr., als Abram in Harran fünfunddreißig Jahre alt war. Ihm folgte sein Sohn Sesostris II. Ägypten ist jetzt ein starkes und reiches Land mit einer zentralen Regierung, die sich von Staats wegen mit der Herstellung und dem Tausch von Rohmaterialien und Manufakturwaren befaßt. Sesostris II. läßt seine Schiffe das Rote Meer durchfahren und an der Küste entlang bis Ugarit als nördlichstem Punkt kreuzen, einer aufblühenden Hafenstadt im Norden des Libanon. Von Harran nach Ugarit sind es keine zweihundert Meilen, so daß anzunehmen ist, daß Abram, wenn er die Handelsstraßen über Karkemisch, Aleppo und Alalak benutzte, häufig hinkam.

Abram mag sehr wohl in seiner Jugend Ägypten besucht haben. Die amoritischen Stämme breiteten sich mit Sicherheit in westlicher und östlicher Richtung aus. Ihr Einfall in Palästina, bei dem sie die Siedlungen der Kanaaniten verwüsteten und die Einwohner verjagten, so daß diese sich in den Schutz der Küstenstädte begeben mußten, bei dem sie schließlich auch die üppigen Weideflächen der landeinwärts gelegenen Hügel für sich selbst annektierten, erfolgte jedenfalls zu Lebzeiten Abrams. Bedenkt man, daß die dem Handel verschworenen amoritischen Familien immer schon eine Vorliebe für kriegerische

Teilstück des berühmten Grabfreskos von Beni Hasan, das eine Gruppe von amoritischen Kaufleuten in Ägypten zeigt (1892 v. Chr.). Die Tatsache, daß eine der Figuren eine Harfe trägt, einer der Packesel hingegen mit einem Amboß beladen ist, läßt erkennen, daß die Kaufleute sich auch als fahrende Sänger und Kupferschmiede betätigten.

Abenteuer hegten, so darf man annehmen, daß Abram – inzwischen Stammesfürst mit bedeutendem Anhang – seine zahlreiche Sippschaft vom Norden herangeführt hatte, um auch an diesem Krieg und seinen Beutemöglichkeiten zu profitieren.

Wie dem auch sei, Ägypten war zu stark, um sich vor den Einfällen der Wüstenhorden zu fürchten. Wenn Amoriter ins Land kamen, dann in kleinen Gruppen und zu friedlichen Handelszwecken. 1892 v. Chr. (als Abram unserer Lesart zufolge achtunddreißig Jahre alt war) wurde eine solche Gruppe, die Ägypten besuchte, auf einem Wandgemälde in einer Grabkammer von Beni Hasan verewigt.

Wir erleben da mit allen Einzelheiten das Auftauchen einer kleinen Handelsexpedition amoritischer Herkunft, so wie sie beispielsweise der Stamm Abrams hätte entsenden können.

Männer wie Frauen reisen dabei zu Fuß, die Männer mit Sandalen und Lendenschurzen oder in eine knielange, knallbunt gestreifte Tunika gekleidet, die Frauen barfuß, mit Ringen um die Fußgelenke und einer wallenden Tunika, die die rechte Schulter freiläßt. Ihr schwarzes Haar fällt ihnen über den Rücken; es wird durch ein Band über der Stirn hochgehalten. Die älteren Kinder begleiten die Frauen, während die kleinen jeweils zu zweit in Satteltaschen auf den Packeseln sitzen. Die Männer tragen Speere, Bogen und Wurfstöcke; einer von ihnen ist ein Waffenschmied, dessen Amboß ein Esel auf dem Rücken trägt. Ein anderer Mann hält eine Harfe.

So zogen die Amoriter gruppenweise gemächlich durch die Länder des Mittleren Ostens; wo die Weideplätze gut waren, blieb man mehrere Tage, zwischendurch machte man auch wohl in einer Stadt halt, um mit den Stammesbrüdern im Karum ein Geschäft abzuwickeln. Manchmal schlossen sie sich zusammen, um einen Beutezug zu führen oder, wenn man selbst das Opfer eines solchen geworden war, eine Strafexpedition, woraufhin das Ganze sich wieder in Gruppen von 50 oder 100 Mann auflöste, um Hunderte von Meilen auf den Handelsstraßen zurückzulegen, die sie völlig beherrschten. Für die seßhaften Völkerschaften an den Rändern ihres gewaltigen Aktionsradius müssen sie ein gänzlich unberechenbarer Faktor gewesen sein. Einerseits spielten sie als Importeure von Luxusartikeln und alltäglichen Verbrauchsgütern eine bedeutende Rolle in der damaligen Wirtschaft, andererseits waren sie eine ständige Drohung, neigten sie doch dazu, sich jederzeit zu angriffslustigen, auf Plünderung erpichten Gruppen zusammenzuschließen, sobald die Wachsamkeit in den von seßhaften Menschen bewohnten Gegenden nachließ.

Die Geschichte, die im vierzehnten Kapitel der Genesis erzählt wird, gehört in den letzten Abschnitt dieses Kapitels. Damals war Abram das Haupt eines im Innern von Palästina ansässigen Bundes, zu dem sich eine Anzahl Stämme zusammengeschlossen hatten. Er nannte sich jetzt Abraham, indem er die westsemitische Aussprache seines Namens aufnahm, die das ostsemitische Idiom von Mesopotamien verdrängt hatte. Man wird aus der Geschichte ohne weiteres klug, denn sie zeigt uns, wie Abraham trotz aller seiner Wanderungen durch die Türkei, Palästina und Ägypten dem Schauplatz der politischen Wirren im südlichen Mesopotamien – seinem Ausgangspunkt – nicht ganz entronnen ist. Es wird erzählt, wie der König von Elam sowie drei andere, mit ihm verbündete Könige (darunter einer, der angeblich König von Sumerien war) die «Könige» der syrischen Wüste und des Jordantals zwangen, sich ihnen zu unterwerfen. Nach Ablauf von dreizehn Jahren lehnten sich diese auf, worauf der König von Elam ein Jahr danach eine Strafexpedition aussandte. Sie besiegte die aufständischen Scheiks und brachte viele Gefangene und eine Menge Kriegsbeute mit zurück. Da sich darunter auch Abrahams Neffe Lot mit seiner Familie und seinem beweglichen Besitz befand, rief Abraham seine Stammesgenossen auf, denen es durch einen nächtlichen Angriff gelang, die Gefangenen zu befreien und die Beute zurückzuerobern.

Die Vorgänge sind typisch für den Wüstenkrieg und das ewige Geplänkel unter den Stämmen. Was den Historikern bei dieser Sache Kopfzerbrechen verursacht hat, ist die Unterstellung, die Könige von Sumerien und von Elam hätten sich so weit von ihrer Heimat fortgewagt. Abraham war über diese Tatsache sicher nicht erstaunt. Das Tauziehen zwischen den Amoritern und Elam um die politische Vorherrschaft im südlichen Mesopotamien war ihm seit seiner Knabenzeit vertraut. Als Ur sich damals von der amoritischen Herrschaft des Königs von Larsa befreite und zum sumerischen König von Isin zurückkehrte, der unter Elams Schutz stand, war Abrahams Vater nach Norden ausgewandert. Seither waren die Gegensätze zwischen Amoritern und Elamiten nicht zur Ruhe gekommen.

Die neue Konföderation von Babylon unter König Sumu-la-El, der nach dem Tode Sumu-abums die Macht ergriffen hatte, beherrschte den nördlichen Teil des unteren Mesopotamiens. Aber im Süden wurde der elamitische Einfluß immer stärker. Einzelheiten kennen wir nicht; Abraham hingegen muß genau Bescheid gewußt haben. Im Gegensatz zu Abraham ist uns aber bekannt, daß dreißig Jahre später der König von Elam nicht nur über Isin herrschen, sondern auch seinen Sohn als Regenten des früheren amoritischen Stützpunktes Larsa einsetzen wird. Wir dürfen uns daher nicht wundern, wenn der König von Elam, der das Gebiet des unteren Euphrat beherrscht, seine Eroberungen auf die amoritischen Wüstenstämme bis ins Jordantal ausdehnt. Die letzten Ergebnisse der Forschung lassen immer noch eine Zeitlücke zwischen der Regierung Sumu-abums und derjenigen seines Nachfolgers Sumu-la-El in Babylon frei. In dieser Zeit könnte Elam ganz Mesopotamien südlich des heutigen Bagdad beherrscht haben. Vielleicht hat sich das elamitische Reich für kurze Zeit wirklich bis zur Mittelmeerküste mit ihren unter ägyptischem Einfluß stehenden Städten erstreckt. Ägypten war damals an dem «Hinterland» Syrien und Palästina nicht interessiert. Sogar in den Hafenstädten war Ägyptens Interesse rein kommerziell. Die Städte waren jedoch stark genug, um auch ohne militärische Hilfe Ägyptens die Elamiten-Konföderation von Angriffen abzuhalten, die diese sich ohnehin am Endpunkt sehr langer Verbindungslinien hätte zweimal überlegen müssen. Im übrigen war Sesostris III. von Ägypten zu jener Zeit ganz im Süden des Reiches mit ausgedehnten Operationen gegen die Negerstämme des Sudans beschäftigt.

Nach Abrahams Erfolg gegenüber den zurückweichenden Streitkräften Elams hört man nichts mehr von elamitischen Abenteuern in Palästina. Und damit gehen die siebzig Jahre dieses Kapitels zu Ende. Jetzt dürfen wir uns Abraham mit seiner wachsenden Sippe in den Weidegründen von Palästina vorstellen, wo sie festen Fuß gefaßt hat. Seine Angehörigen unterhalten nach wie vor enge Verbindungen zu ihren Stammesbrüdern, die über ein weites Gebiet verstreut sind. Seine beiden ältesten Söhne, Ismael und Isaak, holen sich ihre Frauen aus Ägypten und Mesopotamien. Im hohen Alter war er sicher zufrieden, vor seinem Zelt unter den Steineichen von Mamre zu sitzen; in seinen eigenen Augen muß er das gewesen sein, als was er künftigen Geschlechtern erschien: ein Patriarch und Vater seines Volkes.

Beim Rückblick auf sein Leben fand er gewiß, daß sich in der Welt wenig verändert hatte. Möglicherweise war die Macht Elams größer geworden; vielleicht erschien jetzt auch Ägypten mit seiner neuen Dynastie unter dem jungen, kriegerischen Pharao als ein bedrohlicher Faktor. Aber schließlich war Elam durch viele Generationen die Großmacht der östlichen Welt gewesen – und Ägypten war nie über seine Kupferbergwerke auf der Halbinsel Sinai hinaus vorgestoßen. Abraham konnte unmöglich voraussehen, daß die Zukunft weder auf seiten Elams noch auf seiten Ägyptens lag. Er konnte es nicht wissen, aber die bedeutsamsten Ereignisse jener Zeit waren: das Auftauchen der von Norden kommenden Streitwagenlenker im Hinterland von Kleinasien, der Zusammenschluß der Amoriter unter Führung Babylons und der Vorstoß der amoritischen Stämme nach Palästina, den er selbst geführt hatte.

Vielleicht hatte ihn aber doch eine Vorahnung der Möglichkeiten gestreift, die durch die westliche Expansion seines eigenen Volkes ins Leben gerufen wurden. Hatte nicht sein Gott ihm versprochen, sein Samen werde zahllos sein wie die Gestirne, und er selbst werde der Stammvater vieler Nationen sein? Dieses Versprechen war an sich nicht so ungewöhnlich: alle Stammesgötter proklamierten bei jeder sich bietenden Gelegenheit ihren Anhängern eine glorreiche Zukunft. Bemerkenswert an diesem Einzelfall war nur, daß das Versprechen tatsächlich in Erfüllung gehen sollte.

Nun dachte Abraham wohl, wie alle alten Leute, weniger an die Zukunft als an die

Vergangenheit. In seinem langen Leben hatte er viele hundert Meilen zurückgelegt. Während er jetzt unter den Steineichen von Mamre saß und seinen Herden beim Weiden auf den heimischen Wiesen zusah, wird er sich der Tage seiner Kindheit erinnert und das Bild des langbeinigen Knaben heraufbeschworen haben, der die Stufen des Ziggurat im fernen Ur von Chaldäa hinauf- und heruntergesprungen war.

Abraham ist, wie wir zugeben müssen, keine historische Persönlichkeit: sein Name wird in keinem zeitgenössischen Dokument erwähnt; er erscheint zum erstenmal in einem Buch, das viele hundert Jahre nach seinem Tode niedergeschrieben wurde. Der genaue Zeitpunkt seines Erdenwandels gibt uns eine schwierige Frage auf. Er war zweifellos ein amoritischer Stammesfürst, deshalb müssen sein Leben und seine Tätigkeit dem eigentlichen Ablauf der amoritischen Geschichte eingegliedert und dürfen nicht in Gegensatz zu dieser gestellt werden. Deshalb erscheint es uns sinnvoll, in Abraham einen Zeitgenossen der amoritischen Staatsgründung am Euphrat zu sehen, der auch das massierte Erscheinen von Nomaden miterlebt hat.

7
Der Sonnentempel
1860 - 1790 v. Chr.

Die Kinder, die um die Zeit, als Abraham siebzig Jahre alt war, im Schatten der nordwestenglischen Berge geboren wurden, haben vermutlich schon mit Äxten gespielt, bevor sie richtig gehen konnten. Auf ihrem Marsch durch das Langdale-Tal hatten ihre Mütter sie auf dem Rücken getragen, wenn sie nicht zu ihrer Wonne auf den vom Mannsvolk oder von Ochsen gezogenen Schlitten sitzen durften. Sie waren von dem Dorf am See heraufgekommen, indem sie den Wagenspuren durch die Wälder und an den kleinen Teichen der Talsohle folgten. Dann hatten sie das Gebiet der Eichen hinter sich gelassen und waren in einer buschigen Einöde von Heidekraut, Wollgras und Torfmoor gelandet. Hier, auf den von Schafen abgeweideten Grashängen, war der Weg besser, bis er kurz vor den Klippen unterhalb von Dungeon Ghyll und den Pikes steil bergan führte.

Da, wo sich das Tal nach Norden wendet, war schon das Sommerlager zu sehen. Rauchsäulen stiegen von den brennenden Feuern zwischen Zelten aus Tierhäuten zu den tiefhängenden Wolken empor, die fast die Spitze des Langdale Pikes berührten und den Gipfel des Bowfell jenseits des Taleinschnitts verhüllten.

Während die Mütter für die kräftige Abendmahlzeit Korn mahlen und Fleisch zubereiten und die älteren Geschwister auf steilen Geröllschutthalden nach Felsbrocken von der richtigen Größe und Qualität suchen, sitzen die Kinder auf dem Boden und sehen voll Begeisterung zu, wie ihre Väter die besten Stücke an den Ambößsteinen rotieren lassen und sie mit großer Geschicklichkeit zuschleifen, daß die Splitter nach allen Richtungen fliegen. Mit aufgerissenen Augen beobachten sie, wie die Äxte langsam Gestalt annehmen, zuerst als blanke Rechtecke, dann an den Ecken zugeschliffen und am dicken Ende verengert, bis schließlich die Schneide durch leichtes Beklopfen in exaktester Arbeit und unter Berücksichtigung der natürlichen Maserung des Gesteins ihre endgültige Form erhält. Dann wird das fertige, fast zierlich wirkende Beil, das eine Länge von einem Fuß und mehr hat, ausprobiert; ein paar Steinspäne werden noch seitlich abgeschlagen, um das Gleichgewicht zu verfeinern, und endlich legt man es zu dem wachsenden Haufen neuer Äxte, die gegen Abend zu den Zelten im Tal hinuntergebracht werden. An dieser Arbeit können die Kinder sich nicht satt sehen; die Jungen versuchen, sie den Erwachsenen nachzumachen, indem sie ein aussortiertes Stück mit einem Kieselstein bearbeiten, bis ein Schlag in der falschen Richtung einen schmerzlichen Aufschrei und Daumenlutschen verursacht – ein Pech, das die Männer kurz aufblicken läßt und zu schadenfrohem Lachen veranlaßt.

Wenn der Ruf zur Abendmahlzeit ertönt, packen die Männer ihre Äxte in Ledertaschen, die sie sich über den Rücken hängen; dann stapfen sie, die lachenden Kinder rittlings auf ihren Schultern, mühsam den Hang hinunter zum Lager. Dort wird das Ergebnis der Tagesarbeit ausgebreitet und begutachtet, wobei auf dem Kerbholz jedes Arbeiters die Zahl der von ihm gefertigten Äxte vermerkt wird. Endlich werden diese verpackt, um tags darauf zu der Schleifwerkstätte drunten im Tal gebracht zu werden. Dort wer-

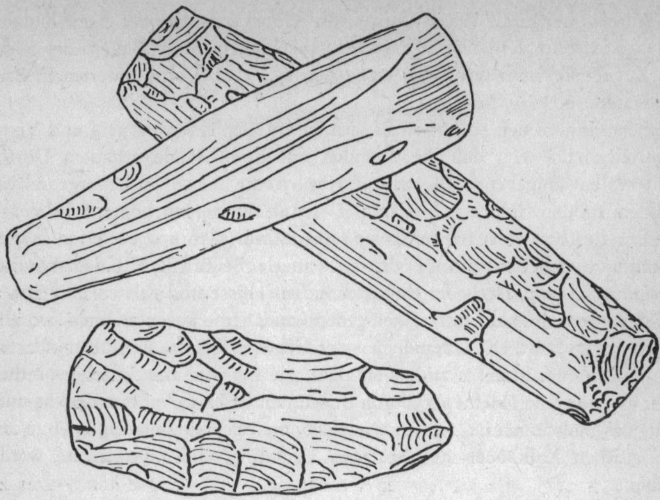

Äxte aus Great Langdale. Die zwei oberen Stücke sind fertig gearbeitet; sie wurden in einer nahe gelegenen Siedlung gefunden. Das dritte untere Stück stammt von der Fabrikationsstelle. Es ist nicht zugeschliffen und wahrscheinlich ein Fehlexemplar.

den die Schneideflächen der Steinbeile sorgfältig geschärft, woraufhin die fertigen Stücke gelagert werden, bis zur Zeit des großen Herbstmarktes die Händler kommen.

Das Axtschleifen ist kein Beruf für Schwächlinge. Die Steinblöcke aus den Geröllschutthalden sind nicht leicht zu bearbeiten und rufen auch auf schwielenbedeckten Männerhänden Blasen hervor. Je mehr der Tag sich dem Ende zuneigt, desto schwerer werden sie. Die Leute warten mit Ungeduld auf ihren freien Tag, denn dann können sie zur Abwechslung mit ihren Speeren und Pfeilen, die mit Spitzen aus Feuerstein bewehrt sind, auf den Mooren von Watendleth und in den nach Borrowdale zu abfallenden Tälern auf Jagd gehen.

Dabei ist das Jagen mehr als ein Feriensport. Obgleich die Menschen aus der Hügellandschaft von Langdale größtenteils von den Erzeugnissen ihrer Schaf- und Rinderherden leben, und obgleich ihre Bedeutung für die damalige Wirtschaft (und nebenbei für die späteren Vertreter der prähistorischen Forschung) sich auf die saisongebundene Herstellung von Steinäxten beschränkt, sind sie in ihren eigenen Augen vor allen Dingen Jäger. Jedenfalls wissen sie, ohne sich viel Gedanken darüber zu machen, daß die Jagd seit undenklichen Zeiten die Hauptbeschäftigung ihres Volkes war.

Diesen Leuten gehört ganz Britannien. Ob sie aber die Urbevölkerung des Landes waren, dürfen sie selber kaum gewußt haben, wenn sie auch direkte Nachfahren der Jägerstämme waren, die vor Jahrtausenden im Süden und Osten in dieses Land eingedrungen sind. Sie folgten dabei der auf dem Rückzug befindlichen Eisdecke auf dem

Fuße, noch bevor der große Wasserdurchbruch erfolgt war, dem der Ärmelkanal und die Nordsee ihre Existenz verdanken. Diese Menschen sahen in den Bauern des Südens und Westens Zugereiste, auch wenn sie jetzt schon seit zwölf Jahrhunderten in Britannien ansässig waren.

Ihre Einstellung zu den seßhaften Bauern ist ein Gemisch von Neid und Verachtung. Sie sehen zweifellos ein, daß die Fremden mit ihren solide erbauten Dörfern und ihren von Wällen umgebenen Lagern und Hürden, die auf einem Untergrund von Sand oder Kalk im milden südlichen Küstenland erbaut sind, einen höheren Lebensstandard aufweisen und es bequemer haben als sie selbst. Zwar säen und ernten auch die Ureinwohner hin und wieder, doch empfinden sie keinerlei Bedürfnis, sich dem Rhythmus der Bodenbestellung anzupassen oder ihre fischreichen Flüsse und Küsten und ihre wildreichen Wälder gegen die kahlen, hochgelegenen Landstriche auszutauschen, wo allein Getreideanbau möglich ist. Die «Fremden» – der Name trifft trotz der Jahrhunderte, die sie schon im Lande sind, insofern zu, als sie nach wie vor ihre alte Sprache sprechen – haben in der Tat nur einen kleinen Teil von Britannien besetzt. Auf den Downs und in den Cotswolds des Südens häufen sich ihre mit Dämmen geschützten Lagerplätze, und auch die nordöstlichen Kalkböden des heutigen Yorkshire und Lincolnshire werden von ihnen bebaut.

In den Mündungsgebieten der Westküste, bis hinauf zum nördlichen Schottland, lassen sich in zunehmendem Maße seefahrende Kolonisten und Handelsleute aus Irland nieder, die ursprünglich vom Mittelmeerbecken herstammen. Sie bauen neben die alten Grabstätten neue Steinkammergräber aus gewaltigen Quadern. Bei alledem aber handelt es sich um Randzonen: das Herz des Landes, von den großen Flußsenken von Themse und Severn im Süden bis zum schottischen Hochland und den zugehörigen Inseln im Norden, ist und bleibt die Domäne der «Eingeborenen».

Die jungen Burschen, die wir in den Werkstätten von Langdale angetroffen haben, dürften, bis sie zu Männern herangewachsen sind, viel in England herumgekommen sein. Sie sind oft auf Wanderschaft mit ihrem Stamm, wie es sich für ein Volk von Jägern geziemt, die ein weites, aber genau abgegrenztes Gebiet im nördlichen England durchstreifen. Selten halten sie sich länger als ein paar Monate an einem der anerkannten Zeltlagerplätze auf; oft ziehen sie schon am nächsten Tag weiter, wobei sie ihren weidenden Schaf- und Rinderherden oder auch den langsamen Zügen des Rot- und Auerwildes folgten. Sie sind wahre Virtuosen im Abbrechen ihres Lagers. Die Häute und Pfosten der Zelte werden auf die Ochsenschlitten und die mit richtigen Rädern ausgestatteten Karren verladen, zusammen mit Kisten und Kasten und ungeschlachten Töpfen, die ihre Habe und Vorräte enthalten. Auf dem Marsch spielen die jungen Burschen die Rolle von Ochsentreibern, bis sie alt genug sind, um die Männer und die Hunde zu begleiten, denen die Betreuung der Herden auf den unebenen Weidegründen der «Pennine Moors» obliegt. Jeden Sommer aber kehren sie in die Axtwerkstätten von Langdale zurück, um vielleicht nur einen Monat lang hart an der Herstellung von Beilen zu arbeiten. Mit dem Erlös können sie den Weizen und die Gerste kaufen, die sie den Winter über fürs Brotbacken und Bierbrauen benötigen.

Unter den älteren Jungen befinden sich immer welche, die von der Wander- und Reiselust gepackt werden. Viele verdingen sich für eine Saison oder auch länger bei den Händlern, die Äxte gegen Kornsäcke eintauschen, und machen mit ihnen die einen Monat

Die britischen Inseln.
Tabelle für den Absatz der Axtmanufaktur von Great Langdale. An jedem Punkt auf der Karte wurde mindestens eine Axt gefunden, die laut wissenschaftlicher Gesteinsanalyse mit Sicherheit aus Great Langdale stammt.

dauernde Reise nach Süden und Osten. Ihr Ziel sind die von Erdwällen eingefriedeten Dörfer und Viehhürden der «fremden» Bauern auf den südlichen Downs. Neben diesen winzigen, aus Holzhäusern bestehenden Ortschaften, von denen viele auf den Ärmelkanal hinausblicken, stellen sie ihre Zelte auf, um ihren Vorrat an Äxten auszulegen und die Tage mit Feilschen zu verbringen.

Sie treffen dann wohl andere Händler, die mit ihrem Stamm verwandt sind und einen ähnlichen Dialekt sprechen wie sie selbst. Mit den Axtverkäufern aus dem Schleifzentrum in Nordwales, deren Waffen aus Granit gefertigt sind, führen sie wohl zwischendurch endlose Gespräche über die angeblichen Vorzüge, die das eine Gestein dem anderen gegenüber aufweist. Es gibt auch Feuersteinhändler mit ganzen Lagern von Messern, Meißeln und Spitzhacken. Sie haben die Ware von Bergleuten gekauft, die den Feuerstein aus zehn Meter Tiefe und mehr in den Kalkböden von Norfolk oder an der Kanalküste abbauen.

Man darf mit Sicherheit annehmen, daß noch viele andere Dinge in den Lagerplätzen der Kaufleute außerhalb der umfriedeten Hürden zum Verkauf angeboten wurden, doch wissen wir nicht, was es war, und sind daher aufs Raten angewiesen. Aus Jett gefertigte Schmuckgegenstände lassen sich in Yorkshire nachweisen, und wir können mit Pelzen, Hemden, Mokassins, Matten und Körben aus Wildleder rechnen. Daß diese Artikel gegen Getreide abgegeben wurden, ist gleichfalls eine bloße Vermutung, doch sieht es nicht so aus, als hätten die Siedler über andere Tauschwaren verfügt. Die Stoffe und Textilien aus Wolle, die zur damaligen Zeit im Mittleren Osten einen Haupthandelsartikel darstellten, treten hier nicht in Erscheinung: die Siedler kannten die Webkunst offenbar nicht. Nur selten dürften exotisch anmutende Gegenstände fremder Herkunft auf den Märkten aufgetaucht sein; Bronze und Gold, die sehr knapp waren, dürften trotzdem den Dorfbewohnern nicht ganz unbekannt geblieben sein. Umgekehrt bot sich den umherziehenden Händlern mitunter auf dem Weg nach Süden die Gelegenheit, den einen oder anderen Halsschmuck aus skandinavischem Bernstein zu erwerben.

Nicht selten machen in der Tat die Händler auf dem Weg nach Süden einen Umweg, indem sie zuerst die Bauerndörfer im heutigen Yorkshire aufsuchen und dann an der Küste entlang weiterziehen, bis sie das Gebiet von East Anglia erreichen. Dort treffen sie unter verwandten Stämmen manchmal Leute von jenseits der Nordsee.

Von jeher hat ein starker Schiffsverkehr Skandinavien und England verbunden. Da waren vor allem die großen Fahrzeuge, mit denen die Erbauer von Steinkammergräbern seit vielen Generationen ein- bis zweimal im Jahr die Reise aus dem Mittelmeer zu machen pflegten, indem sie um Nordschottland herum die dänische Küste ansteuerten. Aber auch die alteingesessenen Fischer auf beiden Seiten des Wassers fahren häufig in ihren großen, seetüchtigen Tierfellbooten von einer Küste zur andern, wobei sie rudernd und segelnd die Strecke in zwei bis drei Tagen bewältigen. Auf diese Weise halten sie, ohne es freilich zu wissen, einen Kontakt aufrecht, der älter ist als die ganze Nordsee.

Seit neuestem spielt sich der Verkehr aber nur in einer Richtung ab. Die Schiffe aus Dänemark und Schweden, die an der englischen Ostküste anlegen, sind vollbeladen mit Frauen, Kindern und Hausrat. Ihre Mannschaften sind Flüchtlinge auf der Suche nach einer neuen Heimat. Wo sie auch auftauchen, erzählen sie in ihrem kaum verständlichen Idiom von blutigen Verwüstungen, die neue Wellen von axtschwingenden Nomaden in ihrer Heimat angerichtet haben.

Diese Streitaxtleute waren zu Urgroßvaters Zeiten erstmalig von Südosten her in Jütland aufgetaucht. Damals hatten ihre kleinen Trupps die Lebensgewohnheiten der Ureinwohner kaum beeinflußt. Jetzt aber ergießen sich Ströme von ihnen ins Land: sie fallen von Deutschland aus in Jütland ein und setzen von dort auf die dänischen Inseln über, wo sie mit Streitaxtleuten aus Schweden zusammentreffen. Die Neuankömmlinge in Britannien berichten anschaulich, wie in Dänemark und Südschweden die Bauern mit ihrer durch Rodung und Feuer den Wäldern entrissenen Ackerflur, ihren Holzhausdörfern und Steinkammergräbern langsam, aber sicher von den zuziehenden Hirtenstämmen übermannt werden, und wie es für sie kein Entrinnen gibt, weil sie nicht über Schiffe verfügen. Sie schildern ferner, wie sie – die Berichterstatter selbst –, die seit undenklichen Zeiten die See befahren und an große Reisen beim Wal- und Robbenfang gewohnt sind, sich zum Abzug entschlossen haben, solange es noch möglich war, und nun unter ihren Vettern jenseits der Nordsee neues Siedlungsland suchen wollen. Die Kaufleute hören sich diese traurige Mär teilnahmsvoll an und erhöhen diskret ihre Preise für die Äxte, die die Flüchtlinge als erstes brauchen werden, um sich neues Gelände für ein Dorf zu erschließen. Sie nehmen alle Wertgegenstände, die die Skandinavier in der Eile zusammenraffen konnten – darunter viel Bernstein – in Zahlung.

Die jungen Leute aus dem nördlichen England haben, wenn sie nach jahrelangem Herumziehen zu ihren Familien im See-Distrikt zurückkehren, viel zu berichten. Der Gründung von Stonehenge, an der sie zufällig teilnahmen, haben sie wahrscheinlich keine übermäßige Bedeutung beigemessen.

Auf ihrem Weg nach Süden zu den Bauern der Downs waren sie bei ihren Stammesbrüdern im oberen Themsetal eingekehrt. Dort hatten sie an den religiösen Zeremonien jenes Volkes teilgenommen. Wie es bei Kaufleuten und jungen Menschen zu allen Zeiten der Fall ist, sind sie an religiösen Fragen nicht sonderlich stark interessiert, wenn auch das Wissen um die ständige Gegenwart guter und böser Geister stark entwickelt ist. Sie geben sich große Mühe, diese unsichtbaren Mächte mit rituellen, der risikoreichen Tätigkeit des Kaufmanns angemessenen Opfergaben bei guter Laune zu erhalten. Sie sind aber gleichzeitig tolerant gegen andere Religionen und haben ein natürliches Empfinden dafür, daß es klug ist, sich den Sitten und Bräuchen seiner Umgebung anzupassen und die rituellen Vorschriften zu befolgen, von denen man aus Erfahrung weiß, daß sie die einheimischen Götter besänftigen: denn diese sind zweifellos ebenso echt und mächtig wie ihre eigenen.

In diesem Punkt sind sie sich des Unterschiedes zwischen ihrer Auffassung und derjenigen der Siedler an der Westküste bewußt. Dort hatte man sich seit Generationen mit wahrem Missionseifer zu einem vom Mittelmeer eingeführten Kult bekannt in den Vorhöfen ihrer Gemeinschaftsgrabstätten wurden gedrungene, würfelförmige Standbilder einer Göttin mit riesigen Augen verehrt, die einem zu folgen scheinen, wohin man sich auch wendet. Die Axthändler glauben nicht, daß ihr eigener Gott sich von ihnen abwenden wird, wenn sie gelegentlich auf der Durchreise einen Teller mit Hafergrütze zu den Opfergaben in den Vorhöfen stellen.

Schließlich und endlich kommen sie auf ihren Reisen mit vielen und verschiedenartigen Kulten in Berührung. Das rituelle Kannibalentum der Bauern auf den Downs kann sie nicht erschüttern, denn es beschränkt sich zumeist auf das Verspeisen von toten Verwandten. Sie verschwinden aber nach Möglichkeit von der Bildfläche, wenn ihnen das

Gerücht zu Ohren kommt, daß ein neues Lager oder Dorf oder ein neuer Tempel von diesen Leuten errichtet werden soll, oder wenn sie die Aufschichtung eines langen Erdwalls beobachten und daraus folgern, daß bald eine neue großangelegte Gräberstätte eingeweiht wird. Bei solchen Anlässen pflegen die Bauern einen kräftigen Pfosten oder einen länglichen Stein aufzustellen, der, wie jedermann weiß, das Symbol der männlichen Fruchtbarkeit darstellt und dem eine ungleich größere magische Kraft innewohnt, wenn unter ihm der Körper eines frischgeschlachteten Knaben oder Jünglings begraben wird.

In Glaubensfragen ist wohl die beste Maxime: Jedem das Seine. Die religiösen Vorstellungen der Menschen vom oberen Themselauf sind nicht weniger seltsam und verworren als die der auf Besuch kommenden Händler und ihrer Lehrlinge. Wir, die wir diese Dinge aus einem Abstand von fast viertausend Jahren zu überblicken suchen, sind gänzlich außerstande, das Ritual oder die Vorstellungen, die es bestimmen, aus dem archäologischen Beweismaterial zu rekonstruieren, so daß selbst das bewußt nebelhafte Bild, das hier gezeichnet wird, auf bloßen Vermutungen beruht. Die jungen Händler aus dem Norden haben die heiligen Stätten dieses weitverbreiteten Volkes oft gesehen und deren Ähnlichkeit mit den Grabstätten der Bauern auf den Downs festgestellt – eine Tatsache, die eigentlich genügen müßte, um ihnen die Lust nach allzu vielen Fragen über rituelle Einzelheiten zu nehmen. Sie wissen, daß die Hügelbauern ihre Toten in kleinen Kammern aus Torf oder Holz bestatten, die innerhalb eines länglichen oder ovalen Dammes angebracht werden, wobei die grobgeformten Stein- oder Holzsäulen häufig ostwärts gerichtet sind und ihre Sonnenaufgangsschatten über die Totenhäuser fallen lassen. Und wenn die Totenkammern voll sind, wird das Gelände zu einem hohen Gräberhügel aufgeschüttet und eine neue Einfriedung angelegt.

Obgleich die Tempel der Talbewohner nicht primär als Grabstätten gedacht sind, werden auch sie als ringförmige Hügelanlagen, rund oder oval oder als Kreis innerhalb eines viereckigen Platzes, angelegt. Auch hier sind aufrecht stehende Steine oder Pfosten an der östlichen Seite der Einfriedung zu sehen, während innerhalb der letzteren aus aneinandergereihten Löchern geformte Ringe im Rasen angelegt und mit weißer, zerstampfter Kreide aufgefüllt sind. Das alles sieht sehr nach Gräbern aus, und unter den durchziehenden Fremden geht das Gerücht um, daß in den zum Ausschaufeln der Löcher bestimmten Nächten menschliche Leichen verbrannt werden. Mehr wollen die Fremden von den sich innerhalb des Ringes abspielenden rituellen Vorgängen nicht wissen; die vorsichtigen Kaufleute machen einen großen Bogen um die ganze Anlage, und sogar die Draufgänger unter den Lehrlingen überschreiten nie den von der Sonnenaufgangssäule geworfenen Schatten.

Bei dem Anlaß, von dem hier die Rede ist, wurde eine neue Tempel-Einfriedung geweiht – die größte, die es je gegeben hat. Die verschiedenen Stämme der Talbewohner haben sich dazu fast vollzählig versammelt, und auch zahlreiche Bauern der Downs sind erschienen. Wo viele Menschen zusammentreffen, bieten sich natürlich einem geschickten Geschäftsmann immer gute Möglichkeiten, deshalb haben sich unmittelbar vor der Sommersonnenwende auch viele Händler eingefunden. Eine unübersehbare Menschenmenge hat sich in der breiten Senke hinter dem hochgelegenen Terrain von Salisbury Plain versammelt; ihre Zelte aus Tierhäuten sowie Schutzräume aus Flechtwerk bedecken in verstreuten Gruppen eine Heidefläche von mehr als einer Quadratmeile. Auf dem breiten Ausläufer unweit der Talsohle haben die mit besonderer Sorgfalt ausgewählten Arbeiter bereits den ringförmigen Wall mit einem Durchmesser von über hundert Metern aufgeworfen und einen Graben um den Wall ausgehoben. Das unberührte Weiß der Kreide hebt sich vom sattgrünen Wiesengrund ab. Jetzt sind die Leute damit beschäftigt, den sogenannten Hele-Stein, einen ungeheuren Monolithen, aufzustellen, dessen Standort unmittelbar außerhalb der einzigen Öffnung im Wall an der Nordostseite des Kreises ist. Die jungen Menschen aus dem Norden haben von den umliegenden Hängen aus mit angesehen, wie der gewaltige Stein auf Rollen bis zum Rand des für ihn vorbereiteten, ausgemauerten Loches geschoben und dann durch Hebelwirkung, dank der vereinten Anstrengung von vielen Dutzenden von Männern, die an Seilen zogen und sich dabei gegen starke Pfähle stemmten, aufgestellt wurde. Zum Schluß wird der Stein mit feierlicher Umständlichkeit in seinem Fundament eingebettet, wobei ihn der Architekt, der das Ganze leitet, vom Mittelpunkt des inneren Kreises aus genau anvisiert. Das ist übrigens eine Selbstverständlichkeit: jedermann weiß, daß die ersten Strahlen der Sonne am Sonnenwendtage den Schatten des Steines haargenau auf den Mittelpunkt des Ringwalles fallen lassen müssen. Mittlerweile messen die Helfer des Architekten die Innenfläche des Ringes, indem sie vom Mittelpunkt aus Seile ziehen und in gleichen Abständen auf einem Kreis innerhalb des Walles Pflöcke in die Erde schlagen. Ihnen folgen Arbeiter auf dem Fuß, die an jedem bezeichneten Punkt runde, fast einen Meter tiefe Löcher graben. Bei alledem sind auch die Priester anwesend; sie überwachen die Arbeit, segnen an jedem Morgen Arbeiter und Werkzeuge, bringen Trankopfer dar und deuten aus Voraussagen und Prophezeiungen die Zukunft.

In der Sonnenwendnacht schläft niemand. Die Kaufleute und Nichteingeweihten müssen zwar der Einfriedung fernbleiben, doch haben sie sich auf den Grashängen ringsum gelagert, von wo aus sie im Mondlicht die weiter unten ablaufenden Zeremonien gut beobachten können. Die dunkle Masse der Andächtigen füllt den Ringwall; innerhalb des Kreises brennen rituelle Feuer, von denen sich die silhouettenhaften Umrisse der Tänzer abheben. Gesang und Trommelwirbel ertönen die ganze Nacht hindurch, und die Zuseher erschauern, wenn sie an die geheimnisvollen Opfer denken, die dort drunten dargebracht werden. Gegen Ende der kurzen Nacht, wenn das heraufdämmernde Tageslicht stärker wird, schwillt der Gesang an. Er steigt wie eine mächtige Lobhymne zum Himmel empor in dem Augenblick, da die Sonne sich über den Horizont erhebt und den Schatten des Hele-Steins genau zu Füßen des Hohenpriesters fallen läßt, der auf dem Mittelpunkt des inneren Kreises steht. Nun ist der Sonnengott wieder über seinem Land aufgestiegen, und die ihn anbeten, verneigen sich vor ihm.

So lautet die Geschichte, die die in den Diensten der Axtverkäufer stehenden jungen Leute ihren Familien im Norden erzählen. Sie sind groß geworden in den Jahren, die sie auf Englands Straßen verbracht haben. Natürlich läßt sich der historisch genaue Zeitpunkt, zu dem Stonehenge erbaut wurde, nicht festlegen. Aber selbst wenn – was höchst unwahrscheinlich ist – dieses Datum tatsächlich mit unserer Zählweise übereinstimmen und auf das Jahr 1848 v. Chr. fallen sollte, wären die zu Beginn dieses Kapitels geborenen Jungen bei ihrer Rückkehr in die Heimat noch Teenager gewesen.

In den folgenden Jahren finden die meisten von ihnen sich damit ab, gleich ihren Vätern als Jäger, Hirten und Steinhauer ihr Dasein zu fristen. Hinzu kommen der Ehestand, die Kinder und der Kampf um Stellung und Lebensunterhalt – Dinge, die allen

Menschen auf Erden gemein sind. Einige werden Priester, andere Handwerker oder Fischer; viele aber sterben jung, denn nirgendwo auf Erden reicht die durchschnittliche Lebensspanne auch nur an die Hälfte dessen heran, was sie in der fernen Zukunft ausmachen wird.

Es gibt auch junge Leute, die sich ganz dem Kaufmannsberuf verschreiben und ihr Leben auf den Straßen zubringen, auf denen sie seit früher Jugend zu Hause sind – wenn sie nicht, um neue Erfahrungen zu sammeln, andere Strecken ausprobieren und ihre Äxte den Hirschjägern der schottischen Berge zum Kauf anbieten, wobei sie bis zu den unterirdischen Dörfern auf den Orkney-Inseln vorstoßen, wo man kein Holz kennt und die Möbel aus Stein gearbeitet werden. Von der Küste Cumberlands aus setzen sie in ihren Fellbooten auch nach Irland über. Dort finden sie in den Bergen von Antrim die dritte große Werkstätte für die Herstellung von Äxten vor, und weiter südlich stoßen sie auch auf Niederlassungen der Erbauer von Steinkammergräbern, die größer sind als die in Großbritannien. Der eine oder andere, der zu Abenteuern neigt, wagt, da er sich nun einmal unter den Steinkammergrabmenschen befindet, sicherlich den Sprung und verdingt sich auf einem der Küstensegler, die, von Spanien und den südlichen Meeren kommend, hier anlegen. Es ist daher keineswegs unmöglich, daß man Männer aus dem hohen Norden auf den Kaianlagen von Kreta antrifft oder daß sie in Ägypten von Pyramidenführern betrogen werden – ja, sie können sogar an der Küste von Kanaan mit den jüngeren Enkeln Abrahams zusammentreffen. Denn wenn es auch dafür keine konkreten Beweise gibt, so steckt diesen Nachkommen der jagenden Nomaden doch zweifellos die Reiselust im Blut. Sie haben als ihre Heimat immer den Ort angesehen, an dem sie sich jeweils aufhalten, und der Drang, zu ihrem Ausgangspunkt zurückzukehren, ist ihnen fremd.

Für die, die in Britannien bleiben, vergeht die Zeit nicht ereignislos, denn das liefe den Gesetzen des menschlichen Lebens zuwider, aber doch ohne umwälzende Wandlungen. Jahreszeiten und Jahre lösen einander im ewigen Rhythmus ab. Jetzt ist die Generation von 1860 v. Chr. herangewachsen, die Jungen von einst sind zu gesetzten Familienvätern geworden. Es steht uns frei, Betrachtungen darüber anzustellen (sie sind immer lehrreich), was alles diese Menschen von dem wissen, was anderswo auf der Welt geschieht, wobei wir uns freilich vor Verallgemeinerungen hüten müssen. Jedenfalls hat es schon damals alle Schattierungen der Neugierde – geistiger wie kommerzieller Art – gegeben, vom kleinen Bauern, der den Blick nie von den durch seinen geraden, hölzernen Pflug gezogenen Furchen hebt bis zu seinem Nachbarn, der jedes Gerücht aus fernen Landen begierig aufgreift und ausschmückt.

Diese Leute wußten mehr, als wir Heutigen anzunehmen geneigt sind. Der an seiner Scholle klebende Bauer auf den Downs kommt, ebenso wie der fernste Jäger des kaledonischen Waldgebietes, immer wieder mit Wanderern in Berührung. Das brauchen nicht nur Kaufleute zu sein; es sind auch Geschichtenerzähler unterwegs und Söldner auf der Suche nach einem Zahlmeister; auch Männer, die lediglich ihre Verwandten besuchen wollen, und schließlich richtiggehende Vagabunden, deren Füße landauf, landab den Boden Englands und die nahe gelegenen Teile des Kontinents abklappern und dabei andere Wandergesellen aus mindestens ebenso großer Ferne, aber entgegengesetzter Richtung angetroffen haben. Fischer überqueren die Nordsee regelmäßig zwischen England, den Niederlanden und Skandinavien. Die Erbauer der großen Steingrabanlagen an der englischen Westküste, die in enger Fühlungnahme mit den Bewohnern des Hinterlandes stehen, unterhalten nach wie vor regelmäßige Schiffahrtsrouten nach den Küsten Irlands und Spaniens und entsenden zwischendurch auch Segler ins Mittelmeer. Außerdem kehrt von den nicht gerade zahlreichen Abenteurern, die aus reiner Wanderlust wirklich große Reisen unternehmen, in jeder Generation der eine oder andere nach Hause zurück.

Auf solche Weise können sich die Bewohner Englands, soweit sie daran interessiert sind, ein Bild von ihrer Welt machen. Wahrscheinlich kennen sie Kreta und Ägypten dem Namen nach und wissen auch ungefähr, wie groß die Entfernung dorthin ist. Sie bewundern die Kreter und Ägypter, weil sie wissen, daß diese Völker ihnen, was materiellen Wohlstand und «modernen Komfort» anlangt, überlegen sind, und weil sie ihr Handwerkszeug, ihre Waffen und ihren Schmuck aus Bronze fertigen. Über die Existenz der Metalle sind sie im Bilde, und sie haben sicher mehr als einmal einen Gegenstand aus Bronze in der Hand gehalten und dabei etwas wie Neid empfunden. Von Babylon haben sie wohl nicht einmal den Namen gehört, wenn ihnen auch bekannt ist, daß es neben der kretischen und ägyptischen Kultur noch andere Kulturen gibt. Von Nord- und Westeuropa dürften sie eine klare Vorstellung haben. Was ihnen über die immer zahlreicher in den bäuerlichen Gegenden am Rhein, in den niederländischen Poldern und in den Küstenbezirken von Skandinavien auftauchenden Streitaxtmenschen zu Ohren kommt, flößt ihnen sicherlich ein leises Unbehagen ein. Mit den «Glockenbecherleuten» aus Westeuropa – diesen Namen haben wir den spanischen Kaufleuten gegeben, weil sie, wie Grabfunde beweisen, reichverzierte, glockenförmige Trinkschalen aus Steingut benutzten – werden sie zumindest vom Hörensagen Bekanntschaft schließen, noch ehe der erste von ihnen von der Bretagne aus in See sticht und an der englischen Südküste landet.

In der Tat sind es die Axthändler, die als erste mit den Becherverkäufern zusammentreffen, und zwar anläßlich einer großen Lieferung von walisischen Äxten über den Ärmelkanal an einen der Märkte in Nordfrankreich. Die Karawane aus dem Süden erscheint am Tage nach dem Einzug der britischen Händler, während diese bei ihren alten Freunden und Kunden Besuche machen. Erst tritt eine Vorhut auf den Plan, bestehend aus einem Mann in gesetzten Jahren, der den Lagerplatz aussuchen soll, und vier jungen Burschen als Leibwächter. Es ist sonnenklar, daß es sich bei diesen Leuten um Ausländer handelt – sie sind dunkelhäutig und von kleinem Wuchs, haben runde Köpfe und schwarzes Haar und sprechen eine unbekannte Sprache. Was aber die sich um die Fremdlinge drängende Menge am stärksten beeindruckt, ist die Sicherheit ihres Auftretens und ihre prächtige Kleidung und Ausrüstung. Erstere ist aus gewebtem Tuch gefertigt, das zwar in den nördlichen Ländern nicht gänzlich unbekannt, aber doch eine Seltenheit ist. In weite Falten gelegte Umhänge werden am Hals von Schließen aus echter Bronze zusammengehalten. Die jungen Männer tragen Bogen über der Schulter und Köcher auf dem Rücken. Das linke Handgelenk wird durch Lederriemen mit einer darauf befestigten Bronze- oder Steinplatte vor dem Zurückschnellen der Bogensehne geschützt. An einem Gürtel trägt jeder einen Bronzedolch mit breiter Schneide. Unter der in Tierfelle gekleideten und mit Steinwaffen ausgerüsteten Menge nehmen sich die Neuankömmlinge mit ihren gewebten Prachtgewändern und Bronzewaffen wie Wesen aus einer anderen Welt aus.

Und dann kommt das Gros der Karawane, ein langer Zug von gedeckten Ochsenkarren und Packeseln. Das sind die ersten Esel, die viele unter den Nordländern zu Gesicht bekommen, daher rufen sie aufgeregte Kommentare hervor, die erst beim Auspacken der Waren zum Schweigen kommen. Das geschieht auf eine bewußt lässige Weise und kommt doch einer wohlüberlegten Schaustellung gleich, die von Bogenschützen scharf bewacht wird. Sowie sie die Tuchballen, Weinschläuche und schließlich die Bündel von Bronzedolchen gewahr werden, wird den Steinaxtverkäufern das Ausmaß der Konkurrenz bewußt, worauf sie wie ein Mann kehrtmachen und sich in ihre Zelte zurückziehen, um die taktischen Maßnahmen zu besprechen, die sie angesichts dieser neuen Bedrohung ihrer Existenz werden ergreifen müssen.

Den Lehrlingen, die sie an Ort und Stelle zurücklassen, um ein wachsames Auge auf die Neuangekommenen zu richten, gehen diese Dinge weniger zu Herzen, wenngleich sie sich äußerlich mehr darüber ereifern. Sie diskutieren untereinander über die Frage, ob die dunkelhäutigen Fremden echte Ägypter sein können. Die erwachsenen Kaufleute – dieselben Männer, die als Lehrlinge die Einweihung von Stonehenge mit angesehen haben – wissen freilich besser Bescheid. Sie haben von der Tätigkeit der neuen Handelsunternehmen in Spanien Kunde erhalten und nehmen an, daß die Karawane von einem der neuerrichteten Stützpunkte in Mittelfrankreich entsandt wurde.

Der Markt für die Axthändler ist ausgesprochen schlecht. Obgleich sie einhellig ihre Preise gesenkt haben und die ärmeren Bauern noch immer ihre Kunden sind, machen die «Becherleute» jetzt das Hauptgeschäft. Ihre Preise sind zwar hoch, aber nicht übertrieben, und außerdem wissen sie genau, was sie als Tauschware haben möchten: Pelze, Halbedelsteine, wie Jett, Bernstein und ähnliches. Sie haben sogar eine Werkstatt aufgemacht, in der tagein, tagaus zwei Bronzeschmiede auf Bestellung Dolche oder Armbänder fertigen, wenn sie nicht gerade damit beschäftigt sind, «entgegenkommenderweise» Gegenstände aus Bronze, zu denen man in früheren Jahren einmal gekommen ist, einzuschmelzen und neu zu gießen.

Der aufblühende Handel mit Bronze wird – so sieht es wenigstens aus – das alteingesessene Geschäft mit Steinwaren vollkommen zugrunde richten; die heimischen Axthändler sagen denn auch mit düsterer Miene den baldigen endgültigen Sieg der Bronze voraus. In der Tat müssen sie, wenn sie das nächste Jahr in geringerer Zahl zu dem französischen Markt zurückkehren, feststellen, daß die «Becherleute» ihre Zelte mit einer ständigen, aus Holz erbauten Faktorei vertauscht haben. Frauen und Kinder der Spanier sind gleichfalls gekommen, und die Faktorei macht einen beunruhigend dauerhaften Eindruck. Daraufhin hören die Axthändler endgültig auf, Frankreich zu besuchen.

Aber im nächsten Jahr landet gar eine Gruppe von «Becherleuten» mit einem gecharterten Schiff an der Südküste von England. Und innerhalb weniger Jahre überzieht ein Netzwerk von ständigen Handelsniederlassungen ganz Südengland. Zweifellos ist diese Expansion Teil eines wohlorganisierten kaufmännischen Feldzuges, demzufolge regelmäßig Karawanen abschnittweise den Weg von Zentralspanien bis hier zurücklegen. Sie bringen die Bronze und andere Waren bis zu den Außenposten des Handelsnetzes und kehren, mit Gütern aus dem Norden beladen, zurück. Im übrigen machen die «Becherleute» kein Geheimnis aus ihrer weitverzweigten Organisation. Sie rühmen sich ihrer Verbindungen zu Nordafrika, von wo viele von ihnen herstammen, und vergessen nicht, die Handelsrouten von Ägypten entlang der afrikanischen Küste zu erwähnen. Sie berichten auch von der weit nach Osten vorgeschobenen kaufmännischen Tätigkeit ihres Volkes und von ihren Geschäften mit Italien, dem Donaubecken und dem Rheintal.

Trotz ihres Wohlstandes und ihrer straffen sozialen Struktur sind sie aber nicht hochmütig. Daß sie gekommen sind, um für immer zu bleiben, steht fest. Um ihre Faktorei breitet sich langsam ein Gürtel von kleinen Bauernhöfen mit sorgfältig angelegten Feldern aus. Die «Becherleute» sind sehr geschickt und vielseitig, und vor allem ihre Kupferschmiede verstehen sich neben dem Guß des neuen Metalls auf allerlei handwerkliche Kniffe. Sie sind es, die als erste das Vorhandensein von Kupfererz in England feststellen und in heller Aufregung Zinn an der Erdoberfläche von Cornwall finden, worauf sie die örtlichen Häuptlinge zum Abbau dieser neuen Reichtümer ermuntern. Sie bringen offenkundig Wohlstand ins Land, und ihre Beliebtheit steigt immer mehr. Durch die häufigen Ehen zwischen den dunklen, gutaussehenden Südländern und den hochgewachsenen Downlandfarmern werden die Bande zwischen den beiden Rassen immer fester geknüpft. Und mit fortschreitender Zeit, wenn die Männer, die den Bau von Stonehenge mit angesehen haben, alt werden, wächst langsam in den Niederlassungen der «Becherleute» eine neue Generation heran. Dann machen sich über die Downs verstreute, kleine runde Hügel bemerkbar, unter denen die Gräber von Männern liegen, die in Spanien oder Afrika geboren wurden, ihre Heimstätte aber in England aufgeschlagen haben.

Dank ihren Geleitzügen von Handelsschiffen bleiben die südenglischen Ansiedlungen in engem Kontakt mit den Geschehnissen in Europa. Während die alte Generation auf der penninischen Berggruppe in Nordengland über den Rückgang des Axtgeschäfts jammert, steht die junge Generation ihrer Konkurrenten jenseits des Rheins und erbringt im Nahgefecht den Beweis für die Überlegenheit des Bronzedolches über das steinerne Kriegsbeil, das die traditionelle Waffe der dortigen Viehhirten ist. Am Rhein und in den Niederlanden sind, ebenso wie in England, seit zwei Jahrzehnten Faktoreien der «Becherleute» in Betrieb, und auch dort wächst eine neue Generation heran, die ihre Lebensgewohnheiten und oft auch ihr Blut sowohl von den spanischen Kaufleuten wie auch von dem Reitervolk ableitet, das seit hundert Jahren und mehr aus der russischen Steppe eingewandert ist. Viele von den hier heranwachsenden jungen Menschen richten den Blick auf die unerschlossenen Märkte und den angeblich großen Mineralreichtum, nicht zuletzt auch auf den fruchtbaren Boden von Nordengland und Schottland, wo die junge Generation bereit ist, sie willkommen zu heißen – denn sie sehen in der Herstellung von Steinäxten ebensowenig eine Zukunft wie in der Jagd und der Viehaufzucht. Die Zukunft gehört der Metallindustrie, und die zu entwickeln sind vorerst nur die «Becherleute» imstande. Im Gegensatz zu ihren metall-losen Nachbarn in Skandinavien, die jetzt die Streitaxt beiseite legen und die neue Nahkampfwaffe, den Bronzedolch, in Feuerstein nachahmen, sehen die Männer im nördlichen England bereits den Tag kommen, da sie selbst Waffen aus Bronze herstellen und vielleicht exportieren werden.

Das Manufakturzentrum für Äxte im Tal von Langdale hat, ebenso wie die gleichartigen Unternehmungen von Graig Lwyd in Wales und Tievebulliagh in Nordirland, in der Tat existiert, und für die Lebensgewohnheiten der mit dieser Arbeit Beschäftigten gibt es eindeutige Zeugnisse. Die Gebiete, in denen die aus jeder Fabrik hervorgegangenen Äxte verteilt wurden, lassen sich mit Sicherheit durch genaue Untersuchungen von Museumsstücken abgrenzen. Die ursprüngliche Planung von Stonehenge konnte auf Grund von kürzlich durchgeführten Ausgrabungen festgelegt werden. Andererseits ist uns über das Ritual, das anläßlich der Erbauung der Anlage befolgt wurde, wenig bekannt, ebenso über die religiösen Vorstellungen, denen sie dienen sollte – ja, wir wissen offen gestanden so gut wie nichts vom Sinn und Zweck der Frühtypen ähnlicher Sakralbauten. Sobald Glaubensfragen der prähistorischen Europäer zur Debatte stehen, befinden wir uns auf schwankendem Boden. Die Hinweise auf Menschenopfer und – wenigstens gelegentlichen – Kannibalismus sind aber so schwerwiegend, daß sie kaum widerlegt werden können. In «The Neolithic Cultures of the British Isles» (1954) vermittelt uns Stuart Piggott mit großer Ausführlichkeit alles, was über Großbritannien zur Zeit des obigen Kapitels bekannt ist. R. J. C. Atkinsons «Stonehenge» (1956), ein Standardwerk neuen Datums, schildert alle Aspekte der monumentalen Anlage.

8

Der Gesetzgeber
1790 - 1720 v. Chr.

Wir befinden uns im Jahre 1790 v. Chr. Schon ist das 2. Jahrtausend v. Chr. älter als heute die Unabhängigkeit der Vereinigten Staaten. In den verflossenen zwei Jahrhunderten hat sich vieles geändert, und auch jetzt schreitet der Wandel fort. Wir haben das erstmalige Auftauchen der indogermanischen Wagenlenker aus dem südlichen Rußland in Europa und ihr langsames Verschmelzen mit den dort bereits seßhaften Bauern mit angesehen – wobei eine westwärts gerichtete Strömung von Flüchtlingsfamilien, namentlich aus den «eingeborenen» Fischer- und Jägerstämmen, festzustellen war. Auch bei den «Glockenbecherleuten» aus Spanien und Afrika konnten wir beobachten, wie sie in kleinen organisierten Gruppen nach Zentral- und Nordeuropa vorstießen und dort unter den Völkerschaften der Steinzeit den Grundstock zu einem weitverzweigten Handel mit Bronze legten.

Völkerwanderungen, Beutezüge und rassische Verschmelzung, die Ausbreitung von Gedankengut und Religion, Handel und handwerkliche Produktion, nicht zu vergessen Kriege bilden den Hintergrund, vor dem die Europäer von 1800 v. Chr. ihr sehr eigenwilliges Dasein führten. Im Mittleren Osten war das Leben ähnlich. Aber hier ist eine Warnung am Platze. Was Europa betrifft, so müssen wir uns auf allgemeine Begriffe beschränken und die verschiedenen Völker mit von uns erfundenen Namen kennzeichnen: Glockenbecherleute, Streitaxtmenschen, Windmill-Hill-Kultur und Peterborough-Gruppe. Bei gewissen Ereignissen ist die zeitliche Fixierung so schwer, daß wir sie nur mit starken Vorbehalten einer bestimmten Generation zuschreiben können. Im Osten wissen wir hingegen, wie die Völker sich selber nannten. Dort kennen wir Namen von einzelnen Menschen, Nationen und Städten wie auch Daten von wichtigen Geschehnissen. Selbst Gedanken und Meinungen damals lebender Menschen sind uns überliefert. Dieser Unterschied gilt aber nur für uns und hat mit dem Zeitalter, über das wir berichten, wenig zu tun. Selbstverständlich hatten alle europäischen Völker Namen für sich und ihre Länder. Damals wußte man, wann Stonehenge erbaut war. Der König, der den Bau angeordnet hatte, war sicher ein ebenso machtvoller Mensch aus Fleisch und Blut wie jener König, der knapp hundert Jahre später auf einer – heute noch im Britischen Museum aufbewahrten – Tafel die Worte niederschrieb: «Ich bin Hammurabi der mächtige König, der König von Babylon, der König der Welt. Was seit Menschengedenken kein König für seinen Herrn vermocht hatte, durfte ich ruhmvoll für meinen Herrn, den Sonnengott, vollbringen.»

Hundert Jahre und mehr sind vergangen, seit die Sippe Tharahs auf der Wanderung von Ur am Euphrat entlang nach Harran in der Nähe des kleinen, befestigten Dorfes Babylon eine kurze Ruhepause einlegte. Jetzt sind Abrahams Enkel die Anführer kraftvoller Nomadenstämme in Syrien und Palästina. Babylon hat sich zu einer beachtlichen Stadt entwickelt, die in allen Angelegenheiten am unteren Euphrat und Tigris ein gewichtiges Wort mitzureden hat. Im Palast auf dem östlichen Euphratufer regiert ein neuer König. Der junge Mann hat erst vor zwei Jahren die Nachfolge seines berühmten Vaters angetreten, und bisher weiß niemand, was er aus seiner Regierung machen wird. Sein Name ist Hammurabi.

Hammurabi entstammte einem alten Königsgeschlecht. Sein Urgroßvater war Sumu-la-El, der sich auf Kosten von Sumu-abum des babylonischen Throns bemächtigt hatte. Damals war Abraham durch jene Gegend gezogen. Sumu-abum hatte den kleinen Bund der Amoriter-Städte angeführt, mit Babylon als Hauptstadt. Die auf Sumu-abum folgende Dynastie bestand aus tüchtigen Herrschern, und das war notwendig, um die Unabhängigkeit der babylonischen Föderation aufrechtzuerhalten und zu vergrößern.

Sumu-la-El hatte die alte Nachbarstadt Kisch unterworfen, deren Herrscher das Recht auf Führung des amoritischen Staatenbundes für sich in Anspruch nahmen. Und dann hatte unter der Regierung seines Sohnes Zabum – also zu einer Zeit, an die sich die alten Leute beim augenblicklichen Stand unserer Schilderung noch erinnern konnten – die von Elam, der östlichen Großmacht, ausgehende Bedrohung neue Ausmaße angenommen.

Während die Axthändler auf Englands Straßen ihren Geschäften nachgingen und die Glockenbecherleute an den Flüssen entlang immer tiefer nach Europa vorrückten, hatten die Könige von Elam dem Kampf um die Herrschaft über Mesopotamien zwischen den Machthabern von Isin und Larsa genau beobachtet. Sie hatten sich ständig in diesen Krieg zwischen den zwei winzigen Fürstentümern eingeschaltet, bis schließlich im Jahr 1836 (das die meisten jetzt lebenden Menschen schon erlebt hatten), König Kudur-Mabug von Elam des geschwächte Larsa überwältigte. Er nannte sich zynisch Protektor der Amoriter und setzte seinen Sohn Warad-Sin dort zum König ein. Isin bestand noch eine Zeitlang unter mehreren schwachen Thronräubern, doch war seine Macht stark reduziert. Sogar Babylon hatte an Elam Land verloren und hatte Mühe, seine Unabhängigkeit zu erhalten. Vor vierunddreißig Jahren war Warad-Sin von Larsa nach zwölfjähriger Regierung gestorben; sein Bruder Rim-Sin, ein energischer Mann, der noch immer über Larsa herrschte und das ganze südliche Mesopotamien fest in Händen hielt, hatte seine Nachfolge angetreten. So standen die Dinge, als Hammurabis Vater Sin-muballit vor zweiundzwanzig Jahren den Thron von Babylon bestieg.

Die Babylonier hielten Sin-muballit für einen ihrer größten Könige. Während Rim-Sin die Oberherrschaft über ganz Südmesopotamien beanspruchte, hatte er den Städtebund zusammengehalten und sogar die von seinem Vater an Elam verlorenen Landstriche zurückerobert. Vor acht Jahren war es zu einem offenen Zusammenstoß mit Rim-Sin gekommen; viele babylonische Männer blickten voller Stolz auf die Rolle zurück, die sie in der siegreichen Schlacht gegen die vereinigten Heere von Ur und Larsa gespielt hatten. Rim-Sin hatte sich zurückgezogen und war gezwungen worden, sein Ansehen durch Maßnahmen gegen einen schwächeren Gegner wiederherzustellen. Im folgenden Jahr griff er das immer noch unabhängige Isin an und verjagte die dortige zweihundert Jahre alte Dynastie. Aber die Besatzungstruppe, die er in Isin zurückließ, war zu schwach, so daß Sin-muballit kurze Zeit danach das Jahr 1795 offiziell als «Jahr der Eroberung von Isin» bezeichnen konnte. Obgleich Sin-muballit nicht einmal den Versuch unternahm, die Stadt zu halten, ist wohl kaum ein Zweifel darüber möglich, daß Babylon bei diesem Kampf um die Macht zwei wichtige Punkte gewonnen hatte. Jetzt war Sin-muballit freilich tot, und sein Sohn – eine unbekannte Größe – nahm seine Stelle ein.

Wenn Hammurabi aus seinem gelben Ziegelpalast über das ebenfalls gelbe Wasser

Nubische Söldner spielten zu allen Zeiten eine wichtige Rolle in der ägyptischen Armee. Um 2000 v. Chr. fanden sie hauptsächlich als Bogenschützen Verwendung, die den regulären Verbänden des mit Schild und Speer ausgerüsteten Fußvolks zugeteilt wurden. Diese Holzfiguren stammen aus dem Grabe Mesehtis, eines Edelmannes aus Assiut in Oberägypten, der um diese Zeit lebte.

Viele Einzelheiten aus dem Alltag der ägyptischen Aristokratenfamilien um 2000 v. Chr. lassen sich aus kleinen Holzmodellen ablesen, die in den Gräbern der Adligen aufgestellt wurden, um die Toten auf diese Weise mit Dienerschaft und Gefolge im Jenseits auszustatten. Auf diesem Modell eines Kornspeichers in Oberägypten notieren Kontoristen im Vorraum auf dem Kerbholz die hereingetragenen Säcke.

Rechts unten: Eines der Königsgräber von Ur, das ungefähr aus dem Jahr 2400 v. Chr. stammt, enthielt neben Resten von zahlreichen Menschenopfern eine «Standarte» aus Perlmutt und Lapislazuli, die auf beiden Seiten mit Bildern vom Leben der Sumerer in Krieg und Frieden geschmückt war. Die unten abgebildete «friedliche» Seite zeigt den König und die Seinen, wie sie zu Instrumentalmusik und Liedern ein Fest feiern, indes zu ihren Füßen die Untertanen Tribut in Gestalt von Naturprodukten, Schafen, Ochsen und Eseln entrichten. Auf der «kriegerischen» Seite sieht man Fußvolk und eselbespannte Kampfwagen der sumerischen Armee (s. Zeichnung auf Seite 22).

Dieser Bronzekopf, der in einem Abfallhaufen in Ninive gefunden wurde, stammt aus der Zeit Sargons von Akkad. Obgleich er fünfhundert Meilen nördlich der Stadt Akkad aufgetaucht ist, hält man ihn für ein Porträt jenes Königs, der dreihundert Jahre vor dem Beginn des zweiten Millenniums sein vom Mittelmeer bis zum Persischen Golf reichendes Imperium gründete.

Die aus Ziegeln erbaute Stadt Mohenjo-daro im Industal war durch breite Straßen, an denen gedeckte Kanäle entlangliefen, in große Häuserblocks eingeteilt, von denen einer links zu sehen ist. Der gepflasterte Weg rechts ist modern und zur Bequemlichkeit der Touristen gebaut, ebenso wie die Stufen im Hintergrund, die zu zwei späteren, höheren Straßenniveaus hinaufführen.

Die große Badeanlage in der Zitadelle von Mohenjo-daro ist mit einem kunstvollen Netz von Quellen zum Einlassen des Wassers und von Abflüssen zwecks ständiger Erneuerung ausgestaltet. Sie soll religiösen Zwecken gedient haben, und es mag sehr wohl sein, daß der mit der Anlage ursprünglich verbundene, heute aber nicht mehr vorhandene Tempel sich unter einer buddhistischen Stupa befindet, die zweitausend Jahre jünger ist als er und unmittelbar neben den Thermen steht.

Hochgestellte, miteinander durch eine Trockenmauer verbundene Steinplatten bilden einen Ring um das prähistorische Hügelgrab von Grønhøj im dänischen Jütland. Der ursprünglich zweifellos durch ein Holztor verschlossene Eingang führt zu dem Steinkammergrab im Innern – einer großen Grabkammer, die als gemeinschaftliche Beisetzungsstätte für ein nahe gelegenes Steinzeitdorf diente. Diese Anlage wurde um 2000 v. Chr. erbaut.

Von den ersten Bauern in England errichtete Wälle krönen noch heute viele Hügel im Süden des Landes. Wir zeigen den Windmühlenberg, nach dem diese frühe Bevölkerung benannt wurde. Die konzentrischen Erdaufwürfe, aus denen in gleichen Abständen Öffnungen ausgespart sind, dürften als Hürden gedient haben, besonders während der alljährlichen großen Viehmärkte.

Auf der Insel Bahrein im Persischen Golf haben die Reeder von Dilmun in der zweiten Hälfte des 3. Jahrtausends v. Chr. einen Tempel erbaut. Er blieb bis tief ins zweite Jahrtausend seinem ursprünglichen Zweck erhalten, ja er wurde sogar zweimal abgebrochen und in größeren Ausmaßen wiederaufgebaut. Der Tempel stand auf einer künstlichen, von hohen Mauern gehaltenen Plattform. Auf dem obigen Bild ist die Terrassenmauer des zweiten Tempels und, im Vordergrund, die später errichtete Terrassenmauer des dritten Tempels zu sehen.

Bei Alaca Hüyük in der nördlichen Türkei haben Verwandte der Streitaxtmenschen aus der russischen Steppe in der Zeit vor 2000 v. Chr. offenbar ein Königreich gegründet. Die reich ausgestatteten Gräber ihrer Fürsten enthalten große Werte an silbernen und goldenen Schüsseln und Vasen, dazu kupferne Streitäxte, Sonnensymbole und schließlich eine Anzahl rätselhafte, fußhohe Statuetten von Stieren und Hirschen gleich dem hier abgebildeten, die anscheinend als Standarten verwendet wurden.

Hügelgräber der Streitaxtmenschen finden sich zu Tausenden von Mitteleuropa bis zum Kaukasus und darüber hinaus. Im Gegensatz zu den mit Kostbarkeiten angefüllten Gräbern von führenden Persönlichkeiten um Maikop und Alaca Hüyük, mit ihren Gold- und Silberstatuetten und kupfernen Standarten, enthalten die schlichten dänischen Grabstätten an der nordwestlichen Peripherie ihres Ausdehnungsgebietes kaum etwas von Wert. Mitunter finden sich darin neben der Streitaxt, der dieses Volk seinen Namen verdankt, nur Knöpfe aus Bernstein zum Festhalten des Umhangs.

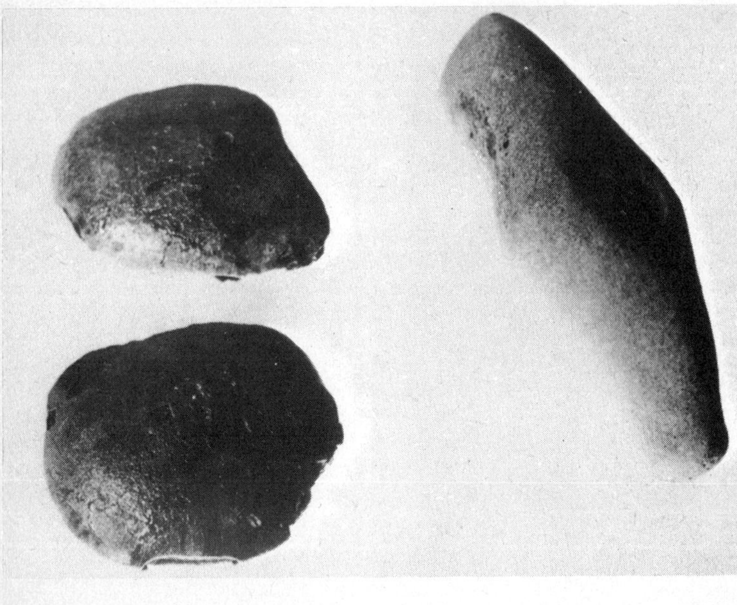

TAFEL IX

Dieser aus schwarzem Granit gehauene, 20 cm hohe Kopf hat eine so auffallende Ähnlichkeit mit der Darstellung Hammurabis auf der unten abgebildeten Stele, daß über seine Identität kaum ein Zweifel besteht.

Der «Kodex» Hammurabi. Das Gesetzeswerk des Königs ist in eine über zwei Meter hohe Steinsäule eingemeißelt, deren Durchmesser am Sockel fast einen Meter beträgt. Es stand sechs Jahrhunderte lang in Babylon und wurde 1165 v. Chr. vom elamitischen Eroberer Schutruk-Nahhunte nach Susa verschleppt. Das hier abgebildete obere Ende der Stele zeigt Hammurabi, wie er vor dem Thron des Sonnengottes steht, dessen mit vielen Hörnern geschmückter Kopfputz an einen Turban erinnert.

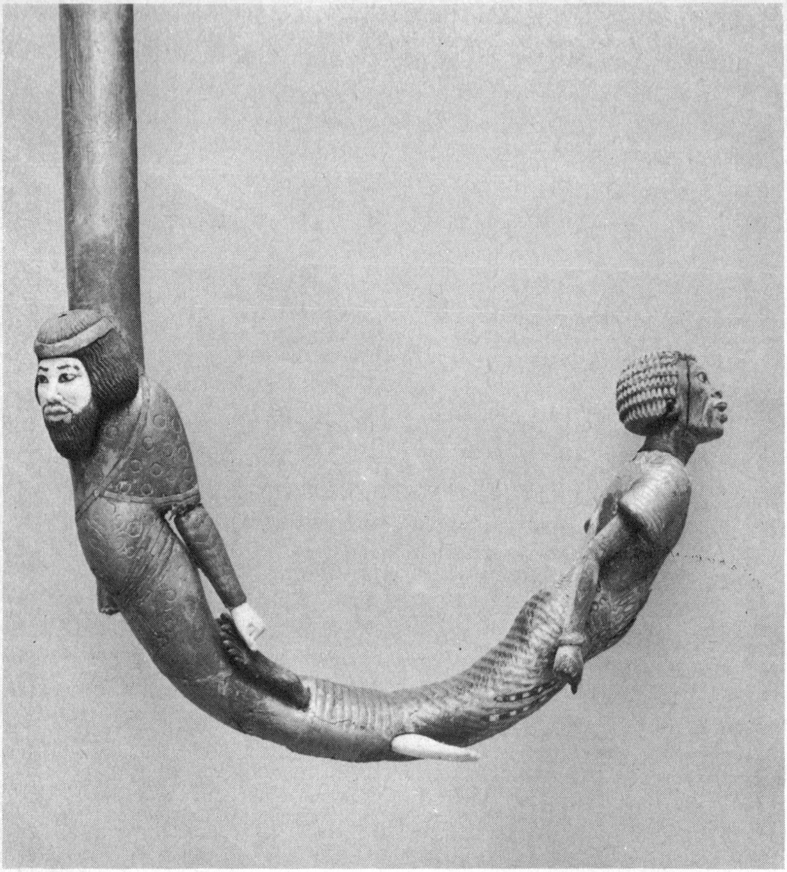

Jahrhundertelang nach dem Einmarsch der Hyksos erblickten die Ägypter in den Einwohnern von Syrien und Palästina ihre natürlichen Feinde. Deshalb wurden Denkmäler und Insignien der ägyptischen Pharaonen vielfach mit den Figuren von gefesselten asiatischen Kriegsgefangenen geschmückt. Der geschnitzte Handgriff dieses Spazierstocks aus dem Grabe Tut-ench-Amuns stellt einen asiatischen und einen sudanesischen Gefangenen dar.

Das östliche Tor der Zitadelle von Hattusas, der Hauptstadt des Hethiterreiches, wird noch heute von dieser Gestalt eines Kriegers bewacht. Neben dem Schwert trägt er am Gürtel eine Kriegsaxt und bestätigt damit die Verwandtschaft der Hethiter mit den europäischen Streitaxtvölkern.

Der «Sonnenwagen» von Trundholm in Nordseeland, kurz nach der Mitte des 2. Jahrtausends v. Chr. entstanden, zählt zu den besonderen Kostbarkeiten des dänischen Nationalmuseums. Es stellt die von einem Pferd gezogene Sonnenscheibe dar; Wagen und Pferd sind auf einen sechsrädrigen Karren montiert. Das Ganze ist in Bronze gegossen; ein großer Teil des auf die Sonnenscheibe aufgetragenen Blattgoldbezuges ist erhalten. Bei diesem etwas über zwei Fuß langen Gegenstand handelt es sich zweifellos um das als Votivgabe hergestellte Modell einer Plastik größeren Maßstabes, die bei religiösen Umzügen in Verbindung mit dem Sonnenkult im Europa der Bronzezeit mitgeführt wurde.

Der Ziggurat von Ur ist noch heute, dreißig Jahre nach seiner Ausgrabung durch Sir Leonard Woolley, das eindrucksvollste Denkmal jener Stadt. Hundert Jahre vor Anbruch des 2. Jahrtausends v. Chr. erbaut, überragt er die Stadt Abrahams: ein künstlicher Hügel, von einem Tempel gekrönt, von Terrassen umsäumt, die wahrscheinlich mit Büschen und Bäumen bepflanzt waren.

Sonnensymbole, Pferde, äxtetragende Männer und Schiffe sind in großer Zahl auf diese nach Süden gerichtete Felsplatte in Vitlycke bei Bohuslän, Schweden, eingeritzt.

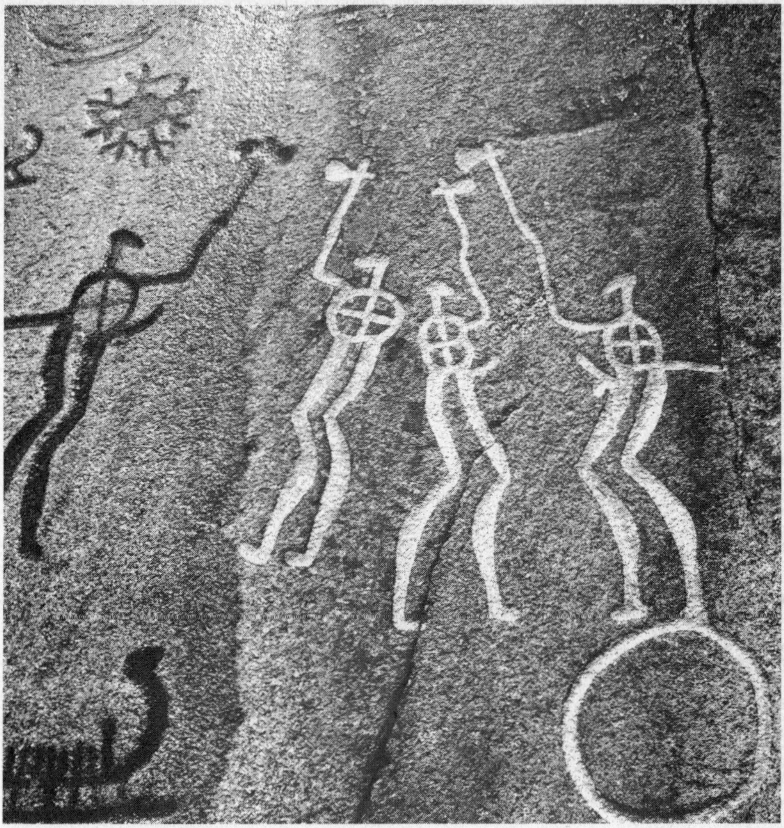

In Aspeberget bei Bokuslän in Schweden sind diese vier mit Schwertern und Streitäxten bewaffneten Männer samt Sonnensymbolen und Schiffen aus dem Stein herausgearbeitet. Wahrscheinlich handelt es sich um die Darstellung eines ritualen Tanzes: die männlichen Figuren weisen an Stelle des Brustraums ein Vierspeichenrad – also eine Sonne – auf.

Die Königin Hatschepsut von Ägypten (1502–1480 v. Chr.) erbaute diesen Totentempel unterhalb der steil abfallenden Klippen, die das Niltal bei Deir al-Bahri westlich von Theben einfassen.

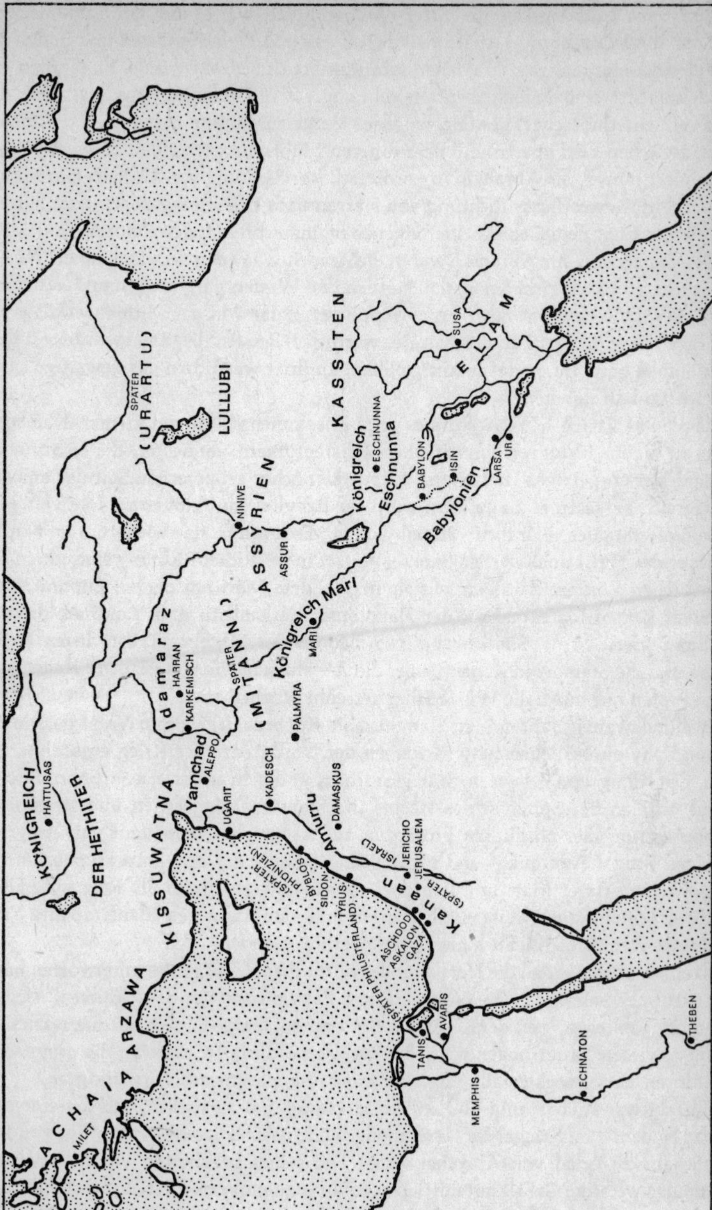

Der Nahe Osten zur Zeit Hammurabis.

des Euphrat zum palmengesäumten Ufer hinüberblickte, war er sich der Tatsache wohl bewußt, daß die Waffenbrüderschaft zwischen Larsa und Elam im Osten und Süden nur eine der vielen Gefahren war, von denen sein Königreich bedroht wurde. Im Norden und Westen dehnte sich eine andere, ebenfalls sehr aggressive Großmacht aus, Assyrien, und nur durch ein entschlossenes, gut abgewogenes Vorgehen konnte Babylon dem Schicksal entgehen, zwischen dem oberen und dem unteren Mühlstein zermahlen zu werden.

Vor hundert Jahren, als Abraham in nordwestlicher Richtung von Ur nach Harran und anschließend in südwestlicher Richtung von Harran nach Palästina gezogen war, hatte er die ganze Strecke auf dem Gebiet seiner eigenen Stammesbrüder, der Amoriter, zurückgelegt. In der Generation vor Abraham waren die Amoriter aus den nordarabischen Wüsten in die fruchtbaren Landstriche im Osten, Norden und Westen vorgestoßen und hatten dabei ein großes, halbkreisförmiges Territorium besetzt, das von der Mittelmeerküste und den Gebirgen der südlichen Türkei sowie des westlichen Persiens begrenzt wurde. An ihrer östlichen Flanke hatte ihnen das mächtige Elam, an ihrer westlichen das gewaltige ägyptische Reich Einhalt geboten.

Seit Abrahams Zeiten hatte sich dieser enge Zusammenschluß von kleinen Nomadenstämmen zu einem Ring von amoritischen Fürstentümern verdichtet, die sich um die Hauptstädte der ehrgeizigen und eifersüchtigen Herrscher gruppierten. Seit das amoritische Königreich Larsa an Elam gefallen war, war Babylon fünfundvierzig Jahre lang der östlichste dieser Staaten. Nördlich von Babylon lag Eschnunna, das wiederum im Norden am Oberlauf des Tigris an Assyrien grenzte. Von da in westlicher Richtung erstreckten sich die amoritischen Königreiche. Den Mittelpunkt bildete Mari am oberen Euphrat; nach diesem Staat kamen Idamaraz mit der Hauptstadt Karkemisch und Yamchad, das von Aleppo aus regiert wurde. Südlich von Yamchad an der Mittelmeerküste lagen Ugarit und Katna und die Stämme in Kanaan, über die Abrahams Söhne und Enkel geboten, und die von Ägypten nur durch die Wüste Sinai getrennt waren.

Vor zweiundzwanzig Jahren – zu Hammurabis Knabenzeit, als sein Vater gerade den Thron von Babylon bestiegen hatte – war an der Nordgrenze der Krieg entbrannt. Ilakabkabu, der König von Assyrien, war gestorben, und sein zweitältester Sohn, Schamschi-Adad, war an der Spitze seines Heeres in Eschnunna eingefallen und marschierte nach Unterwerfung der nördlichen Provinzen auf Assur, die Hauptstadt von Assyrien, wo er seinen Bruder Aminu ab- und sich an dessen Stelle auf den Thron setzte. Im folgenden Jahr eroberte er Mari und ließ dort seinen jüngeren Sohn als Regenten. Dann verstärkte er seinen Druck weiter nach Westen und kämpfte gegen Idamaraz und Yamchad, bis seine Armeen schließlich am Mittelmeerufer standen.

Nachdem Schamschi-Adad die Herrscher der nördlichen Königreiche unterworfen hatte, war seine Aufmerksamkeit nach Süden gerichtet. Babylon war vor dem Schicksal Aleppos nur verschont geblieben, weil der König von Eschnunna, Ibalpi-El, sich als unerwartet widerborstig erwiesen hatte: obgleich er sein ganzes nördliches Gebiet an die assyrischen Heere verloren hatte, wies er alle Angriffe auf seine Hauptstadt hartnäckig ab.

Hammurabi war scharfsinnig und realistisch genug, um zu wissen, daß der eine oder andere der beiden alten Krieger im Norden oder Süden seines Landes – Rim-Sin von Larsa oder Schamschi-Adad von Assyrien – den Tod seines berühmten Vaters ausnutzen würde, um das wichtige Gebiet am mittleren Euphrat zu erobern. Deshalb beschloß Hammurabi, die Herren auf andere Gedanken zu bringen.

Ein Ablenkungsmanöver gegen Schamschi-Adad ließ sich leicht in Szene setzen. Der vor zwanzig Jahren von seinem Thron verjagte Herrscher von Mari hatte einen Sohn namens Zimri-lim, der im Exil aufgewachsen war. Ihn ermunterten Yarim-lim von Yamchad und Hammurabi von Babylon, zurückzukehren und sein Erbe zu fordern. Zwei Jahre nach der Thronbesteigung Hammurabis, 1790, vertrieb Zimri-lim den assyrischen Vizekönig aus Mari und errichtete von neuem ein selbständiges Königreich am oberen Euphrat. Um Zimri-lim zu unterstützen, hatte Hammurabi seine Armee mobilisiert und nach Norden geschickt und dabei seine Grenzposten volle achtzig Meilen euphrataufwärts vorgeschoben. Zu Kampfhandlungen kam es indessen nicht. Ohne Blutvergießen hatte Hammurabi den alten König von Assyrien schachmatt gesetzt, das Gleichgewicht der Kräfte im Norden wiederhergestellt und zwischen sich und einem Angriff aus dieser Richtung zwei Pufferstaaten geschoben.

Im Süden stand Rim-Sin von Larsa, dessen Macht auf seinem Bündnis mit Elam beruhte. Wir wissen nicht, ob Hammurabis Gesandte insgeheim die steilen Pfade zum persischen Gebirge erklommen, und noch weniger, was für Botschaften sie überbrachten. Jedenfalls setzten sich Hammurabis Heere 1785 ungehindert südwärts gegen Rim-Sin in Marsch und eroberten die Stadt Isin – um sie diesmal zu halten. Elam rührte sich nicht, es war mit eigenen Problemen beschäftigt. Der Stamm der Kassiten hatte plötzlich mit ungewohnter Heftigkeit von den Bergen Luristans im Nordwesten angegriffen. Ungefähr zu diesem Zeitpunkt reißen die Aufzeichnungen aus Susa, der elamitischen Hauptstadt, schlagartig ab.

Für den Augenblick war Babylons Sicherheit gewährleistet und das Land stärker als je zuvor. Zum erstenmal seit seinem Regierungsantritt vor sieben Jahren konnte Hammurabi eine Atempause einlegen und Bilanz machen. Während der nächsten zwanzig Jahre herrschte Frieden in Mesopotamien.

In diesen zwei Jahrzehnten wuchsen die jungen Leute, die bei Hammurabis Thronbesteigung geboren waren, zu Männern heran. Sie erinnern sich nicht an die spannungsgeladenen Tage ihrer frühen Kindheit, als ihre Väter mit dem jungen Heerführer ins Feld zogen, und an die geplünderten Städte. Jetzt steht der König gleich ihren Vätern in mittleren Jahren, und es hat seit langer Zeit keine Schlachten mehr gegeben. Trotzdem ist die junge Generation im Marschieren und im Gebrauch der Waffen geübt. Der Preis für den Frieden heißt immerwährende Wachsamkeit: Alljährlich, wenn die Ernte eingebracht ist, wird auf den Plätzen der Städte und in den Dörfern die Stammrolle verlesen und werden Männer von den Weiden und aus den Geschäften gerufen, ihrem König zu dienen. Es gibt keine Ausnahmen, es sei denn aus gewichtigen Gründen. Alle übrigen rücken aus, mit Speeren und langen schmalen Schilden bewaffnet – ein Teil löst die Einheiten des Heeres an den Grenzbefestigungen ab, andere verstärken die gefährdeten Punkte oder führen wohlerwogene Demonstrationen an den Grenzen durch. Denn die Monate nach der Ernte sind von alters her die Zeit der Feldzüge, eine Tatsache, die man keinen Augenblick vergessen darf und an die man die Gegner immer wieder erinnern muß. Es ist die Zeit der soldatischen Kameradschaft und der vollen Mägen, der langen Märsche in glühender Hitze und der ruhigen, milden Nächte, die man unter Schaffellen um die Biwakfeuer verbringt – der Militärdienst ist bei den jungen Leuten beileibe nicht unbeliebt. Waffentragen ist ein sichtbares Zeichen für Rang und Würde und für die Zugehörigkeit zur besitzenden Klasse, die allein offiziell zur Führung des Namens «Mensch» berechtigt ist. Alle niedrigen Arbeiten, wie Kochen oder Aufstellen der Zelte, verrichten beim Heer die unbewaffneten «Armen», die kein Land besitzen. Die Sklaven hinwiederum dürfen natürlich ihrem Tagewerk keiner anderen Beschäftigung zuliebe den Rücken kehren.

Die jungen Leute haben nie erfahren, warum Hammurabi zwanzig Jahre wartete, bis er seiner sorgfältig ausgebildeten Fußtruppe den Befehl zum Losschlagen erteilte. Sie wurden sich überhaupt keines Wandels bewußt. Ihre Väter aber, die zu Hammurabis Generation gehörten, begriffen sehr wohl, was geschehen war und warum Hammurabi auf seine Stunde gewartet hatte. Er hatte die Zeit dazu benutzt, um eine Nation zu bilden.

Die Älteren erinnern sich – im Gegensatz zu ihren nach Hammurabis Thronbesteigung geborenen Kindern – noch an die Zeit, als Babylon das Haupt einer Konföderation gewesen war. Jeder der kleinen Stadtstaaten, die mit Babylon verbündet waren, hatte seinen eigenen König und seinen besonderen Gott. «Menschen» sowohl wie «Arme» in jeder dieser Städte beteten zu ihrem Stadtgott und dienten dem jeweiligen König. Die Leute wußten außerdem, daß einige Generationen vorher die Stadt und alles darin samt anliegenden Ländereien vom Stadtgott und seiner Priesterschaft verwaltet wurde. Einige dieser Städte, wie Kisch, Nippur, Sippar und Isin, hatten eine viel ältere Geschichte aufzuweisen als Babylon; vor allem Kisch und Isin, die selbst große Staatenbünde regiert hatten, als noch kein Mensch an Babylon dachte.

Es hatte eine Zeit gegeben, als ein Untertan des Königs Zimri-lim von Mari an seinen Souverän wie folgt schreiben konnte (der Brief ist bis heute erhalten geblieben): «... Es gibt keinen König, der die größte Macht besitzt. Zehn oder fünfzehn Könige folgen Hammurabi von Babylon, ebenso viele folgen Rim-Sin von Larsa, ebenso viele Ibal-pi-El von Eschnunna, ebenso viele folgen Amut-pi-il von Katna, zwanzig Könige folgen Yarim-lim von Yamchad.»

Mit diesem Zustand hatte Hammurabi aufgeräumt. Er wußte, welche Gefahr Vasallen bilden, die jederzeit von einem zum anderen überwechseln können – deshalb entschloß er sich, allein «der Stärkste zu sein». Die Vasallen wurden abgesetzt. An ihre Stelle traten Gouverneure, die im Namen des Königs von Babylon regierten und größtenteils selbst Babylonier waren. Hammurabi übernahm persönlich die oberste Kontrolle und die richterlichen Funktionen der abgesetzten Herrscher und gab selbst Anweisungen über die Instandhaltung der Kanäle. Die Gouverneure trieben die Steuern ein, sie verwahrten die militärischen Stammrollen und amtierten als Zeugen bei Handelsabkommen. Mit der Zeit entstand so ein Stab von Inspektoren, Boten und Zahlmeistern, denen alle Einzelheiten der Verwaltung oblagen. Staatliche Polizei und eine Truppe von Steuerbeamten hielten Wache auf den Landstraßen.

Die Götter der einzelnen Stadtstaaten waren ein schwierigeres Problem als die Könige. Solange man zurückdenken konnte, hatten die Bewohner der kleinen Städte ihrem Tempel die Treue bewahrt. Hammurabi hatte indessen die Götter in ihrer schwächsten Stelle gepackt. Er ordnete an, daß die finanziellen Belege aller Tempel zur Revision nach Babylon einzusenden seien. Auf diesen Schachzug ließ er einen zweiten folgen: die systematische Erhöhung Marduks, des Gottes von Babylon, dem bisher nur geringe Bedeutung zugekommen war. In jeder Stadt wurde ihm ein Tempel errichtet, und man veranstaltete große Feste zu seiner Ehre. Marduk war jetzt offensichtlich ein großer Gott, folglich tat jedermann – auch die lokalen Götter – gut daran, ihm, wenn auch nur aus Gründen der Vorsicht, Respekt zu bezeigen.

Im Verlauf dieser Jahre entwickelte sich die babylonische Konföderation zur zentralen Macht in Mesopotamien. Die älteren Männer mißbilligten das zweifellos. Die Jugend aber wuchs in die neue Zeit hinein.

Hammurabi, der die auf Tontäfelchen geschriebenen Mitteilungen seiner Botschafter und Agenten in den Ländern jenseits seiner Grenzen aufmerksam las, wußte, daß die Zeit für den nächsten Schritt reif war. Vielleicht war sie sogar schon überreif; denn außerhalb der amoritischen Machtsphäre rührten sich neue Kräfte.

Die Stämme der Bergbewohner waren von jeher ernst zu nehmen: schließlich lag die ganze zivilisierte Welt im Schatten der Gebirge. Auf dem ganzen Weg nordwärts vom Persischen Golf durch Elam und Eschnunna nach Assyrien hatte man das Bergland Persiens wie einen bedrohlichen Koloß zu seiner Rechten. Und wandte man sich von Assyrien westwärts auf der großen Handelsstraße, die durch Harran, Karkemisch und Aleppo zu den Mittelmeerhäfen führte, an denen die Schiffe aus Kreta anliefen, so folgten die Berge mit und man sah die Massive Armeniens und der östlichen Türkei noch immer zur Rechten. Sogar auf der Seereise nach Kreta, die nicht wenige von Hammurabis Gefolgsleuten unternahmen, blieben die Gebirgszüge sichtbar, steile Klippen und Landzungen in den blauen Gewässern des Meeres. Ein faszinierender und zugleich beunruhigender Anblick für die Amoriter, die in den Flußniederungen Landwirtschaft trieben und von Nomaden der Wüste abstammten.

Die Kaufleute wiesen freilich solche Gedanken von sich. Für sie waren die Berge und ihre Bewohner in erster Linie die Quelle für Rohmaterialien. Alle Metalle: Silber, Zinn und Blei, dazu viel Kupfer und Gold, die im Zweistromland verarbeitet wurden, kamen aus dem Gebirge. Die Dorfbewohner der höher gelegenen Täler verließen alljährlich ihre Schaf- und Ziegenherden und ihre winzigen, terrassenförmig angelegten Felder, um im Tageabbau und in den Förderstollen zu arbeiten oder die Schmelzöfen in Betrieb zu halten. Sie legten für die Händler einen Vorrat von Metallbarren an – ähnlich wie ein artverwandtes Volk im hohen Norden für den gleichen Zweck Steinäxte in Massen herstellte. Es war für Hammurabi nicht schwer, über das, was in den Gebirgen vorging, genau auf dem laufenden zu bleiben.

Die Bergbewohner waren, wenn man ihren Worten glauben durfte, seit Anbeginn der Zeit in ihrer Heimat ansässig. Sie beteten nach wie vor zu ihren alten Göttern, die fremdländische Namen trugen wie Teschup und Hepa bei den Hurritern oder Schipah und Harbe bei den Kassiten. Aber die Herrscher und ihre kampferprobte Ritterschaft gehörten zu einer anderen Rasse, und obgleich sie schon mehrere Generationen regiert hatten, wußte man trotzdem, daß sie ursprünglich von Norden gekommen waren. Außerdem sprachen sie eine andere Sprache als ihre Untertanen (eine Sprache, die wir indogermanisch nennen) und beteten andere Götter an: Mithra, Indra und Varuna, Surya und Marut. Die Häuptlinge und ihre Krieger waren ein stolzes Volk – in erster Linie galt ihr Stolz ihren Pferden und Kampfwagen. Tagsüber übten sie sich im Gebrauch der letzteren; bei Nacht aber, wenn sie in ihren aus Holz erbauten Palästen waren oder an Lagerfeuern ausgestreckt ihre Stutenherden bewachten, sangen sie Balladen über die nordischen Länder und die endlosen Ebenen jenseits der Berge, wo Könige seit dreihundert und mehr Jahren in ihren Hügelgräbern lagen und schliefen.

Auf ihren leichten, zweirädrigen Wagen konnten sie große Strecken sogar unter den schwierigsten Verhältnissen im Gebirge zurücklegen. Die jungen Prinzen unternahmen oft monatelange Besuchsreisen zu den Führern weit entfernter, aber verwandter Stämme. So erhielten sie Kenntnis von jenen Stämmen, die westwärts nach Europa ausgezogen waren, und vielleicht sogar von den Schiffsexpeditionen, die damals von der niederländischen Küste nach Ostengland unternommen wurden. Allerdings handelte es sich bei diesen Außenseitern um ein Volk, das sich mit Bauern und Händlern gemischt hatte und folglich kaum mehr zur großen Familie gezählt werden durfte. Mit Sicherheit aber hörten sie von ihren nahen Verwandten, den Achäern, die Kurs nach Südwesten genommen und sich bis in die zerklüftete fjordähnliche Landschaft Griechenlands vorgewagt hatten. Näher der alten Heimat gab es andere Verwandte, die unter den Wällen der kleinen Festung Troja die Dardanellen durchquert und kleine Königreiche im Innern Kleinasiens gebildet hatten. Sie wohnten nahe genug, daß man sie in ihren Festungen am Fluß Halys aufsuchen konnte.

Am häufigsten aber reisten die jungen Krieger nach Osten. Dort wohnten ihre nächsten Vettern, die ihre Sprache sprachen und die gleichen Götter verehrten wie sie selbst. Diese arischen Stämme hatten das Kaspische Meer an seinem Nordufer passiert und waren über die Ebene der Kara Kum das breite Tal des Oxus hinauf in das Hindukusch-Gebirge gezogen. Von dort konnten sie auf den Oberlauf des Indus hinunterblicken, und sie wurden wohl von einer Vorahnung der reichen Städte und hochentwickelten Ländereien des Kulturkreises erfaßt, die das Tal weiter im Süden barg.

Auch Hammurabi hatte, freilich auf anderem Wege, Kenntnis von dem Netz verwandtschaftlicher Verbindungen zwischen den kriegerischen indogermanischen Bergstämmen. Waren doch die kretischen Schiffe, die die eierschalfarbenen Töpfereiwaren von der Insel nach Ugarit an der syrischen Küste transportierten und dort mit babylonischen Kaufleuten zusammentrafen, auf anderen Reisen mit den achäischen Siedlern an den Küsten Griechenlands zusammengetroffen. Die Kupferhändler aus Ur und den übrigen Häfen des Persischen Golfs hatten von den Schiffskapitänen aus Dilmun allerlei über die Verteidigungsmaßnahmen gehört, die die Herrscher der Städte im Indusbecken trafen.

Für verwandtschaftliche Bindungen zwischen den Achäern im Westen und den Ariern im Osten, die wiederum dem gleichen Geschlecht angehörten wie die kriegerischen Fürsten der Hurriter im Norden und der Kassiten im Westen von Hammurabis Gebiet, sprach überzeugend die Tatsache, daß sie alle im Besitz des vielbegehrten Pferdewagens waren.

Für die Amoriter war das Pferd nichts Neues mehr. Diese Tiergattung hatte vor zwei oder drei Generationen bei den jetzigen Bergbewohnern erstmalig Aufsehen erregt; während Hammurabis Regierung hatten die Assyrer und die Könige von Mari sich Pferde angeschafft. Allerdings kosteten diese damals ein Vermögen, insbesondere weil man zusammen mit den Pferden Stallknechte und Trainer von den Bergstämmen erwerben mußte. Dazu kam, daß der älteren Generation die Sucht nach Schnelligkeit um jeden Preis nicht gefiel. Schamschi-Adad, der alte König von Assyrien, der nun schon zehn Jahre tot war, hatte seinen Sohn wegen verschwenderischer Pferdekäufe zur Rede gestellt, und der alte Staatskanzler Zimri-lims, des Königs von Mari, hatte seinen Herrn angefleht, sich nicht auf den Straßen seines Königreiches hinter Pferden sehen zu lassen.

Daß die Reiterstämme im Norden und Osten für Mesopotamien eine Bedrohung darstellten, war Hammurabi seit langem bewußt. Und nun berichteten ihm seine Agenten von ernst zu nehmenden Massenbewegungen in den Vorgebirgen. Von den Kassiten in den Bergen von Luristan nördlich der großen elamitischen Ebene, die Hammurabi seinerzeit bei seinem Vorstoß gegen Rim-Sin sehr gelegen gekommen waren, hieß es, es seien ihrer für ihr Weideland zu viele. Die Hurriter aus Armenien wanderten – so kam ihm zu Ohren – von ihren Bergen in das nördliche Grasland von Assyrien, Idamaraz und Yamchad.

Hammurabi war ehrgeizig, und er verfolgte seit langem das offen eingestandene Ziel, die ganzen amoritischen Randgebiete vom Persischen Golf bis zum Mittelmeer unter die Botmäßigkeit eines einzigen Herrschers zu bringen. Jetzt sah es auf einmal so aus, als liefen seine Pläne Gefahr, durch den Einfall der Hurriter in die nördlichen Königreiche zunichte gemacht zu werden. Es war höchste Zeit zum Handeln.

Im Jahre 1762 v. Chr. befahl der König seinen Truppen, nach Norden gegen Eschnunna zu marschieren. Die um 1790 geborenen und jetzt ungefähr achtundzwanzig Jahre alten Männer müssen damals das Rückgrat seiner Armee gebildet haben. Sie hatten jahrelang für diesen Feldzug geübt und waren Hammurabi und Babylonien ergeben. Zum erstenmal in der Geschichte Mesopotamiens zog ein Land, nicht ein Haufen kleiner Stadtstaaten in den Krieg.

Hammurabi selbst führte seine Truppen an, wie es Pflicht und Recht eines Königs ist. Die Soldaten erkannten oft seinen gefärbten Schaffellmantel und sein graubärtiges Gesicht, wenn er in seiner Sänfte an den Formationen vorbeigetragen wurde oder wie die sumerischen Könige in seinem vierrädrigen, von Eseln gezogenen Kampfwagen an ihnen vorbeifuhr. An der Grenze bei Sippar durchquerten sie die sandige Prärie zwischen Euphrat und Tigris, was einen guten Tagesmarsch ausmachte; dann wurden sie auf Fähren in der Nähe der heutigen Stadt Bagdad über den breit dahinströmenden Tigris gesetzt und machten sich in nördlicher Richtung auf den Weg, um, wie sie es verächtlich ausdrückten, der Armee des «Mannes von Eschnunna» entgegenzutreten. Als es dann zur Schlacht kam, fuhr ihnen gewiß zunächst, wie allen unerfahrenen Soldaten vor und nach ihnen, die Angst in die Glieder, und dann stellten sie wie jene zu ihrer großen Überraschung fest, daß alles, was sie auf dem Exerzierplatz gelernt hatten, beim Einsatz gegen einen wirklichen Feind in der Tat zu etwas nütze war. Die Heere lösten sich auf, Eschnunna öffnete seine Tore, und die Soldaten kampierten im Angesicht ihrer ersten Eroberung, während ihr oberster Führer der besiegten Stadt seine Bedingungen auferlegte.

Dann erhielten sie zu ihrer größten Überraschung Marschbefehl gen Osten. Dort lag das persische Bergmassiv, die Heimat der Kassiten. Als die Truppe dann aber am Vorgebirge entlangzog und in südlicher Richtung einschwenkte, wurde offenbar, daß man es nicht auf die Kassiten abgesehen hatte, sondern auf Elam. Allerdings sollte das wohl keine ernsthafte Drohung sein. Zudem war Susa, die Hauptstadt von Elam, für einen Angriff zu weit entfernt. Sinn der ganzen Operation war vielmehr eine Demonstration der Macht und der Stärke, durch die die kassitischen Bergvölker eingeschüchtert und die elamitischen Streitkräfte nach Nordwesten abgelenkt werden sollten, um sie so von ihren südwestlichen Alliierten in Larsa zu trennen. Als die babylonische Armee nach erfolgreichen Scharmützeln auf elamitischem Territorium in die Heimat zurückkehrte, konnte Hammurabi vom Fall Eschnunnas und Elams berichten. Eschnunna hielt er dann in der Tat mit einer Garnison und einem Gouverneur.

Kaum war im folgenden Jahr die Ernte eingebracht, da wurden die Soldaten abermals einberufen – und diesmal marschierten sie den Euphrat entlang nach Südosten. Über ihr Ziel konnte es keinen Zweifel geben. Ein für allemal mußte die Frage geklärt werden, ob Babylon oder Larsa in Mesopotamien die Macht ausüben solle. Rim-Sin, der König von Larsa, war ein sehr alter Mann. Er hatte 61 Jahre lang regiert, seit den Zeiten von Hammurabis Großvater, und seit seinem Sieg über Isin vor 35 Jahren hatte ihm niemand die Herrschaft über das alte Reich von Ur streitig gemacht. Jetzt aber war seine Macht über die verbündeten Staaten im Schwinden. Einer nach dem anderen ergaben sie sich den Eindringlingen. Auch von seinen Verbündeten in Elam, die noch immer durch die babylonische Machtdemonstration vom vergangenen Jahr eingeschüchtert waren, erhielt er keine Hilfe. Nach der Entscheidungsschlacht kapitulierte Larsa, und der alte König geriet in Gefangenschaft.

Jetzt war Hammurabi Herr über ein reiches, dichtbesiedeltes Land, in dem es viele große Städte mit einer langen Geschichte gab – Städte, die gewohnt waren, sich ohne nennenswerte Einmischung seitens ihres Lehnsherrn selbst zu regieren. Der König brauchte drei Jahre, um diesen Städten seine neuen Gedanken aufzuzwingen. Die auffallendsten Zeichen der neuen Ordnung waren neben den fremden Besatzungstruppen die vielen Gebäude, die im Namen des neuen Herrschers errichtet wurden. Dazu kamen die zahllosen schwarzen Obelisken auf den Marktplätzen der Ortschaften, die in langen Keilschriftzeilen die Grundzüge der neuen Rechtsordnung, die Gesetze Hammurabis, trugen.

Dieser Kodex enthielt aber in Wirklichkeit nicht viel Neues. Die Bewohner der eroberten Städte waren nicht auf den Gedanken gekommen, daß diese Gesetze in einer fernen Zukunft Hammurabis historischen Ruhm begründen sollten. Im einzelnen werden darin die Kompetenzen der königlichen Beamten und Ratgeber abgegrenzt; die Gesetze Hammurabis waren aber deshalb so wichtig, weil fortan ein einziges Gesetz in ganz Mesopotamien galt, und weil sie beweisen, daß Hammurabi, wie er sich ausdrückte, «der größte König unter seinesgleichen» war. «Möge», so schloß der Aufruf, «meine Gerechtigkeit sich im Lande durchsetzen.»

So wie auf Erden, muß es auch im Himmel zugehen. Ähnlich wie Hammurabi im Vorwort zu seinem Gesetzwerk sich darauf berief, daß die alten sumerischen Götter Anu, Enlil und Ea ein Königreich in seine Hände gelegt hätten, «dessen Grundmauern ebenso tragfähig sind wie Himmel und Erde», wurde das große Schöpfungsepos, das bei den wichtigen Tempelveranstaltungen und insbesondere anläßlich des Akitu-Festes zu Ehren des Gottes Marduk von Babylon die entscheidende Rolle spielte, damals einer scharfen «Sprachregelung» unterworfen. Marduk trat als der Gott auf, der rechtens den Geboten Anus, Enlils und Eas Nachdruck und Wirksamkeit verlieh. So übertrugen die sumerischen Götter ihre Macht auf Marduk, den Gott von Babylon, nicht anders, als die Könige von Sumerien zugunsten des Königs von Babylon abgedankt hatten.

Im Jahre 1757 v. Chr. fühlte sich Hammurabi sicher genug, Sumerien den Rücken zu kehren. Er führte seine Armee alterprobter Soldaten gegen seinen früheren Verbündeten Mari. Zwei Jahre später, nachdem er den assyrischen König Isme-Dagan vom Thron verjagt hatte, berichtet er über Siege im Norden Assyriens, an der Grenze der Hurriter.

Zum erstenmal seit den sagenumwobenen Tagen der großen Könige von Ur, die vier Jahrhunderte zurücklagen (so weit, wie von uns aus gesehen die spanischen Konquistadoren), war ganz Mesopotamien vom Gebirge bis zum Meer unter einem einzigen Herrscher vereint. Aber es war zu spät. Der traditionelle nächste Schritt – der Zug am Oberlauf des Euphrats und am Südrand der türkischen Gebirgsketten entlang und der Vorstoß zum Mittelmeer – war versperrt. Hier lauerten die hurritischen Reiter, die sich inzwischen im Tiefland angesiedelt hatten, wo ihre Kampfwagen erst richtig einsatzfähig waren. Ihre Vettern, die Herrscher der Kassiten, warteten schon in den Bergen Persiens, um jede westlich gerichtete Unternehmung aus Mesopotamien abzufangen.

Dazu kam, daß Hammurabi inzwischen älter geworden war; die Last des ganzen komplizierten Verwaltungsapparates, dem er von jeher eine fast übertriebene Aufmerksamkeit geschenkt hatte, lag schwer auf seinen Schultern. Das Datum seiner Geburt ist uns nicht bekannt, doch muß er im Zeitpunkt der Eroberung Assyriens um sechzig gewesen sein, und etwa fünfundsechzig bei seinem Tode im Jahr 1750 v. Chr.

Die Männer aus Babylon, die in der Frühzeit seiner Regierung das Licht der Welt erblickt hatten, waren bei seinem Tode um die Vierzig. Zwölf Jahre hatten sie darauf verwendet, sein Reich zu vergrößern und zusammenzuhalten; jetzt standen sie selbst im vorgerückten Lebensalter, und ihre Kinder wuchsen in eine veränderte Welt hinein. Hammurabis Sohn Samsu-iluna, der selbst dieser Generation angehörte, war mit den Armeen gegen Larsa und Assyrien marschiert. Das kleine stehende Heer bezeigte ihm eine loyale Gesinnung, und die Babylonier, aus denen sich im Bedarfsfall das Gros der Truppe rekrutierte, nahm ihn unbesehen als Erben des Reiches hin. Vier Jahre lang lösten Aussaat und Ernte, Tempelprozessionen und Instandhaltung der Bewässerungsanlagen, Handelsunternehmungen und staatliche Bautätigkeit einander ohne Unterbrechung ab. Die Grenzwachen, die aus der Geschichte gelernt hatten, daß beim Tode eines Monarchen feindliche Einmärsche und Aufstände zu erwarten waren, stützten sich auf ihre Speere und schauten aus Backsteinwachtürmen auf die menschenleere Ebene oder auf friedlich weidende Herden.

Dann sahen im Jahr 1746 die Späher jenseits Eschnunnas mit einemmal den Rauch von Lagerfeuern aus dem Hügelgelände aufsteigen. Tags darauf stießen Kolonnen von pferdebespannten Streitwagen fächerförmig aus der Talmündung in die Ebene vor, gefolgt von Speerwerfern, Bogenschützen und knarrenden Ochsenwagen. Sofort wurde durch Stafettenläufer der Einfall starker kassitischer Verbände gemeldet.

Gandasch, der indogermanische Anführer der Kassiten, hatte freilich ganz andere Absichten. Ihm lag nichts an Raub und Plünderung; seine Leute waren gekommen, um für immer zu bleiben. Einen Tagesmarsch hinter der Vorhut folgte im Schutz eines gesonderten Kampfwagenverbandes das Gros der Frauen, Kinder, Schaf- und Rinderherden, Zelte, Mobiliar und Hausgötter. Denn der große König Hammurabi war tot und seine blühenden Ländereien lagen offen für jeden, der sie haben wollte.

Mit der höchsten Geschwindigkeit, die die Pferde, behindert durch die breiten Flüsse und das Netz der Bewässerungskanäle, erreichen konnten, warf Gandasch seine Streitkräfte auf Babylon. Samsu-iluna rief seine alten Soldaten unter die Waffen, diesmal zur Verteidigung der Heimat. Gandasch hatte den neuen König und seine erfahrenen Truppen unterschätzt. Zwischen den Wassern von Euphrat und Tigris stellte sich die kampferprobte babylonische Fußtruppe den Wagenlenkern aus dem Nordwesten und besiegte sie. Der erste ernstliche Zusammenstoß zwischen Indogermanen und Semiten, zwischen Kavallerie und Infanterie, endete zugunsten der letzteren.

Es war aber nur ein Teilsieg. Gandasch zog sich hinter den Tigris zurück, blieb aber im Flachland. Eschnunna und das Dijalatal wurden zu einem kassitischen Königreich vereinigt. Samsu-iluna muß das, was dann folgte, geradezu erwartet haben. Innerhalb weniger Wochen kam aus Assyrien, nördlich des kassitischen Brückenkopfes, die Nachricht von abgefallenen Städten, niedergemachten Besatzungstruppen und von der Ausrufung eines neuen Königs in der alten Hauptstadt Assur. Dann wurde es still. Samsu-iluna machte sich auf Aufstände im Süden gefaßt.

Immerhin vergingen weitere vier Jahre, bis es soweit war – Hammurabi hatte gründliche Arbeit geleistet. In diesen vier Jahren standen die Besatzungstruppen in Bereitschaft, sorgten sich die Gouverneure von Sumerien, und gab es an den Grenzen hin und wieder Zusammenstöße zwischen Kassiten und babylonischen Kampfwagen. Babylon fing an, seinerseits die neue Waffengattung einzuführen.

Im Jahre 1742, also acht Jahre nach dem Tode Hammurabis, inszenierte in Larsa ein Thronanwärter, der sich wie der letzte König Rim-Sin nannte und Larsa, Urik und Isin auf seine Seite zu ziehen verstand, einen Staatsstreich. Samsu-iluna war vorbereitet, doch mußte er das Gros seiner Streitkräfte für die Kassiten aufsparen. Für die Unterdrückung des Aufstandes standen ihm in Sumerien eigentlich nur die örtlichen Garnisonen zur Verfügung. Trotzdem konnte er nach zweijährigen Guerillakämpfen in den Sümpfen und Schilfdschungeln des Südens den Anführer der Rebellen gefangennehmen und ihn hinrichten lassen. Zum zweitenmal gab es einen Frieden, bei dem niemandem ganz wohl zumute war.

Die Verhältnisse im Norden stabilisierten sich mit der Zeit. Als die Kassiten zehn Jahre im Land waren, war ihre Anwesenheit in den östlichen Ebenen selbstverständlich geworden. Zusammen mit den neuerworbenen Pferden waren abtrünnige kassitische Stallknechte nach Babylon gekommen. Ihnen folgten Arbeiter für die städtischen Industriebetriebe und landwirtschaftliche Arbeitskräfte. Viele ehemalige Soldaten, die unter Hammurabi gedient und bei der ersten kassitischen Invasion an der Entscheidungsschlacht um Babylon teilgenommen hatten, beschäftigten jetzt als alternde Landbesitzer ihre ehemaligen Feinde auf ihren Gütern.

Dann folgten weitere Aufstände im Süden. Im Jahre 1736 machte Iluma-ilu, aus dem alten Königshaus von Isin, das vor über sechzig Jahren seinen Thron an Larsa verloren hatte, den Anspruch auf die Herrschaft des Südens geltend. Die Städte am Persischen Golf gingen zu ihm über. Samsu-iluna von Babylon stellte eine zweite Armee auf und marschierte flußabwärts, um die Rivalen zu verjagen. Dieses Mal war der Geist der sumerischen Unabhängigkeit stärker als der babylonische König. Wenn er auch die abgefallenen Städte angriff und sie wieder unter seine Botmäßigkeit bringen konnte, und wenn er sogar das altehrwürdige Ur plünderte, erwies die Rebellenarmee sich doch als ebenbürtig. Sie griff ihn ihrerseits an und zwang ihn zum Rückzug, der erst hinter Hammurabis Grenzstadt Nippur zum Stehen kam. Und dort mußte er eine Grenzlinie wieder befestigen, die ursprünglich vor über hundert Jahren von seinem Urgroßvater angelegt worden war.

Die im Jahr 1790 v. Chr. geborenen Babylonier, die jetzt sechzig Jahre alt waren, hatten Entstehung und Zerfall des babylonischen Reiches erlebt. Es mußte ihnen jetzt so vorkommen, als hätten sie unter ihrem großen Feldherrn umsonst gekämpft. Die babylonischen Grenzen sahen jetzt so aus wie zu den Zeiten vor ihrem ersten Feldzug. Im

Süden hatte sich die neue Dynastie, die das Küstenland regierte, das alte Gebiet von Larsa angeeignet. Im Norden war Assyrien wiederauferstanden, während das Königreich, das dem «Mann von Eschnunna» gehörte, sich fest in der Hand der Kassiten befand. Von den babylonischen Eroberungen blieb nur Mari übrig, in dessen Rücken die Hurriter mit immer stärkeren Streitkräften das Gebiet des oberen Euphrat besetzt hielten.

Das waren unsichere Verhältnisse, und früher oder später mußte es zu einem Entscheidungskampf kommen. Die sechzigjährigen Strategen hielten verbissen an der Behauptung fest, daß nur ein geeintes Mesopotamien den Heeren im Osten und Westen standhalten konnte. Bei der bestehenden Teilung des Landes würde Assyrien zwangsläufig von den Hurritern, Babylonien von den Kassiten und Sumerien von den Elamiten geschluckt werden.

Mit den langsam vertropfenden Jahren wurden Hammurabis Soldaten zu alten Männern. Sie erklärten immer nachdrücklicher, der alte Krieg könne nicht auf die Dauer weitergehen; der «status quo» sei unhaltbar und das prekäre Gleichgewicht der Kräfte müsse früher oder später zu einem Krieg führen. Sie protestierten weiter, bis ihre Generation ausgestorben war. So erfuhren sie nie, daß der Friedenszustand in Mesopotamien volle hundertzwanzig Jahre dauern sollte.

Was sich während der Regierung Hammurabis und seiner Nachfolger zugetragen hat, ist der Nachwelt in Form einer ungewöhnlich genauen Dokumentation durch zahllose zeitgenössische Tontafeln und Inschriften aus Babylon, Ur, Mari und Ugarit überliefert. Zwischen den verschiedenen Aufzeichnungen bestehen nur geringe Widersprüche, so daß die Geschehnisse dieses Kapitels im wesentlichen historisch sind. Das Geheimbündnis zwischen Hammurabi und den Kassiten, das Elam die Hände binden sollte, während er im Jahr 1785 gegen Larsa vorging, ist dagegen nur eine Vermutung.

Die große Frage ist: wann hat Hammurabi regiert? Dieser Zeitraum ist der Fixpunkt für die absolute Chronologie in der Zeit von 2500 bis 1500 v. Chr. Eine relative Chronologie ist uns durch die assyrischen und babylonischen Königslisten und die Jahresdatenformeln gegeben, die die geschichtlichen Ereignisse für die Epoche der 340 Jahre vor und 155 Jahre nach Hammurabis Regierungszeit festlegen.

Die alte Vorstellung, daß Hammurabi um 2000 oder gar um 2300 v. Chr. gelebt habe, wurde durch die Forschungsergebnisse der letzten Jahrzehnte in Frage gestellt. Vor allem die Entzifferung der Keilschrifttexte aus Mari macht eine Datierung Hammurabis in die Zeit von 1792–1750 durchaus wahrscheinlich.

Unsere Darstellung folgte den Argumenten des führenden britischen Assyriologen Sidney Smith, der sich in seinem Band «Alalakh and Chronology» (London 1956) für die mittlere Datierung, also für 1792–1750 entschied.

9
Die Herren der Wüste
1720 - 1650 v. Chr.

Nach Einbruch der Dunkelheit war der Gasthof Mittelpunkt des dörflichen Lebens. Er lag am Rande des Dorfes, unmittelbar am Uferdamm des Nils. Der Damm war gleichzeitig die große Fernstraße, und die Lage des Gasthofes war deshalb besonders günstig: Zu seiner Kundschaft zählten die Reisenden der Schiffe, die für die Nacht am Ufer festmachten, ebenso wie die Wanderer, die zu Fuß oder auf Eselsrücken von den Städten im Süden kamen.

Der Gasthof war ein solider Bau aus gelben Schlammziegeln mit einer hohen fensterlosen Mauer, die die Gebäude und das weitläufige Hofgelände umschloß. Zur Sommerzeit spielte sich der Betrieb im Hof ab, wo die Abendbrise die Tuchplanen flattern ließ, die tagsüber für Schatten gesorgt hatten. Bei zunehmender Dunkelheit wurden da und dort in der weiten, sandbedeckten Einfriedung Feuer angezündet; sie dienten mehr als Licht- und Wärmequelle als zum Kochen, denn die Mehrzahl der Reisenden kaufte sich ihr Essen in der glühendheißen Küche – scharf gewürztes Schmorfleisch mit Gerstenbrei, Linsenmus, gedünsteten Fisch und sogar, wenn man das Geld dafür besaß, gebratene Enten, die am gleichen Tag im Marschland erlegt worden waren. Die Sklaven liefen in alle Richtungen, sie schlängelten sich mit ihren Essenportionen und Bierkrügen zwischen Gruppen von angepflockten Eseln hindurch, und der Schreiber paßte haarscharf auf und notierte sich auf Wachstafeln den Preis, der in Gerste errechnet wurde, um dann, bevor die Gäste am nächsten Morgen weiterreisten, die Rechnungen ausstellen zu können.

Bald erschienen auch die ortsansässigen Bauern, die inzwischen von ihren Feldern oder vom Fischfang zurückgekehrt waren, zu Hause zu Abend gegessen und ihren Frauen weisgemacht hatten, sie müßten schnell einmal zur Schenke hinüber, um zu sehen, ob sich dort nicht irgendein Geschäft abschließen lasse. Sie kamen gemächlich einer nach dem andern herein, wechselten ein paar Worte mit dem Wirt am Tor und hockten sich dann an einem der Feuer nieder. Den ersten Topf Bier leerte man zumeist schweigend; dann fragte einer in der Runde beiläufig nach dem Zustand der Straßen oder den Ernteaussichten, worauf das Gespräch in Gang kam. Anekdoten, Erinnerungen und großsprecherische Behauptungen schallten von einem Feuer zum anderen, bis die Einheimischen um Mitternacht aufbrachen, wobei sie sich eines besonders geraden und sicheren Ganges befleißigten. Dann rollten die Reisenden ihre Decken auf und machten es sich am Feuer bequem.

Kinder gab es dort immer in Mengen. Der Wirt tat so, als sehe er sie nicht, wenn sie sich heimlich hereinschlängelten; und waren sie erst einmal auf dem Gelände des Gasthofes, so brauchten sie nur darauf zu achten, daß sie nicht in den Lichtkegel des Feuers gerieten. Sie verkrochen sich zwischen den Futtersäcken, den Flachs- und Wollballen und lauschten begierig den Geschichten, die die Reisenden oder ihre eigenen Väter und Großväter zum besten gaben.

Auch sie waren Kinder einer neuen Generation, um 1720 v. Chr. geboren. Ihre Großväter waren Zeitgenossen der alten Krieger, die an den gleichen Abenden in Babylon zusammensaßen und einander die großen Tage ins Gedächtnis zurückriefen, als sie ganz Mesopotamien für Hammurabi eroberten. Die ägyptischen Kinder hörten auch hin und wieder von Hammurabi und seinem Reich, denn ihre eigenen Großväter hatten damals mit Interesse die Feldzüge des Königs verfolgt. Meistens ging es bei den Gesprächen aber um Ereignisse, die zeitlich und örtlich näherlagen. Es war darin viel von Gefahren und plötzlichem Tod die Rede, so daß den begierig lauschenden Kindern das Blut in den Adern stockte.

Schuld an allem waren nach übereinstimmender Meinung der Alten die Separatisten aus dem Süden. Und nun erzählten die alten Männer den fremden Händlern, die zum erstenmal im Lande und der ägyptischen Sprache kaum mächtig waren, die Geschichte des fast sechzig Jahre zurückliegenden Bürgerkrieges.

Angefangen hatte die Sache mit dem Tode des letzten Pharaos aus der großen XII. Dynastie, in der bedeutende Könige glanzvoll regiert hatten. Die Amenemhets und Sesostris hatten zwar ihre Hauptstadt Theben tief im barbarischen Süden errichtet, aber sie hatten auch zweihundert Jahre lang Frieden und Wohlstand gesichert und die Handelsbeziehungen Ägyptens und dessen politischen Einfluß bis nach Ugarit im Norden ausgedehnt. Zedernholz aus dem Libanon und nubisches Gold zierten die Paläste der ägyptischen Herrscher. Aber als Amenemhet IV. starb, hatte er keinen Sohn, der sein Nachfolger werden konnte.

Sebek-nefru-Rê, die Frau und Schwester des verstorbenen Pharaos, selbst von königlichem Geblüt, hatte, wie es Sitte war, die Regierung alleine fortgeführt bis zu dem Zeitpunkt, da sie sich einen neuen Gatten und Mitregenten wählen würde. Das tat sie nach drei Jahren. Aber der Mann, den sie sich erkor, Kutuire Ugafa, war nicht adelig und außerdem stammte er (was schwerer wog) aus dem Delta. Deshalb hatte der Adel des Südens sich geweigert, diese legale Erbfolge anzuerkennen. Man hatte einen Gegen-Pharao aus der jüngeren Linie der königlichen Familie ausgerufen, und der Süden hatte sich selbständig gemacht.

Der Bürgerkrieg, der folgte, war lang und bitter, das konnten die Alten aus eigener Erfahrung bestätigen. Mehrmals waren sie zu Feldzügen gegen den abtrünnigen Süden einberufen worden, oder um einem drohenden Angriff der südlichen Armeen zu begegnen. Zweimal hatten die wechselvollen Kämpfe auf das Delta übergegriffen. Das Dorf war dabei niedergebrannt worden. Und wenn kein direkter Kriegszustand zwischen Nord und Süd bestand, gab es Intrigen und Anschläge, Palastrevolutionen und Militärrevolten auf beiden Seiten. Die Alten konnten die Prinzen, Priester und Heerführer nicht mehr zählen, die sich nach der Ermordung ihres Vorgängers zum Pharao ausrufen ließen und ein paar Monate oder Jahre später selbst umgebracht worden waren. Im Norden handelte es sich nach ihrer Schätzung um mindestens vierzehn aufeinanderfolgende Pharaonen, und um zehn oder zwölf im abtrünnigen Süden. Selbstverständlich erhoben die Vertreter beider Seiten Anspruch auf die rechtmäßige Herrschaft über das ganze Land. In der Tat hatten die Eindringlinge aus dem Süden unter einem König, der sich Sebekhotep III. nannte, das nördliche Ägypten eine Zeitlang besetzt. Das war vor fünfzehn oder zwanzig Jahren gewesen, sagten die Großväter; der König des Nordens, der rechtmäßige Pharao, hatte fliehen müssen. Später aber war er mit einem Heer von Beduinen aus den östlichen Wüsten wieder erschienen und hatte die Eindringlinge nilaufwärts gejagt. Das war das erste Mal, daß Beduinen für die Nordägypter gegen den Süden gekämpft hatten: ihre langen, krummen Bronzesäbel hatten sich als unwiderstehliche Waffe gegen die Speere und Dolche der südlichen Truppen erwiesen – an diesem Punkt der Geschichte grinsten die drei schwarzbärtigen, in lange Wollgewänder gekleideten Ismaeliten aus Arabien verlegen, als die um das Feuer hockenden Männer sich nach ihnen umwandten und die von ihren Gürteln herabhängenden Krummsäbel anstarrten. Die lauschenden Kinder aber machten große Augen, als sie begriffen, daß sich hier in ihrer Mitte ein paar waschechte Vertreter der berühmten Wüstenkrieger befanden.

Ja, man lebte in stürmischen, gesetzlosen Zeiten – so meinten jedenfalls die Alten. Der Krieg konnte nicht zu Ende gehen, solange es einen König im Norden und einen im Süden gab. Dabei sah es so aus, als sei der Süden mit seinen schwarzen Söldnern aus dem Sudan dem Norden zumindest gewachsen.

Die jüngeren Männer des Distrikts, die Väter der lauschenden Kinder, waren anderer Meinung. Wenn der Süden mit Söldnern operierte, konnte der Norden das gleiche tun. Die Wüstensöhne hatten die Sudanesen schon einmal geschlagen; das sollten sie jetzt wiederholen. – Die Ismaeliten blickten einander wortlos an, und am nächsten Morgen zogen sie mit ihren Packeseln weiter zur nördlichen Hauptstadt Itkt-tui.

Oft stiegen Reisende von der levantinischen Küste und ihrem Hinterland im Gasthof ab, denn das Dorf lag an der Hauptstraße, die vom Sinai und den Bitterseen der Landenge von Suez zur nordägyptischen Hauptstadt führte. Trotz der ungesetzlichen Zustände in Ägypten war der Handel zwischen beiden Landesteilen noch lebhaft. Oft unterbrach auch einer der Reisenden die Reminiszenzen der Einheimischen und erzählte von der eigenen Heimat und ihren Schwierigkeiten.

Sie meinten übereinstimmend, der Bürgerkrieg sei ein schlimmes Übel; aber sie konnten nicht einsehen, warum die beiden rivalisierenden Pharaonen sich bekriegen mußten, um das Niltal unter einem einzigen Herrscher zu vereinen. Sie selbst kamen aus einem viel kleineren Gebiet, dem Jordantal und dem hügeligen Gelände auf beiden Ufern des Flusses, und hatten durch viele Generationen unter zahllosen unabhängigen Fürsten gelebt, ohne sich der Souveränität eines einzelnen Mannes zu beugen. So war es wenigstens bis vor kurzem gewesen.

Ja, Bürgerkrieg war schlimm. Aber es gab etwas noch Schlimmeres: die Invasion von außen. Die fremden Reisenden waren selbst amoritischer Herkunft und stolz darauf; sie hatten lange ein seßhaftes Leben im Hügelland von Kanaan geführt, in das ihre Vorfahren vor ungefähr zweihundert Jahren von Norden eingewandert waren. Zum Stamm Abrahams gehörten sie nicht, das betonten sie nachdrücklich, aber sie waren mit ihm verwandt und waren etwa gleichzeitig in Kanaan angekommen. Ihre Zuhörer wußten gut Bescheid über den Stamm Abraham. Vor ungefähr einem Vierteljahrhundert, als in Kanaan eine große Dürre herrschte, hatte dieser die ägyptische Grenze überschritten und sich mit seinen Herden nicht weit von hier, im Grasland zwischen dem Delta und der östlichen Wüstenregion, niedergelassen. Einer seiner Fürsten namens Jusuf (der freilich jetzt einen ägyptischen Namen trug) war in die Dienste des nördlichen Pharaos getreten und jetzt Oberaufseher der Getreidespeicher im Delta.

Das Gespräch drehte sich eine Weile um die Frage, ob die «Kinder Abrahams» jene säbelbewaffneten Söldner gestellt hätten, von denen die Usurpatoren aus dem Süden zurückgeschlagen worden waren, oder ob sie von weiter im Osten herstammten. Nun hatten aber die amoritischen Reisenden von fremden Eindringlingen gesprochen. Das machte die Zuhörer neugierig, und man bat sie, Einzelheiten zu erzählen.

Nun also, die Ägypter sollten verstehen, daß die Amoriter aus Kanaan keine dörflichen Kirchturmpolitiker waren. Zugegeben, viele von ihnen hatten inzwischen in die Familien der Ureinwohner geheiratet. Sie waren seßhaft geworden und hatten Äcker bestellt, aber die meisten Stämme waren noch Nomaden und zogen umher. Mit ihren Landsleuten im Norden, bis zu ihrer alten Heimat Harran im Schatten der türkischen Gebirge, standen sie immer in Verbindung. Dort oben im Norden waren die Eindringlinge zuerst aufgetaucht, Bergstämme, die sich Hurriter nannten. Ihre Angriffsspitze bestand aus einem Elitekorps von Kriegern, die auf pferdebespannten Kampfwagen vorstürmten. Das bedurfte einer näheren Erläuterung, denn die ägyptischen Bauern konnten sich unter einem Wagen nichts Rechtes vorstellen, und von Pferden hatten sie überhaupt noch nie gehört. In den rund dreißig Jahren, seit die hurritischen Könige aus ihren Bergen vorgestoßen waren, hatten sie ein großes Gebiet in Nordsyrien besetzt. Harran war in ihre Hände gefallen, und seither herrschten sie über die Ländereien des alten amoritischen Königreiches am Oberlauf des Euphrat, stromabwärts bis zu den Weidegründen des Königs von Babylon, nördlich von Mari. Seit neuestem drangen sie nun wieder in südlicher Richtung vor – nicht in organisierten Feldzügen, sondern durch tief ins Land vorstoßende Überfälle, wobei sie in vollem Umfang die Beweglichkeit der neuen Kampfwagen ausnutzten. Den amoritischen Nomaden im Hügelgelände war es im allgemeinen gelungen, den Eindringlingen auszuweichen; aber die Städte und Dörfer Palästinas hatten ernstlich Schaden gelitten, bis die Lösung gefunden wurde – nämlich Wachtürme und befestigte Unterkünfte zu bauen, die stark genug waren, die leicht bewaffneten Reiter in Schach zu halten und bei ihrem Nahen eine Zuflucht für die Bevölkerung zu bilden. Jetzt entstanden in jedem Dorf Kanaans und Südsyriens solche Forts aus ungebrannten Backsteinen. Die Überfälle waren seltener geworden. Die Bedrohung von Norden her veranlaßte Städter und Hirtenstämme, sich zusammenzuschließen. Die militärische Befehlsgewalt über große Gebiete wurde energischen Führern übertragen, und man sprach schon von einem einheitlichen Kommando für den Ernstfall. Bei gelegentlichen Gefechten hatte man Pferde und Wagenlenker erbeutet, und die Amoriter stellten jetzt eigene Kampfwagen-Einheiten auf. Die Amoriter waren, so betonten die Berichterstatter stolz, von jeher hervorragende Krieger, und ihre neue Waffe würde mit den feindlichen Truppen, woher sie auch kamen, fertig werden.

Die Kinder des Jahrgangs 1720 v. Chr. lauschten begierig auf diese Erzählungen am Lagerfeuer. Während der folgenden Monate spielten sie auf den Flußdämmen Amoriter und Hurriter und gingen mit imaginären Kampfwagen aufeinander los.

Das Leben aber ging weiter seinen Gang. Alljährlich überschwemmte der Nil die Fluren, die im Frühjahr angesät wurden; später folgte die Ernte, die Steuern mußten bezahlt werden, und dann war die Zeit der nächsten Überschwemmungen da. Die Kinder halfen auf den Feldern – solange sie klein waren, verjagten sie die Vögel mit ihren Wurfstöcken, dann, wenn sie größer wurden, halfen sie beim Einbringen der Gerste, beim Dreschen und beim Sortieren von Körnern und Spreu. Ohne sich dessen wirklich bewußt zu werden, wuchsen sie zu Männern heran, die dann selbst an den Feuern des Gasthofs saßen und Gerstenbier tranken, während sie neuen Geschichten zuhörten, die die Reisenden aus Nordost zum besten gaben.

Die Zahl der Fremden war in letzter Zeit gestiegen. Kaufleute kamen nicht mehr und nicht weniger als früher, doch sah man jetzt häufig Söldnertrupps durchmarschieren, manchmal sogar ganze Militäreinheiten, die vom mächtigen Königreich Kanaan entsandt worden waren, um den ägyptischen Verbündeten Hilfe zu bringen. Der Krieg zwischen Nord und Süd war nämlich neu entbrannt, und der König des südlichen Reiches, Subkeferre Intef V., kämpfte bereits auf nordägyptischem Boden. Der Herrscher von Nordägypten hatte sich in seiner schwierigen Lage mit dem neuen Machtfaktor Kanaan verbündet, und es strömten mehr und mehr Soldaten aus dem Osten ins Land ein. Sie waren eine recht gemischte Gesellschaft, Kanaaniter, Amoriter und arabische Wüstensöhne, und wurden von hakennasigen, arroganten Fürsten geführt, die die üppigen Felder des Deltas mit unverhohlener Begehrlichkeit anstaunten. Die Ägypter nannten sie Hiku-Kasut, das heißt Fürsten der Wüste, und hatten nicht viel für sie übrig. Ein späterer griechischer Geschichtsschreiber verstümmelte die ägyptische Wortfolge in «Hyksos», und übersetzte diesen Namen fälschlicherweise in «Hirtenkönige» – ein Begriff, an dem heute noch vielfach festgehalten wird. Sogar Hurriter befanden sich unter ihnen, obwohl niemand wußte, wieso ausgerechnet sie den Herrschern von Kanaan untertan waren. Wenn ihre Kompanien durchmarschierten, gerieten die Dorfbewohner ganz aus dem Häuschen, denn dem hurritischen Hauptquartier war immer eine Schwadron Kampfwagen zugeteilt. Und wenn die Pferde und Wagen die leicht zu beeindruckenden Burschen aus dem Dorf zu Begeisterungsstürmen hinrissen, machten ihre Lenker und die neben ihnen reitenden Speerwerfer einen fast ebenso großen Eindruck auf die jungen Mädchen. Sie gehörten offensichtlich einer anderen Rasse an und sprachen, wie es hieß, eine andere Sprache als die übrigen Hurriter. Viele hatten blondes oder rotes Haar und helle Augen. Monate nach ihrem Durchziehen waren bei den jungen Leuten im Dorf kurzgeschorene Bärte und mit Henna gefärbte Haare Mode.

Noch im gleichen Jahr, als die Ernte eingebracht war, wurde die Mehrzahl der Bauern zum Wehrdienst einberufen. An einem kühlen Herbstmorgen sagten sie ihren Frauen und Kindern Lebewohl, dann versammelten sie sich mit ihren Waffen, Bogen, Speeren und Dolchen, und marschierten auf dem Damm davon.

In den Kasernen außerhalb von Memphis wurden sie in der Taktik des Kampfes und im Gebrauch von schweren Waffen – Lanzen, Keulen und Bronzeschwertern – geschult. In der Nähe hatten ihre Verbündeten, die Hyksos, ihre Lager aufgeschlagen, und sie trafen einander oft auf den langen Übungsmärschen. Wenn die ägyptischen Rekruten wirklich einmal die Erlaubnis zum Besuch der Hauptstadt Memphis erhielten, konnten sie feststellen, daß es darin von Hyksos wimmelte. Offensichtlich bereitete man einen Schlag gegen den revolutionierenden Süden vor.

Und dann geschah das Unglück. Als der Winter anfing, setzten sich die ägyptischen Streitkräfte planmäßig nach Süden in Marsch. Sie waren drei Tage unterwegs, als Boten sie überholten. Am folgenden Morgen kam kein Befehl, das Lager abzubrechen, und die Leute lungerten den ganzen Tag in den Zelten herum. Die tollsten Gerüchte gingen um. Die Generale berieten endlos mit dem Pharao, der sein Quartier in einem Jagdhaus aufgeschlagen hatte. Am nächsten Morgen wurden die Truppen zum Generalappell befohlen und erfuhren die Wahrheit. Sie war beängstigend genug. Zwei Tage nach dem Aufbruch der Armee hatten auch die Hyksostruppen ihre Lager abgebrochen, aber statt den Ägyptern verabredungsgemäß zu folgen, hatten sie Memphis und die umliegenden Städte besetzt und den König von Kanaan zum Herrscher über ganz Ägypten ausgerufen. Der Sprecher des Pharaos befahl den Truppen, kehrtzumachen und die verräterischen Alliierten aus den besetzten Städten zu verjagen. Er fügte hinzu, daß Abgesandte zum König des südlichen Landesteils unterwegs seien, um diesem einen Zusammenschluß ganz Ägyptens zur Abwehr der gemeinsamen Gefahr nahezulegen. Voller Sorge um ihre Anverwandten in den Städten und Dörfern, die sich jetzt in der Gewalt der neuen Feinde befanden, marschierten die Soldaten wieder in die Richtung, aus der sie gekommen waren. Sie beschleunigten ihr Tempo, und am Nachmittag des folgenden Tages konnten sie bereits die Rauchschwaden des brennenden Memphis am Horizont aufsteigen sehen. Zwischen ihnen und der Hauptstadt, mit ihrer Flanke gegen den Strom, erwartete sie die Streitmacht der Hyksos. Die Ägypter verbrachten eine ruhelose Nacht und gingen frühmorgens zum Angriff über. Sie wurden völlig aufgerieben. Die Rekruten, die zum erstenmal vor dem Feind standen, bildeten das zweite Glied hinter den kampferprobten Truppen des Pharaos. Sie kamen aber nicht dazu, in die Schlacht einzugreifen. Die hurritischen Streitwagen auf der linken Flanke des Feindes rollten durch eine Umfassungsbewegung ihren rechten Flügel auf, während die amoritischen Schwertfechter in das Zentrum ihrer Kampflinie einbrachen. Daraufhin löste sich das ägyptische Heer auf.

Während der nächsten Wochen waren die umliegenden Dörfer mit Soldaten überfüllt, die während der Entscheidungsschlacht Reißaus genommen hatten – waffenlosen, vielfach verwundeten Männern, die von den Bauern versteckt wurden, solange die Patrouillen der Besatzungsmacht durchzogen. Mit der Zeit aber leerte sich der Distrikt. Die Männer hatten sich auf den Weg in ihre Heimat gemacht, sie marschierten nachts und hielten sich tagsüber verborgen.

Die Gestalten, die abgekämpft und abgerissen zu unserem Dorf am Nildamm zurückstrebten, waren sehr verschieden von den jungen Burschen, die im Morgengrauen jenes Herbsttages ausmarschiert waren. Sie waren abgemagert, verbittert, wenn auch erfahrener. Auch ihre alte Welt hatte sich stark verändert. Die heiteren, geselligen Abende in der Dorfschenke gab es nicht mehr. Was jetzt an kanaanischen Truppen in immer größerer Zahl durchmarschierte, nahm vorerst einmal in den Häusern Quartier. Diese Belastung lag schwer auf den Bewohnern, Landarbeitern und Nilfischern, die immer nur knapp genug für das nackte Leben besaßen. Das wurde schlimmer, als die Ertragsteuer im folgenden Jahr erhöht wurde. Kaufleute stiegen nach wie vor im Gasthaus ab, ja das Geschäftsleben war nach einem jähen, durch die Invasion bedingten Abflauen wiederaufgelebt und heute vielleicht umfassender als je zuvor. Die Männer aus dem Dorf verspürten aber keine Lust mehr, sich mit Zufallsbekanntschaften abzugeben, und blieben nicht zuletzt deshalb dem Gasthaus fern. Im übrigen waren die Kaufleute jetzt großenteils Kanaaniten und Levantiner aus den Handelszentren an der ägyptischen Küste, die früher praktisch zu Ägypten gehört hatten. Die Zahl der Händler aus dem Stamm Abraham, der im Augenblick eine Stellung besonderer Art einnahm, wuchs immer mehr. Sie waren ja Amoriter und zählten deshalb offiziell zur Rasse der Eroberer. Andererseits hatten sie jahrzehntelang in Ägypten gelebt; das Ägyptische war ihnen ebenso geläufig wie ihre semitische Muttersprache, und die unterjochten Ägypter sahen sie bis zu einem gewissen Grad als ihresgleichen an. Es war für diese Leute daher nur natürlich, in das weitverzweigte Geschäft zwischen Nordägypten und den angrenzenden asiatischen Gebieten einzusteigen. Viele von ihnen dienten den Eroberern auch als Mittelsmänner, Dolmetscher, Steuereintreiber und Aufsichtspersonal für die Kolonnen von Zwangsarbeitern. Das machte sie nicht gerade beliebt.

Den wirklichen Eroberern aber brachte das ägyptische Volk bittere und ohnmächtige Haßgefühle entgegen, ein Haß, der sich durch die Jahrhunderte und Jahrtausende fortpflanzte. Sie bemühten sich in keiner Weise, ägyptische Sitten anzunehmen, sondern betrachteten das Land eindeutig als eine Kolonie ihrer wirklichen Heimat Kanaan. Einige Jahre nach der Eroberung verlegten sie die Zentralverwaltung von Memphis nach Avaris, einer neuerbauten Stadt in der nordöstlichen Ecke des Deltas unweit der Landenge von Suez. Dort ließ der König sich nieder, und von dort aus regierte er über die Länder an Nil und Jordan.

Der Bau von Avaris brachte auch unserem Dorf einen neuen, unerwarteten Wohlstand, den sogar die willkürlichen Steuerschikanen der Besatzungsmacht nicht ganz abdrosseln konnten. Das Dorf lag jetzt an der zentralen Land- und Wasserverbindung zwischen der neuen und der alten Hauptstadt. Eine neue Herberge wurde am anderen Dorfende errichtet und an den alten Gasthof ein Flügel gebaut; der Hofraum wurde vergrößert. Die Besitzer der kleinen Läden an der einzigen Straße der Ortschaft – der Bäcker, der Holzkohlenhändler, der Bronzeschmied, der Töpfer und der Schreiner – entdeckten bald, daß es sich für sie lohnte, Luxusartikel feilzubieten, die die Fremden sich offenbar immer leisten konnten. Man erzählte sich Äußerungen von Geschäftsleuten, wonach die neuen Herren im Grunde genommen gar nicht so schlecht seien. Diese Biedermänner lernten sogar, auf semitisch zu kauderwelschen, und taten sehr unterwürfig gegenüber den Hyksos-Beamten, die bei ihnen einkauften. Freilich wurden solche Mitläufer und Kollaborateure von der Mehrzahl der Dorfbewohner gemieden, und es blieb ihnen nichts anderes übrig, als sich zu einer kleinen Gruppe zusammenzuschließen.

Deshalb waren sie jetzt die einzigen, die abends mit den Reisenden in den Schenken saßen. Sie begründeten ihre Einstellung mit dem Bemerken, es sei die Pflicht eines aufgeklärten Menschen, mit den Geschehnissen außerhalb des Dorfes Fühlung zu behalten. In der Tat wurden in diesen Jahren viele Nachrichten durch Kaufleute und Lastkahnführer verbreitet, die die in Avaris mit Karawanen aus Nordsyrien und auf dem Wasserweg von Kreta und Zypern eingetroffenen Waren nach Ägypten weiterverfrachteten.

Durch diese Kaufleute hörten die Dörfler erstmalig von den Eroberungen des Königs Labarnas von Kussara, einem kleinen Stadtstaat im Zentrum von Kleinasien südlich des Halysflusses. Es hieß, Labarnas und sein Volk seien nördlicher Herkunft; sie gehörten zur gleichen Rasse und sprächen fast die gleiche Sprache wie die Herrscher und Wagenlenker der Hurriter. Erst vor wenigen Jahren hatte Labarnas die Nachfolge seines Vaters Pu-Sarrumas auf dem Thron von Kussara angetreten, doch war im Gefolge von mehreren Blitzkrieg-Feldzügen bereits das ganze südliche Kleinasien in seine Hände gefallen. Seine zahlreichen Söhne regierten jetzt in seinem Namen über die ganze Mittelmeerküste von Kleinasien, von den Grenzen des hurritischen Reiches in Ugarit bis zu den kretischen und achäischen Niederlassungen auf dem Festland gegenüber von Rhodos. Beim Anlaufen der Häfen an dieser Küste waren die Schiffskapitäne der Handelsroute zwischen Kreta und Avaris mit den neuen Gouverneuren und ihren Garnisonen in Berührung gekommen. So konnten sie bestätigen, daß im Norden eine neue Großmacht entstanden war.

Auch die Nachricht von dem großen Erdbeben auf Kreta und von der Revolution nach dieser Katastrophe brachten die gleichen Kapitäne nach Ägypten. Die schrecklichen Ereignisse hatten allerdings, wie man mit Erleichterung feststellte, ausnahmsweise nichts mit den Eroberern aus dem Norden zu tun. Bei dem Aufstand in Kreta, so betonten sie, handelte es sich um eine rein interne Angelegenheit, die den Export nicht nachteilig beeinflußte. Anders das Erdbeben; ihm zufolge waren die Verbindungen mit der Außenwelt eine Zeitlang unterbrochen gewesen. Großstädte wie Knossos, Phaistos und Mallia hatten besonders schwer gelitten, und in dem Durcheinander nach der Katastrophe war es dem Herrscher von Knossos gelungen, die ganze Insel unter seine Botmäßigkeit zu bringen. Die Paläste der früheren Herrscher von Phaistos und Mallia wurden nicht wieder aufgebaut. Der neue Palast, der jetzt für den König des vereinten Kreta gebaut wurde, sollte an Großartigkeit alles bisher Dagewesene in den Schatten stellen.

Die Berichterstatter schilderten auch die Rationalisierung des Lebens in Kreta unter dem neuen Machthaber. Vor allem hatte man eine neue Schrift eingeführt, die klarer gegliedert und für Ausländer leichter zu erlernen war als die alten Hieroglyphen. Diese neuen Zeichen eigneten sich sogar zur Übertragung des Assyrischen, das von Kreta bis zum Persischen Golf die Geschäftssprache war.

Die Ladenbesitzer unseres Nildorfes legten höfliches Interesse für die Einführung einer neuen Schrift in Kreta an den Tag, dann überlegten sie, ob man nicht Olivenöl von besserer Qualität aus Zypern oder von noch weiter nördlich einführen könne. Was das Gros der Dorfbewohner betraf, so ließen diese sich nicht von ihrer Arbeit auf den Feldern, in den Gemüsegärten und in den Obstplantagen ablenken: die zur Erntezeit fälligen Steuern machten ihnen so viel zu schaffen, daß sie für das Geschehen auf der Welt jenseits ihres Horizontes keinerlei Interesse aufbrachten.

Ihr Dasein war kaum anders, als es früher gewesen war. Die Erinnerung an die unheilvolle Schlacht oberhalb Memphis und den langen beschwerlichen Rückmarsch in die Heimat war schon verblaßt. Kanaaniter oder Amoriter waren jetzt die Grundherren der Landarbeiter, denn die ägyptischen Vorbesitzer hatte man bis auf diejenigen, denen die Flucht nach Süden gelungen war, totgeschlagen oder zu Sklaven gemacht. Die Dörfler hatten die alten Gutsherren allerdings genauso selten gesehen, wie die jetzigen Herren, die ebenso in ihren Stadthäusern wohnten – die Agenten und Aufseher aber, denen die Besitzungen unterstanden, waren meist die gleichen geblieben. Die Leute empfanden natürlich keine besondere Zuneigung für ihre neuen Herren, doch wandelte sich mit fortschreitender Zeit der erste brennende Haß in Apathie, um so mehr, als die Kinder ja keine andere Welt kannten, als die von den Hyksos regierte.

Es war aber nicht überall so. In den Dörfern und mehr noch in den Städten gab es Männer, die bewußt den Geist des Widerstandes wachhielten und sich insgeheim versammelten, um miteinander Mittel und Wege zu besprechen, durch die Ägypten von seinen fremden Herren befreit werden konnte. Sie richteten ihre Hoffnung auf den Süden.

Den Hyksos war es nie gelungen, ihre Herrschaftsansprüche auf ganz Ägypten auszudehnen. Südlich von Memphis und der Gegend um Fayum, wo das Niltal von steil abfallenden Felsklippen eingeengt wird, konnten die Kampfwagen, auf denen die Streitmacht der Hyksos jetzt hauptsächlich beruhte, sich nicht richtig entfalten. Die Herrscher von Theben waren denn auch bei den fast in jedem Jahr neu aufflackernden Feindseligkeiten nicht schlecht weggekommen. Hitzige Gefechte hatten zwischen den semitischen Truppen des Deltas und den Negerformationen von Theben – hochgewachsenen schwarzen Speerwerfern und Bogenschützen aus dem Sudan, dem Elitekorps der Südarmee – stattgefunden. Die «Fürsten der Wüste» wurden freilich nicht immer geschlagen. In vielen Fällen mußten die Truppen des Südens sich immer weiter absetzen, indem sie zwischendurch an jeder Bodenerhebung und jedem größeren Kanal Widerstand leisteten, bis die Hyksos, wenn sie sich zu weit von ihrer Ausgangsposition vorgewagt hatten und keinen Nachschub mehr erhielten, den nutzlosen Kampf aufgeben mußten. Die Hyksos eroberten Theben mehr als einmal. Aber Theben lag nicht einmal auf halbem Weg von der südlichen Grenze Oberägyptens. Früher oder später mußten die nördlichen Truppen die Jagd aufgeben. Dann sammelte der Süden seine Kräfte und warf die in Theben zurückgebliebene Garnison hinaus. Damit waren die Hyksos wieder an ihrem Ausgangspunkt angelangt.

Die Menschen im Norden warteten auf den Tag, an dem der Süden stark genug sein würde, um den Krieg in umgekehrter Richtung zu führen. Eine große Zahl entschlossener Leute aus dem Delta packte ihre Habe und machte sich unauffällig auf den Weg nach Süden, um sich den Fürsten, Edelleuten und Grundbesitzern anzuschließen, die bei der Besetzung des Nordens nach Theben geflüchtet waren und jetzt am Hofe des dortigen Pharaos eine Art Exilregierung bildeten.

Aber die Zeit verging, und der Gegenschlag blieb aus. Der Hyksoskönig, der damals die Invasionsarmee befehligt hatte, war seit Jahr und Tag tot, ebenso sein Nachfolger. Der neue König und auch dessen Nachfolger (denn jener regierte nur wenige Jahre) bemühten sich, mit der Überbrückung des Abgrundes zwischen den Ägyptern und ihren Herren wenigstens einen Anfang zu machen und die ägyptische Kultur in bescheidenem Ausmaß an ihrem Hof einzuführen. So hängten sie ihrem guten semitischen Namen Yakob-bael und Yakob-hat nach Art der Pharaonen einen ägyptischen Thronnamen an. Sie und ihre Kämmerer siegelten fortan ihre Briefe mit Scarabäus-Petschaften, als wären sie wirkliche Ägypter, und machten sich nichts daraus, daß die von ihren eigenen Juwelieren eingravierten «Inschriften» in Wirklichkeit ein leeres Gekritzel von nur oberflächlicher Ähnlichkeit mit der Hieroglyphenschrift war, die zu erlernen sie sich nie die Mühe gemacht hatten.

Mehr Erfolg war ihnen mit einem propagandistischen Schachzug auf religiösem Gebiet beschieden, als sie ihren Hauptgott Sutek offiziell mit dem ägyptischen Gott Seth gleichsetzten. Solange man zurückdenken konnte, war Seth im Delta und namentlich im Distrikt von Avaris verehrt worden. Mit dem Aufstieg der Könige von Theben war der Seth-Kult allerdings etwas in Verruf geraten. Die thebanischen Herrscher verehrten den Falkengott Horus, und Horus und Seth spielten die Hauptrollen in einem populären Zyklus von Legenden, wobei sie, wie jedermann wußte, die Gegensätze zwischen Ober- und Unterägypten personifizierten, die zu Anbeginn der Zeit, als die Götter noch sichtbar auf Erden wandelten, ausgetragen worden waren. Seitdem die Horus-Könige auf dem Thron von Theben saßen, war daher Seth als der Bösewicht der ganzen Isis- und Osiris-Legende abgestempelt, ja als die Verkörperung des Bösen schlechthin. Trotzdem war im Delta sein Kult nicht in Vergessenheit geraten, und die Hyksoskönige hatten einen schlauen Schachzug getan, als sie sich zum Anwalt des uralten Deltagottes gegen Horus und seine oberägyptischen Könige machten. Durch diese Propaganda ließen sich in der

Tat zahlreiche jüngere Leute aus dem unterworfenen Volk zu loyaler Mitarbeit mit den fremden Herren des Nordens überreden. Sie erblickten in den Ägyptern der südlichen Reichshälfte Irrgläubige, die dem Delta einen falschen Gottesbegriff aufzuzwingen suchten.

Die Männer, die die Unterwerfung ihres Landes miterlebt und in der verlorenen Entscheidungsschlacht gegen die Hyksos mitgekämpft hatten, ließen sich indessen nicht überzeugen. Sie waren jetzt alt, zu alt, um auf den Feldern zu arbeiten, und verlangten nichts Besseres, als vor ihren Hütten aus ungebrannten Ziegeln in der Sonne zu sitzen und von den Zeiten zu träumen, da Ägypten sein eigener Herr gewesen war. Dabei schweiften ihre Blicke oft nach Süden, als hofften sie, daß eines Tages von dort die Lösung kommen werde.

Das vorangegangene Kapitel beruht großenteils auf Erfindung, der jedoch ein realer Sachverhalt zugrunde liegt. Es steht historisch fest, daß die XII. ägyptische Dynastie mit Sebek-nefru-Rê, der Gattin Amenemhet' IV., im Jahr 1776 v. Chr. erloschen ist (die Meinungsverschiedenheiten über dieses Datum bewegen sich in ganz engen Grenzen) und daß die nachfolgenden zwei Dynastien, also die XIII. und XIV., gleichzeitig im Süden und Norden von Theben bzw. Memphis aus regierten. Listen zufolge, die aber nicht allzu glaubwürdig wirken, brachten beide Dynastien eine große Zahl von Königen hervor: ihre Namen deuten an, daß beide sich auf ihre Kontinuität mit der XII. Dynastie berufen haben.

Der Einfall der Hyksos ist ein geschichtlich verbürgtes Ereignis; spätere schriftliche Zeugnisse aus Ägypten verraten die Bitterkeit, mit der man sich an jene dunkle Zeit erinnerte. Königslisten, Inschriften und spätere Aufzeichnungen betonen übereinstimmend, daß die Hyksos von Osten kamen, daß zumindest einige ihrer Könige semitische Namen trugen und daß neben Beduinen sich unter ihnen auch Angehörige einer bisher unbekannten Rasse befanden. Daß die Einführung des Pferdewagens in Ägypten auf die Hyksos zurückgeht, ist erwiesen, wenn wir auch nicht sagen können, ob sie ihn bei der Eroberung schon besaßen. Über den genauen Zeitpunkt des Hyksoseinfalls bestehen Meinungsverschiedenheiten, die sich innerhalb der Spanne 1730–1660 v. Chr. bewegen. Ohne mich allzusehr festzulegen, habe ich das von den meisten Forschern anerkannte Datum, nämlich das Jahrzehnt von 1700 bis 1690, meinen Betrachtungen zugrunde gelegt. Ich halte die Hyksos für eine Mischung aus Amoritern, Kanaanitern, Nordarabern, Hurritern und Indogermanen, die das Ergebnis der starken semitischen Durchdringung Palästinas ist und unter dem Druck der im nördlichen Syrien ansässigen Hurriter zustande kam. Diese Theorie stammt nicht von mir; sie gewinnt an Wahrscheinlichkeit durch die Bestätigung der Archäologen, daß ungefähr um diese Zeit in Palästina starke Befestigungen gebaut wurden. Für den Kriegseintritt der Hyksos als Verbündete des Nordens gegen den Süden gibt es ebensowenig Beweise wie für ihre nachfolgende Machtergreifung, doch scheint mir beides sehr wahrscheinlich. Auch diese Lesart ist nicht meine Erfindung. Die Frage, ob die Hyksos im Zeitraum, in dem dieses Kapitel spielt, auch über das südliche Ägypten herrschten, ist umstritten. Es gibt keine Anzeichen dafür, daß das der Fall war, eher solche für das Gegenteil. Die Rolle der biblischen Patriarchen in den Ereignissen jener Epoche beruht, in meiner Version, auf einer Hypothese. Die Geschichte des biblischen Josef wird gern mit den Hyksos in Verbindung gebracht. Man-

che Forscher gehen davon aus, daß er später gelebt hat, und nehmen an, der Pharao, dem er diente, sei ein Hyksoskönig gewesen. Andere wieder möchten das Erscheinen von Jakob und Josefs Brüdern in Ägypten mit dem Hyksos-Einfall gleichsetzen, aber in der Bibel wird nichts davon gesagt, daß der Zuzug der Juden alles andere als gewalttätig war. Mir ist er jedenfalls als Beweis für die friedliche Durchdringung Unterägyptens durch semitische Elemente vor dem eigentlichen Eroberungszug der Hyksos erschienen.

Gleichzeitige Vorgänge in Kleinasien werden durch Urkunden belegt, die nur wenig späteren Datums sind. Über die Zerstörung der kretischen Königspaläste weiß man durch Ausgrabungen. Die Machtkonzentration in Knossos läßt sich aus der Tatsache folgern, daß nur dort der Palast wieder aufgebaut wurde.

Als weitere Lektüre auf diesem Sachgebiet sei empfohlen:

W. F. Albright: «Archäologie in Palästina» (deutsch 1962), J. H. Breasted: «Geschichte Ägyptens» (Hg. Ranke 1956), E. Otto: «Ägypten, der Weg des Pharaonenreiches» (1953).

10
Rückblick und Ausblick (I)

Fünf Kapitel lang haben wir mitten unter Menschen gelebt, die zwischen 2000 und 1650 v. Chr. die Welt bevölkerten. Die Versuchung ist groß, zu schreiben, wir seien zu ihnen hinabgestiegen. Die Gefahr, sich Szenerie und Ereignissen von damals überlegen zu fühlen, ist groß. Es erscheint uns späten Nachfahren so selbstverständlich, die Geschehnisse der fernen Vergangenheit von einem überhöhten Standpunkt zu sehen: wir überschauen alle Völker jener Welt gleichzeitig, und das Leben des einzelnen ist uns nicht mehr als das Flackern einer Kerze.

Solche göttergleiche Überlegenheit ist unserer Seele gewiß nicht bekömmlich, und auf jeden Fall gefährdet sie unsere Einsicht. Wir maßen uns ein Urteil an, für das wir nicht zuständig sind. Woher wollen wir wissen, daß die Geschichte gerade so verlaufen mußte? Vielleicht hätte es auch andere Möglichkeiten gegeben, die wir nicht sehen. Oder aber umgedreht, vielleicht dachten und fühlten die Menschen damals ganz anders als wir, und ihre zwingenden Beweggründe bleiben daher unserer Einsicht verschlossen. Jedenfalls muß ein Geschichtswerk, das einen so großen Zeitraum umfaßt, die großen Überblicke herausarbeiten. Wenn wir bei jenem Studium vergessen, daß es Menschen waren, die diese Veränderungen verursachten und Menschen, die sich mit ihnen veränderten, dann sehen wir die Geschichte nicht richtig.

Als Gandasch den Entschluß faßte, seine Kassiten von den Bergen Luristans in die mesopotamische Ebene und in das von Hammurabis Sohn regierte Königreich zu führen, stand er höchstwahrscheinlich unter dem Druck einer «historischen Notwendigkeit». Fraglich ist allerdings, ob er sich dessen bewußt war. Zweifellos war in diesem ersten Drittel des 2. Jahrtausends v. Chr. die Verbreitung des Pferdes und gleichzeitig die der Indogermanen, die das Pferd gezähmt hatten, das wichtigste Ereignis. Im ersten Jahrhundert des neuen Jahrtausends hatten die Indogermanen sich aus ihren Heimstätten in den pontischen Steppen über alle großen Ebenen von Zentral- und Osteuropa bis nach Zentralasien ergossen. Nur der gigantische Ring von natürlichen Hindernissen gebot ihnen Einhalt: Nordsee, Rhein und die Bergketten – in westöstlicher Richtung Alpen, Karpaten, Balkangebirge, die türkischen Berge und dann jenseits des Schwarzen Meeres Elbrusgebirge und Hindukusch. In den folgenden eineinhalb Jahrhunderten konnte man das Schauspiel erleben, wie dieser Ring gesprengt wurde: die Besetzung Englands und Hollands, des Balkans und Griechenlands, der Türkei, Persiens und Afghanistans war die Folge. Und während der letzten hundert Jahre konnten wir mit ansehen, wie ein übervolles Gefäß sich in den Niederungen jenseits der Bergriegel, nach Syrien, Mesopotamien und dem Industal zu entleeren begann.

Jeder Schritt in dieser langen Folge von Ausdehnungstendenzen ist auf einen Entschluß von seiten eines Anführers wie z. B. Gandasch zurückzuführen. Diese Entschlüsse haben eines gemein: weiterzuziehen, anstatt am Platz zu bleiben, und zwar in einer bestimmten Richtung. Wie weit sind die jeweiligen Anführer sich wohl der Tatsache bewußt gewesen, daß sie nur Teile eines in Bewegung geratenen großen Ganzen waren?

Die Wichtigkeit eines solchen Frage- und Antwortspiels rechtfertigt die Einteilung dieses Buches in willkürliche auf die Dauer eines Menschenlebens zugeschnittene Kapitel. Diese Einteilung zeigt mit einiger Zuverlässigkeit, was man von den einzelnen Menschen zu einem gewissen Zeitpunkt an Kenntnissen voraussetzen darf. Die Menschen eines jeden Kapitels haben die darin geschilderten Vorgänge am eigenen Leibe erlebt, die Ereignisse des letzten Kapitels sind ihnen vom Hörensagen bekannt, weil sie mit den Menschen, die «dabei waren», über sie gesprochen haben. Was in den zwei weiteren vorangegangenen Kapiteln geschehen ist, wußte man schon nicht mehr genau; es war entweder in die Sphäre der Ideale entrückt oder gleichsam in eine andere Tonart transponiert oder in seinem Sinn entstellt – diese Ereignisse gehörten aber trotzdem insofern zur Geschichte, als man wußte, daß sie sich tatsächlich zugetragen hatten. Alles, was mehr als drei Kapitel zurücklag, wurde als Sage oder Legende betrachtet oder in seiner Authentizität zumindest angezweifelt. Was hingegen in einem der folgenden Kapitel behandelt wird, gehört der Zukunft an.

So haben wir ein Drittel unseres Weges durch das zweite Jahrtausend zurückgelegt und den Punkt erreicht, an dem die Taten und Handlungen der ersten Generation des Jahrtausends bereits legendär geworden waren. Man weiß zwar noch in großen Umrissen über sie Bescheid, aber mehr in Gestalt von phantastischen Geschichten als von wirklichen Begebenheiten.

Zu der Zeit des Gandasch, die jetzt hundert Jahre zurückliegt, empfanden die Menschen diese Dinge noch als näherliegend und wirklicher. Er kannte sicher die Geschichte seines Volkes und war in der Lage, seine Familie und seine Stammesbeziehungen bis zu jener Urheimat im südlichen Rußland zurückzuverfolgen. Wahrscheinlich wußte er nicht nur, daß seine eigenen Ahnen langsam nach Süden gezogen waren, sondern auch, daß verwandte Völkerschaften – verwandt im Sinne einer blutmäßigen Verbundenheit oder der gemeinsamen Abstammung von einem mythischen Urahnen – sich nach anderen Richtungen in Marsch gesetzt hatten. Ihm war zweifellos die von jenen «Verwandten» zurückgelegte Entfernung bekannt, und er wußte auch Bescheid über das Ausmaß der Landfläche, die von den Angehörigen des indogermanischen Sprachbereichs, von den Streitaxtmenschen bewohnt wurde.

Für Gandasch war der «Lauf der Dinge» also eine Realität. Die «Geschichte» der einzelnen Stämme war zweifellos angefüllt mit den Heldentaten anderer Führer, die sich noch weiter von der alten Heimat fortgewagt hatten. Wenn er diesen nacheifern wollte, gab es für ihn nur eines, das er tun, nur eine Richtung, die er einschlagen konnte. Was uns als «Lauf der Dinge» erscheint, entsprang in seinen Augen wohl mehr dem Diktat der Mode oder berechtigtem Ehrgeiz oder der Verlockung des Ruhmes. Ein Ehrenmann konnte einfach nicht anders handeln.

Was er aber natürlich nicht im voraus wissen konnte, war, ob seinem Vorgehen Erfolg beschieden sein würde oder nicht. Denn der für ihn maßgebliche «Lauf der Dinge» war ja nicht der einzig mögliche Weg.

Samsu-iluna, der Sohn Hammurabis und Herrscher über Babylonien zur Zeit des Kassitenvorstoßes, durfte von den Zielen und Fortschritten der berittenen indogermanischen Expansion kaum ein so klares Bild gehabt haben, wie der Kassitenführer – und doch empfand auch er ihn als schicksalhaften «Lauf der Dinge». Das Pferd war noch zu Lebzeiten seines Vaters erstmalig in Mesopotamien aufgetaucht – es war also zu dem Zeitpunkt, an dem wir jetzt angelangt sind, ebenso neu wie für uns das Kraftfahrzeug. Die Kassiten wurden noch immer als Neuankömmlinge in den persischen Gebirgen angesehen, auch wenn sie nun schon seit hundert Jahren dort lebten. Samsu-iluna dürfte sich auch im klaren darüber gewesen sein, daß es sich bei den Kassiten nicht um eine isolierte Gruppe von «Zugereisten» handelte. Er lebte im Zentrum eines Netzes von Handelsstraßen, die sich von Kreta bis Indien erstreckten; und überall auf dieser Strecke muß er von Neuankömmlingen gehört haben, die mit Wagen und Pferden im nördlichen Bergland erschienen waren.

Nun war Samsu-iluna freilich selbst in den Lauf der Dinge verstrickt. So wie die mit Streitäxten bewaffneten Reiterhorden aus dem Norden sich während der letzten dreieinhalb Jahrhunderte in östlicher, westlicher und südlicher Richtung ausgebreitet hatten, waren die amoritischen Hirten, auf die er seine Abstammung zurückführte, von Süden kommend, nach Osten, Westen und Norden vorgestoßen. Von ihrer Wiege in den kargen Steppen des syrischen und transjordanischen Hochplateaus hatten sich die Amoriter während der 150 Jahre seit Anbruch des neuen Jahrtausends fächerförmig über das levantinische Küstengebiet sowie das Tal des Euphrat und des Tigris ergossen. Ihre Königreiche, die sich der verwandtschaftlichen Bindung zueinander noch bewußt waren, erstreckten sich über den ganzen «fruchtbaren Halbmond», der im Angesicht der Gebirgsketten vom Mittelmeer bis zum Persischen Golf reichte. Wenn der Sohn Hammurabis an «geschichtliche Notwendigkeiten» und den unaufhaltsamen Gang der Dinge glaubte – was durchaus denkbar ist –, gab es für ihn ebensoviel Grund, mit der Möglichkeit weiteren Vordringens der Amoriter und der Besetzung der Gebirgskämme durch sie zu rechnen, wie mit der zweiten Möglichkeit eines weiteren Vormarsches der Streitaxtleute bis in die Ebene herunter.

Am Ende des ersten Drittels des zweiten Jahrtausends, also um 1650 v. Chr., stand der Ausgang dieser Frage noch nicht fest – was in gewisser Hinsicht bis zum heutigen Tage gilt. Die Kassiten waren noch im Besitz ihrer Enklave im zentralen Mesopotamien, und die Hurriter hielten einen großen Teil Nordsyriens besetzt. Andererseits hatten sich die semitischen Könige von Assyrien des nördlichen Tigristals bemächtigt und ihren Herrschaftsbereich bis tief in das Bergland von Kurdistan vorangetrieben.

Man steckte in einer Sackgasse. In solchen Zeiten, wenn entgegengesetzte Tendenzen sich gegenseitig ausschalten, werden Charakter und Tun einzelner Menschen zum entscheidenden Faktor. Von unserem um viertausend Jahre vorgeschobenen Aussichtspunkt – den wir uns für ein kurzes Kapitel ausgesucht haben, um anschließend wieder von ihm «herunterzusteigen» und die Geschichte durch die Augen derjenigen zu erforschen, die sie erlebt haben – können wir folgende Wahrnehmung machen: Hätte Hammurabi sich schneller entschlossen, die amoritischen Völkerschaften zu einem einzigen Reich zusammenzuschweißen, so wäre der «unaufhaltsame Vormarsch» der Indogermanen vielleicht doch in den türkischen und persischen Gebirgen zum Stillstand gekommen und wären ihre Heere zur Umkehr gezwungen worden.

In gewisser Hinsicht stellt die Invasion der Hyksos in Ägypten das letzte Beispiel für die amoritische Expansion dar. Sie beweist, wieviel kraftvolles Leben und Initiative den Menschen semitischer Zunge in der damaligen Zeit innewohnte. Wären die Hurriter schwächer und wäre Ägypten stärker gewesen (was ungefähr auf dasselbe hinausläuft, als wenn einer sagte: hätte hundert Jahre früher die Königin Sebek-nefru-Rê nicht einen Mann niederen Standes geheiratet und dadurch Ägypten in einen fünfzig Jahre langen Bürgerkrieg gestürzt), so wäre die überquellende Lebenskraft der Amoriter vielleicht nach Norden abgeleitet und zum Bremsschuh für die indogermanischen Expansionsbestrebungen geworden.

Nun waren unserer Darstellung zufolge die Hyksos freilich selbst zum Teil indogermanischer Abkunft, eine Lesart, die mit großer Wahrscheinlichkeit den Tatsachen entspricht, wenngleich dieser Sachverhalt uns eine Falle stellt, vor der wir uns sehr in acht nehmen müssen. Ebenso leicht, wie man von einem schicksalhaften Ablauf der Dinge redet, nimmt man das Wort «Rasse» in den Mund, als ob es in diesem Zusammenhang überhaupt etwas bedeutete. Ich möchte mit allem Nachdruck darauf hinweisen, daß es sich hier keineswegs um die Angehörigen einer «indogermanischen Rasse» handelt, die sich nach Süden ausbreitete und im Nahen Orient mit Vertretern der «semitischen Rasse» zusammenstieß. Die Worte «semitisch» und «indogermanisch» sind nichts weiter als Bezeichnungen für zwei Sprachgruppen, wobei die verschiedenen, innerhalb der einen wie der anderen Gruppe gesprochenen Sprachen jeweils so viele Ähnlichkeiten miteinander aufweisen, daß ein gemeinsamer Ursprung angenommen werden muß. Die semitische Ursprache dürfte sich vom nördlichen Arabien aus entwickelt haben, wo die Wiege der Amoriter stand; deshalb kann man die ursprünglichen amoritischen Eindringlinge vielleicht mit Recht als einen semitischen Volksstamm bezeichnen. In ähnlicher Weise darf angenommen werden, daß die indogermanische Ursprache von den Reitern der pontischen Steppen gesprochen wurde (eine allerdings unbeweisbare Annahme), so daß man diese nicht ganz zu Unrecht als ein indogermanisches Volk bezeichnen könnte. Aber auch dann wäre es höchst unklug, das Wort «Rasse» zu gebrauchen, denn die Amoriter waren ebenso wie die Streitaxtmenschen höchstwahrscheinlich ein Gemisch aus vielen Rassen.

Jedenfalls haben beide Völker ihre Heimat vor ungefähr dreieinhalb Jahrhunderten verlassen – und seither ist ihnen vieles zugestoßen. Die Hurriter und die Kassiten, die aus dem Bergland stammten, sprachen keine indogermanische Mundart und waren nicht verwandt mit den Streitaxtmenschen: sie waren nur unterwegs in den Strom geraten.

Hurriter und Kassiten waren vermutlich miteinander verwandt, doch steht das nicht mit Bestimmtheit fest. Die Hurriter redeten in einer Sprache, von der wir eine Anzahl Zeugnisse besitzen – Tontafeln mit Keilschrift –, über die jedoch heute nur noch festzustellen ist, daß sie weder mit dem Indogermanischen noch dem Semitischen noch dem Sumerischen etwas zu tun hat. Sie gehörten zu einer Völkergruppe, die vor dem Erscheinen von Indogermanen und Semiten die Gebirgszüge der östlichen Türkei bewohnten und die man übereinstimmend als «asiatisch» zu bezeichnen pflegt. Die Kassiten haben wahrscheinlich eine dem Elamitischen verwandte Sprache gesprochen, aber es sind nur wenige Worte überliefert.

Als sie ins Gebiet der Amoriter einfielen, wurden beide Stämme von einer Herrenschicht angeführt, die sich in einer indogermanischen Sprache verständigte. Sie bestand aus den regierenden Fürsten und Häuptlingen und einer Elite von Kriegern. Ihre Bezeichnung ist heute umstritten: man sollte sie vielleicht als Ritter bezeichnen, da dieser Begriff die Zugehörigkeit sowohl zum niederen Adel wie zum Reiterstand in sich schließt. Diese Adelsschicht indogermanischer Zunge stammte zweifellos von Streitaxtleuten ab, die mit ihren Pferden und Kampfwagen nach Süden vorgedrungen waren und sich zur führenden Schicht der «asiatischen» Bergstämme emporgekämpft hatten. Reinheit der Sprache ist aber nicht gleichbedeutend mit Rassenreinheit. Die verhältnismäßig kleine militärische Einheit von normannischen Eroberern, die England der angelsächsischen Herrschaft entriß, sprach das normannische Französisch. Diese Sprache wurde noch vierhundert Jahre lang von einer Adelsschicht gesprochen, die sich als Nachkommen der mit Herzog Wilhelm nach England ausgezogenen Ritter betrachtete. Dabei ist uns bekannt, daß schon innerhalb der ersten Generation viele Normannen, darunter auch solche aus königlichem Geblüt, sich mit Töchtern von enteigneten Angelsachsen vermählt hatten und daß vor Ablauf eines Jahrhunderts mehr angelsächsisches als normannisches Blut in den Adern der «normannischen» Aristokraten floß. Die indogermanische Oberschicht der Kassiten und Hurriter darf also, auch wenn sie ihre Sprache behalten hatte, zum Zeitpunkt unserer Darstellung rassenmäßig kaum mehr als indogermanisch bezeichnet werden.

Mit den Amoritern verhielt es sich anders. Im südlichen Mesopotamien ließen sie sich inmitten eines Völkergemisches nieder, das semitisch, elamitisch und sumerisch sprach, in Nordmesopotamien und Syrien unter einer aus semitisch sprechenden und «asiatischen» Elementen gemischten Bevölkerung. Im Verlauf von zwölf Generationen – das sind dreihundertundfünfzig Jahre – müssen diese Menschen jede Spur der Rassenreinheit eingebüßt haben, die sie vielleicht ursprünglich besaßen. Wäre es möglich gewesen, die komplizierte rassische Zusammensetzung einer typischen hurritischen und einer ebenso typischen amoritischen Streitmacht aufzuhellen, wie sie in diesen Jahren einander oft genug an den Ufern des nördlichen Euphrat gegenübergestanden sein müssen, so hätte sich mit ziemlicher Sicherheit herausgestellt, daß die Soldaten beider Armeen ihrer Herkunft nach vorwiegend «Asiaten» und auch dem Äußeren nach kaum voneinander zu unterscheiden waren.

Was sie freilich nicht daran hinderte, einander mit verbissener Wut zu bekämpfen. Sie betrachteten sich eben als Amoriter bzw. Hurriter – die Wagenlenker aus dem Norden aber fühlten sich unbeschadet ihrer «asiatischen» Mütter und Großmütter wiederum als eine von beiden völlig verschiedene Rasse, die mit den Streitaxtmenschen jenseits des Rheins und den Ariern jenseits des Indus verbunden geblieben war.

Die Streitaxtmenschen jenseits des Rheins waren jetzt um keinen Deut reinrassigere Indogermanen als die Führerschicht der Hurriter. Kreuz und quer über Europa hinweg standen fünf Daseinsformen im Begriff, sich miteinander zu verständigen – ein Vorgang, in dessen Gefolge Aufbau und Zerfall an der Tagesordnung waren. Vom archäologischen Standpunkt aus gesehen ist die Sachlage ziemlich eindeutig, doch führt das Fehlen von schriftlichen Zeugnissen zu einem geistigen Kurzschluß, weil damit die Übertragung des archäologischen Befundes auf den Ablauf der Geschichte sehr erschwert wird. Die Menschen, die aus dem mittleren Germanien kamen, die Alpen überquerten und sich auf dem Gebiet der heutigen Schweiz niederließen, waren nicht minder wirklich als jene, die von Luristan aus über das Zagrosgebirge nach Mesopotamien zogen. Nur wissen wir, daß letztere sich Kassiten nannten, weshalb sie denn auch in unserer Vorstellung sofort die greifbaren Umrisse eines Volksganzen annehmen. Bei den Europäern müssen wir uns mit der nichtssagenden Bezeichnung Saxo-Thüringer begnügen, weshalb sie denn auch hartnäckig ein bloßer Kulturkreis bleiben und nicht die Gestalt eines lebendigen Volkes annehmen; ihr Anführer weigert sich entschieden, auch nur in unser Blickfeld zu treten.

Man könnte hier einwenden, daß wir ja überhaupt nichts von ihm wissen – aber das trifft genauso auf Gandasch zu, mit Ausnahme seines Namens, der zufällig auf uns gekommen ist. Mit Hilfe eben dieses Namens können wir uns aber unter ihm eine menschliche Person vorstellen.

Von den fünf Daseinsformen, die jetzt aufeinander einwirken, war das bei dreien schon jahrhundertelang vor Anbruch des neuen Jahrtausends der Fall gewesen.

Die erste betraf das alte Geschlecht von Jägern, die die Ureinwohner des europäischen Kontinents bildeten – nomadisierende Trapper, die dem Zuge des Wildes folgten, oder Gemeinschaften von Fischern, die sich an lachsreichen Flußläufen oder an geschützten Meeresbuchten und Fjorden niedergelassen hatten.

Dann gab es den von uns als Hinterwäldler bezeichneten Menschenschlag, Kolonisten, die ihre Heimstätten vor langer Zeit in den weniger dicht bewaldeten Ebenen und auf niedrigen Hügelketten aufgeschlagen hatten. Auch ihre Zahl war nicht sehr groß, sie waren kaum zahlreicher als die «Ureinwohner», und so recht seßhaft waren sie auch noch nicht geworden. Sie befanden sich in ständiger Bewegung, rodeten durch Steinaxt und Feuer in jeder Generation ein neues Stück Ackerland und ernährten sich großenteils von Hirse und Gerste, die sie anbauten; in geringem Ausmaß auch von Schafen und Hornvieh: Bauern mit kleinen Mischbetrieben, die am Rande des Urwaldes säten und ernteten.

Die dritte Daseinsform benannten wir nach den Kolonien von Steinkammergräbern entlang der Meeresküste. Ihr gehörten die Menschen an, deren geistige Heimat in der Wärme und den Kulturen des östlichen Mittelmeeres lag, deren Verbindung mit dieser Heimat sich aber auf ein gelegentlich auftauchendes Handelsschiff beschränkte, das von einer Niederlassung zur anderen fuhr und mit dessen Hilfe man den Kontakt mit jener anderen Welt aufrechterhielt. Diese Gruppe bestand aus Kaufleuten, Landwirten und Missionaren, die keinen höheren Lebensstandard aufwiesen als das Volk, in dessen Mitte sie ihre Zelte aufgeschlagen hatten.

Diese drei Lebensformen hatten sich seit unvordenklichen Zeiten überschnitten, in manchen Gegenden schon fünfhundert Jahre, in anderen mehrere Jahrtausende lang. Im ersten Drittel des 2. Jahrtausends v. Chr. war das Leben dieser Menschen außerdem durch das unerwünschte Auftauchen zweier weiterer Volksstämme erschwert worden. Wir kennen beide: die Streitaxtleute aus dem südlichen Rußland, Viehhirten und Wagenlenker, die anscheinend vom Getreidebau und von einem seßhaften Dasein nichts wußten, und die «Glockenbecherleute», die sich in kleinen Gruppen von Bronzehändlern, Schäfern, Schmieden und Erzschürfern von Spanien aus in östlicher und nördlicher Richtung über ganz Mittel- und Westeuropa verbreiteten.

Um 1650 v. Chr. waren beide Gruppen keine eigentlichen Neuankömmlinge mehr. Sogar an den äußersten Grenzen ihres Ausdehnungsgebietes waren sie seit zwei oder drei Generationen seßhaft, und die ursprünglichen Einwohner hatten sich mehr oder minder freiwillig mit ihnen abgefunden. In Mittel- und Osteuropa scheinen sich die Streitaxtmenschen indogermanischer Zunge rasch die gleiche Stellung geschaffen zu haben wie in den bergigen Gegenden des Mittleren Ostens. Auf einem Gebiet, das sich von Griechenland über den Balkan und Deutschland bis nach Skandinavien erstreckt, lassen sich über ein Dutzend «Nationen» nachweisen. Der Archäologe spricht natürlich lieber von Kulturen als von Nationen, aber eine bestimmte Anzahl von handwerklichen Erzeugnissen, die sich von einer zweiten Kultur hinreichend unterscheiden, um als gesonderte Kultur gelten zu dürfen, läßt auf eine andere politische Zusammensetzung schließen. Alle Funde – mit einer Ausnahme – enthüllen, daß hier donauländische Züge der Ureinwohner sich mit der Kunstauffassung der Streitaxtleute mischen und in dieser Mischung die Streitaxt-Komponente überwiegt. Wir brauchen keine schriftlichen Zeugnisse, um zu sehen, daß hier Menschen indogermanischer Sprache als kriegerische Oberschicht die Urbevölkerung beherrschten.

Wir wissen nicht, wie das alles vor sich gegangen ist. In Indien, wo zu jener Zeit die indogermanisch sprechenden Arier ihren Eroberungszug in das Gebiet der Stadtstaaten des Industals vorbereiteten, sind uns durch die Literatur der Veden die Siegeshymnen der Aggressoren erhalten geblieben. Sie beweisen, daß die Indogermanen keinerlei Skrupel wegen der Eroberung von fremden Ländern und der Versklavung der eingeborenen Bevölkerung kannten. Nun gibt es in Europa, im Gegensatz zu den verstreuten Skeletten auf den Straßen von Mohenjo-daro, keine Anzeichen von Kämpfen und gewaltsamem Tod. Ob die Übermacht der Eindringlinge jeden Widerstand als sinnlos erscheinen ließ oder ob die einmarschierenden Krieger gar als Verbündete oder Söldner willkommen geheißen wurden und deshalb auf friedliche Weise die Herrschaft übernehmen konnten, ist und bleibt ein Geheimnis. Das Märchen vom Prinzen, der von jenseits der Grenze erscheint, große und heilsame Taten vollführt und als Belohnung die Hand der Prinzessin und dazu das halbe Königreich gewinnt, ist in Mittel- und Südosteuropa auffallend weit verbreitet. Es mag seinen Ursprung in jener Zeit haben und eine Erklärung für den Ablauf der Dinge in sich bergen – um so mehr, als in den von der Kultur des Mittelmeerbeckens geprägten Siedlungen die Erbfolge mutterrechtlich war, also nicht vom Vater auf den Sohn, sondern vom Vater auf den Schwiegersohn überzugehen pflegte. Dieser Brauch kam natürlich den landhungrigen und überdies patrimonialen ausländischen Kriegern sehr gelegen.

Wie es auch gewesen sein mag, die Ergebnisse waren überall die gleichen. Alle Völkerschaften, die die östliche Hälfte Europas vor dreieinhalb Jahrtausenden bewohnt hatten, waren noch immer an Ort und Stelle – die ackerbautreibenden Fischer von Griechenland, die unter dem unmittelbaren Einfluß Kretas standen; die gleichfalls ackerbautreibenden Metallschürfer auf dem Balkan, die von ihren Stützpunkten in Kleinasien aus in das Innere der Berge vorstießen und nach Kupfer und Zinn gruben; die weitverbreiteten, mit Axt und Feuer rodenden Bauern des Donaubeckens und der großen zentraleuropäischen Tiefebene; die Erbauer von Steinkammergräbern in Dänemark und dem südlichen Schweden. Alle ohne Ausnahme (das ist archäologisch erwiesen) wenden aber jetzt der Viehzucht und der Jagd erhöhte Aufmerksamkeit zu; sie sind kriegerischer und weniger auf soziale Gleichheit erpicht als früher, und der Abstand zwischen Adel und gemeinem Volk ist größer geworden. Überall tragen die Aristokraten die inzwischen für sie typisch gewordene Bewaffnung der indogermanischen Krieger – lange, gerade Dolche, die fast die Länge eines Schwertes haben, Streitäxte und Speere. Und allerorten taucht das Pferd auf, wenn auch im Norden vorerst selten. Das ostrheinische Europa bestand damals aus zahllosen, kleinen, oft im Krieg miteinander befindlichen Fürstentümern, die sich gelegentlich zu einer größeren Konföderation zusammenschlossen und deren Herrscher alle die gleiche Sprache sprachen, die langsam auch von den Untertanen übernommen wurde.

Für diese Urbevölkerung hatte sich das Dasein während der letzten dreieinhalb Jahrhunderte wohl kaum zum Besseren gewendet. Sie lebte noch immer in der Steinzeit. Hirse und Gerste wurden mit Sicheln aus Feuerstein geerntet, Axt und Schabhobel dienten zum Fällen des Holzes und zum Hausbau; mit Feuersteinmessern schnitt man das Fleisch. Man kannte Kupfer und sogar Bronze – Bronze gab es auf dem Balkan, das Kupfer war bis Österreich und Ungarn vorgedrungen. Aber Metallgegenstände besaß nur die Herrenschicht, für deren Dolche, Lanzenspitzen und Kriegsbeile beide Metalle ebenso verarbeitet wurden wie für Geschmeide, Halsketten und die Spangen, die ihre Kleidung zusammenhielten. Jenseits der Nordgrenze des heutigen Österreichs bekamen selbst die Adligen Gegenstände aus Kupfer nur selten zu sehen; deshalb begannen auch die hervorragenden Feuerstein-«Schmiede» aus Dänemark damals die im Süden üblichen Bronzedolche und Lanzenspitzen aus kupfergetöntem Feuerstein nachzuahmen, wobei sie den Stein ebenso dünn schliffen wie die metallenen Vorbilder und sogar genaue Nachbildungen der von den Hyksos getragenen Krummsäbel aus Feuerstein anfertigten.

Es dürfte kein Zufall sein, daß die einzige menschliche Gemeinschaft in Mitteleuropa, die sich der tatsächlichen Vorherrschaft indogermanischer Eroberer zu entziehen wußte, ein «echtes» Volk von Eingeborenen war, in dessen Adern aber wie üblich eine Mischung von allerlei Blut kreiste, das aber hauptsächlich von den alteingesessenen Waldjägern abstammte. Man kennt diese Leute unter dem schwülstigen Sammelbegriff «Kultur der kugelförmigen Amphoren»; ähnlich wie die Jäger in England hatten sie ihre Lebensform dem Handel angepaßt. Von ihrer ursprünglichen Heimat in Mitteldeutschland verbreiteten sie sich über große Teile Europas und handelten mit Feuerstein, Bernstein und gelegentlich sogar mit Kupfer. Auch in der Schweinezucht taten sie sich hervor.

Am Rhein und am Oberlauf der Donau kamen die Indogermanen mit den «Glockenbecherleuten» erstmalig in Berührung. Letztere redeten in einer anderen Sprache als sie, besaßen aber das gleiche Maß an Entschlossenheit. Dort, wo ihre Kulturen aufeinanderstießen, gingen die «Glockenbecherleute» als Sieger hervor.

Während der letzten zwei Jahrhunderte waren sie von Mittelspanien her bis Norditalien, Polen und Skandinavien vorgestoßen, ein kleinwüchsiger, dunkelhäutiger, rundköpfiger Menschenschlag, der sich anscheinend in ganz kleinen Gruppen von jeweils einem Dutzend Teilnehmern auf den Weg machte. Aus der Tatsache, daß ihre Töpfereien einschließlich der Trinkgefäße, nach denen sie benannt werden, in ihrem ganzen Ausdehnungsgebiet keinerlei abweichende Merkmale aufweisen, kann man auf ihr schnelles Vordringen schließen sowie darauf, daß sie mit ihren abgelegensten Außenposten die Verbindung aufrechterhielten. Sie waren in der Tat keine Siedler, folglich an einer neuen Heimstätte und einem seßhaften Leben nicht interessiert. Was sie brauchten, war Bewegung und Freizügigkeit, so wie es für geborene Händler und Kaufleute die Voraussetzung ist. Sie sollten dem Bronzezeitalter in Mittel- und Nordeuropa zum Durchbruch verhelfen, und zwar bewußt und in voller Absicht.

Spanien stand seit Jahrhunderten in enger Verbindung mit den auf Bronze ausgerichteten Kulturen des östlichen Mittelmeerraumes. Frachter aus Troja und Zypern, aus Kreta und wahrscheinlich auch aus Ägypten liefen regelmäßig die spanische Südküste an, ebenso Sizilien, Süditalien und Sardinien. In allen diesen Ländern hatte sich die bäuerliche Bevölkerung auf Bronze umgestellt, indem man zunächst Kupfererz einführte und später die eigenen Vorkommen sowie die der Nachbarländer ausbeutete. Außerdem wurde von den Bewohnern die Religion des Ostens mit ihren steinernen Gemeinschafts-

Abbildung eines Trommel-Idols.
In den Steinkammergräbern von Spanien und ganz Westeuropa stößt man häufig auf Abbildungen einer eulengesichtigen Gottheit, von der öfters nur die Augen dargestellt sind. Dieses trommelförmige Idol aus Kreide, aus einem Grabhügel aus der frühen Bronzezeit von Folkton in der Grafschaft Yorkshire, ist wichtig, weil es einer späteren Zeit angehört als die Steinkammergräber und chronologisch ungefähr mit unserem augenblicklichen Standort im 2. Jahrtausend v. Chr. zusammenfällt. Offensichtlich wurden die religiösen Bräuche der Erbauer der Steinkammergräber damals noch befolgt.

gräbern übernommen. Das von reichen Kupfer-, Blei- und Silberadern durchzogene Spanien erreichte bald volle Autarkie in der Metallverarbeitung, und die starke Produktion drängte nach der Erschließung neuer Absatzmärkte: eine Ausbreitung von diesem neuen Zentrum in die nördlichen Länder war die Folge.

Nun ist der Handel aber eine zweigleisige Angelegenheit, deshalb waren die «Glockenbecherleute» offensichtlich nicht nur am Verkauf, sondern auch am Einkauf interessiert. Agrarprodukte brauchten sie so gut wie nicht, und so mußten sie ihre Kundschaft zur Herstellung anderer Tauschobjekte anhalten. Man sollte in ihnen nicht nur Kaufleute und Schmiede erblicken, sondern auch Schürfer und Ausbeuter. Sie waren ständig auf der Suche nach geeigneter Handelsware. Die in Spanien seltenen Metalle wie Gold und Zinn standen zuoberst auf ihrer Liste; gleichzeitig waren sie aber die ersten, die die Gewinnmöglichkeiten bei halbedlen Substanzen wie Pechblende und Bernstein erkannten.

In ihrem ganzen Aktionsradius rief diese Tätigkeit revolutionäre Änderungen ins Leben, die in keinem Verhältnis zur Zahl ihrer Urheber standen. Wenn auch die Bronze auf Grund der geringen Zinnvorkommen noch zu teuer war, konnten sich die bessergestellten Mitglieder der landwirtschaftlichen Gemeinschaften immerhin schon Gegenstände aus Kupfer leisten. Flache, gegossene Äxte und kurze Dolche aus Kupfer waren bald überall in Gebrauch, von den sehr beliebten und verbreiteten kupfernen Schmuckgegenständen ganz zu schweigen. Interessant ist auch die Beobachtung, daß mit dem zahlenmäßigen Anwachsen der «Glockenbecherleute» der Gersteanbau stark zunahm. Es ist gut möglich, daß die glockenförmigen Trinkbecher, das Wahrzeichen der spanischen Kaufleute, den Siegeszug des Bieres in Europa sinnfällig machen sollten. Dieses Getränk war seit Jahrtausenden in Ägypten und Mesopotamien bekannt und auf dem Wasserwege von Osten her in Spanien eingeführt worden. Seitdem fingen die europäischen Bauern an, einen Teil ihrer Anbaufläche für die Getreideart zu reservieren, aus der man den neuen starken Trank herstellte.

Es ist nicht weiter verwunderlich, daß seit dem ersten Kontakt der Becherleute mit den Indogermanen im Rheinland die Mischrasse, die sich im Verlauf von zwei bis drei Generationen ergab und die wohl auch einen starken Einschlag von alteingesessenen Bauern und sogar von jagdbeflissenen Ureinwohnern hatte, ihr kulturelles Gepräge von den Glockenbecherleuten erhielt.

Erstaunlich ist es daher nicht, wenn der Einfluß der Glockenbecherleute ihren physischen Expansionsbereich weit überschritt. Zwar wurden in Dänemark tatsächlich nur drei Glockenbecher gefunden, doch sind andererseits die Einwohner von Südskandinavien damals von der Gepflogenheit abgegangen, ihren Toten Kriegsäxte mit ins Grab zu geben, wie ihre indogermanisch sprechenden Ahnen es in den pontischen Steppen getan hatten. Jetzt wurden schön gearbeitete Feuersteindolche als Grabbeigaben bevorzugt.

Die aus Streitaxt- und Becherleuten gemischten Volksstämme im Rheinland und in Holland müssen eine doppelte Portion Wanderlust im Blut gehabt haben. Die holländischen Ureinwohner, die als Fischer die Küstengewässer befahren hatten, vererbten ihnen die Kenntnis, wie man seetüchtige Schiffe baut. Von den Niederlanden und von der Nordwestküste Deutschlands aus setzten diese Menschen in mehreren, drei Generationen umfassenden Wellen nach der Süd- und Ostküste Englands über. Sie folgten dabei dem Beispiel der reinrassigen Glockenbecherleute, die kurz nach Errichtung des ersten Heiligtums von Stonehenge aus Frankreich herübergekommen waren. Jene späteren Eindringlinge gehörten kulturell gesehen ebenfalls zu den Glockenbecherleuten, müssen aber, wie gesagt, rassenmäßig eine Mischung aus allen Stämmen gewesen sein, die in der Rheinebene miteinander in Berührung gekommen waren, wobei der Stamm der Streitaxtmenschen vorherrschend gewesen sein dürfte. Um 1650 v. Chr. spielte diese Bastardkultur im ganzen Mittel- und Südengland sowie im östlichen Schottland eine entscheidende Rolle. Gemäß der Tradition der Streitaxtmenschen herrschte bald eine aristokratische Oberschicht der Eindringlinge über die eingesessenen Bauern des offenen Landes und ebenso über die «eingeborenen» Handelsleute im Norden und in Mittelengland.

Unter dem doppelten Ansturm der Glockenbecher- und Streitaxtleute verloren sogar die von den Erbauern der Steinkammergräber bewohnten Siedlungen an den europäischen Küsten langsam, aber sicher ihre charakteristischen Merkmale. Seit sie als Handelsniederlassungen an den Schiffahrtsrouten vom Mittelmeer aus gegründet wurden, sind jetzt mehr als vierhundert Jahre vergangen. Diese Menschen sind sich ihrer ursprünglichen Rolle als fremde Repräsentanten einer höheren Kultur nicht mehr bewußt. Obgleich sie auf dem Seewege gelegentlich Kontakt mit ihren Schwestersiedlungen aufrechterhalten, haben sie sich mittlerweile in Gruppen von Bauern, Seefahrern und Fischern aufgespalten, die von ihren Wirtsvölkern assimiliert wurden. Ihre religiösen Überzeugungen und Bräuche haben noch nichts von ihrer ursprünglichen Kraft verloren, was unter an-

Man vergleiche diesen Topf, der aus der zweiten Stadtanlage von Troja stammt und etwa um 2300 v. Chr. entstanden sein dürfte, mit dem Trommelidol. Beide Stücke sind zeitlich durch sieben Jahrhunderte und räumlich durch die größte in Europa mögliche Entfernung voneinander getrennt und zeigen trotzdem übereinstimmend, wie groß und weitgespannt die Vitalität des von den Erbauern der Steinkammergräber verbreiteten Kultes gewesen sein muß.

derem dadurch bewiesen wird, daß nach wie vor neue Steinkammergräber gebaut werden. Freilich handelt es sich bei den Toten, die in den Gemeinschaftsgräbern von Nordspanien und Nordwestfrankreich liegen, vielfach um Glockenbecherleute, während die Steinkammergräber von England, Schottland und gelegentlich sogar Irland die Überreste der Eindringlinge enthalten, die wir als Abkömmlinge der Becherleute bezeichnen dürfen. In Dänemark und Südschweden ist der Assimilationsprozeß einen Schritt weitergegangen. Hier befinden sich die Streitaxtmenschen seit drei Jahrhunderten im Lande, und beide Rassen leben nicht mehr getrennt nebeneinander. An Stelle der Steinkammergräber findet man hier individuelle Steingräber, die in Wirklichkeit nichts anderes sind als Einzelgräber von Streitaxtmenschen.

Wie nun die Erbauer der Steingräber die Gepflogenheiten und materiellen Kulturerrungenschaften der Becherleute und der Streitaxtmenschen übernommen haben, so eigneten die Eindringlinge sich ihrerseits die Kunst an, in Stein zu bauen. Etwa um diese Zeit übernehmen die englischen Glockenbecherleute das Heiligtum Stonehenge, um innerhalb des kreisförmigen Schutzwalles und Grabens, die von den ursprünglichen Gründern der Anlage stammen, einen steinernen Tempel zu errichten. Über zweihundert Monolithen, zu Schiff aus den Bergen von Südwales herbeigeschafft, wurden jetzt in einem Doppelkreis in der Mitte des Schutzwalles aufgestellt. Die Sonne hatte, wie der Standort des Hele-Steins beweist, seit jeher bei den rituellen Veranstaltungen von Stonehenge eine wichtige Rolle gespielt. Ob es sich aber bei alledem um einen richtigen Sonnenkult handelte oder ob die Sonne lediglich bei Feierlichkeiten zu Ehren anderer Götter die Funktion von Uhr und Kalender zu erfüllen hatte, das entzieht sich unserer Kenntnis.

Die innerhalb des Schutzwalles ausgehobenen Schächte und die darin gefundenen menschlichen Gebeine verleiten mehr zu der Annahme, daß es sich hier ursprünglich um eine Kulturstätte der Mutter Erde oder der Unterwelt handelte. Jetzt allerdings, da neue, aus Becherleuten und Streitaxtmenschen gemischte Volksstämme hinzukommen und die Monolithkreise errichtet werden, verwandelt sich Stonehenge zweifellos in einen Sonnentempel – waren doch die Streitaxtmenschen in jedem Fall Sonnenanbeter. Wo auch immer sie sich in Asien und Europa ausbreiteten, stoßen wir auf Mythen vom großen Sonnengott, der täglich auf seinem von feurigen Rössern gezogenen Wagen um den Himmel kreist. Die Gleichsetzung der Sonne mit einem von Pferden gezogenen Wagen weist unmißverständlich auf die mit Streitäxten bewaffneten Wagenlenker als Künder dieser neuen Religion hin. Wie wir noch sehen werden, häufen sich die Beweise für die Sonnenanbetung ständig im Verlauf des jetzt anbrechenden Bronzezeitalters.

Während so im Nahen Osten semitisch sprechende Völkerschaften die großen Zentren der alten Kultur beherrschen und von neugebildeten, indogermanisch sprechenden Nationen ringförmig umgeben sind, zeichnet sich in ganz Europa die kommende Entwicklung ab. Der Gebrauch von Kupfer und Bronze dringt von den Mittelmeerküsten aus nach Norden und wird in Mittel- und Westeuropa von spanischen Kaufleuten eingeführt. Gleichzeitig machen die Indogermanen von Osten her den europäischen Kontinent mit Pferd und Wagen, mit dem Sonnenkult und mit den Sprachen vertraut, die dann in den ersten Zeiten der Geschichte über ganz Europa verbreitet sind und noch heute in unserem Erdteil gesprochen werden.

Wir dürfen freilich nicht vergessen, daß Europa und der Nahe Osten flächenmäßig auch damals keinen größeren Anteil am Weltganzen hatten als heutzutage. Es ist bedauerlich, ja eine Schande, daß wir über die vor dreieinhalb Jahrtausenden in der restlichen Welt geschehenen Dinge so wenig wissen; keinesfalls dürfen wir uns durch unsere Unwissenheit zu der Annahme verleiten lassen, es sei dort nichts von Bedeutung geschehen. Damals lebten in Afrika, China, Grönland, Indonesien und Australien Menschen, deren Dasein – kennten wir es in seinen Einzelheiten – uns ebenso wichtig erscheinen würde wie das der hurritischen Pferdehirten im Euphrattal oder der handeltreibenden Glockenbecherleute am Oberlauf der Donau.

So erhaschen wir hin und wieder nur einen flüchtigen Einblick in weltweite Zusammenhänge und müssen den Rest erraten. Beim Betrachten ägyptischer Grabmalereien stoßen wir etwa auf die hochgewachsenen schwarzen Viehhirten aus dem Süden – kriegerische Stämme, die eigenen Stammesfürsten gehorchen und die ägyptischen Grenzgebiete durchschnittlich zwei- bis dreimal in jeder Generation verwüsten. Hier wäre viel nachzuholen, damit endlich festgestellt werden kann, wie weit nach Süden zu jenem Zeitpunkt der landwirtschaftliche Anbau und der Einfluß der ägyptischen Kultur vorgedrungen waren.

Daß die Landwirtschaft sich von ihrer Wiege im Nahen Osten aus sehr weit in den Orient ausgebreitet hatte, ist uns bekannt. Jenseits des Industals, dessen Bevölkerung sich damals auf den Zusammenstoß mit den indogermanisch sprechenden Ariern vorbereitete, konnten die längst seßhaft gewordenen bäuerlichen Gemeinschaften im Gangestal für sich bereits den Anspruch auf eine eigenständige Kultur erheben. Wenn wir auch nichts von ihr wissen, ist es doch sicher, daß diese Völker eine ebenso verzweigte Geschichte hatten wie die europäischen.

Um 1650 v. Chr. hat die Bodenbebauung auch die Steppen nördlich des Kaukasus, die Urheimat der die Streitaxt schwingenden Viehhirten erreicht. Die Nachkommen der damals in ihrer Heimat verbliebenen Hirten fangen jetzt in den Flußniederungen mit dem Anbau von Weizen und Hirse an; sie beerdigen ihre Toten in Grabkammern, die sie in den dreihundertfünfzig Jahre alten Hügelgräbern ihrer Ahnen anlegen.

Nicht sehr weit im Norden, dort, wo die großen sibirischen Wälder anfangen, hörte die Land- und sogar die Viehwirtschaft auf. Noch immer leben die Trapper und die Männer, die auf Rehwild und Auerochsen Jagd machen, im Wald; sie wandern von den besiedelten Teilen der Ebene bis zur polaren Tundra am arktischen Meer. An dessen Küsten leben wiederum Menschen, die in ihren Booten aus Tierhaut mit knöchernen Harpunen Seehunde, Walrosse und Rene erlegen. Sie stammen von der eingeborenen Bevölkerung dieser Gebiete ab, die uns schon vor dreieinhalb Jahrhunderten begegnet ist, und sind von diesen durch ebenso viele Generationen getrennt, wie das bei den Bewohnern der südlichen Regionen und der dortigen Urbevölkerung der Fall ist. Hier hat sich das Leben der Menschen aber in der langen Zeitspanne so gut wie gar nicht verändert, und es wird auch jahrtausendelang so bleiben, wie es ist.

Jenseits des Tien-Shan-Gebirges und der mageren Weideflächen der Gobi und Taklamakan fügen sich die Bauernsiedlungen am Gelben Fluß gerade zu einer organischen Kulturgemeinschaft unter einer zentralen Regierungsgewalt zusammen. Von der Provinz Schantung aus – der Küstenlandschaft um das Mündungsgebiet des Gelben Flusses – hat sich im Verlauf der Jahrhunderte ein neuer Volksstamm westwärts im Flußtal ausgebreitet. Gleich dem von ihm unterworfenen Menschenschlag besteht er aus Bauern, die Werkzeuge aus Stein benutzen. Archäologisch gesehen macht sich der Wandel nur durch das Auftauchen von schönen, schwarzen, glasierten Töpferwaren bemerkbar sowie durch das Hinzukommen von Schafen und Pferden in einer Gegend, die bislang von Schweine- und Rinderzüchtern bewohnt war. Es ist durchaus denkbar, daß in diesem Wechsel der Kulturen der Aufstieg der legendären chinesischen Dynastien, der Hsia-Kaiser, zu sehen ist.

Genau wie in der Alten Welt bildeten auch in der Neuen Welt während dieser dreihundertfünfzig Jahre Geburten und Todesfälle, Schlachten und Völkerwanderungen den eigentlichen Kern des Geschehens. Allerdings stehen uns für diese Vorgänge keine historisch nachweisbaren Fakten zur Verfügung, und auch der Archäologie ist es bisher nicht gelungen, einen zeitlichen Ablauf von Geschehnissen zu fixieren, um eine Geschichte der Kriege, Staatsbildungen und so weiter schreiben zu können. Soweit es sich beurteilen läßt, hatte Amerika seit 2000 v. Chr. sein Gesicht nicht verändert; an den arktischen Küsten ging man nach wie vor auf Fischfang, und die Menschen gingen in den unendlichen Wäldern und Ebenen zur Jagd. An der peruanischen Küste hausten rätselhafte Leute mit dem Doppelberuf eines Fischers und Gärtners noch immer auf Muschelhaufen, die sich in den dreieinhalb Jahrhunderten um etwa zwölf Meter erhöht haben.

Als die Griechen Troja belagerten . . .

... hatten sie zehn Jahre Zeit, sich allerlei auszudenken. Frucht dieser Grübelei war nicht nur das hölzerne Pferd des Listenreichen. Ein gewisser Palamedes soll in dieser Zeit auch die Würfel erfunden haben, die Spielwürfel. So wenigstens berichtet es Sophokles (oder war es sein Freund Herodot?).

Sie kennen die Story nicht? Palamedes war der Sohn des Nauplius; er entlarvte einen Fluchtversuch des Odysseus, und der hat dann aus Wut, gemeinsam mit Agamemnon und Diomedes, einen Brief in des Palamedes Zelt geschmuggelt, der ordentlich Geld enthielt und scheinbar von Priamus aus Troja stammte. Palamedes wurde dann auch prompt des Hochverrats beschuldigt und zu Tode gesteinigt. Sein Vater hat später den Griechen aus Rache heimgeleuchtet, mit falschen Lichtern auf dem Vorgebirge Kaphareus.

Dieser Palamedes erfand, wenn's nach der Sage geht, einige Buchstaben des Alphabets, ein paar Maße und Gewichte und etliche Spiele, darunter eben die Würfel. Er fand damit mehr als eine neue Art der Zerstreuung: einen Weg der Vermögensbildung (wenn auch einen der unsichersten). Andere fanden später bessere, schnellere, vernünftigere (wenn auch weniger unterhaltsame).

DRITTES BUCH

Die Handelsschiffe

11

Der große König 1650 - 1580 v. Chr.

Auf dem Felsrücken zwischen den tiefen Schluchten, die der Halys und sein Nebenfluß in das türkische Zentralplateau gegraben hatten, schritten die Befestigungsarbeiten gut vorwärts. Der ganze Verlauf der großen Mauer, die ein eindrucksvolles Gebiet umschließen sollte, war bereits auf der Erde aufgezeichnet. Sie erstreckte sich von Ost nach West und folgte, vom Zusammenfluß der zwei Ströme aus, mehr als eine Meile weit in südlicher Richtung dem Berggrat. Durch diese Neuanlage wurde der alte Stadtkern von Hattusas, der im letzten Krieg zerstört worden war, zur völligen Bedeutungslosigkeit verurteilt. Seine Ruinen machten inmitten des für die neue Stadt vorgesehenen Bezirks einen trostlosen Eindruck.

Die Zitadelle auf einem nach Osten ausladenden Felsvorsprung war schon fertig; ihre Mauern aus fünf Fuß hohen, grob behauenen Steinquadern türmten sich dräuend gegen den tiefblauen anatolischen Himmel. König Labarnas von Kussar hatte sich dort bereits niedergelassen. Es sollte seine neue Hauptstadt werden und ein Wahrzeichen für seine ererbte Macht und den Glanz des alten Königreiches der Hattier. Darum nannte der König sich neuerdings Hattusilis, Erbauer von Hattusas. Seinen von den Vorfahren übernommenen Namen Labarnas behielt er lediglich als Titel und zur Erinnerung an seinen großen Vater bei. Der Name Hattusilis hingegen wurzelte in weit älteren und ehrwürdigeren Zusammenhängen.

Die Hattier waren ein stolzes und traditionsbewußtes Volk. Ihre Überlieferungen – in der alten asiatischen Sprache oft zitiert – berichteten, wie vor dem amoritischen Vorstoß aus Süden und vor dem Indogermanen-Einfall von Norden das Reich Hatti nicht nur im mittleren Kleinasien, sondern bis zu den tief im Süden gelegenen Küstenlandstrichen eine Macht war, mit der man rechnen mußte. Es gab Leute, die behaupteten, daß das Land ihrer Väter sich bis zu den Grenzen Ägyptens erstreckt habe. Im fernen Kanaan erzählte man, daß kein Geringerer als Abraham, der Stammvater der Söhne Israels und Ismaels, dort von den Hattiern Land erworben habe, als er vor zweihundertfünfzig Jahren erstmalig ins Land gekommen sei. Der Sage zufolge hatten die Hattier vor mehr als sechshundert Jahren, als Sargons Reich bis ans Mittelmeer reichte, gegen Naram-Sin von Akkad gekämpft.

Jetzt aber war aller Ruhm und Glanz der Hattier dahin und ihre alte Hauptstadt durch einen fremden Fürsten erobert.

Die Könige von Kussara, das südlich von Hattusas auf dem jenseitigen Halysufer lag, gehörten einer neuen Rasse an, die eine bisher unbekannte Sprache sprach. Vor rund hundert Jahren waren sie aus Nordwesten in Kleinasien eingefallen. Stammesfürsten der Neuankömmlinge, jeder mit seiner kleinen, schlagkräftigen Streitmacht von Pferdewagen und Fußvolk mit Kriegsbeilen, hatten viele der alten asiatischen Städte unterworfen und sich zu Herrschern über die in der Umgebung liegenden bäuerlichen Gemeinwesen aufgeschwungen.

Das Land, das sie besetzt hatten, war reich. Denn wenn zwar das Hochplateau von Kleinasien öde und baumlos, dazu allwinterlich mit tiefem Schnee bedeckt, in den regenlosen Sommern aber stets ausgedörrt war, sah es in den tiefen, geschützten und fruchtbaren Taleinschnitten ganz anders aus. Dort wuchs die zum Brotbacken notwendige Hirse und Gerste, aus der man Bier braute, ja es gab da sogar Rebstöcke, aus deren Früchten sich ein anderes und, wie viele sagten, besseres berauschendes Getränk herstellen ließ. Hier gab es genug Weideland für Schafe und Hornvieh und die neu hinzugekommenen Pferde. Die Berge waren reich an Metallen, vor allem an Silber und Blei, während die Kupfervorräte den Bedarf knapp deckten. Silber wurde in solchen Mengen gefördert, daß man es als Zahlungsmittel sogar für kleine Beträge verwendete, die sonst überall mit Gerste abgegolten wurden. Man führte es in Gestalt von Ringen und handlichen Barren mit sich und benutzte es mit Hilfe der Waage als Zahlungsmittel beim Einkauf von lebensnotwendigen Dingen wie auch von Luxusartikeln. Die Bewohner von Anatolien stellten weltberühmte Schmiedeerzeugnisse her. Sie verarbeiteten die Metalle, die in ihren Gruben gewonnen wurden, zu allerlei Ziergegenständen, Geräten und Waffen. Ihre Bronze war hart und gut, wenn auch das Zinn für die Kupferlegierungen eingeführt werden mußte. Einige ihrer Schmiede verstanden sich sogar auf die streng geheimgehaltene Kunst, aus einem rötlichen Erz ein grauschwarzes Metall zu gießen: Eisen. Freilich bedurfte man zur Eisenherstellung eines sehr heißen Schmelzofens, und überdies war das fertige Produkt spröde und brüchig und ließ sich auch nicht schmieden. Es war bei weitem nicht so gut zu verwenden wie Bronze und eignete sich nur zur Herstellung von Ringen und anderen Schmuckstücken, die Seltenheitswert besaßen.

Den Bergleuten und Schmieden, den Bauern und Händlern, den Zimmerleuten, Töpfern und Steinmetzen machte es wenig aus, daß sie nun Untertanen neuer, fremder Herrscher waren. Zeitweilig mußten sie in staatlichen Unternehmungen arbeiten, und sie wurden auch hin und wieder zum Waffendienst herangezogen, doch war das schon immer so gewesen. Nach wie vor unterstanden sie ihren Ältestenräten, so daß der Alltag nicht anders aussah als früher. Allerdings gab es jetzt mehr kriegerische Händel als zuvor, waren doch die neuen Herren im Lande alles andere als friedliebend: sie wetteiferten miteinander, um ihre Macht und ihr Territorium zu vergrößern. Die Krieger, die mit den Fürsten gekommen waren und ihnen am nächsten standen, waren mit großen Ländereien und Hoftiteln bedacht worden, und auf sie entfiel denn auch der Hauptanteil an den Kriegslasten. Sie mußten für die empfangenen Schenkungen Wehrdienst leisten und eine bestimmte Anzahl bemannter Kampfwagen in gutem Zustand erhalten.

Die erbittertsten Kämpfe wurden aber keineswegs immer unter rivalisierenden Stadtstaaten ausgetragen. Offenbar gab es bei den Neuankömmlingen keine feste Regel für die Thronfolge, so daß beim Tode eines Fürsten die Thronanwärter einander in der Regel in die Haare gerieten, wobei jedem von seinen Anhängern tatkräftige Hilfe zuteil wurde.

Auch der erste Labarnas von Kussara – der Vater von Hattusilis – hatte erst nach erbittertem Ringen mit seinem Verwandten und Rivalen Papadilmah den Thron bestiegen. Als er aber fest im Sessel saß, war es ihm gelungen, eine geradezu legendäre Eintracht zwischen seinen zahlreichen Brüdern, Halbbrüdern und Schwägern herbeizuführen. Er wurde ein Eroberer ganz großen Stils, er hatte erstmalig den größten

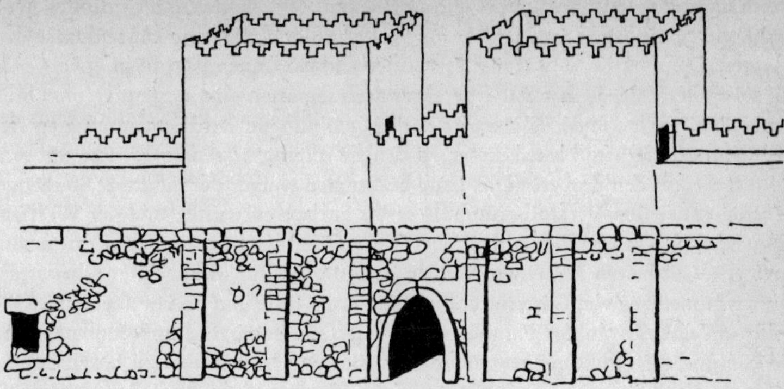

Eine der befestigten Toreinfahrten von Hattusas, wie sie zur Zeit Mursilis ausgesehen haben dürfte.

Teil Zentralkleinasiens unter seinem Zepter vereinigen und seinen unaufhaltsamen Vormarsch im Süden sogar bis zur Mittelmeerküste vorantreiben können. Seine Söhne und Vettern waren von ihm zu Vizekönigen der eroberten Städte ernannt worden und hatten diese fest in der Hand behalten, ohne – wie man sich voller Staunen erinnerte – seine Oberhoheit je in Frage zu stellen. Bei seinem Tode, der erst vor wenigen Jahren erfolgt war, hatte sein Sohn, der zweite Labarnas – der sich jetzt Hattusilis nannte – ohne Opposition seine Nachfolge antreten können. Er hatte mittlerweile seine Grenzen noch weiter vorgeschoben und schließlich die alte Königsstadt der Hattier erobert.

Um jene Zeit, während die ungeheuer starken Befestigungen der neuen Hauptstadt aus mächtigen Steinquadern emporwuchsen, wurde dem königlichen Hause ein Prinz geboren. Es war Mursilis, und sein Erscheinen rief keine sonderlichen Freudenkundgebungen hervor. War er doch nicht etwa ein Sohn des kinderlosen Königs, sondern sein Neffe, ein Schwesterkind. Deshalb spielte er in seinen frühen Jahren keine Rolle in dem großen königlichen Hausstand.

Er wuchs mit der neuen Stadt zusammen heran und sah zu, wie Straßen und Häuser aus dem Boden gestampft wurden. Unter den grimmigen Wällen der Zitadelle übte er sich im Gebrauch von Speer, Axt und kurzem Krummsäbel; in der Flußniederung lernte er, einen Streitwagen zu lenken; als junger Offizier kam er wie jeder andere bei der Bemannung der Wehrtürme und der massigen Stadtmauertore an die Reihe.

Fast jedes Jahr, bei Frühlingsanfang, sah er bei der Musterung des Fußvolkes und der Kampfwagenformationen zu und wohnte ihrem Ausmarsch für den Sommerfeldzug bei. Dieser beschränkte sich oft auf bloße Machtdemonstrationen an den Grenzen, doch gab es gelegentlich auch ernstere Kämpfe gegen das Königreich Arzawa im Südwesten oder die aufrührerischen Gasgastämme jenseits der nördlichen Gebirgskämme. In jedem Winter aber, wenn das Heer in die Heimat zurückgekehrt war, begleitete er den König auf seiner Besuchsrunde in den verschiedenen Tempeln.

Im Reich der neuen Hattier, die wir Hethiter nennen, gab es viele Götter. Jede Stadt im

Königreich hatte ihre eigenen Tempel und Gottheiten, dazu Götter und Göttinnen der alten Bevölkerung, die schon vor der Machtergreifung durch die neue Herrenklasse dagewesen waren. Denn natürlich waren diese Götter und Göttinnen jetzt nicht etwa weniger mächtig als zu der Zeit, da ihre alten Verehrer noch regierten – im Gegenteil, man mußte ihnen besonders verlockende Sühneopfer darbringen, um sie den fremdsprachigen Herrschern geneigt zu machen. Neben diesen sozusagen alteingesessenen Göttern gab es andere Götter, die mit den Eroberern ins Land gekommen waren: der mächtige Sonnengott, der bei jeder offiziellen Verlautbarung als erster angerufen wurde, und der Wettergott mit Stiergespann, Axt und Donnerkeil. Den Kult der einheimischen Götter mit dem der «zugereisten» Gottheiten auf einen Nenner zu bringen, war nicht weiter schwierig. In der Natur wimmelte es von Göttern: auf und unter der Erde und im Himmel gab es Platz genug für ein unbeschränktes Pantheon. Mursilis fand sogar nichts Besonderes daran, daß die königliche Hofhaltung von einer Veranstaltung in Hattusas zu Ehren des Sonnengottes zu einer anderen Festlichkeit für eine Sonnengöttin nach dem weniger als eine Tagesreise entfernten Arinna aufbrach. Er war wohl zu jung, um Betrachtungen darüber anzustellen, ob es verschiedene Erscheinungsformen der gleichen Gottheit gebe, oder ob die Sonne Platz für einen Gott und eine Göttin biete.

Während er in seinem gelben Kultgewand hinter dem König und der Königin stand, die vor den Bildern der verschiedenen Stadtgötter ihre liturgischen Mahlzeiten einnahmen, überraschte er sich oft dabei, wie er von den Zeiten träumte, da er alt genug sein würde, um bei wagemutigen, weit über die Hethitergrenzen hinausgreifenden Beutezügen seine eigene Kampfschwadron anzuführen. Dann blickte er voller Neid auf den Prinzen Labarnas, der unter den Würdenträgern des Hofes an erster Stelle stand. War doch Labarnas – gleich ihm selbst nur ein Neffe von König Hattusilis – der erwählte Kronprinz und offiziell bestätigte Nachfolger des kinderlosen Königs, dabei ein erwachsener Mann, der auf mehr als einen Feldzug zurückblicken konnte.

Der Prinz Mursilis wußte, daß er zu den Lieblingsneffen des alternden Königs zählte. Oft hatte dieser ihm bei seinen Waffenübungen zugesehen und mit dem aufgeschlossenen Jungen über dessen Aussichten auf militärischen Ruhm und auf einen Statthalterposten in einer fernen Grenzprovinz gesprochen. Von den Intrigen der erwachsenen Mitglieder der königlichen Familie wußte er allerdings ebensowenig wie von dem Schicksal, das der launische Wettergott für ihn bereithielt.

Die Dinge kamen in Fluß, als er fünfzehn Jahre alt und folglich nur drei Jahre von dem Zeitpunkt entfernt war, da man ihm erstmalig die Teilnahme an einem Feldzug gestatten würde. Damals war König Hattusilis in seinem Palast lange Zeit ans Krankenbett gefesselt. Prinz Labarnas übernahm die Regentschaft, doch übte er, vom Standpunkt des kranken Königs aus gesehen, seine Funktionen mit viel zuviel Eifer und Gründlichkeit aus. Er machte sich daran, die Staatsgeschäfte nach seinen eigenen Vorstellungen zu reorganisieren. Er entließ die Beamten des alten Königs und setzte andere, ihm genehme Leute an ihre Stelle. Den König hielt er im Palast gefangen, wo er ihn nicht einmal besuchte und um Rat fragte – alles machte überdeutlich, wie er auf Hattusilis' Tod und auf seine eigene Ausrufung zum König wartete. Er hatte sich schwer geirrt. Hattusilis wurde wieder gesund, und das erste, was er mit Hilfe seiner treuergebenen Palastgarde tat, war, Labarnas und seinen Anhang festzunehmen.

Auf einer Sitzung des Staatsrates im Palast, zu der Hattusilis seine militärischen Führer und die Würdenträger des Hofes zusammengerufen hatte, erließ der König eine amtliche Proklamation, die er später für das königliche Archiv in Keilschrift aufzeichnen ließ, mit folgendem Wortlaut: «Als ich krank darniederlag, verhielt der junge Labarnas sich mir gegenüber kalt und herzlos, obgleich ich ihn wie einen Sohn behandelt, zu meinem Nachfolger bestimmt und in jeder Hinsicht ausgezeichnet hatte. Er vergoß keine Träne und zeigte keinerlei Mitgefühl. Er hörte nicht auf die Worte seines Königs, sondern nur auf die Einflüsterungen seiner Mutter, der Schlange. Genug von ihm! Er ist nicht mehr mein Sohn! Ich habe ihm ein Haus, dazu Landbesitz und Viehherden geschenkt – dort soll er leben. Die Stadt darf er nur betreten, wenn er keine Unruhe stiftet.

Höret und sehet: Nun ist Mursilis mein Sohn! Wenn in Zukunft ein Ruf zu den Waffen an Euch ergeht, müßt Ihr, meine Diener und ebenso Ihr Führer der Bürgerschaft, ihm Unterstützung gewähren. Du aber, Mursilis, schuldest mir Gehorsam aufs Wort. Iß nur Brot und trinke nur Wasser, dann wird mein Land Hattusas machtvoll und in Frieden vor der Welt bestehen. Du aber hüte Dich vor den Intrigen, die seit den Tagen meines Großvaters an unserer Familie zehren. Schiebe nichts auf morgen und erlahme nie in Deinem Eifer – denn wenn Du es tust, wird auch Dich das alte Übel befallen. Bewahre diese meine Worte in Deinem Herzen, mein Sohn, und mache sie zur Richtschnur Deines Handelns.»

Während Mursilis in den folgenden Jahren zum Mann heranwuchs, nahm er in immer stärkerem Maße Anteil an der Verwaltung des Hethiterreiches. Hattusilis' Gesundheit wurde wieder völlig hergestellt. Der alte König und sein Erbe bereisten gemeinsam das Land, wobei während der langen, heißen Sommermonate die Truppen an den Grenzen und in den umstrittenen Gebieten jenseits derselben in Bewegung gehalten wurden. Im Winter zog man von einer Stadt zur anderen, um sich bei den Tempelfesten mit Statthaltern und Ältestenräten, die in Städten und Provinzen die Regierungsgewalt ausübten, zu beraten. Bei dieser Gelegenheit saß man wohl auch über Streitfällen zu Gericht, nahm Steuerveranlagungen vor und vergab Lehen. Onkel und Neffe blieben oft bis in die frühen Morgenstunden beisammen, um über die Angelegenheiten des Reiches und die Situation jenseits ihrer Grenzen zu sprechen. Das Königreich der Hethiter, das jetzt die großen Bergwerksdistrikte Zentralkleinasiens und des Taurusgebirges beherrschte, stand in der Tat durch seine Kaufleute und Karawanenführer in engem Kontakt mit der Außenwelt.

Aus südlicher und westlicher Richtung drohte dem Hethiterreich keine Gefahr. Im Süden erstreckte sich entlang der Mittelmeerküste das Land Kizzuwatna, ein befreundeter Kleinstaat. Das ausgedehnte Königreich Arzawa im Südwesten lag in der hethitischen Einflußzone und war zumindest offiziell abhängig vom Hethiterreich. Der im Nordwesten an die Dardanellen angrenzende, reiche Stadtstaat Troja lebte vom Seehandel und war vor allem an der Aufrechterhaltung der Handelsverbindungen zwischen der Ägäis und dem Schwarzen Meer interessiert; eine weitere Hauptaufgabe erblickte Troja darin, die beherrschende Stellung Kretas an den Handelsstraßen des östlichen Mittelmeerbeckens zu überspielen. Auf das kleinasiatische Binnenland hatte Troja es nicht abgesehen. In den nördlich gelegenen Gebieten an den Ufern des Schwarzen Meeres machten die asiatischen Stämme der Gasgas zwar immer Schwierigkeiten, und es sah so aus, als ob diese Leute nicht auf die Dauer durch Strafexpeditionen in Schach zu halten seien. Andererseits deutete nichts darauf hin, daß sie je imstande sein würden, sich zu einem organischen Ganzen zu verschmelzen; solange das aber nicht der Fall war, stellten sie keine eigentliche Gefahr dar und man konnte durch Wachsamkeit in den Grenzbefestigungen ihrer Herr werden.

Im Osten und Südosten hingegen war das Hethiterreich Angriffen ausgesetzt, noch dazu durch überlegene Streitkräfte.

Genau in östlicher Himmelsrichtung, in der Berglandschaft südlich des Kaukasus und um den Van-See, saßen die Hurriter. Ihre Führer und Krieger waren, das wußte Mursilis, mit ihm und seinem Volk verwandt. Sie hatten wie seine eigenen Vorfahren vor über dreihundert Jahren ihre Heimat nördlich des großen Kaukasusmassivs verlassen. Heute noch konnte ein Hethiter, wenn auch mit Mühe, ihre Sprache verstehen, obwohl sie für den täglichen Gebrauch das von ihr völlig verschiedene Idiom des unterworfenen Volkes benutzten. Die Tatsache, daß die regierende Oberschicht der Hurriter (die sich Mitanni nannte) mit derjenigen der Hethiter entfernt verwandt war, machte weder Hattusilis noch seinen Nachfolger geneigt, sie mit geringerem Mißtrauen anzusehen – um so mehr, als die königliche Familie der Hethiter Verwandten gegenüber einen gradezu instinktiven Argwohn an den Tag legte. Trotzdem herrschte Frieden zwischen den zwei Völkern, ja es lag sogar eine Art unausgesprochenes Bündnis vor... Die Hurriter richteten ihre Aufmerksamkeit ohnehin nach Süden, wo sie in immer größerer Zahl die obere Euphratebene bevölkerten, ein Landstrich, den sie vor über hundert Jahren den Amoritern weggenommen hatten. Die Mitanni-Könige der Hurriter waren sicher nicht besonders erfreut über die Feststellung, daß der frühere lose Zusammenhalt kleiner Stämme in Kleinasien plötzlich einer aufstrebenden Großmacht Platz machte. Ihre Gesandten am Hof Hattusilis' legten indessen die freundschaftlichsten Gefühle an den Tag und hoben immer wieder die Vorteile hervor, die sich für beide Länder aus einer gemeinsamen Front gegenüber den Amoritern im Süden ergeben mußten.

Hattusilis und sein Erbe bedurften keines besonderen Hinweises auf die Möglichkeiten, die für sie im Südosten lagen. Sie wußten über die Stärke und die Schwächen der semitisch sprechenden Völker, denen die außerordentlich fruchtbaren und daher verführerischen Ebenen und Küstengebiete im Süden gehörten, genau Bescheid.

Tief im Süden lag der bedeutendste aller semitischen Staaten, das Nordägypten und Palästina umfassende Königreich der Hyksos. Nun waren aber den Hyksos durch ununterbrochene Rebellionen in Ägypten die Hände gebunden, um so mehr, als sie damals (um 1620 v. Chr.) ihre ganze Kraft darauf richten mußten, auch Südägypten völlig zu unterwerfen und mit der rivalisierenden «allägyptischen» Regierung von Theben ein Ende zu machen. Im Norden und Osten von Palästina lagen die amoritischen Fürstentümer, deren strategische Bedeutung sich freilich seit den Zeiten Hammurabis vor rund hundert Jahren sehr geändert hatte. Damals bildeten diese Länder eine geschlossene Front vom Mittelmeer bis zum Persischen Golf. Was von ihnen noch übrigblieb, hatte sich wohl zu einer Art Bündnis zusammengefunden, deren führendes Mitglied wie immer Babylonien war. In Babylon hatte Hammurabis Ururenkel Samsiditana kürzlich die Nachfolge seines Vaters angetreten, doch steckte das Land noch immer in der prekären Lage, in die es durch die Anwesenheit der Kassiten im Gebiet des früheren amoritischen Fürstentums Eschnunna im Norden geraten war. Zwischen Babylonien und den amoritischen Fürstentümern im Libanon und in Yamchad war die natürliche Verbindung entlang dem Euphrat von den Hurritern gesperrt, so daß nur mit deren Einverständnis oder über die Wüstenroute durch Palmyra im Süden eine Verbindung aufrechterhalten werden konnte.

Hattusilis liebäugelte insbesondere mit Yamchad. Es grenzte südlich an Kizzuwatna und umschloß die fruchtbare Ebene zwischen dem Oberlauf des Euphrat und dem Mittelmeer. In der Hauptstadt Aleppo hatten die Könige von Yamchad im Verlauf eines friedlichen, mit Handelsunternehmungen ausgefüllten Jahrhunderts, große Reichtümer angesammelt; die Stadt lag an der Hauptstraße, die vom Euphrat und dem Osten des Landes nach Westen zum Mittelmeerhafen Ugarit führte. Yamchad war ein fetter, aber nicht leicht zu schluckender Bissen, denn die Städte – vor allem Aleppo – besaßen starke Verteidigungsanlagen und waren durch ungeheuer breite und dicke Mauern geschützt.

Die Vorbereitung des Feldzuges und die Herstellung sowie das Ausprobieren der Waffen, Sturmböcke, Rolltürme und Schutzschirme, deren Aufgabe es nicht zuletzt war, Eindruck auf die befestigten Städte zu machen und Schrecken zu verbreiten, nahm mehrere Jahre in Anspruch. Endlich setzte sich Hattusilis in Bewegung, eine Schwadron Kampfwagen folgte der anderen auf den holperigen Bergstraßen, um dann den Abstieg in die Küstenebene von Kizzuwatna vorzunehmen, bei der syrischen Pforte die Grenzbefestigungen zu passieren und in die nordsyrische Ebene einzumünden. Mursilis, aus dem inzwischen ein reifer Mann und ein erfahrener Befehlshaber geworden war, führte das Expeditionskorps an.

Der Krieg zog sich lange hin. Die Soldaten von Yamchad ließen sich nicht zu einer offenen Feldschlacht gegen die schweren Kampfwagen der Hethiter verleiten, sondern zogen sich in ihre befestigten Städte zurück. Die Haltung der Hurriter war zweideutig: sie hatten an ihrer Grenze Truppen aufgestellt, die ebenso leicht an die eine Front zu werfen waren wie an die andere. Mursilis kommandierte nun den Großteil seiner Kampfwagen zum Schutz gegen einen hurritischen Überfall ab und ließ die Städte Yamchads vom hethitischen Fußvolk angreifen. Es gab manche Verzögerung im Heranführen der schweren Ausrüstung und namentlich der neuen Belagerungsmaschinen, die zunächst nicht mit voller Wirkung eingesetzt werden konnten. Mit zunehmender Erfahrung der Truppe in der neuen Belagerungstechnik fielen aber die Städte eine nach der anderen in ihre Hand, und schließlich nahmen die Hethiter die Hauptstadt Aleppo im Sturm.

Den König von Yamchad konnten sie freilich nicht fassen. Er floh aus der Stadt und erschien, nachdem er, wie es hieß, freies Geleit durch hurritisches Territorium erhalten hatte, als Flüchtling am Hofe von Samsi-ditana in Babylon.

Yamchad war besiegt, und sowohl Hattusilis wie Mursilis erkannten, daß dadurch das Hethiterreich zu seinem Vorteil oder vielleicht auch zu seinem Nachteil in die Machtkämpfe um das alte Kulturland verstrickt war, das sich von Mesopotamien bis nach Ägypten erstreckte. Solange Yamchad in ihrer Hand verblieb, bedeutete das neue Einnahmequellen, aber auch eine ganze Schar von neuen Feinden. Man mußte deshalb dem Statthalter von Aleppo eine besonders schlagkräftige Besatzungstruppe zur Verfügung stellen.

Das Tempo, mit dem die Armee in nördlicher Richtung heim nach Hattusas marschierte, war bedeutend langsamer als bei ihrem Vorstoß nach Süden. Der lange Zug von Sklaven und die zahllosen ächzenden, mit den Reichtümern Aleppos beladenen Ochsenkarren ließen die Kampfwagen nur im Schritt vorwärts kommen. Darüber regte sich aber niemand auf; ein jeder dachte wohl an seinen Anteil an Vieh und Sklaven, feinem Leinen und Töpfereiwaren, Gold und Silber, Möbelstücken und Elfenbein. Die Soldaten scherzten während des Marsches, und Mursilis hatte Muße, daran zu denken, wie er in seiner Knabenzeit von siegreichen Unternehmungen im Osten geträumt hatte.

In diesem Winter wurde aus der Runde der rituellen Tempelbesuche eine triumphale Dankkundgebung. Die Einnahme von Yamchad war der Höhepunkt in Hattusilis' Laufbahn. In den wenigen Jahren, die dem alten König noch verblieben, war er offensichtlich bemüht, den komplizierten Mechanismus der Regierungsgeschäfte mehr und mehr in die Hände seines hochbegabten Nachfolgers zu überführen.

Trotzdem war es ein Schock für ganz Kleinasien, als sechs Jahre später die Herolde vom Palasttor aus den Tod des Königs Hattusilis verkündeten und seinen Nachfolger Mursilis zum Großkönig und König von Hatti ausriefen. Hattusilis war der Gründer des Reiches. Er hatte Glanz und Ruhm Hattis wiederhergestellt. Dieser Ruhm würde seinen Tod nicht lange überdauern, so war die öffentliche Meinung.

Mursilis rief seine Schwadronen zusammen. Er überzeugte auf einer kurzen, aber eindrucksvollen Fahrt durch das Reich alle, daß Glanz und Ruhm der Hattier keineswegs der Vergangenheit angehörten. Eine Strafexpedition gegen den Stamm der Gasgas im Norden, der stets bereit war, beim geringsten Anzeichen von Schwäche einen Schlag in südlicher Richtung zu führen, stellte die Grenzen in diesem Gebiet wieder her, wenngleich das Unternehmen einen kostbaren Sommer verschlang. In der Zwischenzeit entstand im Süden eine unerfreuliche Lage. Die Nachricht von Hattusilis' Ableben erreichte Babylon mit der Schnelligkeit, die durch ein ausgeklügeltes Relaissystem gewährleistet wurde. Der in der Verbannung lebende König von Yamchad hatte sich lange auf diesen Tag vorbereitet. Er marschierte in einer Woche mit einem Heer von babylonischen «Freiwilligen» euphrataufwärts. Wiederum ließen die Hurriter ihn ungehindert durch, ja sie unterstützten ihn sogar mit weiteren «Freiwilligen». Einen blitzartigen Angriff auf Aleppo mit Hilfe einer innerhalb der Stadtmauern operierenden fünften Kolonne überrumpelte den hethitischen Vizekönig. Kaum hatte Mursilis seinen Thron und seine Nordgrenze in Kleinasien befestigt, da erschienen reitende Boten und meldeten den Verlust von Yamchad.

Mursilis begriff, daß nach dem Verlust von Yamchad nur schnelles Handeln eine Kettenreaktion von Aufständen verhindern könne, durch die das Hethiterreich zerfallen würde. Er rief deshalb seine Fürsten mit dem vollen Aufgebot ihrer Leute unter die Waffen und machte sich mit einem Heer, das zahlen- und ausrüstungsmäßig nicht hinter den ursprünglichen Eroberern von Aleppo zurückstand, nach Süden auf.

Diesmal kam es schon auf der nordsyrischen Ebene zu Wagenscharmützeln und zu ersten richtigen Gefechten zwischen Hethitern und Amoritern. Die Hethiter waren von Rachedurst erfüllt, weil es galt, ihre abgeschlachteten Besatzungsposten zu rächen, und so konnte ihnen nichts widerstehen. Wiederum stürzten Stadtmauern unter den Stößen der Sturmböcke, die von schwitzendem, bis zur Taille entblößtem Fußvolk in Gang gesetzt wurden. Die Männer hatten nur lederne, mit Kupferstreifen verstärkte Helme zum

Schutz vor den Pfeilen und Speeren, die von der Höhe der Mauer auf sie herabregneten. Diesmal wurden die eroberten Städte geplündert, und ihre Mauern geschleift, damit den Bewohnern ein für allemal die Lust an neuen Aufständen genommen würde.

Zum zweitenmal mußte das stolze Aleppo sich Mursilis ergeben und der König von Yamchad flußabwärts nach Babylon fliehen.

Jetzt aber war Babylon für ihn keine Zuflucht mehr.

Seit den Tagen seiner Jugend hatte Mursilis davon geträumt, einen raschen Vorstoß gen Osten durch das flache Land zu führen. Während des ersten Feldzuges gegen Yamchad hatte er Hattusilis gegenüber mehr als einmal geltend gemacht, daß die Eroberung des nördlichen Syrien immer ein unsicherer Faktor bleiben werde, solange Babylon eine uneinnehmbare Operationsbasis für einen amoritischen Gegenangriff bilde. Deshalb gruppierte er jetzt seine Streitkräfte um und stieß blitzartig euphratabwärts in östlicher Richtung vor.

Das war ein tollkühnes Unterfangen. Mursilis mußte, um es durchzuführen, südliches hurritisches Hoheitsgebiet passieren. Seine Nachschublinien waren für den Fall, daß die Hurriter sich zu einem Angriff entschlossen, schwer gefährdet. Dieses Risiko blieb dem König nicht erspart, aber der Schlag glückte. Wie Mursilis erwartet hatte, war den Hurritern an einem Eingreifen zugunsten Babylons nicht gelegen. Ostwärts des hurritischen Gebietes lag, an den Euphrat hingebreitet und dem Oberlauf des Tigris quer vorgelagert, das semitische Königreich Assyrien. Im Falle einer Schwächung Babylons wäre Assyrien isoliert und damit eine leichte Beute für die Hurriter.

Die Hurriter sahen der neuen Entwicklung daher wohlgefällig zu und bahnten der hethitischen Armee sogar den Weg für den Durchmarsch, so zufrieden waren sie darüber, daß Mursilis ihnen die Kastanien aus dem Feuer holte.

Die Kampfwagen der Hethiter stießen in geordneten Formationen das Euphrattal hinab, mit wachsamen Streifen an ihrer Spitze und ihren Flanken. Es war ein Sprung von fast 850 km von Aleppo nach Babylon – beinahe doppelt so weit wie die Entfernung zwischen Hattusas und Aleppo –, und es ging zudem durch feindliches oder jedenfalls nicht befreundetes Gebiet. Der Schlag konnte von Mursilis nur überraschend und nur weil die Reiter es verstanden, sich aus dem Land zu ernähren, geführt werden. Den Euphrat entlang gab es Futter und Wasser im Überfluß, und das Heer konnte seinen Lebensbedarf decken, wo und wie es ihn fand. In weniger als drei Wochen erschien die Streitmacht der Hethiter völlig unerwartet vor den Toren Babylons.

Für den Aufbau eines Verteidigungssystems blieb keine Zeit. Zwar waren die Stadtmauern von Babylon gut instand, aber König Samsi-ditana hatte keinerlei stehendes Heer zu seiner Verfügung, und es war zu spät, die Männer von den Feldern weg unter die Waffen zu rufen. Der Kampf um die Tore war heiß und hart, und ehe man wußte wie, schwärmten die Eroberer durch die Straßen. Bevor es Abend wurde, stand Babylon in Flammen, und die Hethiter waren Herren der Stadt.

Diese Ereignisse trugen sich im Jahr 1595 v. Chr. zu. Mursilis war demnach – wenn wir seine Geburt, weil es so in unser Kapitel paßt, auf das Jahr 1650 festlegen dürfen – Mitte der Fünfzig. Seit Sumu-abum die amoritische Konföderation mit Babylon als Mittelpunkt gründete, sind genau dreihundert Jahre vergangen. Es ist das die gleiche Zeitspanne, die uns heute vom Ende des Dreißigjährigen Krieges trennt. Die großen Tage, da Hammurabi die babylonischen Waffen zum Siege geführt und sein Hoheitsgebiet sich vom türkischen Gebirge bis zum Persischen Golf erstreckt hatte, lagen damals ebensoweit zurück wie heute die Feldzüge Friedrichs des Großen. Während dieser drei Jahrhunderte hatte kein Feind Babylon betreten. Alte Leute erinnerten sich dunkel an Geschichten, die ihre Großväter ihnen aus ihrer Kindheit erzählt hatten: wie die Kassiten damals von den persischen Gebirgen heruntergestürmt waren und die Hauptstadt bedroht hatten. Jetzt bebauten die gleichen Kassiten friedlich ihre Äcker östlich des Tigris; ihre Herren, die im Bergland saßen, legten keine weiteren Expansionsgelüste an den Tag – im übrigen waren sie vollauf damit beschäftigt, ihre Ostgrenze gegen die kriegerischen Stämme zu befestigen («kriegerisch» und «indogermanisch» scheinen damals Synonyme gewesen zu sein), die von Nordosten vorgestoßen waren. Die Grenze zum Land der Kassiten stand seit Menschengedenken offen; Kassiten bildeten einen erheblichen Teil der Arbeiterklasse von Babylonien. Im Süden lagen am Ende des Persischen Golfes die aufrührerischen Staaten, die die Königreiche der Küstengebiete bildeten. Sie waren schon kurz nach Hammurabis Tod abgefallen, und das lag so weit zurück, daß man sie eigentlich gar nicht mehr als Rebellen ansah. Sie bildeten wieder einen eigenen Staat, wie es jahrhundertelang vor Hammurabi der Fall gewesen war, und lediglich die nationalistischen Hitzköpfe faselten noch vom gottgegebenen Recht der babylonischen Könige auf die Herrschaft über das alte Sumerien. Die Babylonier hielten ihre Blicke nach Westen gerichtet, wo ihre amoritischen Brüder ihre Herrschaft bis zum Oberen Meer ausgedehnt hatten. Ihre nahen Verwandten, die Hyksoskönige von Palästina und Ägypten, beherrschten den Süden.

Jetzt war der Sturm im Westen losgebrochen, und die Weltstadt Babylon stand in Flammen. König Samsi-ditana hatte man erschlagen; eine dreihundert Jahre alte Dynastie war ausgelöscht. Für die Bürger von Babylon, die man in Konzentrationslager außerhalb der Stadtmauer zusammengetrieben hatte, gab es keine andere Zukunftsaussicht als die Sklaverei im fernen Kleinasien.

Während Mursilis zusah, wie die Beutehaufen immer mehr anwuchsen und endlose Kolonnen von Vieh und Gefangenen zusammengetrieben wurden, hatte er in Wahrheit wohl andere Dinge im Kopf. Er befand sich sehr weit von zu Hause, am Endpunkt von unwahrscheinlich dünnen und schwachen Verbindungslinien. Babylon konnte er auf keinen Fall halten, und das hatte er auch nie beabsichtigt. Aber sein Ziel, die Macht zu zerschlagen, die imstande war, eine Widerstandsbewegung in Yamchad zu unterstützen, hatte er erreicht. Jetzt mußte er seine zerstreuten Streitkräfte vor der Umklammerung bewahren.

Südlich von seiner Rückzugslinie lag die syrische Wüste, das Heimatland der Amoriter. Wenn nun die Stammesbrüder der Babylonier – die Hyksos von Palästina oder die nur wenig bekannten arabischen Stämme – auf Rache erpicht waren, konnten sie die auf dem Rückmarsch befindliche Armee der Hethiter von Süden her aus der Wüste an jedem beliebigen Punkt angreifen. Im Norden lag das Land der Hurriter. Von ihnen durfte Mursilis für die Niederwerfung ihres führenden Rivalen im Osten keine Dankbarkeit erwarten. Denn jetzt, nach der Zerstörung Babylons, war ihnen ohne weiteres der Gedanke zuzutrauen, daß es für sie am besten wäre, wenn auch die Hethiter von der Bildfläche verschwänden.

Nachdem Mursilis die eine Gefahr gegen die andere abgewogen hatte, befahl er, für die Nordflanke seines Heeres den stärksten Schutz bereitzustellen.

Er tat damit das Richtige. Als sie die rauchenden Trümmer von Babylon sieben Tagesmärsche hinter sich gelassen hatten, erreichte die schwerbeladenen, durch den Sand stampfenden Sklaven- und Eselskolonnen und die endlose Kette von Ochsenwagen die Nachricht, daß zwischen den Kampfwagenverbänden der Hethiter und denen der Hurriter Zusammenstöße stattgefunden hatten. Von da ab wurde der Rückzug nach Aleppo von ständigen Gefechten unterbrochen. Die schwerbewaffneten Streitwagen, die Mursilis als Flankenschutz fahren ließ, waren immer wieder das Angriffsziel der zahlenmäßig stärkeren, aber leichter bewaffneten Kampfwagen der Mitanni-Könige. Trotz schwerer Verluste bei den laufenden Geplänkeln wollten die Hurriter es nicht auf eine regelrechte Schlacht mit dem schwerbewaffneten Fußvolk ankommen lassen, das die Beute-Konvois absicherte. Nach einem wochenlangen, unter Anspannung aller Kräfte forcierten Marsch am Euphratufer gelang es Mursilis endlich, die Verbindung mit der Besatzungsarmee herzustellen, die er in Yamchad gelassen hatte – das Spiel mit hohem Einsatz war gewonnen. Noch immer im Besitz des Großteils aller Beutestücke aus Babylon, schlug er den nunmehr vertrauten Weg von Aleppo nach seiner Hauptstadt Hattusas ein.

Hinter sich in Mesopotamien, dort, wo Babylon gestanden hatte, ließ er eine Wüstenei zurück. Die Flüchtlinge, die jetzt langsam in ihre zerstörte Stadt zurückkehrten und sie wieder aufzubauen begannen, waren völlig außerstande, das Reich zusammenzuhalten, dessen Mittelpunkt Babylon gewesen war. Die nächste Macht, die schnell zugreifen konnte, war das am Meer gelegene Königreich des Südens. Sein König riß denn auch, ohne auf Widerstand zu stoßen, die Herrschaft über Babylon an sich. Abermals unterstand das ganze südliche Mesopotamien vom heutigen Bagdad bis zur See einem einzigen Herrscher.

Mursilis kehrte im Triumph unter dem begeisterten Jubel seines Volkes in seine Hauptstadt zurück. Ein paar Wochen später wurde er ermordet.

Mursilis hatte das Vermächtnis Hattusilis', stets auf Intrigen und Verschwörungen innerhalb seines engen Familienkreises gefaßt zu sein, außer acht gelassen. Sein Mörder war der Ehemann seiner leiblichen Schwester, Hantilis, der die lange Abwesenheit des Königs dazu benutzt hatte, um sich die Unterstützung der großen Feudalherren für seine eigenen Pläne zu sichern. Im Glauben, daß Mursilis' Beseitigung den lästigen Auslandskriegen, für die sie auf Grund ihres Lehensverhältnisses Geld und Soldaten stellen mußten, ein Ende bereiten würde, riefen die adligen Herren Hantilis zum Großkönig von Hatti aus.

Weder Hantilis noch seine Anhänger begriffen, daß Mursilis einen Stein ins Rollen gebracht hatte, der durch seinen Tod nicht aufzuhalten war. Es leuchtete ihnen auch nicht ein, daß ein starkes Heer und ein kraftvoller Monarch notwendig waren, um zusammenzuhalten, was Mursilis und sein starkes Heer gewonnen hatten.

Den Hurritern war eingebleut worden, sie selbst und die Hethiter seien Rivalen für die Herrschaft über die fetten Täler des Südens. Und so steckten denn ihre Herren, der König und die Adligen von Mitanni, in der neuen Hauptstadt Wassuhkanna, dort wo der Fluß Khabur aus den Bergen in die syrische Ebene tritt, ihre Köpfe zusammen, um Pläne für den entscheidenden Schlag gegen die Hethitermacht zu schmieden.

So einfach, wie er bei Babylon gewesen war, war ein Überraschungsangriff gegen Hattusas freilich nicht. Im Bergland ließ sich mit Kampfwagen nicht viel anfangen; außerdem verfügten die Hethiter über starke, gut angelegte Grenzbefestigungen. Dennoch machten die Hurriter einen kraftvollen und gefährlichen Vorstoß. Als reitende Boten die Nachricht von der Erstürmung mehrerer Grenzforts überbrachten, sah Hantilis sich gezwungen, seine Ritter aufzurufen und in den Krieg zu schicken. Nach der Belagerung und dem Fall von zwei Städten, die nur einen Tagesmarsch nördlich der Hauptstadt lagen, mußten auch die Handwerker von Hattusas zu den Waffen greifen, um die Befestigungen zu verstärken.

Zu einer wirklichen Belagerung von Hattusas kam es indessen nie. Die für das Kriegführen geeignete Saison endete mit dem Fall von Nerik und Tiliura. Mit dem ersten Schnee zogen sich die Hurriter ostwärts in ihr eigenes Gebiet zurück.

Trotzdem war der Mythos der hethitischen Unbesiegbarkeit zerschlagen. Während der zwölf Jahre, die noch zu diesem Kapitel gehören, gab es wiederholt Aufstände in den unterworfenen Provinzen, die Mursilis und seine zwei Vorgänger dem Königreich Hatti einverleibt hatten. Viele von ihnen lösten sich vollkommen aus dem Verband, ohne daß Hantilis, der keinerlei Verlangen nach zeitraubenden Waffenhändeln weit von seiner Hauptstadt trug, sie daran hinderte. Er hatte die Erfahrung gemacht, daß der Mord ein zweischneidiges Schwert ist, und lebte unter der ständigen und – wie sich zeigte – gerechtfertigten Angst vor einer Palastrevolution.

Die ehemalige hethitische Soldateska, die mit Hattusilis und Mursilis zu Fuß und zu Pferde endlose Feldzüge bestritten hatte, blickte voll Bitterkeit auf den erneuten Abfall von Yamchad, ja sogar von Arzawa und Kizzuwatna, die noch näher an der Heimat lagen, und sie langweilten ihre Söhne und Enkel mit langatmigen Schilderungen, wie sie unter ihrem Befehlshaber gegen Babylon marschiert waren. Jeder von ihnen wußte genau, was er tun würde, wenn er Großkönig wäre.

Es gibt mehr Zeugnisse für die in diesem Kapitel geschilderten Vorgänge, als man zunächst glauben möchte. Wenn auch das einzige feststehende Datum die Eroberung Babylons durch Mursilis im Jahre 1595 v. Chr. ist und die Gleichsetzung von Mursilis' Lebensspanne mit dem zeitlichen Ablauf dieses Kapitels auf Mutmaßungen fußt, ist andererseits der Gang der Ereignisse gut verbürgt, und zwar durch das königliche Archiv von Hattusas, das sich jetzt in Berlin befindet. Die Rede Hattusilis' bei der Adoption des Mursilis ist uns im Text erhalten und beweist, daß er früher (und weiterhin offiziell) Labarnas hieß. Die Gründung der Stadt Hattusas, der Feldzug Hattusilis' gegen Aleppo und die später dort ausgebrochene Revolte, die Wiedereroberung dieser Stadt durch Mursilis sowie die babylonische Expedition, das alles sind feststehende Tatsachen. Sogar Fakten wie die unsichtbare Schützenhilfe, die Yamchad von den Hurritern zuteil wurde, und die anfängliche Ungeschicklichkeit der Hethiter beim Gebrauch von Belagerungsmaschinen beruhen auf den überlieferten Andeutungen eines «Kriegsberichterstatters». Daß der Feldzug gegen Babylon durch die Unterstützung ausgelöst wurde, die dieses Land Yamchad angedeihen ließ, beruht hingegen auf einer (sicher nicht unvertretbaren) Mutmaßung. Der Konflikt zwischen Mursilis und den Hurritern geht mit großer Wahrscheinlichkeit aus einer leider defekten Tontafel hervor; historisch fest verbürgt sind wiederum der nachfolgende hurritische Angriff auf das Gebiet der Hethiter, die Ermordung von Mursilis und die Thronbesteigung des Hantilis.

Wir empfehlen: Margarete Riemschneider «Die Welt der Hethiter» (1954) und: C. W. Ceram «Enge Schlucht und Schwarzer Berg» (1955).

12

Die Widerstandsbewegung 1580 - 1510 v. Chr.

Die Sommersonne brannte auf den von Schiffen jeder Art und Größe übersäten Strom herab. Je vierzig Meilen weit nach beiden Richtungen wimmelte der breite Wasserweg von Fahrzeugen voller Menschen aus den ländlichen Bezirken, die nach Theben unterwegs waren. An den staubbedeckten Böschungen schoben sich auf den Uferstraßen lange Ketten von Eseln, Sänften und weißgekleideten Fußgängern auf das gleiche Ziel zu. Aus den kleineren Straßen, die von den höher gelegenen Dörfern über dem oberen Niltal herunterführten, drängten sich Gruppen von Bauern mit ihren Familien in das Menschengewimmel auf den Hauptstraßen.

In Theben waren die schmalen Straßen von Menschen verstopft. Alle Ladengeschäfte hatten geschlossen; Kaufleute wie Handwerker, Sklaven und Lastträger, Fischer und Bauarbeiter tummelten sich mit Weib und Kind auf den Straßen, wobei die Menschenmassen sich in Richtung des großen Säulentempels Amuns vorwärts schoben. An jenem Tag war trotz aller Zukunftssorgen die Luft von feiertäglichen Gefühlen erfüllt. Ihnen gesellte sich Erwartung zu, und sogar ein bißchen Optimismus. Sollte doch heute der große Amun vor aller Öffentlichkeit Ahmose als seinen Sohn und als den wahren Hirten und Herrscher von Ober- und Unterägypten anerkennen, als gesetzmäßigen Träger der weißen wie der roten Krone. Es gab viele, die glaubten, Ahmose werde in Einlösung seines Versprechens die Fremden verjagen, die so lange das nördliche Königreich geknechtet hatten, und endlich die zwei Hälften Ägyptens unter einen ägyptischen Herrscher vereinigen.

Die eigentliche Weihe fand natürlich im Tempel selber statt: das Darbringen der Opfergaben aus Blumen, Früchten und Gerstenkuchen, dann der Akt der Salbung, das Verkünden des göttlichen Willens durch den Hohenpriester und die symbolische Übergabe von Krummstab und Dreschflegel. Die sich langsam vorschiebenden Menschenmassen draußen vor dem Tempel warteten auf das Nachspiel, bei dem der neue Pharao seinen Untertanen formell vorgestellt werden sollte. Wer gehen konnte, wollte heute nicht fehlen. Der erste Eindruck von der Außenwelt, den so manches auf Armen getragene Kleinkind gewann, bestand aus einer Mischung von Sonnenhitze und menschlicher Mauer, die darauf wartete, den Führer der Widerstandsbewegung unmittelbar nach seiner Gottwerdung zu begrüßen.

Der neue König befand sich schon seit dem frühen Morgen im Tempel; sein Triumphwagen, der mit zwei in prunkvollem Federschmuck aufgeputzten Pferden bespannt war, stand im Schatten der Pylonen. Stallknechte hatten sich zu Häupten der Pferde postiert, und eine Abordnung von hochgewachsenen Kriegern aus dem verbündeten Sudan hielt im Abstand von je drei Schritt Wache und sorgte dafür, daß die Plattform vor dem Tempel, auf der der König erscheinen sollte, nicht von Unbefugten betreten wurde. Die Wimpel an ihren Lanzen und an den Fahnenstangen vor dem Tempel hingen unbeweglich in der stillen Luft.

Während sie warteten, diskutierten viele Leute in der Menge mit nüchternen Worten, wie sie erprobten Veteranen geziemen, die Chancen der bevorstehenden Auseinandersetzung und die Ereignisse, die zu der heutigen Feier geführt hatten.

Der Norden des Landes hatte lange unter fremder Besatzung gestanden – nur die ganz alten Leute wußten zu berichten, daß in der Jugend ihrer Großväter auch das Regiment der Hyksos jung gewesen war.

Kähne wie dieser, aus zusammengebundenem Papyrusrohr gefertigt, waren das alltägliche Verkehrsmittel auf dem Nil und sind es heute noch. Das Relief, das der Zeichnung zugrunde liegt, wurde bei einem Grab bei Sakkara gefunden; es geht etwa auf 2250 v. Chr. zurück, also auf einen Zeitpunkt, der rund siebenhundert Jahre früher liegt als die in diesem Kapitel geschilderten Ereignisse.

In der Volksmenge vor dem Tempel gab es Männer, die sich noch immer als dem Norden zugehörig betrachteten, weil ihre Urgroßväter während und nach der Besetzung in den freien Süden geflohen waren, und die nach wie vor auf enteignete Ländereien im Delta Anspruch erhoben, obgleich ihre Familien nunmehr seit drei Generationen im engen südlichen Stromtal lebten. Es gab auch Zugereiste neueren Datums; sie bestanden aus Familien, die bislang im besetzten Norden des Landes gelebt, sich aber während der kürzlich stattgefundenen Kämpfe so offen zu der Befreiungsarmee bekannt hatten, daß ihnen keine andere Möglichkeit geblieben war als die von der Untergrundbewegung vorbereitete Flucht in den bereits befreiten Süden.

Die Südländer scheuten sich freilich nicht, die verbitterten Flüchtlinge daran zu erinnern, daß auch Oberägypten eine Zeit der Bedrückung und Tyrannei durchlebt hatte. Daß diese kürzer gewesen war als das Martyrium von Unterägypten, verdankte man einzig und allein dem unermüdlichen Widerstand, den die Armeen des Südens nach dem Fall der nördlichen Landeshälfte geleistet hatten. Ein ganzes Jahrhundert hindurch hatte Südägypten seine Unabhängigkeit bewahrt, bis vor ungefähr vierzig Jahren Chian, der mächtige König des Nordens, in der Garnisonstadt Avaris eine ungeheure Armee aufstellte, die mit unwiderstehlichem Schwung den verzweifelten Widerstand der Könige von Theben gebrochen hatte.

Die Menschen draußen vor dem Tempel waren mit Ausnahme der jungen Leute während der dreißig Jahre dauernden Tyrannei aufgewachsen, ausgeübt von einem schwarzbärtigen Statthalter im Königspalast von Theben, mit Hilfe von fremdsprachigen Besatzungstruppen, die in allen Städten stationiert waren. Die Fürsten aller Gaue, in die das Land eingeteilt war, waren mit der königlichen Familie in den Sudan geflohen, es sei denn, man hatte sie vorher umgebracht: ihr Landbesitz war in jedem Fall unter Nordägyptern, Angehörigen des Hyksosadels, aufgeteilt worden. Ein großer Teil der dem Amuntempel gehörigen Liegenschaften war ebenfalls konfisziert und den neuen Tempeln des Hyksosgottes Sutek übereignet worden, was in vielen Menschen die Gewißheit hervorrief, die Mächte der Dunkelheit hätten einen vollständigen Sieg davongetragen. War Sutek doch, wie es hieß, nichts anderes als der alte Gott Seth, der Todfeind des falkenköpfigen Gottes Horus, der seit alters her der besondere Gönner und Beschützer Oberägyptens und seiner Könige gewesen war. Man hatte, zum Teil auf frevelhafte Weise, von dem ohnehin verkleinerten Besitzstand der südägyptischen Tempel zur Dekkung der Besatzungskosten Steuern eingetrieben; die Kupferminen wurden mit Hilfe von Zwangsarbeitern und politischen Häftlingen in Gang gehalten, und zahllose Menschen waren grundlos der Sklaverei anheimgefallen und auf Nimmerwiedersehen stromabwärts verfrachtet worden.

Trotz alledem hatte die Exilregierung jenseits der Stromschnellen den Kampf nie aufgegeben. Mit Unterstützung der sudanesischen Nubier-Könige war sie schlecht und recht am Leben geblieben, und es bestanden geheime Kontakte zwischen ihr und den Vertretern des alten Adels und der Priesterschaft, die die Ächtung durch die Hyksos überlebt hatten. Gold war inzwischen gesammelt worden, und viele Männer hatten sich zu der stetig wachsenden Befreiungsarmee abgesetzt. Endlich hatte Sekenenre, ein Abkömmling des Königshauses von Theben, vor zehn Jahren einen internen Aufstand angezettelt, wobei er von geflohenen Ägyptern im Ausland und den berühmten Söldnern aus dem Sudan unterstützt wurde.

Viele Veteranen des Aufstandes, die in die Menschenmenge vor dem Tempel eingekeilt waren, erinnerten sich daran, wie durch den ersten Zusammenprall die Hyksos-Garnisonen aus Theben und den anderen wichtigen Städten verjagt wurden und wie eine eilig bewaffnete Miliz den feindlichen Gegenstoß auffing. Als dem Gott Amun seine Tempelländereien zurückerstattet worden waren, hatte er Sekenenre als seinen königlichen Sohn und dessen Gattin Ahotep als seine königliche Tochter bezeichnet. Daraufhin hatte das neue Königspaar fast zehn Jahre lang Theben und das südlich davon gelegene Gelände gegen die alljährlich vorgetragenen Angriffe der Hyksosarmeen aus dem Delta gehalten. Vor etwas über einem Jahr war nun aber Sekenenre im Kampf gefallen: seine Leiche – der Schädel war ihm von einer Streitaxt aus dem Norden gespalten worden – hatte nur durch den Mut seiner zwei Stiefsöhne Kamose und Ahmose für die Einbalsamierer sichergestellt werden können. Als erfahrene Krieger befahlen diese einen sofortigen Gegenangriff und führten so den Sieg der südlichen Streitkräfte herbei.

Kamose und Ahmose waren die Söhne der Königin Ahotep aus einer vorangegangenen Ehe und daher – wenngleich Ahotep die «göttliche» Königin war – nicht eigentlich erbberechtigt (ein Gedanke, der an einem solchen Tag nicht laut geäußert werden durfte). Andererseits genossen sie hohes militärisches Ansehen, während die leiblichen Söhne, die Ahotep dem Sekenenre geboren hatte, noch zu jung waren, um in so schlimmen Zeiten die Befehlsgewalt auszuüben. Ahotep selbst stand da als Heldin des Befreiungskampfes, wozu noch ihre göttlichen Attribute sowie die Tatsache hinzukamen, daß sie eine energische und entschlossene Frau war. Es erschien also niemandem als widersinnig, daß Amun, ihr göttlicher Vater, Kamose, den älteren der zwei Brüder, zur Nachfolge des gefallenen Pharao bestimmte.

Den ganzen vergangenen Winter hindurch hatten Kamose und sein Bruder damit verbracht, die Armee so auszubilden, daß sie den besetzten Norden des Landes zurückerobern könne. Im Frühjahr waren sie dann das Niltal entlang nach Norden marschiert, um erstmalig den Krieg in Feindesland zu tragen. Dabei war ihnen ein harterkämpfter Sieg gegen Teti, den Fürsten von Hermopolis und südlichsten Hyksos-Vasallen, beschieden. Sie hatten Hermopolis erstürmt, wo Kamose im Palast des geschlagenen Edelmannes sein Hauptquartier errichtete. Dort war er aber plötzlich gestorben – wie viele meinten, durch Gift von der Hand von Tetis Ehefrau, die er zu seiner Sklavin gemacht hatte.

Der Tod des neugekrönten Königs hatte die südlichen Heere von der Ausnutzung ihres Sieges zurückgehalten; trotzdem stand ihr Großteil noch jenseits der Nordgrenze, während Ahmose mit seiner sudanesischen Leibwache nach Theben zurückkehrte, dem Ruf seiner göttlichen Mutter und des Gottes Amun folgend, und um die Krone beider Ägypten entgegenzunehmen. Er würde – das wußte jedermann – noch heute nach Beendigung der Feierlichkeiten zu seinen Streitkräften zurückkehren, um diese der Befreiung Unterägyptens entgegenzuführen. Die Gebete des Südens würden ihn begleiten.

Die Pylonen warfen bereits lange Schatten auf die Tempelplattform, als die Trompeter an den Toren ihre Fanfaren erklingen ließen. In der Menschenmenge wurde es still, als aus dem Dunkel des Tempelinnern eine kleine Gruppe heraustrat. Zuerst erschien der Hohepriester Amuns; ihm folgte, mit der Krone beider Ägypten auf dem Haupt und Krummstab und Dreschflegel gekreuzt vor sich hertragend, Ahmose. Neben ihm schritt seine königliche Gemahlin und Schwester Nefertari, gleich ihm mit der Doppelkrone geschmückt, und hinter beiden folgte die Königin-Mutter. Der langgezogene Jubelruf, mit dem die königliche Gruppe begrüßt wurde, rollte über die Stadt hinweg und kam von den fernen, das Flußtal säumenden Hügeln als Echo zurück.

Als der Hohepriester dann vortrat, um das Wort zu ergreifen, verstummte die Menschenmenge. In einer altehrwürdigen Formel legte er Zeugnis ab für die Macht Amuns und bestätigte, daß der Gott seinen Sohn und seine Tochter als rechtmäßige Herrscher der beiden ägyptischen Reiche anerkannt habe. Während dieser Ansprache stand Ahmose unbeweglich da, die Blicke über das Tempelgelände hinweg in die Ferne gerichtet. Viele Zuschauer meinten nachträglich, der König habe in diesem Augenblick den Anschein erweckt, als wüchse er über seine normale Größe hinaus (er war nicht sehr groß), was freilich auf der Wirkung der hohen Krone beruhen mochte, die er auf dem Kopf trug.

Als der Hohepriester mit seinem Vortrag zu Ende war, schmetterten die Trompeten einen neuen Tusch, worauf Ahmose und seine Königin ihren Wagen bestiegen und durch die schmale Bresche, die die Leibwache in die Menschenmauer geschlagen hatte, zum Palast fuhren, begleitet von nicht enden wollenden Beifallsrufen der Menge, die Blumen und Gerste vor die Pferde streute.

Der Festtrubel auf den Straßen von Theben hielt bis tief in die Nacht an. Schon in der Morgendämmerung verließ der König den Palast, noch immer die Doppelkrone auf dem Kopf, aber in Kriegsausrüstung. Begleitet von einem halben Dutzend Kampfwagen, mehr besaß der Süden nicht, kehrte er zu seinen Truppen zurück. Für die Dauer seiner Abwesenheit übernahmen, wie es Brauch war, die beiden Königinnen, Ahotep und Nefertari, die Regentschaft. Die Menge kehrte auf die Äcker und in die Fischerboote, in die Läden und die Werkstätten zurück. Die Frauen machten sich wieder an ihre schweren, sattelförmigen Handmühlen aus Stein, um darin Hirse zu mahlen, oder an ihre wie Bienenstöcke geformten Lehmöfen, in denen sie ihr pfannkuchenartiges Brot buken, oder an den Spinnrocken oder den Webstuhl oder an die Betreuung ihrer Kinder, jener Generation, von der dieses Kapitel handeln soll. Ihre Gedanken schweiften dabei in die Ferne zu ihren Männern oder Brüdern, die unter Führung des Königs in die besetzten Gebiete stromabwärts marschierten, um dort zu kämpfen.

Wochen und Monate gingen ins Land; immer häufiger kamen Boten auf dem Wasserweg, um den regierenden Königinnen Nachrichten von der Front zu überbringen. Beim Vorbeifahren der Schiffe mit der königlichen Standarte, deren Segel sich im Nordwind blähten, formten sich schweigende Menschengruppen vor dem Palast, um die Verkündung der Lageberichte abzuwarten. Jedesmal war darin von weiteren Vormärschen die Rede, von der Niederwerfung der einen oder anderen Provinzgarnison und der Einnahme dieser oder jener Stadt, und von der Befreiung neuer Provinzen. Abends, in den Uferschenken, schmückten dann die Mannschaften der Botenschiffe die Kriegsberichte mit allerlei Einzelheiten aus. Sie erzählten von Aufständen, die im Norden beim Herannahen der Armee aus Theben ausgebrochen waren, von ungestümen Willkommenskundgebungen und mit Blumengirlanden geschmückten Truppenformationen, die in den befreiten Städten Paraden abhielten. Sie berichteten aber auch von bitteren Kämpfen mit Besatzungseinheiten, die bis zum letzten Mann durchhielten, und über summarische Strafakte, die von der aufgebrachten Bevölkerung an Kollaborateuren und Hyksosgutsherren vollzogen wurden. Auch von Gerüchten wußten sie etwas zu sagen, denen zufolge der Hyksoskönig Apophis III. im fernen Avaris das Gros seiner Streitkräfte mit tausend Kampfwagen sammle, um damit den Gegenschlag gegen die Oberägypter zu führen. Als sie das hörten, bissen sich die Frauen auf die Fingerknöchel und gingen schweigend wieder an ihre Arbeit.

In diesem Jahr kehrte die Armee nicht zur Überschwemmungszeit in die Heimat zurück. Während der Nil stieg und schlammiges Hochwasser führte, kamen von Norden her keine Schiffe den Strom heraufgefahren.

Die Überschwemmung ging zurück; von den alten Männern, den Frauen und den Kindern wurde die Aussaat besorgt, und bald stachen die grünen Spitzen von Hirse und Gerste wieder durch die Erde. Und noch immer blieben die Nachrichten aus.

Bis eines Abends im Frühsommer ein Streitwagen auf der Uferstraße heranrollte, dessen Pferde sich mühsam hinschleppten und vor Ermattung den Kopf hängen ließen wie der junge Mann neben dem Fahrer. Viele erkannten in diesem einen aus der etwa eine Tagereise südlich von Theben gelegenen Grafschaft stammenden und Ahmoses persönsönlichen Stab zugeteilten Edelmann. Die Nachricht flog wie ein Lauffeuer durch die Hauptstadt; kaum war der Wagen in das Palasttor eingefahren, da hatte sich schon eine Menschenmenge davor gebildet. In weniger als einer halben Stunde erschienen ein Palastschreiber und ein Herold, um die Neuigkeit zu verkünden.

Vor acht Tagen waren die Armeen des Pharao und der Großteil der Hyksos-Streitkräfte unweit der heiligen Stadt Memphis aufeinandergestoßen. Die Schlacht hatte zwei

Tage lang gewütet; am Abend des zweiten Tages machten die Streitwagen der Hyksos kehrt und ergriffen die Flucht. Noch zur Stunde befand sich der Auserwählte Amuns dicht auf den Fersen des fliehenden Feindes, und man durfte annehmen, daß er sich dem befestigten Stützpunkt Avaris nähere.

An diesem Abend und am folgenden Tage wurde in Theben nicht gearbeitet; die Residenzstadt ergab sich einem Freudentaumel der Erleichterung. Palastsklaven, die vom Fahrer des Boten alle Einzelheiten des Geschehens an der Front erfahren hatten, verbreiteten in der Stadt Gerüchte von märchenhafter Beute und zahllosen Gefangenen, von ganzen Waffenarsenalen und Streitwagen, die in ägyptische Hände gefallen waren. Der Streitwagen selbst, dessen der königliche Kurier sich bedient hatte, war ein Beutestück.

Es wurde aber bald genug deutlich, daß dieser noch andere Nachrichten überbracht hatte. Vom Palast ergingen nämlich alsbald Einberufungsbefehle an die älteren Männer, vor allem an Handwerker wie Zimmerleute und Schmiede. Die in Oberägypten zurückgelassenen Garnisonstruppen wurden drastisch reduziert; neue Kontingente von sudanesischen Söldnern kamen herangezogen, und sogar die in den Bergwerken arbeitenden Sträflinge mußten unter militärischer Eskorte nach Norden abmarschieren. Der Krieg war offensichtlich noch nicht vorüber; die Mannschaften, der Proviant und das Material, die an die Front geschickt wurden, waren – das hatte inzwischen jeder begriffen – für die Belagerung der befestigten Hyksos-Hauptstadt bestimmt.

Auch in diesem Jahr wurde die Ernte von den Frauen und alten Männern eingebracht. Jetzt aber waren der Strom und die Landstraßen offen und das Bild der Vorgänge im Norden rundete sich ab.

Mit der größten Armee, die Ägypten je auf die Beine gestellt hatte, stand Ahmose vor Avaris. Seine Pioniere und Sprengtrupps konnten aber den wassergefüllten Burggräben und Festungswällen der Stadt nichts anhaben, ebensowenig wie seine Flottille von Flußbarken diese von der See her wirksam zu blockieren vermochte. Trotzdem wurden die Hyksos jetzt in Schach gehalten, und ganz Ägypten hatte sich begeistert einem König ägyptischer Herkunft unterstellt.

Freilich gab es auch Ausnahmen. In einer Anzahl «Nomen» – so hießen die Grafschaften, in die Ägypten von alters her eingeteilt war – regierten die von den Hyksos eingesetzten adligen Herren noch immer. Bei ihnen handelte es sich oft um Kollaborateure, die dem erblichen Adelsstand der betreffenden Grafschaften angehörten. Sie hatten mit den Hyksos Frieden geschlossen, sogar im Süden ihre Ländereien behalten, aber beim Ausbruch von Sekenenres Aufstand schnell genug auf das neue Pferd gesetzt, um ihre Stellung zu behalten – wenigstens bis Ahmose Zeit fand, sich mit ihnen zu beschäftigen. Einer von ihnen namens Aata, aus einer stromaufwärts von Theben gelegenen Provinz gebürtig, deckte seine Karten auf, während Ahmose mit Avaris vollauf beschäftigt und Oberägypten von Truppen entblößt war. Er stellte aus seinen eigenen Hintersassen ein Heer zusammen, bemannte Flotteneinheiten und segelte nordwärts gegen Theben.

Er hatte in seiner Rechnung die Königinnen vergessen. Die ältere, Ahotep, und ihre Tochter Nefertari trommelten alles an Soldaten zusammen, was ihnen nur möglich war, und hielten so den Rebellen auf. Ahmose beließ das Gros seiner Streitkräfte an Ort und Stelle, um die Belagerung fortzusetzen, und machte sich mit einer schlagkräftigen Truppe zu Wasser nach Süden auf, wo er, von seinen Schiffen aus kämpfend, Aatas Marine- und

Landstreitkräfte zerschlug. Dann hatte er es mit der Wiederaufnahme der Belagerung von Avaris so eilig, daß ihm für einen Besuch in Theben und Besprechungen mit seiner Frau und seiner Mutter kaum Zeit genug blieb.

Im folgenden Jahr kapitulierte der Hyksoskönig, allerdings nicht bedingungslos. Er war bereit, Avaris zu übergeben, doch sollten er, die Seinen und sein ganzes Heer sich unbehelligt nach seinem Geburtsland Palästina absetzen dürfen.

Ahmose nahm diese Bedingungen an und wartete, bis die Truppen der Hyksos die Grenze überschritten hatten – dann folgte er ihnen auf dem Fuße. Er und seine militärischen Berater waren sich im klaren darüber, daß es leichtsinnig sei, dem Hyksoskönig Gelegenheit zu geben, auf seinem eigenen Territorium seine Streitkräfte umzugruppieren, neu zu bewaffnen und zu einem von ihm gewählten Zeitpunkt Ägypten zurückzuerobern.

Über die Landenge von Suez und entlang der Uferstraße am Rand der Sinai-Wüste setzte die Armee des Pharaos – die nach wie vor hauptsächlich aus mit Speeren und Keulen bewaffneter Infanterie bestand, obgleich sie jetzt auch über erbeutete Kampfwagen verfügte – dem Feind nach. Das Hyksosheer erreichte aber die sicheren Grenzbefestigungen von Palästina und verschanzte sich in der mit Zinnen und Schießscharten befestigten Stadt Scharuhen (unweit des heutigen Gaza).

Ahmoses Truppen, nunmehr in allen Künsten der Belagerung bewandert, bezogen ihre Quartiere vor der eingeschlossenen Stadt, indes der Pharao nach Ägypten zurückkehrte.

Dort gab es für ihn viel zu tun. Eine neue Verwaltungsmaschinerie sollte an die Stelle der von den Hyksos geschaffenen Organisation treten. Auch die Armee mußte reorganisiert und frisch ausgerüstet und die Südgrenze nach Nubien sollte verstärkt werden. Im Süden mußte sogar ein neuer, mißlungener Aufstand niedergeschlagen werden. Die Außenpolitik war in ihren Richtlinien neu festzulegen, und vor allem kam es darauf an, die diplomatischen Kontakte wiederherzustellen. Vor allem aber sollte Ahmose offiziell und im Triumph nach Theben zurückkehren, um seinem göttlichen Vater Amun für die errungenen Siege zu danken.

Diese Zeremonie übertraf an Glanz und Großartigkeit bei weitem die Krönungsfeierlichkeiten vor drei Jahren, wenn auch in späterer Zeit Menschen, die als Kinder an beiden teilgenommen hatten, die zwei Veranstaltungen nicht mehr in ihrem Gedächtnis auseinanderhalten konnten. Diesmal war der Jubel der versammelten Menge ungetrübt von Zukunftsängsten und Sorgen.

Ein geradezu wilder Freudentaumel aber brach drei Jahre später aus, als die ägyptische Armee nach dem Fall von Scharuhen und einer demonstrativen Kampagne in Palästina nach Hause zurückkehrte. Inzwischen war eine neue Armee aufgestellt worden; so konnten die alten Kameraden aus der Zeit der «Résistance» nach Theben zurückgebracht und entlassen werden.

Viele Veteranen machten sich wieder an die Bebauung ihrer gepachteten Felder, andere erwarben ein kleines Geschäft oder eine Werkstatt. Die jetzt sechs Jahre und mehr zählenden Kinder gewöhnten sich daran, die fremden Männer als ihre Väter zu betrachten. Es gab natürlich auch Männer, die durch jahrelange Ausübung des Kriegshandwerks ihr Sitzfleisch eingebüßt hatten. Das seßhafte Leben zu Hause sagte ihnen nicht zu, und so verdingten sie sich nach ein paar Monaten oder längstens nach Jahresfrist wieder bei der Armee oder ließen sich von Handelsschiffen oder Karawanen anheuern.

Es waren unruhige Jahre, die auf die Befreiung folgten. Bauern und Handwerker wurden von den umfassenden administrativen Reformen, die der Pharao eingeführt hatte, kaum betroffen, was sie indessen nicht hinderte, endlose Debatten darüber zu führen.

Die neuen Verwaltungsmaßnahmen fanden im großen und ganzen Anklang. Wie jedermann wußte, war der Einmarsch der Hyksos dem ägyptischen Bürgerkrieg zuzuschreiben, und das Volk war sich einig darüber, daß Ähnliches sich nicht wiederholen dürfe. Der Erbadel in den Landbezirken hatte die rivalisierenden Thronanwärter des königlichen Hauses unterstützt und auf diese Weise einen Familienstreit zu einem Bürgerkrieg ausgeweitet. In der langen, wechselvollen Geschichte Ägyptens war es öfters vorgekommen, daß ein mächtiger Standesherr eine Dynastie gestürzt und sich selbst zum Pharao ausgerufen hatte. Jetzt war die Zeit reif, um mit dem alten System der nahezu unabhängigen Grafschaften aufzuräumen. Die Hyksos hatten viele Familien des alten Adels ausgelöscht, andere, die aus Eigennutz mit der Besatzungsmacht paktiert hatten, waren in deren Untergang mit hineingerissen und hingerichtet oder verbannt worden. So blieben nur Adlige von erprobter Loyalität übrig. Ahmose hob die erblichen Grafschaften auf und bestimmte, daß die Nomen in Zukunft von Beamten regiert würden, die der Pharao einsetzte und die nur ihm verantwortlich sein sollten.

Das Volk spendete diesen Maßnahmen Beifall, weil es sich dadurch weniger Korruption bei der Festsetzung von Steuern und Zehnten erhoffte. In der Tat war die Wirkung aber geringer, als man erwartet hatte, denn die loyalen Edelleute ließen nichts unversucht, um in ihren früheren Grafschaften den Gouverneursposten zu erhalten.

Die von seiten der Hyksos drohende Gefahr war noch keineswegs gebannt. Jenseits der augenblicklichen Grenze, tief im Innern von Palästina, bezeichnete sich der neue Herrscher der kanaanitischen Konföderation, Maaibre, noch immer als Pharao von Ägypten; auch legte er ein pseudo-ägyptisches Wesen an den Tag, und er ließ sogar seinen in Skarabäen eingravierten Namenszug von der königlichen Kartusche einfassen. Es gab übrigens im Delta noch immer eine starke asiatische Minderheit, die während und teilweise sogar vor der Besetzung durch die Hyksos eingewandert war und dort unangefochten ihren Geschäften nachgehen durfte, solange man keinen stichhaltigen Vorwand für ihre Ausweisung fand. Am zahlreichsten unter ihnen waren die Menschen vertreten, die sich «Kinder Israel» nannten – Nachkommen des einen oder anderen amoritischen Stammesfürsten gleichen Namens, dessen Geschlecht teils im nördlichen, teils im südlichen Mesopotamien beheimatet gewesen und vor etwa dreihundert Jahren nach Ägypten ausgewandert war. Es waren friedliche Leute, doch konnte niemand vorhersagen, auf welche Seite sie sich schlagen würden, falls der Hyksoskönig einen Versuch machen sollte, sein verlorenes Imperium zurückzugewinnen.

Anscheinend machte Ahmose seine Nordostgrenze einiges Kopfzerbrechen. Als die Söhne seiner Veteranen aus der Résistance-Zeit das militärische Alter erreichten, wurde die Mehrzahl von ihnen zur Ableistung ihrer Dienstpflicht in die staubigen Ebenen des Negeb oder in die Küstenstädte des Gaza-Streifens abkommandiert. Bei ihrer Heimkehr konnten sie sich dank Informationen, die sie von Besatzungsmitgliedern der Küstenschiffahrt oder von Eseltreibern aus Karawanen aufgeschnappt hatten, über die Zustände jenseits der Grenze ein recht gutes Bild machen.

Die kanaanitischen Hyksos besaßen starke Verbündete als Rückendeckung: im Norden die Amoriter aus dem Libanon, und wiederum nördlich von diesen die Amoriter aus Yamchad. Vor etwa vierzig Jahren war Yamchad von einem mächtigen König überrannt worden, der aus dem Bergland im Nordwesten aufgetaucht war; doch hatten sich seine Kampfwagen wieder in nördlicher Richtung abgesetzt und seither nicht mehr blikken lassen, so daß Yamchad sich inzwischen von dem Schrecken erholt hatte. Der gleiche König aus dem Gebirge hatte außerdem das größte amoritische Land, Babylonien, das sich östlich am Euphrat entlang hinzog, überfallen und verwüstet. Babylonien war nicht wieder zu Kräften gekommen; es unterstand vielmehr einem an sich recht friedfertigen Handelsimperium am oberen Ende des Persischen Golfs. Die mächtigste Nation im Norden war zweifellos das Mitanni-Königreich der Hurriter, die mit ihren Kampfwagen die weiten Ebenen des oberen Euphrattals in Schach hielten. Letztere indessen gehörten einer anderen Rasse und Sprachgemeinschaft an, als die semitisch sprechenden Völkerschaften tiefer im Süden; und solange die Semiten zwischen ihnen und Ägypten standen, bedeuteten die Hurriter für dieses Land keine Gefahr.

Die älteren Leute in den Städten und Dörfern am oberen Nil hörten solchen Schilderungen der Heimkehrer teils belustigt, teils respektvoll zu: von diesen hintereinander gestaffelten Völkern hatten sie selbst, als sie noch jung waren, kaum je ein Wort vernommen. Nun, damals war man eben von anderen Sorgen geplagt... Jetzt herrschte jedenfalls Friede in Ägypten, und wenn es überhaupt Gefahren für den Bestand des Reiches gab, so lauerten diese jenseits der Landesgrenzen.

Zweiundzwanzig Jahre nach Ahmoses Krönung erreichte die Veteranen der Widerstandsbewegung in den Nildörfern die Nachricht vom Tode ihres großen Befehlshabers. Die Herolde, die sie überbrachten, meldeten dem Volk gleichzeitig die Thronbesteigung seines Sohnes Amenophis. Die Trauerbotschaft kam nicht unerwartet. Ahmose war fast siebzig Jahre alt und seit geraumer Zeit krank. Dennoch hatte die ältere Generation das Gefühl, als bliebe Ägypten beim Tode des Königs schutzlos zurück, und die Menschen richteten ihre Blicke wieder sorgenvoll gen Norden. Amenophis' Mutter lebte zwar noch immer, und sogar die alte Königin Ahotep – die Heldin der Résistance – war trotz ihrer über achtzig Jahre rüstig wie immer. Die beiden Königinnen-Mütter – legendäre Gestalten, die während Ahmoses Abwesenheit das Land tapfer und mit starker Hand regiert hatten – würden sicher dem jungen Amenophis mit Rat und Tat zur Seite stehen, falls neues Unheil über Ägypten hereinbräche.

Ob Amenophis den Rat seiner Mutter oder Großmutter benötigte oder ihn gar einholte, wurde außerhalb des Palastes nicht bekannt. Jedenfalls war die Zahl der königlichen Damen stromauf, stromab Gegenstand von Kommentaren aller Art und sogar von gewagten Witzen. Natürlich war es nur recht und billig, es entsprach dem Gesetz und der Regel, daß Amenophis seine leibliche Schwester ehelichte, denn letzten Endes trug die Tochter mehr noch als der Sohn göttlicher Herrscher den Funken der Göttlichkeit in sich. Amenophis verfiel freilich bei der Anwendung dieser Regel etwas ins Extrem. Ahmose und Nefertari hatten drei Töchter: die nach ihrer Großmutter benannte Ahotep, dann Merit-Amon und Sat-Kamose, also drei Vollschwestern Amenophis'. Dieser wußte zweifellos, daß jeder Mann, der eine seiner Schwestern heiratete, dadurch im Prinzip zu einem Thronrivalen für sich selbst wurde, und entschloß sich daher, sie gleich alle drei zu ehelichen. Als königliche Prinzessinnen wurden sie dann natürlich auch als göttliche

Gattinnen und regierende Königinnen geführt; und das Problem, welcher von den fünf im Palast lebenden Königinnen vor der anderen den Vorrang zukam, bereitete zugestandenermaßen dem Haushaltsvorstand periodisch Sorgen.

Amenophis regierte zwanzig Jahre lang. Historisch betrachtet war es eine nicht gerade ereignisreiche Zeit des nationalen Wohlstands. Das von Ahmose eingeführte neue System der Machtübertragung funktionierte reibungslos; das Steueraufkommen war gleichmäßig, es gab nur geringfügige Unzufriedenheit im Volk und keinerlei interne Unruhen. An den Grenzen herrschte Friede – wenn er auch nicht immer ganz leicht zu erhalten war. Der Hyksos-Thronprätendent irgendwo im Nordosten hielt sich zurück, ja, vor dem Ende von Amenophis' Regierung hatte er sogar offiziell jedem Anspruch auf Ägypten entsagt. Der Pharao ließ sich, wie es das Herkommen erforderte, in regelmäßigen Zeitabständen an der Spitze seiner Armee blicken, und zweimal überschritt er sogar die Landesgrenze: denn es zählt zu den Herrscherpflichten eines göttlichen Pharao, daß er den Nichteingeweihten die Furcht vor Amun einflößen muß. Einer dieser Feldzüge führte ihn gegen den Sudan, wo aufsässige Stämme Raubüberfälle auf ägyptisches Hoheitsgebiet unternommen hatten; damals besiegte Amenophis ein nubisches Heer und nahm dessen Anführer gefangen. Einige Jahre später marschierte er in die westliche Wüste, tief ins libysche Gebiet, ohne bei den kleinen Fürstentümern an der Meeresküste oder den Hirtenstämmen im Innern auf organisierten Widerstand zu stoßen. Im großen und ganzen aber erhielt er mit Hilfe einer gut ausgerüsteten Armee und verstärkter Wachsamkeit in der Richtung von Syrien den Frieden.

Uns scheinen es zwei ereignislose Jahrzehnte gewesen zu sein. Für die um 1580 v. Chr. Geborenen, denen unser Kapitel gilt, sind sie der wichtigste Lebensabschnitt, in dessen Verlauf sie von jungen Leuten zu reifen Männern und Frauen wurden. Es war die Zeit, da ihre Kinder heranwuchsen und sie selbst ein Leben des Erfolges oder des Mißerfolges führten.

Der Maßstab war bei den meisten von ihnen recht anspruchslos. Für ein erfolgreiches Dasein genügte es in Ägypten vollauf, daß man nicht schlechter lebte, als die eigenen Eltern gelebt hatten – indem man die Felder seines Grundherrn bestellte oder das angestammte Ladengeschäft weiterführte und dabei seine Kinder in der Gottesfurcht erzog, damit der Segen der Götter ihnen zuteil werde. Wenn die Stunde für die eigenen Eltern schlug, trug man Sorge für ein anständiges Grab auf dem Friedhof und achtete dabei besonders auf die religiösen Zeremonien, damit die Geister der Abgeschiedenen wohlbehalten im Jenseits eintrafen – jenem Ort, an den man ja eines Tages selbst gelangen würde.

Nun gab es in dieser Generation einige, die nach einer turbulenten Jugend ihre Ziele höher steckten als die Allgemeinheit und mehr als sie auf die Güter dieser Erde erpicht waren. Seit die Ägypter wieder Herr im eigenen Hause waren und an den Landesgrenzen Friede herrschte, hatte der Überseehandel bedeutend zugenommen. Nach der langen Kriegszeit verzeichnete die Bautätigkeit einen gewaltigen Aufschwung. Der neue Adel und der reich gewordene Mittelstand bot den vielen importierten Luxusartikeln gute Absatzmöglichkeiten. Die Kaufleute, die einen bedeutenden Anteil am Mittelstand hatten, stellten ihre Schiffahrtslinien und Karawanen in den Dienst der wachsenden Nachfrage, während die Fabrikanten sich mehr und mehr auf den Export konzentrierten, mit dessen Erlös man die eingeführten Luxuswaren bezahlen konnte.

Gewaltige Lastkähne durchpflügten jetzt den Nil in seiner ganzen Länge, wobei die Besatzung stromabwärts zur Unterstützung des Gefälles mit langen Rudern arbeitete, während stromaufwärts Segel gesetzt wurden, um den Nordwind auszunutzen. In Avaris und den übrigen Häfen des Mündungsgebietes, wo der scharfe Salzgeschmack des Meeres die Nasen der Süßwasserschiffer kitzelte, tauschte man die Ladung aus, während Schreiber die Ballen und Lattenkisten auf ihren Listen und Ladeverzeichnissen abstrichen, die in hieratischer Schnellschrift auf Papyrusbogen aufgezeichnet waren. Diese hatte übrigens kaum noch Ähnlichkeit mit der exakt gezeichneten Bilderschrift der Hieroglyphen.

Die Häfen des Deltas waren Umschlagplatz für den immer steigenden Handel mit überseeischen Gebieten. Sie erfreuten sich einer jahrhundertealten merkantilen Tradition, was man auf den Zusammenkünften der kaufmännischen Zünfte gern hervorhob. Die Schiffe, die sich als erste westwärts in die Welt der Barbaren und sogar über die Säulen des Herkules hinaus vorgewagt hatten, waren zum Teil aus diesen Häfen ausgelaufen. Das lag vor siebenhundert Jahren ebensoweit zurück wie für uns die Kreuzzüge. Es hieß, daß kretische Schiffe nach wie vor in jeder Richtung Handel trieben, und die ägyptischen Kaufleute sprachen halb scherzhaft, halb im Ernst von der Möglichkeit, ihre alten westlichen Handelsverbindungen wiederaufzunehmen. In Ägypten war zur Zeit der Markt für exotische Artikel sehr aufnahmefähig; handwerkliche Erzeugnisse der primitiven europäischen Volksstämme, die man wahrscheinlich mit einer Handvoll Glasperlen bezahlen konnte, ließen sich hier mit gutem Gewinn absetzen.

Mancherlei europäische Waren kamen mit kretischen Schiffen ins Land und wurde vermutlich mit ungeheuren Preisaufschlägen verkauft. So konnte man sich von den Produkten des Nordens und Westens einen Begriff machen. Die Goldarbeiten dort waren beispielsweise recht ordentlich, sofern sie nicht nach ägyptischen Vorlagen gearbeitet waren, und es gab hübsche Gegenstände aus Bronze und Holz. Aus jenen Gegenden kamen Schmuckstücke von prachtvoll barbarischer Primitivität aus unbekannten Halbedelsteinen, die vermutlich auch hier große Mode würden: pechschwarzer, glänzender Jett und Bernstein, der wie durchscheinender Honig aussah.

Die Erzeugnisse des fremden Handwerks wurden von spezialisierten Importeuren eingeführt. Das Gros der Importwaren auf diesem Gebiet kam aus nicht gar zu fernen Gegenden. Wie in den Zeiten der Hyksos liefen die Küstenfahrer von Byblos und den anderen libanesischen Häfen jetzt wieder das Delta an; sie brachten Zedernholz und hin und wieder eine Ladung Silber oder Kupfer oder Wein aus Kleinasien.

Kupferschmiede kamen auch von Zypern oder direkt von den Häfen der kleinasiatischen Südküste, aus Ḳizzuwatna und Arzawa. Diese Länder waren, als die älteren Kaufleute noch in den Kinderschuhen steckten, einer großen Landmacht untertan gewesen, den Hethitern – der gleichen Macht, die vor fünfundfünfzig Jahren einen Vorstoß gegen Babylon gemacht und es zerstört hatten –, nun aber, kurz vor dem Ende der Hyksos in Ägypten, hatten sie ihre Unabhängigkeit zurückgewonnen.

Die wichtigste Handelsverbindung war die mit Kreta. Kreta vertrieb als Wirtschaftszentrum nicht nur seine eigenen Produkte, Öl, Fische und hochqualifizierte Töpfereiwaren, sondern auch alle gängigen Erzeugnisse von den Nordufern des Mittelmeeres und sogar von noch weiter her. Die gewaltigen, breitausladenden Frachter aus Kreta liefen vollbeladen mit Holz, Marmor, Wolle, Zinn, Kupfer und Färbemitteln die nordägyptischen Häfen an und stachen, nachdem sie ihre Fracht gelöscht und durch eine neue ersetzt hatten, mit Bronzewaren, Leinwand und schiffüllenden Ladungen von Gerste und Weizen an Bord abermals in See.

Aber auch die großen Überlandkarawanenstraßen aus dem Osten berührten die ägyptischen Küstenstädte. Hier lagen die riesigen Karawansereien, in denen die langen Züge von Packeseln, die auf der Küstenstraße von Kanaan und der Halbinsel Sinai gekommen waren, ihre Reise beendeten. Die Warenballen kamen vom Persischen Golf die endlos lange Euphratroute herauf und waren vorher auf dem Seeweg von jenseits des Persischen Golfs zu den Häfen des am Meer gelegenen Königreiches gereist, das jetzt über Babylon herrschte. Das galt namentlich für Datteln; hin und wieder auch für Perlen und Karneolschmuck.

Mit dem Karneol hatte es eine besondere Bewandtnis: der Preis für diese Halbedelsteine war zu einer nie dagewesenen Höhe emporgeklettert – aus einem Grunde, über den die schwarzbärtigen Händler vom Golf sich gerne ausließen. Die Sendungen von durchscheinenden roten Steinen aus Indien dürften auf lange Sicht die letzten gewesen sein. Während die Händler die kleinen Ledersäckchen mit den Halbedelsteinen von einer Hand in die andere gleiten ließen, berichteten sie vom Niedergang des Osthandels.

Wenn man, so behaupteten sie, drei Wochen lang den Persischen Golf hinuntersegelte und das hinter ihm liegende Meer durchquerte, stieß man auf das Land Meluhha, wo der Indus – ein der Größe nach mit dem Nil vergleichbarer Strom – sein Wasser in den Indischen Ozean fließen ließ. Die ägyptischen Händler nickten mit den Köpfen; sie hatten schon von Meluhha gehört.

Aus diesem reichen Land, so erzählten die Mesopotamier weiter, wurden schon seit langer Zeit Schiffsladungen voll kostbarer Güter von den abenteuerlustigen Kaufleuten aus Ur und Dilmun in ferne Länder verfrachtet – Ladungen von Gold und Elfenbein, von Teakholz, Baumwolle und Lapislazuli. Auch von Karneol ... Solange das Gedächtnis der Menschen zurückreichte, waren die Inder ein friedliebendes Volk gewesen, dessen Großkönige von ihren mächtigen Hauptstädten Mohenjo-daro und Harappa aus regiert hatten. Weit nach Südosten hin reichten Meluhhas Kolonialgebiete, fünfhundert Meilen weit entlang der Küste bis zu den Bergen und Dschungeln der Kalbinsel Kathiawar. In nordöstlicher Richtung waren am Oberlauf eines anderen Stromes neue Städte gegründet worden. Von diesem Strom hieß es, er flösse Hunderte von Meilen weit gen Osten in ein anderes Meer. Es hatte so ausgesehen, als ob Meluhha sich in Größe, Macht und Reichtum unbegrenzt ausdehnen könne.

Aber schon zu Lebzeiten ihrer Großväter sei ein Feind von Norden her übers Gebirge ins Land eingefallen – ein Gebirge, so hoch, daß es für das Dach der Welt gehalten wurde. Wie die Hurriter und die Kassiten aus Nordmesopotamien waren diese Neuankömmlinge, die sich als Arier bezeichneten, Nomaden, die mit Rinderherden und vielen Pferden unter dem Schutz schneller, bewaffneter Kampfwagen von Ort zu Ort zogen. Sie waren äußerst kriegerisch veranlagt, stillten ihren Hunger mit großen Mengen von Ochsenfleisch und sangen mit besonderer Vorliebe ihre Volkslieder. Seit ihrem ersten Auftauchen hatten sie ihren Druck südwärts verstärkt.

Schon vor über einem Menschenalter war die große Stadt Harappa gefallen; weit drüben im Norden lag sie am Indus, und seither kam kein Lapislazuli mehr aus den Bergen Afghanistans. Nun betrug die Entfernung von Harappa nach Mohenjo-daro fünfhundert Meilen, und von Harappa bis ans Meer war es so weit wie von einem Ende Ägyptens zum anderen. Der in Mohenjo-daro residierende König hatte sich daher über den Fall von Harappa weniger Gedanken gemacht, als er es vielleicht hätte tun sollen – die von langer Erfahrung gewitzten Mesopotamier warnten ihn vergebens vor der Schnelligkeit, die die Wagenlenker entwickeln konnten. Jedenfalls waren die Arier jahrein, jahraus weiter nach Süden gezogen, wobei sie die Siedlungen des Pandschab plünderten und brandschatzten – kürzlich hatten sich ihnen sogar verwandte Stämme zugesellt, die, aus Persien kommend, ins Hügelland von Beludschistan eingefallen waren. Erst als die verbündeten Heeresgruppen der Arier und Asures von West und Nord im Anzuge waren, erkannte der Herrscher von Mohenjo-daro – zu spät – die Gefahr. Die Streitkräfte der Meluhha waren zerschlagen, die eilig improvisierten Verteidigungsstellungen von Mohenjo-daro – einer seit Jahrhunderten offenen Stadt – waren überrannt, die Stadt selbst war erstürmt und geplündert worden.

Einer der Mesopotamier nahm den Faden der Erzählung auf. Er hatte sich, so sagte er, mit einer Gesellschaft von Kaufleuten aus Dilmun während der Plünderung in Mohenjo-daro aufgehalten und war – unter Mitnahme von zwei Beutelchen Karneolsteinen – mit knapper Not dem Tode entronnen. Von der Zitadelle aus hatte er zugesehen, wie die hochgewachsenen blonden Krieger durch die breiten Prachtstraßen stürmten und die flüchtenden, von Panik ergriffenen Zivilpersonen mit Speeren niedermachten. Die Klugen unter der Bevölkerung waren von Anfang an aufs freie Land geflüchtet und hatten Haus und Hof den Eindringlingen überlassen. Wer dageblieben war, um wenigstens einen Teil seines Besitzes zu bergen, wurde in den Straßen niedergemacht. Diejenigen, die sich in die unterirdischen Kanalschächte geflüchtet hatten, blieben nur am Leben, bis die vom Blutrausch übermannten Eindringlinge die Stufen hinabstürmten, um dort das Massaker zu vollenden. Jener Augenzeuge hatte, während er stromabwärts in einem Paddelboot flüchtete, drei volle Tage lang den Rauch gesehen, der von der geplünderten und an allen Ecken brennenden Stadt aufstieg und den Himmel verdunkelte.

Jetzt segelten nach der Aussage unseres Gewährsmannes keine Schiffe mehr über den Persischen Golf nach Indien, und indische Waren kamen nicht mehr auf die Märkte des Westens. Die Angreifer hatten für Städte nichts übrig. Anders als die übrigen indogermanischen Stämme, die Kassiten, Hethiter und Hurriter, die inzwischen von der Welt als Machtfaktoren anerkannt wurden, verwüsteten diese Arier alles, was auf ihrem Wege lag; es kam ihnen offenbar mehr auf das Zerstören an als auf Eroberungen. Der indische Markt war endgültig vom Außenhandel abgeschnitten.

Die Kaufleute von Avaris hörten respektvoll zu, obgleich sie solche Berichte über den geschäftlichen Rückgang in Ur und Dilmun wenig berührten. In Ägypten herrschte während dieser zwanzig Friedensjahre unter Amenophis eine Hochkonjunktur wie nie zuvor.

Je älter der König wurde, desto mehr wurde über seine Nachfolge gesprochen. Trotz seiner drei königlichen Gattinnen hatte der König offiziell keinen Sohn. Die ihm von Ahotep geborene Tochter, nach ihrem Großvater Ahmose genannt, war jetzt erwachsen, und ihr künftiger Mann würde durch sie zum Thronanwärter aufrücken. Es hatte daher allgemeine Zufriedenheit geherrscht, als die Prinzessin sich vor einigen Jahren mit dem Prinzen Thutmosis vermählt hatte, der zwar ihr Halbbruder und Amenophis' Sohn, aber von einer jungen Sklavin geboren war. So war das königliche Blut nur wenig verdünnt; im übrigen wußte man von Thutmosis, daß er ein energischer junger Mann war, dem die Ausbreitung der ägyptischen Macht sehr am Herzen lag. Auch glaubte das Volk ganz allgemein, daß die mächtigen Königinnen diesen Plan voll und ganz billigten. Amenophis' Mutter, die berühmte Schönheit Nefertari, hatte inzwischen das Zeitliche gesegnet, während die Großmutter Ahotep trotz ihrer fünfundneunzig Jahre noch sehr am Leben hing. Sie und die drei königlichen Mitregentinnen stellten mit Genugtuung fest, daß der weibliche Einfluß, der in der gegenwärtigen wie auch in der letzten Regierung so kräftige Blüten getrieben hatte, in der kommenden Regierung gleichfalls anzuhalten versprach: würde doch die nächste Königin über ihrem Gemahl stehen. Sogar Amun gab dem weiblichen Geschlecht offenbar den Vorzug, denn das erste Kind des jungen Paares war eine Tochter – keine andere als die reizvolle und lebhafte Prinzessin Hatschepsut.

Amenophis starb 1538 v. Chr. Die Menschen, die als Wickelkinder zur Krönung des nationalen Befreiers Ahmose getragen worden waren, nahmen jetzt im Alter von zweiundvierzig Jahren auf der gleichen Tempelplattform am Regierungsantritt seiner Enkelkinder, der nach ihm benannten Königin Ahmose und ihres Gatten Thutmosis, teil.

Thutmosis, damals zwischen zwanzig und dreißig Jahre alt, war ein junger, im Kriege noch unerfahrener Mann. Der Sudan, der die Schlappe, die ihm Amenophis zugefügt hatte, wettmachen wollte, fiel prompt in ägyptisches Gebiet ein. Der junge Pharao ließ sich aber nicht überrumpeln. Mit der vom Vater ererbten, gut gedrillten und ausgerüsteten Armee schlug er sofort zurück. Er marschierte von Theben in Richtung Süden, überschritt die Grenze, stieß tief in den Sudan vor und nahm und plünderte Kerma, die Hauptstadt des nubischen Königreiches Kusch. Von Theben nach Kerma sind es fünfhundert Meilen – offenbar nicht genug für Thutmosis, der noch zweihundert Meilen weiter nach Süden vordrang, am großen Nilknie vorbei. Dort, am vierten Katarakt, ließ er die Grenzsteine seines Reiches setzen, voller Stolz, daß sein Marsch durch Feindesland nicht kürzer gewesen war als derjenige, mit dem Mursilis vor sechzig Jahren Babylon völlig überraschend eingenommen hatte. Nachdem Thutmosis in Napata am Katarakt eine Garnison zurückgelassen hatte, marschierte er zum dritten Katarakt bei Kerma zurück. Dort hielt er sich eine Zeitlang auf, während seine Truppen eine befestigte Anlage für den Gouverneur und die Besatzungseinheiten errichteten, die die neueroberte Provinz halten sollten. Gleichzeitig ordnete der König an, daß fünf seinen Feldzug verewigende Reliefs aus den nahe gelegenen Felsklippen herausgearbeitet werden sollten.

Bei seiner Rückkehr nach Theben – vor der Überschwemmung – hatte Thutmosis erstmalig den Sieg gekostet und Geschmack an ihm gefunden. Die jungen Mannschaften und auch die älteren Veteranen – Soldaten und Offiziere des Jahrganges 1580 – hatten Vertrauen zu ihrem Führer gefaßt. Als er sie einige Jahre später in die entgegengesetzte Richtung, nach Kanaan, marschieren hieß, folgten sie ihm begeistert.

Palästina unterstand, wenigstens in der Theorie, Ägypten. Seit der Schleifung und der Plünderung der großen Hyksosfestung im südlichen Palästina vor vierzig Jahren war das Land politisch zerschlagen und in zahlreiche kleine Fürstentümer aufgeteilt. Jeder dieser Fürsten baute sich ein mächtiges Schloß aus soliden Steinen und buhlte fortan um ägyptische Hilfe gegen seinesgleichen, wenn er nicht gerade offenen Krieg gegen sie – oder auch gegen Ägypten – führte. Getreu der Hyksos-Tradition waren diese Fürsten gut mit Streitwagen ausgerüstet; gleichzeitig hatten sie sich neue Befestigungsmethoden ausgedacht, mit deren Hilfe diese zeitgemäße Angriffswaffe abgewehrt werden sollte. Ihre Festungen besaßen jeweils nur einen Zugang, der so schmal war, daß ihn nur ein Wagen auf einmal durchfahren konnte. Ein abfallendes Glacis zu Füßen der Mauer hinderte die Streitwagen daran, nahe genug heranzufahren, um ihre Speere auf die Verteidiger schleudern zu können.

Die Pharaonen hatten diesen Vasallenfürsten Tribute auferlegt, deren Bezahlung aber sehr zu wünschen übrigließ, und da außerdem die Fürsten sich recht ungebärdig aufführten, hatte Thutmosis eine mehr als ausreichende Handhabe zum Einschreiten. Dabei blickte er freilich weit über Palästina hinaus. Sein Großvater hatte sich diese Fürstentümer als Pufferstaaten gegen die Amoriter im Norden ausgedacht, aber nun hatten die Hurriter vom Oberlauf des Euphrat und ihre Mitanni-Fürsten samt zugehörigen Streitwageneinheiten ihren Druck weiter nach dem südlichen Syrien verlagert und das Gebiet des nordkanaanitischen Vasallen Ägyptens überfallen.

Thutmosis richtete sich daher auf einen zweiten Feldzug großen Ausmaßes ein und marschierte mitten durch Kanaan nach Syrien. Er fand keinen Widerstand; die kanaanitischen Fürsten zogen sich in ihre befestigten Plätze zurück und beeilten sich, die Tributrückstände auszuzahlen, während die Hurriter sich vor dem König zurückzogen. Erst an den Ufern des Euphrat machte er halt, genau wissend, daß kein Pharao vor ihm eine ägyptische Armee so weit nach Osten geführt hatte. Er setzte seine Grenzsteine am Euphrat – volle fünfzehnhundert Meilen von jenen entfernt, die er am vierten Nilkatarakt angebracht hatte – das ist die gleiche Entfernung wie von London nach Istanbul. Diesmal ließ er keine Besatzungstruppe zurück, sondern begnügte sich mit der Unterwerfung der ortsansässigen Fürsten, die er als Vasallen Ägyptens in ihren Grundrechten bestätigte.

Er kehrte im Triumph nach Theben zurück, als Herr über ein größeres Territorium, als je ein Pharao vor ihm besessen hatte – ohne daß er eine einzige Schlacht zu schlagen brauchte. Er beherrschte, ohne es zu wissen, das größte Reich, das die Welt bis zu diesem Augenblick gesehen hatte.

In den folgenden Jahren verschwand ein altes Wahrzeichen aus dem Stadtbild von Theben, um durch ein neues ersetzt zu werden. Thutmosis gelangte zu der Erkenntnis, daß der im Norden der Stadt gelegene Amunstempel, in dem er, sein Vater und sein Großvater gekrönt worden waren, viel zu klein war, um dem göttlichen Vater des Königs, der über ein so gewaltiges Reich herrschte, als Wohnsitz zu dienen. Deshalb befahl er, den alten Tempel abzureißen und an seiner Stelle einen neuen von angemesseneren Ausmaßen zu errichten. So entstand während der folgenden zehn Jahre der Tempel von Karnak in all seiner Herrlichkeit, vor den erstaunten und bewundernden Augen der schon ziemlich alten Männer und Frauen, die sich dunkel an die Krönung Ahmoses im früheren Heiligtum erinnern konnten.

Thutmosis führte keine Kriege mehr. Es hieß, er sei krank, wenn er auch nach wie vor seinen offiziellen Verpflichtungen nachkam. Dann aber, als die Jahre ins Land gingen und der Reichtum Ägyptens dank der regelmäßig einlaufenden Tributzahlungen und durch den wirtschaftlichen Aufschwung stetig wuchs, verließ Thutmosis die Stadt Theben fast gar nicht mehr.

Im Palast hatte sich vieles verändert. Die alte Heldin der Revolution und Urgroßmutter des Pharao, Ahotep, hatte endlich mit hundert Jahren das Zeitliche gesegnet; von den vier Kindern Thutmosis' und Ahmoses waren drei gestorben, darunter die zwei jungen Prinzen, auf die er alle Hoffnung für seine Nachfolge gesetzt hatte. Nur die Prinzessin Hatschepsut blieb in direkter Linie übrig, obgleich Thutmosis von einer Nebenfrau einen nach ihm benannten Sohn hatte. Der Pharao verließ sich offensichtlich mehr und mehr auf den scharfen Verstand und die Urteilsfähigkeit Hatschepsuts, die er seit dem Tode seiner Söhne fast wie einen Jungen erzogen hatte. Sie war eigenwillig und temperamentvoll; dazu hatte sie die Schönheit ihrer Mutter und ihrer Urgroßmutter Nefertari geerbt. Im Jahre 1518 v. Chr. setzte Thutmosis sie offiziell als Mitregentin ein und verheiratete sie gleichzeitig mit ihrem Halbbruder Thutmosis. Sie war damals vierundzwanzig, ihr Ehemann siebzehn Jahre alt.

Von diesem Tage an zog sich Thutmosis praktisch vollkommen von der Regierung zurück, und Hatschepsut übernahm alle amtlichen Verpflichtungen des Pharaos. Natürlich wahrte man nach wie vor die Form, denn keine Frau durfte Ägypten in ihrem eigenen Namen regieren, und Thutmosis' Name erschien auf allen Dekreten neben dem seiner Tochter. Der König rührte sich jetzt nicht mehr aus seinem Palast. Auch der junge Thutmosis war von zarter Gesundheit und begleitete nur selten seine eigenwillige Frau, wenn diese in ihrem Streitwagen Inspektionstouren durch das ganze Reich machte.

Es vergingen drei weitere Jahre, dann starb Thutmosis I. 1515 v. Chr. Ihm folgte Thutmosis II. auf dem Thron. Es war aber ein offenes Geheimnis, daß die Nachfolge in Wirklichkeit auf Hatschepsut übergegangen war.

Sowie sie Kunde davon erhielten, daß der Pharao, der sie besiegt hatte, tot war, erhoben sich die Eingeborenen der Provinz Kusch, um ihre Freiheit und Unabhängigkeit zurückzugewinnen.

Das ganze ägyptische Volk teilte die Entrüstung des neuen Pharaos und seiner Gemahlin über die Undankbarkeit und Unverfrorenheit der Sudanesen. Am lautesten nahmen die alten Leute aus den Städten und Dörfern Oberägyptens dazu Stellung. Sie ergingen sich in endlosen Schilderungen der Siegesparaden, die abgehalten worden waren, als König Ahmoses Truppen in die Heimat zurückkehrten, nachdem sie Ägypten vom fremden Joch befreit hatten. Sie erzählten von der stolzen Haltung der sudanesischen Einheiten, die damals Seite an Seite mit den Ägyptern für die Freiheit gekämpft hatten. Die Tatsache, daß nach weniger als einem Lebensalter die Enkel dieser treuen Verbündeten sich gegen die ägyptischen Behörden erhoben hatten, war ein Beweis für den zersetzenden Einfluß, den moderne Erziehungsmethoden sowie der Kontakt mit einer überlegenen Zivilisation auf die einfachen Moralbegriffe eines primitiven Volkes ausübten. Ein solcher Aufstand wäre, so sagten sie, zu ihrer Zeit nicht möglich gewesen.

Von den guten Wünschen des ganzen ägyptischen Volkes begleitet, machte das Expeditionskorps sich auf den Weg, um die belagerten Garnisonen zu entsetzen. Die braven Leute in der Heimat vernahmen voll Genugtuung die Berichte über die Zerschlagung der sudanesischen Armee und die Hinrichtung der männlichen Bevölkerung in den aufständischen Städten. Alt und jung stand dichtgedrängt auf den Nilböschungen, um die zurückkehrende Flotte mit begeisterten Zurufen zu begrüßen. Die gefangenen Anführer der Rebellen hingen mit dem Kopf nach unten in der Takelage der Schiffe: sie befanden sich auf dem Wege zu ihrer wohlverdienten Hinrichtung im Angesicht des Pharaos.

Sogar die ältesten Leute konnten sich an keinen so machtvollen Ausbruch von Volksbegeisterung erinnern seit dem Tage vor siebzig Jahren, da Ahmoses Heer sich gegen die fremden Bedrücker Ägyptens erhoben hatte und gen Norden marschiert war.

Was die Bevölkerung von Kusch von alledem hielt, ist nicht überliefert.

Über die genauen Daten, an denen sich dies alles zutrug, sind die Meinungen geteilt. Wir haben uns für die chronologische Darstellung C. F. A. Schaeffers in seiner «Stratigraphie Comparée» gehalten; andere Forscher setzen diese Geschehnisse um zwölf Jahre später. Es sind ferner einige ungewisse Punkte von geringerer Bedeutung zu erwähnen: so stimmen die Namen der Hyksos-Pharaonen zur Zeit der Befreiung Ägyptens und während der anschließenden Kampagne des Ahmose in Palästina nicht unbedingt mit den hier angeführten überein, wenn sie auch als Namen von Hyksosführern aus dieser Zeit überliefert sind. Daß Thutmosis I. ein Sohn von Amenophis I. war, steht auch nicht einwandfrei fest: vielleicht handelt es sich bei ihm nur um einen Neffen oder sonstigen nahen Verwandten des Königs. Die Entscheidungsschlacht bei Memphis zwischen Ahmoses Truppen und denen der Hyksos ist nicht historisch. Eine entscheidende Auseinandersetzung solcher Art muß aber stattgefunden haben, und sie dürfte sich kaum tiefer im Delta abgespielt haben als in der Nähe der alten Hauptstadt.

Besonders weit gehen in chronologischer Hinsicht die Meinungen über die Zerschlagung der Kultur im Industal auseinander. Ihr Untergang ist unbezweifelbar; die in den einstigen Straßen und Kanalschächten von Mohenjo-daro herumliegenden, unbeerdigten Skelette sind stumme Zeugen brutaler Gewaltanwendung und bestätigen uns außerdem, daß die zerstörte Stadt nicht wieder aufgebaut wurde. Man nimmt heute allgemein an, daß es die Arier waren, die jene blühende Zivilisation vernichtet haben und daß der einschlägige Bericht in den Versen der «Rigveda» sich auf die oben geschilderten Vorgänge bezieht. Sie können aber nicht vor 1800 und nicht nach 1500 v. Chr. stattgefunden haben. Uns erscheint auf Grund des heute verfügbaren und keineswegs eindeutigen Beweismaterials die Zeit um 1550 als die wahrscheinlichste. Die Kultur des Industals ist in dem gleichnamigen Werk von Sir Mortimer Wheeler anschaulich beschrieben. Für ihre chronologische Abgrenzung und somit auch für den Zeitpunkt ihres Zusammenbruches hat D. H. G. Gordon in seinem Werk: «The Prehistoric Background of Indian Culture» zwar nur wenige, aber bewunderswert einleuchtende Zeugnisse erbracht.

13
Die Bernsteinstraße
1510 - 1440 v. Chr.

Im Sommer ging die Sonne fast im Norden hinter dem Vorgebirge unter. Das flammende Gold und perlmuttfarbene Rosa, in dem das Gestirn sich aufzulösen schien, bewegte sich langsam über den Nordhimmel dahin. Die Tannenwipfel auf den Hügelkämmen hoben sich silhouettenhaft scharf vom gleißenden Hintergrund ab, bis nach längstens drei Stunden das Licht wieder stärker wurde und die Sonne im Nordosten wieder auferstand. Nacht wurde es dort zu dieser Jahreszeit nie; die Sonne schien sechzehn Stunden am Tage; Gras wie Getreide sprießten in üppigem Grün, und man konnte den Kletterbohnen förmlich beim Wachsen zusehen. Die ganze lebende Natur schwelgte in Licht und Wärme nach dem langen, schneereichen Winter und dem kalten, nassen Frühjahr.

Die jungen Burschen aus dem Dorf verbrachten die meiste Zeit in oder wenigstens am Wasser. Sie kletterten über die Felsen, durchforschten die Klippen nach möglichst hochgelegenen Übergängen und paddelten auf allen Flößen und Holzklötzen in das offene Wasser des Skagerrak hinaus.

Das nannten sie arbeiten – und in der Tat brachten sie eine buntscheckige und nicht unwillkommene Ausbeute von ihren Expeditionen mit nach Hause. Möweneier von den Felsriffen und Lummeneier von den Klippen wechselten ab mit Krabben und Muscheln von den Felsen sowie Meeräschen und Seebarschen aus größeren Wassertiefen. Die Eltern beurteilten solche Spritztouren mit Nachsicht, dachten an ihre eigene Kindheit und bestanden nur auf gelegentlicher Betätigung ihrer Sprößlinge in der Landwirtschaft.

Das Dorf lag in einer Senke eingebettet zwischen grauen Granithügeln, nahe einem breiten Meereseinschnitt, an der Küste unweit der Gegend, wo heute die Grenze zwischen Norwegen und Schweden zu den Wassern des Skagerrak hinunterzieht. Die aus Erde und Steinen erbauten Häuser waren niedrig; der Rasen auf ihren Dächern ordnete sie in die umliegenden Wiesenflächen harmonisch ein. Nur der herrschaftliche Gutshof, eine Ansammlung von Gebäuden aus Stein und Holz in geringer Entfernung vom Dorf, hob sich auch aus weiterer Sicht vom Landschaftsbild ab.

Um das Dorf herum und das Tal hinauf erstreckten sich die abgeholzten Flächen mit Weideland und winzigen Kornfeldern, letztere eingezäunt, um Schafe und Rindvieh von den jungen Trieben fernzuhalten. Jenseits der Einzäunung lag der Wald, der von Steinhalden und Gehängeschutt durchzogen war, so daß das Grün der Bäume sich mit dem Grau des Gesteins vermischte.

Auch die Felder waren alles andere als eben. Sie liefen auf beiden Seiten der Wildwasser bergan, und ihre Humusschicht wurde immer wieder von Granitblöcken oder steil aufragenden Felsplatten durchstoßen.

Entlang der Uferlinie standen die langen niedrigen Schutzbunker aus Stein (mitunter waren sie mit Grassoden bedeckt), in die man zur Winterzeit die Fischerboote zog. Jetzt waren sie freilich am Ufer festgemacht, außer an den Tagen, an denen die Wind-

Unter den in das Gestein gemeißelten Darstellungen aus Südnorwegen und Schweden befinden sich solche, deren Sinn nicht leicht zu enträtseln ist. Es ist möglich, daß hier ein Maibaum gezeigt werden soll, wie er heute noch im Mittelpunkt der schwedischen Sonnenwendfeiern steht.

und Wasserverhältnisse einen guten Fang verhießen. Dann überließen die Männer die Felder sich selbst, holten Schachteln mit Muschelködern, bronzene Fischhaken und Angelschnüre aus Sehnen hervor und ruderten zu den Fischgründen hinaus. Das Dorf lebte mehr von der See als vom Land, was durch die an jedem Hausgiebel auf Schnüren aufgereihten, in Sonne und Wind trocknenden Fische dem Auge und auch der Nase klargemacht wurde.

Die Boote waren seetüchtige Fahrzeuge aus geklinkerten Holzplanken, die mit festgedrehten Weidenruten zusammengebunden und dann mit Kuhhaaren und Werg abgedichtet wurden. Am Schiffsschnabel und am Heck liefen sie spitz zu, Bug und Achtersteven waren mannshoch und nicht selten reich geschnitzt. Es war ein schöner Anblick, wenn sie an einem windstillen Morgen in See stachen, bis zu zehn Mann an den Rudern, dazu der Steuermann, der dem Spender allen Lebens, der Sonne, ins Auge blickte, während er die rituellen Getreidekörner aufs Wasser streute. Die Kinder am Ufer hörten die Männer noch singen, wenn die Boote schon nach Westen abgedreht hatten.

Die Kinder ahmten den Ritus getreulich nach, wann immer sie ihre Flöße und Treibholzschiffchen vom Stapel ließen, indem sie etwas von dem Gerstenbrot opferten, das sie den Frauensleuten abgeschwatzt hatten. Sie warfen die Stückchen mit der einen Hand ins Wasser, während die andere Hand zum Gruße des Sonnengottes erhoben war. Eines ihrer Lieblingsspiele war es, den täglichen Lauf des Sonnengottes nachzuahmen, indem sie mit den nur in ihrer Phantasie existierenden Pferden und Wagen am Nordufer der Bucht bis zur sandigen Landzunge galoppierten, wo sie das «Schiff der Nacht», ein Floß, erwartete, mit dem sie an ihren Ausgangspunkt zurückpaddelten. Dann konnte die Reise nochmals losgehen.

Das Leben der Kinder richtete sich wie das der Eltern nach den Wettergöttern. Sogar im Sommer kam es vor, daß es tagelang in Strömen goß und Nebelschwaden tief über den Hügeln hingen. Der Meergott brauchte nur seinen Dreizack zu schwingen, und schon donnerten die Wellenberge gegen die Klippen. Wenn der Gott des blitzezündenden Hammers auf die amboßförmigen Donnerköpfe einschlug, brach das schönste Gewitter los. Im Sommer gewann der mächtige Sonnengott zum Schluß immer die Oberhand, und dann ritt er auf seinem Flammenwagen rund um den Himmel.

Die vier alljährlichen Sonnenfeste bildeten für die Kinder die Höhepunkte des Jahres; aber auch an jedem gewöhnlichen Alltag verleitete der mittägliche Sonnenstand sie zu endlosen Auseinandersetzungen und Rechnereien über die genaue Zeitdauer bis zum nächsten Sonnenfest. Jedes dieser Feste unterschied sich grundlegend von den anderen, doch hatten sie alle eines gemein: sie brachten den Menschen eine hoffnungsvolle Botschaft und einen Tag unbeschwerten Frohsinns.

Von diesen vier Festen war das der Aussaat geweihte das feierlichste; es fand zur Zeit der Tagundnachtgleiche statt. Bei diesem Anlaß wurde das holzgeschnitzte Abbild des von den «Pferden der Morgendämmerung» gezogenen Sonnenwagens aus dem Tempel geholt, auf knarrende Ochsenkarren montiert und von Feld zu Feld gezogen, begleitet vom Priester und seinen Gehilfen, die mit jungem Birkengrün geschmückt waren und Litaneien sangen, während die girlandenbehangenen Männer und Frauen im Zug folgten. Nach dem Opfer kam das rituelle Pflügen an die Reihe. Bei dieser Zeremonie vertrat der adlige Grundherr den König. Er spannte eines seiner Pferde (es waren die einzigen im Tal) an den sonst nur von Ochsen gezogenen, hölzernen Pflug und zog, nackt wie am Tage seiner Geburt, die drei rituell vorgeschriebenen Furchen im Tempelfeld. Um das Pferd zu seiner ungewöhnlichen Aufgabe anzufeuern, benutzte er einen mit jungen Trieben bedeckten Birkenzweig; die Furchen wurden natürlich nach der Sonne ausgerichtet. In die Furchen warf man dann zusammen mit dem Getreidesamen die Krümel eines Julfestkuchens, der aus der Ernte des Vorjahres gebacken und den Winter über in der Kornlade aufgehoben worden war.

Bei der Sommersonnenwende ging es fröhlicher zu; an jedem Vorgebirge, an jeder Landzunge und an allen Küsten brannten Freudenfeuer, und bis in die frühen Morgenstunden wurde um den blumengeschmückten Maibaum getanzt. Sogar die kleinen Buben ließen es sich an Kuchen und Bier wohl ergehen, bis sie kaum mehr auf den Beinen stehen konnten. Die Nacht war nicht lang genug für alle die ausgelassenen Späße und das verliebte Getändel; gar zu bald stieg der Sonnengott in seiner Herrlichkeit am Firmament empor und gab das Signal für die Tieropfer.

Die größten Opfer wurden naturgemäß beim Erntedankfest dargebracht, das an der zweiten Tagundnachtgleiche gefeiert wurde, wenn der Winter vor der Tür stand. Das war ohnehin die Zeit, die Ochsen, Schafe und Schweine für den Winterspeisezettel zu schlachten. Dann waren die Geschenktische am Rande des Tempelhains reich beladen mit Opfergaben an den Sonnengott, der den Menschen die Ernte geschenkt hatte. Man sah dort Fische, Fleisch, Wurst, Haufen von Körnern und Äpfeln, Schüsseln mit Nüssen und Beeren, Käse und Schalen voll Milch. Nachdem der Gott und seine Priester sich ihren Anteil geholt hatten, fand ein Fest für die ganze Gemeinde statt, so üppig, daß man sich bis in die mageren Tage des Spätwinters daran erinnerte.

Den Kindern war das liebste Fest von allen das Julfest, das auf die Wintersonnen-

Das Problem der Darstellung von Gespannen wurde von den schwedischen Felsbildhauern anders gelöst als von den Künstlern des Nahen Ostens. Im übrigen ist der leichte, für zwei Pferde bestimmte Kampfwagen mit Speichenrädern etwas ganz anderes als der um siebenhundert Jahre ältere, schwere Eselskarren der Sumerer.

wende fiel. An diesem Tage begann die Sonne ein weiteres Mal ihren Aufstieg am Himmel, und ihre nächtliche Reise unter der Erde von West nach Ost wurde wieder täglich kürzer. Dann lag tiefer Schnee im Tal, die Kälte brannte förmlich in den Lungen, und man feierte das Fest in den solide gebauten Häusern. Die Talglampe und das Kaminfeuer spendeten Licht und Wärme, und das Vieh im Stall jenseits der dünnen Zwischenwand verbreitete einen angenehmen animalischen Dunst. Alle Kreatur, einschließlich der Götter und des Viehs, gab sich an diesem Tage der Völlerei hin. Es gab gut gewürzte Eintopfgerichte aus Dörrfleisch und Gerste, dazu Weizenkuchen, und im Warmbier schwammen gekochte Äpfel. Vermummte Priester zogen den Sonnenwagen auf einem Karren durch das Dorf und machten an jedem Hause halt, um ihre uralten Gesänge über die Wiedergeburt der Hoffnung zum besten zu geben und die für den Gott bestimmten Gaben entgegenzunehmen, als Gegenleistung für das Unterpfand, das das Ende des allzu langen Winters verhieß.

Von diesen Festen aufgelockert gingen die Jahre ins Land; die Buben wurden älter und redeten bereits von dem, was sie als ausgewachsene Männer tun wollten. Es drehte sich dabei meist um Abenteuer in weiter Ferne. Die Vorsichtigen, die sich vorgenommen hatten, im Lande zu bleiben, um die väterliche Scholle zu bebauen und auf Fischfang zu gehen, wurden verhöhnt und ausgelacht. Unter den Wagemutigen wechselte der Ehrgeiz zwischen zwei Möglichkeiten ab: sich auf einem Schiff für Reisen in fremde Länder anheuern zu lassen, oder in die Dienste des Königs zu treten und auf dem Schlachtfeld Lorbeeren zu ernten. Die Anziehungskraft dieser Möglichkeiten hing stark von den vorangegangenen Ereignissen ab.

Fast jedes Jahr besuchte der König das Tal im Verlauf einer Sommerreise, die er von seinem Wohnsitz im Norden aus antrat. Die erste Nachricht über das bevorstehende Ereignis überbrachte ein reitender Bote, ein junger Mann in einem scharlachroten, handgewebten Mantel. Die Burschen konnten sich an dem reichen Bronzeschmuck, den er trug, nicht satt sehen: an der doppelten Spirale seiner Mantelschließe, an den massiven Ringen, die er um Hals und Handgelenke trug. Das Großartigste aber war das Schwert an seiner Seite. Die älteren Jahrgänge waren mehr von der Reitkunst des Boten beeindruckt; sie dachten an die Zeit, da man das Pferd als ein allzu hitziges Reittier angesehen hatte und es nur als Zugtier für den Kampfwagen gelten ließ. Der Großgrundbesitzer fuhr seinem Lehnsherrn bis zum Talausgang entgegen, der die Grenze seiner Domäne bildete. Dann sah man bald den Zug, der sich die holperige Straße entlang fortbewegte. Es war ein großartiges Bild, mit den vielen Streitwagen, den von Pferden gezogenen Sänften, der Königin und ihrer Damen, den Vorreitern, endlich den Speerwerfern und Schwertkämpfern, die zu Fuß gingen. Wimpel flatterten im Wind, und überall blitzte der Widerschein von Bronze und Gold in der Sonne. Jedes Jahr trug das Gefolge des Königs mehr Putz- und Ausrüstungsgegenstände aus Bronze zur Schau, Schwerter, sogar Helme und kleine runde Schilde. Die Dorfbewohner – wenn es sie auch nicht nach dem Glanz des Hoflebens verlangte – schämten sich nachgerade ihrer dünnen Feuersteindolche, auf die sie einst so stolz gewesen waren.

Ihre Frauen, denen es ausnahmslos gelungen war, an dem Bankett im herrschaftlichen Gutshaus teilzunehmen – als Gäste oder als Küchenperonal –, kamen mit märchenhaften Schilderungen der bronzenen Gürtelschnallen, die von der Königin und ihren Damen getragen wurden, nach Hause und machten deutliche Anspielungen auf die bevorstehende Ankunft des nächsten Auslandsschiffes und auf die guten Preise, die man in Gestalt von Bronzegegenständen für Bernsteinschmuck erlösen konnte.

Bei der Abfahrt des Königs ergab es sich nicht selten, daß der eine oder andere ältere Jüngling ihn begleitete, der von einem der adligen Herren oder gar für die persönliche Bedienung des Königs angeworben war. Am häufigsten jedoch verließen die jungen Leute auf einem der eingelaufenen Schiffe die Heimat.

Einlaufende Schiffe waren beileibe keine Seltenheit. Drei- bis viermal im Jahr nahm eine Galeere Kurs auf den Fjord und wurde unterhalb der Bootshäuser an Land gezogen. Meistens waren es Schiffe aus der Umgegend, die Reedern an der Küste gehörten und kürzere Strecken befuhren, beispielsweise in der Ostsee oder hinunter nach Dänemark oder in nördlicher Richtung nach den norwegischen Häfen. Aber hin und wieder erschienen auch Fahrzeuge aus England, Spanien oder noch ferneren Gegenden, angeführt von einem schwarzhaarigen Kapitän, der in einer fremden Sprache redete. Die Besatzung war ein Gemisch aus den verschiedensten Nationalitäten, das sich in einem Halbdutzend europäischer Sprachen notdürftig verständigte; sogar Berber aus Nordafrika waren darunter. Immer aber gehörten auch Einheimische aus den nordischen Tälern dazu, und ein freudiges Wiedersehen mit einem Verwandten, der das Dorf vor mehreren Jahren verlassen hatte und nun zurückkam, war keine Seltenheit. Der Heimkehrer packte dann seine Seemannskiste aus und zeigte voller Stolz den Reichtum, den er durch zähes Feilschen an fremden Märkten angesammelt hatte.

Solange ein Schiff am Strand lag, ruhte zu Wasser und zu Lande jede Arbeit, und die ganze Talbevölkerung drängte sich auf dem Marktplatz zusammen, der zwischen dem Dorf und dem Meeresufer lag. Es gab dort wunderbare Dinge zu sehen: Tuchballen in leuchtenden Farben, die hierzulande nicht hergestellt werden konnten, Schmuckstücke aus Jett und Perlmutt, Feuersteinblöcke, die den Ausmaßen von Äxten oder Dolchen genau angepaßt waren, und schließlich vor allem Bronze oder Gold und Zinn in Gestalt von Barren und fertig verarbeiteten Schmuckstücken. Die Kapitäne wußten genau, was sie für ihre Waren haben wollten. Schiffsproviant, bestehend aus Korn, Trockenfleisch und Bier, brauchten sie in jedem Fall, doch waren sie nicht bereit, viel dafür zu zahlen. Mit Pelzwerk ließ sich mehr machen: für ein schönes Fuchsfell konnte man unter Umständen eine Bronzenadel einhandeln. Größere Posten Bronze mußten indessen mit entsprechenden Mengen von Bernstein bezahlt werden – das wußte jedes Kind. Besonders hartnäckig wurde auf dem Markt oder hinter verschlossenen Türen im Gutshaus um die großen Klumpen von rohem Bernstein gefeilscht, die nach den langen Winterstürmen an Land gespült worden waren, und nicht minder um die zu Ketten verarbeiteten Bernsteinperlen, die zum ererbten Familienschmuck der Frauen gehörten und die man jetzt gegen modische Schmuckstücke aus dem neuen Metall vertauschte.

Wenn ein solches Schiff wieder in See stach, war im Dorf kaum noch Bernstein vorrätig; dafür sah man um so mehr Bronze in Gestalt von neuen Waffen, Werkzeug und Ziergegenständen. Der Bronzeschmied aus dem Königspalast – der einzige Schmied innerhalb eines Umkreises von einer Woche Reisedauer und obendrein Ausländer – fand es der Mühe wert, eine Woche oder länger im Tal zu verbringen, wo er tagein, tagaus Metall goß oder mit dem Hammer bearbeitete und Schmuckstücke oder Schwerter anfertigte, von denen er hoch und teuer schwor, es seien die gleichen, die jetzt am Hof getragen wurden.

Wie üblich, hatten sich etliche jüngere Fischer auf dem soeben ausgelaufenen Frachter anheuern lassen. Schiffe dieser Art legten immer großen Wert auf erprobte Seeleute von den Nordmeerküsten.

Einige Jahre später, als die jungen Burschen des Jahrgangs 1510 noch nicht zwanzig Jahre alt waren, geschah im Dorf etwas völlig Neues. Nach einem Königsbesuch, in dessen Verlauf der Monarch lange mit dem Grafen gesprochen hatte, rief dieser die erfahrenen Schiffsbauer seiner Talschaft zusammen und erteilte ihnen präzise Befehle. Ein eigenes Schiff sollte gebaut und bemannt werden.

Ein ganzes Jahr lang hielt dieses Projekt das Tal in seinem Bann. Fischerei und Ackerbau wurden vernachlässigt, was aber weniger ausmachte, als man gedacht hätte, denn der an dem Unternehmen persönlich interessierte König sandte auf dem Wasserweg Getreide und Fleisch für die Arbeiter aus dem Norden. Ein Aufseher und zwei Schiffsbaumeister kamen gleichfalls vom Hof, obgleich die Schiffsbauer aus dem Dorf sofort protestierten und erklärten, sie könnten ihre Arbeit auch ohne die Hilfe dieser Fremden verrichten. Das Schiff war ja in der Tat nur eine größere Ausgabe der Fahrzeuge, die sie durch Generationen gebaut hatten, in derselben Konstruktion und mit demselben hohen Bug und Heck. Aber es sollte dreißig Ruderer beherbergen, statt sechs, acht oder zehn, und es war unverhältnismäßig breiter, was mehr Platz für die Besatzung und sehr großen Laderaum ergab. Das Schiff verschlang viel Bauholz, Tanne, Eiche und Esche, und viele Weidenseile, um die Planken zusammenzuhalten. Bei Winteranfang war der Rumpf fertig; im Frühjahr erfolgte dann der Stapellauf mit allen dazugehörigen Opfern für den Meergott, und schließlich kamen die Ruderbänke, das Poopdeck und die Ruder hinzu. Man redete sogar davon, einen Mast anzubringen – die Schiffsbaumeister behaupteten, im Setzen von Segeln bewandert zu sein, dann siegte aber die Befürchtung, eine solche Neuheit werde die Kräfte einer unerfahrenen Mannschaft überfordern.

Diese ganze Zeit hindurch war es keinem fremden Schiff gelungen, auch nur einen

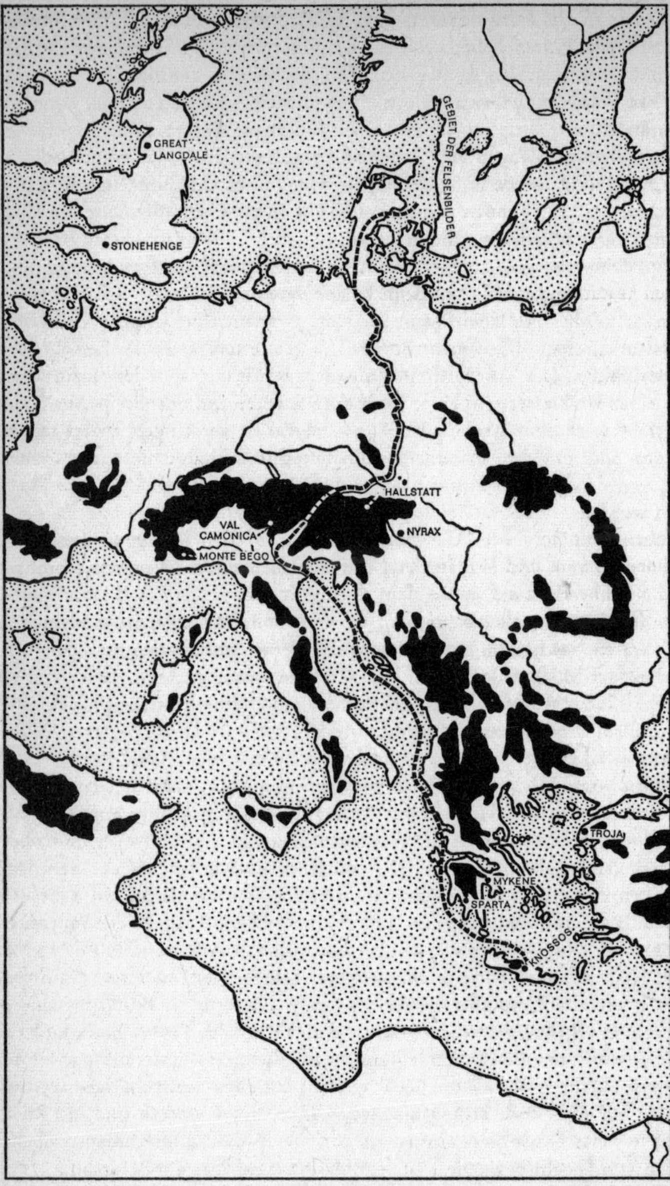

Die Bernsteinstraße durch Europa (gestrichelte Linie) und eine Anzahl wichtiger archäologischer Fundstätten in Mitteleuropa.

Seemann aus dem Dorf anzuheuern: alle jungen Leute und sogar viele von den älteren waren entschlossen, auf ihrem eigenen Schiff zu fahren. Die Besucher hatten auch diesmal keine vorteilhaften Geschäfte abschließen können, sollte doch die Bernsteinernte der letzten zwei Jahre mit dem neuen Schiff weggebracht werden, teils an die einzelnen Besatzungsmitglieder für private Tauschgeschäfte verteilt, teils dem Kapitän zu treuen Händen übergeben. Diesen hatte man bereits ausgesucht: es war ein Hauseigentümer in mittleren Jahren, der fast zwei Jahrzehnte lang auf fremden Schiffen gefahren war, Anspruch auf genaue Kenntnis der Seewege bis Gibraltar erheben konnte und außerdem die nordeuropäischen Flüsse gut kannte.

An den letzten Tagen vor der Abfahrt des Schiffes wechselten die endgültigen Vorbereitungen traditionsgemäß mit religiösen Zeremonien privater und öffentlicher Natur ab. Die Opfer, die dabei dem Meeresgott dargebracht wurden, reichten zahlenmäßig an die üblichen Sonnenopfer heran; dabei vergaß man auch nicht die übrigen Wind- und Wettergottheiten. Und auf den flachen Felskuppen, die das Ackerland durchbrachen, erschien mit einemmal eine Unzahl von neuen Zeichnungen, durch die die Schiffsmannschaft sich mit Hammer und Meißel zu verewigen suchte – als Mahnmal für Menschen und Götter, das große Abenteuer, das anzutreten sie im Begriff standen, nicht zu vergessen.

Schon lange war das Einmeißeln von bildlichen Darstellungen in Felsgestein eine Gewohnheit frommer Leute. Oft wurde bei Sonnenfeiern eine geeignete Felswand, die nach Süden schaute und sich in der Nähe von fließendem Wasser befand, mit gegenständlichen Hinweisen auf den Ablauf der Zeremonie verziert, z. B. vom rituellen Pflügen oder dem Sonnenwagen oder dem Nachtschiff mit dem schlafenden Sonnengott. Auch die Axt des Donnergottes wurde verewigt oder weltlichere Gegenstände, wie Reiter, Krieger, Ochsen und wilde Tiere. Man wußte, daß solche Bilder die Gunst der Götter beschworen; sie brachten dem Künstler oder der dargestellten Person Glück, eine Vermehrung ihrer Herden oder jagdliche Erfolge. Jetzt auf einmal entstanden überall eingemeißelte Schiffsbilder, teils nur in groben Umrissen angedeutet, andere der Wirklichkeit entsprechend und mit allen Einzelheiten, was jeweils von der Begabung des Künstlers und der ihm zur Verfügung stehenden Zeit abhing. Bei all diesem künstlerischen Aufwand konnten die Götter gewiß nicht umhin, das Schiff wohlwollend im Auge zu behalten und etwas für den Erfolg seiner Jungfernfahrt zu tun.

Über zwei Dutzend junge Leute aus dieser kleinen Siedlung an der schwedischen Küste schlossen sich der stetig wachsenden Gesellschaft von Weltreisenden an. Diese Männer waren ungefähr zu der Zeit geboren, als Thutmosis II. von Ägypten – von dem sie natürlich nie etwas gehört hatten – seinen siegreichen Krieg im Sudan führte. Sie bildeten nach wie vor eine bunt zusammengewürfelte kosmopolitische Gesellschaft, und ihr Aktionsradius war die ganze, damals bekannte Welt sowie ein Gutteil der unbekannten Ferne. Wo immer man Geschäfte tätigen und Ladungen zusammenstellen konnte, fuhren Schiffe hin; die Mannschaften waren Angeboten gegenüber nicht sehr wählerisch, gaben aber selbstredend einem gut eingerichteten Fahrzeug mit einem erfolgreichen Kapitän – gleich welcher Nationalität – den Vorzug. Sie wechselten das Schiff an jedem für ihre Pläne günstigen Hafen, wobei sie ihre Seemannskiste und ihre Rolle mit Bettzeug mitschleppten und sich mit ihren neuen Kameraden in dem barbarischen Kretisch verständigten, das die Umgangssprache der Seeleute war.

Die Skandinavier fuhren damals schon seit vielen Generationen zur See. Sie hatten bereits vor Einführung des Sonnenkultes die Küstenfischerei betrieben, und die Reiterhorden aus dem Osten, die diesen Kult mitgebracht hatten, waren vor Jahrhunderten ins Land gekommen. Den jungen Leuten war von ihren Großvätern erzählt worden, daß zu ihrer Zeit aus Tierhäuten gefertigte Boote noch an den Küsten kreuzten und daß die

Die meisten in Fels geritzten Darstellungen schwedischer Schiffe sind zu schablonenhaft, um Schlüsse auf ihre Struktur zu ermöglichen. Die obige zählt zu den wenigen, aus denen Einzelheiten ersichtlich sind. Die menschlichen Figuren, die Ruder schwingen (oder sollen es Schwerter und Äxte sein?), lassen die Vermutung zu, daß die aufrecht stehenden Pfähle oder Pflöcke, die normalerweise an Deck der «Felsenschiffe» zu sehen sind, als schablonenhafte Andeutungen von Ruderer oder Rudern verstanden sein wollen. In Richtung des Hecks steht hier offenbar eine kleine Kajüte; der Mastbaum über der Schiffsmitte ist für uns einer der ganz wenigen Fingerzeige, daß die Schweden sich damals vielleicht auf die Anwendung von Masten und Segeln verstanden haben.

Alten von damals berichteten, wie sie auf ihnen kreuz und quer über das Nordmeer gefahren waren, zur englischen Küste und zurück. Seit man allerdings mit den aus importiertem Feuerstein gefertigten Krummäxten Planken und massive Kielschweine für hölzerne Fischerboote herstellen konnte, waren die Tierhautboote außer Mode gekommen. Jetzt gar, wo man über zeitgemäßes Handwerkszeug aus Bronze verfügte, war für Skandinavien eine neue Schiffsbauära angebrochen, und die Seeleute brauchten sich nicht mehr wie seit Menschengedenken auf fremden Schiffen zu verdingen.

Wo es Seefahrer und Handelsmöglichkeiten gibt, meinten die alten Seebären weise, wird es auch Schiffe geben. Und so kam es denn auch wirklich. Aus allen skandinavischen Fjorden fuhren jetzt Schiffe aus, und über die Hälfte aller Ladungen, die auf nordischen Gewässern schwammen, wurden in skandinavischen Schiffsleibern befördert. Der Handel blühte, und die Reeder in Schweden, Norwegen und Dänemark richteten jetzt ihr Augenmerk über die Nord- und Ostsee sowie die nördlichen Flußläufe hinaus.

Während der ersten Jahre blieb das Schiff in vertrauten Gewässern und beschränkte sich auf kürzere Fahrten. Ziel seiner Jungfernfahrt war Südengland, wo es gute Absatzgebiete für Sammelladungen von Bernstein gab. Die Wessex Downlands wurden von stolzen, unabhängigen Führern regiert, die große Schaf- und Rinderherden besaßen, in ihrer üppigen Ausrüstung und Bewaffnung mit der im Überfluß vorhandenen, einheimischen Bronze nicht sparten und massive Halsbänder von irischem Gold trugen. Dabei verbot ihnen ihr Stolz keineswegs, Handel zu treiben, hatten sie doch von fernen südlichen Ahnherren her das Geschäftemachen im Blut. Hier, wo der Bernstein Mangelware, die Bronze aber in Hülle und Fülle vorhanden war, stellten die Schweden mit Befriedigung fest, daß die Preise sich viel günstiger anließen als an den Küsten ihrer Heimat. Das Schiff kehrte vollbeladen mit Bronze und Wolle, deren Erlös fast seine Baukosten deckte, nach Hause zurück. Andererseits kamen einige Besatzungsmitglieder nicht wieder: sie hatten dem verlockenden Angebot eines bretonischen Kapitäns, dem Leute fehlten und der nach Spanien ausfahren wollte, nicht widerstehen können.

Ein paar Jahre hielt das Schiff noch am Küstenhandel fest, indem es Feuerstein von Dänemark nach Norwegen und Getreide sowie Tierhäute, Wollwaren und Pelze von einem Hafen an der skandinavischen Küste zum anderen brachte. Einmal fuhr man auch die Elbe hinauf bis zur Grenze ihrer Schiffbarkeit in Mitteldeutschland. Die Männer waren wiederum auf der Suche nach Bronze, von der es große Vorräte in Deutschland gab, die aus den Gruben in Österreich und den Karpaten stammten. Dort stießen sie auf ein Volk, das zwar ersichtlich zu den gleichen Göttern betete wie sie selbst und dessen Sprache sie, wenn auch mit erheblichen Schwierigkeiten, verstehen konnten, das aber ein ganz anderes, weit luxuriöseres Leben führte als sie. Große, aus Holzhäusern bestehende und von ausgedehnten Weidegründen umgebene Siedlungen warteten mit Läden und Werkstätten auf, in denen zünftige Handwerker allerlei Detailarbeiten, beispielsweise an Broschen, Äxten und dünnen Rapieren, ausführten. Luxusartikel aus dem Süden jenseits der Alpen wurden auf den ständigen Märkten feilgeboten. Es gab auch glasierte und sogar bemalte Tontöpfe zu kaufen mit märchenhaftem Inhalt wie Olivenöl oder Wein, und nicht zuletzt Schmuck aus Perlmutt, Fayence oder Gold.

Hier hörten die Männer zum ersten Male Näheres von den wertvollen Frachten, die man an den Mittelmeerküsten zusammenstellen konnte. Während einige abenteuerlustige Draufgänger den direkten Weg dorthin wählten und sich den Konvois anschlossen, die Güter auf dem Landweg zur Donau und zum Adriatischen Meer transportierten, kehrte das Gros der Leute mit dem festen Vorsatz, auf einem Schiff ins Mittelmeer zu fahren, nach Hause zurück.

Das Jahr darauf traten sie denn auch, beladen mit Pelzwerk und Bernstein, die große Fahrt an. Sie fuhren an den westlichen Küsten entlang, und viele Jahre vergingen, bis das Schiff wieder in den heimischen Gewässern gesichtet wurde. Die Reise ging mit größtmöglicher Schnelligkeit vonstatten, denn man wollte unnütze Ausgaben für Proviant einsparen und machte jeweils nur kurz halt, um Lotsen für die nächste größere Küstenstrecke an Bord zu nehmen. Beim Überqueren der Biskaya und entlang der portugiesischen Küste mußten die Ruderer ihre ganze Kraft aufwenden, um den furchteinflößenden atlantischen Sturzwellen standzuhalten. Es war ein großer Tag, als sie die Straße von Gibraltar durchfuhren und wußten, daß sie endlich das Binnenmeer erreicht hatten. Sie fingen mit kleinen Geschäften in den Küstenstädten von Südspanien an; ihre Bewohner bauten noch immer die steinernen Grabkammern, die im Norden seit Generationen schon außer Mode gekommen waren. Der Hauptteil der Ladung blieb unangetastet – nur ein paar Ballen Pelze wechselten gegen Silberbarren den Besitzer. Zwei junge Matrosen verfehlten ihr Schiff bei der Abfahrt, weil sie in einer Hafenkneipe unmäßig viel spanischen Wein getrunken hatten.

Die Reise ging weiter, an den Balearen vorbei, durch die Straße von Messina und um die griechischen Vorgebirge herum. Und vor Anbruch des Winters setzte das Schiff mit dem Kiel auf dem Strand von Knossos auf Kreta auf.

Die Mittelmeerinsel Kreta war von Anfang an das Ziel der Seefahrer gewesen. Denn sogar im hohen Norden wußten die Menschen, daß Knossos der bedeutendste Warenumschlagplatz der Welt mit der größten Handelsflotte auf Erden war, die Stadt, in der man ein Vermögen erraffen und wieder verlieren konnte – und zu allem Überfluß noch eine heilige Stadt. Die schwedischen Matrosen bestaunten voll Ehrfurcht die aus weißen Steinen erbaute Stadt, die etagenartig zwischen dem Meeres- und dem Himmelsblau aufwärts strebte, und die Unzahl von Schiffen mit großen Segeln, die sich in der breiten Fahrrinne zusammendrängten oder an Land gezogen waren.

Sie selbst riefen übrigens eine kleine Sensation hervor, denn schwedische Schiffe sah man damals fast nie im östlichen Mittelmeer. Andererseits gab es dort viele schwedische Seeleute und in Ufernähe sogar eine schwedische Taverne, die von einem in den Ruhestand getretenen schwedischen Bootsmann geführt wurde und deren Ruf bis nach Norden gedrungen war. Dieses Lokal war das erste Ziel unserer Seefahrer, die denn auch vom Besitzer viele nützliche Winke über Land und Leute erhielten.

Von ihm erfuhren sie beispielsweise, daß ihre Ladung zollpflichtig war: der in seinem Palast drei Meilen im Landesinnern wohnende König (er nannte ihn Minos) ließ anlaufende fremde Schiffe genau registrieren, und wahrscheinlich wurde das an Land gezogene Fahrzeug bereits von seinen Beamten kontrolliert. War aber der Zoll erst einmal entrichtet, so stand dem freien Spiel von Angebot und Nachfrage nichts mehr im Wege, und das wirkte sich günstig auf die Preise aus, die von den Händlern für Luxusartikel aus dem Norden bezahlt wurden. Wenn sie aber seinen Rat hören wollten, so meinte er, dann würden sie einen beträchtlichen Teil ihrer Ladung für den ägyptischen Markt aufsparen, statt gleich hier alles abzusetzen. Ägypten war unter seiner gegenwärtigen Dynastie reich geworden, und der im Augenblick regierende weibliche Pharao importierte Luxusartikel in einem bisher unbekannten Ausmaß.

Doch, es war schon richtig, wiederholte er, in Ägypten herrschte, man mochte es glauben oder nicht, zur Zeit ein weiblicher Pharao. Nun hatten die Frauen in Ägypten schon immer das große Wort geführt, und besonders die Königinnen der heutigen Dynastie hatten sich als erstklassige Verwaltungsspezialisten bewährt – und waren nebenbei bildschön gewesen. Aber Hatschepsut war die entschlossenste von allen. Seit sie von ihrem Vater vor dreißig Jahren (1518 v. Chr.) zur Mitregentin ernannt worden war, herrschte in Wahrheit nur sie über das Land. Beim Tode Thutmosis' I. hatte Hatschepsuts Ehemann, der ebenfalls Thutmosis hieß, offiziell die Nachfolge angetreten, doch war er ein von Krankheit verfolgter Schwächling gewesen, so daß er bei der Eroberung Nubiens nicht einmal seine Truppen anführen konnte. Er war mit dreißig Jahren – vor rund vierzehn Jahren – gestorben und hatte keinen erbberechtigten Sohn hinterlassen. Eine ihm von Hatschepsut geborene Tochter hatte er mit seinem leiblichen Sohn verheiratet, dessen Mutter ein Sklavenmädchen war und der abermals auf den Namen Thutmosis hörte. Demnach hätte eigentlich Thutmosis III. auf Grund des königlichen Ranges, den die Gattin seines Vaters besaß, dessen Nachfolge antreten müssen. Hatschepsut dachte indessen nicht daran, zugunsten ihres Stiefsohnes abzudanken, der damals im übrigen erst siebzehn Jahre alt war. Sie hielt den jungen Mann seither im Palast gefangen (jedenfalls nahm man das allgemein an) und proklamierte sich in aller Ruhe nicht etwa zur Königin, sondern zum König. In der Tat ging sie so weit, daß sie sich bei offiziellen Anlässen einen falschen Bart anklebte und alle männlichen Rechtstitel für sich beanspruchte. So regierte sie jetzt seit vierzehn Jahren; ihre berühmte Schönheit verblühte, doch hatte Ägypten unter ihr einen wirtschaftlichen Aufschwung genommen wie nie zuvor – und darum gab es für Leute, die eine Schiffsladung Waren zu verkaufen hatten, kein günstigeres Reiseziel.

Der gute Rat wurde befolgt. Nachdem es sich drei Wochen in Knossos aufgehalten hatte, stach das noch fast zur Hälfte mit seiner ursprünglichen Fracht beladene Schiff unter der Führung eines kretischen Lotsen südwärts in See.

Diese drei Wochen prägten sich wie eine Zeit der unaufhörlichen Wunder dem Gedächtnis der Mannschaft ein. Die steinernen Gebäude erwiesen sich auch bei näherem Hinsehen als etwas Märchenhaftes mit ihren Fresken, die Garten-, Fischerei- und Tanzszenen darstellten oder akrobatische Kunststücke und die rituelle Bullenhetze. Esel hatten sie in den spanischen Häfen schon gesehen, doch waren sie hier viel zahlreicher vertreten, und der Lastentransport wurde in der Stadt fast ausschließlich von ihnen bewältigt. Ganz besonderen Eindruck aber machte auf die Männer aus dem Norden die Unbekümmertheit, mit der die Einheimischen ihre körperlichen Formen zur Schau stellten – man war zuerst schockiert darüber, fand aber bald Gefallen an diesem ungewohnten Treiben. Daß die Männer an Stelle von Hosen einen Lendenschurz trugen, war bei dem warmen, sonnigen Wetter, das kaum als Winter bezeichnet werden konnte, nicht weiter verwunderlich. Die entblößten Brüste der Frauen aber kontrastierten allzu seltsam und erregend mit ihren langen, faltigen Röcken – das völlige Gegenteil der Mode, die zu Hause in Skandinavien für die Schwestern unserer Seeleute maßgebend war. Diese trugen hochgeschlossene Blusen und gerippte Röcke, die kaum halb bis zum Knie hinunterreichten.

In Avaris am Nildelta machten die Männer gute Geschäfte; sie waren von den neuen Eindrücken so übersättigt, daß sie kaum noch auf die flachgedeckten Häuser aus Lehmziegeln, die Palmen, die Papyrusstauden und die unübersehbaren Flächen von Ackerland achteten. Der Anblick von Negern auf den Straßen rief hingegen Kommentare verschiedener Art hervor. Sie hatten zwar von den Schwarzen gehört, aber nie welche gesehen. Diese waren zumeist Sklaven aus den nubischen Feldzügen und hatten fast nie Gelegenheit, sich auf einem Mittelmeerfrachter zu verdingen.

Zu Sommeranfang, nach einer Charterfahrt nach Byblos an der libanesischen Küste, um Zedernholz für Hatschepsuts neuen Palast zu holen, lag das Schiff für die Rückreise in die Heimat bereit. Es war mit Waren – hauptsächlich aus Bronze – voll beladen und mit einem Mast und Segel ausgestattet, die in einer libanesischen Schiffswerft angefertigt worden waren. Weniger als die Hälfte der ursprünglichen Mannschaft hatte sich wieder eingefunden. Namentlich die jungen Leute wollten die Annehmlichkeiten des Lebens in der Stadt nicht mehr missen; außerdem hofften sie, durch Kreuzfahrten zwischen den Zentren der Kulturwelt schnell ein Vermögen zu erwerben. In Knossos, Ägypten und Byblos hatten sie paarweise oder zu dritt abgeheuert, mit einem halben Versprechen, sie würden bei der nächsten Reise nach Norden wieder zur Stelle sein. Das Schiff nahm an ihrer Stelle einige skandinavische Matrosen an Bord, die nach jahrelangem Aufenthalt im Mittelmeerraum Heimweh hatten, und dazu eine Anzahl junger Kreter, Ägypter und Festlandgriechen, die an der Erkundung neuer Möglichkeiten für direkte Seehandelsverbindungen mit Nordeuropa interessiert waren.

In den folgenden Jahren wurde es immer schwieriger, ja unmöglich, die Spur der Männer von der schwedischen Küste zu verfolgen, die sich auf den Seerouten der ganzen, damals bekannten Welt herumtrieben. Gelegentlich stießen zwei von ihnen in irgendeinem Hafen aufeinander und tauschten beim Wein Erinnerungen aus. Zum Teil fuhren sie auf der Strecke zwischen Kreta und Sizilien, die manchmal bis nach Spanien ausgedehnt wurde. Andere waren im Frachtenverkehr entlang den Adriaküsten tätig und beförderten Güter nach Kreta und Ägypten, die auf den innereuropäischen Flußläufen in die Gegend des heutigen Triest gebracht worden waren. In den Laderäumen ihrer Schiffe befanden sich große Mengen von Bernstein, der möglicherweise an ihren heimischen Gestaden im fernen Schweden gefunden worden war. Andere fuhren nach Troja und darüber hinaus ins Schwarze Meer. Die meisten von ihnen aber waren in der Küstenschifffahrt zwischen Ägypten und der Levante eingesetzt oder auf der kurzen Seeroute zwischen Kreta und Ägypten. Einige wußten sogar von längeren Fahrten zu erzählen, die sie donauaufwärts nach Mitteleuropa unternommen hatten oder gar in andere Schwarzmeerflüsse weiter nach Osten oder das Rote Meer hinunter nach Punt auf der «Weihrauchroute» von Hadramaut oder der «Elfenbeinroute» zu den ostafrikanischen Buschmännern. Auch von Fahrten nach England war die Rede, wo Zinn geladen wurde, und von anderen Reisen noch weiter in den Atlantischen Ozean hinein. Einer war von Gibraltar in südwestlicher Richtung ausgelaufen und bis zu den Kanarischen Inseln gefahren, was selten genug vorkam, und wußte merkwürdige Dinge zu berichten. An jenem Außenposten der Welt zirkulierten Gerüchte, daß es weiter im Westen noch andere Inseln und sogar eine große Festlandsmasse gebe. Vor nicht langer Zeit waren drei Schiffe ausgefahren, um dieses Land zu finden und für wirtschaftliche Zwecke auszukundschaften – man dachte dabei an die Erschließung neuer Bronzemärkte jenseits des Atlantik. Aber die Schiffe waren nie zurückgekehrt, und niemand wußte, ob sie ihr Ziel erreicht hatten.

Im Jahre 1480 v. Chr. fand ein Treffen statt, an dem der zehnte Jahrestag der ersten Ausfahrt aus Schweden gefeiert wurde, wenn auch nur sechs Mitglieder der ursprünglichen Mannschaft, die sich damals zufällig in Knossos aufhielten, an der Zusammenkunft teilnehmen konnten. Diese Leute waren jetzt Ende Zwanzig oder Anfang Dreißig – breitschultrige Gesellen mit blonden Seemannsbärten, alles erfahrene Matrosen mit Ausnahme des Einzelgängers, der ein Mädchen aus dem Landesinnern von Kreta geheiratet hatte und auf dem terrassierten Stück Land, das der jungen Frau seither als Erbteil zugefallen war, ein zufriedenes Leben führte und seinen Wein und seine Oliven erntete. Untereinander sprachen sie jetzt am liebsten kretisch, denn ihre Muttersprache klang ihnen bereits etwas fremd in den Ohren.

Sie waren fast alle wohlhabend, ihr Geld hatten sie in Land angelegt oder in die Schiffe (bzw. deren Ladungen) investiert, auf denen sie fuhren. Das war nichts Ungewöhnliches, denn zu jener Zeit machten sich Handel und Schiffahrt gut bezahlt – darüber war man sich einig. Seit zwanzig und mehr Jahren hatte es keinen eigentlichen Krieg gegeben, und zu Wasser und zu Lande blühte die Wirtschaft wie nie zuvor. Während die Männer an jenem warmen Sommerabend an ihrem Tisch im Freien unter den Weinreben saßen und über den von Geschäftigkeit wimmelnden Hafen hinweg auf das blaue, von weißen Segeln gesprenkelte Wasser schauten, stieg in ihnen die Genugtuung über das

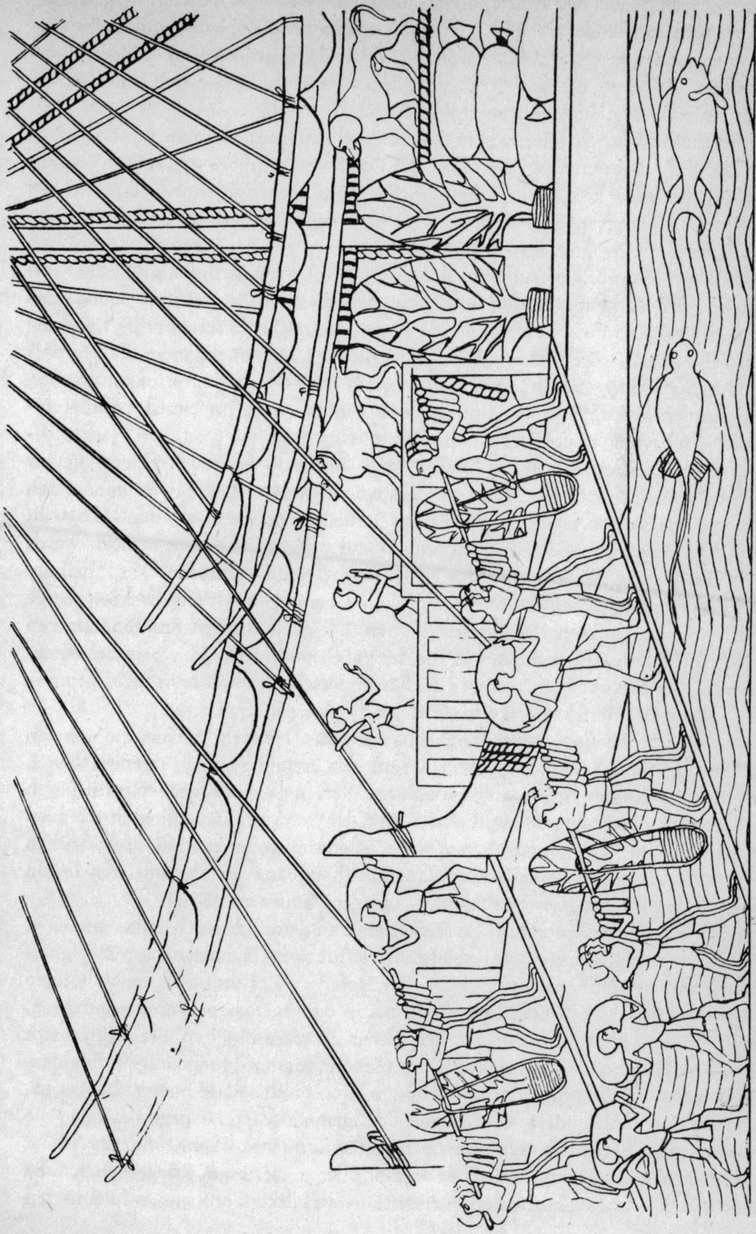

Im großen Tempel der Königin Hatschepsut in Deir al-Bahri befindet sich ein Relief, von dem ein Teil hier abgebildet ist. Er zeigt ägyptische Schiffe, die an der Küste von Punt angelegt haben und Ware einladen, darunter lebende Bäume für die Gärten der Königin. Die abgebildeten Paviane dürften kein Frachtgut, sondern lediglich einen Zufallsaspekt des Handels mit Punt darstellen.

Bewußtsein auf, am Nabel der Welt und am Mittelpunkt einer sich immer mehr ausbreitenden Wirtschaft angelangt zu sein, wo von Jahr zu Jahr mehr Rohstoffe und Gebrauchsartikel erzeugt und von einer stetig wachsenden Handelsflotte in ferne Länder transportiert wurden. Auf der ganzen Welt stieg der Lebensstandard, und es gab keinerlei Anzeichen für einen bevorstehenden Konjunkturrückgang.

Nach Norden und Westen gab es keine Grenzen mehr; diejenigen unter den sechs Seeleuten, die auf der Adriaroute bis Triest bzw. zur Pomündung fuhren (wo später Venedig stehen sollte), konnten knapp ein Jahr zurückliegende Neuigkeiten aus ihrer fernen skandinavischen Heimat erzählen. Europa war eben nicht länger das Bauernland aus der Steinzeit, dessen Bewohner ihr kärgliches Auskommen aus der Erde zogen, ohne daß die Menschen genug erübrigen konnten, um sich die Güter anzuschaffen, die ihnen die Kulturwelt so gern verkaufen wollte. Jetzt war der Erdteil ein verzahntes Gebilde aus unabhängigen und halbunabhängigen Ländern, die von reichen Fürsten regiert wurden und deren Mittelstand – Kaufleute und Handwerker – immer mehr anwuchs. Im Salzachtal und in Siebenbürgen wurde Kupfer und Zinn gefördert und zu Bronze verarbeitet; die bronzenen Erzeugnisse aus Mitteleuropa konkurrierten im Norden erfolgreich mit gleichartigen Produkten aus England und Spanien.

Aus allen Alpenländern kamen regelmäßig Karawanen mit Verbrauchsgütern, die auf dem Landweg vom Oberlauf der Elbe befördert worden waren. Die Dorfbewohner aus den unabhängigen Kantonen der Schweizer und italienischen Alpen wurden – obgleich es ihnen an Agrarland und Bodenschätzen fehlte – durch diese Überlandtransporte wohlhabend, ähnlich wie die Skandinavier durch die Seefrachten. Die Alpenvölker mit ihren Pfahlbausiedlungen an den zahlreichen Seen glichen dabei in keiner Weise den Schweden, die in Torfhütten im Umkreis der Fjorde wohnten. Die schwedischen Kapitäne wußten von alpinen Hochtälern zu berichten, wie von der Val Camonica, wo die schwerbeladenen Karawanen an Felsen vorbeikamen, deren reicher Bilderschmuck an die in Stein gehauenen Darstellungen in ihrer skandinavischen Heimat erinnerte.

Zu Wasser und zu Lande verschmolz Europa dank den Handelsschiffen, die aus den Küstenstädten von Skandinavien, England, Irland, der Bretagne und Spanien ausliefen, sowie den tief im Wasser liegenden Lastkähnen, die langsam die großen schiffbaren Binnenwasserwege durchpflügten, und auch dank den schwerfällig einherschreitenden Ochsengespannen, als Verbindungsglieder der Wasserstraßen, zu einer wirtschaftlichen Einheit. Im Mittelmeer gab es kretische Warenumschlagplätze auf den meisten Inseln und ebenso an den Küsten zwischen Spanien und dem Schwarzen Meer.

Unmittelbar im Norden Kretas, auf den Inseln und an den Buchten Griechenlands und an der Westküste von Kleinasien, unterhielten viele kretische Handelshäuser Zweigniederlassungen und persönliche Vertreter an den Höfen der zahlreichen unabhängigen Fürsten. Unsere schwedischen Seebären waren oft in den ägäischen Wassern gefahren, die sie in vieler Hinsicht an ihre eigenen heimischen Fjorde erinnerten. Sie fühlten sich auch mit den achäischen und kleinasiatischen Griechenfürsten blutsmäßig verbunden, deren Lebensweise, Herkommen, Religion und sogar Sprache noch immer die Legenden von einem viele Jahrhunderte zurückliegenden, gemeinsamen Ursprung mit den die Sonne anbetenden Siedlern in Skandinavien zu bestätigen schienen. Wenngleich die Achäer von der kretischen Kultur stark beeinflußt waren, blieben sie ihrem kriegerischen Erbe noch immer treu. Die massigen Zitadellen dieser Fürsten blickten drohend auf die in den

Häfen liegenden kretischen Frachter herab, und Seeräuber bildeten eine ständige Bedrohung des ehrlichen Handels. König Minos von Knossos sah sich gezwungen, fast ständig eine Polizeiflotte in den griechischen Gewässern kreuzen zu lassen; oft waren Strafexpeditionen nötig, um die achäischen Fürsten gefügig zu erhalten.

Im Nordosten, jenseits der achäischen Küstensiedlungen in Kleinasien, unterhielt Kreta freundliche Beziehungen zum großen Königreich Arzawa und zu dem kleinen, aber reichen Land Troja an der Einfahrt in die Dardanellen.

Im Innern Kleinasiens lag das Königreich der Hethiter. Ihre Nachbarn hielten sie für gefährlich, wenn dieses Urteil auch mehr auf der Erinnerung an ihre explosiven Eroberungszüge vor hundert Jahren beruhte, als auf ihren gegenwärtigen Handlungen. Nach einer Zeitspanne der Anarchie hatten sie sich vor ungefähr dreißig Jahren unter König Telepinus wieder zu einem starken Königreich zusammengeschlossen. Die kretischen Kaufleute hatten mit den hethitischen Landratten keine unmittelbaren Kontakte. Enger waren sie deren südlichen Nachbarn und Bundesgenossen aus dem Königreich Kizzuwatna verbunden, die die nördlich von Zypern liegende Küste bis zur Grenze nach Yamchad besetzt hielten.

In der Hauptstadt von Yamchad, Aleppo, und im wichtigsten Hafen des Landes, Ugarit, trafen die kretischen Matrosen noch immer wie seit Jahrhunderten mit den Karawanen aus dem Osten zusammen. Die große, vom Euphrat gebildete Handelsstraße unterlag keinen kriegerischen Einschränkungen. Hinter Yamchad kam das mächtige Königreich Mitanni – das südlichste Glied einer Konföderation von hurritischen Staaten, die sich nordwärts fast bis zum Schwarzen Meer und zum Kaukasus ausdehnte. Wiederum jenseits von Mitanni, im Ursprungsland des Tigris, lag das semitische Königreich Assyrien, eingeklemmt zwischen den Indogermanen von Mitanni und den gleichfalls indogermanischen Kassiten im persischen Gebirge und am Mittellauf des Euphrat und Tigris. Und hinter dem Land der Kassiten erstreckte sich von Babylon bis zum Persischen Golf das von Semiten beherrschte Babylonien. Ein Jahrhundert lang, seit der Plünderung von Babylon durch die Hethiter unter Mursilis und dem Ende der Dynastie Hammurabis, hatte Frieden zwischen dem Oberen und dem Unteren Meer geherrscht. Dieser Friede beruhte mehr auf Nützlichkeitserwägungen als auf Gefühlen der Freundschaft. Der Verlust, der durch die Unterbrechung des Handels eintreten würde, mußte schwerer wiegen als die Beute, die ein kostspieliger Feldzug zwischen gleich starken Völkern abwerfen konnte. Dazu kam neuerdings die Erkenntnis, daß jede kriegerische Auseinandersetzung zwischen den vier Mächten, die sich in das Land Mesopotamien teilten, zwangsläufig der stärksten aller Mächte – Ägypten – Tor und Tür öffnen mußte.

Für die Überseekaufleute, die in Kreta beim Wein saßen, war Ägypten, wie auch für die Soldaten aus Babylon und Mitanni, das Ziel aller Sehnsucht. Das Land war der Markt mit der größten verarbeitenden Kapazität und dazu die größte Militärmacht der Welt. Nur in der Schiffahrt stand es an Bedeutung hinter Kreta zurück. In den hundert Jahren, seit Ahmose den Aufstand gegen die Hyksos geführt hatte, waren unter seinen glanzvollen Nachfolgern Wohlstand und Einfluß Ägyptens unablässig gestiegen. Ahmoses Enkel hatte seine Grenzsteine bis zum vierten Nilkatarakt und bis zum Euphrat vorgeschoben, und jetzt hatte seine Urenkelin zweiundzwanzig Jahre lang allein und – wie viele glaubten – illegal und gottlos regiert. Amun und seine Priester hatten wohl ihren Stief- und Schwiegersohn Thutmosis III. zum König ausgerufen, doch war der Gott seither offenbar anderer Meinung geworden, denn der Hohepriester Amuns saß jetzt als Großwesir in Oberägypten, während Thutmosis III. im Palast gefangengehalten wurde. Immerhin herrschte, solange Hatschepsut regierte, Frieden im Land. Alle Welt spottete, das ägyptische Volk sei auf einen falschen Bart hereingefallen – die ägyptische Armee freilich würde sich nie und nimmer von einer Frau in den Krieg schicken lassen. Da sie andererseits traditionsgemäß nur unter der Führung eines Mannes von königlichem Geblüt ausrücken durfte, blieb der Friede erhalten.

Jetzt aber war der große Bluff mit der «Pharaonin» geplatzt. Die Männer in der Taverne gingen an jenem Abend des Jahres 1480 v. Chr. zu dem brennendsten Diskussionsthema des Tages über, der kürzlich erfolgten Unabhängigkeitserklärung einiger Städte in Syrien und Palästina, die seit den Tagen Thutmosis' I. – Hatschepsuts Vater – zu Ägypten in einem Lehnsverhältnis standen. Wenn Ägypten sich diese Herausforderung gefallen ließ, mußte die mächtige ägyptische Streitmacht, deren bloße Gegenwart so lange Zeit den Frieden gesichert hatte, in den Augen der Welt als ein Koloß auf tönernen Füßen dastehen – und das konnte von einem Tag auf den anderen zu unabsehbaren Verwicklungen führen.

Es hieß, Hatschepsut habe der Armee den Marschbefehl erteilt und ihren im Palast eingesperrten, schwächlichen Stiefsohn mit der Führung der Streitkräfte betraut. Die Leute zerbrachen sich den Kopf über die Folgen dieses Befehls: was würde aus dem levantinischen Handel werden?

Noch vor Jahresende wußte man Bescheid. Hatschepsut war tot, und der Palasthäftling saß auf ihrem Thron. Thutmosis hatte geduldig auf seine Stunde gewartet, in der er, von der mächtigen Armee gestützt, sich als ein Gegner erwies, der mit dem so lange im Palast festgehaltenen Schwächling nichts gemein hatte. Als erstes befahl er, den Namen Hatschepsuts aus allen amtlichen Protokollen und sonstigen Dokumenten zu streichen und seinen Regierungsantritt rückwirkend auf den Zeitpunkt seiner ersten Proklamation vor zweiundzwanzig Jahren festzusetzen. Hatschepsut sollte von der Tafel der Geschichte fortgewischt werden.

Während der folgenden zwanzig Jahre kamen Thutmosis III. und seine Armee den schwedischen Matrosen, die von Knossos aus zur See fuhren, und manch einer anderen Schiffsbesatzung oft genug zu Gesicht. In diesem Zeitraum führte der König von Ägypten sechzehn Feldzüge in Syrien und Palästina. Nach der ersten Kampagne, in deren Verlauf er eine syrische Armee bei Megiddo in Palästina besiegte und die abgefallenen Küstenstädte zurückeroberte, benutzte er diese als Nachschubbasen für seine späteren militärischen Operationen weiter im Norden und Osten. Für die kretische und levantinische Küstenschiffahrt war der Aufbau von Magazinen und Lagerhäusern in Gaza, Jaffa und Byblos ein vorteilhaftes Geschäft. Man brachte Getreide, Häute, ganze Ladungen Pfeil- und Speerspitzen, Schilde, Sandalen, Zelte und Pferdegeschirre in die Depots, dazu vieles andere, was der Generalquartiermeister benötigte, der die Verantwortung für den Erfolg der vom Pharao unternommenen Kriegszüge trug. Kampfwagen und Pferde – jetzt wichtige Faktoren der ägyptischen Streitmacht – brauchten nicht mehr auf dem Seeweg nach Norden geschafft zu werden, denn beim Fall von Megiddo waren zweitausend Pferde und fast tausend Kampfwagen erbeutet worden.

Jeden Sommer machte sich der Pharao mit seiner Armee nach Norden auf, um loyale Fürsten in ihrem Amt zu bestätigen und neue Vasallen an Stelle der aufrührerischen

Fürsten einzusetzen, die nordwärts geflohen waren. Leistete ihm ein befestigter Platz Widerstand, so verwüstete er Nutzgärten und Ackerland vor den Mauern. Wo es ihm möglich war, belagerte und erstürmte er die aufsässigen Städte. Während all dieser Jahre stellte sich ihm nur selten ein fremdes Heer in offener Feldschlacht. Er rückte langsam, aber sicher vorwärts. Im Volksmund verglich man ihn bereits mit seinem Großvater Thutmosis I.

Im Verlauf seines achten Feldzuges im Jahre 1472 v. Ch. nahm der Pharao Kadesch ein, die wichtigste Stadt des Rebellenführers, die nördlich des Dorfes Damaskus lag. Zwar gab es nun keine Aufständischen mehr, die gebändigt werden mußten – aber trotzdem hatte das Reich noch nicht den Stand unter Thutmosis I. zurückgewonnen. Seit dieser König vor sechzig Jahren zum Euphrat vorgestoßen war, hatten die Mitanni-Könige den Strom überquert. Ihre Grenze verlief nun ein gutes Stück südlich des Euphrat an der Grenze von Kadesch entlang. Die Mitanni hatten den syrischen Aufstand offen unterstützt, und jetzt gewährten sie sogar dem geflohenen König von Kadesch Asyl.

Sie rührten sich zwölf Jahre lang nicht, während Thutmosis Syrien reorganisierte. Dabei brachte er die Söhne der Stammesfürsten als Geiseln nach Ägypten und ließ sie dort ausbilden; auch versäumte er nicht, politische Beobachter im Land zu stationieren, die ihm jeden Bruch des Lehnsverhältnisses melden mußten. Endlich, im Jahr 1460 v. Chr., rückte der König von Kadesch mit Unterstützung der Mitanni wieder in seine Hauptstadt ein, um sie mit fieberhaftem Eifer neu zu befestigen, worauf er Syrien abermals zur Revolte aufrief.

Die Rechnung ging indes nicht auf. Thutmosis, der jetzt Anfang Sechzig und ein erprobter Feldherr war, stieß unbehindert nach Norden vor, nahm die Stadt im Sturm und machte sie dem Erdboden gleich. In den beiden folgenden Sommern marschierte der König an der Spitze seiner Truppen im Mitanni-Reich ein.

Die Gerüchte, die den Seeleuten in syrischen Häfen zugetragen wurden, besagten, daß ihm keine mitannische Streitmacht von Bedeutung entgegentrat. Das Land war nicht stark genug, der ägyptischen Armee in einer offenen Feldschlacht entgegenzutreten. Hingegen erreichte den ägyptischen Generalquartiermeister ein Befehl des Pharaos, daß er eine Flottille von kleinen Booten zusammenstellen und auf dem Landwege über das Gebirge und die jenseitigen Ebenen schicken solle; der Pharao und seine Kampfwagen wollten über den Euphrat setzen. Dieser Bescheid rief an der Küste eine kleine Sensation hervor. Das konnte nur bedeuten, daß Thutmosis sein ehrgeiziges Ziel erreicht und die nördlichen Grenzen des großväterlichen Vormarsches überschritten hatte. Noch größer war freilich die Aufregung über eine mit vielen Einzelheiten ausgeschmückte Geschichte vom Angriff eines Elefanten auf den Pharao während einer Jagd auf diese seltenen Tiere im Euphrattal, bei dem der König um ein Haar ums Leben gekommen wäre. Es war freilich die einzige Gefahr, in der er damals schwebte. Die Mitanni-Heere ließen sich nach wie vor nicht blicken, und Thutmosis mußte sich mit der strafweisen Vernichtung der Erntevorräte und mit der Aufstellung seines eigenen Grenzsteines neben dem seines Großvaters begnügen.

Seine Regierungsdauer hatte jetzt die seiner Stiefmutter erreicht, und die Jahre, die er untätig als Hatschepsuts Gefangener im Palast verbracht hatte, waren längst vergessen.

Während dieser ganzen Zeit war der Wohlstand, in dem die Mittelmeervölker lebten, nicht zurückgegangen. Selbst die Feldzüge der Ägypter in Syrien hatten der freien Entfaltung des internationalen Handels kaum im Wege gestanden – im Gegenteil: durch die Unterwerfung der abgefallenen Städte kamen große Mengen von gehorteten Gütern in Umlauf, und auch das Geschäft mit Sklaven erhielt durch sie einen gewaltigen Auftrieb.

Schiffe in unverminderter Zahl durchpflügten das Mittelmeer und die nordeuropäischen Gewässer. Auf den Wasserwegen quer durch den europäischen Kontinent wurde Bronze in immer größeren Mengen an die in voller Entwicklung befindliche Metallindustrie des Nordens geliefert. Unternehmungslustige Kaufleute wagten sich tief nach Rußland und Zentralafrika hinein, wo sie Elfenbein und Pelze gegen ägyptische Glasperlen einhandelten.

Die Seeleute, die um 1500 v. Chr. ihre Knabenjahre in dem schwedischen Küstendorf verbracht hatten, waren – soweit sie noch lebten – so ziemlich über die ganze Welt verstreut. Sie gehörten jetzt mit über fünfzig Jahren der älteren Generation an und hatten zumeist ihr Glück gemacht. Das Meer fing an, seinen Reiz für sie zu verlieren; diejenigen, die sich nicht irgendwo häuslich niedergelassen und eine Familie gegründet hatten, verspürten jetzt allmählich etwas wie Heimweh. Einer nach dem anderen setzten sie sich nach Norden ab und fuhren teils durch, teils um Europa herum, ihre Karawanen und Schiffe waren mit dem Erlös eines Menschenalters auf See beladen, den sie in die überall gültige Währung von Gebrauchsartikeln aus Bronze oder Gold umgewandelt hatten.

Einer von diesen Heimkehrern nahm zufällig am Wiederaufbau von Stonehenge teil. Auf seiner Kreuzfahrt entlang der bretonischen Küste kamen ihm Gerüchte über ein gewinnbringendes Transportgeschäft mit Steinen weiter im Norden zu Ohren; und da er ständig auf der Suche nach kurzen Frachtstrecken war, mit deren Hilfe er die Reisekosten decken konnte, fuhr er diesen Gerüchten nach, nicht ohne eine Anzahl bretonische Maurer als Passagiere an Bord zu nehmen. Die Nachricht beruhte nicht auf Wahrheit, wie sich bald herausstellte. Als auf dem heiligen Gelände vor über zweihundert Jahren das erste steinerne Heiligtum errichtet wurde, hatte man in der Tat die Steine auf dem Seewege von Südwales über den Bristolkanal befördert – daher die Gerüchte. Das neue, erweiterte Heiligtum aber, das jetzt im Bau war, wurde unter Benutzung der alten Steine aus Wales mit bodenständigen Sandsteinblöcken errichtet, die über die Ebene verstreut lagen. Darunter befanden sich nur wenige in hinreichend großer Entfernung von Stonehenge, um den Wasserweg rentabel zu machen. Dennoch wurde der Kapitän, der über den Transport und die Aufstellung der Obelisken Hatschepsuts und Thutmosis' III. Bescheid wußte, und auch seine sprachgewandte Mannschaft zur Mitarbeit am neuen Tempel herangezogen. Wochenlang schleppten sie im Schweiße ihres Angesichts die schweren Steinblöcke über Land. Ihnen kam ihre genaue Kenntnis des technischen Rüstzeugs beim Aufrichten der mächtigen Säulen und Eckpfeiler zugute. Das Zurichten der Steine wurde von heimischen und bretonischen Maurern besorgt, die alle Unebenheiten mit Steinschlegeln wegklopften und die Oberfläche mit Bronzemeißeln glätteten. Sogar bei dieser Arbeit waren die Besatzungsmitglieder von Nutzen, denn es handelte sich im Grunde um die gleiche Technik, die in den ägyptischen Steinbrüchen angewandt wurde, wo der eine oder andere von der Schiffsmannschaft nicht ganz freiwillig gearbeitet hatte. Zwei griechische Matrosen, die gleichzeitig erfahrene Steinmetzen waren, erhielten sogar auf ihren Vorschlag hin die Erlaubnis, durch Einritzen ihrer eigenen heiligen Symbole – in Reliefform dargestellte einheimische Dolche und Äxte – die magische Wirkung des Heiligtums zu verstärken.

So ungefähr muß Stonehenge nach seiner Neuformung und Vergrößerung durch die reichen südenglischen Stammesfürsten der Bronzezeit im 15. Jahrhundert v. Chr. ausgesehen haben.

Die Priesterkollegien der britischen Inseln hatten sich zusammengetan, um das neue Mal zu erstellen, zu dem die reichen Fürsten im Süden Englands Geldmittel und Arbeitskräfte beisteuerten. War doch Stonehenge das ehrwürdigste aller Sonnenheiligtümer, ein Wallfahrtsort, zu dem ganz England und ein großer Teil von Nordeuropa pilgerte. Der Damm und der Monolith am Eingang, der genau auf den Punkt zielte, an dem in der Mittsommernacht die Sonne aufging, waren vor mehr als vier Jahrhunderten errichtet worden. Sie waren also zu dem Zeitpunkt, an dem wir mit unserer Erzählung angelangt sind, etwa so alt, wie heute der Palast von Hampton Court in London. Die konzentrischen Steinkreise hatten die Fürsten der «Glockenbecherleute» im Unterland vor zweihundert Jahren angelegt. Die reichen Priester und Fürsten aus dem südlichen England sprachen schon seit ein paar Jahren von einem neuen eindrucksvollen Heiligtum, das sie errichten wollten. Man hatte sogar einen versuchsweisen Wiederaufbau in die Wege geleitet, wobei die Originalsteine abmontiert und nach einem neuen Plan wiederaufgestellt wurden. Endlich war auf Anraten einiger Weltreisender, die die mächtigen Pylonen der ägyptischen Pharaonen gesehen hatten, der Beschluß gefaßt worden, neue, größere Steinblöcke zu verwenden. Die alten Steine sollten, der frommen Tradition zuliebe, den inneren Kreis bilden, der zwischen dem großen Außenring und dem zuinnerst aus riesigen überdeckten Pylonen hergestellten Hufeisen verlief. Dieses Heiligtum würde für alle Zeit vom Ruhm des Sonnengottes und gleichzeitig von der Macht der britischen Stammesfürsten künden.

Als es zur Sonnenwende jenes Jahres um die Mitte des 15. Jahrhunderts v. Chr. fertig dastand und eingeweiht war, bot es sogar für die, die den großen Tempel der Königin Hatschepsut in Deir al-Bahri gesehen hatten, einen überwältigenden Anblick. Fünf Mannslängen hoch ragte das zentrale Trilithon empor, auf beiden Seiten flankiert von je zwei abfallenden Dreierkompositionen aus Steinblöcken.

Um sie herum lief die Kolonnade des äußeren Kreises, die mit ihren Säulen die auf allen Seiten ansteigenden Kalkhügel abgrenzte. Sie war mit den alten und neuen Grabhügeln der frommen und wohlhabenden Leute übersät, die den Wunsch geäußert hatten (und es sich leisten konnten), im Angesicht des Sonnentempels ihre letzte Ruhestätte zu finden.

Die Arbeit am Bau von Stonehenge war – wie der alte Kapitän in späteren Jahren seinen Großneffen einzuprägen sich mühte – ein großes und verdienstvolles Werk. In dem Dorf am schwedischen Fjord bildeten die dort in Ruhestand lebenden Schiffskapitäne in der Tat eine Art exklusiven Club, wie es solche in den norwegischen Dörfern heute noch gibt. Die Dorfjungen, die noch von ihrer ersten Seereise träumten, und die zwischen zwei Fahrten ausruhenden jungen Männer gruppierten sich in respektvollem Abstand um die alten Seebären, wenn diese an langen Sommerabenden vor den Bootshäusern im Freien saßen und das Garn ihrer weittragenden Erinnerungen spannen. So hörten sie von der mächtigen Königin in Ägypten, von den Kampfwagen Thutmosis', die in die syrische Wüste vorpreschten, von den Riesensäulen in Britannien und den Hünengräbern in Spanien – von den weißen Palästen in Knossos, die über das blaue Mittelmeer ragten, von der mit Zinnen und Schießscharten gespickten Feste Troja, von den Piratennestern auf dem griechischen Festland, und auch von der sagenumwobenen Bernsteinstraße, die sich an Flüssen entlangschlängelte und durch die Wälder und über die Berge Mitteleuropas ihr Ziel im Süden suchte. Sie hatten, weiß der Himmel, ein volles Leben hinter sich, diese Weltreisenden aus der Mitte des zweiten Jahrtausends; deshalb ritzten sie denn auch viele Bilder in die Felsen über dem Tal, als Dankopfer für die Götter, die sie geleitet und beschützt hatten. Während die Sonne langsam am Horizont hinabglitt, um sich hinter den nordischen Bergketten eine kurze Ruhepause zu gönnen, machten die alten Herren einen Spaziergang talaufwärts. Dort betrachteten sie – zum wievielten Male? – nachdenklich das auf den Felsen aufgeschlagene Bilderbuch, in dem die großen Schiffe, die sie als junge Leute in den Stein geritzt hatten, für immer auf den stillen Wassern der Erinnerung dahinfahren.

Dieses Kapitel ist frei erfunden – wie jeder Versuch, die Urheber der skandinavischen Felsenbilder darzustellen, notwendigerweise auf Erfindung beruhen muß. Aber der Hintergrund ist authentisch. So muß es um die Mitte des 2. Jahrtausends v. Chr. in Europa und im Mittleren Osten unserer Beschreibung entsprechend zugegangen sein. Die internationalen Handelsbeziehungen waren so, wie wir sie dargestellt haben – der uns bekannte Warenaustausch beweist es. Zwar können Verbrauchsgüter durch viele Hände gehen, so daß aus dem Auftreten von Bernstein aus der Ostsee auf Kreta oder von ägyptischen Fayencehalsbändern in England nicht unbedingt die Anwesenheit von Skandinaviern in Knossos oder von Ägyptern in der englischen Grafschaft Wiltshire gefolgert werden muß. Man sollte jedoch die Vorstellung vom Zwischenhandel weitgehend ausschalten. Die archäologischen Funde beweisen, daß ein ständiger, auf die Zeit vor dem Jahre 2000 zurückreichender Kontakt zwischen Nord- und Westeuropa einerseits und dem Mittelmeerbecken andererseits bestanden hat. Der statistisch nachweisbare Warenaustausch erreichte seinen Höhepunkt in der Zeit zwischen 1500 und 1475 v. Chr. Die

Unterstellung, schwedische Schiffe und Matrosen seien zum Zeitpunkt dieses Kapitels im Mittelmeer nicht unbekannt gewesen, ist keine revolutionäre Hypothese, sie stimmt vielmehr mit der Auffassung vieler bedeutender Archäologen überein.

Die Ereignisse während der Regierung Hatschepsuts und Thutmosis' III. sind belegt; der Rahmen des ägyptischen Außenhandels wird durch Schmuckstücke aus Fayence abgesteckt, die in England, Irland und Dänemark, ferner in Nakuru in Kenia und am Oberlauf des Tobol östlich des Urals gefunden wurden. Die Felszeichnungen in der Val Camonica in den italienischen Alpen waren kürzlich Gegenstand einer Arbeit von Emmanuel Anati, betitelt «Camonica Valley». Der genaue Zeitpunkt, zu dem das Stonehenge von heute errichtet wurde, ist unbekannt, doch muß er um das augenblicklich von uns betrachtete «Lebensalter» liegen.

Eines können wir aber mit Bestimmtheit sagen: es gibt keinen Beweis dafür, daß Schiffe aus Europa oder dem östlichen Mittelmeerraum zu jener Zeit Amerika angelaufen haben. Hingegen belegen die bildlichen Darstellungen aus der Bronzezeit, die auf den Kanarischen Inseln gefunden wurden, daß Seefahrer damals bis zu jenem Punkt im Atlantik vorgedrungen sind. Ferner sind tausend Jahre später karthagische Schiffe, die nicht größer waren als ihre Vorläufer im zweiten Jahrtausend, bis zu den Azoren vorgedrungen. Die Untersuchungen von Professor Brogger, Oslo, ergaben, daß die Menschheit zur Hochseeschiffahrt – die dann zur Entdeckung Mittelamerikas führen mußte – überging, als die veränderten Wind- und Strömungsverhältnisse auf dem Atlantik dies zuließen.

Die Bearbeitung von Kupfer und Gold bei den Bewohnern von Mittelamerika und Peru fällt ungefähr mit diesem Zeitpunkt zusammen. Zweifellos werden die Diskussionen zwischen den Anhängern der Theorie von der kulturellen Ausstreuung und denjenigen von der Theorie der unabhängigen Entdeckung weitergehen; wir selbst wollen in dieser Frage keinen Standpunkt beziehen. Man sollte, solange das Gegenteil nicht erwiesen ist, vernünftigerweise annehmen, daß es zwischen Europa und Amerika in der Bronzezeit keinen Kontakt gegeben hat. Von dem Augenblick an, da die primären Voraussetzungen für solche Kontakte bestanden, wäre eine radikale Verwerfung dieser Möglichkeit hingegen unwissenschaftlich.

14
Der Untergang der Seekönige
1440 - 1370 v. Chr.

In der Zeit, da die alten Männer in Schweden auf die Wellen des Skagerraks hinausblickten und sich dabei an das Mittelmeer erinnerten, segelten oder ruderten ihre Söhne und Enkel in Galeeren auf den nordatlantischen Routen, wobei sie sich häufig bis durch die Meerenge von Gibraltar vorwagten. Oft vermittelten sie Botschaften zwischen den Familien in Schweden und ihren Verwandten, die sich auf einer der Ägäisinseln, irgendwo an der griechischen Küste, in einer der überfüllten Hafenstädte des Libanon oder sogar in Knossos selbst niedergelassen hatten.

Die Hafenstadt von Knossos lag drei Meilen nördlich der eigentlichen Hauptstadt von Kreta, die sich um den Königspalast drängte. Alle Rassen der damaligen Welt schienen sich dort ein Stelldichein gegeben zu haben, und hellblonde Nordländer – unter denen es freilich auch schon Mischlinge gab – reizten die Ägypter und Amoriter, Griechen und Hethiter, Spanier, Sizilianer und Libyer, ja sogar die dunkelhäutigen Menschen aus unbekannten östlichen und südlichen Fernen zu keinerlei Kommentaren. Man hielt sie wohl für Griechen, denn auf dem griechischen Festland waren blaue Augen und blondes oder rötlich-braunes Haar keineswegs eine Seltenheit. Die herrschende Klasse Griechenlands kam schließlich aus dem Norden und nahm sogar für sich eine entfernte Verwandtschaft mit den skandinavischen Völkern in Anspruch.

In der Hafenstadt wimmelte es jederzeit von Griechen, die dort als Seeleute, Händler, Hausierer, Lastenträger oder halboffizielle Diplomaten tätig waren. Die «echten» Kreter in der Landeshauptstadt pflegten zu sagen, die Hafenstadt sei mehr griechisch als kretisch. Sie beklagten sich über den zunehmenden Einfluß der griechischen Sprache, die mit ihrer einfachen Schrift die altkretische Bilderschrift bei den Geschäftsleuten, Landbesitzern und Warenkontrolleuren sogar in der Hauptstadt völlig verdrängte.

Die Bevölkerung des eigentlichen Knossos bestand vorwiegend aus Kretern. Knossos lag eine Stunde von der Küste bergaufwärts und war, so hieß es wenigstens, doch in ferner Vergangenheit außer Sichtweite des Meeres als Schutz gegen die Piraten erbaut worden, damals, als Knossos noch so gut wie keine Flotte besaß und nichts war als ein winziges Fürstentum unter den vielen Fürstentümern auf Kreta. Seit fast dreihundert Jahren regierten die Könige von Knossos jetzt über die Insel. Sie erhielten, wenn auch ziemlich unregelmäßig, Tributzahlungen von ihren Vasallen in den Küstenstädten von Sizilien bis Kleinasien. Knossos brauchte keine Angriffe durch Seeräuber mehr zu befürchten.

In der City unterhalb des säulenumstandenen Palastes wohnten hauptsächlich die wohlhabenden Leute. Unter ihnen gab es Reeder, Besitzer von Weinbergen und Olivenhainen, gutgestellte Handwerker und reiche Händler. Modisch gekleidete Männer und Frauen flanierten durch die gepflasterten Straßen der Stadt; ihre dunklen Haare und ihr lebhafter Gesichtsausdruck wurden noch durch die leuchtenden Farben ihrer Kleidung unterstrichen.

Die Männer trugen ein in der Taille mit einem Gürtel zusammengehaltenes Gewand, das nicht viel mehr war als ein Lendenschurz und die Oberschenkel nur zur Hälfte bedeckte. Dieses Kleidungsstück paßte allerdings gut zu den langen schwarzen Haaren und den trainierten bronzefarbenen Körpern, wenn es auch bei älteren und fettleibigen Leuten nicht ganz so vorteilhaft wirkte. Die Kleidung der Frauen, ebenso traditionsgebunden wie diejenige der Männer, ließ in Schnitt und Farbe mehr Abwechslungsmöglich-

Rekonstruktion des marmorverkleideten Baderaums der Königin im Palast von Knossos.

keiten offen. Von einer unwahrscheinlich schmalen Taille fiel ein bis zu den Knöcheln reichender Rock, der nach Lust und Liebe und dem jeweiligen Diktat der Mode mit Rüschen oder Volants geschmückt oder reichlich plissiert war. Oberhalb der Taille waren die Damen nackt, bis auf ein kurzärmeliges, die Gürtellinie eng umschließendes Jäckchen, das sich nach oben öffnete und die Brüste enthüllte, ja förmlich zur Schau stellte. Die Frisuren waren kunstvoll und kompliziert und modischen Einflüssen zugänglicher als die Kleidung. Schmuck wurde von Männern und Frauen getragen: denn hier, im Zentrum des Welthandels, konnte man seinen Reichtum mit Luxusartikeln aus drei Kontinenten zur Schau stellen. Bernstein von der Ostsee und Jett aus Yorkshire, in irisches Gold gefaßt, glitzerte neben nubischem Elfenbein und Perlen aus Dilmun, indischem Karneol und Lapislazuli aus Afghanistan. Es gab sogar Jade aus dem sagenumwobenen Osten.

Alle Kinder (ihr Geburtsdatum liegt um 1440 v. Chr.), auch die aus reichen Häusern, liefen splitternackt herum. Sie trugen lediglich ein Amulett um den Hals, das sie in den Schutz der Schlangengöttin, der Hüterin der Höhlen, stellte.

Sie verlebten eine unbeschwerte Kindheit in dem sonnigen, von den Göttern geliebten Land. Viele besuchten die Schule, namentlich die für den Handel oder die Beamtenlaufbahn bestimmten Kinder. Dort lernten sie aber nichts außer der alten kretischen Schrift und in gefährlich modernen Schulen auch die neue griechische, und endlose Legenden von Göttern und Heroen – Legenden von der Geburt des Zeus in den Höhlen des Berges Ida, oder von dem Stier, der ihre Vorväter zur Insel getragen hatte, von Dädalus, der den buntscheckigen Palast von Knossos für den ersten Minos gebaut. Auch etwas handelsübliches Rechnen lernten sie; nur die Kinder von Architekten oder Bauinspektoren wurden in den oberen Klassen mit geometrischen und volumetrischen Problemen bekanntgemacht. Natürlich standen sie dann schon in einem Lehrverhältnis und bereiteten sich auf ihren späteren Beruf vor, nicht anders als ihre Altersgenossen, die lernten, Edelsteine und ihren Wert zu unterscheiden oder Frachtgebühren auszurechnen oder einfache Weissagungen aus der Leber geschlachteter Opfertiere zu machen.

Geschichte und Erdkunde waren im Lehrplan nicht vorgesehen – solchen Unterricht gab es damals nirgendwo. Noch war niemand auf den Gedanken gekommen, das Wissen von Gegenwart und Vergangenheit in der Schule zu verbreiten.

Trotzdem erfuhren die Kinder von ihren Eltern und den vielen Besuchern aus fremden Landen, die nach Knossos kamen, so manches, was in der Außenwelt passierte.

Außer ihrer eigenen Heimat waren den jungen Leuten zwei Länder besonders wichtig: Achaia im Norden und Ägypten im Süden.

Achaia war kein Land, es war der Teil des griechischen Festlandes, den die Achäer besiedelt hatten, und bestand aus zahlreichen kleinen Stadtstaaten, die jeder einen eigenen Hafen und ein kleines Hinterland hatten. Jeder dieser Kleinstaaten stand in einem engen Abhängigkeitsverhältnis zum König von Mykene und zum Herrscher in Knossos. Außerdem gehörten die ägäischen Inseln und die Niederlassungen an der Küste Kleinasiens dazu, die von Achaia aus besiedelt waren. Trotz ihrer Nähe zum Königreich Arzawa wußten diese «Kolonien» ihre Selbständigkeit zu wahren, indem sie eine Macht gegen die andere und alle gegen die Hethiter ausspielten.

Hinwiederum war Ägypten die größte Macht, das bedeutendste Reich, das alle anderen Länder in den Schatten stellte. Die Kinder lernten frühzeitig die Namen der ägyptischen Könige auswendig: Ahmose der Befreier, Amenophis, Thutmosis der Eroberer von Syrien, die Pharaonin Hatschepsut, dann Thutmosis der Große und jetzt wieder ein Amenophis. Über Amenophis II., der gegenwärtig auf dem Thron saß, waren die Meinungen geteilt. Während seiner ersten Regierungsjahre, also sechs oder sieben Jahre vor der Geburt der Kinder, hatte er einen Aufstand in Syrien mit größter Härte unterdrückt, wobei er großen persönlichen Mut bewies und in einem einzigen Feldzug die von seinem großen Vater Thutmosis festgelegten Grenzen wieder sicherte. Durch dieses Unternehmen waren der Sklavenmarkt von Knossos und alle anderen Sklavenmärkte des Mittleren Ostens überfüllt. Es hatte eine Weile gedauert, bis die kommerziellen Verbindungen wiederhergestellt waren. Neun Jahre danach, 1430 v. Chr., als die von uns geschilderten Kinder ein Jahr alt waren, war Amenophis noch mal nach Syrien einmarschiert. Eine Rebellion im Norden des Landes an der Mitannigrenze lieferte ihm den Vorwand, ganz Syrien und den Libanon gründlich auszuplündern. Die kretischen Kaufleute fanden, als sie mit ansehen mußten, wie der Markt von Sklaven und geraubten Gütern aller Art überquoll, das sei denn doch des Guten zuviel.

Seither hatte Syrien nicht gewagt, auch nur einen Finger gegen Ägypten zu erheben – und das trotz schmeichelhafter diplomatischer Ermunterungen seitens der Könige von Mitanni. Amenophis' Grenzstein blieb ungestört an seinem Platz auf dem Euphratufer neben den von seinem Vater Thutmosis III. und seinem Urgroßvater Thutmosis I. gesetzten Grenzsteinen. Die drei Steine waren ein Wahrzeichen für die Karawanen, die die Erzeugnisse aus Mesopotamien und dem Orient auf der Euphratstraße nach Aleppo, Ugarit und Kreta brachten. Freilich hatten die auf dieser Route reisenden Kaufleute in letzter Zeit ganz andere Sorgen als die Frage, welche diplomatischen Geschenke für die Scheiks am geeignetsten seien, die sich gleichzeitig auf Ägypten und auf Mitanni beriefen. An beiden Endpunkten der Straße war der Boden heiß. Die Hurriter von Mitanni unterstützten einen Anwärter auf den Thron von Aleppo. Das hatten vor zwanzig Jahren die Hethiter erobert, wie es der große Mursilis vor anderthalb Jahrhunderten erobert hatte. Und auch das mächtige Babylon, das damals gleichfalls in Mursilis' Hände gefallen war, hatte seither einen weiteren Sturz erlebt.

Nur selten wagte sich ein reisender Kreter so weit ins Innere des Festlandes vor wie nach Mesopotamien: in den Augen dieser wenigen aber verkörperte Babylon allen Glanz und alle Geheimnisse des Ostens. Diese Stadt war die Königin des Ostens, so wie Knossos die Königin des Westens war. Sie hatte den legendären Hammurabi hervorgebracht und stand da als die Hauptstadt des ältesten Kulturkreises auf Erden. Für die große Menge reichte sogar das Alter Ägyptens nicht an das des Zweistromlandes heran; und Kreta war im Vergleich mit beiden trotz seiner tausendjährigen Geschichte ein Emporkömmling. Während der letzten hundertfünfzig Jahre, also seit der Absetzung der Dynastie Hammurabis durch Mursilis, hatte Babylonien sich mit dem südlichen Teil Mesopotamiens begnügen müssen, der von der Stadt Babylon bis zum Persischen Golf reichte. Das Land im Norden und Osten war in der Hand der kassitischen Gebirgsstämme. Und jetzt verbreitete sich auf den Handelsstraßen die Nachricht, die Kassiten seien in großer Anzahl von den Bergen heruntergekommen und hätten die Stadt Babylon und das ganze babylonische Reich überrannt. Ja, es hieß sogar, ein kassitischer König säße jetzt auf dem Thron Hammurabis. Die «Königin des Ostens» war von den Bergvölkern aus dem Norden überrannt worden.

Für die Kreter war die Einnahme einer fernen Stadt durch einen noch ferneren Eroberer kaum von Bedeutung, so daß die zehnjährigen Schulkinder für das Ausmaß dieses Geschehens kaum Verständnis aufbringen konnten. Die Achäer in der Hafenstadt aber nahmen die Nachricht sehr ernst. Sie riefen sich eine alte Legende in Erinnerung, die besagte, daß ihre Vorfahren vor fünf- oder sechshundert Jahren die gleiche Gegend nördlich des Kaukasus bewohnt hätten wie die Ahnen der kassitischen Könige und daß sie sich von dort aus als Eroberer ganz Europas und des Mittleren Ostens bemächtigt hätten. Eine Zeitlang taten sie so, als hätten sie selbst – mittels ihrer Beauftragten – Babylon erobert, und legten eine Anmaßung an den Tag, über die die weniger Weitsichtigen unter den Kretern sich höchlich amüsierten. Als dann eine Karawane nach der anderen unbehelligt die Euphratstraße passierte und ohne Verspätung ihr Ziel erreichte, wurde ersichtlich, daß dem Herrscherwechsel in Mesopotamien im Grunde genommen nur dynastische Bedeutung zukam. Worauf Griechen und Kreter sich abermals der wichtigen Tätigkeit des Geldverdienens zuwandten und fortfuhren, ihr Leben zu genießen.

Die folgenden Jahre brachten für die Kinder Ereignisse von größerer Tragweite. Beim Eintreten der Geschlechtsreife wurden sie in die Mysterien der kretischen Religion eingeführt. Sie besuchten dann zum erstenmal die Berghöhlen, in denen die Götter und Göttinnen der Unterwelt regierten. Dort brachten sie ihre ersten Opfer und erhielten mit den Gewändern auch die Pflichten und Rechte der Erwachsenen.

Die jungen Leute warteten mit besonderer Ungeduld auf die Erlaubnis zur Teilnahme an dem Stierfest. Es bot das bunteste Schauspiel des ganzen Jahres und wurde von jedermann besucht – Kretern wie Ausländern –, mit Minos in der Königsloge samt den Damen und Herren des Hofes, den fremden Botschaftern und den zu Besuch weilenden Fürsten. Eine erwartungsvolle Spannung lag über der Arena, während Priester und Priesterinnen die einleitenden Sühneriten vornahmen. Als dann die «Stierkämpfer» – ausgewählte Mannschaften von Athleten – im Paradeschritt den Ring umkreisten, gab es laute Beifallskundgebungen. Sie steigerten sich zu einem Aufschrei der ganzen Menschenmenge, als die Stiere hereingelassen wurden, gescheckte Tiere mit weitausladenden Hörnern. Anschließend betraten die in Mannschaften aufgegliederten Athleten die Arena; Jünglinge und Mädchen waren nackt bis auf die Andeutung eines Lendenschurzes. Unter dem Keuchen und Beifallsklatschen der Menge wetteiferten alle Gruppen untereinander um die kühnsten akrobatischen Glanznummern, indem sie die Stiere zu wütenden Angriffen reizten und sie dann im letzten Moment an den Hörnern packten, um über den Rücken des vorwärts stürmenden Tieres einen Salto zu schlagen und so ihr Leben zu retten. Es war ein gefährlicher Sport, und im Verlauf des Tages wurde mehr als ein Akrobat, der sich um Sekundenbruchteile geirrt hatte, von einem Stier auf die Hörner genommen, um mit aufgeschlitztem Leib blutüberströmt gegen das hohe Schutzgitter der Arena geschleudert zu werden.

Manche der berufsmäßigen Stierkämpfer trugen weithin berühmte Namen: die größten Künstler unter ihnen waren Volkshelden, und ihre eleganten Darbietungen waren lange vor und nach dem großen Fest beliebter Gesprächsstoff. Es gab aber auch Amateure: viele der jungen adligen Herren sprangen in den Pausen in die Arena hinunter, um nach einem einzigen Salto unter höflichem Beifall wieder von der Bühne abzutreten. Bei den Amateuren und bei den Professionellen gab es viele Ausländer. Vor allem die Achäer vom griechischen Festland, wo dieser Sport seit ein paar Generationen geübt wurde, waren in dieser Kunst besonders geschickt.

Über dem jubelnden Beifall für die siegreichen Artisten vergaß das begeisterte Publikum nicht, die Stiere geziemend zu ehren. Man debattierte eifrig über ihre Hörner und zollte ihrem Temperament und ihrer Behendigkeit den gleichen Beifall, den die Toreros als ihre sportlichen Widersacher ernteten. Schließlich waren die Stiere die Stars der Veranstaltung, deren Höhepunkt die Wahl zum Stier des Minos, des «Minotaurus» war, der dann am folgenden Tage den Opfertod starb. Sogar die jungen Burschen, die zum erstenmal an einem Stierfest teilnahmen, wußten, warum der schönste Stier von ganz Kreta alljährlich dem Meeresgott Poseidon geopfert werden mußte. Eine der frühesten Geschichten, die ihnen erzählt worden war, betraf einen den Kretern von Poseidon als Opfertier gesandten Stier, den der erste Minos in gotteslästerlicher Weise als Zuchttier für sich behalten hatte, was die bekannten unseligen Folgen für sein Eheleben heraufbeschwor.

Stiere und Akrobaten bilden das Lieblingsthema der kretischen Maler. Diese Szene befindet sich auf einem minoischen Siegel, das im Original nur einen Durchmesser von 4 cm hat.

Immerhin floß seither das Blut des Stiers in den Adern aller Stiere auf Kreta, und um den Zorn des Sturmentfesselers und Weltenschüttlers zu besänftigen, der ihnen sonst zu Wasser und zu Lande gewiß war, mußten die Kreter wohl oder übel alljährlich dem Gott das beste Exemplar aus seiner Zucht überlassen.

So machte sich die Menschenmenge mit doppelter Genugtuung auf den Heimweg. Man hatte den für ein seefahrendes Volk wichtigsten Gott besänftigt und dabei ein erstklassiges Schauspiel genossen. Die Jugend kehrte an ihre Lehrstellen zurück, wo sie jede freie Minute dazu verwendete, um mit Hilfe eines Kameraden, der den Stier markieren mußte, das Ausweichen vor den mörderisch gesenkten Hörnern im entscheidenden Sekundenbruchteil zu üben.

Von da ab vergingen die Jahre schneller für die jungen Leute. Sobald sie sich dem Ende ihres zweiten Jahrzehntes näherten, lag für alle die Möglichkeit zu heiraten in der Luft, was viele heimliche Zusammenkünfte der männlichen und weiblichen Jugend und Besprechungen zwischen Familienoberhäuptern, mit allem Zubehör, wie Festlegung der Aussteuer und des Kaufpreises für die Braut, nach sich zog. Sehr oft bekam die Jugend ihren Willen, waren doch die Kreter ein leichtlebiger Menschenschlag, der seine Kinder nach Strich und Faden verwöhnte.

Trotz alledem wurde es in vielen Familien als ein Gebot der Klugheit angesehen, die Söhne zunächst einmal für eine Weile ins Ausland zu schicken. Auf diese Weise – so erklärten die Eltern – würden sie sich etwas Lebens- und Welterfahrung aneignen, bevor sie einen eigenen Hausstand gründeten und damit endgültig seßhaft wurden. So kamen die jungen Herren, mit Empfehlungsbriefen an Agenten, Leiter von Zweigniederlassungen oder Geschäftsfreunde ihrer Väter ausgestattet, in Ägypten, Byblos, Ugarit, Troja, Mykene oder Milet an. Die Empfänger der Einführungsschreiben hießen sie mit vielen freundlichen Worten willkommen und entledigten sich ihrer sodann am frühest möglichen Zeitpunkt, indem sie sie zunächst ihren eigenen Söhnen anvertrauten und dann, wiederum mit Empfehlungsbriefen an ihre Unteragenten, auf eine möglichst ausgiebige Besichtigungs- und Erkundungstour schickten, auf der sie sich das «Gefühl für die Marktlage» aneignen sollten.

So hielt sich mehr als ein junger, kaum erwachsener Handelsprinz aus Kreta im Jahr 1420 in Ägypten auf, als Amenophis II. starb. Diese jungen Herren verstanden nichts von der ägyptischen Politik und dem Protokoll des Königshofes, deshalb haben sie vielleicht nie ganz begriffen, warum über Amenophis' Nachfolge durch seinen ältesten Sohn Thutmosis IV. soviel hin und her geredet wurde. Ihre ägyptischen Gastgeber erklärten ihnen haargenau, der junge Prinz sei allerdings ein Sohn des verstorbenen Pharaos, wenngleich nicht von seiner göttlichen Gemahlin und Schwester Merit-Amun, sondern von einer nur menschlichen Ehefrau, der Prinzessin Tiaa. Das begriffen die Kreter auf Grund ihrer eigenen matriarchalischen Tradition noch. Als man ihnen aber eröffnete, daß die Thronbesteigung Thutmosis' von der Priesterschaft des Sonnengottes Rê in dessen Wohnsitz bei Memphis gutgeheißen, von der Priesterschaft des Sonnengottes Amun in Theben aber bekämpft wurde, gaben sie das Rennen auf. Diese Vielfalt von Sonnengöttern erschien ihnen als eine Blasphemie, und rivalisierende Priesterkollegien, die einander in der Beeinflussung des Monarchen auszustechen trachteten, waren ihnen etwas völlig Fremdes. Es fehlte ihnen, nach dem Urteil ihrer Gastgeber, ganz einfach am geschichtlichen Hintergrund, der für das Verständnis der Zusammenhänge notwendig war und mit dem einem klarwurde, daß die Gegensätze zwischen den Priesterkollegien in Wahrheit nichts anderes bedeuteten als ein Wiedererwachen der uralten Rivalität zwischen Nord- und Südägypten, zwischen den zwei Hauptstädten Memphis und Theben. Worauf sie ihre jungen Gäste zur Besichtigung der Pyramiden aufforderten.

Sie waren in der Tat stark beeindruckt, ja eingeschüchtert durch die Kolossaldenkmäler und ihr fast mythisches Alter. Die Pyramiden waren älter als die Anfänge der kretischen Geschichte vor rund tausend Jahren. Zwölf Jahrhunderte, so erklärte der Führer den jungen Herren, blickten an dieser Stätte auf sie herab – zwölf Jahrhunderte ungebrochener kultureller Entwicklung, und über die Hälfte dieser langen Zeit sei das auf dem jenseitigen Nilufer gelegene Memphis die Hauptstadt von Ägypten gewesen. Dann wurden ihnen die neuesten Ausgrabungen vorgeführt, vor allem die Sphinx, die ganze Kolonnen von Arbeitern von verschlammten Treibsandmassen freischaufelten. Die Ausgrabung fand auf Befehl des neuen Pharaos statt, denn an der gleichen Stelle, im Schatten der halb begrabenen Kolossalstatue, war Rê dem jungen Prinzen Thutmosis erschienen und hatte ihm den Thron Ägyptens als Gegenleistung für die Befreiung der Sphinx von seiner Sanddecke versprochen. Inzwischen hatte der Sonnengott sein Versprechen wahr gemacht, und Thutmosis stand im Begriff, das seine einzulösen. Die kretischen Touristen fanden das alles äußerst interessant – so sagten sie wenigstens. Im stillen meinten sie freilich, daß man durch Stieropfer seine Wertschätzung göttlicher Huldbeweise überzeugender zum Ausdruck bringen könne als mit archäologischen Mitteln.

In der Blütezeit der kretischen Prosperität erreichten die bildenden Künstler der Insel eine Ausdruckskraft, die in jenem Jahrhundert nirgendwo anders erreicht wurde. Die obige lebendige Darstellung entstammt einem kretischen Siegel.

Trotz solcher kleiner Gegensätzlichkeiten lebte auch nach der Rückkehr der jungen Herren ins heimische Knossos die Bewunderung für Ägypten in ihnen weiter. Die Verbindungen, die sie dort angeknüpft hatten, erwiesen sich außerdem für ihre Geschäfte als sehr nützlich, was auch auf die anderen Reisenden zutraf, die von den barbarischen Fürsten der Ägäis als Gäste aufgenommen worden waren oder die «grand tour» entlang der syrischen Küste unternommen und in aller Eile hatten nach Hause zurückkehren müssen, weil in Syrien wieder einmal ein Aufstand gegen den Bund mit Ägypten ausgebrochen war. Wie sein Vater und sein Großvater führte Thutmosis in Person seine Truppen zu einer Strafexpedition gegen die Rebellen, und Syrien war eine Zeitlang ein ungesunder Aufenthaltsort für fremde Besucher – von den Einheimischen ganz zu schweigen.

Von ihren Reisen heimgekehrt, schlossen die meisten jungen Männer aus Knossos einen vernünftigen Ehebund, widmeten sich mit allem Ernst ihren Geschäften und bekamen mit der Zeit Kinder und ein wachsendes Verantwortungsbewußtsein.

Wieder gingen die Jahre ins Land, reiche, friedliche Jahre, deren Ablauf durch die regelmäßig wiederkehrenden Feste sinnfällig wurde. Nur vom griechischen Festland kamen Nachrichten von unheilvollen Vorgängen, die sich aber auf Familienfehden unter den Herrschern der winzigen Fürstentümer beschränkten. Jedes von diesen trug stolz seine Unabhängigkeit zur Schau, doch neigten sie jetzt dazu, sich unter der Führung eines einzelnen zusammenzuschließen. Die Klügeren unter den Kretern waren es zufrieden, daß die Griechen es so schwer fanden, den politischen Zusammenhalt zu bewahren, denn sie waren Kampfnaturen. Außerdem hatten sie eine Schwäche für Kriegsbeute und besaßen zu allem Überfluß eine nachgerade sehr ernst zu nehmende Flotte.

Durch Geschäftsfreunde in Ägypten trafen regelmäßig Nachrichten ein. Thutmosis hatte endlich die Frage der strittigen Euphratgrenze geregelt, und zwar durch eine revolutionäre Maßnahme, indem er eine Prinzessin aus dem Königshaus der Mitanni jenseits des Stromes ehelichte und so den Vertrag besiegelte.

Diese Vermischung von göttlichem und menschlichem Blut – welch letzteres sogar sterblicher Herkunft war – stieß in Ägypten keineswegs auf Zustimmung, und es verstand sich von selbst, daß der ausländischen Prinzessin der göttliche Status und ebenso das Recht der Regentschaft verweigert wurde. Jedenfalls traf im Jahr 1412 v. Chr., also noch ehe die jungen Kreter, deren Lebenslauf wir verfolgen, ihr drittes Jahrzehnt vollendet hatten, die Nachricht vom Tode Thutmosis' ein, der nur acht Jahre regiert hatte. Sein Sohn aus der Ehe mit seiner göttlichen Gemahlin und Schwester Mutenwija war ihm, so hieß es weiter, ohne Widerstand zu finden auf dem Thron gefolgt. Dieser Sohn hieß abermals Amenophis, und er war ausnahmsweise einmal von beiden Seiten her völlig ebenbürtig. Deshalb vollzog sich sein Regierungsantritt auf friedliche Weise; es bedurfte dabei lediglich einer machtvollen Geste im Sudan und eines von Truppen begleiteten Staatsbesuchs in Syrien. Das Fazit war, daß eine weitere Mitanni-Prinzessin dem Harem des neuen Pharaos einverleibt wurde.

Amenophis III. und seine energische Königin Teje begannen in Theben eine ganze Reihe von Prachtbauten, deren eindrucksvollster ein neuer Amuntempel war. Die Korrespondenten der Kreter in Unterägypten setzten der diesbezüglichen Mitteilung den etwas mißgünstigen Kommentar hinzu, daß es nunmehr so aussehe, als seien die Rivalitäten zwischen Amun und Rê zugunsten des oberägyptischen Gottes entschieden, obgleich der Pharao in kultischen Dingen als vorurteilslos galt und seiner Gemahlin zu Ehren einer ziemlich obskuren Variante der Sonnengottheit einen zusätzlichen Tempel erbaut hatte. Es handelte sich dabei um den Gott der Sonnenscheibe: Aton. Aber Teje erreichte mehr als andere am Hofe. Man hatte ihr, obgleich sie weder Amenophis' Schwester noch irgendwie mit ihm verwandt war, den Rang der göttlichen Gemahlin verliehen; es hieß sogar, sie sei syrischer Herkunft. Die alte Gesellschaftsordnung verfiel zusehends.

Aber für den Handel hatte das alles seine gute Seite, und die kretischen Kauffahrer verdienten schwer am Transport von libanesischem Zedernholz nach Süden, das für das große Bauprogramm bestimmt war. In jenen Jahren gewannen die Küstenstädte von Syrien, dem Libanon und Palästina rasch ihren Wohlstand zurück. Das Tauwetter in den Beziehungen zwischen den zwei Großmächten Ägypten und Mitanni hatte den kleinen, zwischen Sinai und dem Euphrat gelegenen Fürstentümern den Frieden gebracht. Jetzt, wo diese nicht länger gezwungen waren, sich einer der beiden Einflußzonen anzuschließen und dadurch Vergeltungsmaßnahmen seitens der anderen heraufzubeschwören, konnten sie sich den ihnen näherliegenden Geschäften widmen. Die folgenden Friedensjahre, in denen ein künstlerisch veranlagter, den Luxus liebender Pharao für sein Land tonangebend war, ließen vorteilhafte Vergleiche sogar mit der legendären Prosperität unter der Königin Hatschepsut vor achtzig Jahren zu.

An dieser Wohlstandswelle nahmen die Kreter wie immer teil. Sie gründeten auf

Die enge Beziehung der Kreter zum Meer wird weniger aus Schiffsdarstellungen ersichtlich, deren es leider nur wenige und schlecht ausgeführte gibt, als aus prachtvollen, mit allerlei Fischen, Seetieren, Pflanzen und Korallen geschmückten Vasen. Das obige Stück stammt aus Gurnia im östlichen Kreta.

Zypern, an der levantinischen Küste und selbst in Ägypten neue Niederlassungen ihrer Handelshäuser, von denen große Gewinne in die Metropole Knossos zurückflossen. Nie zuvor waren solche Reichtümer im Königspalast und in der Stadt gestapelt, nie zuvor so großartige Feste gefeiert worden. Der allgemeine Wohlstand lockte zahllose Fremde nach Kreta, die an ihm teilnehmen wollten. Unter ihnen befanden sich auch viele Achäer vom griechischen Festland.

Als die Kreter, deren Lebenslauf in diesem Kapitel geschildert wird, das vierte Jahrzehnt abgeschlossen hatten, fiel ohne jede Vorwarnung der große Schlag.

In jenem Jahr wurde das Stierfest mit beispiellosem Glanz gefeiert. Von Griechenland waren besonders viele Stierkämpfertrupps herübergekommen, die an den Wettkämpfen teilnehmen sollten, und zahlreiche achäische Fürsten hatten sie samt ihrem Gefolge begleitet, um die sportlichen Leistungen ihrer Champions zu bewundern. Von ihnen war Theseus, der Fürst von Attika, der hervorragendste. Er erntete Lorbeeren in der Arena durch einen besonders eleganten Amateurkampf gegen den Auserwählten unter allen Stieren, den Minotaurus. Die braven Bürger von Knossos zogen sich an jenem Abend müde und in froher Erwartung der Opferzeremonien am folgenden Morgen in ihre Behausungen zurück.

Mitten in der Nacht wurden sie durch Schreie, Waffengeklirr und das Zischen und Krachen von Feuersbrünsten aus dem Schlaf gerissen. Als Männer und Frauen halbnackt und noch nicht richtig wach auf die Straße stürzten, sahen sie, daß der gewaltige Minospalast am Berghang in Flammen stand. Im Umkreis schossen an mehreren Stellen in der Stadt ebenfalls Flammen empor. Kleine Trupps von bewaffneten Männern durchzogen unter der Führung von Offizieren zielbewußt die Straßen und überfielen die Häuser der reichsten Bürger sowie die Polizeiwachen. Auch die Ausgänge der Stadt wurden besetzt.

In jener Nacht der langen Messer verloren viele Einwohner von Knossos ihr Leben: sie wurden beim matten Widerstand gegen die Besetzung und das Plündern der Häuser rücksichtslos niedergemacht oder kamen in den Flammen um, die sich der eng aneinandergedrückten Häuser mit unheimlicher Schnelligkeit bemächtigten. Viele wurden auf der Flucht durch die Straßen zusammengetrieben und unter Bewachung in alleinstehende Häuser eingesperrt. Wer konnte, entwich in das hügelige Gelände um die Stadt. Eine überraschende Zahl von Leuten, zu denen insbesondere die am Handel mit dem Norden interessierten Kaufleute gehörten, blieben jedoch unbehelligt und erhielten Wachen aus den Reihen der Eindringlinge, die ihre Häuser vor den Plünderern beschützen sollten.

Erst bei Anbruch der Morgendämmerung wurde ersichtlich, was geschehen war. Jetzt erst begriffen die Überlebenden, die sich in Verstecken aufhielten oder in Gefangenschaft geraten waren, daß die bewaffneten Männer, die das Straßenbild beherrschten, Achäer waren, in denen sie zum Teil Mitglieder der griechischen Kolonie in der Hafenstadt erkannten. Die Offiziere entpuppten sich wiederum großenteils als achäische Stierkämpfer und als Angehörige des Gefolges von Griechenfürsten, die auf Besuch gekommen waren.

Als es richtig Tag wurde, vollzog sich die Besetzung der Stadt planvoll. Um die Mittagsstunde wurden die Gefangenen in langem Zug in die Arena geführt, wo tags zuvor die Stierkämpfe stattgefunden hatten. Dort verkündeten, während bewaffnete Posten in den Quergängen patrouillierten und Bogenschützen in den Rängen auf das Geschehen ein wachsames Auge richteten, achäische Herolde die Eingliederung Kretas in den achäischen Staatenbund. Um der Proklamation das notwendige Gewicht zu verleihen, vollzog Theseus selbst an Ort und Stelle die Opferung des Minotaurus an den Meeresgott.

Während der folgenden Tage nahm die Besetzung mehr und mehr die Formen einer organisierten militärischen Maßnahme an. Die Stadt Knossos, die nie einen ausländischen Gegner in ihren Mauern gesehen und seit drei Jahrhunderten nicht einmal eine interne Auseinandersetzung gekannt hatte, mußte die gleiche methodische Plünderung und Versklavung über sich ergehen lassen, die so oft das Schicksal der Festlandstädte gewesen war. Auf Ochsenkarren und Packesel verladen, wurden die Schätze eines halben Jahrtausends friedlicher Handelstätigkeit zum Hafen gebracht. Ihnen folgten endlose Reihen bleicher und schweigsamer Gefangener, die nunmehr der Sklaverei – einem andernorts landläufigen Schicksal, das aber kein Mensch in Knossos für sich selbst für möglich gehalten hatte – ins Auge blickten.

Natürlich wurden nicht alle Einwohner zu Sklaven gemacht. Auch unter denen, die nicht geflohen waren, gab es viele, die sich mit den Besetzern verständigten, indem sie für sich und ihre Familien aus geheimen Vermögenswerten oder mittels schriftlicher Abtretung von großen, im Ausland deponierten Summen Lösegeld entrichteten. Natürlich waren die Metzger, Bäcker, Wagenbauer und Gärtner für die Besatzungsmacht unersetzlich. Dann gab es die Alten und Kranken, mit denen man als Sklaven nichts anzufangen wußte. Andere wiederum wurden aus keinem ersichtlichen Grund geschont – außer vielleicht, weil sie, wie sich erst nach einer Weile herausstellte, zu dem Kreis derjenigen gehörten, denen der plötzliche Überfall nicht ganz unerwartet gekommen war. Es gab in der Tat sogar unter den wohlhabenden Schichten Kretas eine fünfte Kolonne, die dem Fürsten Theseus und seinen Männern Handlangerdienste geleistet hatte. Man munkelte von Verrätern im Königspalast – ein Gerücht, das sich zu bestätigen schien: Als Theseus etwa eine Woche nach dem Überfall mitsamt der eroberten, schwerbeladenen kretischen Handelsflotte nach Griechenland zurückkehrte, erweckte die in großem Staat mitreisende Prinzessin Ariadne, die Tochter des gefallenen Königs, bei vielen Beobachtern den Eindruck, als fühle sie sich keineswegs als Gefangene.

Mit Theseus' Abreise ließen die Nachwirkungen des betäubenden Schlages, den Kreta durch die Einnahme von Knossos erhalten hatte, allmählich nach, und die Menschen wurden wieder wie früher. Eine starke achäische Garnison mit einem in Kreta geborenen Achäer von fürstlichem Geblüt an der Spitze, den Theseus zum König und zu seinem Verbündeten gemacht hatte, blieb auf der Insel. Ihm bezeigten die anderen Städte und Dörfer von Kreta eilfertig Gehorsam und Unterwerfung, um nach Möglichkeit Schlimmerem vorzubeugen. Der achäische Fürst, dem es vor allem darauf ankam, ungestört regieren zu können, nahm keine Notiz von den Bürgern von Knossos, die jetzt allmählich aus den Bergen oder nahe gelegenen Dörfern zurückkehrten, um aus den Trümmern zu retten, was noch zu retten war, und den Wiederaufbau ihrer Anwesen zu betreiben.

Trotz alledem war die Macht von Knossos als Handelszentrum gebrochen. Die großen Lagerhäuser standen leer; die Kriegsflotte war verschwunden und mit ihr alle Handelsschiffe, die sich im Hafen befunden hatten. Das Kapital, ohne das man ein neues Handelsimperium nicht aufbauen konnte, gab es nicht mehr. Den schwersten Verlust aber bildete die Zerstörung des Vertrauens, auf dem allein aller Handel und Wandel beruht hatte. Es war von den Flammen mit verzehrt worden. In den Wochen nach der Aggression stach so manches kleine Schiff von den weniger besiedelten Buchten Kretas aus in See, beladen mit den überlebenden Vertretern und den verbliebenen Vermögenswerten großer Handelshäuser in Knossos.

Sie gingen jeweils dorthin, wo sie noch Vermögenswerte besaßen; viele nach Zypern oder in die südlichen Küstenstädte Kleinasiens. Andere setzten sich in Richtung des Nildeltas und seiner Städte ab. Die weitaus größte Zahl von ihnen steuerte die libanesische Küste und Palästina an, denn dort befanden sich Zweigniederlassungen mit Handelspartnern sowie Schiffe, die man um jeden Preis daran hindern mußte, vollbeladen nach Knossos auszulaufen und in die Hände der neuen Herren zu fallen.

In den nun folgenden Jahren bauten sich die Emigranten am Fuße des Libanongebirges eine neue Existenz auf. Sie entsandten ihre Schiffe von Byblos, Tyrus und Sidon in alle Welt, so wie sie es früher von Knossos aus getan hatten. Auf diese Weise fügten sie die Trümmer ihres Vermögens wieder zu einem Ganzen zusammen und legten den Grundstein zu einem neuen Abschnitt merkantilen Wohlstandes in der Levante.

Ohne Konkurrenz ging es dabei freilich nicht ab. Schon vor der Zerstörung von Knossos hatten die Frachtschiffe aus den ägäischen Häfen sich als ernst zu nehmende Rivalen der kretischen Schiffahrt gezeigt. Deshalb waren die aus Kreta geflüchteten Handelsherren nie im Zweifel darüber gewesen, daß der verräterische Anschlag auf Knossos ebensosehr auf dem Wunsch beruht hatte, sich einen Konkurrenten vom Hals zu schaffen, wie auf dem Appetit nach Plünderung oder dem Bedürfnis, eine politische Oberhoheit abzuschütteln. Jetzt lieferten Schiffe aus Mykene und anderen achäischen Häfen, zu denen noch die Fahrzeuge aus dem nunmehr von den Achäern beherrschten Knossos kamen, überall im Mittelmeerraum von Spanien bis Zypern Olivenöl, Wein und Verbrauchsgüter an die Märkte, die früher das Monopol der Kreter gewesen waren. Die neuen Herren hielten auch bereits Ausschau über das Mittelmeer hinweg nach Anschluß an den Schwarzmeerhandel, über den Atlantik und nach Nordeuropa.

Zwischen den Usurpatoren der Handelswege und den über das ganze östliche Mittelmeerbecken verstreuten kretischen Emigranten führte der Ablauf der Zeit keine Versöhnung herbei. Viele hatten ihre Familien in Kreta zurücklassen müssen, und es gab für sie keine Möglichkeit, zu erfahren, ob ihre Frauen und Kinder in der Schreckensnacht umgekommen waren oder ob sie noch heute als Sklaven in den Haushaltungen und Werkstätten Griechenlands schmachteten. Es konnte, solange derartige Erinnerungen zwischen beiden Seiten standen, keinen Frieden für Achäer und Kreter geben.

Aber die Zeit ging unerbittlich ihren Weg, und die Verbannten bauten sich nunmehr endgültig ein neues Leben auf. An der libanesischen Küste lernten sie das semitische Idiom der amoritischen Einwohner, so daß sie schließlich anfingen, ihre Muttersprache zu vergessen – wenn sie auch von Zeit zu Zeit zusammenkamen, um in leidenschaftlich bewegten und gefühlvollen Worten ihre verlorene Heimat in die Erinnerung zurückzurufen. Die um das Jahr 1440 v. Chr. geborenen Kreter wurden jetzt langsam alt, und ihre Söhne und Töchter konnten sich nur noch undeutlich an ihre nächtliche Flucht aus der brennenden Stadt erinnern. Unter der jungen Flüchtlingsgeneration fühlten sich viele nicht mehr als Kreter; es bereitete ihnen größere Genugtuung, sich mit ihrer neuen Heimat zu identifizieren, als sinnlos einem Land nachzutrauern, das sie kaum gekannt hatten und in das sie nach menschlichem Ermessen nie zurückkehren würden.

Im übrigen gab es in Syrien genug Dinge, über die man sich Gedanken machen konnte, statt einer verlorenen Sache im ägäischen Meer nachzuhängen. König Amenophis von Ägypten hatte gerade in festlichem Pomp den Abschluß seines vierunddreißigsten Regierungsjahres gefeiert. Aber er war jetzt ein alter Mann, der offensichtlich auf sein Ende zusteuerte. Im Norden Syriens hatte ein neuer Herrscher namens Suppiluliumas den Hethiterthron bestiegen. Er ließ die Befestigungen seiner Hauptstadt Hattusas verstärken, und seine Armee war bereits mit den Hurritern von Mitanni in Gefechtsberührung gekommen. Noch ernster sah es in unmittelbarer Nähe von Syrien aus. Durch die scheinbare Schwäche des ägyptischen Herrn ermutigt, hatte sich einer der Stammesfürsten im Innern Syriens, Aziru, erhoben, und plünderte seinen Nachbarstaat. Wenn auch das libanesische Gebirge zwischen ihm und der Küste lag, bestand immer die Gefahr, daß der Aufstand auf die Küstenstädte übergriff. Die ältlichen Kaufherren, die sich noch

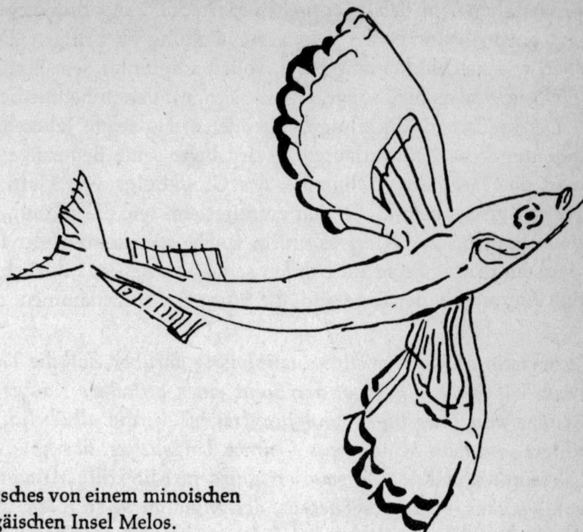

Darstellung eines fliegenden Fisches von einem minoischen Fresko in Phylakopi auf der ägäischen Insel Melos.

an den Abbruch ihrer Geschäftsverbindungen vor vierzig und mehr Jahren erinnerten, als der Vater bzw. Großvater des alten Pharaos blutige Rache an den aufständischen Städten der Levante übte, und die nunmehr die Möglichkeit sahen, selbst in eine Wiederholung dieser Vorgänge verstrickt zu werden, ließen nichts unversucht, ihre Gebieter vom Bruch mit Ägypten abzuhalten. Diese empfanden denn auch nach vier Jahrzehnten einträglichen Vasallentums keinerlei Verlangen nach politischen Abenteuern und sandten deshalb eilige Botschaften an Amenophis, in denen sie ihre Loyalität bekräftigten und um Schutz baten.

Trotz zunehmender Schwäche erfüllte der Pharao ihre Bitte. Obwohl sein Gesundheitszustand ihm nicht erlaubte, pflichtgemäß und einem alten Privileg zufolge seine Truppen in Person anzuführen, entsandte er eine Streitmacht, die Aziru und seine Leute kampflos in die Wüste zurückjagte. Die ältlichen Emigranten in Byblos und den anderen Küstenstädten atmeten auf.

Zwei Jahre danach erreichte sie die Nachricht von Amenophis' Tod und von der Thronbesteigung seines Sohnes Amenophis IV. Der neue Pharao war freilich erst elf Jahre alt.

Es war das Jahr 1377 v. Chr. Die noch lebenden Angehörigen der älteren Generation unter den kretischen Flüchtlingen hatten die Sechzig weit überschritten. Sie richteten ihre Blicke lieber in die Vergangenheit als in die Zukunft und träumten von den goldenen Zeiten ihrer Jugend, als die Welt noch im Frieden lebte und Knossos ihr Mittelpunkt war. Die Zukunft sah alles andere als rosig aus. Mit Knossos war der Friede auf den Meeren dahingegangen, und es erschien nachgerade immer zweifelhafter, ob Ägypten den Frieden zu Lande erhalten könne und würde. Mit fortschreitender Zeit hatten sich die konservativ eingestellten Bürger der levantinischen Küste in der Hoffnung gefallen, der junge Pharao – ihr oberster Lehnsherr – werde, wenn er erst zum Manne herangereift sei, vom Geist seiner Dynastie erfüllt, eine machtvolle Demonstration in Syrien veranstalten, um den ägyptischen Herrschaftsanspruch gegen die das Land von innen und außen bedrohenden Feinde zur Geltung zu bringen. Der junge Amenophis stand aber, wie sich bald herausstellte, vollständig unter dem Einfluß seiner Mutter, der Königin Teje, und es hieß sogar, er habe sich mit der einheimischen Priesterschaft entzweit.

Die kretischen Flüchtlinge vollendeten das siebte Jahrzehnt ihres Lebens, und ungefähr um diese Zeit verlautete, Aziru habe seine Beutezüge wiederaufgenommen, während das Heer Suppiluliumas', des Großkönigs von Hatti, sich in Yamchad vor den Toren Syriens befand. Sie hatten miterlebt, wie die «Königinnen» des Ostens und Westens, Babylon und Knossos, einem von Norden kommenden Feind unterlagen – jetzt aber warf ein dritter Feind im Norden seine Schatten auf ihr Leben. Sicher würde das mächtige Ägypten in der Lage sein, die Sturmflut einzudämmen, die nach Süden ausgriff.

Es herrscht allgemeine Übereinstimmung darüber, daß die Theseus-Sage einen Kern von Wahrheit birgt. Theseus, der Sohn eines attischen Königs, schloß sich freiwillig der Gruppe von Jünglingen und Jungfrauen an, die alljährlich als Tribut nach Kreta geschickt und dem Minotaurus – einem Ungeheuer, das halb Mann, halb Stier war – im Labyrinth von Knossos geopfert wurden. Mit Hilfe Ariadnes, der Tochter des Königs von Knossos, gelang es Theseus, den Minotaurus zu töten, worauf er mit der Prinzessin aus Kreta flüchtete. Wahrscheinlich spiegelt sich in dieser Legende die archäologisch erwiesene Eroberung von Kreta durch die Achäer aus Griechenland um 1400 v. Chr. Es ist vielfach versucht worden, das archäologische Beweismaterial und die Theseus-Sage auf einen Nenner zu bringen und aus beiden eine glaubwürdige Geschichte zu machen. Das obige Kapitel will nichts anderes sein als ein solcher Versuch. Die Schilderung der Ereignisse in Griechenland und Kreta muß daher als ein Mythos auf archäologischer Grundlage angesehen werden. Was hingegen die Geschehnisse in Ägypten, Syrien und Mesopotamien angeht, so liegen für sie unanfechtbare, historisch verbürgte Zeugnisse vor, von denen viele aus zeitgenössischen Quellen stammen.

Die bei den griechischen Eroberern von Knossos gebräuchliche Schrift (von der am Anfang des Kapitels die Rede war) ist nicht identisch mit den uns heute bekannten Schriftzeichen, sondern mit der gemeinhin als «Linear B» bezeichneten Schriftart, die vor nicht langer Zeit vom verstorbenen Michael Ventris entziffert wurde. Ihr lag kein eigentliches Alphabet zugrunde, sondern eine Silbenschrift; die Sprache, die durch sie vermittelt wurde, war aber unzweifelhaft das Griechische. Man glaubte lange, griechische Inschriften in «Linear B», die aus Knossos stammen, lägen weiter zurück als die Eroberung der Stadt durch die Griechen. Zwar wurden die archäologischen Beweise für diese These kürzlich angefochten (so das demnächst erscheinende Werk von L. R. Palmer: «Myceneans and Minoans»), doch hat man andererseits das Griechische nie für die Umgangssprache der vor der griechischen Invasion über Knossos herrschenden Clique gehalten.

Das geschriebene «Linear B» entwickelte sich als vereinfachte Form des sogenannten «Linear A»-Alphabets. Zur Zeit sind Fachleute mit der fesselnden Aufgabe beschäftigt, auf der Grundlage unserer langsam wachsenden Kenntnis des «Linear B» die «Linear A»-Schrift zu entziffern. Im jetzigen Stadium kann nur eines mit Sicherheit gesagt werden: Das «Linear A» war kein Griechisch. Die Vermutung drängt sich auf, daß es sich dabei um die in Kreta vor der griechischen Invasion gesprochene Sprache handelt. Es wird im abgeschlossenen Kapitel als das Altkretische bezeichnet.

15
Der Philosoph auf dem Königsthron
1370 - 1300 v. Chr.

In ihrer frühesten Kindheit glaubte die Prinzessin Anchsen-pa-Aton, die Stadt, in der sie lebte, erstrecke sich bis ans Ende der Welt. Nur selten verließ sie das Palastgelände, das ihr bereits endlos erschien; wenn sie aber gelegentlich mit ihren Eltern im Wagen ausfuhr, hatte sie das Gefühl, daß die breiten Straßen nie zu Ende gingen. Sogar dort, wo keine Häuser und Tempel mehr waren und der Wüstensand seinen Anfang nahm, gab es Neubauten ohne Zahl, mit vorerst nur markierten Straßenzügen, die sich in der Ferne verloren und in denen Architekten mit rotgefärbten Schnüren die Umrisse weiterer Häuser festlegten. Kolonnen von Sklaven zogen mit Steinen und Ziegeln beladene Schlitten.

Bei der Geburt Anchsen-pa-Atons im Jahre 1370 v. Chr., als dritte Tochter des Pharaos Echnaton und seiner göttlichen Gemahlin Nofretete, war die Hauptstadt der beiden Ägypten eine neue, schnell wachsende Stadt. Sie nannte sich Echnaton, die Stadt des aufsteigenden Sonnengottes; an ihrem Standort hatte es bis vor wenigen Jahren nur einen sich zwischen dem Nil und dem Gebirge hinziehenden Wüstenstreifen gegeben. Der Hof war noch vor Vollendung des Königspalastes hingezogen und lebte zunächst in luxuriösen Zelten, die man noch jetzt an heißen Sommertagen in den Palastgärten aufzuschlagen pflegte. Der Vater der jungen Prinzessin hatte persönlich die Arbeiten am Palast und am Sonnentempel überwacht, die als erste der Neubauten errichtet wurden.

In diesen ersten Jahren lebten sie als glückliche Familie. Der Vater – hochgewachsen, schlank, sportlich – war heiter, wenn er auch zwischendurch launisch und geistesabwesend sein konnte und manchmal auf unerklärliche Weise krank wurde. Ihre Mutter war die schönste Frau, die Anchsen-pa-Aton je gesehen hatte. Die Prinzessinnen spielten überall im Palastgelände. Sie waren jetzt zu sechsen, alles «göttliche Wesen» und als solche von der Dienerschaft, dem Majordomus und den Hofbeamten behandelt, was natürlich sehr dazu beitrug, ihr Leben angenehm zu gestalten.

Die Prinzessin nahm ihren göttlichen Status als selbstverständlich hin, wußte sie doch, daß sie einer langen Reihe von Gottkönigen entstammte, die sich bis zu Ahmose, dem Befreier Ägyptens, über mehr als zwei Jahrhunderte erstreckte. Überdies floß in ihren und in ihrer Schwester Adern rein göttliches Blut, denn ihre Mutter Nofretete war als Vollschwester ihres Vaters Echnaton ebenfalls göttlicher Herkunft. Allerdings bemitleideten sie ihren Halbbruder Tut-ench-aton, der, weil er von einer irdischen Mutter stammte, nur zur Hälfte göttlich war. Dieser Zustand war freilich, wie sie wußten, nur zeitgebunden. Eines Tages, wenn ihr Vater die lange Reise zu seinem Grab in den östlichen Bergen antreten würde, die das Tor zum endgültigen Wohnsitz des Gottes bildeten, würde Tut-ench-aton mit Sicherheit Pharao und damit der vollen Göttlichkeit teilhaftig werden. Bis dahin hatte er sicher die älteste der Schwestern, Merit-Aton, geehelicht.

Zu jener Zeit stand den Kindern alles klar und fest umrissen vor Augen, so wie der große Gott, von denen sie soviel zu hören bekamen, es vorbestimmt hatte. Ständig war

Die «neue Kunst», wie sie in Akhetaton gepflegt wurde. Während sonst der Pharao überlebensgroß und in überirdischer Schönheit dargestellt wurde, hat Echnaton seine Hofkünstler offenbar zu einem Realismus ermuntert, der an Karikatur grenzte. Dieses Porträt Echnatons mit einer seiner Töchter wurde in den Ruinen seiner neuen Residenz (heute Tell el-Amarna genannt) entdeckt.

vor ihnen vom Herrn des Lebens, dem Gott Aton, die Rede, der sich dem Menschengeschlecht in Gestalt der Sonnenscheibe offenbarte. Der Vater nahm die Kleinen auf den Schoß und erzählte ihnen mit glänzenden Augen und in lyrischem Tonfall vom einen und einzigen Gott, der die ganze Welt regierte, auch jenseits der ägyptischen Landesgrenzen – als liebender Vater der göttlichen Königsfamilie und der ganzen Menschheit. Was die Großmutter, Königin Teje, betraf, so war sie prosaischer veranlagt. Sie erwähnte den Kindern gegenüber als erste den Kampf zwischen dem Pharao und der auf die alte Religion eingeschworenen Priesterschaft sowie den Widerstand, der der Herrschaft des neuen Gottes entgegengebracht wurde. Obwohl sie den Sachverhalt so einfach wie möglich darzustellen suchte, verstanden die Kinder wohl kaum, um was es sich letzten Endes handelte. Sie erzählte ihnen, früher hätten die Amunpriester in der alten Hauptstadt Theben das Privileg besessen, den neuen Pharao auszurufen, in dem man damals den Sohn Amuns – nicht Atons – erblickte. Jetzt wußte man, daß Amun, wie Rê in Oberägypten, nur eine Erscheinungsform der göttlichen Natur war, die sich in ihrem vollsten Strahlenkranz als Aton manifestierte; aber damals hielt man beide für gleichberechtigte Sonnengötter, und Aton wurde sogar nur für eine zweitrangige Personifikation Amuns gehalten. Jedenfalls hatten die Pharaonen, die, weil einer irdischen Mutter entsprossen, lediglich als Halbgötter zur Nachfolge auserkoren schienen, den Amunpriestern große Geschenke und noch größere Versprechungen machen müssen, ehe diese sich dazu herabließen, sie als Könige zu proklamieren. Auf diese Weise war die Priesterschaft von Theben sehr reich und mächtig geworden – fast ebenso reich und mächtig wie der Pharao selbst. Die Rê-Priester in Unterägypten hatten das Anwachsen der kirchlichen Macht in Oberägypten voller Mißtrauen verfolgt und es sich – da sie selbst reich und mächtig waren – etwas kosten lassen, Einfluß auf den Pharao zu gewinnen. Vor siebzig Jahren, als Echnatons Großvater, Thutmosis IV., den Thron bestieg, hatte es so ausgesehen, als winke ihnen der Erfolg: der neue König erklärte vor aller Öffentlichkeit, Rê habe ihm den Thron versprochen, als er einmal zu Füßen der Sphinx von Memphis eingeschlafen war.

Dieser Vorfall hatte die Amunpriester in Theben zu drastischem Vorgehen bewogen. Sie hatten dem Gemahl Tejes, Amenophis III., bei dessen Thronbesteigung klargemacht, daß sie seine Gemahlin als göttliche Königin nur dann anerkennen würden, wenn er Amun öffentlich den Vorzug gebe, indem er dessen großen Tempel in Theben wiederaufbaute. Die Augen der Großmutter wurden hart, als sie sich den tödlichen Schimpf vergegenwärtigte, den sie damals hatte hinunterschlucken müssen – denn der Tempel war in der Tat wiederaufgebaut worden. Allerdings war man über den Entwürfen und Plänen auf den kleinen Schrein Atons, des Sonnenscheibengottes, gestoßen.

Nun erblickte man – so fuhr die Großmutter in ihrer Erklärung fort – sowohl in Amun wie in Rê Sonnengötter mit verschiedenartigen Attributen, so daß sie selbst und Amenophis zunächst geglaubt hatten, Aton sei lediglich ein anderer Name für Rê. Das gab ihnen die Möglichkeit, sich an den Amunpriestern auf eine besonders scharfsinnige Weise zu rächen, indem sie den Schrein des Aton zu einem richtigen Tempel ausbauten. Das geschah aus der Erwägung, daß sie, falls Rê sich in Theben einbürgerte, imstande sein würden, ein Priesterkollegium gegen das andere auszuspielen. Aber unter der geistlichen Anleitung des jungen Priesters Ai, den die Amunpriesterschaft an den neuen Aton-Tempel abgeordnet hatte, erkannten sie bald die wahre Natur Atons als des einzigen Sonnengottes, wenn sie es auch zunächst für klüger hielten, sich nicht allzu offen zu dem Gott zu bekennen. Sie hatten sogar ihren Sohn nach seinem Vater Amenophis genannt und ihm somit einen Namen gegeben, der denjenigen des alten Gottes in sich einschloß. Als Amenophis IV. hatte er im Jahr 1377 v. Chr. die Nachfolge des verstorbenen Großvaters der Kinder angetreten.

An diesem Punkt angelangt, unterbrach Teje vielleicht ihre Geschichte und erzählte den jungen Prinzessinnen von der Kindheit ihres Vaters, der ein träumerischer Junge gewesen war und unter der Führung Ais bald die lebendige Gegenwart Atons erkannt hatte. Er war beim Tode Amenophis' III. erst elf Jahre alt gewesen und zunächst einige Jahre in Theben verblieben, wo – nicht ohne Konflikte – Teje und der Hohepriester Amuns in seinem Namen die Herrschaft ausübten. Doch hatte ihr Vater sich nie verstellen können, sagte die Großmutter, deshalb war es ihm auf die Dauer unerträglich, unter einem Namen zu regieren, durch den stillschweigend ein falscher Gott anerkannt wurde. Bei seiner offiziellen Volljährigkeit hatte er deshalb Aton als den einzig wahren Gott in seinem Königreich proklamiert und seinen Namen in Echnaton geändert.

Er war überrascht und enttäuscht gewesen, als die Amunpriester, statt die neue Offenbarung freudig hinzunehmen, ihren alten Kult fortgeführt hatten, als wäre die Proklamation nie erfolgt. Der bloße Gedanke an Gewaltanwendung stieß ihn ab, denn Aton war der Gott der Liebe, der von Krieg und blutigen Opfern nichts wissen wollte. Echnaton übte deshalb auf seine Weise Vergeltung, indem er Theben seine göttliche Gegenwart entzog und den Bau einer neuen Landeshauptstadt in der Wüste auf halbem Weg von Theben nach Memphis – also gleichsam in der Mitte zwischen Amun und Rê – anordnete. Dort wollte er verharren, bis die offenkundige Wahrheit von der göttlichen Natur Atons sich in ganz Ägypten verbreitet hatte.

Die jungen Prinzessinnen begriffen von der Erzählung ihrer Großmutter nur eines: daß die Priester von Theben unglaublich böse sein mußten, ihr Vater aber unglaublich tapfer. Die Geschichte, die sie zu hören bekamen, machte ihnen Ai nicht sympathischer, der als Hoherpriester Atons im großen Tempel der neuen Stadt für Kinder wenig übrig hatte und diesen als ein reichlich aufgeblasener Tropf erschien. Aber Theben war ja weit weg, und in der neuen Residenzstadt Echnaton lebte es sich sehr angenehm.

Auf dieses Familienidyll fiel bald danach der erste Schatten durch den Tod Maket-Atons, der zweiten Prinzessin, die ihrer Schwester Anchsen-pa-Aton am nächsten stand. Echnaton wurde von diesemVerlust schwer getroffen, denn er liebte seine Kinder; und wenn er auch davon überzeugt war, daß die kleine Prinzessin im Schoße des allmächtigen Vaters ruhte, trauerte er doch mehrere Monate um sie. Als dann einige Jahre später auch seine Mutter Teje das Zeitliche segnete, zog er sich ganz auf sich selbst zurück.

Der Zustand, in dem sein Königreich sich befand, machte ihm Sorgen. Zwar hatte er die Liegenschaften Amuns und seiner Priester beschlagnahmt und ihre Tempel geschlossen, doch vergalten diese es ihm, indem sie von der Kanzel verkündeten, der Pharao habe sein Volk im Stich gelassen und sei dafür von seinem Vater, dem wahren Gott Amun, verstoßen worden. Diese Verlautbarung sollte den Auftakt zu einem in der ägyptischen Geschichte noch nie dagewesenen Ereignis bilden: der öffentlichen Bekanntgabe, daß Echnaton nicht länger König sei. Vor diesem Schritt schreckte die Priesterschaft zunächst zurück, weil Armee und Beamtenschaft Echnaton die Treue hielten, und so lief die Regierungsmaschinerie ohne Störung durch religiöse Gegensätze weiter. Der Großwesir von Unterägypten, Harem-hab, kam oft auf Besuch nach Echnaton, und die Prinzessin Anchsen-pa-Aton traf ihn, als sie älter wurde und im Einklang mit dem Protokoll anfing, ihre Eltern zu den Staatsratssitzungen zu begleiten, häufig. Er machte sich keine Sorge um die Lage in Ägypten, aber die Zustände an der nordöstlichen Landesgrenze gefielen ihm gar nicht. Die Gesandten der Vasallenfürsten von Syrien und Palästina, die mit ihm kamen, bekräftigten seine pessimistischen Auslassungen.

In Syrien herrschte Bürgerkrieg. Der Amoriterfürst Aziru, den Amenophis III. in die Wüste verjagt hatte, war schon vor etlichen Jahren in sein Königreich zurückgekehrt und hatte seine Herrschaft nach und nach auf die nahe gelegenen Städte ausgedehnt. Das war eine offene Herausforderung der ägyptischen Macht. Die loyal gebliebenen Königreiche waren nicht stark genug, um ihn in Schach zu halten, und sie baten Ägypten immer wieder brieflich oder durch ihre Gesandten, eine Strafexpedition zu unternehmen. Echnaton weigerte sich. Er hatte Abgesandte von Aziru empfangen, die ihn von der Verehrung ihres Königs für den großen Gott Aton in Kenntnis setzten und ihm dessen Absicht kundtaten, den Kult des neuen Sonnengottes überall in seinem Reiche einzuführen. Sogar die junge, noch nicht zehnjährige Prinzessin war etwas betroffen über den Widerspruch, der zwischen den syrischen Berichten über die Behandlung eroberter Städte durch Aziru ei-

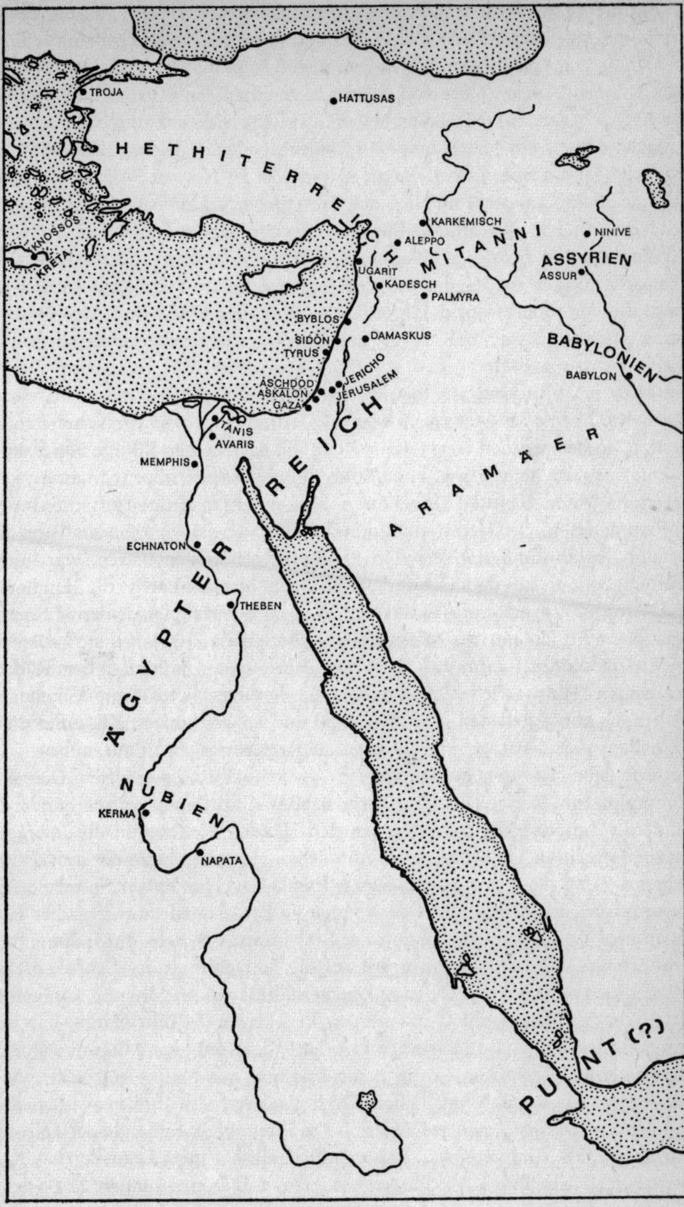

Der Nahe Osten um die Mitte des 2. Jahrhunderts v. Chr.

nerseits und der weltumspannenden brüderlichen Liebe andererseits klaffte, die überall herrschen sollte, wo Aton verehrt wurde. Ihr Vater aber lehnte es eigensinnig ab, seinen ersten ausländischen Proselyten mit Krieg zu überziehen.

Damals wimmelte es am Hofe von Echnaton von fremden Botschaftern aus den jenseits Syrien gelegenen Ländern. Anscheinend vollzog sich außerhalb der ägyptischen Reichsgrenzen damals ein Machtkampf – so jedenfalls stellte Harem-hab die Dinge dar.

Bis vor weniger als zehn Jahren, sagte er, hatte es im Norden Syriens nur eine ernst zu nehmende Macht gegeben, nämlich das hurritische Königreich Mitanni jenseits des Euphrat. Nun standen die Mitanni-Könige längst in einem friedlichen Verhältnis zu Ägypten, dem sie ihre Töchter als Pharaonen-Gattinnen gesandt hatten. Bei Erwähnung dieser Tatsache nickten die Kinder mit dem Kopf, denn sie vertrugen sich gut mit der Prinzessin, die vor rund zwanzig Jahren als ganz junges Mädchen in den Harem ihres Großvaters eingetreten war und das Ägyptische noch immer mit einem starken fremdländischen Akzent sprach.

Neben Mitanni, fuhr der Wesir fort, war da natürlich noch Babylon – einst das mächtigste Reich des Ostens, das aber vor fast siebzig Jahren von einem persischen Bergstamm, den Kassiten, erobert worden war. Jetzt spielten die kassitischen Könige von Babylon als Machtfaktor nur noch eine geringfügige Rolle, zumindest gegenüber Mitanni.

Andererseits waren vor rund zehn Jahren zwei andere mächtige Herrscher im Norden auf den Plan getreten. Der Hethiterkönig Suppiluliumas, dessen kleinasiatische Hethiter vor zweieinhalb Jahrhunderten Babylon im Sturm genommen hatten, war mit seinen Streitkräften abermals aus dem Gebirge vorgestoßen. Er hatte bereits die Hauptstadt von Yamchad, Aleppo, erobert und sich auf den Weg zu der Hauptstadt der Mitanni, Wassukkanna, gemacht. Die hurritische Armee war aber einem Zusammenstoß ausgewichen, und der Mitanni-König Tuschratta – der Vater Tatukhipas – hatte nach dem Rückzug der Hethiter seinen Thron wiedereingenommen. Allerdings hatte Suppiluliumas seinen Sohn Telepinus zurückgelassen, um in Aleppo und an der ganzen Küstenlinie nördlich der ägyptischen Vasallenstaaten im Libanon die Regierungsgewalt auszuüben.

Der zweite neue Herrscher im Norden war Assur-uballit von Assyrien. Dieses semitische Königreich am Oberlauf des Tigris war uraltes Kulturland; vor vierhundertfünfzig Jahren, als die Amoriter die Macht fest in den Händen hielten und die Indogermanen nichts weiter waren als ein Schatten am nördlichen Horizont, hatte der assyrische Herrscher Schamsi-Adad seine Grenzen bis zum Mittelmeer vorgeschoben. Seit vielen Generationen war Assyrien im Zangengriff der jungen Völker festgeklemmt, zwischen Hurritern im Westen und Kassiten im Osten. Seit der Eroberung Assyriens durch Hammurabi erhoben die Könige von Babylon Anspruch auf die Souveränität des Landes, das aber de facto bis vor kurzem in einem Abhängigkeitsverhältnis zu den Mitanni-Königen gestanden hatte. Als der Pharao, ihr Großvater, todkrank war, so fuhr Harem-hab in seiner Erzählung vor den jungen Prinzessinnen fort, hatte der König von Mitanni dem Patienten die Statuette einer assyrischen Göttin namens Ischtar aus Ninive geschickt, von der es hieß, sie könne alle Krankheiten heilen. Doch erwiesen sich ihre magischen Kräfte in Ägypten nicht so wirksam, wie das zweifellos in ihrem eigenen Lande der Fall war.

Assur-uballit, als König von Assyrien, machte freilich seinem Lehnsherrn ganz gewaltig zu schaffen. Die neuesten Meldungen besagten, daß er eine jüngere Linie der königlichen Familie von Mitanni zum erfolgreichen Versuch aufgestachelt habe, den Thron für sich in Anspruch zu nehmen. Der Vater Tatukhipas, der alte König Tuschratta, war ermordet worden, und der assyrische Thronkandidat, Artatemu, hatte sich selbst zum König proklamiert. Das, meinte der Wesir, könne ernste Folgen haben, denn Tuschratta war ein Freund Ägyptens gewesen, während Assur-uballit seinen Einfluß auf Artatemu wahrscheinlich zugunsten seines semitischen Landsmannes, des syrischen Rebellen Aziru, in die Waagschale werfen würde. Es war höchste Zeit, daß Ägypten eine Armee an die Euphratgrenze entsandte, um Aziru zu beseitigen und in Mitanni wieder einen freundlichgesinnten Herrscher auf den Thron zu heben. Handelte Ägypten jetzt nicht, so bestand Gefahr, daß Mitanni vollkommen von Hethitern und Assyrern geschluckt würde und daß diese Mächte sich anschließend daran machten, Syrien unter sich aufzuteilen.

Während die Prinzessinnen von solchen Gedankengängen beeindruckt schienen, weigerte sich Echnaton, zuzuschlagen. Aziru war sein Freund, und außerdem hatte er gerade einen Gesandten des Assyrerkönigs empfangen. Assur-uballits Botschafter brachte als Geschenk seines Herrn einen silbernen Triumphwagen mit zwei Schimmeln. Die erlesene Pracht der Gabe entschärfte irgendwie die Tatsache, daß der Gesandte von seinem Souverän als dem König von Assyrien und Mitanni sprach; dennoch blieb dieser Rechtsanspruch nicht ganz unangefochten. Wenige Monate später erschien eine Abordnung aus Babylon mit Briefen von König Burnaburias II., in denen der kassitische König von Babylon dagegen protestierte, daß der König von Ägypten Geschenke von «meinen Untertanen, den Assyrern» angenommen und mit ihnen Verhandlungen geführt habe, als wären sie ein unabhängiges Volk.

Überhaupt kamen damals, als die älteren Prinzessinnen und der junge Tut-ench-aton ihren ersten Unterricht in Hofetikette erhielten, viele fremde Gesandte an den Hof in Echnaton. Ägypten war auch unter einem Pharao, der physisch außerstande schien, sich zu entscheidendem Handeln durchzuringen, die erste Großmacht der Welt. Die Hilferufe der syrischen Gesandten wurden immer verzweifelter und liefen zum Schluß auf das Ultimatum hinaus, daß bei Ausbleiben der Hilfe das Land sich schlecht und recht mit Aziru werde verständigen müssen. Die Botschafter der unabhängigen Länder im Norden – die der Hethiter, die von Arzawa und von den Kreta jetzt beherrschenden Achäern – legten mehr und mehr kühle Zurückhaltung an den Tag, wenn sie während ihrer langen Reise nilaufwärts immer deutlicher die wachsende Entfremdung zwischen Echnaton und den Menschen beobachteten, die er zu führen vorgab.

In jenen Jahren wurde der Horizont um die Prinzessin Anchsen-pa-Aton immer enger. Die Stadt Echnaton, die ihr früher endlos groß erschienen war, nahm jetzt die Ausmaße einer belagerten Enklave an. Die die Stadt im Osten umschließenden Berge krochen näher, bis sie ganz in ihrem Schatten lag, und die Prinzessin hatte das Gefühl, sie gehorchten dem Druck einer Außenwelt, die es darauf anlegte, Land und Menschen unter sich zu begraben und auszurotten. Ja, sogar innerhalb ihrer eigenen kleinen Gemeinschaft, die dem Frieden und der Eintracht gewidmet war, gab es weder Frieden noch Harmonie mehr.

Der unmittelbare Grund dafür war Semench-kare, der plötzlich zum Favoriten Echnatons aufrückte. Die skandalösen Begleitumstände ließen sich nicht mehr vertuschen, denn Echnaton fing an, den Namen Semench-kares in einem Atemzug mit seinem eigenen zu nennen, so wie es bisher bei Nofretete der Fall gewesen war. Um das Verhältnis zu legalisieren, kündigte er die Vermählung Semench-kares mit seiner ältesten Tochter Merit-Aton an und erklärte Semench-kare zu seinem Erben und Mitregenten.

Gleichzeitig entledigte er sich Tut-ench-atons, indem er dessen Ehebund mit Anchsen-pa-Aton bekanntgab.

Innerhalb seiner Familie war der Pharao ebenso allmächtig wie in seinem Reich. Aber auch in Nofretetes Adern floß Pharaonenblut, und diese Demütigung ertrug sie nicht. Von diesem Augenblick an nahmen die Dinge einen schnellen Verlauf und Anchsen-pa-Aton, die sehr jung war und nicht begreifen konnte, um was es sich handelte, wurde plötzlich wie der Spielball eines unberechenbaren Schicksals hin- und hergeworfen. Nofretete verließ den Königspalast, nahm ihre Tochter sowie deren Gemahl Tut-ench-aton mit und richtete eine eigene Residenz ein, der sie den Namen «Haus des Aton» gab. Mit ihr ging Ai, der Hohepriester Atons, der lange Zeit hindurch einen beherrschenden Einfluß auf Echnaton ausgeübt hatte, auf dessen Ratschläge aber der in seinem Wahn befangene Pharao jetzt überhaupt nicht mehr hörte. Ai stand schon in vorgerückten Jahren, er war ein fettleibiger Intrigant und führte lange Geheimgespräche mit Nofretete, ehe er eines Tages in Richtung Theben verschwand.

Während der folgenden Monate tauchten ständig Eilboten im «Haus des Aton» auf, die ebenso geheimnisvoll verschwanden, wie sie gekommen waren. Harem-hab kam einmal nach Echnaton, wo er sowohl mit dem Pharao wie mit Nofretete lange verhandelte.

Dann erreichte eines Tages zu Anfang des Jahres 1358 v. Chr. die Meldung das «Haus des Aton», Echnaton und Semench-kare seien im Königspalast tot aufgefunden worden. Noch am gleichen Tage sandte Ai ein Schiff, das Tut-ench-aton und seine junge Frau nach Theben bringen sollte.

Anchsen-pa-Aton konnte keinerlei Einzelheiten über den Tod ihres Vaters erfahren. Auch hat sie die Stadt Echnaton nie wiedergesehen. In Theben wurden sie und ihr Gemahl von Ai begrüßt, der sich inzwischen mit erstaunlicher Schnelligkeit in einen Priester des verbotenen Gottes Amun verwandelt hatte. Noch bevor der Tag zur Neige ging, war der junge Ehemann zum Pharao beider Ägypten ausgerufen und sie selbst zu seiner göttlichen Gemahlin. In der Proklamation erhielten beide neue Namen: der König hieß jetzt Tut-ench-Amun, sie selbst Anchsen-Amun.

Am Tage ihrer Thronbesteigung wanderten der König und die Königin von Ägypten – er elf, sie zwölf Jahre alt – Hand in Hand durch den riesigen alten Palast ihrer Ahnen, den sie nie zuvor gesehen hatten, mitten unter Trupps von Sklaven, die den Sand von fünfzehn Jahren zusammenfegten und mit Schaufeln ins Freie beförderten, und von zahllosen Maurern, Tünchern und Schreinern, die die vielen, seit dem Auszug des königlichen Haushalts in ihr Wüsten-Utopia eingetretenen Schäden reparierten. Vom verwirrenden Wandel ihrer Lebensumstände waren nur zwei Dinge unberührt geblieben: Sie waren nach wie vor zusammen, wie sie es während ihrer ganzen Kindheit gewesen waren, und anscheinend hatten sie ihre göttliche Natur behalten, welchen Namen die Menschen auch dem Gott geben mochten, der ihnen seine eigenen Attribute verlieh.

Nofretete selbst kam nicht nach Theben. Anchsen-Amun erfuhr nie, ob und welchen Anteil ihre Mutter am Tode ihres Vaters gehabt hatte, und sie wollte in dieses düstere Kapitel nicht allzu tief hineinleuchten. Während der auf den Tod ihres Gemahls folgenden Revolution hielt Nofretete jedenfalls unbeirrbar am Aton-Kult fest, und außerdem

In der Grabkammer Tut-ench-Amuns fand sich dieser aus Holz gearbeitete, mit Goldblech beschlagene Schrein, auf dem Szenen aus dem Alltagsleben des Pharaos und seiner Königin abgebildet sind, darunter diese Darstellung Tut-ench-Amuns, der Anchsen-Amun Rosenwasser in die geöffnete Hand gießt.

sorgte sie dafür, daß Echnaton seinem Wunsche gemäß beigesetzt wurde: im Felsengrab unter den Hügeln, die nach Sonnenaufgang abfielen. Auch in den nun folgenden Jahren, als der königliche Troß, die Handwerker und Künstler, die Bäcker, Metzger usw. sich aus der fluchbeladenen, dahinsiechenden Stadt Echnaton zurückzogen, verblieb Nofretete samt ihren Priestern und ihrem persönlichen Gefolge im «Hause des Aton».

In Theben schien es niemandem zweifelhaft, daß der wirkliche Herrscher über Ägypten kein anderer war als der Priester Ai. Er hatte das königliche Siegel in Verwahrung genommen und unterwies Tut-ench-Amun in den Antworten, die er auf bestimmte Fragen erteilen sollte. Er ordnete die Vollendung des großen Amuntempels an, dessen Anfänge auf Amenophis III. zurückgingen; der Wortlaut des Dekrets, demzufolge der Name Echnaton aus der Geschichte verschwinden sollte, stammte von ihm. Sein Name sollte überall ausgemerzt, seine Taten sollten übergangen werden. Fortan wurde Tut-ench-Amun offiziell als Sohn Amenophis' III. bezeichnet, obgleich sein Großvater acht Jahre vor seiner Geburt das Zeitliche gesegnet hatte.

Als der erste Schock des Szenenwechsels vorüber war, machte es den beiden Kindern

Spaß, im Palast von Theben König und Königin zu spielen. Tut-ench-Amun und seine angetraute Gattin fanden sich von jedem nur denkbaren Luxus umgeben; Meister von Kunst und Handwerk arbeiteten von früh bis spät im Palast an neuen, mit einer persönlichen Note ausgestatteten Möbelstücken und Ornamenten aus kostbarem Material. Modelle von Schiffen und Triumphwagen wurden zum Vergnügen der königlichen Kinder aus Elfenbein oder Alabaster gefertigt. Zwischendurch saßen sie in ihren Gärten Künstlern Modell, die Entwürfe für den neuen Thron aus Gold machten, und gaben dabei ein rührendes Bild kindlicher Liebe ab.

Das Relief der Königskinder, wie sie unter den fächerförmig ausgearbeiteten Strahlen des Sonnengottes Wein trinken, sollte zweifellos den ägyptischen Staat symbolisieren, in dem unter der Führung der allweisen Amunpriester Milch und Honig floß. Daß dies ein falsches Bild ergab, konnten sogar die kindlichen Herrscher erkennen. Wohl war das Land reich, doch beuteten es die Amunpriester rücksichtslos aus. Die fünfzehn Jahre der Häresie hatten alle menschliche Güte und Wärme ausgelöscht, die einmal zur Natur des Amunkultes gehört hatten. Den Priestern war damals ein gewaltiger Schreck in die Glieder gefahren – und dafür sollte das Volk jetzt bezahlen. Im Namen Amuns und des Pharaos verhängten die Priester über das ganze Land die Inquisition. Wenn dabei in vielen Fällen die Ermittler sich als nicht unbestechlich erwiesen und die Anklage wegen Häresie erhoben oder fallengelassen wurde, je nachdem, wie es sich am besten bezahlt machte, so sollte man nicht vergessen, daß auch Amun und seine Priesterschaft unter der Reformation materielle Verluste erlitten hatten: es war daher recht und billig, daß diese durch die Gegenreformation ausgeglichen wurden.

Wie das bei Inquisitionen zu gehen pflegt, warf sich diese mit besonderer Rücksichtslosigkeit auf rassische Minderheiten. Eine von diesen war besonders heftig von der Häresie angesteckt worden. Die Kinder Israel, eine semitisch sprechende, aus Amoritern und Kanaanitern gemischte, hauptsächlich im östlichen Nildelta angesiedelte Minderheit, führten ihre Abstammung auf einen gewissen Abraham zurück, dessen Enkelsohn (so behaupteten sie) mit seinen Stammeszugehörigen noch vor dem Einmarsch der Hyksos vor über vierhundert Jahren ins Land gekommen war. Seither hatte dieses merkwürdige Volk, das eine eigene Kaste von Hirten und Handeltreibenden bildete, seine Individualität, Sprache und Religion aufrechterhalten. Das war von allem das Merkwürdigste, beteten sie doch zu einem einzigen Stammesgott, statt, wie alle anderen Völker, zu zahlreichen Göttern. Deshalb hatten sie sich während der Aton-Reformation für die neue Häresie und deren blasphemisches Gerede von einem einzigen, über die ganze Menschheit regierenden Schöpfer empfänglich gezeigt. Unter den Kindern Israel gab es viele, die behaupteten, ihr eigener Gott Jahwe sei identisch mit Aton, und andere, die verkündeten, Jahwe und nicht Aton sei der einzige, wahre, für alle Menschen gültige Gott. Beide Lesarten waren Irrlehren, und den Kindern Israel wurde deshalb eine in Vieh und Verbrauchsgütern zu entrichtende Buße auferlegt, groß genug, sie auf viele Generationen in Verschuldung und Zahlungsunfähigkeit zu stürzen.

Die Königin Anchsen-Amun interessierte sich nicht besonders für die Nöte und Kümmernisse der Kinder Israel. Die farbenprächtigen Auftritte fremder Botschafter, die jetzt anfingen, dem Pharao ihre Reverenz zu erweisen, machten ihr hingegen großes Vergnügen. Die Länder im Norden hatten Kunde davon erhalten, daß der Großwesir Harem-hab an der Grenze nach Palästina ein Heer ausbildete, um gegen Aziru vorzugehen und die verlorenen Provinzen Syrien und Libanon zurückzuerobern. Es lohnte sich offenbar wieder, sich um die Gunst Ägyptens zu bemühen.

Neben Tut-ench-Amun auf ihrem Thron sitzend, musterte die jetzt siebzehnjährige Königin (es war im Jahr 1353 v. Chr.) offenherzig und mit kindlicher Neugier die schwarzbärtigen Gesandten aus Assyrien, die adlernasigen Hurriter von Mitanni oder die hochgewachsenen blonden Ambassadoren der Hethiter. Letztere zogen sie besonders an. Sie befragte sie mit Hilfe von Dolmetschern über die Verhältnisse in ihrer Heimat und war erfreut zu hören, daß dort genau wie in Ägypten die Königin rechtmäßig an der Seite des Königs regierte. Man berichtete ihr sogar, daß ursprünglich, vor Ankunft der Nordländer im Lande Hatti, die Thronfolge dort häufiger durch Töchter gesichert worden sei als durch Söhne. So hörte die kleine Königin viel über den Großkönig der Hethiter, Suppiluliumas, und über seine zahlreichen Söhne, von denen jeder ein Königreich erhalten hatte, das im Verlauf des einen oder anderen Feldzuges einem Nachbarstaat entrissen worden war. Und jetzt hieß es gar, Suppiluliumas bereite eine neue Kampagne vor, die mit dem Königreich Mitanni endgültig aufräumen werde. Die Gesandten machten sich nicht einmal die Mühe, dieses Gerücht zu dementieren.

Die vornehmen Herren am ägyptischen Hof nahmen wenig Notiz von den Erzählungen über das Land Hatti. Mit um so größerem Interesse betrachteten sie die Degen der hethitischen Abgesandten. Sie bestanden aus Eisen, einem überaus seltenen Metall, das lange für viel zu spröde gegolten hatte, um mit Waffen aus Bronze konkurrieren zu können. Anscheinend hatten die Hethiter ein neues Verfahren entwickelt, ein Eisen herzustellen, das nicht gegossen werden mußte, sondern dem man durch Schmieden und Hämmern die gewünschte Form geben konnte. So wurde eine Elastizität und Schärfe erzielt, die das Eisen sogar der besten Bronze überlegen machte. Das neue Verfahren wurde streng geheimgehalten, sagten die Gesandten, doch würden sogar die gemeinen Soldaten des Hethiterheeres bald mit dieser unwiderstehlichen Waffe ausgerüstet sein.

Im Augenblick war es den Gesandten eine Ehre, dem Pharao Tut-ench-Amun mit den Grüßen des Großkönigs Suppiluliumas einen eisernen Dolch mit einem Griff aus Gold und Kristall und einer goldenen Scheide zu überreichen, der den Kunsthandwerkern seiner Majestät die Vorzüge des neuen Metalls demonstrieren sollte.

Tut-ench-Amun und seine Gemahlin gewöhnten sich an das Ritual der staatlichen Verpflichtungen. Sechs Jahre voller Audienzen, Paraden, religiöser Feierlichkeiten und profaner Umzüge lagen hinter ihnen. Und dann war, abgesehen von der höfischen Tretmühle, das Leben eben doch sehr schön. Ihre kindliche Kameradschaft hatte sich zu wahrer Liebe gewandelt. Tut-ench-Amun war ein gutgewachsener Jüngling, sportlich, mit viel Freude an der Jagd, und Anchsen-Amun hatte die Schönheit ihrer Mutter Nofretete geerbt. In ihren schnellen, zweirädrigen Wagen fuhren sie miteinander in die Wüste hinaus, um Gazellen und Antilopen zu erlegen, oder sie gingen mit Pfeil und Bogen und vielleicht auch dem Bumerang in den Papyrussümpfen am Nil auf Entenjagd. Abends saßen sie dann in den Palastgärten, tranken Wein aus den königlichen Weingärten und lauschten auf das Flöten- und Harfenspiel der Palastmusiker. In diesen ruhigen Jahren machte sich im Königspalast in Theben etwas von dem warmen Gefühl friedvoller Geborgenheit bemerkbar, das die Residenz von Echnaton in ihrer Frühzeit, vor dem Zerrinnen der Utopie, erfüllt hatte.

Das Leben der beiden war freilich von einem großen Kummer überschattet. Zwei totgeborene Kinder lagen in ihren winzigen Mumienbehältern im Palastheiligtum und warteten auf ihre Beisetzung in der elterlichen Grabkammer. Diese war natürlich längst vorbereitet, denn jeder Pharao ließ sofort nach seiner Thronbesteigung Pläne für seine letzte Ruhestätte anfertigen. Seit vielen Jahrhunderten hatte kein Pharao mehr für sich eine Pyramide erbaut. Im Tal der Könige, wo alle Pharaonen aus der Dynastie Tut-ench-Amuns ruhten – mit Ausnahme Echnatons, der weit im Osten in seinem einsamen Gebirgsgrab schlummerte –, wartete eine schlichte, aus vier Kammern bestehende Grabstätte, die tief in das Felsgestein gehauen war. Das junge Paar ahnte nicht, wie bald sie benötigt würde.

Im Jahre 1350 v. Chr., im Alter von 19 Jahren, starb Tut-ench-Amun.

Das Unglück kam wie ein Blitz aus heiterem Himmel; keine Krankheit kündigte es an; der junge Mann hatte nur zwei Tage lang Fieber. Für Anchsen-Amun war es das Ende. Den Tod ihres Vaters und vor kurzem noch den Tod der Mutter hatte sie verwunden. Jetzt stand sie allein da, ohne ihr Bollwerk gegenüber der Wirklichkeit den kalten Winden ausgesetzt, die um einen verwaisten Thron wehen.

Ein Nachfolger war nicht da. Nach elf Generationen, während derer das Königtum vom Vater auf den Sohn übergegangen war, gab es keinen Sohn, um das Geschlecht fortzuführen. Anchsen-Amuns großer Kummer hinderte sie nicht, sich der Tatsache bewußt zu sein, daß sie die Nachfolgerin war, daß nur durch sie das göttliche Blut des Ahmose am Leben erhalten werden konnte und daß der Mann, dem sie die Hand zum Ehebunde reichte, der einzige rechtmäßige Herrscher über beide Ägypten sein würde. Obgleich sie das wußte, verstrichen mindestens zwei Wochen, während derer die Einbalsamierer und Bestattungsunternehmer, die Goldschmiede und Steinschneider fieberhaft mit den Vorbereitungen beschäftigt waren, bis die verwitwete Königin begriff, daß Ai zu ihrem neuen Gatten ausersehen war.

Sie kannte Ai zeitlebens und mochte ihn nicht leiden. Er hatte ihrem Vater und Großvater als Priester gedient und während der acht Jahre ihrer Regierungsdauer den Hof und die Verwaltung, zumindest die von Oberägypten, praktisch nach seiner Pfeife tanzen lassen. Er war alt genug, um der Vater der Königin zu sein; seine gegenwärtige Ehefrau hatte Tut-ench-Amun als Kinderwärterin gedient. Am meisten aber entsetzte sie, daß er sterblich war, denn in seinen Adern floß kein Tropfen königliches Blut. Es erschien ihr zuerst unfaßbar, daß ein bloßer Mensch sich erdreisten konnte, die Tochter des Amun, die von zehn Königen abstammte, zum Weibe zu begehren.

Anchsen-Amun war der Verzweiflung nahe. Ein Mann aus dem Volke sollte den göttlichen Thron von Ägypten als Mitgift erhalten, so wie in alten Zeiten der Hethiterthron durch die Hand einer Königstochter vererbt worden war.

Die Erinnerung an die Geschichten der hethitischen Ambassadoren ließ in der jungen, zwanzigjährigen Königin einen verwegenen Plan aufkeimen, mit dessen Hilfe sie Ai zuvorzukommen gedachte. Sie entsandte auf schnellstem Wege einen Mann ihres Vertrauens zu Suppiluliumas, dem Großkönig der Hethiter, mit einem Brief. Der Bote passierte die an der Palästina-Grenze aufmarschierte Armee Harem-habs und eilte dann nach Norden, so schnell die Relaispferde seinen Wagen ziehen konnten. Aber er brauchte gar nicht bis Hattusas zu fahren, denn er stieß am Oberlauf des Euphrat auf Suppiluliumas, der in der Nähe von Karkemisch sein Lager aufgeschlagen hatte: der Großkönig war endlich an der Spitze seines Heeres ausgezogen. Von Yamchad, das sein Sohn regierte, hatte er

Nordsyrien überrascht, und jetzt stand er vor den Toren des Königreiches Mitanni. Die Belagerung der mächtigen Feste, der Beherrscherin des Punktes, an dem der Euphrat aus dem Bergland heraus und in ebenes Gelände tritt, machte ihm viel zu schaffen. Sicher sah er zunächst in einem Boten aus Ägypten nichts anderes als den Überbringer eines Protestes, weil er ein Territorium besetzt hielt, das bis zum Aufstand Azirus vor dreißig Jahren zum Reich der Pharaonen gehört hatte.

Zu seiner größten Überraschung las er dann aber folgende handgeschriebene Botschaft der ägyptischen Königin: «Mein Gatte ist verstorben, und ich habe keinen Sohn. Von Euch heißt es hingegen, Ihr hättet viele Söhne. Schickt mir einen von ihnen, auf daß er mein neuer Gemahl werde. Auf keinen Fall werde ich einen meiner Untertanen ehelichen; dieser Gedanke wäre mir völlig unerträglich.»

Der schlaue Fuchs Suppiluliumas, Meister in allen Listen und diplomatischen Ränken, witterte Verrat. Es war sonnenklar: Ägypten wollte einen seiner Söhne als Geisel haben, um ihn auf diese Weise an weiteren Vorstößen nach Süden in früheres ägyptisches Territorium abzuhalten. Er entsandte einen Vertrauensmann mit dem Auftrag, den wahren Sachverhalt zu ergründen, und machte sich wieder an seine Belagerung. Schon acht Tage später nahm er Karkemisch ein – aber diese acht Tage kosteten ihn Ägypten.

Als der Bote des Großkönigs in Theben eintraf, liefen dort die Vorbereitungen für die Beisetzung des Pharaos auf vollen Touren. Alle persönlichen Habseligkeiten Tut-ench-Amuns wurden in seine Grabkammer verbracht, die junge verwitwete Königin stand kummervoll dabei, als die Betten, der große goldene Thron, die Bogen und Pfeile, die Schreibmappen, dic goldenen Krummsäbel, die Schränke voller Kleider, die Triumphwagen, die eingelegten Spielbretter – mit einem Wort: alles, was von ihrem gemeinsamem Leben übrigblieb – aus dem Palast getragen wurde. Die Einbalsamierung war nahezu vollendet, die goldene Totenmaske vorbereitet, und jeden Tag lieferten Höflinge und hohe Beamte im Palast mit Blattgold überzogene Holzfiguren ab – symbolische Faustpfänder ihrer Bereitschaft, ihrem Herrn in der anderen Welt ebenso zu dienen, wie sie es in dieser getan hatten.

Die Königin übergab dem hethitischen Abgesandten einen zweiten eiligen Brief. Er lautete: «Warum behauptet Ihr, ich wolle Euch hintergehen? Würde ich, falls ich wirklich einen Sohn hätte, einem Fremden schreiben und so meine Schande in die Welt hinausposaunen? Ihr beschimpft mich mit solchen Redensarten. Der mein Gemahl war, ist tot, und ich habe keinen Sohn. Muß ich deshalb mit einem meiner Untertanen den Ehebund schließen? Ihr seid der einzige, dem ich schreibe. Jedermann sagt, Ihr hättet Söhne genug – so gebt mir denn einen von ihnen, auf daß er mein Gemahl werde.» Woraufhin der Bote, der die Dringlichkeit der Aufgabe erfaßt hatte, auf dem schnellsten Weg nach Syrien zurückreiste.

Aber noch bevor er das Quartier des Großkönigs erreicht hatte, fand das Begräbnis Tut-ench-Amuns mit all dem Pomp statt, der traditionsgemäß die letzte Reise eines Pharaonen begleitete. Der Leichnam des Königs, mit den kostbarsten Gewändern bekleidet, mit Schmuck bedeckt und den goldenen Dolch am Gürtel wurde, in Leinentücher gehüllt, in einem goldenen, nach dem Ebenbild des Königs gearbeiteten Sarg gelegt. Diesen wiederum senkte man in einen Sarkophag aus Alabaster, den die Königsbarke zum anderen Nilufer brachte. Sechzehn Stufen führten zu der Grabkammer hinunter, wo der Sarkophag ehrfurchtsvoll im vergoldeten Schrein der innersten Kammer aufgestellt wurde.

Den toten König begleiteten goldene Bildnisse von Göttern und Göttinnen, die ihn beim Übertritt ins Jenseits beschützen sollten.

Der Eingang zur inneren Kammer wurde versiegelt; davor wurden zwei lebensgroße Statuen des Königs aufgestellt, die die Portale bewachen sollten. Die Schätze Tut-ench-Amuns füllten die zwei Vorräume, damit er sich ihrer nach Lust und Laune in der anderen Welt bedienen könne. Auch mit Wein gefüllte Krüge und Körbe voll Mais, Datteln und Fleischspeisen fanden ihren Platz. Anchsen-Amun hatte noch am Morgen im Palastgarten zwei große Sträuße Oleanderblüten gepflückt, die dem Toten mitgegeben wurden. Endlich wurde in Anwesenheit der Königin und der versammelten Priesterschaft, begleitet von den klagenden Weisen der Hörner, der Durchlaß zur Grabkammer zugemauert und versiegelt – es war das letzte Mal, daß Tut-ench-Amuns Siegel verwendet wurde. Anchsen-Amun wußte, daß sie ihre Jugend hinter den versiegelten Türen zurückgelassen hatte.

Nur wenige Tage danach hörte sie die Ankündigung ihrer Heirat mit dem Hohenpriester Ai, von den Priestern als ausdrücklicher Wille Amuns hingestellt. Dem Befehl des Gottes, dessen Tochter sie war, durfte sie nicht trotzen. Sie hätte vielleicht die Priesterschaft überreden können, diesen Entschluß zu hintertreiben, aber das ließ sich nur mit militärischer Rückendeckung bewerkstelligen. Die Südarmee aber stand unter dem Oberbefehl Ais.

Damals blickte sie immer wieder gen Norden. Sie wußte, daß Ai und Harem-hab, der die Nordarmee befehligte, einander haßten; wenn wirklich auf ihren Hilferuf hin ein Hethiterprinz unterwegs war, dann kam er wahrscheinlich unter dem Schutze der Deltatruppen. Harem-hab hatte nichts für Amun oder sonst einen Gott übrig mit Ausnahme seines Falkengottes Horus, aber der regierenden Dynastie war er von jeher treu ergeben – ob diese zu Amun betete oder zu Aton.

Als die erwartete Nachricht endlich eintraf, erlosch ihre letzte Hoffnung. Suppiluliumas, der das Land der Hethiter zur größten Macht im Norden gemacht hatte und jetzt über ein Gebiet regierte, das sich vom Schwarzen Meer bis zum Libanon und von der Ägäis bis zum Euphrat erstreckte, hatte den größten Schlag seines Lebens verpaßt. Mittlerweile hatte Ai erfahren, was im Gange war, und Gegenmaßnahmen ergriffen. Der Großkönig hatte in der Tat einen seiner Söhne entsandt (welchen, das erfuhr die junge Witwe nie), doch fiel der Prinz von Mörderhand, noch ehe er die ägyptische Grenze und die Delta-Armee erreichen konnte.

Nach Ablauf einiger Wochen wurden Anchsen-Amun und Ai mit allem erforderlichen Zeremoniell getraut, und Ai wurde zum Pharao ausgerufen.

Die Ehe bestand von Anfang an nur dem Namen nach. Anchsen-Amun war fest entschlossen, daß niemals Kinder Ais ihr Geschlecht fortführen sollten. Sie bildete innerhalb des Palastes ihren eigenen Hausstand und ließ sich nur selten sehen. Mit einundzwanzig Jahren hatte sich die junge, bildschöne Königin völlig von der Welt zurückgezogen.

Über die offiziellen Regierungshandlungen ihres Mannes war sie zweifellos im Bilde. Jetzt, wo die Amunpriester in aller Offenheit über Ägypten herrschten, wurde ein großer Teil der staatlichen Einnahmen auf dem Amtsweg für die Erbauung von Tempeln und die Vergrößerung des bereits vorhandenen Tempelbesitzes abgezweigt. Von der Korruption, die mit der Priesterschaft Hand in Hand ging, erfuhr die Königin kaum. Seit die Steuereinnehmer und die königlichen Aufsichtsbeamten von der Priesterschaft ernannt wurden, gab es keine Möglichkeit mehr, der Raubgier der örtlichen Finanzbehörden einen Riegel vorzuschieben. Mit Hilfe von betrügerischen Steuererklärungen und Bestechungsmanövern wurden Vermögen zusammengerafft. Unter diesen Zuständen hatte der Mittelstand, Kaufleute und kleine Landbesitzer, am meisten zu leiden. Bis in die Paläste sikkerten Gerüchte über Verschwörungen zum Sturz der Priesterschaft, Verschwörungen, die man mit den Namen hoher Offiziere in Verbindung brachte. Immer häufiger fiel in den Kreisen der Unzufriedenen der Name Harem-hab.

Harem-hab hielt den Norden des Landes fest in der Hand. Bei Ais Thronbesteigung hatte er es geflissentlich unterlassen, dem neuen Pharao und seiner Gemahlin die üblichen Glückwünsche zu übermitteln; Ai aber saß damals noch nicht fest genug im Sattel, um auf der Erfüllung dieser Pflicht bestehen zu können. Im Norden wurde keinerlei Korruption geduldet, und die Tempel und Besitzungen der Rê-Priester von Memphis wurden nicht enteignet.

Vier Jahre lang rührte Harem-hab sich nicht. Andererseits blieb das Heer, das er zur Wiedergewinnung von Syrien und Palästina aufgeboten und ausgebildet hatte, auf ägyptischem Gebiet in Lagern. Eine Gruppe hoher Offiziere aus der nächsten Umgebung Harem-habs, an der Spitze der Generalstabschef Ramses, blieb in ständiger Fühlungnahme mit den Offizieren der südlichen Garnisonen. Nicht umsonst hatte Ai ihnen vorexerziert, wie ein Bürgerlicher den Thron von Ägypten gewinnen konnte – und was die Priesterschaft erreicht hatte, würde die Armee auch schaffen.

Endlich, im Jahr 1345, fand die Armee, daß die Korruption sich weit genug in das Staatswesen hineingefressen hatte. Harem-hab ließ sich zum Gouverneur von ganz Ägypten ausrufen und marschierte von Memphis nach Süden. Das Land war reif für die Revolution, und in allen Ortschaften am Nil wurden die Soldaten stürmisch begrüßt.

Anchsen-Amun in ihrem Palast in Theben atmete auf bei der Nachricht vom Vorrükken der Südarmee. Und doch: nachdem sie dreizehn Jahre lang Königin von Ägypten gewesen war, war es jetzt mit ihrer Rolle als «First Lady» endgültig vorbei.

Harem-hab hatte sich nämlich mit der Prinzessin Mutnesmet vermählt, einer Schwester von Nofretete, die selbst eine Tochter Amenophis' III. war. Über Mutnesmet konnte Harem-hab jederzeit seinen Rechtsanspruch auf den Thron ebenso wirksam begründen, wie Ai es unter Berufung auf sie getan hatte.

Harem-hab und seine Armee marschierten ohne einen Schwertstreich unter dem Jubel der Bevölkerung in Theben ein, der Palast wurde besetzt, und man richtete es so ein, daß Ai «versehentlich» ums Leben kam. Daraufhin war für Harem-hab der Thron frei, und die Amunpriester beeilten sich, ihn auf dem großen Opet-Fest, das in diesen Tagen fällig war, zum Pharao auszurufen.

Anchsen-Amun wurde vom Eroberer und ebenso von ihrer Tante, der neuen Königin Mutnesmet, respektvoll behandelt. Trotzdem blieb ihre Stellung zweideutig. Um der Tochter Amenophis' III. vor dem Gesetz das Recht auf Abtretung der Krone an ihren Gatten zu verleihen, mußte man die anderen Nachkommen dieses Königs, die inzwischen regiert hatten, nachträglich absetzen. So wie Tut-ench-Amun zum unmittelbaren Nachfolger Amenophis' III. erklärt und die Regierung Echnatons auf den Geschichtstafeln ausgelöscht worden war, wurde nun Harem-hab seinerseits zum unmittelbaren Nachfolger Amenophis' III. erklärt, wodurch die Regierung Tut-ench-Amuns und Ais sowie die des Echnaton offiziell ausgelöscht waren. Anchsen-Amun sah sich plötzlich in den Rang einer

Prinzessin des königlichen Hauses zurückversetzt, und daß sie dreizehn Jahre lang Königin gewesen war, zählte nicht mehr. Die Regierungszeit Harem-habs wurde um zweiunddreißig Jahre auf den Tod Amenophis' III. zurückdatiert, und alle königlichen Akte, Bauten usw. aus jenen Jahren wurden ihm zugeschrieben. Allerdings begnügte sich Harem-hab der jungen Anchsen-Amun zuliebe damit, seinen eigenen Namen oberhalb der Kartusche Tut-ench-Amuns auf öffentlichen Inschriften anzubringen, während Ais Name ebenso unbarmherzig herausgemeißelt wurde, wie es vor dreizehn Jahren mit Echnaton der Fall gewesen war.

Den Rest ihres Lebens verbrachte Anchsen-Amun in völliger Zurückgezogenheit. Ihre ersten fünfundzwanzig Jahre waren ausgefüllt mit Glück und Leid, freudig bewegten Stunden und bitteren Enttäuschungen, das reichte für ein ganzes Leben.

Von ihrem Palast auf dem Gelände der königlichen Residenz in Theben beobachtete sie die radikalen Methoden, die der neue Diktator von Ägypten einführte, um Ordnung und Wohlstand wiederherzustellen. Die Korruption wurde erbarmungslos ausgemerzt. Jeder Versuch der Offiziere, aus ihrer neuen Machtstellung Gewinn zu ziehen, wurde niedergeschlagen. Den Amunpriestern wurde bedeutet, es gebe genug andere Götter in Ägypten.

Harem-hab stammte aus dem Norden. Die Götter des Nordens – Rê und Ptah und sogar Seth – erhielten im Pantheon ihre Plätze, und zwar keine schlechteren als die Götter des Südens. Ramses wurde zum Wesir des Nordens ernannt; Harem-hab führte sein Heer nach Süden in einem blitzschnellen Vorstoß gegen die Sudanesen, die sich die Wirren in Ägypten zunutze gemacht hatten, um einen Aufstand zu inszenieren und in ägyptisches Gebiet einzufallen.

Trotz alledem schien Harem-hab die Zeit für weitere Auslandsabenteuer nicht reif zu sein. Zuerst mußte die erlahmte Wirtschaft wiederaufgebaut werden. In den unruhigen Zeiten war der ägyptische Außenhandel, der stets in einem gefährlichen Ausmaß auf Luxusartikeln beruhte, in erschreckender Weise zurückgegangen. Friede und ein stabiler Kurs in der Heimat waren dringend nötig. Man machte den Anfang mit der Wiederaufnahme staatlicher Handelsbeziehungen zu Punt im Süden. Geleitzüge segelten wieder an den afrikanischen Küsten entlang durch das Rote Meer bis in den Indischen Ozean. Der Handel mit dem Norden würde von selbst wieder in Gang kommen, sobald die Beziehungen zu den neuen Mächten in jener Gegend legalisiert waren. Harem-hab schickte darum Bevollmächtigte zu Suppiluliumas, um Verhandlungen aufzunehmen.

Die Botschafter durchquerten das Delta und anschließend die Wüste Sinai, wo Nomaden ihre Herden an den Hängen südlich der großen Küstenstraßen weiden ließen. Sie passierten die gewaltigen Grenzbefestigungsanlagen in Scharuhen und Gaza und zogen weiter durch die von wildem Unabhängigkeitsdrang erfüllten Fürstentümer der Kanaaniten – ein Gebiet, das noch vor knapp fünfunddreißig Jahren ein Bestandteil des ägyptischen Reiches gewesen war, und wo die Menschen noch wußten, daß ihre Vorväter einmal Ägypten erobert hatten. Auf ihrem Weg nach Norden kamen die Gesandten dann durch die reichen Hafenstädte Tyrus und Sidon, Beirut und Byblos, die dem Namen nach noch immer dem alten König Aziru im Landesinnern tributpflichtig waren, sich aber hauptsächlich für den blühenden Handel mit den Achäern von Griechenland, Kreta und Kleinasien interessierten. In den alteingesessenen Handelshäusern dachte man dort zweckmäßigerweise nicht mehr daran, daß die Väter eben dieser Achäer einmal über

Kreta, die Heimat ihrer eigenen Väter, hergefallen waren und sie ausgeplündert hatten. Und noch etwas weiter nach Norden, noch immer auf altem ägyptischem Gebiet, gelangten die Gesandten zu den Vorposten des Hethiterreiches im ehemaligen Yamchad, das von Aleppo aus vom Sohn des Großkönigs regiert wurde. Dort erhielten sie eine Eskorte und zogen weiter durch das kleinasiatische Gebirge, auf der großen Nordstraße nach Hattusas. In Aleppo hörten sie von Kriegsereignissen im Osten. Streitkräfte eines weiteren Sohnes von Suppiluliumas, Pyassilis von Karkemisch, halfen dort einem Sohn des ermordeten Königs Tuschratta von Mitanni seinen Rivalen Schutarna vom Thron zu verjagen.

Die ägyptischen Gesandten erreichten den Großkönig in seiner eindrucksvoll befestigten Hauptstadt Hattusas. Suppiluliumas, jetzt in vorgerückten Jahren stehend, war durchaus bereit, mit Ägypten einen Freundschaftsvertrag abzuschließen, vor allem, wenn dadurch seine Herrschaft über Nordsyrien anerkannt und er damit in die Lage versetzt würde, nach eigenem Gutdünken über Mitanni zu verfügen. Außerdem konnte er dann das Gros seiner Streitmacht im Südosten gegen Assur-uballit von Assyrien einsetzen. Ägypter und Hethiter waren an der Wiederaufnahme des Handels in der Levante und im östlichen Mittelmeerbecken interessiert.

Die Botschafter kehrten mit dem gewünschten Freundschaftsvertrag nach Hause zurück. In Aleppo erfuhren sie noch, daß in Mitanni mit Waffenhilfe der Hethiter ein Vasall auf den Thron gesetzt worden war. Im Laufe des Jahres gelangten freilich ganz andere Nachrichten über die große Nordstraße nach Ägypten. In der Hauptstadt der Hethiter wütete die Pest; Suppiluliumas war der Seuche zum Opfer gefallen und sein Sohn und Nachfolger Arnuwandas war ihm bald in den Tod gefolgt. Einer der zahllosen Söhne Suppiluliumas hatte unter dem Namen Mursilis II. den Thron bestiegen. Da er noch sehr jung war, drohte im westlichen Kleinasien ein Aufstand auszubrechen: die Arzawa-Fürsten erinnerten sich ihrer früheren Unabhängigkeit. Man nahm an, hinter den Aufständischen stünden die mächtigen Herrscher des achäischen Bundes.

Eine Zeitlang sah es so aus, als werde das nordsyrische Imperium, das Suppiluliumas aufgebaut hatte, nach seinem Tode zerfallen. Der alte König von Assyrien, Assur-uballit, rückte sofort in Mitanni ein und stieß mit seinen Truppen bis zum Euphratufer und an die Grenzen der hethitischen Schutzgebiete Aleppo und Karkemisch vor. Die Brüder des neuen Königs, die über diese Gebiete herrschten, fingen indessen den Ansturm auf, während Mursilis selbst in Arzawa kämpfte. Ehe der Sturm richtig losbrechen konnte, starb auch Assur-uballit. Im Jahr 1340, als Harem-hab fünf Jahre in Ägypten regiert hatte und die jetzt dreißigjährige Anchsen-Amun in völliger Zurückgezogenheit lebte, wurde endlich Friede in Syrien. Keine der beiden Großmächte war stark genug, um einen Eroberungskrieg riskieren zu können. Die Kaufleute in den Küstenstädten atmeten erleichtert auf und fingen zögernd an, die Handelsstraßen ins Landesinnere zu benutzen. In steigender Zahl legten levantinische Schiffe wieder in Avaris und anderen Häfen des Deltas an. Handel und Gewerbe in Ägypten blühten wieder auf.

In den folgenden Jahren führte Anchsen-Amun in ihrem Palast ein beschauliches Dasein, das ihr nach ihrer stürmischen Kindheit und den wenigen Jahren ihrer Regierungszeit vielleicht nicht unwillkommen war. Überall in Ägypten, in Stadt und Land, wurde der Friede herzlich willkommen geheißen. Man feierte Familienfeste, Hochzeiten oder Kindsgeburten, und die alljährlich wiederkehrenden religiösen Feste folgten einander im gewohnten Rhythmus. Überschwemmungen, Aussaat und Ernte waren wie immer die Marksteine für den Ablauf der Jahreszeiten und der Jahre.

Mit der Zeit wurde sich Anchsen-Amun darüber klar, daß die XVIII. Dynastie ihrem Ende entgegenging. Harem-hab und seine Gemahlin gehörten der Generation ihres Vaters an. Die Königin durfte keine Kinder mehr erwarten, und nur durch ihr königliches und göttliches Blut hätte die Dynastie fortgeführt werden können. Das von Ahmose vor einem Vierteljahrtausend begründete Geschlecht – der Stamm, dem es gelungen war, Ägypten von den Hyksos zu befreien –, die stolze Folge von Herrschern mit dem Namen Thutmosis und Amenophis würde verlöschen. In zeitweiligen Anwandlungen von Melancholie mußte die Prinzessin an ihre zwei totgeborenen Kinder denken.

Auch Harem-hab hielt den Blick auf die Nachfolge gerichtet. Nun floß allerdings in seinen Adern kein göttliches Blut, deshalb war für ihn das Problem der himmlischen Abstammung nichts Mystisches, sondern lediglich ein Politikum. Er hatte den Beweis erbracht, daß der Thron der Pharaonen demjenigen gehörte, der stark genug war, danach zu greifen und ihn festzuhalten. Außerdem war er ein alter Militär, er war gewöhnt zu befehlen und bedurfte dazu keiner Rechtfertigung. Harem-hab hatte die Macht aus den Händen seiner Offiziere empfangen, und man durfte nicht vergessen, daß es das Offizierskorps war, dem das Land Ordnung und Gesetzlichkeit verdankte und das für die Unverletzlichkeit der Grenzen bürgte. Daher war es von seinem Standpunkt aus verständlich, daß er sich zum Nachfolger seinen Stabschef Ramses erkor. Mit zunehmendem Alter ließ er Ramses offiziell an der Regierung teilnehmen. Zwar war dieser nicht jünger als er selbst, doch hatte er einen Sohn namens Seti, der das nötige Kaliber für die Gründung der XIX. Dynastie besaß.

Es vergingen siebenundzwanzig friedvolle Jahre bis zum Tode des in seinem achten Jahrzehnt stehenden Harem-hab. Bis dahin war auch Ramses alt und schwach geworden, und er überlebte seinen früheren Kommandeur nur eben lange genug, um die Zügel der Regierung zu ergreifen und sich die Doppelkrone aufzusetzen. Schon nach Ablauf eines Jahres folgte Seti seinem Vater auf den Thron. Damals war die Prinzessin Anchsen-Amun dreiundfünfzig; sie kam sich vor wie ein vergessenes Überbleibsel aus einem versunkenen Zeitalter, und es fiel ihr schwer zu glauben, daß sie vor bald vierzig Jahren zusammen mit Tut-ench-Amun regiert hatte.

Später lebte sie mehr und mehr in der Vergangenheit. Bis zu ihrem Witwensitz in Theben gelangten nur wenige Neuigkeiten. Obgleich Theben noch immer offiziell Landeshauptstadt war, verbrachte Seti, der einer aus dem Norden gebürtigen Familie entstammte, einen großen Teil seiner Zeit im Delta. Er empfand außerdem das ehrgeizige Bedürfnis, sich der schlagkräftigen Armee zu bedienen, die sein Vater zusammen mit Harem-hab aufgebaut hatte, und wollte in den Augen seines Volkes seinen den Göttern wohlgefälligen Anspruch auf den Thron rechtfertigen, indem er die Reichsgebiete im Nordosten zurückeroberte, die vor einem halben Jahrhundert unter Echnaton verlorengegangen waren. Nach Abschluß einer Strafexpedition gegen marodierende libysche Eindringlinge im Westen überschritt er an der Spitze seiner Truppen die Grenze nach Palästina.

Es war eine Expedition für junge Leute. Die Ägypter aus der Generation der Königin Anchsen-Amun, die in ihrer Jugend Revolutionen, Bürgerkriege und religiöse Verfolgung gesehen hatten, empfanden keine Begeisterung für ein Unternehmen, das bestenfalls zu einer Stockung des Handels und schlimmstenfalls zu einem anstrengenden Krieg mit den Mächten im Norden führen mußte. Die Jugend hingegen und mit ihr die Berufssoldaten brannten darauf, in offener Feldschlacht das neue System der unabhängigen Brigaden zu erproben, deren jede den Namen eines Gottes trug und, was Ausrüstung und Nachschub betraf, unabhängig operieren konnte. Die fahrenden Divisionen mit ihren Schwadronen schwerer Kampfwagen hielt man allem für überlegen, was die Leute im Norden – auch die mit eisernen Waffen ausgerüsteten Regimenter der Hethiter – ins Treffen führen konnten.

Schließlich kam es dann nicht zur Entscheidungsschlacht. Die unabhängigen Stämme in Palästina leisteten keinen Widerstand, und die Armee marschierte an der Küste Kanaans entlang bis nach Libanon. Dort, am Endpunkt langer, noch nicht ausgebauter Verbindungslinien, stießen sie auf die Vorhuten der nordsyrischen Hethiterprovinzen; es fanden Scharmützel statt, aus denen man keine militärischen Schlüsse ziehen konnte, so daß Seti die Überzeugung gewann, ein weiteres Vorrücken sei zu kostspielig und ungewiß. Auch würde die Neuorganisierung der wiedergewonnenen Provinz Palästina viel Zeit in Anspruch nehmen. Er schloß daher mit den Parlamentären aus Aleppo, die im Namen des Hethiterkönigs Mursilis II. unterschrieben, einen Friedensvertrag ab. Die festgelegte Grenzlinie zwischen den zwei Mächten verlief unmittelbar nördlich von Beirut.

Die jungen Soldaten reiften während der zehn folgenden Jahre des Friedens und der unbedeutenden Geplänkel an der neuen Grenze zu Männern heran. Diesmal war es aber kein auf Kriegsmüdigkeit beruhender Friede, sondern eine Spanne der offenen Vorbereitung. Von jenseits der hethitischen Grenze kamen Meldungen über erfolgreiche Feldzüge des Mursilis gegen seine aufständischen Grenzprovinzen im Westen, Norden und Osten, und später von der Thronbesteigung seines Sohnes Muwatallis, der wieder über ein geeintes Reich und eine ihm ergebene Armee gebot.

Auch auf dem assyrischen Thron saß ein neuer König, Adad-nirari. Er hatte seine Südgrenze durch einen Feldzug gegen den kassitischen König von Babylon gesichert und befand sich jetzt auf dem Vormarsch durch das Land der Mitanni auf Assur-uballits alte Grenze, den Oberlauf des Euphrat.

Seti war sich der Gefahr wohl bewußt, die diese drei einander gegenüberstehenden Mächte in Nordsyrien darstellten. Andererseits herrschte zwischen Assyrern und Hethitern altüberlieferte Feindschaft; Ägypten, das mit beiden Völkern Freundschaftsverträge abgeschlossen hatte, konnte es sich leisten, zu warten. Seti beschränkte sich zunächst auf die Errichtung von öffentlichen Bauten. Wenn seine Monumente die Werke der vergangenen Pharaonen an Größe und Pracht übertrafen, würde er der neuen Dynastie einen Anstrich von Beständigkeit verleihen und zugleich die Aufmerksamkeit von den ruhmreichen Zeugnissen der früheren Herrscherlinie ablenken, die jetzt nur noch durch die alte Prinzessin im Palast von Theben verkörpert wurde. Die gewaltige Halle des neuen Tempels von Theben, dreihundert Fuß lang mit Säulenreihen von achtzig Fuß Höhe sollte ein neues Weltwunder werden. Die Wände schmückten in Stein gehauene Darstellungen des syrischen Feldzuges, den Seti seinerzeit geführt hatte. Um das notwendige Material und die finanzielle Grundlage für diese Projekte zu beschaffen, ordnete er die Wiedereröffnung der staatlichen Goldgruben an, die vier Tagesmärsche südlich von Theben lagen, und ebenso die der Steinbrüche im Niltal.

In ihrem hohen Alter pflegte Anchsen-Amun den mit Steinen beladenen Lastkähnen zuzuschauen, die langsam auf dem Strom vorüberzogen. Während sie die Kolossalbauten der Tempelgebäude auf dem jenseitigen Ufer immer höher in den Himmel wachsen sah, erinnerte sie sich an ihre früheste Kindheit, als die anmutigen Tempel von Echnaton entstanden waren. Diese fluchbeladene Stadt existierte nicht mehr; schon lange hatte der Wüstensand sie verschlungen. Mit ihr war ein Wunschtraum hinweggefegt – das Traumbild einer friedlichen, auf Güte und Verständnis ausgerichteten Welt, die unter einem all-barmherzigen Gott geeint war.

Die alte Königin, die sechs Pharaonen hatte kommen und gehen sehen und mit zweien verheiratet gewesen war, erlebte die Thronbesteigung eines siebenten, ehe sie selbst siebzig Jahre alt wurde. Im Jahr 1301 starb Seti; durch eine blitzartige Palastrevolution wurde sein zur Nachfolge bestimmter ältester Sohn abgesetzt. An seiner Stelle wurde ein jüngerer Sohn Setis – ein kluger und ehrgeiziger Mensch – als Ramses II. zum König ausgerufen. Im Festglanz seiner Krönung achteten nur wenige auf den Tod der letzten Repräsentantin von Ahmoses königlicher Dynastie.

Wir sind mit der Historie sehr großzügig umgegangen, als wir die Königin Anchsen-Amun die siebzig Jahre erleben ließen, die dieses Kapitel umfaßt. Vielleicht wurde sie so alt, aber aus den Kapiteln der Geschichtsschreibung verschwand sie nach dem Tode des Ai, und wir wissen nicht, was aus ihr wurde. Bis zu diesem Augenblick aber ist ihre Geschichte und die ihrer Angehörigen durch Quellen gesichert, wenn auch über gewisse Einzelheiten keine Klarheit herrscht. Die Ursache von Echnatons Tod ist beispielsweise unbekannt geblieben. Auch weiß man nicht, wann Nofretete gestorben ist. Und was die Mumien der zwei neugeborenen Kinder in Tut-ench-Amuns Grab betrifft, so handelt es sich hier nicht unbedingt um Kinder, die ihm Anchsen-Amun geboren hatte – wenn das auch sehr wahrscheinlich scheint.

Mitunter werden Zweifel laut, ob die Königin Nofretete wirklich eine Tochter Amenophis' III. und eine Schwester Echnatons war. Demgegenüber steht fest, daß die ägyptischen Könige – namentlich die der XVIII. Dynastie – ihre Schwestern zu heiraten pflegten. Wenn nun Nofretete der vollen Ehren der Mitregentschaft teilhaftig wurde, so liegt darin meines Erachtens ein indirekter Beweis dafür, daß ihr königlicher Ehemann gleichzeitig ihr leiblicher Bruder war. Das genaue Verwandtschaftsverhältnis Tut-ench-Amuns und Echnatons ist ebenfalls nicht zu ermitteln. Es mag sehr wohl das des Neffen und Onkels sein, doch ist wahrscheinlicher, daß Tut-ench-Amun ein Sohn Echnatons aus unebenbürtiger Ehe war, dessen Nachfolge durch seine Heirat mit einer Tochter der ebenbürtigen Gattin des Königs legitimiert wurde, wie das in der Geschichte dieser Dynastie bereits zweimal vorgekommen war.

Endlich ist mein Hinweis auf die Kinder Israel durchaus unhistorisch. Die Bibel schweigt sich mit bedauerlicher Konsequenz über den Aufenthalt der Juden in Ägypten aus. Man wüßte gern, wie eine monotheistische Minderheit in Ägypten den vom Hof ausgehenden Versuch einer monotheistisch ausgerichteten Revolution aufgenommen hat. Die Kinder Israel werden aber auf keinem ägyptischen Papyrus und in keiner in Stein gehauenen Inschrift erwähnt. Und doch geht die allgemeine Auffassung dahin, daß sie zu jener Zeit in Ägypten waren. Ist das aber der Fall, so sollte man diese Tatsache im obigen Zusammenhang nicht ignorieren.

16
Rückblick und Ausblick (II)

Die letzten fünf Kapitel mit der Schilderung des mittleren Drittels des 2. Jahrtausends v. Chr. waren etwas einseitig. Während dieser Zeit liegt das Zentrum des menschlichen Fortschritts im östlichen Mittelmeer, und die Geschichte Griechenlands, Kretas, Kleinasiens und Ägyptens ist mit vielen Dokumenten belegt. Daher die Vorliebe, die Welt von diesem Blickpunkt aus zu überschauen. Jetzt aber ist es an der Zeit, das Gleichgewicht wiederherzustellen und nachdrücklich daran zu erinnern, daß während jener dreihundertundfünfzig Jahre auch an anderen Stellen der Welt Menschen lebten. Alle Gegenden auf Erden, die heute von Menschen bewohnt sind, waren es damals auch – vielleicht mit Ausnahme von Neuseeland, Island und einigen Inseln im Pazifik. Es gab natürlich weit weniger Menschen als jetzt, doch hat jeder einzelne Anspruch auf unseren Respekt und unser Interesse.

Nur wissen wir von den übrigen Erdenbewohnern jener Zeit so gut wie nichts. Innerhalb des nahöstlichen Kulturkreises ist, wie wir gesehen haben, vieles bekannt, weil zeitgenössische schriftliche Aufzeichnungen existieren. Über den größten Teil von Europa fehlen solche zeitgenössischen schriftlichen Zeugnisse. Hier hat die Archäologie in den letzten hundert Jahren viele Zusammenhänge aufgedeckt. Auch in anderen Zonen, besonders in Indien, im asiatischen Rußland und in Mittelamerika, hat die Forschung bereits so viele Ereignisse erhellt, daß wir uns ein ungefähres Bild davon machen können, wie die Menschen in jenen Gebieten um die Mitte des 2. Jahrtausends v. Chr. gelebt haben. Überblicke über größere Zusammenhänge fehlen allerdings noch. Vor allem können wir die Wandlungen, die sich dort in jenen 350 Jahren vollzogen haben, zeitlich nicht genau abgrenzen.

Im großen ganzen bewohnten zu jener Zeit die einzelnen Menschenrassen die gleichen Gebiete, in denen sie noch vor der gewaltigen Umgruppierung lebten, die durch die Expansion der Europäer in den letzten fünfhundert Jahren verursacht wurde. In den meisten Gebieten lebten die Menschen von den Erträgnissen der Jagd und Fischerei und von dem, was ihnen durch wildwachsende Bäume, Büsche oder sonstige Pflanzen geboten wurde. In Australien machten die Buschneger um 1300 v. Chr. Jagd auf Känguruhs und Echsen, sie gruben Wurzeln aus und bearbeiteten den Feuerstein, so wie sie es schon im Jahr 2000 und zahllose Jahrtausende zuvor getan hatten und wie sie es im nördlichen Territorium dort heute noch tun. In Grönland und den arktischen Küsten von Kanada, Alaska und Sibirien lebten eskimoartige Völkerstämme, wie sie es seit Urzeiten gewohnt waren; sie jagten Seehunde von Kajaks aus Tierfellen, die auf Treibholz gespannt waren, fertigten sorgfältig spezialisierte Waffen aus Knochen und Lederriemen und schnitzten köstliche, überaus humorvolle Figuren aus Elfenbein vom Walroß und Narwal. Auf den Sommermärkten, dort wo die großen Flüsse in den arktischen Ozean einmünden, trafen sie sich noch immer alljährlich mit den Rotwild- und Pelztierjägern aus den nördlichen Waldgebieten, um Werkzeuge und Schmuck aus Knochen und Elfenbein gegen ähnliche

Dinge aus Holz und Feuerstein sowie ihre Seehundfelle gegen Pelzwerk einzutauschen. Auch Nachrichten tauschten sie aus. Denn so, wie die Fischer auf den arktischen Meeren Hunderte von Meilen in östlicher und westlicher Richtung an den Küsten entlangfuhren, durchstreiften die Jäger aus den Waldgebieten im Lauf der Jahreszeiten Hunderte von Meilen in nördlicher und südlicher Richtung.

Wenn in diesen Regionen der Winter zu Ende ging, trafen die Menschen aus den Wäldern mit den Bewohnern der großen Ebenen zusammen. In Nordamerika lebte man noch von der Jagd, man folgte zu Fuß in kleinen Gruppen dem Großwild der Prärien. In Asien hingegen wurde auf dem Flachland Pferde- und Viehzucht großen Ausmaßes betrieben, wobei die Menschen mit ihren Herden riesige Gebiete durchwanderten – bis zu den Gebirgskämmen an der chinesischen Grenze und den Ebenen von Turkestan, ja sogar ein Stück nach Europa hinein. In diesen Grenzgebieten trafen die Nomaden landwirtschaftliche Gemeinschaften und Händler aus den hochentwickelten Stadtstaaten weiter im Süden, von denen sie schon vorher gehört hatten.

Wir wissen zwar von den Völkern, deren Angehörige bei solchen Treffen aus den Ebenen und den Wäldern, von den Küstenstrichen und aus den Tundren zusammenkamen, aber wir wissen nichts von ihrer Geschichte.

Obgleich die Lebensweise der verschiedenen Volksgruppen im Jahre 1300 v. Chr. nicht viel anders gewesen sein wird als dreihundertfünfzig oder gar siebenhundert Jahre früher, haben die Einzelmenschen, aus denen diese Gruppen sich zusammensetzten, zweifellos eine Menge wichtiger Dinge erlebt. Die Land- und Waldbewohner Asiens waren in Völker aufgespalten, mit eigenen Namen, mehreren Stämmen und eigenen Sprachen, die ihren eigenen mündlichen Überlieferungen nachlebten. Es gab Kriege um Jagd- und Weidegründe, gestohlenes Vieh, entführte Frauen. Völker schlossen sich zu größeren Bünden zusammen, unter berühmten Führern, deren Namen und Taten jahrhundertelang besungen wurden und deren Andenken heute vergessen ist. Die Waldbewohner unternahmen gewiß Raubzüge auf die Herden der Flachlandbewohner, die ihnen nichts schuldig blieben und die Wälder in Brand steckten. Die seßhaften Bauern im Süden bauten ohne Zweifel Einfriedigungen und befestigte Plätze, um die Übergriffe der Nomaden abzuwehren, und erkundigten sich voll Sorge, ob die umherziehenden Hirten friedlich oder kriegerisch gesinnt waren.

Alle diese Völker hatten sich – vor allem an den Grenzen – bereits miteinander vermischt, selbst wenn bei Heiraten komplizierte Regeln eingehalten werden mußten, so wie heute noch bei Nomaden und primitiven Jägerstämmen. Für Heiraten gab es immer schon feste Richtlinien: man wählte sich seine Frau aus dem eigenen Stamm oder aber gerade außerhalb der engeren Verwandtschaft. Aber es gab natürlich immer Fälle, wo einem hübschen Gesicht zuliebe die Gesetze des eigenen Volkes mißachtet wurden. Deshalb gab es in allen Grenzgebieten immer wieder Menschen, die auf beiden Seiten zu Hause waren.

Für die Handeltreibenden, die mit dem Ablauf der Jahrhunderte in immer größerer Zahl durch die Lande zogen, gab es keine Grenzen.

In diesem Buch wird auf den Handel ein besonderer Akzent gelegt – und mit Recht, denn die Mitte des 2. Jahrtausends v. Chr. zeitigte ein so großes Maß von internationalem und interkontinentalem Handel, wie es während der anschließenden fünfzehnhundert Jahre nicht mehr erreicht werden sollte. Freilich müssen wir unsere Begriffe näher definieren, denn unter «Handel» kann man vieles verstehen. Sogar in vollkommen autarken primitiven Gemeinschaften läßt sich eine gewisse Tendenz zur Spezialisierung feststellen. Der Jäger, Viehzüchter oder Bauer wird bestrebt sein, einen Überschuß zu erzielen, den er innerhalb seiner Gemeinschaft für eine geschmiedete Axt, eine Frau, einen Sklaven oder den Segen seines zuständigen Medizinmannes vertauschen kann. Das ist zweifellos Handel. Wenn nun aber ganze Gemeinschaften den Kontakt mit andersgearteten Gemeinschaften suchen, wenn nomadisierende Viehzüchter auf bäuerliche Ansiedlungen stoßen, oder Jäger auf Hirten, werden die Tauschmöglichkeiten entsprechend größer. Jede Gemeinschaft wird Überschüsse aus ihrer eigenen Produktion erzielen – Getreide, Tierhäute, Dörrfleisch, getrocknete Fische oder Pelze –, die die andere nicht erzeugen kann. Für großangelegte Tauschaktionen gibt es die saisongebundenen Märkte, die aus den Lagerbeständen der Genossenschaften beschickt werden, was auch eine Art des Handels ist. Spezialisierte Gemeinwesen, die sich ausschließlich mit der Herstellung von Streitäxten oder mit dem Abbau von Feuerstein-, Kupfer- oder Salzlagern befassen, spielen auf den Märkten eine besondere Rolle.

Eine dritte Form der geschäftlichen Betätigung beruht darin, daß Nomaden, die eine solche Messe besuchen, dort Güter kaufen, die nicht für ihren Eigenverbrauch, sondern für den Weiterverkauf auf einer anderen Messe bestimmt sind. Dadurch tritt der berufsmäßige Vermittler in Aktion – sei es ein einzelner Mann, eine Familie oder ein ganzer Volksstamm, der sich ausschließlich davon ernährt, daß er auf dem einen Markt einkauft und die Ware auf einem anderen Markt wieder absetzt.

Auf diese Weise kommt wirklich Bewegung in die Güterproduktion. Der Wert eines Gegenstandes hängt davon ab, ob er häufig oder selten zu finden ist, wobei die Seltenheit mit der Entfernung des Ursprungsortes wächst. So werden die Waren von einem Markt zum anderen und schließlich über weite Entfernungen befördert, zuerst dank einer Kette von Vermittlern, später durch ein organisiertes Karawanensystem über sehr große Strecken – oder auf Karavellen, denn in diesem fortgeschrittenen Stadium spielt der Seeweg schon eine beträchtliche Rolle.

Der reguläre Überland- und Überseehandel war zu Beginn des zweiten Jahrtausends zwischen den Zentren der Stadtkultur im Nahen und Mittleren Osten, zwischen Kreta, Ägypten, Mesopotamien und dem Industal bereits gut eingespielt. Auch hatte er sich durch Missionare der Megalithkulturen bereits auf die europäischen Küstengebiete ausgedehnt.

Wir sahen, wie die «Glockenbecherleute» im ersten Drittel des Jahrtausends die Anwendung der Bronze und den Handel mit diesem neuen Metall von ihren Stützpunkten in Spanien aus in Europa verbreitet haben.

Schließlich konnten wir in den fünf letzten Kapiteln – allerdings durch ein Netz von Kriegen, Intrigen, Eroberungen und dynastischen Wechseln – die immer weiter gespannte Tätigkeit der großen Handelshäuser und Schiffahrtslinien verfolgen und beobachten, wie sie mit stets wachsenden und reichhaltigeren Lieferungen operierten.

Es ist das die Zeit des endgültigen Siegeszuges der Bronze, und es unterliegt keinem Zweifel, daß die Bronze den Anreiz für die an der Peripherie der damaligen Welt lebenden Völker bildete, sich in immer stärkerem Maße mit der Herstellung und Anhäufung von Verbrauchsgütern zu befassen, die man an Bronze produzierende Länder verkaufen konnte.

Im Verlauf dieser Jahrhunderte mag die Bronze sehr wohl bis tief nach Afrika gedrungen sein. Wir dürfen uns durch die sich immer wiederholenden Grenzkriege zwischen Ägypten und dem Sudan nicht zu falschen Schlüssen verleiten lassen. Zwischen den Kriegen blühte der Handel, die Sudanesen lieferten Gold, Straußenfedern, Elfenbein und Sklaven nach Norden und handelten dafür Metalle und Fertigwaren aus Ägypten ein. In dieser Zeit schickte der Staat häufig Handelsexpeditionen durch das Rote Meer in das uns unbekannte Land Punt. Im «schwarzen» Afrika scheint sich dennoch kein unabhängiges Zentrum der Bronzeherstellung entwickelt zu haben. Die Bronze, die in den Süden gelangte, wurde gehortet, umgegossen und schließlich bis zur Abnutzung weiterverwendet. In den archäologisch erfaßten Gebieten südlich des Sudans hat man bisher keine Spuren von Bronze gefunden. Daß aber der Handel über den Sudan hinaus nach Süden ausgriff, wird durch eine Perle aus gebranntem Quarzglas bezeugt, das unter dem Namen Fayence bekannt ist. Sie wurde in Nakuru in Kenia, sechzehnhundert Meilen südlich der ägyptischen Grenze, gefunden. Fayence – ein haltbares, leicht zu identifizierendes Material – war im Mittleren Osten seit ungefähr zweitausend Jahren bekannt. Um die Mitte des zweiten Jahrtausends tauchen nun zwei besonders charakteristische Formen von Fayence-Perlen, eine sternförmige und eine zylindrische, in großer Zahl auf, und zwar nicht nur in ihren Ursprungsländern Ägypten und der Levante, sondern fast überall in der Alten Welt. Die in Kenia gefundene Perle ist die südlichste bisher entdeckte; in der entgegengesetzten Richtung hat man gleichartige Stücke zweitausendfünfhundert Meilen weit von Ägypten gefunden, nämlich am Fluß Tobol in Sibirien, der nach Norden ins arktische Meer fließt. In Europa kommen diese Perlen sehr häufig vor, besonders am Oberlauf der Donau und in England. An sich sind sie fast wertlos, doch zeigen sie uns, daß ägyptische Waren (wenn auch vielleicht aus zweiter und dritter Hand) tatsächlich bis ins Herz der asiatischen Steppe und bis ins dunkelste Afrika gelangt sind.

Es steht allerdings keineswegs fest, daß Afrika in der damaligen Zeit durchgehend ein «dunkler Erdteil» war. Wenn weitere Ergebnisse die Theorien der botanischen Forschung bestätigen sollten, daß zumal die Einwohner Westafrikas in ihren Gärten Kürbisse, Sorghum und Erdnüsse gezogen haben, darf man annehmen, daß ihnen der Gedanke, den Boden zu bebauen, vom Hörensagen aus dem Niltal eingepflanzt wurde.

Die Geschichte des amerikanischen Kontinents zu jener Zeit stellt viel heiklere Fragen. Außerhalb des Tropengürtels durchschweiften Jäger im Norden Ebenen und Hochland, im Süden Dschungel und Pampas. Dazwischen – nicht nur in Peru, sondern auch in Mittelamerika und Mexiko – gab es seßhafte landwirtschaftliche Gemeinschaften. Diese waren anscheinend voneinander isoliert. In Mexiko wurde schon seit zwei- und dreihundert Jahren der Boden bebaut; das Schwergewicht lag dabei auf dem Mais. Auch gute Töpferwaren stellte man dort her. In Peru waren Mais und Töpferwaren unbekannt, dafür blühte der Anbau von Baumwolle, Kürbissen, Bohnen und Pfefferstauden. Wie läßt sich das erklären? Wenn wir die Gartenanlagen von Westafrika als Beweis dafür ansehen, daß der Gedanke, den Boden zu bebauen – von bestimmten Pflanzen ganz abgesehen – vom Mittelmeerbecken ausgegangen sei, können wir diese Theorie mit gleichem Recht auf das Beispiel Mexiko-Peru anwenden: denn Peru ist von Mexiko ebensoweit entfernt wie die nigerische Küste von Ägypten.

Wie steht es nun aber mit den mexikanischen Tonwaren? Sind wir zu der Annahme berechtigt, daß die Mexikaner sowohl die Bewirtschaftung des Bodens wie auch das Töpferhandwerk erfunden und nichts davon gewußt haben, daß diese beiden Entdeckungen schon vor Jahrtausenden in einem anderen Teil der Welt gemacht wurden, dessen Existenz ihnen unbekannt war? Oder dürfen wir davon ausgehen, daß auf irgendeine Weise die Kenntnis der Bodenbebauung und des Töpferhandwerks von einem anderen Erdteil aus zu den Mexikanern gelangt ist – wobei der nächste in Frage kommende Punkt, die portugiesische Küste, an die fünftausend Meilen entfernt war. Beide Hypothesen sind so unglaubwürdig, daß man jede von ihnen automatisch verwerfen müßte, wenn das nicht der automatischen Akzeptierung der anderen gleichkäme.

Glücklicherweise zwingt uns niemand, in diesem Kapitel zu Fragen dieser Art Stellung zu nehmen. Dies ist kein Geschichtswerk, nicht einmal der Versuch dazu, sondern ein Experiment, das beweisen soll, bis zu welchem Grad man beim heutigen Stand des Wissens eine Geschichte über das 2. Jahrtausend v. Chr. erzählen kann. Wir brauchen auch nicht so zu tun, als seien Probleme, über die das letzte Wort noch nicht gesprochen ist, bereits gelöst. Dieses Problem einer interkontinentalen Verbindung ist sogar weit entfernt von jedem abschließenden Urteil: man weiß zuwenig darüber, um es überhaupt ernsthaft zur Diskussion zu stellen. Das wird sich ändern, und zwar hoffentlich in nicht allzu ferner Zeit. Dann dürfte zwei Beweismitteln eine ausschlaggebende Bedeutung zukommen.

Das eine ist die Frage der Verarbeitung von Kupfer und Bronze in Mittelamerika. Der früheste Gebrauch von Kupfer in Amerika ist mit der archäologischen Erforschung der frühesten Kulturen von Mexiko, Guatemala und Nikaragua immer weiter in die Vergangenheit gerückt. Sollte sich erweisen, daß die Verarbeitung des Kupfers dort tatsächlich schon im 2. Jahrtausend v. Chr. eingesetzt hat, so würde damit die Theorie von transatlantischen Kontakten mit Amerika zu jenem Zeitpunkt eine beträchtliche Stärkung erfahren.

Das andere Beweismittel würde auf die Suche nach Verbindungslinien zwischen dem Eingang zum Mittelmeer und dem Golf von Mexiko hinauslaufen. Für systematische Nachforschungen an der Nordwestküste von Afrika, auf den Kanarischen Inseln (wo Schnitzereien aus der Bronzezeit gefunden wurden), den Azoren, dem westindischen Archipel und an den Küsten von Venezuela liegen triftige Gründe vor. In diesem Areal wäre sogar ein negatives Ergebnis von geringer Bedeutung – denn bis man geltend machen kann, daß es trotz gründlicher Erforschung keinerlei Hinweise auf das zweite Jahrtausend liefert, bleibt die Frage eines Kontaktes zwischen der Alten und der Neuen Welt zwangsläufig offen. Bis dahin kann nur folgendes gesagt werden: Wenn es ein Leitmotiv gibt, das dieses Buch von Anfang bis Ende durchzieht, dann dies, daß im zweiten Jahrtausend die Menschheit in weit größerem Umfang auf Reisen ging als je zuvor, daß Handelsgüter schneller reisten als Menschen und daß Gedanken die Handelsgüter weit überflügelten. Wenn es in den Jahrtausenden vor unserem Zeitalter je eine Möglichkeit gegeben hat, den amerikanischen Kontinent von Europa oder Afrika aus zu erreichen, dann mußte sie am ehesten zwischen 1650 und 1300 v. Chr. anzusetzen sein.

Jedenfalls steht fest, daß in jenen dreieinhalb Jahrhunderten in Mittelamerika Mais angebaut wurde. Die Menschen, die den Mais bauten, können aber hin und wieder Besuch von Fremden aus dem Ostmeer erhalten haben, die mit langen Galeeren kamen. Jahrtausende später berichteten uralte Legenden von solchen Ozeanreisen.

In Europa stehen wir auf festerem Boden. Unser erster Rückblick – dreihundertfünfzig Jahre früher – zeigte, daß auf unserem Kontinent Völker verschiedener Herkunft und gegensätzlicher Lebensform nebeneinanderlebten. Bronzehändler und Metallschürfer aus Spanien, viehzuchttreibende Wagenlenker aus den südrussischen Steppen, Bauern mit Steinkammergräbern, die ursprünglich aus dem östlichen Mittelmeergebiet stammten, Getreidebauern, die sich vor zweitausend Jahren und mehr im Landesinnern angesiedelt hatten und endlich die Jäger aus den großen Wäldern, die schon immer dagewesen waren – sie alle lebten nebeneinander, miteinander und waren aufeinander angewiesen.

Jetzt, dreihundert Jahre später (also nach einem Zeitabschnitt, der, wie wir bereits sagten, unserem eigenen Abstand zum Dreißigjährigen Krieg entspricht), hat das Gären und Überschäumen in diesem brodelnden Gemisch aufgehört. Ein Zustand des Gleichgewichtes ist eingetreten – obgleich seine Dauerhaftigkeit eine Frage der Zukunft ist.

Europa setzt sich jetzt aus einer Fülle von Völkern zusammen. Die fünfzehn voneinander abweichenden Gruppen, die die Archäologen als verschiedene «Kulturen» unterscheiden, lassen sich ohne weiteres mehrfach unterteilen. Es besteht im übrigen kaum ein Grund für die Annahme, daß die in archäologischer Hinsicht homogenen Zonen jeweils einem einzigen Herrscher unterstanden. Und doch läßt sich eine gewisse durchgehende Wesensgleichheit nicht leugnen. Übereinstimmungen in der Lebensführung, vielleicht sogar in der Lebenshaltung, sind auf dem europäischen Kontinent feststellbar.

Europa wird praktisch von den «Rindfleischbaronen» regiert. Eine aristokratische Auslese von Herdenbesitzern, die jetzt vermutlich zu Pferde sitzen, während ihre Großväter sich noch im Karren fortbewegten, steht an der Spitze der kleinen Völker und macht sich gegenseitig das Leben schwer. Auch Landwirtschaft wird noch betrieben, hauptsächlich durch den Anbau von Gerste, doch beschränkt sie sich auf die Flußtäler und ist jetzt eindeutig die Sache der unteren, aus der bäuerlichen Urbevölkerung hervorgegangenen Stände. Wer etwas auf sich hält, führt ein großräumiges Leben zu Pferde, wobei er freilich nicht mehr mit der steinernen Axt bewaffnet ist, und auch nicht mit dem Dolch aus Feuerstein oder Bronze, mit dem wir ihn zuletzt gesehen haben. Jetzt trägt jeder Herr sein Schwert – eine lange leichte Waffe mit eingelegtem Griff und ovalem ziseliertem Knauf. Er ist bartlos, wenn man den vielen scharfen Rasiermessern, die in den Gräbern aus der damaligen Epoche gefunden wurden, Glauben schenken darf. Wir wissen auch, wie er sich kleidete: denn in Dänemark gefundene Eichensärge haben unter besonders günstigen Umständen die ganze Ausstattung des Toten konserviert. Eine wollene, an der Taille gegürtete Tunika reichte ihm bis zu den Knien. Darüber trug er einen Umhang, der an der Schulter mit einer bronzenen Fibel zusammengehalten wurde. Um den Hals trug er eine Kette aus Gold oder Bronze, auf dem Kopf eine fest anliegende weiche Mütze. Es ist anzunehmen, daß seine Kleidung mit grellbunten, karierten Mustern, die von pflanzlichen Färbemitteln herrührten, verziert war.

Die Frauen und Töchter kleideten sich nicht minder auffallend in eine Bluse mit halblangen Ärmeln und einen Rock, der die Knie freiließ, ein geflochtenes Haarnetz und einen Gürtel, der vorne mit einer runden dekorativen Bronzeschließe geschlossen wurde, die etwa 20 cm groß war.

So sahen die Erben des neuen Europa aus: kriegerisch und stolz – zu stolz jedenfalls, um die Sprache ihrer Untertanen zu sprechen. Denn um diese Zeit muß die Sprache der Hirten aus dem Osten sich in die europäischen Sprachen umgeformt haben. Nicht anders, als das Angelsächsische und das normannische Französisch in England während etlicher, auf die Eroberung folgender Jahrhunderte um den Vorrang kämpften, so hatte die indogermanische Sprache der Streitaxtleute, die vor sechshundert Jahren auf ihrem Eroberungszug ins Land gekommen waren, mit den Ursprachen Europas im Kampf gelegen. Jetzt freilich stand das Indogermanische im Begriff, sich endgültig durchzusetzen. Noch heute lassen sich alle europäischen Sprachen auf das Indogermanische zurückführen, bis auf diejenigen, von denen feststeht, daß sie noch später hinzugekommen sind. Nur das Baskische bildet darin eine Ausnahme.

Eine neue einheitliche Sprache, ein neues soziales Gefüge, eine neue, zur Hälfte auf nomadischen Einflüssen beruhende Wirtschaftsform, neues Handwerkszeug und neue Waffen aus Metall – das alles beweist, daß Europa im letzten Drittel des abgelaufenen Jahrtausends eine Revolution durchgemacht hat. Aber dreihundertfünfzig Jahre sind eine lange Zeit, das sind elf ineinander übergreifende Generationen mit Geburt, Heranwachsen, Eheschließung und neuen Geburten: deshalb dürfte diese «Revolution» den von ihr Betroffenen nicht einmal als Zeitenwandel bewußt geworden sein. Nicht verborgen blieben hingegen den Menschen die Konjunkturschwankungen des Handels und das Anwachsen von Gewerbe und Marktwirtschaft.

Natürlich waren seit Menschengedenken immer wieder Kaufleute und Erzschürfer aufgetaucht; man kannte die Vertreter dieser Berufe schon so lange, wie die Überlieferung zurückreichte, also seit geraumer Zeit vor Anbruch des Jahrtausends. Doch war der Handel nie so gut organisiert gewesen wie jetzt. Seit der Niederwerfung und Plünderung des mächtigen Knossos durch die Achäer aus Griechenland – einer Katastrophe, von der Europa noch nach hundert Jahren widerhallte – hatten die Handelsherren von Mykene und den weniger bedeutenden griechischen Städten die organisierte Belieferung der nahöstlichen Märkte mit Rohstoffen und einheimischen Erzeugnissen aus dem Hinterland von Europa in die Hand genommen und ausgebaut. Diese Märkte schienen aber seit dem Ende der langen Kriege in der Levante und der wirtschaftlichen Erholung Ägyptens geradezu unersättlich zu sein.

Viele Luxusartikel wurden die Küsten entlang und auf den großen Binnenwasserstraßen Europas verfrachtet – Pelzwerk und Bernstein, Gold, Silber und Halbedelsteine. Aber das Rückgrat des Handels bildeten Güter wie Häute, Salz und Metalle – unter letzteren Kupfer und vor allem Zinn. Der Handel mit Metallen verlief jetzt von der Quelle an reibungslos. Bergwerksfachleute hatten schon vor etlichen Jahrhunderten die erzfündigen Regionen erkundet und die einheimische Bevölkerung in den Abbaumethoden unterrichtet. In Irland und Spanien wurde auf wirtschaftlicher Grundlage Gold gewaschen; an den Nordhängen der Alpen, im heutigen Österreich, und in Südengland war der Oberflächenabbau von Kupfer- und Zinnerzen wegen Erschöpfung der Adern längst eingestellt, und jetzt mußte man tiefer und tiefer graben. Das Metall wurde an Ort und Stelle verhüttet und in Barren oder schweren Halsketten gen Süden geschickt. Die Ketten waren leicht zu transportieren, und am anderen Ende der Strecke konnte man sie ohne weiteres nach dem neuesten Stand der Mode umarbeiten lassen. Die metallproduzierenden Völker waren durch diese Exportgeschäfte wohlhabend geworden: übrigens hatten sie, zunächst nur nebenher, die Eigenproduktion aufgenommen, die zur tauschweisen Belieferung der Nachbarvölker mit Werkzeug, Schmuck und Waffen aus Bronze führte und an Bedeutung den Bergbau bald überflügelte. Sogar die Metallbarren wurden jetzt nur noch zum Teil nach Süden geliefert: die reichen Bernsteinländer an der Ostsee kauften

Rohmetalle in großem Umfang, sie hatten bereits ihre eigenen umherziehenden Schmiedemeister, die Spezialartikel von hoher Qualität herstellten, mit denen man wiederum Tauschgeschäfte mit den Nachbarvölkern abschließen konnte.

Händlerkarawanen, ganze Familien von wandernden Schmieden und Kesselflickern, Schiffe auf Küstenfahrt und Flußkähne, nicht zuletzt Geleitzüge, die nach fernen Gestaden unterwegs waren, das alles bewegte sich zu Wasser und zu Lande kreuz und quer durch Europa, gespeist von den Bergwerken und Hochöfen, deren Rauch den Himmel verdunkelte.

Trotzdem standen diese Ansätze zu einer umfassenden Industrialisierung auf schwachen Füßen. Die Aufnahmefähigkeit des europäischen Marktes war beschränkt, weil der Großteil der von Viehzucht und Gersteanbau lebenden Bevölkerung nicht die Mittel besaß, um Bronze zu kaufen, und weil andererseits die herrschenden Stände nur eine beschränkte Menge des Metalls abnehmen konnten. Das Hauptabsatzgebiet für die Metallindustrie waren nach wie vor die reichen Länder des hochzivilisierten Nahen Ostens. Und in Mitteleuropa hatte der hereinströmende Wohlstand bereits zu einer Bevölkerungszunahme geführt, die sich fühlbar auf die Möglichkeiten zur Beschaffung neuen Agrarlandes auswirkte.

Während nun in diesem Mittelabschnitt des 2. Jahrtausends v. Chr. Europa und der Nahe Osten mit großen Teilen Afrikas und Zentralasiens zu einer handels- und produktionsmäßigen Einheit wie nie zuvor zusammenwuchsen, war weiter im Osten der «bronzene Vorhang» heruntergegangen.

Die Wagenlenker in den russischen Steppen, deren westliche Vettern von Europa bis zum Euphrat seit langem eine beherrschende Rolle gespielt hatten und noch spielten, hatten die Meluhha-Kultur mitsamt den Großstädten Mohenjo-daro und Harappa ausradiert. Durch das ganze Industal und hinein in das Tal des Ganges wälzten sich die arischen Eindringlinge mit ihrem Vieh und ihren Pferden, wobei sie sich in provisorischen dörflichen Siedlungen niederließen, während die rauchgeschwärzten Trümmer der großen, steinernen Städte menschenleer dastanden. In Zentralindien fristete ein schwacher Abglanz der Meluhha-Kultur weiterhin sein Dasein, doch war jede Verbindung mit dem Westen abgerissen. Auf dem Indischen Ozean, zwischen Mesopotamien und dem Osten, war die Schiffahrt völlig zum Erliegen gekommen. Die Zivilisation hörte an der Meerenge von Hormuz auf.

Eine Strecke von rund 2350 Meilen – etwa die gleiche Entfernung wie von San Francisco nach Pittsburgh – trennt Memphis am Unterlauf des Nils von Harappa am Oberlauf des Indus. In der entgegengesetzten Richtung ist es etwa gleich weit von Harappa bis zum Dorf An-yang am Huan, einem Zufluß des Gelben Flusses in Nordchina. Die Entfernung ist nach der Luftlinie errechnet; ein bedauernswerter Vogel, der sie etwa bewältigen möchte, müßte, um sein Ziel zu erreichen, über den unwirtlichen und zerklüftetsten Teil des tibetischen Hochplateaus fliegen.

Im Jahr 1300 v. Chr. ist in An-yang eine Stadt im Entstehen. Der Huanfluß, der sich eine tiefe Rinne in den Lößboden gegraben hat, zieht hier eine weitausladende Schleife und bildet so auf drei Seiten der Stadt einen natürlichen Wassergraben. An der vierten Seite, im Süden, wird fieberhaft an den Befestigungsanlagen gearbeitet: einem breiten, zementhart gestampften Erdwall, der von schweren Holzrahmen gehalten wird und gleichzeitig mit diesem emporwächst. Innerhalb des Stadtareals sind die zukünftigen

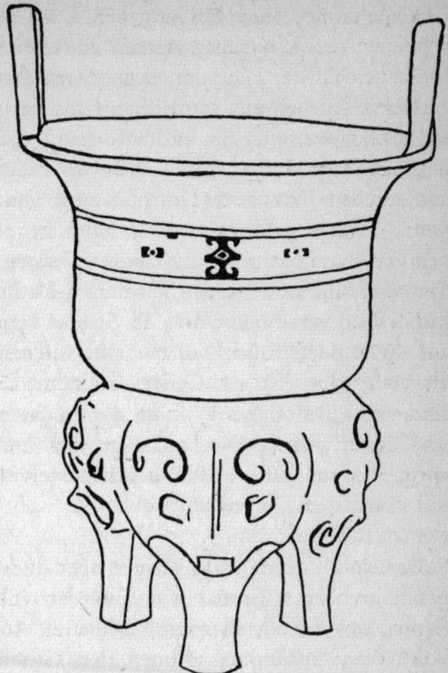

Ein Gefäß aus Bronze aus der Schang-Dynastie, dem unter dem Kennwort «Hsien« bekannten Typ zugehörig. Es ist eine Art zweiteiliger Dampfkessel. Das dreifüßige Unterteil, das aufs offene Feuer gestellt wurde, war mit Wasser gefüllt; durch die Löcher im Boden des auf seinen Rand aufgesetzten Oberteils stieg der Dampf empor und kochte die Speisen gar. Ähnliche Gefäße aus Ton und in einfacherer Ausführung dienten für den Hausgebrauch. Dieser kunstvolle Bronzekessel fand bei der Zubereitung von liturgischen Mahlzeiten für die Geister der Ahnen Verwendung.

Straßen mit Seilen markiert; in ihrem Verlauf sind überall Anschüttungen zu sehen, ebenfalls aus gestampfter Erde, mit den Fundamenten von Häusern, Palästen und Tempeln. Der Palast des Kaisers und der seinen Ahnen geweihte Tempel sind fast fertig. Reihenweise stehen bereits die Holzsäulen; die Durchzüge und Dachfirstbalken sind verzapft. Während das Dach mit Stroh gedeckt wird, steigen die Außenmauern auf, um sich mit ihm zu vereinen. Auch sie bestehen aus Lehm, dem Allerwelts-Baustoff der Erde, der so hart geklopft wird, daß die Holzhämmer auf ihm widerhallen; wenn der Rahmen entfernt ist, werden sie glatt wie Glas abgeschliffen.

Der Kaiser Pang Keng, auf dessen Befehl die «Große Stadt der Schang» erbaut wird, besucht das Gelände nur selten. Er ist oft tagelang mit seiner Armee auf der Jagd und huldigt so dem vornehmsten königlichen Sport, der gleichzeitig das wirkungsvollste militärische Training darstellt. In den lichten Wäldern jenseits der nach Osten angelegten Hirse- und Reisfelder, im flachen Überschwemmungsgebiet des mächtigen Huangho, das sich südwärts hinzieht, oder auf den von dichten Baumwuchs bestandenen, drei Tagereisen westlich liegenden Bergen, werden die Fußtruppen in breiter Front aufgestellt, um ein großes Areal abzuschließen und das Wild auf die wartende Wagenkolonne hinzutreiben, deren Mittelpunkt der Kaiser ist. Im Augenblick, da das Wild aus dem schützenden Dickicht hervorbricht, schnellen die Zweiergespanne vorwärts; die Lenker vollführen im letzten Augenblick eine Schwenkung, um den hohen Herren Gelegenheit zu einem Blattschuß aus ihren mit Sehnen bespannten Bogen zu geben, während der neben einem Rad kauernde Speerträger sich zum Absprung bereit hält, um dem angeschossenen Wild den Fangstoß zu geben. Die allgemeine Erregung steigt, sobald die Tiere in größerer Anzahl sichtbar werden und die Wagen sich bei ihrer Verfolgung zerstreuen. Meist besteht der Hauptanteil der Strecke aus Rehen und Hasen, doch sind auch Wildschweine – denen aus sportlichen Gründen der Vorzug gegeben wird – keineswegs selten. Es kommt sogar hin und wieder vor, daß ein Leopard oder gar ein Tiger erlegt wird. Die Elefanten sind ebenfalls nicht unbekannt, doch pflegt die Wagenkette sich zu öffnen, um dem Dickhäuter Durchlaß zu gewähren, denn der Elefant hat großen Seltenheitswert. Wenn er gefangen werden kann, benutzt man ihn bei der Armee oder zum Schleppen von Baumstämmen und anderen Lasten. Kein anderes Tier ist geschützt. Bären und Tapire bis hinunter zu den harmlosen Dachsen und den wohlschmeckenden Schnepfen – nichts wird verschmäht, was die Strecke vergrößern könnte, die sich an günstigen Tagen auf dreihundert Stück und mehr belaufen mag. Nachdem die eigentlichen Leckerbissen als Opfergaben für die Geister der Ahnen und für die kaiserliche Tafel beiseite gelegt sind, wird das erlegte Wild an die Soldaten und die mit dem Bau der neuen Stadt Beschäftigten verteilt. Die Jagd dient nicht nur dem Sport und der militärischen Ertüchtigung, sie spielt auch bei der Lebensmittelversorgung eine wichtige Rolle und steht darin nur hinter dem Getreideanbau zurück, während sie die Viehwirtschaft an Bedeutung bei weitem übertrifft.

Der Kaiser führt seine Armee aber auch in den Krieg. Die Vasallenfürsten an den Landesgrenzen müssen hin und wieder einen Denkzettel bekommen, damit sie endlich lernen, was der Vasallenstatus bedeutet. Auch muß man immer wieder mit dem Einfall von Nomadenstämmen rechnen, den Tschang-Hirten aus dem Nordwesten, und sie zurückschlagen. Strafexpeditionen gegen Übergriffe der Tschang-Leute laufen in der Tat auf ein Jagdvergnügen großen Stils hinaus und ergeben eine weit wertvollere Strecke als die gewöhnliche Jagd, nämlich Gefangene, die man den Göttern opfern oder zu Sklaven machen kann, sowie Schafe für die Verpflegungsämter. Die Bauern in den Grenzprovinzen geben denn auch den Behörden schleunigst Bescheid, sobald diese Art menschliches Wild gesichtet ist.

Pang Keng entstammt einer alten Dynastie, und er herrscht über ein gewaltiges Gebiet. Er beansprucht für sich die Oberlehnsherrschaft über eine Reihe von Königen, die in den mongolischen Steppen des Nordens und in den südlichen Waldgebieten jenseits des Jangtsekiang regieren. Sein Reich erstreckt sich ostwärts bis ans Meer und westwärts in unermeßliche Fernen, bis in das Land der nomadisierenden Hirten und der barbarischen Wagenlenker aus dem Wei-Tal, noch weiter als der Punkt, an dem der Gelbe Fluß sich nach Norden wendet. Das Gebiet aber, das er tatsächlich beherrscht, ist sehr viel kleiner: es verläuft vom Gelben Fluß etwa hundert Meilen nordwärts zu den Hügelketten und etwa die gleiche Entfernung im Osten und Westen seiner neuen Hauptstadt.

Das Königreich Schang haben Pang Kengs Ahnen (von manchen auch die Yin-Dynastie genannt) vor über zweihundert Jahren gegründet. In seinem neuen Tempel sind die Gedenktafeln für neunzehn ehemalige Kaiser aus seinem Geschlecht aufgestellt. Zu der Zeit, da Thutmosis I. von Ägypten (von dem Pang Keng nie etwas gehört hat) in Nordsyrien Krieg führte und seinen Grenzstein am Euphratufer aufstellte, hatte der erste Kaiser aus der Schang-Dynastie seine Soldaten gerade aus ihrer Heimat im Süden und Osten in das Tal des Gelben Flusses geführt und dort die Hsia-Dynastie gestürzt. Für den Schang-Kaiser war die Herrschaft über dieses Königreich eine schwere Aufgabe. Das Land war ständig vom Einfall der im Norden und Westen umherziehenden Nomaden bedroht und niemals sicher vor Angriffen der verwandten Stämme und Vasallenstaaten im Osten und Süden. Die Tatsache, daß innerhalb zweier Jahrhunderte nicht weniger als zwanzig Kaiser auf dem Thron gesessen hatten, bewies deutlich genug, wie bedroht dieser Thron war und welches Risiko er für seine Inhaber bedeutete. Schließlich hatte man nicht von ungefähr die Hauptstadt fünfmal wegen drohender Invasionsgefahr von einem Ort an den anderen verlegt. Mit diesem Hinundherschieben sollte es jetzt endgültig vorbei sein. Die «Große Stadt der Schang» würde sich dank ihrer Mauer und ihrem vom Fluß gebildeten Stausee als uneinnehmbares Bollwerk gegen die westlichen Barbaren erweisen.

Je mehr die Bautätigkeit sich ihrem Abschluß nähert, desto häufiger werden die Besuche des Kaisers und seines Hofstaates. Die Ahnentafeln sind bereits im Palasttempel aufgestellt, und jedermann weiß, daß die Ahnen in allen Staatsgeschäften um Rat gefragt werden müssen. Auch die Bronzespezialisten haben bereits eine Gießerei in der Stadt eingerichtet, denn es gibt laufend Aufträge für Opfer- und Kultgeräte.

Für die Chinesen ist die Bronze nichts Neues. Obgleich laut Überlieferung die Hsia-Könige der vorausgegangenen Dynastie keine Bronze kannten und die Kulis und Bauern sogar heute noch Werkzeug und Waffen aus Stein benutzen, hat die Kenntnis der Bronzeverarbeitung bereits in den Anfängen der jetzigen Dynastie vor über zweihundert Jahren ihren Einzug ins Land gehalten. Die einheimischen Bronzeschmiede beschränken sich nicht auf die Herstellung von Waffen und Schmuck, Pferdegeschirren und Wagenschmuck für die Adligen, sie haben es auch gelernt, kompliziert geformte Zeremonialgefäße, die bisher immer nur aus Ton gefertigt wurden, in Bronze zu gießen.

Die Bronzekessel sind für die Ahnen bestimmt, die von allem das Beste für sich beanspruchen und auch verdienen. In den Familienheiligtümern des Kaiserhauses und der Adligen müssen regelmäßig jedem der zahlreichen Ahnen Speise- und Trankopfer dargebracht werden, auch wenn man von ihnen keine speziellen Gunstbeweise erhofft. Braucht man diese aber, so werden die normalen Gaben durch Tier- oder Menschenopfer vervollständigt. Will man in angemessener Weise eines glücklichen Ereignisses, einer erfolgreichen Jagd- oder Kriegshandlung oder eines Zeichens der kaiserlichen Huld, z. B. durch eine Landschenkung oder die Verleihung eines Titels, gedenken, so gibt es dafür nichts Geeigneteres als eine Weihegabe an den Geist eines Ahnen in Gestalt eines rituellen Speise-, Wein- oder Wasserkessels. Schließlich wird das Leben der Menschen durch die Einwirkung ihrer Ahnen bestimmt; deshalb verdienen diese auch einen Lohn für ihre Mühen. Der Name des so Geehrten wird häufig in Bildschrift – die ebenso wie die Bronze selbst unter der Herrschaft dieser aufgeklärten Dynastie eingeführt wurde – in das Gefäß eingraviert. Jetzt sind bereits viele Adlige des Lesens kundig, das nicht mehr wie früher eine auf die orakelkündende Priesterschaft beschränkte Prärogative ist.

Die Priester sind Dolmetscher zwischen Lebenden und Toten. Wenn sie auch den Kaiser auf seinen Reisen begleiten, um ihm täglich die Ratschläge der Ahnen zu übermitteln, sollte man wichtige Fragen an sie doch lieber im städtischen Ahnentempel richten, denn dort sind die Geister der Abgeschiedenen am ehesten anzutreffen. Fragen dieser Art werden immer schriftlich gestellt: man ritzt sie in das Schulterblatt eines Rindes oder in eine Schildkrötenschale ein, und die Ahnen antworten eindeutig mit ja oder nein, je nachdem, welche Richtung sie dem Sprung geben, der entsteht, wenn der Priester die

Rückseite des Frageknochens mit einer rotglühenden Bronzespitze berührt. Die Methode ist sehr einfach, denn das gleiche Knochen- und Schalenstück kann immer wieder verwendet werden. Darum befragt man auch die Ahnen über alles und jedes: das morgige Wetter, den besten Lagerplatz für die Nacht, die Ernteaussichten oder die Strategie, die man einer Invasionsarmee gegenüber anwenden soll. Die Antworten zeichnen sich nicht durch Unfehlbarkeit aus, denn letzten Endes sind auch die Ahnen nicht allwissend. Im großen ganzen wissen sie aber besser Bescheid als die Lebenden, so daß der Priester manchmal hinterher auf dem Knochen die Strecke der stattgefundenen Jagd oder die lakonische Bemerkung einritzen kann: «Es hat wirklich nicht geregnet.»

Solche Knochen und Schildkrötenschalen, dazu Bronzegefäße und archäologische Überreste der «Großen Stadt der Schang» im ehemaligen Dorf An-yang haben die Zivilisation des nördlichen China in der zweiten Hälfte des 2. Jahrtausends v. Chr. in helles Licht getaucht. Die Funde von An-yang bieten uns ebenso viele Rätsel wie Lösungen, und man möchte wünschen, daß die Geister der Ahnen des Kaisers Pang Keng noch immer geneigt seien, auf allerlei sich aufdrängende Fragen deutliche Antworten zu erteilen.

Die Datierung Pang Kengs und der Entstehung der Stadt der Schang ist umstritten. Eine Überlieferung nennt 1395 v. Chr., eine andere 1324.

Hinweise auf Sonnenfinsternisse, die auf den Ochsenknochen geschildert worden sind, bestätigen offenbar eine dritte Lesart, die sich bisher nur auf ein paar Fetzen von Dokumenten und Auslegungen aus späterer Zeit stützte und denen zufolge es sich tatsächlich um das Jahr 1300 handelte.

Es gibt nur wenige und vieldeutige archäologische Beweise für die Anfänge der Schang-Dynastie südlich und östlich des Gelben Flusses. Sie laufen in der Hauptsache darauf hinaus, daß diese Dynastie anscheinend den Wasserbüffel und die Schildkröte im Norden des Landes heimisch gemacht hat. Die große, von An-yang gestellte Frage betrifft die Herkunft der chinesischen Bronzeverarbeitung und der chinesischen Schrift. Beide treffen wir in An-yang in einem hochentwickelten Zustand, ohne daß irgendwelche von außerhalb Chinas kommenden Einflüsse nachweisbar wären. Der Weg, auf dem die Kenntnis der Schrift und des Bronzegusses ihren Einzug in China gehalten hat – wenn beide Fertigkeiten nicht unabhängig dort entdeckt wurden —, ist bisher unbekannt geblieben. Mit Sicherheit ist ein längerer, mit einheimischen Versuchen angefüllter Zeitraum des Experimentierens den hochqualifizierten und formalistischen Zeugnissen, die von beiden Küsten in An-yang gefunden wurden, vorangegangen. Und doch hat man an keiner der vielen Forschungsstätten, die zeitlich vor An-yang liegen, irgendwelche Zeugnisse für das Bekanntsein der Schrift gefunden – und nur an einer einzigen von ihnen, dem frühen Schang-Zentrum Tscheng-Tschu, den Beweis dafür, daß die dortige Bronzeproduktion älter ist als die von An-yang.

Die Entdeckung und Ausgrabung von An-yang hat durch H. C. Creel in «La Naissance de la Chine» (1937) eine klassische Schilderung erfahren. Eine moderne Interpretation dieses Geschehens stammt aus der Feder des Leiters der Ausgrabungen, Li Chi, und ist seinem Werk «The Beginnings of Chinese Civilization» (1957) entnommen. Weit mehr als einen Überblick über die Entwicklung der chinesischen Kunst bietet dem Leser W. Willetts: «Chinese Art» (1958).

VIERTES BUCH

Bronze und Eisen

17
Exodus
1300 - 1230 v. Chr.

Askalon war eine schöne Stadt. Es war freilich nicht die größte Stadt in Kanaan, Ugarit hoch im Norden, wo die Hethiter regierten, war größer, und Byblos war weiträumiger. Sogar in dem zehn Meilen südlich gelegenen Gaza ging es geschäftiger zu, und wahrscheinlich gab es eine ganze Reihe von Orten an der Küste Kanaans, die sich Askalon gleich oder überlegen fühlten.

Seine Bürger aber, und vor allem die jungen Leute, fanden ihre Stadt unvergleichlich schön. In günstiger Lage, mit einer zehn bis fünfzehn Meilen tiefen, fruchtbaren Ebene im Rücken, die bis zum Vorgebirge reichte, und im Angesicht des Mittelmeeres, war sie alles andere als ein Provinznest. Die große Küstenstraße führte durch die Stadt, und auf ihr herrschte in beiden Richtungen immer ein lebhafter Verkehr. Die Kinder wurden es nicht müde, zum Verdruß der Wachen am Stadttor herumzulungern, um nur ja nichts von dem Schauspiel zu versäumen; sie bildeten sich viel darauf ein, im Nu die Nationalität und Religion der Vorüberziehenden festzustellen.

Am schwierigsten war das bei den Gütertransporten durch Fernkarawanen, denn unter den Treibern, Händlern und Passagieren, die die endlosen Eselkolonnen begleiteten, befanden sich Angehörige fast aller Nationen der Welt. Natürlich erkannte man die Ägypter in ihren weißen Leinenröcken und die Hurriter in ihren wollenen Tuniken auf den ersten Blick, denn viele Angehörige beider Völker wohnten in der Stadt, so daß fast alle Kinder auf ägyptisch und hurritisch ebenso überzeugend betteln konnten wie in ihrer semitischen Muttersprache. Die Unterscheidung von Hethitern und Hurritern der oberen Stände war schon mühsamer, denn letztere sprachen überhaupt kein Hurritisch, sondern ein dem Hethitischen verwandtes Idiom. Assyrer und Babylonier waren praktisch überhaupt nicht zu unterscheiden; man mußte sich an ihre Warenladungen halten und erst einmal feststellen, ob sie Datteln oder Weizen transportierten. Dann gab es natürlich die vielen Leute, die im Hinterland wohnten und in die Stadt kamen, um mit den Karawanenführern Geschäfte abzuschließen, Moabiter, Midianiter, Habiru und eine Menge andere. Aber das waren mehr oder minder lokale Typen, und die Kinder kannten die kleinen Unterschiede im Dialekt und der Kleidung, nach denen ihre Stammeszugehörigkeit zu identifizieren war. Manchmal trafen auch Konvois aus dem fernen Arabien ein, und das war ein richtiges Fest für die Jugend, denn sie kamen auf Kamelen daher – riesigen, schwerfälligen Tieren, von denen die Väter der Kinder behaupteten, man hätte sie in ihren eigenen Kindestagen als Fabelwesen angesehen. Es hieß, das Kamel sei imstande, tagelang ohne Nahrung und Wasser die glühende, ausgedörrte Wüste zu durchqueren. Es war von den Stämmen im äußersten Südosten der arabischen Halbinsel gezähmt und erst kürzlich im übrigen Arabien eingeführt worden.

Auf der großen Küstenstraße reisten aber nicht nur Geschäftsleute. Häufig – ja, so schien es, immer häufiger – zogen Truppeneinheiten vorbei, Kompanien oder ganze Bataillone ägyptischer oder sudanesischer Infanterie oder Schwadronen von Kampfwagen, die als Ablösung für die Grenzgarnisonen bei Byblos unterwegs waren. Man sah Kuriere in schnellen leichten Wagen vorbeiflitzen, während im Gegensatz zu ihnen hohe Verwaltungsbeamte gemächlich und bequem in Sänften vorbeigetragen wurden, gefolgt von knarrenden Ochsengespannen, die ihre Habe aufgeladen hatten.

Natürlich gab es auch die typischen Randfiguren der Landstraße: Bettler jeder Nationalität, das Volk der Schausteller, Spielleute und Akrobaten, Bronzeschmiede auf Wanderschaft, Juweliere und Siegelschneider, Pilger und Priester, Ärzte, Maler, Schreiber.

Mit dem Stadttor konnte in den Augen der Kinder nur ein einziger «Aussichtspunkt» konkurrieren, und das war der Hafen. Auch dort gab es zu jeder Tageszeit etwas Neues zu sehen. Zunächst die vielen Fischereiboote, dann die einheimischen Schiffe, deren Mannschaft die jungen Leute kannten. Es gab aber auch größere Fahrzeuge, die von weit her gekommen waren: Galeeren aus Ägypten und den weiter nördlich gelegenen Küstenstädten, dann die Kauffahrer mit riesigen Segeln aus Zypern und Tarsos, Kreta und Griechenland und sogar aus noch weiteren Mittelmeerländern. Die Kinder liefen um die Wette, um die an Land geworfenen Seile festzumachen; dann saßen sie auf den Pollern am Kai und schauten zu, wie die Ladung aus dem Schiffsbauch hochgezogen und an Land geschwungen wurde. Sie störten den Warenkontrolleur mit tausend Fragen, während die Ladung sich auf dem Kai auftürmte: große Krüge mit Wein und Olivenöl, Lattenkisten mit hochqualifizierten, bemalten Töpfereiwaren, Säcke voll Weizen und Gerste, Balken von Zedern- oder Kiefernholz, Häute und Wolltuche in Ballen, aufgeschichtete Kupferbarren und kleinere, sorgfältig bewachte Sendungen von Zinn oder Silber.

Die engen Straßen und grellbunten Basare von Askalon wimmelten stets von Fremden, und ein vielstimmiges Sprachengewirr erfüllte die Luft. Auch Soldaten gab es dort in Mengen. Die Kinder grüßten das einheimische Militär – die Leibwache des Fürsten – mit freundlichen Zurufen. Es war jetzt eine sehr kleine Truppe, deren Aufgabe sich auf Postenstehen vor dem Palast und Zollpatrouillen im Hafen beschränkte. Mehr blieb von den stolzen Regimentern nicht übrig, die den kleinen Stadtstaat in den Tagen seiner Unabhängigkeit beschützt hatten, ehe die Ägypter vor zwanzig Jahren das ganze südliche Kanaan mit ihrer unwiderstehlichen Macht in Besitz genommen hatten. Mit den Besatzungstruppen standen die Kinder auf Kriegsfuß; die Posten und Patrouillen – oft genug hochgewachsene schwarze Dinkas aus dem Sudan, die von ägyptischen Offizieren und Unteroffizieren befehligt wurden – konnten sich des schrillen Pfeifens und der herausfordernden Zurufe der behenden Lockenköpfe kaum erwehren. Askalon beherbergte eine große ägyptische Garnison, nicht weil es ein besonders wichtiger oder schwer zu haltender Platz war, sondern wegen des ausgedehnten Hinterlandes, das überwacht werden mußte. Ständig wurden Patrouillen in das Gelände entsandt, um für Ordnung zu sorgen, und es kam vor, daß die ganze Garnison aufgeboten wurde, um mit dem Banditenunwesen in den Bergen oder den südlichen Wüstengebieten aufzuräumen.

Als die im Jahr 1300 v. Chr. geborenen Jungen noch nicht einmal Teenager waren, rückte die Garnison eines Morgens Hals über Kopf aus, um bei der Unterdrückung irgendwelcher Unruhen im Süden mitzuwirken. Erst als die Truppe eine Woche später staubbedeckt und mit einem Durst zurückkehrte, den der ganze Biervorrat in den Tavernen nicht zu stillen vermochte, erfuhren die Kinder auf dem Umweg über die Schenkmädchen Näheres über das Vorgefallene.

Die Schwierigkeiten hatten diesmal in Ägypten selbst ihren Ausgang genommen.

Oben am Rande des Deltas, jenseits der Salzseen, befand sich das Weideland eines Amoriterstammes, der vor vielen hundert Jahren in Ägypten eingewandert war. Diese Leute waren bereits vor dem glorreichsten Abschnitt der kanaanitischen Geschichte, als die Führerschicht ihres Landes, die Hyksos, ganz Ägypten erobert hatten und beherrschten, dort ansässig gewesen. Sie bezeichneten sich als Söhne Abrahams (von dem die Menschen in Kanaan nicht mehr wußten, als daß er ein mythischer Amoriterheld gewesen war) oder auch, um die Sache noch komplizierter zu machen, als Kinder Israel. Früher war dieser Stamm einmal wohlhabend gewesen: damals befand sich ein großer Teil des auf dem Lande abgewickelten Handels zwischen Ägypten und Palästina in ihrer Hand. Trotzdem hatten sie ihre Schafherden behalten und sich kaum mit den Ägyptern vermischt. Andererseits war es ihnen in der Zeit der Vergeltungsmaßnahmen, die auf den Tod des abtrünnigen Pharaos Echnaton vor fast siebzig Jahren folgte, sehr schlecht ergangen: denn Echnaton hatte seinen Göttern abgeschworen und vor aller Welt verkündet, daß es nur einen Gott gebe. Die Kinder Israel teilten anscheinend die gleiche vernunftwidrige Auffassung von der Existenz eines einzigen Gottes, waren also von Echnaton angesteckt. Jedenfalls hatte man ihnen dafür empfindliche Geldstrafen auferlegt und sie zu Zwangsarbeit bei öffentlichen Bauvorhaben herangezogen, ganz als wären sie gewöhnliche Leibeigene; und das paßte ihnen ganz und gar nicht.

Die Unteroffiziere der in Askalon zurückgebliebenen Kompanie neigten sich gespannt über den Wirtshaustisch, während sie der Schilderung zuhörten, die ihre Kameraden von der Kampftruppe zum besten gaben. Einer ließ die Bedienung wissen, man solle mehr Bier bringen, und die Schenkmädchen blieben in der Nähe, um den Rest der Geschichte nicht zu versäumen.

Es hätte, so fuhr der Berichterstatter fort, wahrscheinlich keine besonderen Schwierigkeiten gegeben, wäre da nicht ein Hitzkopf mit einem Schuß religiösen Wahnsinns auf den Plan getreten – ein junger, in Ägypten völlig akklimatisierter Israelite namens Moses. Er war ein wohlerzogener Mann, von dem sogar behauptet wurde, eine von Setis Töchtern habe ihn adoptiert. Er war aber in irgendwelche Schwierigkeiten geraten und hatte etliche Jahre unter den Hirtenstämmen am Sinai in der Verbannung leben müssen. Dort war ihm anscheinend der Gedanke gekommen, die Kinder Israel würden außer Reichweite der ägyptischen Gesetze besser fahren als bisher.

Natürlich hatten die ägyptischen Behörden dem betreffenden Stamm einen Wechsel seiner Weidegründe verweigert, aber nicht ohne die üblichen bürokratischen Widersprüche, indem jeder in die Sache hineingezogene Beamte die Entscheidung der Vorinstanz widerrief. Zu allem Überfluß hatte sich in den Köpfen der Bauern die Vorstellung eingenistet, daß an der unzureichenden Überschwemmung des letzten Jahres sowie der nachfolgenden Heuschreckenplage und an den ausgedehnten Epidemien kein anderer als Moses die Schuld trage, der sich überdies selbst auf irgendwelche übernatürlichen Kräfte zu berufen pflegte. Eine angespannte Lage war die Folge gewesen, und eines schönen Tages hatte sich der ganze Stamm, ohne die Erlaubnis dazu abzuwarten, aus dem Staube gemacht. Bevor sie ihre Zelte abbrachen, hatten sie noch die Nachbardörfer überfallen und beträchtliche Beute fortgeschleppt.

Der Statthalter Ramses' II. im Delta hatte ein Regiment Kampfwagen entsandt, die die Israeliten einkesseln sollten, und gleichzeitig die Garnisonen von Gaza und Askalon angewiesen, nach Süden zu marschieren und den Ausreißern den Weg abzuschneiden.

Der junge Moses besaß aber offenbar eine handfeste Orts- und Geländekenntnis, wenn er auch noch so eifrig mit Geistern Umgang pflegte. Es gelang ihm, seine Verfolger in dem von den Gezeiten des Meeres stark in Mitleidenschaft gezogenen Marschland am oberen Ende des Golfes von Suez abzuschütteln, wo die Kampfwagen ihm nicht folgen konnten – viele von ihnen versanken, als die mit trügerischer Schnelligkeit hereinbrechende Flut die salzige Erdkruste in einen bodenlosen Sumpf verwandelte. Statt dann die gut mit Trinkwasser versorgte Straße nach Norden einzuschlagen, wo er den aus Kanaan heranmarschierenden Truppen in die Arme gelaufen wäre, führte er seine Leute in die Bergwüste des südlichen Sinai. Am Rande der Wüste gaben die Truppen die Verfolgung auf und marschierten ins Land Kanaan zurück.

Bei dieser ganzen Räubergeschichte handelte es sich im Grunde um einen der üblichen Zwischenfälle, der nur insofern etwas Ungewöhnliches an sich hatte, als der flüchtige Stamm so lange in Ägypten ansässig gewesen war. Woraus freilich die Lehre zu ziehen war – so meinte einer der ägyptischen Unteroffiziere –, daß man diesen Semiten nicht über den Weg trauen dürfe, und wenn sie noch so lange in einem zivilisierten Land gelebt hatten. Bei diesen Worten rümpften die Schenkmädchen die Nasen und drehten ihren Gästen ostentativ den Rücken.

Der aus Ägypten geflohene Stamm war bei den Besatzungssoldaten und den Kindern bald vergessen. Kaufleute und Reisende aus dem Süden brachten die Sache wohl mitunter zur Sprache, und so erfuhr man beiläufig, daß die Israeliten von den nomadisierenden Hirten des Sinaigebietes, zu denen Moses aus seiner früheren Verbannungszeit gute Beziehungen hatte, freundlich aufgenommen worden seien und offenbar im Begriff stünden, sich mit diesen zu vermischen. Schön und gut – warum auch nicht? Es gab andere Probleme, über die man sich den Kopf zerbrechen konnte.

Das dringlichste war der bevorstehende Krieg im Norden. Es war ein offenes Geheimnis, daß der junge Pharao Ramses II. von Ägypten einen großangelegten Feldzug plante, durch den die Herrschaft der Hethiter über die reichen nordsyrischen Ländereien gebrochen und die frühere Grenze Ägyptens am Euphrat wiederhergestellt werden sollte. In der Zeit, da sich der Jahrgang 1300 zu Teenagern entwickelte, arbeitete man fieberhaft am Ausbau des Straßennetzes, der Errichtung von Lagerhäusern an strategischen Punkten, der Verstärkung und Ertüchtigung der Garnisonen und der Truppenwerbung sogar bis nach Kanaan hinein. Viele ältere Brüder unserer Jungen ließen sich von den guten Bedingungen und der lukrativen Aussicht auf Plünderung zum Eintritt in die eine oder andere Söldnerkompanie verleiten, die entlang der Küste aufgestellt wurden.

Trotz allem gingen die Geschäfte mit dem Norden weiter. Händler, die die Küste herunterkamen, berichteten freilich von ähnlichen Vorbereitungen in dem von den Hethitern besetzten Landesteil. Auch jenseits der Trennungslinie massierte der Großkönig Muwatallis seine Truppen, aktive hethitische Regimenter, die mit Eisenschwertern bewaffnet waren, Schwadronen von schweren, eisenbeschlagenen Kampfwagen und Söldnerkompanien aus allen an der Peripherie Kleinasiens gelegenen Staaten. Die Nachricht von der bevorstehenden Kraftprobe hatte sich auch im Ausland verbreitet, und auf seltsam langen Schiffen erschienen sogar Freibeuter aus den fernen Regionen Europas, um auf der einen oder anderen Seite am großen Ringen teilzunehmen, das über die endgültige Vorherrschaft im östlichen Mittelmeerraum entscheiden sollte.

Von diesen Freibeutern tauchten hin und wieder kleinere Einheiten in Askalon auf,

Stonehenge in Südengland, so, wie es heute aussieht. Nach einer wechselhaften Geschichte, die sich vom Anfang des 2. Jahrtausends aus über mehrere Bauabschnitte erstreckte, ist dies alles, was von der im 15. Jahrhundert v. Chr. durchgeführten, endgültigen Konstruktion übriggeblieben ist. Wer dieses Bild mit dem Tempel der Königin Hatschepsut (Tafel XVI) vergleicht, sieht eine gewisse Stilähnlichkeit, die sicher nicht zufällig ist.

Im westlichen Flügel des großen Königspalastes von Knossos befinden sich achtzehn schmale Gemächer, jedes gut 17 m lang: die Vorratskammern des Palastes enthalten noch heute viele hohe Tonkrüge, in denen die Erzeugnisse des kretischen Handels- und Gewerbefleißes lagerten.

Es gibt nur noch wenige und dazu nicht sehr verläßliche Abbildungen der Handelsschiffe, die auf dem Höhepunkt der kretischen Seemacht im 15. Jahrhundert v. Chr. das Mittelmeer durchpflügten. Dieses Modell aus der Grabkammer Tut-ench-Amuns dürfte eher ein Vergnügungsboot für Flußreisen darstellen als einen Ozeanfahrer, doch vermittelt es uns mit seiner Takelage und den Segeln und mit dem doppelten Steuerruder eine Vorstellung vom Aussehen der damaligen Schiffe.

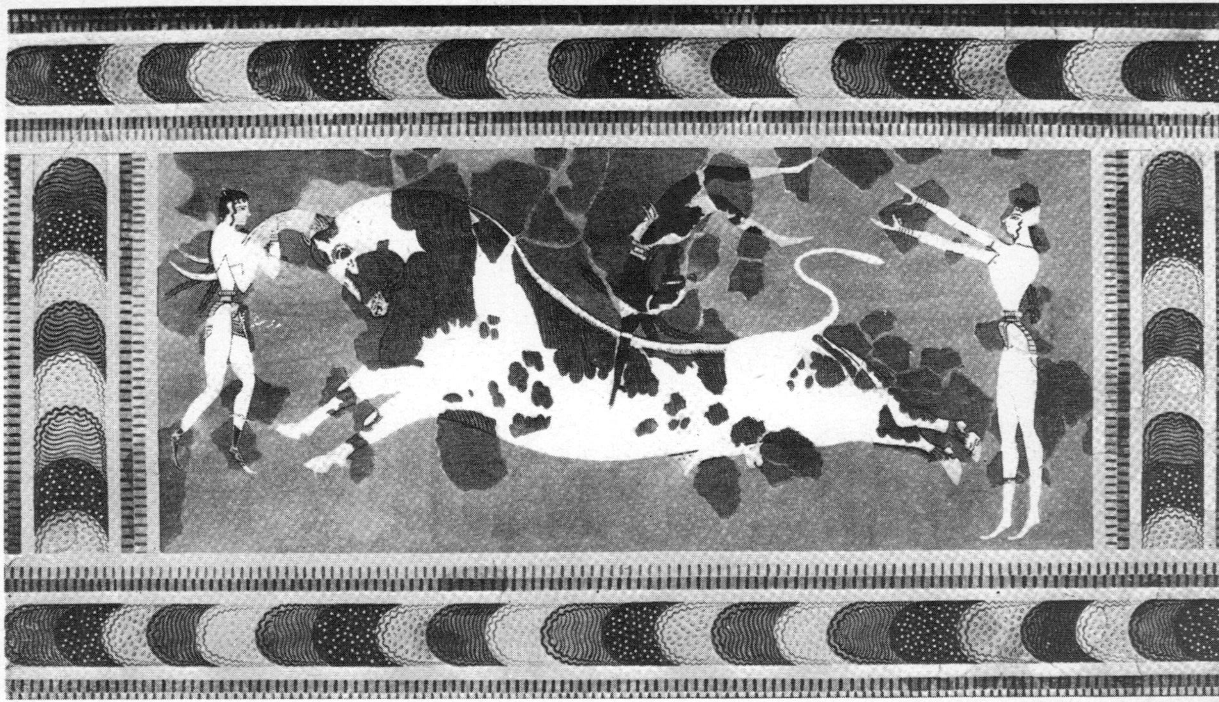

In einem Raum östlich des großen Mittelhofes im Palast von Knossos wurde dieses lebensvolle Fresko gefunden. Auf ihm sind drei Akrobaten dargestellt; der mittlere – ein Mädchen – schlägt gerade einen Salto über den Rücken eines angriffslustigen Stiers. Erfahrene spanische Stierkämpfer bezeichnen dieses Kunststück als undurchführbar. Die Legenden um den Minotaurus lassen uns annehmen, diesem Sport lägen religiöse Motive zugrunde.

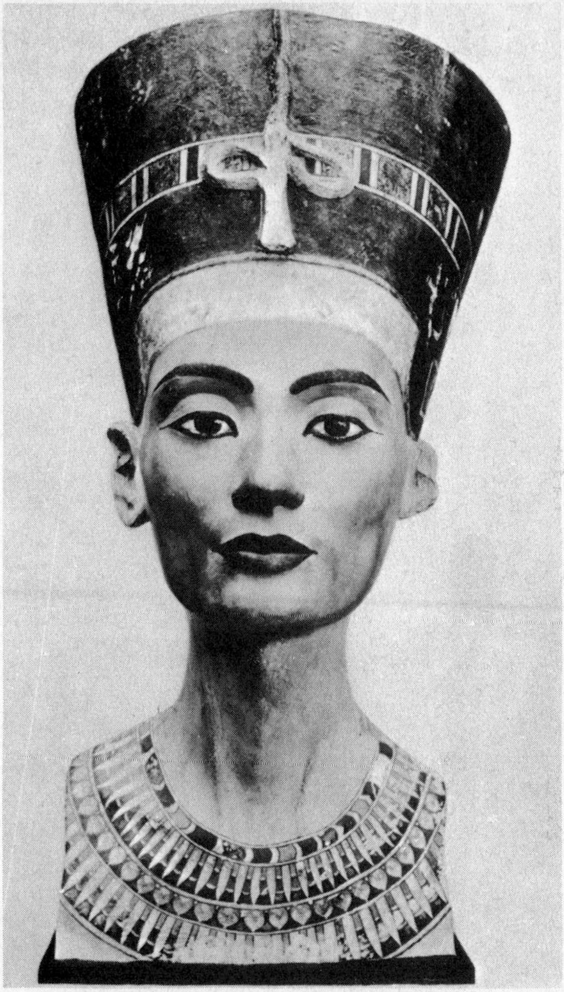

Nofretete, die Gemahlin des abtrünnigen Pharaos Echnaton und Mutter Anchsen-Amuns, ist die bekannteste unter allen ägyptischen Königinnen, und zwar ausschließlich auf Grund dieser Porträtbüste aus den Werkstätten von Tell el-Amarna, Echnatons neuer Hauptstadt. Wenn, wie anzunehmen ist, Nofretete auch gleichzeitig Echnatons Schwester war, entstammte sie einer langen Folge von Königinnen, deren sprichwörtliche Schönheit und Intelligenz sie offenbar ererbt hatte.

Dieses Paneel aus getriebenem Gold bildete die Rückenlehne des Thrones von Tut-ench-Amun und wurde, zusammen mit anderen Kostbarkeiten, in seinem Grab gefunden. Die Königin Anchsen-Amun salbt hier ihren Gemahl mit duftendem Öl. Die Szene ist sehr farbig, da das Gold mit Silber, Fayence, Karneol und bunten Glasstücken eingelegt ist.

Tut-ench-Amun und seine Königin müssen große Blumenliebhaber gewesen sein. Diese reizvolle, zwanglos gelöste Darstellung der kindlichen Herrscher in ihrem Garten steht im schroffen Gegensatz zu den offiziellen Abbildungen anderer Pharaonen. (Bemalte Elfenbeinplatte vom Deckel einer Truhe im Grabe Tut-ench-Amuns.)

Diese Szene von der Längsseite einer hölzernen Truhe in Tut-ench-Amuns Grab erinnert in ihrer klaren figurenreichen Gliederung an eine persische Miniatur. Sie zeigt den Pharao, wie er an der Spitze einer disziplinierten ägyptischen Formation auf einen wüsten Haufen Asiaten – den traditionellen Feinden Ägyptens – losstürmt und diese in die Flucht schlägt. Auf der anderen Längsseite des Möbels sieht man ihn sudanesische Feinde vernichten. Es steht mit Sicherheit fest, daß Tut-ench-Amun gegen diese Feinde nie zu Felde gezogen ist.

In Abu Simbel (vor der Verlegung wegen des Baues des Assuan-Staudammes), dreihundert Meilen stromabwärts von Theben und nahe der nubischen Grenze, flankieren vier Kolossalstatuen Ramses' II. (1301–1235 v. Chr.) den Eingang zu seinem aus dem massiven Felsgestein herausgehauenen Tempel. Seine große, von Säulen durchbrochene Halle ist mit Reliefdarstellungen der Taten Pharaos geschmückt.

Unter den Wandreliefs im Tempel Ramses' II. von Abu Simbel (Tafel XXV) befindet sich diese Szene, in der gezeigt wird, wie der junge Pharao einem libyschen Soldaten das Lebenslicht ausbläst. Damals fingen die Libyer gerade an, zu einer ernsten Bedrohung Ägyptens zu werden – eine Bedrohung, die ein Jahrhundert später in den Angriffen der seefahrenden Völker ihren Höhepunkt finden sollte.

Das Grabbukett, das dicht beim Eingang zum Vorraum von Tut-ench-Amuns Grabkammer niedergelegt wurde und noch völlig erhalten ist.

Unweit Hattusas in Kleinasien befindet sich der Freilufttempel von Yazilikaya, wo aus den blanken Mauern mehrere miteinander verbundene Felsspalten die Darstellungen aller, den ausgedehnten hethitischen Olymp bevölkernder Gottheiten herausgemeißelt sind. Dieser Tempel entstand auf Befehl des Hethiterkönigs Tudhalyas IV., der als Zeitgenosse Ramses' II. im 13. Jahrhundert v. Chr. lebte und wie dieser seiner Größe und Frömmigkeit durch die Errichtung von gewaltigen Felsplastiken gleich denen von Abu Simbel Ausdruck verlieh.

Der Haupteingang zur Festungsanlage von Mykene an deren westlichem Ende führt durch einen doppelmannshohen Torbogen, der von einem einzigen, zwanzig Tonnen schweren Findling überdeckt wird. Auf ihm stehen die berühmten, in Tiefrelief aus Kalkstein gefertigen Löwen von Mykene.

Der Besucher von Mykene, der den Festungsbereich durch das Löwentor betritt, erblickt heute noch zu seiner Rechten – so wie Agamemnon sie täglich erblickt haben muß – die große, kreisförmige Einfriedigung mit den Schaftgräbern der frühen Könige. Sie muß sich ursprünglich außerhalb der Mauern der ersten Zitadelle befunden haben, denn ihre Gräber gehen ungefähr auf das Jahr 1520 v. Chr. zurück, während die Mauer, die sie heute noch umschließt, zusammen mit dem Löwentor um 1400 v. Chr. entstanden sein dürfte.

Dieser babylonische Grenzstein zeigt eine Porträtdarstellung Marduk-nadin-ahes, des Nachfolgers von Nebukadnezar I. von Babylon. Der König wurde anläßlich der Eroberung Babylons im Jahre 1107 v. Chr. durch Tiglatpilesar I. von Assyrien gestürzt.

Diese Statuette ist aus Bernstein gearbeitet und ungefähr 30 cm hoch. Sie stellt einen der Könige aus der Frühzeit des assyrischen Imperiums dar und ist am Ende des 2. oder am Beginn des 1. Jahrtausends v. Chr. entstanden. So wie der Bronzekopf von Tafel III, oben, allgemein als Porträt Sargons und der Granitkopf von Tafel IX, oben, als Darstellung Hammurabis angesehen wird, gilt diese Statuette als Abbild Assurnasirpals II. (883 v. Chr.)

Dieser Felsen bei Cemmo im Tal von Camonica ist über und über mit reihenweisen Abbildungen von Hirschen, Pferden und Dolchen bedeckt – alles Gegenstände, die den Alpenbewohnern im 2. Jahrtausend v. Chr. heilig waren.

Die obige Felswand von Naquane im Tal von Camonica ist mit Hunderten von übereinander eingeritzten Abbildungen bedeckt. Religiöse Themen sind hier offenbar mitunter der Jagdleidenschaft untergeordnet.

woraufhin die Lausbuben, die über alle Völker der Erde Bescheid zu wissen glaubten, neue Namen und Rassen hinzulernen mußten. Kreter und Achäer hatten sie schon früher gesehen, ebenso gelegentlich eine sizilianische oder spanische Schiffsmannschaft, darunter ganz vereinzelte Vertreter der flachshaarigen Völkerschaften, die weit weg an den Küsten des Nordatlantik lebten. Die Neuankömmlinge gehörten indes keinem dieser Stämme an. Sie nannten sich Schardanier, Dardanier, Philister und Tekelier und waren hochgewachsene, gut aussehende, brünette Krieger, die lange Bronzeschwerter mit bernsteinbesetzten Griffen trugen. Während ihre Führer mit dem ägyptischen Kommandeur um die Entlohnung für ihre Dienste feilschten, trieben sich die schwerbewaffneten Männer in der Stadt herum und verfolgten die Waren im Basar und die einheimischen Mädchen mit beutelüsternen Blicken.

Die Straßenjungen hatten sich den Neuankömmlingen bald an die Fersen geheftet und zeigten ihnen die Sehenswürdigkeiten, wobei sie sich gegenseitig mit ein paar griechischen Brocken notdürftig verständigten. So erfuhren sie, daß die Fremden aus dem Innern Europas stammten und am Oberlauf eines großen, Donau geheißenen Stromes lebten. Es war ein Zentrum der Bronzeverarbeitung, mit einer dichten, ständig wachsenden Bevölkerung, die das Land auf die Dauer nicht ernähren konnte. Deshalb hatten viele Männer sich zusammengetan und die «Bernsteinstraße» zur Adria eingeschlagen, oder sie waren die Donau entlang zum Schwarzen Meer gezogen oder über die Gebirge nach Nordgriechenland und Albanien. Sie hatten, um ihr Glück zu machen, ihrer Heimat den Rücken gekehrt, und es sah, fanden sie, so aus, als ob Kanaan der richtige Ort dafür sei. Vorerst aber bezogen sie bis auf weiteres als Söldner des Königs von Ägypten eine kräftige Tagesration Gerste, Fisch und Käse.

Endlich trifft im Frühjahr 1285 die Nachricht in Askalon ein, der Pharao höchstselbst befinde sich auf dem Weg nach Norden. Wie dann die Armee tatsächlich durch die Stadt marschiert, gibt sie ein prächtiges Bild ab. Natürlich handelt es sich nicht um die ganze ägyptische Streitmacht – der Großteil der oberägyptischen Truppen ist zum Schutz der sudanesischen Grenze im Süden verblieben. Nur ein aus sechstausend Mann bestehendes Kontingent, das dem Pharao persönlich zugeteilte Amunsregiment, kommt mit ihm direkt aus Theben. Dann sind da noch drei unterägyptische Regimenter, nach Rê, Ptah bzw. Sutek benannt. Die Truppe marschiert in geschlossenen Gliedern auf der großen Küstenstraße, mit flatternden Fahnen und Schwadronen von leichten Zwei-Mann-Kampfwagen als Vor- und Nachhut. Zwischen den Regimentern erblickt man die Söldnerkompanien und die aus den einzelnen Garnisonen gezogenen Abteilungen. Die Schaulustigen auf der Straße beziffern das Heer auf mindestens dreißigtausend Mann, sicher das größte militärische Aufgebot, das Ägypten je verlassen hat.

Ramses selbst reist mit dem Regiment Amuns; die bunten Wimpel und Federn an seinem mit vier Pferden bespannten Wagen flattern lustig im Wind; vor und hinter ihm fahren die gepanzerten Wagen seiner Leibstandarte in Zweierreihen. Er steht stolz und aufrecht, das Zepter in der Hand, im Wagen; die Doppelkrone verleiht ihm eine über das Maß sterblicher Menschen hinausgehende Würde.

Hinter dem Militär folgen lange Züge von Packeseln und Ochsenkarren mit Proviant und Zelten, gebündelten Pfeilen und Speeren, Futtermitteln sowie allem, was für Belagerungszwecke und Brückenbau notwendig ist. Dabei handelt es sich freilich nur um einen kleinen Teil des von der Armee benötigten Nachschubs; das meiste kommt auf dem Seeweg, und eine große Flotte von Frachtschiffen befindet sich auf dem Weg nach Norden. Sie steht unter dem Geleitschutz einer Flottille von langgestreckten Galeeren der Kriegsmarine, hat den Auftrag, weiter im Norden in den Häfen Joppa, Tyrus und Beirut die Verbindung mit der Armee herzustellen und soll die Waffen- und Ausrüstungsdepots auffüllen, die schon vor geraumer Zeit in den an der Straße liegenden Ortschaften errichtet wurden.

Die Armee zieht weiter nach Norden; Askalon sieht nach ihrem Abzug geradezu leer aus. Nur eine Rumpfgarnison ist dageblieben; auch die Söldnereinheiten und viele junge Einheimische sind mit dem Gros der Truppen ausmarschiert.

Von nun an wird jede Schiffsbesatzung oder Reisegesellschaft, die aus Norden kommt, mit Fragen bestürmt, und was an Nachrichten eintrifft, geht wie ein Lauffeuer durch die Stadt. Zuerst hört man widersprechende Gerüchte; es heißt, einige Städte nahe der Grenze hätten im Einvernehmen mit den Hethitern ihre Tore vor der vorrückenden Armee versperrt. Solchen Geschichten schenkt man aber nicht allzuviel Glauben, denn es erscheint undenkbar, daß die kleinen Fürsten Kanaans es wagen könnten, dem in Schlachtordnung aufgestellten ägyptischen Heer Widerstand zu leisten. Dann kommt der Bescheid, die große Armee habe die Grenze überschritten und befinde sich auf dem Vormarsch auf Kadesch, der großen Stadt am Orontes. Und während der nächsten zwei Tage hört man überhaupt nichts.

Am dritten Tage aber wird ein Kurierwagen auf der Überlandstraße gesichtet, der sich der Stadt nähert. Seine Insassen sind von Staub und Schweiß bedeckt, und während die Pferde gewechselt werden und sie selbst eine eilige Mahlzeit zu sich nehmen, berichten sie über die Vorgänge im Norden. Demnach hat bei Kadesch eine erbitterte Schlacht stattgefunden; das Gros der hethitischen Streitkräfte wurde in der Stadt eingeschlossen, und nur der Gnade der Götter und dem persönlichen Mut des Pharaos ist es zu verdanken, daß der Tag kein unheilvolles Ende nahm.

Gefangene hethitische Kundschafter hatten über den Rückzug ihrer Streitkräfte in nördlicher Richtung nach Aleppo ausgesagt, worauf Ramses das Regiment Sutek an der Grenze beließ und mit den Regimentern Amun, Rê und Ptah etliche Meilen zurückging. Er hatte Kadesch links liegenlassen und sein Nachtlager etwas nach Norden in der Nähe des Flusses aufgeschlagen. Die ihm zugespielten Informationen waren aber falsch. Die ganze hethitische Armee war auf der ungeschützten Seite von Kadesch in Deckung gegangen, und jetzt warf sie sich auf die Nachhut des Regiments Rê, als dieses sich dem Quartier näherte. Die Überraschung gelang, Rê wurde in die Flucht geschlagen und die daraus sich ergebende Panik hätte ohne weiteres auf Amun übergreifen können, wäre nicht Ramses an der Spitze seiner Leibstandarte vorgestürmt, wobei er seine demoralisierten Truppen wieder um sich scharte und den rechten Flügel der Hethiter durchbrach.

Obgleich er sein Lager aufgeben mußte, gelang es ihm auf diese Weise, die Verbindung zu seinen freien Söldnerkompanien, die hinter Rê marschierten, herzustellen. Mit vereinten Kräften konnten die Ägypter eine Schwenkung vollziehen und die Hethiter angreifen, während diese das ägyptische Lager plünderten.

Jetzt ging es ums Ganze; die Schlacht wogte hin und her, und eine Zeitlang hing die Entscheidung in der Schwebe. Dann warf Muwatallis seine Reserven ins Getümmel, tausend schwergepanzerte Drei-Mann-Kampfwagen. Die Lage schien verzweifelt, doch hielt auch Ramses einen Trumpf bereit. Beim ersten Anzeichen des sich abzeichnenden Hinterhalts hatte er einen Boten auf der Straße zurückgeschickt, um das nachfolgende Regiment Ptah zu warnen. Ptah erfaßte die Situation; jetzt trat das Regiment in Aktion, seine Kampfwagen bildeten die Spitze, das Fußvolk folgte in gedrängter Formation. Mit Trompetengeschmetter warf die Truppe sich ins Gefecht und führte die Entscheidung herbei. Bei hereinbrechender Dunkelheit brachen die Hethiter die Schlacht ab und zogen sich in die Mauern von Kadesch zurück.

Die Teenager von Askalon klatschten den Kurieren Beifall, als diese mit Erzählen fortfuhren; sie hatten offenbar ihre alte Fehde mit den ägyptischen Besatzungstruppen vergessen. Jetzt standen sie auf seiten der tapferen Armee, die vor so kurzer Zeit durch ihre Stadt gezogen war, und freuten sich über den Sieg ihrer Waffen.

Die Erwachsenen verhielten sich reservierter. So wie die Dinge lagen, konnte von einem eigentlichen Sieg keine Rede sein. Zwar hatte Ramses das Feld behauptet, doch mußten dem Bericht zufolge seine Verluste immens sein. Die Hethiter verfügten jedenfalls nach wie vor über ein Heer, das imstande war, von neuem in Aktion zu treten. In Kanaan brauchte man sich zwar nicht den Kopf darüber zu zerbrechen, welche der zwei Großmächte den Krieg gewinnen würde, doch hatte man allen Grund, die schlimmste Wendung zu fürchten, die er nehmen konnte: nämlich, daß er sich unentschieden hinzog und daß das Land zum Spielball der von oben bis unten auf- und zurückmarschierenden Armeen wurde, die plünderten und beschlagnahmten und gleichzeitig den Handel lahmlegten. Die älteren Leute von Askalon, und nicht minder die in den anderen Städten, empfanden keinerlei Bedürfnis, sich beschützen oder gar befreien zu lassen.

Beim Eintreffen weiterer Meldungen wurde offenkundig, daß mit einem schnellen Sieg nicht gerechnet werden durfte. Die durchziehenden Verwundetentransporte redeten eine deutliche Sprache: das Heer hatte schwere Verluste erlitten. Die beiden Regimenter, die die Vorhut bildeten, waren fast ganz aufgerieben, und auch die Söldner sowie das dritte Regiment, die gemeinsam das Schlachtenglück gewendet hatten, hatten schwer gelitten. Damals zog in viele Häuser von Askalon Trauer ein. Keine der beiden Seiten war jetzt gewillt, ihre verbliebenen Reserven in einer neuen Feldschlacht aufs Spiel zu setzen; deshalb sank der Krieg auf das Niveau von Scharmützeln und lokalen Überfällen herab. Bei Anbruch des Winters zog Ramses wiederum durch Askalon, diesmal auf dem Rückzug nach Ägypten. Die auf den Straßen zusammengedrängten Menschen sahen schweigend zu.

Die Truppen blieben in Syrien. Im folgenden Frühling gingen Verstärkungen an die Front ab, und eine Art Sommeroffensive nahm ihren Verlauf. Dörfer wurden geplündert; man machte Gefangene und vernichtete Ernten. Aber das Gros der beiderseitigen Streitkräfte ließ sich auf keine Schlacht ein.

In den folgenden Jahren spielte der Krieg im Norden eine stetig fühlbare Rolle im Alltag der Küstenstädte. Es sah aus, als werde er nie aufhören: die Heere stützten sich auf ihre befestigten Plätze nahe der Grenze, während die leichten Kampfwagen und die Söldnerkompanien die feindliche Linie immer wieder auf schwache Punkte oder die Zurücknahme von Einheiten abtasteten. Was die Kaufherren im Küstengebiet am meisten befürchteten, trat ein: der Handel auf dem Landweg kam praktisch zum Stillstand.

Dabei war von einer Blockade oder Transportsperre keine Rede. Die Küstenschiffahrt sorgte noch immer für den Güteraustausch zwischen Nord und Süd. Andererseits machten die im Feld stehenden Truppen mit aufgegriffenen Geschäftsreisenden nicht viel Federlesen. Nur wenige Karawanen waren bereit, die feindlichen Linien zu durchqueren, und die Kaufleute schreckten vor den maßlos hohen Frachtgebühren zurück, ohne die niemand ein solches Risiko eingehen wollte.

Andererseits konnte man mit Verproviantierung der Fronttruppe ein Vermögen verdienen. Als die heranwachsende männliche Jugend von Askalon daran ging, sich ihren Lebensunterhalt zu verdienen, stellte sich heraus, daß ein sehr großer Prozentsatz das auf Kosten des endlos sich hinziehenden Krieges tat. Es gab in Askalon jetzt Gießereien und großangelegte Schreinerbetriebe, die Ausrüstungsgegenstände und Munition für die Armee am laufenden Band herstellten, und ständig waren Nachschubkolonnen zu den Depots hinter der Front unterwegs. Es gab freie Posten genug für Leute, die sich als Lagerverwalter, Schuster, Stallknechte oder Köche verdingen wollten. Und immer wieder zogen Schiffe an der Küste entlang, die Material und Nachschub von Ägypten in die nördlichen Häfen beförderten.

Die Jahre vergingen; die jungen Männer von Askalon wurden älter und heirateten, um ihrerseits Söhne in die Welt zu setzen. Es stellte sich immer deutlicher heraus, daß die Auseinandersetzung zwischen Ägyptern und Hethitern, die zwar in der Hauptsache einem kalten Krieg gleichkam, aber zwischendurch immer wieder aufflammte, auf eine sinnlose Schwächung der beiderseitigen Reserven hinauslief. Ramses hatte es schon lange aufgegeben, persönlich an den Frühjahrsoffensiven im Norden teilzunehmen; er befaßte sich statt dessen mit einem grandiosen Bauprogramm in Ägypten. Er unterhielt noch immer beträchtliche militärische Einheiten an der Hethitergrenze und entlang der Versorgungsstraße an der Küste. Andererseits hatte er die ägyptischen Garnisonen aus den Städten im Innern Palästinas zurückgezogen und verließ sich dort zur Aufrechterhaltung von Gesetz und Ordnung auf die jeweilige Miliz der tributpflichtigen Fürsten.

Reisende, die damals aus dem Landesinnern nach Askalon kamen, berichteten laufend von Zusammenstößen zwischen den Truppen solcher Fürsten und den Nomadenstämmen im Süden. Offenbar bestanden die hauptsächlichen Unruhestifter aus einer Konföderation von Nomaden, die sich Kinder Israel nannten – dieselben Leute also, die vor rund zwanzig Jahren den Kampfwagen des Pharaos ein Schnippchen geschlagen und Ägypten gerade noch rechtzeitig verlassen hatten. Ihr Führer Moses betrachtete sich als einen Mann des Schicksals, ja er redete sogar von einer ihm durch Gott übertragenen Mission, wonach er seinem Volk eine Heimat in Palästina schaffen solle. Anscheinend war er ein recht gewandter Heerführer und obendrein ein hervorragender Organisator. In den Jahren, die seit dem Auszug aus Ägypten vergangen waren, hatte er seine Leute im Wüstenkrieg ausgebildet und nach dem Beispiel Ägyptens in unabhängigen Einheiten zusammengefaßt. Außerdem hatte er seinen Stämmen einen strengen Kodex von Gesetzen auferlegt, die allem Anschein nach auf dem fünfhundert Jahre alten babylonischen Kodex Hammurabi fußten und außerdem den israelitischen Gottesbegriff von einem einzigen Gott fest verankerten und kodifizierten. Der diesem Gott geweihte, tragbare Tempel, den die Juden überall mitführten, war – so erzählte man – prunkvoller als die Gebetsschreine jedes anderen Nomadenstammes.

Zu jener Zeit zogen die Israeliten im Sinaigebiet von einer Weidefläche zur andern, wobei es häufig zu Zusammenstößen mit den seßhaften Völkerschaften im südlichen Palästina kam. Namentlich die im Südwesten des Toten Meeres ansässigen Amalekiter mußten sich immer wieder den Nomaden gegenüber ihrer Haut wehren, und man war sich allgemein einig, daß eine großangelegte ägyptische Strafexpedition not tat.

Die Ägypter hatten aber im Norden alle Hände voll zu tun, und es sah aus, als solle es immer so bleiben. Andere Sorgen kamen hinzu. Die Angehörigen seefahrender Völker, die sich vor dem Fall von Kadesch in großer Zahl hatten anheuern lassen, wuchsen sich mehr und mehr zur Landplage aus. Sie legten noch immer gelegentlich mit ihren langen Schiffen irgendwo in Palästina an, um etwas Handel zu treiben oder sich zeitweilig an die Ägypter zu verdingen. Aber zwischendurch, wenn ihnen die Vorräte ausgingen, überfielen sie ein Küstendorf und plünderten es nach Strich und Faden aus, um wieder auf See zu verschwinden, ehe man in der nächsten Garnison überhaupt begriff, was geschehen war. Seeleute, die in Askalon festmachten, wußten ein Lied davon zu singen, wie diese Leute aus den unzivilisierten Gegenden Europas sich im zentralen Mittelmeerraum zu einer steigenden Gefahr auswuchsen. Sie fuhren jetzt in richtigen Flottenverbänden zur See, und zwar schifften sie sich mitsamt ihren Familien und ihrer beweglichen Habe in den Häfen der Nordküste ein, nicht nur um nach Beute zu fahnden, sondern um sich irgendwo niederzulassen. Sie hatten bereits ein gutes Stück der libyschen Küste besetzt, und es sah ganz so aus, als beabsichtigten sie, an der Westflanke des ägyptischen Imperiums ein neues Königreich erstehen zu lassen.

Als die Männer von Kanaan, deren Lebenslauf wir nachzeichnen, die Wende der Dreißig überschritten hatten und ihre Erinnerung an die Schlacht von Kadesch schon verblaßte – sie lag für sie ebensoweit zurück wie für uns das Ende des Zweiten Weltkriegs –, trat ein drastischer Wandel an der Demarkationslinie ein, die das Land Kanaan in zwei Staaten teilte und an der die beiden Weltmächte einander gegenüberstanden. Vor rund sechs Jahren war der Großkönig Muwatallis gestorben. Hinter dem von den eisenbewaffneten hethitischen Divisionen heruntergelassenen «eisernen Vorhang» tobte seither der Kampf um die politische Macht und die Führung des Reiches. Seit der Großkönig sich nach der Schlacht von Kadesch in den nördlichen Teil seines Reiches zurückgezogen hatte, lag die Verantwortung für den Krieg mit Ägypten bei seinem Bruder Hattusilis, dem Statthalter der östlichen Provinzen des Hethiterreiches. Als dann Muwatallis' Sohn Urhi-Teschub die Nachfolge seines Vaters antrat, versuchte Hattusilis zunächst, sich seiner als Marionette zu bedienen. Der junge König legte aber so selbständige Ansichten an den Tag, daß Hattusilis ihn absetzte und an seiner Stelle selbst den Thron bestieg.

Man erwartete allgemein, Hattusilis III. werde die Offensive gegen Ägypten ergreifen. Der kassitische König von Babylon, Kaduschman-Turgu, ging sogar mit einem Seitenblick auf den kraftvollen König Salmanassar von Assyrien so weit, daß er den Hethitern seine Hilfe gegen Ägypten anbot.

Die Überraschung war daher groß, als 1269 v. Chr. bekanntwurde, daß Ägypter und Hethiter miteinander verhandelten. Vor Jahresende waren eine friedliche Regelung und ein Beistandspakt in silberne Tafeln eingraviert worden. Ramses und Hattusilis waren der ebenso kostspieligen wie gegenstandslosen Teilung der Welt in gegensätzliche Interessensphären überdrüssig. Sie half ihnen nicht und begünstigte nur den Aufstieg von anderen Feinden in ihrem Rücken und an ihren Flanken. Ramses machten die Überfälle und Plünderungen viel Sorge, denen Libyen von der See aus ausgesetzt war, und mit den Wüstenbanditen ging es ihm im Sinaigebiet nicht anders. Hattusilis brauchte seinerseits nicht erst von den Babyloniern an die Machenschaften Salmanassars von Assyrien erinnert zu werden.

Die Bewohner von Kanaan wurden über den Inhalt des Abkommens zwischen den beiden Herrschern nicht näher unterrichtet, und von den politischen Faktoren, denen es zuzuschreiben war, erfuhren sie erst recht nichts. Der Vertrag wirkte sich aber trotzdem fühlbar aus, vor allem dank der Drosselung der militärischen Ausgaben und des Abzugs eines großen Teils der ägyptischen Streitkräfte. Die Überland-Küstenstraße füllte sich bald wieder mit Kaufleuten und Touristen.

Durch die kriegerischen Anstrengungen der Hethiter war es zu einer Überproduktion von Rüstungsmaterial aus Eisen gekommen: jetzt, wo die Grenzen wieder offen waren, konnte das neue Metall auch nach den südlichen Ländern exportiert werden. Die Fürsten im südlichen Kanaan beeilten sich, ihre Privatarmeen mit Eisenwaffen auszurüsten. Bald konnten sie sich am Anblick von Regimentern, die mit Eisenschwertern bewaffnet waren, und von Schwadronen von Kampfwagen mit eisenbereiften Rädern weiden.

Im folgenden Jahr brachten Karawanen von Norden die Nachricht, Hattusilis sei gegen Assyrien marschiert, und er habe das alte Territorium des Mitanni-Reiches zurückerobert, um daraus einen zwischen Assyrien und den von den Hethitern kolonisierten Königreichen Karkemisch und Nordsyrien gelegenen Pufferstaat zu machen.

Der Friede war für Palästina etwas Neues. Seit ihrer frühen Knabenzeit konnten sich die jetzt schon etwas angegrauten Männer von Askalon nicht mehr daran erinnern, daß der Land- und Seeverkehr nach allen Richtungen offenstand. Jetzt kam die Welt zu ihnen, und sie zogen in die Welt hinaus. Die Kaufleute und Kunsthandwerker von Kanaan unternahmen damals über die Karawanenstraßen des Mittleren Ostens auf der Suche nach neuen Märkten und Rohmaterialien immer weitere Reisen.

Mehr als einer von ihnen besuchte im Verlauf der nächsten fünfzehn Jahre die Lager der Israeliten im südpalästinensischen Negeb. Diese nomadisierenden Hirtenstämme waren ständig unterwegs von einem Weidegrund zum andern, am häufigsten aber hielten sie sich im Umkreis von Kadesch am Rande der Sinaiwüste auf, nicht zu verwechseln mit der berühmten Stadt Kadesch, um die die Schlacht getobt hatte. Dieses Gebiet hatten sie vor langer Zeit von den Amalekitern erobert. Obgleich die Geschäftsreisenden aus Kanaan gastfreundlich aufgenommen wurden und ihre Manufakturwaren leicht gegen Wolle und lebende Schafe vertauschen konnten, wurden sie aus den Israeliten nicht klug. Bei diesen Menschen handelte es sich eindeutig um ein für den Krieg organisiertes Volk. Sie waren in Stämme unterteilt, die sich wie militärische Formationen um ihre Standarten gelagert hatten – das Ganze erinnerte an die Anordnung von Regimentern um das Hauptquartier, und die Mitte war der Zelttempel mit der Bundeslade. An den Flanken tummelten sich ständig Spähtrupps und Gruppen von beutelüsternen Draufgängern, die angesehenen Heerführern unterstanden wie Josua und Kaleb. Im Zentrum aber befand sich der von der mächtigen Figur des alten Moses beherrschte Generalstab.

Moses, den die Besucher als einen aufgeschlossenen Mann bezeichneten, war seinen Gesprächspartnern gegenüber von liebenswürdiger Höflichkeit, was diese aber nicht hinderte, aus seinen Worten einen unbeugsamen und zielstrebigen Willen herauszuhören. Sein ganzes Tun und Lassen, jedes Wort, das er sagte, schien auf ein einziges Ziel ausgerichtet: seine Stammesbrüder von ihrer Zusammengehörigkeit zu überzeugen, ihnen immer wieder die Unterschiede rassischer wie qualitativer Art ins Gedächtnis zu rufen, die zwischen ihnen und den sie umgebenden Völkern bestanden, und ihnen die schicksalhafte Notwendigkeit einzuhämmern, sich in den fruchtbaren Landstrichen des Nordens ein eigenes Königreich zu erobern. Die Besucher aus Kanaan erblickten in der ruhigen Zuversicht der Israeliten, daß sie einer Herrscherrasse angehörten, die dazu bestimmt war, über mindere Völker zu herrschen, zu denen sie, die Kanaaniten, selbst gehörten, ein unheilvolles Vorzeichen. Denn die Kinder Israel waren zweifellos eine Macht, mit der man rechnen mußte.

Trotzdem vergingen die Jahre ohne nennenswerte Unruhen an der Südgrenze. Erst als die Generation, deren Lebensweg wir aufzeichnen, die Fünfzig überschritten und bereits selbst erwachsene Söhne hatte, in deren Händen jetzt großenteils die Familienunternehmungen lagen, machten sich die ersten Anzeichen vom Aufbruch der Israeliten bemerkbar. Die Nachricht kam von jenseits des Jordan, noch weiter her als das Land der amoritischen Bergbewohner und der östlichen Kanaaniten, die in der Flußmündung Landwirtschaft betrieben.

Jenseits der Küstenebene, im Hinterland von Askalon, stiegen die weißen Kalkberge des Hügellandes empor, bewachsen mit Olivenbäumen und Weinreben. Hier lagen die kleinen befestigten Städte der Amoriterfürsten verstreut, deren jede die sie umgebenden Dörfer und Ländereien beherrschte und schützte. Weiter nach Osten fiel das Land steil bis unter den Meeresspiegel ab. Man mußte über halsbrecherisch steile Sandsteinschluchten klettern, um die in der Sonne hingebreitete jordanische Ebene mit ihren gut bewässerten Gärten und die tiefblauen Wasser des Toten Meeres zu erreichen. Von den Ortschaften am Rande dieser Befestigungsanlage östlich der ehrwürdigen Stadt Jerusalem sah man im Verlauf von zwei oder drei Wochen auf der anderen Jordanseite eine schwarze Rauchsäule nach der andern am Himmel aufsteigen – der leicht erkennbare Rauch brennender menschlicher Siedlungen. Aber erst als die ersten Flüchtlinge kamen, war es möglich, den Ablauf der Ereignisse zu rekonstruieren.

Die Israeliten waren in großer Zahl von Südosten her eingefallen, und zwar handelte es sich um eine richtige Völkerwanderung, mit Frauen und Kindern, Zugtieren und Herden, nicht zu vergessen ihr berühmter Zelttempel – die Wohnstätte ihres Gottes.

Durch einen verwegenen Marsch am Wüstenrand in östlicher Richtung waren sie Edom und Moab ausgewichen, den mächtigen Königreichen im Süden des Toten Meeres, die die Wüstenstämme so lange in Schach gehalten hatten. Aus der Wüste waren sie nördlich von Moab in das amoritische Königreich Jazer vorgestoßen; in fester Schlachtordnung hatten sie die Truppen des Königs von Jazer überrannt und seine Hauptstadt Hesebon sowie einige umliegende Ortschaften eingenommen. Ihren Vormarsch nach Norden unterbrachen sie dabei nur eben lange genug, um zu plündern, zu sengen und zu brennen. In Edrei hatten sie den König von Basan, dessen Land östlich des galiläischen Meeres lag, zur Schlacht gezwungen und besiegt. Jetzt waren sie im Besitz des ganzen Gebietes östlich des Jordan vom galiläischen Meer bis zum Toten Meer. Sie machten deshalb, mit Beute beladen, eine Kehrtwendung nach Süden und schlugen ein wenig nördlich des Toten Meeres, gegenüber der bedeutenden Festung Jericho, auf dem anderen Flußufer ihr Lager auf. Ihre Absicht, den Jordan zu durchqueren und das Gebiet zwischen Fluß und Meer zu besetzen, war sonnenklar.

In Askalon und den übrigen Orten an der Küste herrschte Bestürzung. Jericho war fünfzig Meilen entfernt, doch gab es im bergigen Gelände keine Streitkräfte, die die gefürchteten Israeliten aufhalten konnten, wenn sie erst einmal einen Brückenkopf über den Fluß gebildet hatten. Zwar würde Ägypten zweifellos dafür sorgen, daß die Küstenstraße in seiner Hand blieb, doch waren die ägyptischen Garnisonen bei weitem nicht stark genug, um die Sicherheit der Häfen, geschweige denn der Städte im Landesinnern zu gewährleisten. Der Gedanke, daß die ägyptische Armee sich über kurz oder lang wieder einfinden und sie rächen würde, war für die Menschen nur ein schwacher Trost.

Im Bergland trafen die Stammesfürsten fieberhafte Verteidigungsmaßnahmen, wobei sie auf der Suche nach Verbündeten zur Bekämpfung der Eindringlinge beinahe ihre gegenseitigen Fehden vergaßen. Die Befestigungsanlagen von Jericho wurden in aller Eile verstärkt, und die Bauern der Umgebung machten sich bereit, beim ersten Anzeichen einer Flußüberquerung durch die Israeliten die schützenden Mauern der Stadt aufzusuchen.

Dann trat plötzlich eine Atempause ein. Durch neutrale Moabiter, die mit den Israeliten sympathisierten, gelangte die Nachricht vom Tode Mosis, des alten furchteinflößenden Führers der jüdischen Stämme, über den Fluß. Er allein hatte die Söhne Israels zu einer schlagkräftigen Truppe geformt, er hatte religiöse und weltliche Gesetze erlassen und sie gegen jene Kraft unempfindlich gemacht, die alle Nomadenstämme, sobald sie sich stark vermehrten, dem Zerfall und der Eigenbrötelei in die Arme treibt. Immer wieder hat es unter der Führung Mosis Krisen gegeben, aber seiner religiösen Autorität, seiner Gewandtheit und seiner kaltblütigen Rücksichtslosigkeit war der Zusammenhalt der Stämme zu verdanken. Die Amoriter im Bergland und Kanaaniter in der Ebene atmeten auf und wogen die Möglichkeiten eines Zusammenbruchs der jüdischen Konföderation gegeneinander ab. Drei der Stämme hatten sich bereits in den fetten Weidegründen des neu eroberten Territoriums in Transjordanien häuslich niedergelassen und ersichtlich alles Interesse an einer Invasion des eigentlichen Landes Kanaan verloren.

Es sah eine Weile so aus, als sei die unmittelbare Gefahr vorbei, und die wohlsituierten Bürger der Städte von Kanaan hatten Muße, sich die Welt jenseits ihrer Schwelle zu betrachten, die nicht gerade ermutigend aussah. Ihre Agenten und Zweigstellenleiter, ihre Geschäftsfreunde in den Hethiterkolonien an der syrischen und libanesischen Küste sahen die Zukunft in trübem Licht. Denn Assyrien hatte seine Vormachtstellung bis zu einem bedrohlichen Grad ausgeweitet und bildete jetzt eine sehr reale Gefahr. Zwanzig Jahre waren vergangen, seit die Hethiter mit Ägypten Frieden geschlossen und Mitanni besetzt hatten in der Hoffnung, dadurch Assyrien innerhalb seiner Grenzen am Oberlauf des Tigris festzuhalten. Es war Salmanassar von Assyrien indessen schon wenige Jahre danach gelungen, die verlorene Provinz zurückzugewinnen. Jetzt war Salmanassar schon zehn Jahre tot, doch hatte sich sein Sohn Tukulti-Ninurta als kraftvoller und erfahrener Feldherr erwiesen. Er war immer wieder in die östlichen Provinzen des Hethiterreiches eingefallen, und sein letzter Feldzug hatte ihm Karkemisch eingebracht, eine Stadt, die seit Suppiluliumas' Zeiten hethitisch war. Tukulti-Ninurta befand sich jetzt in bedrohlicher Nähe von Aleppo; außerdem beherrschte er die große Euphratroute zwischen dem Mittelmeer und dem Persischen Golf.

Er konnte jederzeit den Güterverkehr zwischen Ost und West mit Steuern belegen oder unterbinden. Der Handel verlief noch einigermaßen normal, und neuesten Meldungen zufolge stand der kassitische König von Babylon, Kastilias, im Begriff, sich gegen die assyrischen Störmanöver, von denen die für Babylon lebenswichtige Route bedroht war, zur Wehr zu setzen. Babylon war stark genug, sogar einen Assyrerkönig zum Nachdenken zu zwingen. Warum andererseits die Hethiter nicht kraftvoller auf den assyrischen Angriff reagiert hatten, war schwer zu verstehen. Der Großkönig ließ sich in seinen südöstlichen Provinzen überhaupt nicht blicken; es hieß, ihm seien durch die Überfälle der Achäer auf den westlichen Landesteil die Hände gebunden. Diese hatten durch europäische Freibeuter aus nördlichen Gegenden bedeutende Verstärkung erhalten.

Auf der weltpolitischen Bühne spielten die Nomaden jenseits des Jordan nur eine kleine Rolle; im übrigen hatten sie sich fast zwei Jahre lang still verhalten.

Dann traf eines Morgens an der Küste die Nachricht ein, die Israeliten hätten den Jordan überschritten und ihr Lager vor Jericho aufgeschlagen. Sie standen unter dem Kommando Josuas, ihres berühmten Heerführers, der die Nachfolge Mosis angetreten hatte. Josua zählte zu den wenigen Überlebenden, die beim Auszug der Juden aus Ägypten im wehrpflichtigen Alter gestanden hatten. Er hatte sich während der Nomadenzeit einen Namen auf Beutezügen gemacht. Jetzt war er sechzig Jahre alt, aber so aktiv wie nur je. Nach einer Belagerungsdauer von nur einer Woche erstürmte er die Mauern von Jericho und äscherte die Stadt ein.

Die Nachricht von der Zerstörung Jerichos versetzte die Fürsten der Bergstädte in Panikstimmung. Sie kamen zusammen, um ein Schutz- und Trutzbündnis gegen die Eindringlinge drunten im Flußtal abzuschließen. Mit Hilfe einer einheitlichen Front war, so meinten sie, die steile Befestigungsanlage ohne weiteres zu halten.

Nach der Ernte im nächsten Jahr unternahm Josua von der Ebene aus mit einer kleinen Streitmacht einen Vorstoß ins Hügelland. Man stellte ihn außerhalb der Mauern einer kleinen Stadt und zwang ihn zum Rückzug. Er kehrte daraufhin mit mehr Soldaten zurück, nahm die Stadt und statuierte ein Exempel. Den Fürsten ließ er hinrichten; die Bewohner wurden erschlagen oder versklavt und die Stadt selbst wurde bis auf die Grundmauern zerstört. Diese Maßnahme verfehlte ihre Wirkung nicht. Der Fürst von Gideon, einer der größeren Städte, verlor die Nerven und trat mit einem Friedens- und Bündnisangebot an die neuen Machthaber heran. Dadurch entstand die Lücke in der Front, auf die Josua seine Hoffnung gesetzt hatte. Er nahm das Angebot an und zog sich in sein ständiges Lager im Jordantal gegenüber den Ruinen von Jericho zurück, um das Weitere abzuwarten.

Sogar in den Küstenstädten wurden die Menschen sich jetzt des Ernstes der Lage bewußt. Der ägyptische Militärgouverneur konnte sich trotzdem nicht zum Eingreifen entschließen. Bei dieser ganzen Geschichte, so behauptete er, handelte es sich letzten Endes um geringfügige Auseinandersetzungen zwischen Stammesfürsten. Die Israeliten in der Ebene und die Amoriter im Bergland gehörten dem gleichen Menschenschlag an, sie sprachen sogar fast den gleichen Dialekt. Wer da über wen herrschte, war im Grunde unwichtig. Zwar schien die jüdische Konföderation einheitlicher und dauerhafter, als es bei diesen streitsüchtigen Fürsten üblich war – aber zu einer wirklichen Bedrohung Ägyptens konnte sie nie werden. Und was die Besatzungstruppen anlangte, so hatten die ausschließlich für die Sicherheit der Küstenstraße zu sorgen, und sie waren ganz gewiß nicht für nutzlose Strafexpeditionen gegen aufrührerische Wüstenstämme im Landesinnern bestimmt.

Die Kanaaniter an der Küste empfanden den Alarmbefehl an die Garnisontruppen sowie die Ankunft einer symbolischen ägyptischen Flotteneinheit als ermutigend. Sie beobachteten die Vorgänge im Bergland genau und verkauften, so lange es möglich war, Kriegsmaterial an die Fürsten.

Es war ein Angriff auf Gideon, der den Tumult in den Bergen auslöste. Der Herrscher von Jerusalem, der einer Allianz von fünf Städten vorstand, entschloß sich zu einer Kundgebung für eine geschlossene Front gegenüber den Eindringlingen, und befehligte das Vorgehen gegen die Verräter, die sich mit Josua verbündet hatten. Gerade darauf aber hatte Josua gewartet. Er stieß ins Hügelland vor, stellte die alliierte Armee zum Kampf und besiegte sie. Nach diesem Erfolg zog er sich nicht aus dem Bergland zurück, sondern schloß die zur Allianz gehörigen Städte eine nach der andern ein und unterwarf sie mit der Zeit. Nur Jerusalem, dessen blanke Wälle aus der steilen Befestigungsanlage emporwuchsen, hielt ihm stand.

Israelitische Spähtrupps patrouillierten jetzt bis zum Saum des Vorgebirges, von dem aus man das zu Askalon gehörige Flachland überblicken konnte. Sie trafen indes keine Anstalten, durch Betreten der Ebene selbst die ägyptischen Streitkräfte herauszufordern. Statt dessen befestigten sie ihre Stellung, indem sie die unterworfenen Amoriter enteigneten, sie in die Sklaverei schickten und das ihnen weggenommene Land und Vieh sowie alle sonstige Beute an ihre eigenen Leute verteilten. Mittlerweile traf Josua Vorbereitungen für einen Feldzug nach Norden.

Als er zum Angriff überging, geschah es mit dem gleichen durchschlagenden Erfolg wie bei seinen früheren Raubzügen. Er stieß über das galiläische Meer hinaus vor, wo er beim See Merom die vereinigte Streitmacht der Fürsten aus dem Norden zum Kampf stellte und aufrieb.

Während der drei Jahre, die Josua mit dem Gros der israelitischen Streitkräfte im Norden verbrachte, hatten die Bürger von Askalon eine Atempause. Zwar trafen immer wieder Hiobsbotschaften ein, denen man entnehmen mußte, daß eine Stadt nach der andern in die Hand der Juden gefallen war, die sich immer größere Stücke des Berglandes bis zum Berg Hebron aneigneten. Es sah aber trotzdem so aus, als sei die Küstenebene nicht in die Pläne Josuas einbezogen. Sogar seine Rückkehr führte zu keinem eigentlichen Krieg, wenngleich der Friede zwischen Flach- und Bergland auf unsicheren Füßen stand. Josua hatte alle Hände voll zu tun, um seinen neuen Besitz zu festigen und zu organisieren.

Als sich herausstellte, daß der beide Ufer des Jordan umspannende neue Staat wenigstens im Augenblick nichts gegen die Küstenstädte von Kanaan im Schilde führte, kam der normale Verkehr zwischen beiden Seiten schnell wieder in Gang. Kaufleute aus Kanaan suchten wie früher die Märkte des Berglandes auf; von dort zogen junge Leute in die Hafenstädte, um Arbeit zu finden und das kosmopolitische Leben dort zu genießen.

Die Männer des Jahrgangs 1300 v. Chr., deren Geburt mit der Thronbesteigung Ramses' II. und der Vorbereitung zum Hethiterkrieg von Anno dazumal zusammengefallen war, hatten jetzt die Sechzig überschritten und sich von den aktiven Geschäften zurückgezogen. Sie überwachten aber trotzdem mit Argusaugen die Betriebe, Läden und Warenhäuser ihrer Söhne und Enkel und achteten auch auf die Vorgänge, die sich in der Außenwelt abspielten. Ägypten war reich und friedlich gesinnt. Ramses II. regierte seit sechzig Jahren, und man konnte sich das Leben ohne ihn gar nicht mehr vorstellen. Die revolutionären Erschütterungen, in deren Verlauf sein Großvater auf den Thron gelangt war, gehörten der Vergangenheit an. Reisende, die aus Ägypten kamen, erzählten von den riesenhaften Tempeln, die Ramses errichten ließ, insbesondere vom Felsentempel in Abu Simbel nahe der sudanesischen Grenze, der fast zweihundert Fuß tief aus massivem Felsgestein herausgehauen war, mit vier sitzenden, über sechzig Fuß hohen Kolossalstatuen des Pharaos am Eingang. Seine Innenwände waren mit Reliefdarstellungen aus dem Leben des Königs bedeckt, darunter auch die Darstellung der Schlacht von Kadesch.

Wenn sie in die entgegengesetzte Richtung blickten, zeichnete sich vor den Augen der alten Männer von Askalon allerlei Unheil ab. Tukulti-Ninurta von Assyrien hatte es offenkundig auf den Ausbau eines Imperiums abgesehen. Karkemisch und das alte Land Mitanni waren noch immer als Pufferstaaten gegen die Hethiter in seiner Hand; neuerdings wandte er außerdem seine Aufmerksamkeit dem Süden zu. So traf denn auch nach einiger Zeit die Nachricht ein, er habe das mächtige Babylon erobert und dessen Kassitenkönig Kastilias gefangengenommen. Man war geteilter Meinung über die Frage, ob er Babylonien auf die Dauer werde halten können, denn dieses Volk war es nicht gewohnt, in einem Vasallenverhältnis zu irgend jemand zu stehen. Auch war das alte Elam, das noch weiter südlich und östlich lag, in letzter Zeit wieder erstarkt, so daß es als Konkurrent für die Herrschaft über das Zweistromland durchaus in Frage kam.

Nein, die Hethiter würden sich wegen Karkemisch wohl kaum ein Bein ausreißen, obwohl es eine ihrer ältesten Besitzungen war. Im Nordwesten – in Kleinasien, Griechenland und im Mittelmeerbecken ganz allgemein – wurde die Lage immer bedrohlicher. Die Mitteleuropäer, die erstmalig vor einem halben Jahrhundert die «Bernsteinstraße» heruntergekommen und inzwischen Seefahrer geworden waren, bildeten jetzt nicht nur für die Schiffahrt, sondern für jedes Küstenland eine ständige Bedrohung. Neben ihrer Niederlassung in Libyen hatten sie sich noch einer ganzen Reihe von griechischen Küstenstädten bemächtigt. Sogar Mykene war in ihre Hände gefallen; die neue Dynastie, die sie dort in den Sattel gehoben hatten, mühte sich eben gerade um eine Verbindung zwischen alteingesessenen griechischen Einwohnern und neuen Siedlern, mit denen sie rassen- und sprachenmäßig nahe verwandt waren. Von See aus hatten die räuberischen Verbände an den in der Hethiterprovinz Arzawa gelegenen ägäischen Küsten Kleinasiens übel gehaust. Dem neuen Hethiterkönig Tudhalyas IV. war als Nachfolger seines Vaters Hattusilis nichts anderes übriggeblieben, als seine Heere nach Westen in Marsch zu setzen. Das entfremdete ihn vorübergehend seinen wichtigsten Plänen, die dem Bau eines Tempels außerhalb Hattusas nach dem Muster des neuen Ramsestempels in Theben galten.

Die alten Leute führten beredte Klage über das Verschwinden der alten Freiheit der Meere. Jetzt kamen nur noch selten Hochseeschiffe aus Griechenland, der Adria und Westeuropa. Sogar die schönen Töpferwaren aus Kreta und Mykene gelangten nur noch spärlich auf den Markt; wenn überhaupt, waren sie entsprechend kostspielig. Nein – das Leben war nicht mehr so wie in der guten alten Zeit.

Mit dem Tode des großen Ramses' II. 1234 v. Chr. ging offensichtlich eine Epoche zu Ende. Fast gleichzeitig kam die Nachricht, daß der Führer der Israeliten, Josua, das Zeitliche gesegnet hatte. Auf Ramses, der über neunzig Jahre alt geworden war, folgte sein ältester überlebender Sohn Merenptah. Für Josua gab es keinen Nachfolger. Bei den Stämmen, aus denen sich die jüdische Konföderation zusammensetzte, machten sich Spaltungserscheinungen bemerkbar, was ihre amoritischen Untertanen veranlaßte, die Gelegenheit zu einer Rebellion zu ergreifen und sich vieler Städte zu bemächtigen, die ihnen früher gehört hatten. Sie wurden dabei von den kanaanitischen Fürsten der Küsten kräftig unterstützt.

Die Jebusiten von Jerusalem, die jahrelang innerhalb des von den Juden besetzten Gebietes ihre Unabhängigkeit bewahrt hatten, organisierten insgeheim die Revolte, bei der es einer Stadt nach der anderen gelang, ihre israelitische Garnison gefangenzusetzen oder zu vernichten. Die Fürsten und Ältesten in den Küstenstädten mußten den Eindruck gewinnen, daß die Herrschaft der Eindringlinge wankte. Deshalb ließen sie von ihrem Prinzip ab, sich nicht in die Angelegenheiten des Landesinnern einzumischen, und setzten ihre Kampfwagen und Infanterie zur Unterstützung der freiheitlichen Bewegung ein. Viele Söhne und Enkel der Ältesten von Askalon befanden sich unter den Truppen, die ihre eisenbeschlagenen Wagen aus den Stadttoren hinauslenkten und über die Ebene in Richtung des Vorgebirges verschwanden, um sich von Aschdod und Gaza aus verschiedenen Regimentern anzuschließen.

Diese Szene von einer Elfenbeinarbeit aus Megiddo in Nordpalästina zeigt, wie Kriegsgefangene einem kanaanitischen Fürsten vorgeführt werden. Die Arbeit stammt aus dem Anfang des 12. Jahrhunderts v. Chr., also aus der Zeit, in der zwischen Kanaaniten und Juden um die Vorherrschaft über Palästina gerungen wurde.

Die alten Männer richteten während der folgenden Wochen sorgenvolle Blicke auf die Hügelkette. Zunächst ging alles gut, und es kam Nachricht von weiteren Befreiungsaktionen. Man erfuhr aber auch, daß die am nächsten gelegenen Stammeseinheiten – es handelte sich um die Stämme Juda, Simeon und Benjamin – ihre Streitkräfte für einen Gegenangriff zusammenzogen. Eines schönen Tages tauchten denn auch die ersten Nachzügler von jenseits der Ebene auf und erzählten von dem Unglück bei Besek. Dort waren die Kanaaniter und ihre Berglandverbündeten in offener Feldschlacht mit den Israeliten zusammengeprallt und unter schweren Verlusten geschlagen worden.

Jetzt leitete man an der ganzen Küste hastige Verteidigungsmaßnahmen ein und bot neue Rekruten auf, denn es trafen laufend Flüchtlinge aus den von den jüdischen Stämmen zurückeroberten Städten ein. Endlich wurde bekannt, daß auch Jerusalem gefallen sei und daß die Israeliten sich nach der Küste zu in Marsch gesetzt hätten.

Als in Askalon die Kunde vom Fall Lachis' im Südosten und von Aschdod im Norden eintraf, wußte die Bürgerschaft, daß es keine Hoffnung mehr gab, und die Räumung begann. Von dem kleinen Hafen setzten sich Fischereiboote, Küstenfahrer und sogar kleine Vergnügungsfahrzeuge, die mit Frauen, Kindern und alten Leuten vollgestopft waren, nach Norden ab. Unter ihnen befanden sich auch die Überlebenden der Generation, die zu Anfang des Jahrhunderts kleine Kinder gewesen waren. Sie schauten mit verständnislosen Augen auf die mächtigen Mauern, die bis zu den Strandbastionen reichten und noch von ihren Söhnen und Enkeln bemannt waren. Im Binnenland aber stiegen bereits in nächster Nähe der Stadt die Rauchsäulen aus den brennenden Dörfern zum Himmel.

Es war eine lange, mühsame Küstenfahrt in den überfüllten Galeeren, die schließlich in Tyrus oder Sidon, Byblos oder Beirut an Land gezogen wurden. Dort durften die Flüchtlinge auf ein sicheres Asyl hoffen. In den Häusern von Verwandten oder Geschäftsfreunden, die ihnen widerstrebend Aufnahme gewährten, erreichte sie die erwartete, aber dennoch unglaubliche Kunde: die Städte waren nacheinander im Sturm genommen worden, Askalon und Gaza befanden sich in der Hand des Feindes, das gleiche galt für den ganzen Süden von Kanaan; Judas Truppen hatten sich der ganzen Küste von Joppa bis zur ägyptischen Grenze bemächtigt – und die Ägypter hatten die neuen Herren anerkannt. Obgleich ein nicht unbeträchtlicher Teil der Streitkräfte in den für sie bis zum letzten Augenblick bereitgehaltenen Schiffen hatte entkommen können, schüttelten die alten Männer den Kopf. Sie wußten: das war das Ende. Israel hatte sich ein für allemal im Lande festgesetzt.

Man ist sich längst einig darüber, daß der Exodus auf historischen Tatsachen beruht. Zwar gibt es dafür nur ein schriftliches Zeugnis: das Alte Testament, das zudem erst über sechshundert Jahre später aufgezeichnet wurde, doch stimmt die sehr ausführliche und eingehende Schilderung im Pentateuch und im Buch Josua so auffallend mit den Funden der Archäologie überein, daß der biblische Bericht über die Eroberung Palästinas durch die Juden absolut glaubwürdig erscheint. Nur über den genauen Zeitpunkt der Geschehnisse sind die Meinungen geteilt. Es sieht auf Grund der vorhandenen Beweismittel sehr danach aus, als sei Seti I. der in Verbindung mit Moses genannte Pharao, während unter seinem Sohn Ramses II. der Auszug Mosis und seines Volkes erfolgte. Frühere oder spätere Daten, nach denen die beiden Pharaonen entweder Echnaton und Harem-hab oder Ramses II. und Merenptah wären, erscheinen deshalb unzutreffend, weil deren Regierungszeit mit den archäologischen Funden von der Zerstörung der Städte Jericho und Lachis nicht in Einklang zu bringen ist. Die wesentlichen Daten der Eroberung von Palästina lassen sich daher mit großer Wahrscheinlichkeit innerhalb einer Spanne von rund dreißig Jahren festlegen. Der «Story» zuliebe mußten die Daten dieses Kapitels noch präziser fixiert werden; in diesem engen Rahmen beruhen sie folglich auf Vermutungen.

18

Die Zerstörung Trojas 1230 - 1160 v. Chr.

Die zwei Jungen waren zusammen im Weichbild des großen, weit ausladenden Festungsbezirkes von Mykene aufgewachsen. Agamemnon, der zwei Jahre älter war, spielte stets die Rolle des leicht herablassenden Beschützers gegenüber seinem jüngeren Bruder. Menelaos unterwarf sich bei Spiel und Waffentraining meist gutgelaunt der brüderlichen Führung. Als er zehn Jahre alt war, übertraf er allerdings Agamemnon im Schnelllauf, und er erreichte beim Speerwurf eine größere Genauigkeit als sein robusterer Bruder, wenn er auch nicht ganz so weit kam wie jener.

Die beiden Buben unterstanden der Obhut des Weibervolkes und der älteren Männer, denn ihr Vater Atreus war meistens mit Schiffen und Kriegern irgendwo im Mittelmeerbecken auf Raubzügen unterwegs. Eine der frühesten Erinnerungen des Menelaos war die Heimkehr seines Vaters an jenem Winterabend, als er fünf Jahre alt wurde. Ein bärtiger Riese hob ihn hoch, und der Junge begriff nur langsam, daß dies sein Vater war; er mußte auf seinem Schoß sitzen, während Agamemnon aufrecht und mit ernster Miene danebenstand. Damals hörte Menelaos, ohne es richtig zu verstehen, was sein Vater von der Reise erzählte. Sie hatte drei volle Jahre gedauert und war nicht nur einer der üblichen Beutezüge gewesen. Diesmal hatte es sich um einen großangelegten Angriff auf die ägyptische Küste gehandelt. Die libyschen Herrscher hatten den Großteil der Truppe gestellt, doch waren, als der Feldzug bekanntwurde, freie Kompanien von fast allen seefahrenden Völkern Europas und Kleinasiens zu ihr gestoßen. Außer Atreus und seinen Achäern gab es da Etrusker, Philister aus Kleinasien, Sikuler und Sardinier aus ihren neuen Niederlassungen im Westen. Eine gewaltige Heerschar wälzte sich auf dem See- und Landweg auf das Delta zu. Sie hatte bereits viele Ortschaften eingenommen und reiche Beute gemacht, ehe der Pharao Merenptah ihr eine Armee entgegenstellen konnte. Atreus meinte, es sei ein tollkühnes Unterfangen gewesen, sich mit einem Berufsheer wie dem ägyptischen in offener Feldschlacht zu messen, doch war der König von Libyen allzu zuversichtlich und hatte einen hohen Preis für das Unternehmen zahlen müssen. Seine Armee war dahin – sogar seinen Helm mit Federbusch hatte er eingebüßt –, und ihm war nichts anderes übriggeblieben, als so schnell wie möglich in sein eigenes Königreich zu fliehen. Was von den Freibeuter-Verbänden noch existierte, hatte sich auf die eigenen Schiffe geflüchtet, in denen bereits ihr Anteil an der Beute untergebracht war, um ein neues Ziel anzusteuern. Das Gerücht ging um, daß sich an der levantinischen Küste, wie schon so oft, in Bälde wieder allerlei Möglichkeiten für Söldner bieten würden. Vor etlichen Jahren hatten Wüstenstämme aus dem Bergland die Küstenebene überrannt und die Hafenstädte des südlichen Kanaan eingenommen, und es hieß, daß die Herrscher von Nordkanaan zusammen mit Flüchtlingen aus dem Süden eine Streitmacht aufstellten, um die verlorenen Provinzen zurückzugewinnen.

Es wurde eine ganze Reihe von schnellen, erfolgreichen Operationen gegen die israelitischen Bergbewohner unternommen, die von der Verteidigung einer Küstenstadt keine

Griechenland und das ägäische Meer in der Zeit des Trojanischen Krieges.

Ahnung hatten und mit Kriegsschiffen nicht umzugehen wußten. Die Kanaaniter waren dadurch wieder in den Besitz ihres Küstenlandes mit den Häfen Askalon und Gaza gelangt. Freilich hatte sich der Pharao Merenptah von Ägypten die kriegerischen Verwicklungen zunutze gemacht und Truppen an die Küste entsandt, um seine Oberherrschaft sowohl über die Israeliten wie über die Kanaaniter geltend zu machen. Dabei hatte er sich mit einem nominellen Tribut begnügt und seine Streitkräfte nach Ägypten zurückgezogen.

In diesem Augenblick hatte Atreus seinen Anteil an Sold und Beute an sich genommen und zusammen mit den restlichen europäischen Freibeutern Kurs auf seinen Heimathafen gesetzt. Die Philister waren allerdings in Kanaan geblieben, um nach außen hin die frisch zurückeroberten Städte vor neuen kriegerischen Vorstößen der Israeliten zu bewahren. Wozu Atreus mit vergnügtem Lachen bemerkte: «Es wäre ja sehr verwunderlich, wenn die Kanaaniter in der Regierung ihres Landes je wieder etwas zu sagen hätten. Als wir abzogen, waren die Anführer der Philister damit beschäftigt, sich mit Landbesitz und Frauen einzudecken.»

Als die zwei Jungen an jenem Abend zu Bett gingen, hatte Menelaos eine Menge Fragen an seinen älteren Bruder. Wieso waren die Könige von Libyen, dessen Bevölkerung doch schwarzhäutig war, mit seinem blonden Vater verwandt; was waren die Etrusker und Philister denn für Leute, und würden die Kanaaniter jetzt die Juden anheuern, damit diese die Philister aus ihren Städten verjagten? Agamemnon erklärte ihm, die Libyer seien nicht schwärzer als sie selbst, und ihre Herrscher seien Angehörige der gleichen Rasse wie sie. Sie stammten aus Europa und seien erst seit einem runden Jahrhundert in Libyen seßhaft. Ihr Königshaus sei bestimmt mit ihnen verwandt. Die Mutter sei doch eine Urenkelin Andromedas, der Tochter des Libyerkönigs Cepheus, die vor langer Zeit – als die Achäer gerade die Macht der Seekönige von Kreta gebrochen hatten – durch den Ururgroßvater Perseus von einem Drachen errettet worden war. Perseus hatte daraufhin Andromeda als seine Gemahlin mit nach Hause gebracht und war als erster aus ihrem Geschlecht König von Mykene geworden. Die Etrusker und Philister, die an der kleinasiatischen Küste auf der gegenüberliegenden Seite des ägäischen Meeres nicht weit von der Gegend lebten, wo Atreus' Großvater Tantalus König gewesen war, waren auch Verwandte. In Kleinasien herrschte aber seit bald zwei Jahren Hungersnot. Viele Menschen wanderten von dort an andere Orte des Mittelmeerbeckens aus. Die Bewohner von Sikel und ebenso die Sardinier standen gerade im Begriff, auf den Inseln im Süden und Westen von Italien Kolonien zu gründen, und von den Etruskern hieß es, sie hätten ein Auge auf die italienische Halbinsel geworfen. Ob die Philister sich auf die Dauer mit dem Verbleib in Kanaan begnügen würden, war nicht abzusehen. Wenn sie kanaanitische Mädchen heirateten – setzte Agamemnon mit der Sachlichkeit seiner acht Jahre hinzu –, würde ihnen wohl nichts anderes übrigbleiben. Menelaos erhob dagegen keinen Einwand. Er wußte bereits, daß die Männer sich fast immer am Wohnsitz ihrer Frauen niederlassen – sein eigener Vater regierte ja schließlich über Mykene, weil er die Mutter, die Tochter des letzten Königs von Mykene, geheiratet hatte. «Wenn ich groß bin», sagte er nur, «heirate ich eine Königstochter, und dann werde ich auch König. Du kannst meinetwegen König von Mykene werden.»

Die Tage verflogen für die zwei Prinzen, und es wurden erstaunlich schnell Jahre daraus. Im Sommer gingen sie auf die Jagd, auf Vogelfang oder gar auf die Reiherbeize; im

Winter saßen die Jungen die langen Abende über an langen Bohlentischen und hörten sich die Erzählungen der heimgekehrten Freibeuter von Raubzügen und Kriegsbeute, Stürmen und Seeschlachten an. Natürlich ließen es die Alten sich nicht nehmen, die Erlebnisse der jungen Generation mit noch schrecklicheren Abenteuern, die ihnen angeblich seinerzeit zugestoßen waren, zu übertrumpfen. Bis der Hofsänger oder ein gerade auf Besuch weilender fremder Spielmann auf der Bildfläche erschien und in der plötzlich

Darstellung achäischer Krieger (zweifellos als Karikatur gemeint) auf einer in Mykene gefundenen Vase, deren Entstehungszeit um die traditionellen Daten des Trojanischen Krieges liegen dürfte.

eingetretenen Stille zur Laute eine Ballade von Liebe und Kampf der Götter oder von den Taten der Heroen aus alter Zeit vortrug – Heroen, die noch weiter in das Dunkel der Vergangenheit zurückgetreten waren als Perseus der Drachentöter und Theseus, der den Minotaurus erschlagen hatte.

Sommers wie winters wurden die Buben im Gebrauch der Waffen unterwiesen. Unter der alles andere als sanften Anleitung des Ausbilders machten sie stundenlang mit ihren bronzebewehrten Wurfspeeren Zielübungen oder schossen mit kurzen, sehnenbespannten Bogen auf Scheiben oder kämpften mit dem Schwert und leichten runden Schilden, die beide für ausgewachsene Männer bestimmt waren. Mit zehn Jahren fingen sie an, die Kunst des Wagenlenkens zu erlernen. Von da ab mußten sie vom Zwei-Mann-Wagen aus mit Bogen und Wurfspeer umgehen, das heißt abwechselnd die Waffe führen und die Pferde lenken. Mit zwölf wurden sie im Kampf zur See unterwiesen. Zu diesem Zweck legten sie am frühen Morgen im Wagen die neun Meilen vom Schloß zur Hafenstadt zurück und verbrachten den Tag auf Schiffen mit zehn Ruderern, die mit den Söhnen von Wachsoldaten der Königsburg bemannt waren; so lernten sie, mit den Galeeren der Kriegsflotte umzugehen. Es war ein langes, gut durchorganisiertes Training, in das zu den Zeiten, da die Flotte sich in der Heimat aufhielt, Spezialkurse über Belagerungsmanöver, Schlachtenordnungen, Bronzeguß sowie die Ausrüstung und Verproviantierung von Expeditionskommandos eingestreut wurden.

Leicht machte man es den zwei Brüdern nicht bei der Ausbildung. Aber sie wußten, daß ihr Dasein aus Kriegen bestehen würde – genauso wie die Menschen der Hafenstädte Handel und Schiffahrt trieben und die Leute auf dem Lande den Boden bestellten. Die Verteidigung dieser Stadt und der Landgemeinden war ihre Aufgabe. Außerdem wußten sie, daß außerhalb ihrer Gemarkung eine von Wohlstand strotzende Welt anfing, dafür geschaffen, von ihnen geplündert zu werden. In näherer Zukunft winkte den zwei Jungen die verlockende Aussicht, ihren Vater auf solchen Expeditionen zu begleiten.

Fürs erste begnügten sie sich damit, zur Sommerzeit mit ihren eigenen Gespannen und einer Eskorte über Berg und Tal zu fahren, um König Tyndaros von Sparta oder den jungen König Nestor an der griechischen Ostküste zu besuchen. Ihr häufigstes Ziel aber war das Haus ihres Großvaters, des alten Königs Pelops von Elis südlich des Golfes von Korinth.

Es war eine bittere Enttäuschung für Menelaos, als Agamemnon mit sechzehn Jahren die Befehlsgewalt über ein Schiff erhielt und mit seinem Vater ausziehen durfte, während er selbst noch zwei Jahre auf das gleiche Glück warten mußte. Noch fühlbarer wurde für Menelaos die Zurücksetzung, als sein Bruder bei Anbruch der Herbststürme mit frischsprossender Bartzier und im Besitz eines richtigen Kampfschwertes zurückkehrte und allerlei Geschichten von Scharmützeln mit arzawanischen und hethitischen Einheiten, tief im Innern Kleinasiens hinter Milet, zu erzählen wußte. Menelaos wußte natürlich, daß seine Familie Ländereien vom Urgroßvater Tantalus, dem König von Lydien, geerbt hatte. An diesen Besitzungen hatte sich unlängst ein hethitischer Freibeuter vergriffen, und Atreus war über das ägäische Meer gefahren, um seine Rechte zu wahren. Freilich bedurfte es mehr als eines Feldzuges, um diesen unverhohlenen Versuch der Hethiter, das ägäische Küstengebiet ihrer Halbinsel in Besitz zu nehmen, im Keime zu ersticken. Als diese Operation sich zum dritten Male wiederholte, war auch Menelaos als Kapitän eines Schiffes dabei. Es war ein herzerfreuender Anblick für den jungen Prinzen, wie die paar Dutzend langschnäbeligen Galeeren vor dem Wind liefen und die tiefblaue See durchschnitten, während die Mannschaften auf den Ruderbänken ausruhten. Eine nach der andern zogen die grünweißen Inseln der Zykladen vorbei, und nach drei Tagen setzten die Schiffe auf dem Strand der lärmenden und geschäftigen Stadt Milet auf. Auf dem Wege zum Palast – ihrem vorübergehenden Wohnsitz – verlor Menelaos das Bewußtsein seiner prinzlichen Würde so sehr, daß er mit offenem Mund die endlosen Zeilen von Steinhäusern, Tempeln, Geschäften und Speichern anstarrte. Er hatte sich Kleinasien als barbarisch und primitiv vorgestellt und befand sich nun mitten in einer Stadt, die die größten Städte Griechenlands – Mykene, Sparta und sogar Korinth – in den Schatten stellte, so daß er sich fragte, ob nicht auf Griechenland die Worte primitiv und barbarisch anwendbar seien. Die Weiterreise ins Landesinnere, auf Wagen, die über gepflasterte Straßen klapperten, bergan an wohlgepflegten Rebhängen entlang, bestärkte den jungen Mann in seinem Eindruck von einem friedlichen, hochzivilisierten Landstrich, der mit dem Felsgeröll, den unergründlichen Wäldern und den Ziegenweiden des griechischen Binnenlandes scharf kontrastierte.

Während dieses Feldzuges bestand Menelaos seinen ersten Kampf. Der hethitische Brigant Maduwatas, der schon früher in die achäischen Besitzungen in Lydien eingedrungen und vor zwei Jahren von Atreus wieder verjagt worden war, befehligte jetzt als Gouverneur der Hethiter eine Grenzprovinz. Er erhob weiterhin Anspruch auf das Gebiet von Sipylos, das Atreus gehörte. Das lief genaugenommen auf einen amtlichen hethitischen Rechtsanspruch auf die gesamten achäischen Besitzungen hinaus; man konnte es daher nicht ungestraft hinnehmen. Atreus stellte eine Streitmacht von hundert Kampfwagen und fast tausend Mann Fußvolk zusammen und überschritt mit ihr die Grenze des Hethiterreiches, wobei er unterwegs die Ernte in Flammen aufgehen ließ und die Weinberge verwüstete. Wie er erwartet hatte, mußte Maduwatas sich mit seinen Garnisontruppen zum Kampf stellen. In einem der schmalen Täler trafen die Heerhaufen aufeinander.

Menelaos vergaß seine erste Schlacht zeit seines Lebens nicht: den Ansturm der Zweispänner gegen die angespannt wartende feindliche Linie, den Zusammenprall und die plötzliche Verwandlung von regelmäßigen Formationen in ein wüstes Durcheinander, indem man Freund und Feind kaum unterscheiden konnte und wo der Wurfspeer sich als ideale Waffe beim Nahkampf erwies. Das wirre Stechen und Werfen dauerte nur Minuten – auch wenn es länger schien –, dann ließen die Wagenlenker ihre Pferde drehen und zogen sich zur Neugruppierung und zum neuen Ansturm zurück. Mitten in einem solchen Manöver wurden die Griechen von einer Schwadron schwerer hethitischer Kampfwagen, die mit vier Pferden bespannt waren, in der Flanke angegriffen. Menelaos mußte in seinem Wagen stehend einen Zweikampf mit einem hochgewachsenen, schwarzbärtigen Hurriter austragen, der mit einem Eisenschwert und achtförmigen Schild bewaffnet war. Der Kampf kam zu einem vorzeitigen Ende, als das Deichselpferd des Hurriters einen Pfeil in das Hinterteil erhielt und durchging.

Als die jungen Leute am Abend, in ihre Mäntel gehüllt, am Biwakfeuer lagen, fand Agamemnon lobende Worte für die erfolgreiche Auseinandersetzung. Zwar hatten die Achäer sich vor dem Ansturm der schweren hethitischen Kampfwagen zurückziehen müssen, doch taten sie das nicht, ohne dem Feind schweren Schaden zuzufügen und eine große Anzahl von Rindern und Schafen vor sich herzutreiben. Maduwatas würde es sich bestimmt kein zweites Mal einfallen lassen, sich als Herrscher über achäisches Gebiet aufzuspielen.

Bei Anbruch des Winters stachen Atreus und seine Söhne auf der Nordroute heimwärts in See, über Troja und die thrakische Küste. Die Stadt Troja machte auf Menelaos einen noch größeren Eindruck als Milet. Troja war kleiner als Milet, doch erhob es sich auf hügeligem Gelände über die Ebene ringsum, und seine blanken Mauern, die vor zehn Jahren nach einem Erdbeben neu errichtet worden waren, gaben der Stadt einen Anstrich der Uneinnehmbarkeit. Sie blieben einige Tage als Gäste von König Priamus und seinen vielen Söhnen in Troja. Die trojanischen Prinzen hatten die beiden Griechen bald in ihr Herz geschlossen; sie machten mit ihnen Wettkämpfe auf allen Gebieten des Sports und der Waffenführung und erzählten nebenhin von Schlachten in Lydien, Handelsexpeditionen nach dem Kaukasus und der Krim und kriegerischen Unternehmungen gegen die

Nomaden aus den endlosen Ebenen, die mit ihren Pferden so verwachsen waren, daß man sie unwillkürlich für Zentauren hielt.

Die große Burg von Mykene erschien den Jungen bei ihrer Rückkehr dunkel, feucht und niederdrückend. Winterliche Aufgaben, wie das Einsammeln des Zehnten oder das Teeren der Schiffe oder das Erneuern der Waffen, Schiffstakelagen und Vorräte, gingen einem entsetzlich auf die Nerven. Nur während der abendlichen Zusammenkünfte in der großen Halle, wenn die Sänger in ihren Liedern von lang versunkenen, fernen Abenteuern berichteten, ließ sich bis zu einem gewissen Grad der Zauber der sommerlichen Kriegsfahrt wieder einfangen.

Von da ab verging kaum ein Sommer, ohne daß die jungen Prinzen mit der einen oder anderen diplomatischen oder kriegerischen Mission betraut oder in aller Offenheit auf Beutezüge und Sklavenfang übers Meer geschickt wurden. Jedes Jahr besuchten sie Kleinasien, um vom Statthalter ihres lydischen Königreiches den Tribut in Empfang zu nehmen und ihre Standarten an der hethitischen Grenze aufzupflanzen. Dann kam das glorreiche Jahr, in dem Atreus seine zwei Söhne mit der Hälfte seiner griechischen Streitmacht für den Winter in Sipylos zurückließ, damit die Grenzen der achäischen Länder bewacht waren. In jenem Sommer war die Nachricht eingelaufen, daß einige Völker aus Thrakien mit ihrer ganzen Streitmacht, mit aller Habe, Pferden, Vieh und Weiberleuten den Bosporus überquert hatten. Diese Leute waren offensichtlich bereit, neues Siedlungsland mit Waffengewalt zu erobern, doch wußte niemand, in welche Richtung sie ihren Streich führen wollten. Die Gefahr verzog sich dann allerdings. Die Neuankömmlinge, Moski geheißen, ließen sich im Nordosten nieder, und bis auf das Erscheinen einiger weniger Flüchtlinge blieb es an den Grenzen ruhig – ruhiger als sonst, denn die Hethiter verlegten ihre wichtigsten Truppen weiter nach Norden, um sich gegen den neuen Gefahrenherd abzusichern.

Ein anderes Mal erhielt Menelaos die Weisung, in Mykene zurückzubleiben, was ihm gar nicht paßte. Man erzählte sich, Thyestes, sein in der Verbannung lebender Onkel, stelle im Norden eine Streitmacht zusammen, um seinen Anteil am mykenischen Reich zurückzugewinnen, aus dem Atreus ihn vor zwei Jahrzehnten vertrieben hatte. Aber auch dieser Sturm zog vorüber.

In all diesen Jahren nun wurde zu Menelaos' Kummer niemals ein großer Krieg – etwa gegen Ägypten – geführt. Als durch ein zyprisches Handelsschiff die Nachricht von der Ermordung Setis II. – eines Sohnes des Pharao Merenptah – bekanntwurde und man aus der gleichen Quelle erfuhr, Südägypten habe den Thronräuber Siptah nicht anerkannt und an seiner Stelle Amenmeses als Gegenkönig in Theben ausgerufen, war Prinz Menelaos mit der temperamentvollen Offenherzigkeit seiner einundzwanzig Jahre dafür eingetreten, man solle holen, was zu holen sei. Die Brüder fuhren sogar gen Süden, um dort den Plan mit ihren königlichen Vettern zu besprechen. Aber die Könige von Libyen hatten die unglückselige Geschichte, die vor fünfzehn Jahren passiert war, nicht vergessen. Sie befürchteten, ein neuer Gewaltstreich würde womöglich zu einer Einigung Ägyptens gegen Libyen führen. Sie hielten es deshalb für klüger, zu warten; mittlerweile sollten sich die Ägypter ohne Einmischung von außen gegenseitig die Köpfe einschlagen. Menelaos und sein Bruder Agamemnon mußten sich in Ermanglung eines Besseren mit einem unrentablen Überfall auf ein sizilianisches Dorf begnügen, dessen Einwohner sie zu Sklaven machten, und mit einer langen, erbitterten Hetzjagd auf einen ungewöhnlich schnellen Frachter, der die Adria herunterkam, bei dem sich aber, als sie ihn endlich eingeholt hatten, herausstellte, daß er über freies Geleit des Königs Laertes von Ithaka verfügte. Diesen Laertes durften sie als Bundesgenossen nicht vor den Kopf stoßen, und so sprang aus dem ganzen Unternehmen nicht mehr heraus, als ein Bernsteinhalsschmuck für jeden der zwei Brüder. Mit dieser Geste hoffte der Kapitän, sich gutes Wetter für eine künftige Gelegenheit zu sichern.

Man sprach anschließend über die immer geringere Möglichkeit, lohnende Prisen aufzubringen, und im Herbst des gleichen Jahres schnitten die Brüder dieses heikle Thema im Gespräch mit dem größten Importeur von Mykene an, der mit voller Offenheit und Unbefangenheit seine Meinung dazu äußerte. «Leute wie ihr», so sagte er, «ruinieren ihren eigenen Stand. Natürlich hat es auf den Seehandelsrouten immer Piraten gegeben, und zu allen Zeiten auch Händler, die lieber um eine Schiffsladung kämpften, als sie zu bezahlen. Jetzt sind Zustände eingerissen, die es einfach unrentabel machen, ein Schiff auf eine lange Reise zu schicken. Die Chance, es je wieder zu Gesicht zu bekommen, ist nachgerade gleich Null. Deshalb rühren sogar die Banken von Byblos heutzutage keine Versicherungen von Frachtgütern an, die zur See befördert werden.»

Er schenkte seinen fürstlichen Kunden ägyptischen Wein ein und fuhr fort: «Als mein Ururgroßvater nach dem Sturz von Knossos das Geschäft gründete, sah es auf der Welt noch anders aus. Die Handelsfahrer hatten noch Mumm in den Knochen und nahmen es, was Schnelligkeit und Draufgängerei betraf, mit so ziemlich allen anderen Schiffen auf. Außerdem hatten die Kreter, von Triest bis zum Nildelta, für Ordnung auf dem Wasser gesorgt. Damals konnte man jahrelang unterwegs sein, ohne einen Seeräuber zu sichten. Erst zu den Zeiten meines Vaters, als die vielen Fremden von Norden her einströmten, begannen die Langboote mit Plünderungen und Beutezügen in großem Maßstab. Darunter leidet heute nicht nur der Handel; jede nahe dem Meer gelegene Stadt ist bedroht, und der Hafen, der nicht mindestens einmal in einem Menschenleben geplündert und eingeäschert wird, ist glücklich dran. Der Warenumschlag wird zwar durch Leute eures Schlages in Betrieb gehalten – ich habe mich über den Verdienst, der mir durch den Absatz eures Diebesgutes zufließt, nicht zu beklagen –, aber es ist doch nicht dasselbe wie ein ruhiges, solides Geschäft.» Er schüttelte nachdenklich den Kopf. «Ihr lebt vom Fett, das Generationen von seriösen Kaufleuten angesetzt haben», fuhr er fort. «Aber eines schönen Tages wird alles aufgezehrt sein.» Die beiden Prinzen brachen in Gelächter aus, und Agamemnon sagte: «Für uns reicht es wohl noch.»

Drei Jahre nach diesem Gespräch flüchteten die Brüder in Begleitung von ganz wenigen Getreuen, die zum Teil schwer verwundet waren, asylheischend zu König Tyndareus von Sparta. Ihr Vater Atreus war im Kampf gefallen, und Mykene befand sich jetzt in der Hand des Thyestes.

Das Ganze war während ihrer Abwesenheit in Kleinasien passiert. Mit einer von Nordländern bemannten Flotte war der alte Thronanwärter Thyestes auf dem Peloponnes gelandet und hatte, gestützt auf einige alte Getreue innerhalb des Palastes, Mykene erobert. Ein Kurier war bis zu Atreus in Lydien gelangt. Sie waren sofort heimwärts gesegelt und nach der Landung zur Burg geeilt. Aber die Burganlage, die uneinnehmbar zu machen sie sich solche Mühe gegeben hatten, konnten sie nicht zurückerobern. Atreus und die Mehrzahl seiner Streitmacht waren beim Angriff gefallen, während die zwei jungen Prinzen, die das Mannesalter kaum erreicht hatten, mit ihrer Eskorte durch den

Vorstoß von Kampfwagen aus einem Ausfallstor versprengt wurden und nur mit knapper Not dem Tod entrinnen konnten.

Dynastische Streitereien und Palastrevolutionen waren bei den griechischen Fürsten nicht ungewöhnlich; in den achäischen Residenzen tauchten immer wieder flüchtige Könige auf. Bei diesem Sonderfall sah es freilich etwas anders aus, denn Mykene war immerhin die reichste Stadt des Peloponnes, und Atreus war das Oberhaupt des Peloponnesischen Bundes. Agamemnon und Menelaos waren sehr beliebt, dazu erprobte Truppenführer. Tyndareus von Sparta nahm die beiden Flüchtlinge mit offenen Armen auf und versprach ihnen alle nur erdenkliche Hilfe bei ihren Plänen zur Rückgewinnung ihres Königreiches.

Ein offener Angriff auf die Festung Mykene hatte sich als undurchführbar erwiesen. Mehrere Jahre Untergrundtätigkeit waren erforderlich, um die einzig in Frage kommende Alternative, nämlich die Beseitigung von König Thyestes, in die Wege zu leiten und abzuschließen. Mittlerweile spielten die jetzt erwachsenen Prinzen eine hervorstechende Rolle am Hof von Sparta. Deshalb wunderte sich niemand, als gleichzeitig mit ihrer Rückkehr in die Heimat, die mit Hilfe der gesamten Streitmacht des Königs von Sparta erzwungen wurde, ihre Verlobung mit den zwei Töchtern des Tyndareus bekanntgegeben wurde.

Helena von Sparta, die Braut des Menelaos, war eine der schönsten Frauen und außerdem als die Ältere Thronfolgerin in Sparta. Man empfand es daher allgemein als selbstverständlich, daß Menelaos sich in Sparta niederließ, während Agamemnon zusammen mit seiner Gemahlin Klytemnästra den Thron seines Vaters in Mykene bestieg. Trotz der Trennung blieb eine enge Gemeinschaft zwischen den Brüdern bestehen, deren Hauptziel die Wiederherstellung des Peloponnesischen Bundes war. Sie schlossen außerdem Freundschaftsbünde mit vielen Fürsten nördlich des Golfes von Korinth und überquerten nochmals gemeinsam das ägäische Meer, um in ihren lydischen Gebieten nach dem Rechten zu sehen. Durch den Tod des Tyndareus – wenige Jahre später – und die Thronbesteigung Menelaos' in Sparta wurde die achäische Allianz noch gefestigt.

Als beide Brüder sieben Jahre verheiratet waren (aus Agamemnons Ehe waren drei Kinder hervorgegangen, während Menelaos nur ein einziges, bezauberndes Töchterchen hatte), erhielt Menelaos während eines Besuches in Mykene die Nachricht von der Entführung seiner Frau. Außer sich vor Wut und Verzweiflung und völlig außerstande, zu begreifen, wieso sich eine Sklavenfängerbande so weit ins Landesinnere hatte vorwagen können, hetzte Menelaos seine Pferde auf der sechzig Meilen langen Strecke von Mykene nach Sparta fast zu Tode.

Die näheren Einzelheiten des Vorfalls entfachten in den zwei Brüdern einen solchen Zorn, daß es ihnen die Sprache verschlug. Helena war keineswegs einem Sklavenraubzug zum Opfer gefallen; sie war – nicht einmal gegen ihren Willen – von Paris, dem Sohn des Königs Priamus von Troja, entführt worden, der als Gast bei der königlichen Familie zu Besuch geweilt hatte.

Eine Verfolgung war sinnlos; Paris hatte einen Vorsprung von zwei Tagen. Der Kommandeur der Wachmannschaften hatte auch schon seine Leute hinter dem Flüchtenden hergeschickt. Trotzdem rasten die Brüder nach einem schnellen Pferdewechsel die zwanzig Meilen bis zur Küste weiter, wo sie feststellen mußten, daß Paris vor achtundvierzig Stunden nach Kreta und Kleinasien abgesegelt war.

Die beiden Könige setzten sich zusammen, um sich über die nächsten Schritte schlüssig zu werden. Man konnte das Geschehene keinesfalls auf die leichte Schulter nehmen; die Frage, ob Helena sich Paris freiwillig angeschlossen hatte oder nicht, war hier gegenstandslos. Der Entführer hatte nicht nur die Ehre des königlichen Hauses, sondern auch die geheiligten Grundsätze der Gastfreundschaft mit Füßen getreten – und damit die Götter herausgefordert. Jeder Grieche, der irgendwann einmal die Gastfreundschaft Spar-

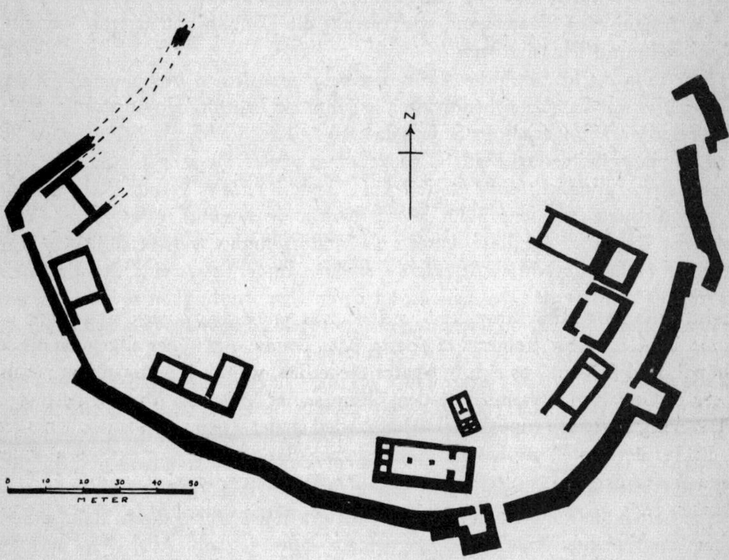

Plan des ausgegrabenen Teils von Troja VI mit den Stadtmauern und Gebäuden aus der Zeit der Belagerung von Troja. Vom Zentrum der Anlage, in dem der Palast des Priamos gestanden haben muß, ist nichts übriggeblieben. Es wurde vermutlich eingeebnet, als rund tausend Jahre später dort eine griechische Stadt erbaut wurde.

tas genossen hatte, mußte dieses Sakrileg ahnden. Die achäischen Fürsten mußten den Schimpf, der einem der ihren angetan war, rächen. Das alles wußte Paris natürlich genau. Wenn er also nicht völlig mit Blindheit geschlagen war, mußte die Entführung einem bestimmten Zweck dienen.

Je mehr Agamemnon über das Geschehene nachdachte, desto eindeutiger erschien ihm die Handlungsweise des trojanischen Prinzen als bewußte Herausforderung. Das konnte aber nur eines bedeuten: die Trojaner wollten die achäischen Provinzen in Kleinasien an sich reißen.

So fügten sich die einzelnen Teile zu einem Ganzen. Kleinasien war damals ein Schmelztiegel. Die Mosker und die Phrygier, die ihnen aus Thrakien gefolgt waren, waren tief ins Hethiterland vorgestoßen. Die Hethiter hatten daraufhin ihre Garnisonen aus den Außenprovinzen zurückgezogen und im Westen eine Verteidigungslinie unweit ihrer Hauptstadt Hattusas bezogen. Die Fürstentümer des westlichen Kleinasiens, die bisher in einem Lehnsverhältnis zu Hattusas gestanden hatten, schlossen sich zu einem losen Staatenbund zusammen. Troja, das den Hethitern nie untertan gewesen war, spielte in diesem Bündnis wahrscheinlich die wichtigste Rolle.

Das letzte Ziel dieses Bündnisses war die Übernahme der achäischen Besitzungen in Lydien. Der Hauptpreis in einer Auseinandersetzung zwischen dem peloponnesischen und dem trojanischen Staatenbund würde nicht die Königin von Sparta, sondern das achäische Reich in Kleinasien sein.

Im Jahr 1193 v. Chr. brach die Armee der peloponnesischen Verbündeten nach Troja auf. Menelaos war damals siebenunddreißig Jahre alt, sein Bruder ein wenig älter, und Helena zehn Jahre jünger als er. Es war das größte Heer und zugleich die größte Flotte, die jemals vom griechischen Festland ausgefahren waren. Sie setzten sich nicht nur aus Peloponnesiern zusammen, sondern auch aus Männern anderer verbündeter Fürstenhäuser. Der gefürchtete Odysseus, Sohn des Laertes von den westlichen Inseln, brachte seine Krieger mit. Der junge Achilles – vorerst als Muttersöhnchen verschrien und militärisch gesehen ein völlig unbeschriebenes Blatt – erschien an der Spitze eines Kontingents von Männern aus dem Norden des Landes, an deren Kampftüchtigkeit niemand zweifelte. Auch der achäische König von Kreta und mit ihm viele Fürsten aus dem ägäischen Archipel hatten sich den Festlandstruppen angeschlossen.

Sie alle zogen im Jahr 1193 gegen Troja aus und belagerten zehn Jahre später – 1183 noch immer die Wälle der Stadt. Da das griechische Heer keine erfahrenen Belagerungstechniker hatte, waren die Mauern von Troja so unüberwindlich, wie sie aussahen. Militärische Spezialisten dieser Art gab es damals nur bei den Hethitern und Ägyptern – Länder, die selbst ausreichende Verwendung für sie hatten. In den Jahren 1192, 1190 und 1186 hatten die Könige von Libyen die seefahrenden Völker des Mittelmeerbeckens zu jenem langgeplanten Angriff auf Ägypten zusammengebracht. Aber wenn auch Ägypten durch einen zehnjährigen Bürgerkrieg geschwächt war, war es unmöglich, die einzelnen Überfälle zur Eroberung eines Brückenkopfes auszuweiten, geschweige denn, das ganze Land zu besetzen. Setnakt, ein resoluter Feldherr aus der Deltastadt Tanis, hatte durch die Vertreibung des thebanischen Thronanwärters das Reich wieder geeint und eine neue Dynastie – nach ägyptischer Rechnung die zwanzigste – gegründet. Jetzt saß sein Sohn, der wiederum den Namen Ramses trug, auf dem Thron, und er war allem Anschein nach stark genug, um Einfälle aller Art abzuwehren. Sogar der Einmarsch von 1190, der durch den Zusammenschluß der Libyer und ihrer Verbündeten zur See mit ihren Stammesbrüdern, den Philistern von der Küste Kanaans, glückte und an dem auch die im Wüstenkrieg besonders erprobten Israeliten aus dem Innern Palästinas teilnahmen, war schnell zurückgeschlagen worden. Der Vorstoß war von Palästina aus durch die Wüste Sinai als kombinierte Operation zu Wasser und zu Lande erfolgt, und die Streitkräfte hatten schon die Landenge zwischen dem Golf von Suez und dem Mittelmeer erreicht, als sie bei Arvad am östlichen Saum des Deltas von der Armee Ramses' III. entscheidend geschlagen wurden und sich fluchtartig zurückzogen.

An diesen Angriffen waren auch Bundesgenossen Agamemnons beteiligt. Während ein Teil des Heeres vor den Mauern Trojas ständig Wache hielt, fuhren die anderen Schiffe regelmäßig aus, um an verschiedenen Punkten der kleinasiatischen Küste und sogar darüber hinaus andere Operationen auszuführen. Es stand nämlich fest, daß die Niederwerfung Trojas viel Zeit beanspruchen würde, denn die Stadt ließ sich nur unter großen Schwierigkeiten aushungern. Allerdings waren die Bauern aus der Umgebung in die Stadt geflüchtet, und man erfuhr durch Spione, daß die früher so breiten Straßen der Zitadelle jetzt von zahllosen Notquartieren und Hütten verstopft waren. Die Felder wurden von Gefangenen und Sklaven für das Heer der Achäer bestellt; aber die Belagerten verproviantierten sich auf andere Weise. Da der Wind meist von Nordost wehte, konnten die griechischen Schiffe die Dardanellenküste im Norden der Stadt nicht sperren. Kleine Fahrzeuge, die sich dicht an der Küste hielten, brachten regelmäßig Vorräte nach Troja. Diese Vorräte fanden den Weg in die belagerte Stadt, indem sie entweder bei Nacht unter der Nase der Schildwachen hineingeschmuggelt oder mit Hilfe eines organisierten Ausbruchs im Angesicht der Belagerer eingebracht wurden.

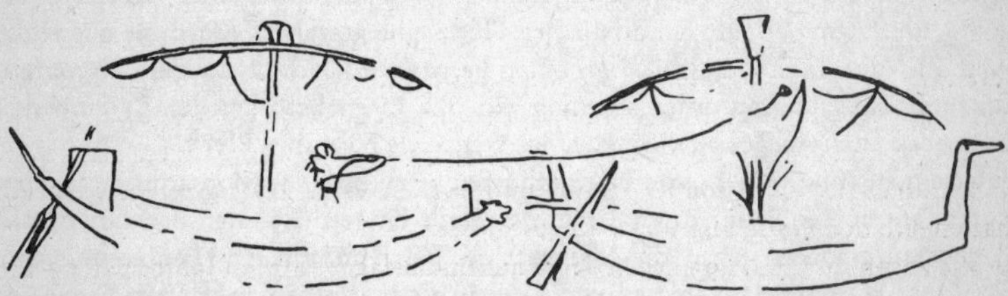

Die Reliefs im Tempel von Medinet Habu, den Ramses III. erbaut hat, vermitteln leider so gut wie kein Bild von den Schiffen der «Seevölker». Was an Versuchen zur bildlichen Darstellung überhaupt da ist, zeigt nur, daß diese Fahrzeuge von den ägyptischen Schiffen völlig verschieden waren. Dennoch ist die Ähnlichkeit des Schiffes zur Rechten mit gewissen schwedischen Felszeichnungen vielleicht nicht rein zufälliger Natur.

Während dieser Ausbrüche wurde leidenschaftlich gekämpft, mit schweren Verlusten auf beiden Seiten. Sowohl Agamemnon wie auch Menelaos waren schwer verwundet und Achilles, der sich als hervorragender Stratege und Kämpfer erwiesen hatte, war tot. Auf trojanischer Seite war der Thronfolger Hektor gefallen, ebenso vor kurzem Paris selbst. Trotzdem schien die Einnahme Trojas ferner als je zuvor, und unter den Verbündeten – namentlich denen aus dem Norden, die nur lose Bindungen zu Sparta hatten – wurden Stimmen laut, man solle doch jetzt, wo durch den Tod des Paris die Ehre wiederhergestellt sei, die Belagerung Trojas abbrechen. Das ganze Unternehmen war in eine Sackgasse geraten: man konnte Troja weder im Sturm nehmen, noch es durch Hunger zur Übergabe zwingen.

Jetzt aber zeigte sich ein Ausweg durch die kriegerische Entwicklung im Osten. Die Mosker und die Phrygier, die beiden großen europäischen Stämme, die den Hellespont überquert und sich in den westlichen Provinzen des Hethiterreiches niedergelassen hatten, lagen seit Jahr und Tag mit den Hethitern im Streit und mußten einen Sommerfeldzug nach dem anderen gegen sie führen. Jetzt hatten sie die hethitische Hauptarmee in offener Feldschlacht besiegt und waren auf Hattusas marschiert. Bald darauf traf die

Nachricht vom Fall Hattusas ein, das – so hieß es – durch Feuer ganz zerstört worden war. Der Großkönig – wiederum einer des Namens Suppiluliumas, der aber mit seinem fast legendären Ahnen aus der Zeit vor zwei Jahrhunderten nichts außer dem Namen gemein hatte – war mitsamt seinem Palast den Flammen zum Opfer gefallen. Das Hethiterreich hatte aufgehört zu existieren.

Dem Großteil des mächtigen Hethiterheeres war der geordnete Rückzug nach Süden in die übriggebliebenen hethitischen Provinzen um Aleppo gelungen. Trotzdem durchzogen versprengte militärische Einheiten kreuz und quer Kleinasien – Überbleibsel der hethitischen «Großen Armee». Unter denjenigen, die sich bis an die Küste der Ägäis durchschlugen, befand sich auch eine Anzahl Offiziere und Mannschaften der hethitischen Belagerungsspezialisten.

Der Vorschlag, diese Spezialisten anzuwerben, damit sie Belagerungsmaschinen für den Einsatz gegen Troja konstruierten, ging von Odysseus aus. Die Männer griffen die Gelegenheit, in ihrem Fachgebiet zu arbeiten, freudig auf. Unter ihrer Anleitung errichteten die Schiffszimmerleute der achäischen Flotte eine gewaltige Maschine aus Holz. Sie war auf Räder montiert. Ein mit Tierhäuten bespanntes Dach diente den Angreifern als Schutz und Tarnung; darunter schwang ein mit Eisen beschlagener Rammbock. Die phantasiebegabten Achäer bezeichneten das Ganze als hölzernes Pferd.

Unter einem «Sperrfeuer» von Bogenschützen setzte sich das Monstrum in Bewegung, und den ganzen Tag über hörten die in der Stadt Eingeschlossenen den dumpfen Aufprall des Sturmbockes gegen die Mauersteine. Bei Anbruch der Dämmerung gab ein Stück Mauer langsam nach und stürzte dann in einer Wolke von weißem Staub in sich zusammen. In diesem Augenblick gab Agamemnon das Signal für den Sturm. Die ganze Nacht hindurch fanden Straßenkämpfe statt; ein Stadtteil nach dem anderen ging in Flammen auf; die unterschiedslos mit dem Mut der Verzweiflung kämpfenden Verteidiger, die entsetzt fliehenden Frauen und Kinder und die siegestrunkenen Angreifer wurden von den Flammen in grelles Licht getaucht. Der Widerstand ließ mit der Zeit nach, bis er ganz aufhörte und die Plünderung begann.

Bei Anbruch des neuen Tages brannte die ganze Stadt. Unübersehbare Scharen von Gefangenen, mit den Schätzen einer der reichsten und ältesten Städte der Welt beladen, wurden durch alle Tore getrieben. Sie schleppten Schüsseln und Krüge aus Silber und Gold, Truhen und andere Möbelstücke, die mit Elfenbein eingelegt waren, Bronzeschwerter mit gold- und bernsteinverzierten Griffen und Scheiden, kostbare mit Purpur gefärbte Wandbehänge aus Goldbrokat. Pelzwerk, Prunkgewänder und juwelenbesetzte Schmuckstücke nahmen kein Ende. Ein großes Waffenarsenal wurde erbeutet, zu dem fast hundert Eisenschwerter gehörten. Es gab kunstvoll mit Einlegearbeiten verzierte Streitwagen, und dazu einige der berühmten trojanischen Pferde, die die Belagerung und die Plünderung überlebt hatten. Was die Gefangenen betraf, die halbnackt von Gruppe zu Gruppe herumliefen und verzweifelte Versuche machten, ihre zerstreuten Familienangehörigen wieder zu vereinen, so konnte man ihre Zahl vorerst nicht einmal abschätzen. Alles das – lebendes und totes Inventar – wurde außerhalb der Stadtmauern zur Verteilung zusammengetrieben, während achäische Arbeitstrupps die gewaltigen Stadttore aus den Angeln hoben und die dicken Mauern niederrissen.

Während Menelaos mit düsterer Miene den Blick auf die Stätte seines Triumphes gerichtet hielt, erschien Ajax mit seinen getreuen Lokrern, die Helena ihrem Ehemann zurückbrachten. Man sah ihnen an, daß sie nicht recht wußten, ob sie als Ehreneskorte oder als Gefangenenwache abkommandiert waren. Menelaos brachte zunächst kein Wort heraus; Helena schaute ihn aber mit festem Blick an und sagte nur: «Endlich!» Die von Kriegen angefüllte zehnjährige Trennung wurde von beiden nicht erwähnt. Menelaos vertrat den Standpunkt, man erspare sich viel öffentliches Ärgernis, wenn man Helenas Entführung und Aufenthalt in Troja als räuberischen Gewaltakt des Paris hinstellte, dem sich die Königin nur unter Zwang gebeugt hatte.

Er glaubte auch wohl, daß nach all diesen Jahren ein triumphaler Einzug in Sparta mit seiner von langen Irrfahrten zurückgekehrten Königin ihn zu einer komischen Figur stempeln müsse. Nach Verteilung der Beute nahm er seinen Anteil an den Schätzen und seine Frau an Bord und segelte mit seinen langen Schiffen nach Kreta und Ägypten.

Damals herrschte im östlichen Mittelmeerraum ein auf schwachen Füßen stehender Friede. Obwohl Ägypten nach wie vor auf Palästina Anspruch erhob, hatte Ramses III. keinen Versuch unternommen, wieder Besatzungstruppen in die Hafenstädte zu legen, aus denen sie vor sieben Jahren während des Philisterkrieges vertrieben worden waren. Die nordpalästinensischen Provinzen des Hethiterreiches hatten seit der Zerstörung von Hattusas keinen Herrn mehr. Zwischen das libanesische Gebirge und das Meer eingeklemmt, hatten sie von jeher ihr Auskommen dem Seehandel zu verdanken, und es war ihnen völlig gleichgültig, wer das in ihrem Rücken liegende Land beherrschte, so lange diese Machthaber ihnen keine unerträgliche Steuerlast auferlegten und den freien Warentransit auf der Euphratroute weiter im Osten nicht behinderten.

Mit dem Seehandel befaßte sich in jenen libanesischen Städten nach wie vor die Mischrasse, die man damals als Phönizier zu bezeichnen anfing; das gleiche galt für die aus Philistern und Kanaaniten zusammengewürfelte Bevölkerung der Küstenstädte von Palästina und auch für die Bewohner des Nildeltas. Dabei war das Meer gefährlicher als je zuvor. Die Freibeuter aus Libyen, Zypern und der Ägäis – von den Ägyptern treffend «Seevölker» genannt – stießen auf ihren räuberischen Streifzügen in alle Himmelsrichtungen vor, und kein Kauffahrer wagte sich mehr außer Küstensicht hinaus. Zum Schutze ihrer Handelsflotten hatten alle Hafenstädte bewaffnete Seestreitkräfte aufgeboten, lange schwere Galeeren mit bronzebeschlagenem Rammbug unterhalb des Schiffsschnabels, so daß sie die schnelleren, aber leichter gebauten Angreifer leck machen und versenken konnten. Auch wiegelten sie die Seeräuber gegeneinander auf, indem sie mit «Seevölkern» bemannte Söldnerflotten aufboten und gegen jene aussandten.

In solchem ehrenvollen Dienst verbrachte Menelaos die nächsten sieben Jahre; er ließ sein ganzes Geschwader, unter seinem Kommando als Admiral von der ägyptischen Marine anheuern. Sein Küstenstützpunkt war Tanis, die bedeutendste Stadt des Deltas, die sich Ramsesstadt nannte, seit der Pharao seine Residenz in sie verlegt hatte.

In der Hauptsache sorgte er mit seinen Fahrzeugen für den Geleitschutz der Handelsschiffe nach Gaza und Askalon, Tyrus und Sidon, Byblos, Beirut und Ugarit. Gelegentlich fuhr er aber auch in südlicher Richtung den Nil hinauf nach Memphis oder gar Theben, wo Ramses noch immer eine königliche Residenz unterhielt und wo er traditionsgemäß im Tal der Könige sein Grab und seinen Totentempel errichten ließ. Dort besuchte er mit Helena gleich anderen Touristen den großen Tempelneubau von Medinat Habu, um die darin zum Gedächtnis der Siege Ramses' über die «Seevölker» eingemeißelten Darstellungen zu besichtigen.

Obgleich Menelaos sich sein ganzes Leben lang einen Besuch in Ägypten gewünscht hatte, war es ihm vorher nie in den Sinn gekommen, seinem eigenen Lande Sparta so lange fernzubleiben. Nun erreichte ihn ein Jahr nach seiner Ankunft in Ägypten von zu Hause die Nachricht vom Tode seines Bruders. Während der Abwesenheit Agamemnons in Troja hatte ein Vetter der beiden königlichen Brüder – Aigisthos, Sohn des aufrührerischen Fürsten Thyestes – sich mit Hilfe Klytemnästras, der Gemahlin Agamemnons, Mykenes bemächtigt. Bei seiner Rückkehr war Agamemnon meuchlings erschlagen worden. Solange Aigisthos Mykene fest in der Hand hatte und den Peloponnes beherrschte, war Menelaos nicht in der Lage, mit den wenigen Schiffen, die ihm zur Verfügung standen, nach Griechenland zurückzukehren. Es blieb ihm daher nichts anderes übrig, als in Ägypten auszuharren und dort auf seine Stunde zu warten, wobei er mit der Widerstandsbewegung im Peloponnes, die mittlerweile ihre ganze Hoffnung auf den in der Verbannung lebenden Prinzen Orest, Agamemnons Sohn, setzte, stets in Verbindung blieb.

Im Jahr 1178 v. Chr. erhielt Menelaos das Stichwort, die Stunde sei nunmehr reif. Daraufhin schickte er alle Schiffe, die er erübrigen konnte, nordwärts nach Griechenland. Im folgenden Jahr erreichte ihn in Tanis die Nachricht von einer erfolgreichen Volkserhebung. Elektra, die Tochter Agamemnons, die in Mykene gefangengehalten wurde, hatte Parteigänger um sich geschart und die Unterstützung ihres Bruders Orest erhalten, der insgeheim, vom Norden kommend, gelandet war. Gemeinsam hatten sie die Wachen des Aigisthos überwältigt und diesen selbst und auch Klytemnästra getötet. Die Flotte des Menelaos war genügend stark gewesen, um die Bundesgenossen des Thronräubers in Schach zu halten und einen Gegenangriff zu verhindern.

Zu jener Zeit war Menelaos vierundfünfzig Jahre alt und an dem Punkt angelangt, an dem ein Mann erkennt, daß er die Abenteuer jüngeren Leuten überlassen sollte. Mit Hilfe seiner trojanischen Beute und des bedeutenden Vermögens, das er sich in ägyptischen Gewässern dazuerworben hatte, wurde der alte Königspalast von Sparta neu hergerichtet und mit nahezu ägyptischem Prunk ausgestattet. Der mit Elfenbein eingelegte Doppelthron im großen Saal war ägyptisches Kunsthandwerk. Die Trinkgefäße und Speiseschüsseln auf dem hochbeinigen Bankettisch waren aus reinem Silber gefertigt; an den Wänden hing eine wertvolle Waffensammlung – Geschenke vieler östlicher Potentaten – bestehend aus Schwertern und Schilden, die im Glanz von Gold und Silber, Onyx und Bernstein erstrahlten. Die Privaträume, zu denen man von der Tribüne der großen Halle Zugang hatte, waren intimer, aber darum nicht minder kostbar ausgestattet: dort gab es Wandteppiche, wertvolle Stühle und Bettgestelle; die hölzernen Fußböden waren mit Brücken aus Pelzwerk bedeckt, und in den bemalten ägyptischen Truhen entlang den Wänden häuften sich die Vorräte von feinem Leinen.

Allabendlich, wenn in der Halle der große Haushalt zum Essen zusammenkam, die Speiseträgerinnen sich mit Platten voll Schweine- und Hammelfleisch zwischen den Sitzreihen zu schaffen machten und die Mundschenke Wein und Bier austeilten, feierten Hofsänger zum Klang der Harfe die Heldentaten der Pelopssöhne und das große trojanische Abenteuer.

Menelaos besaß keine Söhne, deshalb mußte der Thron von Sparta eines Tages auf seinen Schwiegersohn übergehen, nicht anders, als er selbst zusammen mit der Tochter seines Vorgängers von diesem sein Königreich in Empfang genommen hatte. Vor Jahr und Tag, als beide vor Troja standen, waren er und Achilles über die Verlobung seiner

Tochter Hermione – damals sieben Jahre alt – mit Neoptolemos, dem jungen Sohn des Achilles, übereingekommen. Jetzt, da Hermione siebzehn war, entsandte Neoptolemos eine Eskorte seiner wilden Thessalier, um die Braut abzuholen. Ausgerechnet beim Abschiedsfest erschien plötzlich der junge Telemach von Ithaka auf der Bildfläche, um nach seinem Vater Odysseus zu forschen, der damals von Troja in Richtung Heimat aufgebrochen war und von dem man seither nichts mehr gehört hatte.

Etwa zwei Jahre danach kam Odysseus selbst zu Besuch. Er war inzwischen nach Hause zurückgekehrt und wußte haarsträubende Schauermärchen von kaum glaubwürdigen Abenteuern im westlichen Mittelmeer zu erzählen. Menelaos war zu höflich, um dem Gast seine Zweifel an der Glaubwürdigkeit seiner Geschichten anzudeuten. Es fiel ihm schwer, an Zusammenstöße mit schäumenden Klippen, an Sirenen, schöne Göttinnen und einäugige menschenfressende Riesen zu glauben, denen Odysseus westlich von Sizilien begegnet sein wollte. Menelaos war an den Königshöfen von Libyen und Ägypten mit vielen Sizilianern, Sarden und sogar Spaniern zusammengetroffen – Leuten, die einen ganz normalen Eindruck machten und regelmäßig das ganze Mittelmeer durchkreuzten, ohne anderen Gefahren zu begegnen als Stürmen und Seeräubern.

Glaubwürdiger erschien ihm der Bericht, den sein Neffe Orest etliche Jahre später über eine Reise nach Tauris auf der Krim gab. Orest wollte seine Schwester Iphigenie, die vor zwanzig Jahren dorthin als Priesterin eines Artemisheiligtums in einer achäischen Kolonie entsandt war, heimholen. Orest war an der Küste vor Troja entlanggefahren und wußte zu berichten, daß der Standort der ehemals blühenden Stadt eine Wüstenei war, öde und menschenleer bis auf ein paar Hirten, die sich in den ausgebrannten Häusergerippen eine primitive Unterkunft eingerichtet hatten. Weiter auf seinem Weg, an der Schwarzmeerküste Thrakiens, war er mit den Fürsten von halbnomadischen Völkerschaften bekannt geworden, die sich mit dem Gedanken trugen, mit all ihrer Habe in südlicher Richtung aufzubrechen und – gleich den Moskern und Phrygiern vor ihnen, die das Hethiterreich niedergeworfen hatten – nach Kleinasien überzusetzen. Von der Donaumündung aus war Orest quer über das Schwarze Meer zur Krim gefahren, wo er in der kleinen, halb achäischen, halb von Eingeborenen bevölkerten Kolonie mehrere Monate verbracht hatte. Anschaulich schilderte er die Bauern und Viehtreiber, die in bunten Scharen die Stadt aufsuchten, um in ihrem Festtagsputz, mit bestickten Filzhüten und selbstgesponnenen Gewändern, ihre Häute, Wolfsfelle und Kornsäcke gegen griechische Produkte wie Wein, Olivenöl und Bronzeschmuck zu vertauschen.

Wenn Menelaos im Alter auch zu Hause blieb, so fehlte es ihm nie an Besuchern, die ihm von der weiten Welt erzählten. Als er fünfundsechzig Jahre alt war, brachte ihm ein zyprischer Schiffskapitän die Nachricht vom Tode Ramses' III. von Ägypten und von der Thronbesteigung seines Nachfolgers gleichen Namens. Aber alles das lag weit zurück. Viel stärker berührte ihn der Vorschlag seines Schwiegersohnes Neoptolemos, die Thessalier, oder wenigstens einen großen Teil dieses Stammes, im spartanischen Hügelland anzusiedeln, das bislang nur schwach besiedelt war. Die Völkerschaften nördlich von Thessalien wurden immer unruhiger, weil fremde Völker ins Donautal eingedrungen waren und sich dort immer weiter ausdehnten. Deshalb – so meinte Neoptolemos – wäre es ganz zweckmäßig, die Meerenge von Korinth zwischen sich und jene Stämme zu schieben. Menelaos fragte sich, was die ortsansässigen Bauern von Sparta zum plötzlichen Auftauchen von etlichen tausend unzivilisierten Thessaliern sagen würden; aber

Die kretische Tradition der Vasenmalerei lebt bei den Achäern weiter, doch ist die freie Ausdrucksform dahin. Vergleiche diese mykenische Vase von der Insel Rhodos mit ihrem Gegenstück auf S. 195.

er war jetzt alt und schwach, und Neoptolemos war schließlich der Erbe. Es sah aus, als gebe es in Zukunft ganze Völkerwanderungen, an Stelle der flinken Raubzüge junger, unternehmungslustiger Leute, die zu seiner Zeit üblich gewesen waren.

So saß er denn Tag für Tag und Abend für Abend im großen Saal seiner Burg Sparta und ließ seine Gedanken zu den Waffenübungen in Mykene zurückschweifen, die er in seiner frühen Jugend mitgemacht hatte, zu den Boxkämpfen und Wagenrennen mit seinem Bruder Agamemnon, der schon seit zwei Jahrzehnten in der Erde lag, und zu den tausend Schiffen in Aulis, die auf günstigen Wind für die Fahrt gen Troja warteten.

Dieses Kapitel ist ein Versuch, aus einer Reihe von zusammenhanglosen Geschehnissen ein einheitliches Ganzes zu bilden. In dieser Epoche finden viele revolutionäre Geschehnisse statt; das Hethiterreich wird von unbekannten Gegnern zerschlagen, Hattusas ein Raub der Flammen; die Philister lösen die Kanaaniter in der Herrschaft über die Küste Palästinas ab; Ägypten erleidet die schwersten Einbrüche in sein Hoheitsgebiet seit der Zeit der Hyksos durch Überfälle von Völkerschaften, die die Pharaonen als «Seevölker» bezeichnen. Und dann fällt in diese Zeit der Trojanische Krieg, den die Griechen in die Zeit von 1193 bis 1183 v. Chr. verlegen, was von der archäologischen Forschung bestätigt wird.

Die «Seevölker» sind und bleiben ein Geheimnis. In ägyptischen Aufzeichnungen werden sie nicht nur deutlich beschrieben, sondern mit Namen und sogar im Bild aufgeführt. Wenngleich die Namen nicht bei allen Invasionen die gleichen sind, werden die Teresch, die Maschwesch, die Schardana, die Schekelesch, die Akaiwasch, die Dainiuna und die Peleset genannt. Es bestehen triftige Gründe für die Annahme, daß es sich bei den eben genannten Völkerschaften um die Stämme handelt, die später als Etrusker, Maxyer, Sardinier, Sizilier, Achäer, Danaer und Philister bekanntwurden und in geschicht-

licher Zeit in Italien, Tunis, Sardinien, Sizilien, Griechenland und Palästina wohnten. Es ist aber sehr unwahrscheinlich, daß alle diese Volksstämme zur Zeit der Angriffe auf Ägypten bereits in den Ländern seßhaft waren, in denen wir sie später antreffen und denen sie in mehr als einem Fall ihren Namen gaben. Zumindest trifft das auf die Philister zu, die sich nach ihrer Vertreibung aus Ägypten Palästinas bemächtigt haben; und auch für die Etrusker dürfte es mit großer Wahrscheinlichkeit gelten, deren Anwesenheit in Italien vor 750 v. Chr. nicht eindeutig feststeht. Nach ägyptischen Aufzeichnungen folgten den Angreifern in manchen Fällen die Familien mit Troß und aller Habe, und das würde bedeuten, daß es sich um eine richtige Völkerwanderung handelte. Wahrscheinlich hingen die Angriffe dieser Völkerschaften auf Ägypten mit der Wanderrichtung zusammen, die sie schließlich in die Länder führte, in denen wir sie später antreffen. Aber von wo sind diese vielen Leute gekommen? Es gibt Anzeichen, daß das westliche Kleinasien und Griechenland Ausgangspunkt dieser Bewegung waren, wobei man aber einschränkend feststellen muß, daß die betreffenden Völker in dieser Region nicht lange ansässig blieben. Abgesehen von den Achäern findet keines von ihnen in den hethitischen Inschriften Erwähnung. Ich gehe hier von der Voraussetzung aus, daß die «Seevölker» aus Südwesteuropa, dem Balkan und dem Donaubecken stammen, von wo sie ungefähr hundert Jahre vor dem Beginn dieses Kapitels südwärts zur Adria, zu den ägäischen Küsten und nach Kleinasien vorgestoßen sind und dort nach Wikingerart gelebt haben, indem sie das Dasein von Bauern und Seeräubern abenteuerlich verknüpften. Offenbar haben sie sich während der Epoche dieses Kapitels und im Verlauf der folgenden Generationen noch mehr verbreitet, namentlich im zentralen Mittelmeerbecken, in Libyen, Tunis, Italien und auf den ägäischen Inseln. Auch die Zerstörung des Hethiterreiches hängt meiner Meinung nach mit diesen Vorgängen zusammen; jedenfalls wohnen später die Mosker und die Phrygier im ehemals hethitischen Gebiet, und man weiß mit Sicherheit, daß diese Völker ursprünglich aus Südosteuropa gekommen sind.

Das Bild, das uns Homer von den Achäern zeichnet, gleicht wirklich einer Sammlung von Seeräubern, die von Raub und Plünderung leben und höchstens zwei Generationen in ihrer jeweiligen Heimat seßhaft sind. Der Trojanische Krieg dürfte kaum dem Einbruch europäischer «Wikinger» in Kleinasien zuzuschreiben sein, sondern eher auf einen internen Streit zwischen zwei Gruppen solcher Einwanderer hinauslaufen – und wir haben keinen Grund zu zweifeln, daß die Entführung Helenas die Ursache dieser folgenschweren Auseinandersetzung gewesen ist. Andererseits haben die Einfälle in Ägypten in der Tat damals stattgefunden, und die Achäer waren mit Sicherheit dabei. Der Pharao Merenptah nennt sie ausdrücklich bei Aufzählung der «Seevölker»; die Hethiter erwähnen des öfteren die Anwesenheit der Ahhiyawa im westlichen Kleinasien und in zeitlichem Zusammenhang mit diesen einen gewissen Attarissiyas, der von verschiedenen Seiten (aber nicht allgemein) mit Atreus identifiziert wird. Homer bestätigt, daß Menelaos nach dem Fall Trojas und vor seiner Heimkehr sieben Jahre in Ägypten verbrachte – was wiederum zeitlich mit dem Hauptansturm der «Seevölker» auf Ägypten zusammenfällt.

Es gibt viele scharfsinnige Lesarten über die Geschichte vom Trojanischen Pferd. Glaubwürdig war sie nie, und doch geht sie mindestens auf die Zeit Homers zurück. Die von uns vorgebrachte Theorie will nicht mehr sein als eine weitere Deutung von vielen. Der Wahrscheinlichkeit kommt sie nicht näher als die meisten anderen Interpretationen.

Ein sehr gewichtiges Postulat wird im vergangenen Kapitel allerdings erhoben, nämlich daß die homerischen Epen im wesentlichen auf Wahrheit beruhen. Dieses Postulat mag als recht gewagt anmuten, handelt es sich doch bei der Ilias und der Odyssee um Dichtungen, die in der uns überlieferten Gestalt erst im 8. Jahrhundert v. Chr. das Licht der Welt erblickt haben – also vierhundert Jahre nach den Ereignissen, die sie wiederzugeben behaupten. Diese Epen sind zwar Werke eines Dichters, wurden aber nie als Erfindung hingestellt oder auch nur angesehen. Und wenn sie auch lange nach den geschilderten Vorgängen zusammengestellt wurden, spricht vieles dafür, daß sie zu einem erheblichen Teil auf alten Balladen beruhen – ja solche sogar wörtlich übernommen haben; und diese in der Ilias und Odyssee vertrauten Urtexte erwecken insofern den Eindruck der Authentizität, als sie fast genau aus der Zeit zu stammen scheinen, die sie schildern. Folgendes kommt hinzu: Durch neuzeitliche archäologische Forschungen in Troja, Mykene und Pylos wurde eindeutig bestätigt, daß Troja zu einer Zeit erstürmt wurde, die sehr wohl mit dem traditionellen Datum 1183 v. Chr. zusammenfallen mag. Ferner kamen durch diese Grabungen Parallelen zu vielen Einzelheiten aus Homer insofern ans Licht, als Vasen, Schalen, Schwerter, Schilder, Haustypen, Begräbniszeremonien usw. genau mit gewissen detaillierten Schilderungen bei Homer übereinstimmen. Endlich verdanken wir der Entschlüsselung der kretischen Schrift die Möglichkeit, viele in Knossos, Mykene und namentlich Pylos gefundene Tontafeln zu entziffern. Wenn diese Tafeln auch großenteils Inventare und Geschäfts«bücher» darstellen, so erfahren wir aus ihnen vieles über die politische und soziale Struktur zur Zeit des Trojanischen Krieges, was mit den Schilderungen Homers auffallend übereinstimmt. Ja, ihre Ausdrucksweise erinnert so stark an die homerischen Epen, daß die ernsthafte Vermutung geäußert wurde, die Sänger der Achäer seien gleichzeitig auch Hofschreiber und Ladenbesitzer gewesen.

19
Der Wolf im Schafspelz
1160 - 1090 v. Chr.

Den Assyrern in der Hauptstadt Assur war das Meer ein ferner Mythos. Die Achäer pflegten zu sagen: wenn einer in Aleppo ein Ruder auf die Schulter nähme und landeinwärts marschierte, bis er das Land der Assyrer erreichte, würden diese ihn fragen, warum er mit einem Dreschflegel auf dem Rücken daherkomme. Das war eine böswillige Übertreibung, denn die Assyrer kannten von Schiffen und Flößen, die Menschen und Waren auf der breiten Wasserstraße des Tigris beförderten, Ruder und Paddel genau. Dennoch bekamen in Wahrheit nur wenige Assyrer je das Meer zu Gesicht. Dreihundertfünfzig Meilen im Nordosten jenseits des Gebirges lag, wie sie wußten, das Kaspische Meer, und ebensoweit im Nordwesten, wiederum jenseits der Berge, das Schwarze Meer. Zum Mittelmeer waren es gleichfalls dreihundertfünfzig Meilen, aber in westlicher Richtung über die Wüste hinaus, noch weiter nach Südosten zu, lag der Persische Golf. Trotz seiner größeren Entfernung lag den Assyrern der Persische Golf näher als die drei anderen Meere, denn zu ihm wurde man getragen, wenn man den großen Tigris stromabwärts fuhr – und von ihm kamen stromaufwärts die Lastkähne voll Datteln her. Aber im allgemeinen interessierten die Menschen sich nicht für die See; ihnen war besser gedient, wenn sie in den weiten Ebenen zu Füßen des Gebirges ihre Viehherden weiden ließen und Korn oder Gerste anbauten.

Nicht daß sie provinziell gewesen wären – sie protestierten heftig, wenn der eine oder andere Babylonier aus dem Süden (diese aufgeblasenen Leute, die bekanntlich Babylon für den Nabel der Welt hielten) sie so bezeichnete. Sie antworteten in solchen Fällen, nur Assyrien habe die alte mesopotamische Kultur drei Jahrhunderte vor dem Untergang bewahrte, als Babylon unter der Fremdherrschaft der Kassiten stand. Erst vor fünf Jahren waren die Kassitenkönige vom Thron Hammurabis verjagt worden – und auch das hatten die Babylonier nicht selbst zustande gebracht, es war dem Eingreifen des Königs von Elam zu verdanken.

Die Babylonier ließen sich von diesem Argument nicht überzeugen. Es setzte sie in Erstaunen, ein Volk anzutreffen, das die Kassiten noch immer als zugereiste Neuankömmlinge ansah: denn sie saßen seit fast einem halben Jahrtausend in Babylon und trafen keine Anstalten, es zu verlassen. Abgesehen von der Sprache waren sie von «einheimischen» Babyloniern kaum noch zu unterscheiden – und überdies sprachen die meisten von ihnen viel öfter babylonisch als kassitisch. Ihre Götter, ihre Kleidung und ihre Lebensgewohnheiten waren längst von Babylon assimiliert; die meisten Babylonier hatten irgendwo eine kassitische Großmutter und schämten sich ihrer durchaus nicht. Was Elam betraf – nun, man hatte zugegebenermaßen Schutruk-Nahhunte von Elam zu Hilfe gerufen, um die kassitischen Könige zu stürzen, die in der Tat ihre Sprache und Familie ziemlich unvermischt erhalten hatten, aber der König von Elam war vor vier Jahren in sein Land zurückgekehrt, und der König von Babylon war schließlich so semitisch von Geblüt, wie sogar ein Assyrer es sich nur wünschen konnte. Ja, obgleich er in Babylon residierte, bezeichnete er seit neuestem seine Familie als die zweite Isin-Dynastie und weckte damit die Erinnerung an die fast sagenhaften Könige von Isin, die in den Tagen vor dem großen Hammurabi die elamitischen Könige von Larsa, Warad-Sin und Rim-Sin bekämpft hatten.

Babylonier und Assyrer gerieten eben in Streit, wann und wo immer sie sich trafen. Das lag förmlich in der Luft, handelte es sich bei ihnen doch um zwei Völker, die durch die gleiche Sprache nicht etwa geeint, sondern getrennt wurden. Die Gassenjungen, die sich um die Mitte des 12. Jahrhunderts v. Chr. in Ninive und Assur herumtrieben, rotteten sich, sobald sie eines Babyloniers ansichtig wurden, hinter ihm zusammen und äfften so laut, wie ihr Mut es ihnen jeweils erlaubte, die schleppende Redeweise und die weichen Konsonanten des Südländers nach. Die Babylonier ihrerseits zuckten vor der rauhen Aussprache und den ungeschlachten Umgangsformen der Nordländer zusammen: in solchen Augenblicken verwünschten sie vielleicht gar die mühsame Fahrt stromaufwärts, die sie hierhergeführt hatte, weil ihnen nichts anderes übrigblieb, als ihre Waren gegen das Vieh, die Häute und den Weizen Assyriens auszutauschen – und freuten sich schon auf die Rückkehr in das zivilisierte Dasein ihrer Städte und Dattelplantagen.

Übrigens waren sie, was Elam betraf, nicht ganz bei der Wahrheit geblieben: denn es stimmte nicht, daß man von Babylon aus Schutruk-Nahhunte ins Land gerufen hatte. Dieser war vielmehr aus eigenem Antrieb gekommen, um mit einer hervorragend ausgerüsteten Armee Babylon drei Jahre lang zu belagern, wobei er zwischendurch im offenen Land Städte und Dörfer ausplünderte und in Asche legte. Beim Sturz Babylons hatte er sich auch keineswegs damit begnügt, die Mitglieder des Herrscherhauses umzubringen. Babylon war vielmehr mit einer Gründlichkeit geplündert worden, die an die große Plünderung in alter Zeit gemahnte, als der Hethiter Mursilis vor 430 Jahren die Stadt eroberte. Die Elamiter hatten alles mitgenommen, was einen Wert darstellte: Gold, Getreide, Sklaven, Elfenbein, Wein, Vieh, Waffen, Pferde und Kunsthandwerk. Auch das große Standbild Marduks, des Schutzgottes von Babylon, hatten sie entfernt, und ebenso die schwarze Porphyrsäule, auf der Hammurabi vor sechshundert Jahren seine Gesetze hatte einmeißeln lassen.

Schutruk-Nahhunte hatte seinen Sohn mit einer Besatzungsmacht in Babylon zurückgelassen, über das er regieren sollte; aber im folgenden Jahr wurde die Garnison zurückgezogen, und der Vizekönig Kutur-Nahhunte hielt es für klüger, mit seinen Truppen nach Elam zurückzukehren. Der plötzliche Entschluß der Elamiten, Babylon preiszugeben, beruhte auf dem unberechenbaren Wandertrieb der neuen Völker. Man wußte damals wirklich nicht mehr, wie man mit diesen Horden dran war, die sich mit einemmal von Nordwesten her in Bewegung setzten, alle feststehenden Grenzen überrannten und das von Diplomaten mühsam ausgeklügelte Gleichgewicht der Mächte ins Wanken brachten. Es war vierzig Jahre her, seit Hattusas eine Beute dieser einbrechenden Stämme geworden war. Daß aber jetzt Mosker und Phrygier dort herrschten, wo einst das heilige hethitische Reich gestanden hatte, war mehr, als die ältere Generation begreifen konnte. Neue Völker hatten einen großen Teil der westlichen Mittelmeerküste besetzt, und viele alteingesessene Handelshäuser im Libanon und in Kanaan hielten sich etwas auf neue Partner oder Schwiegersöhne zugute, die seltsame Namen trugen, in noch seltsameren Sprachen redeten und vorerst nur wenig von Geschäften, aber um so mehr von der Schiffahrt und vom Kämpfen verstanden – was für einen Kaufmann in jenen unruhigen Zeiten immer wichtiger wurde. Von den Beduinen, die sich dazumal zu einer wirklichen Bedrohung auswuchsen, ganz zu schweigen.

Wie dem auch sei: die Elamiten waren auf Grund einer plötzlichen Bedrohung ihrer eigenen Nord- und Ostgrenze aus Babylon abgezogen. Eine ganze Konföderation von neuen Völkern hatte das Gebirge überquert, das Elam vom Kaspischen Meer abschirmte. Perser nannten sie sich und Meder – und dazu kam noch ein gutes Halbdutzend anderer Stämme. Von Luristan und von der indischen Grenze aus stießen sie südwärts nach dem Persischen Golf vor. Im Gegensatz zu ihren Verwandten in Kleinasien legten sie aber anscheinend keinen besonderen Wert auf eine Verständigung mit den alteingesessenen Völkern, denn sie zogen eine Schleife um die Ostgrenze Elams. Man wußte daher nichts über die Absichten des neuen Königs in Susa, Schulhak-Inschuschinak, der sich vielleicht mit dem Gedanken einer Rückeroberung Babylons trug. Für die babylonischen Kaufleute waren die ewigen Verdächtigungen zwischen ihren Landsleuten und den Assyrern ein Wahnsinn. In den gefährlichen Zeiten, die man augenblicklich durchlief, konnten beide Völker nur bestehen bleiben, wenn sie sich zusammenschlossen. Und doch war vorerst an ein Bündnis nicht zu denken – ein solches würde wohl erst zustande kommen, wenn eines der beiden Länder das andere überwältigte.

Die Lausbuben von Assur ahnten nichts von den sorgenvollen Gedanken der babylonischen Kaufleute, die ihnen sowieso gleichgültig gewesen wären. Sie konnten die Babylonier nicht leiden und damit basta.

Die assyrischen Kinder hatten im Gegensatz zur älteren Generation durchaus nicht das Bewußtsein, in gefährlichen Zeiten zu leben, für sie gab es nichts anderes als das, was sich von Tag zu Tag unter ihren Augen abspielte; und sogar die Erinnerungen ihrer Väter kreisten fast ausschließlich um die Auseinandersetzungen zwischen rivalisierenden Herrschern oder um die Raubzüge von wandernden Bergvölkern im Norden und Wüstenbewohnern im Süden. Seit der Niederwerfung Babylons durch den großen König Tukulti-Ninurta vor neunzig Jahren und seiner Ermordung sieben Jahre später hatte es keinen Frieden gegeben. Die alte Zeit der mächtigen Reiche, als Hethiter und Ägypter für das Gleichgewicht im Nahen Osten sorgten, war in den Augen der neuen Generation nichts weiter als eine Fabel. Der Krieg war jetzt der natürliche Zustand geworden; das jeweils stärkste Land schlug sich fast jedes Jahr mit seinen schwächeren Nachbarn herum, und das einzige nationale Ziel von Bedeutung war, sich zur stärksten Nation zu machen.

Die Zehnjährigen fanden daher nichts Außergewöhnliches an der Nachricht, der König von Elam habe mit einem starken Heer seine Westgrenze überschritten und sei nun mit dem Niederbrennen der Ernte auf den Feldern und der Dörfer am Unterlauf des Tigris beschäftigt. Der Hauptstoß war offenbar gegen Babylon gerichtet, doch ließ man für alle Fälle die jungen Assyrer einrücken und mit umgehängten Bogen zur Festigung der Grenze nach Süden marschieren.

Dort wurden sie auch gebraucht. Während ein Teil der elamitischen Streitkräfte den Tigris und das Land zwischen den zwei Strömen durchquerte, um die Stadt Babylon zu belagern, marschierte eine andere Streitmacht den Tigris entlang nach Norden. Sie fegte die ungeübten Rekrutenverbände von der Grenze weg, indem sie die Formationen mit massierten Angriffen ihrer schweren Kampfwagen aufrollte und an der Flanke mit schnellen Hilfstruppen umfaßte, die seltsamerweise auf ihren Pferden ritten. Viele von diesen Verbündeten waren Perser, entstammten also dem neuen Volk im Norden; es hieß, in ihrer fernen Heimat sei das Reiten gang und gäbe, und die Menschen verbrächten dort fast ihr ganzes Leben zu Pferde.

Die assyrischen Streitkräfte wichen immer weiter zurück, bis die Buben von Assur zum erstenmal in ihrem Leben von der Höhe ihrer Stadtmauer – die Stadt selbst war auf einem Gebirgsausläufer erbaut – ein feindliches Heer sehen konnten, das unten in der Ebene sein Lager aufgeschlagen hatte.

In der Stadt trat eine gewisse Verwirrung ein, als die Adligen und die Wohlhabenderen unter den freien Familien sich beeilten, ihre Angehörigen und beweglichen Werte nach Ninive zu evakuieren, das gut 75 Meilen weiter nördlich lag. Was an kostbaren Dingen nicht abtransportiert werden konnte, verschwand in allen nur möglichen Verstecken unter der Erde, wo es bis zum Ende der Gefahr bleiben sollte. Im allgemeinen Durcheinander mühten sich militärische Einheiten um die Verstärkung der Befestigungswerke, indem sie Mauern erhöhten, Unterstände zum Schutz der Tore anlegten und in gleichmäßigen Abständen auf den Brustwehren Vorräte von Pfeilen und Schleudermunition aufstapelten. Die halbwüchsigen Jungen, die man als Hilfskräfte verpflichtet hatte, unterhielten sich königlich.

Aber die Gefahr zog vorüber. Assur war zu stark, um eine leichte Beute zu sein, und die Elamiten wagten nicht, ihren Vorstoß nach Norden fortzusetzen und die unberührte, von der intakten assyrischen Armee bemannte Stadt im Rücken zu haben. Sie brannten symbolischerweise die Ernte nieder, schlugen alle Obstbäume bis zur Stadtmauer ab und zogen sich dann zurück. Die südlichen Provinzen gaben sie indessen nicht preis – die Städte, die sie erobert hatten, belegten sie mit starken Garnisonen. Die weite Tigrisebene im Süden der Hügelkette blieb den Assyrern verschlossen. Die Spediteure fanden zwar wie immer Mittel und Wege, um ihre Handelsschiffe und Flöße durch die besetzten Gebiete hindurchzuschleusen, aber das kostete ungeheure Summen an regulären Taxen und Bestechungsgeldern, so daß die Transportkosten und Versicherungsgebühren eine bisher ungeahnte Höhe erklommen.

Bald wurde bekannt, daß der Tigris auf seinem ganzen Lauf zum Persischen Golf in der Hand der Elamiten war. Zwar hatte Babylon der Belagerung standgehalten; doch waren dafür die alten Städte Ur und Eridu am Unterlauf des Euphrat an Elam gefallen. Während die jungen Burschen von Assur zu Männern heranwuchsen, blieb Elam eine allgegenwärtige und oft sichtbare Bedrohung am südlichen Firmament. Sie sollten und wollten die verlorenen Provinzen nicht vergessen, wo so mancher von ihren Vätern Bauernhöfe im fruchtbaren Stromtal besessen hatte. Dazu war Assur überfüllt mit Flüchtlingen, die einst freie Landbesitzer gewesen waren, jetzt aber niedrigen Beschäftigungen nachgehen mußten und teilweise sogar in Schuldknechtschaft gerieten. Außerdem unternahmen die elamitischen Besatzungstruppen fast jedes Jahr Beutezüge nach Norden, um Ernten einzubringen, wo sie nicht gesät hatten, und Vieh und Sklaven wegzuschleppen.

Ganz jung wurden die Assyrer zum Militärdienst einberufen. Sie lernten mit Pfeil und Bogen und der Schleuder umzugehen, sie übten sich im Speerwerfen und endlich im Nahkampf mit Schild, Schwert und Kriegsbeil. Die Söhne der Adligen lernten, einem alten Privileg zufolge, den Umgang mit Kampfwagen. Ihre Waffen waren noch aus Bronze, doch kam auf Umwegen immer mehr Eisen aus dem Westen ins Land. Die großen Eisenwerke in Kleinasien waren jetzt im Besitz der Mosker und Phrygier, aber die Schmiede waren natürlich nach wie vor alteingesessene Hethiter – und sie setzten ihre Ehre darein, das phrygische Embargo auf Eisenexporte zu umgehen.

Dem stehenden Heer gehörten nur verhältnismäßig wenig junge Assyrer an; die meisten von ihnen leisteten ihren Militärdienst nur während der eigentlichen Kriegsmonate im Sommer, zwischen Aussaat und Ernte ab. Das übrige Jahr hindurch gingen sie ihrem Gewerbe nach und schauten ihren Vätern oder älteren Brüdern die Fertigkeit in dem Beruf ab, an den sie jeweils durch Familientradition gebunden waren. Neun Monate von zwölf waren sie Bauern oder Fährleute, Schreiner oder Gerber, Goldschmiede oder Krämer oder Müller, Gemüsehändler, Schuster oder Geldverleiher. Das restliche Vierteljahr waren sie samt und sonders nichts weiter als Soldaten. Wenn sie dann in drückender Hitze über die staubigen, ausgedörrten Hänge des Vorgebirges marschierten, in heftige Scharmützel verwickelt wurden oder plötzlich in einen Hinterhalt gerieten, wenn sie den angstvollen Rausch der massierten Schlachtlinie verspürten oder satt von warmen Hirsekuchen in kühlen Nächten um das Biwakfeuer saßen – dann wurde in ihnen ein Gefühl der Kameradschaft und Entschlossenheit lebendig, wie sie es während neun Monaten des zivilen Lebens nicht kannten. Während die jungen Rekruten ihre ersten Bartsprossen liebevoll kämmten und dabei von den Korkzieherlocken der schaufelförmigen Bärte träumten, wie die «alten Krieger» sie trugen, sprachen sie mit dem Blutdurst der Unerfahrenen von der schrecklichen Rache, die sie an den Elamiten nehmen wollten – wenn sie erst einmal innerhalb der Mauern von Susa wären.

Im Jahr 1140, als sie etwa zwanzig Jahre alt waren, hörten sie zum ersten Male von dem neuen König von Babylon: Nebukadnezar. Er interessierte sie nicht sonderlich. Sie hatten selbst genügend dynastische Schwierigkeiten. Ein Jahr zuvor war der alte Assyrerkönig Assur-dan gestorben, und sein Nachfolger, dessen Legitimation höchst zweifelhaft war, ein gewisser Ninurta-tukulti-Assur, hatte vom Thron Besitz ergriffen. Innerhalb der königlichen Familie, der Armee und der Priesterschaft von Assur und Ischtar besaß er genug Rückhalt, um sich in der Stadt selbst Gehorsam zu erzwingen; aber auf dem freien Land scharte der legitime Thronfolger, Mutakkil-Nusku, eine Streitmacht um sich. Das assyrische Volk wußte nicht recht, wen es unterstützen sollte; gleichzeitig fürchtete man, die Elamiten könnten die Gelegenheit eines Bürgerkrieges zu einem großangelegten Angriff auf das ganze Land ausnutzen. Die Leute nahmen daher mit spürbarer Erleichterung die Nachricht zur Kenntnis, daß der neue König von Babylon seine Regierung mit einem Feldzug gegen das von den Elamiten besetzte Territorium eröffnet hatte. Die dann folgenden Nachrichten über den Mißerfolg dieses Unternehmens riefen keine sonderliche Verwunderung hervor – die Dekadenz der Babylonier war ja sprichwörtlich. Etwas Gutes hatte das Ganze aber insofern an sich, als den Elamiten während der kritischen Monate, die Mutakkil-Nusku für die Vertreibung des Thronräubers benötigt hatte, die Hände gebunden waren.

Mit Ablauf etlicher weiterer Monate wurde dann freilich klar, daß Nebukadnezar für einen Babylonier ungewöhnlich viel Mut besaß. Seine Streitkräfte hatten in dem nun schon zehn Jahre währenden Krieg mit Elam endgültig das Gesetz des Handelns an sich gerissen. Ohne sich durch das Ausbleiben eines Entscheidungssieges entmutigen zu lassen, kämpfte er Jahr um Jahr verbissen weiter gegen die Elamiten, die den Unterlauf des Tigris besetzt hatten, hielt sie in der Defensive und zermürbte langsam ihre Kraft.

Das brachte Assyrien mehrere Jahre lang einen ungewohnten Friedenszustand, denn Elam konnte sich Kämpfe im Norden nicht mehr leisten. In der Armee wurden Stimmen laut, jetzt sei die Zeit für die Rückeroberung der verlorenen Provinzen gekommen, aber Mutakkil-Nusku zog den Komfort seines Palastes den Gefahren und Anstrengungen eines Krieges vor. Zwar wurden nach wie vor die Reservisten in gewissen Zeitabschnitten für Felddienstübungen und Grenzpatrouillen einberufen, aber nicht mehr alle Jahre. Die jungen Leute dieser Generation durften den Übertritt von der Jugend zum Mannesalter ausnahmsweise ohne Störungen durch den üblichen latenten Kriegszustand vollziehen.

Selbstverständlich berührten jeden der um 1160 geborenen Assyrer die eigenen Probleme und Erlebnisse stärker als babylonische Siege oder Niederlagen. Sie beanspruchten alle ihren Platz im Leben der Gemeinschaft: sie verdienten Geld oder verloren es; sie wurden Besitzer von Sklaven oder Sklavenhändler, wenn nicht gar, auf dem Umweg über Schulden und Bankrott, selbst zu Sklaven. Allerdings gab es in jenen friedlichen Zeitläuften nicht viele Sklaven in Assur; die wenigen, die man dort antraf, waren zumeist Ausländer aus Lullubi oder Urartu, die gewaltsam aus dem östlichen und nördlichen Bergland entführt oder dort gekauft worden waren. In jenen Jahren standen die jungen Männer erwartungsvoll an den Kreuzungen der engen Straßen oder an den offenen Fenstern der Bierkneipen und folgten mit dem Blick den schlanken, dunkeläugigen Mädchen, die, den Wasserkrug auf dem Kopf balancierend, ihres Weges gingen. Dann wurde früher oder später nach ausgedehnten Verhandlungen der zwei Väter über den Kaufpreis der Braut vor der Priesterschaft von Assur und unter Anrufung des Stadtgottes Hochzeit gefeiert. Damit hatte wieder einmal ein junges Mädchen sich den Reihen der Matronen angeschlossen, um für den Rest ihres Lebens nur noch verschleiert die Straße zu betreten.

Außerhalb der Stadt grünten und blühten die Parzellen der freien Bauern und die Latifundien der Adligen; so weit das Auge reichte, zog das bebaute Land sich hin, und sogar eine neue Generation von Obstbäumen setzte bereits reiche Frucht an. In nördlicher Richtung, auf den wogenden Ketten und Hängen der Vorberge, weideten Herden von Schafen, Rindvieh und Pferden unter den wachsamen Augen der Hirten, die mit Speeren oder Pfeil und Bogen zur Abwehr von Wölfen, Löwen und räuberischem Berggesindel bewaffnet waren. Sogar der Handel erholte sich zusehends; kleine wohlbehütete Karawanen von Packpferden und -eseln sowie Ochsenkarren folgten wieder der uralten Straße, die am Fuße des nördlichen Gebirges entlang nach Karkemisch und zum Mittelmeer führte. Es war dies eine verhältnismäßig sichere Route, wenn auch nicht mehr ganz so sicher, wie in den längstvergangenen Tagen, als die Mitanni und die Hethiter ebenfalls entlang der Straße bewaffnete Stützpunkte unterhielten, wobei sie natürlich die vorüberziehenden Kaufleute empfindlich schröpften, andererseits aber die noch weit raubgierigeren Briganten von der Straße fernhielten.

Im Gegensatz zu der nördlichen Route war die südliche, die den Euphrat entlang zum oberen Meer führte, fast unbenutzbar. Während der letzten Generation hatten sich die Wüstenräuber in kaum faßbarem Ausmaß vermehrt, und ihre Dreistigkeit kannte keine Grenzen. Sie nannten sich jetzt Aramäer und kamen aus den Wüsten Arabiens. Ihr neuestes Reittier war das Kamel, und es besaß die sehr nützliche Eigenschaft, tagelang ohne Wasser leben zu können. Daher konnten die Aramäer in der Wüste eine Beweglichkeit entfalten, die ihren Vorläufern, den Amoritern, in der Zeit vor Hammurabi, versagt geblieben war. Sie brachten es fertig, irgendwo aus der wasserlosen Wüste aufzutauchen, eine Karawane weit von der nächsten Garnison anzugreifen und mit ihrer Beute zu verschwinden, ohne daß für die Ausgeplünderten die Möglichkeit bestand, sie zu verfolgen. Jetzt, wo sie sich durch ihre stets wachsende Zahl sicher fühlten, nutzten sie die Sorgen, die Elam den Assyrern und Babyloniern bereitete, indem sie sich an den Oasen der südlichen Euphratroute festsetzten. Blühende aramäische Fürstentümer waren bereits um Palmyra und Damaskus entstanden – neue Städte, die die südliche Handelsroute vom Meer völlig beherrschten. Auch in die alten Mitanni-Gebiete nördlich des Euphrat stießen die Aramäer vor, also in gefährliche Nähe der nördlichen Handelsstraße, die die westliche Lebensader der Assyrer darstellte. Auf diesem Wege kam nämlich das Silber ins Land, auf dem ihre Währung beruhte, ebenso das für sie volkswirtschaftlich immer wichtiger werdende Eisen.

In dieser Zeit des waffenstarrenden Friedens und der militärisch beschützten Handelskonjunktur traf eines Tages die Nachricht von der Zerschlagung der elamitischen Armee durch Nebukadnezar von Babylon ein. An einem sengend heißen Julitag, als sogar das assyrische Hochland ausgedörrt und von gelbem Staub bedeckt in der Sonne lag, setzte Nebukadnezar in der schwülen Treibhausluft des unteren Mesopotamiens alles auf eine Karte – und diesmal zerbrach die Schlachtfront der Elamiten vor seinem Ansturm. Die babylonischen Gesandten, die die Botschaft nach Assur brachten, verlasen auf den Marktplätzen die überaus anschauliche Botschaft Nebukadnezars, die babylonischen Streitkräfte hätten «den Feind auf glühenden Straßen vor sich hergetrieben, während die Klingen ihrer Waffen zu heiß zum Anfassen waren». Er beschrieb auch, wie seine Soldaten die Elamiten beim Versuch, sich am Karun-Fluß wieder zu sammeln, endgültig aufgerieben hätten; ferner wie König Hulteludisch von Elam auf der Flucht den Tod gefunden habe und wie seine Hauptstadt Susa im Sturm genommen und verwüstet worden sei. Das Standbild des babylonischen Hauptgottes Marduk – so hieß es in der Botschaft weiter –, das vor dreißig Jahren von Schutruk-Nahhunte im Triumph nach Susa gebracht worden war, sei im Triumph in seinen Tempel zu Babylon zurückgebracht worden.

Über diesen Sieg waren die Assyrer nicht übermäßig begeistert. Die Befreiung ihrer verlorenen Provinzen durch Babylon versetzte ihrem Stolz einen empfindlichen Schlag, und es mußte sich erst erweisen, ob ein starkes Babylon an ihrer Südgrenze einem mächtigen Elam vorzuziehen war.

In den folgenden Jahren tat Nebukadnezar nichts, um ihren Argwohn zu beschwichtigen. Im Gegenteil: er unternahm von Elam aus Strafexpeditionen in das Hügelland gegen die Verbündeten der Elamiten, die Lullubi; diese aber, in den Assyrien überschauenden Bergen ansässig, waren die privaten und speziellen Feinde der Assyrer. Wenn ein anderes Volk die Lullubi angriff, so war das eine Beleidigung für die Assyrer. Bei den Babyloniern hatten sie das fatale Gefühl, eingekreist zu werden.

Es wurde noch schlimmer, als Nebukadnezar sich nach Nordwesten wandte, um die neugegründeten aramäischen Staaten am Oberlauf des Euphrat zu schlucken, die an der anderen assyrischen Flanke lagen. Dieser Angriff war nicht nur ein weiterer Schritt in der Einkreisung Assyriens, er zielte offensichtlich darauf hinaus, die Euphratroute, die direkte Straße vom Persischen Golf zum Mittelmeer, wieder zu eröffnen. Damit würde Assyrien umgangen und zu einem provinziellen Hinterland – als was die Babylonier es schon immer angesehen hatten.

Unter den assyrischen Adligen wurden Proteste laut. Man vertrat in Assur bereits allgemein den Standpunkt, daß mit dem schläfrigen König Mutakkil-Nusku etwas geschehen müsse, und wirklich war er rücksichtsvoll genug, rechtzeitig eines natürlichen Todes zu sterben.

Sein Nachfolger Assur-resch-ischi erwies sich bald als ein Mann von anderem Schlage. Er machte sich keine Illusionen über die Ziele Nebukadnezars von Babylon und mobilisierte deshalb die gesamten Streitkräfte des Landes «zu Schulungszwecken». Wieder einmal mußte der Jahrgang 1160 mit Bogen, Schwert und Wurfspeer trainieren, Marschübungen aller Art machen und das knifflige Reglement der formierten Kampflinie üben. Jetzt waren sie die Veteranen: man schrieb das Jahr 1127, und sie hatten die Dreißig überschritten; die jungen Rekruten beneideten sie um ihre lockigen Schaufelbärte und um alles, was sie noch aus den Elamitenkriegen von ihnen wußten. Am Biwakfeuer erzählten sie von den schrecklichen Dingen, die sie Babylon und den Babyloniern antun wollten – nicht anders, als sie es vor einem Dutzend Jahren mit Elam im Schilde geführt hatten.

Ihre Stunde schlug, als Nebukadnezar kurz danach von den Assyrern verlangte, sie sollten seine Oberhoheit über ganz Mesopotamien anerkennen. Als Assur-resch-ischi das ablehnte, marschierten die Babylonier gen Norden und schlossen die Grenzfestung Zanki ein. Assur-resch-ischi zog ihnen an der Spitze seiner Truppen entgegen, und seit mehr als einem halben Jahrhundert standen Assyrer und Babylonier zum ersten Male einander als Feinde gegenüber.

Die assyrischen Soldaten mußten bald feststellen, daß ihre Gegner alles andere waren als weichliche Südländer. Die Truppen Nebukadnezars waren die gleichen, die Elam in der Gluthitze des Sommers erobert hatten, und seither waren sie durch eine Folge von kriegerischen Unternehmungen in Wüste und Gebirge gestählt. Die Assyrer hingegen hatten seit zehn Jahren nur Garnisondienst getan oder Straßenräuber bekämpft. Die Schlacht war hart und endete unentschieden. Als bei Einbruch der Nacht das Ringen abgebrochen werden mußte und die erschöpften Assyrer ihre Toten gezählt und ihre Verwundeten in Pflege genommen hatten, durften sie mit grimmiger Genugtuung feststellen, daß ihr König gut daran getan hatte, die Partie mit dem alten Krieger Nebukadnezar vorzeitig abzubrechen. Ihre gute Meinung über sich selbst und ihren Oberbefehlshaber stieg, als die Babylonier die Belagerung des Forts Zanki aufgaben, ihr Material verbrannten und sich über die Grenze zurückzogen. Daraufhin rechneten die Assyrer mit einer Ruhepause bis zum nächsten Sommer.

Es dauerte aber nur etliche Wochen, bis Nebukadnezar Verstärkungen herangezogen hatte und abermals die Grenze überschritt, um auf assyrischem Territorium sein Lager aufzuschlagen. Inzwischen war Assur-resch-ischi den Babyloniern auf die Schliche gekommen. Ihre Beweglichkeit war ihre Stärke. Dank ihr hatten sie die Elamiten geschlagen, und nur ihr war es zu verdanken, daß sie diesen zweiten Überraschungsstoß überhaupt führen konnten. Aber im Nahkampf war der Assyrer der bessere Krieger. Assur-resch-ischi ließ seine Truppen in offener Attacke auf das babylonische Lager anstürmen, denn er wußte, daß mit den Streitwagen der Babylonier innerhalb der Befestigungsanlagen nichts anzufangen war. Die Babylonier hielten denn auch dem Ansturm nicht stand, sondern ergriffen die Flucht, wobei sie ihr Lager und fünfzig Kampfwagen, dazu einen in Gefangenschaft geratenen feindlichen General den Assyrern in die Hände fallen ließen.

Assur-resch-ischi hütete sich, seinen Erfolg durch voreiliges Nachdrängen aufs Spiel zu setzen. Assyrien mußte sich eine Streitmacht von ganz anderem Format zulegen, ehe es eine entscheidende Auseinandersetzung mit Babylon wagen konnte. Es brauchte eine schlagkräftige, bewegliche Armee – vor allem aber Kampfwagen. Und er machte sich an die Aufgabe, eine solche Armee zu schaffen.

Wiederum mußten die jungen Assyrer wie in alten Zeiten, da die elamitischen Truppen nur einen Tagesmarsch von Assur entfernt standen, jeden Sommer zu den Fahnen einrücken. Gleichzeitig wurde das stehende Heer um eine ganze Reihe von Regimentern verstärkt, und viele über dreißig Jahre alten Veteranen wurden Berufssoldaten, weil die Aussicht auf Beförderung und Plündern sie zum Bleiben verlockte.

Jahre gingen vorbei, und wenn es auch mit den Beförderungen klappte, so war mit dem Plündern nicht viel los. Assur-resch-ischi neigte zur Vorsicht; es genügte ihm, seine Südgrenze zu sichern und seine Armee nur gegen die weniger gut organisierten Länder im Westen, Norden und Osten aktiv einzusetzen – also gegen die Aramäer, gegen Urartu und gegen die alten Feinde, die Lullubi. Bei diesen etwas primitiven Völkern aber ließ sich, was das Plündern anging, wenig holen.

Als die Soldaten und die unteren Befehlschargen der neuen Armee die Vierzig überschritten hatten, fingen sie an, ihre Hoffnung auf den jungen Kronprinzen Tiglatpilesar zu setzen, der von seinem Vater gründlich für das Oberkommando vorbereitet und für seinen Ehrgeiz bekannt war. Als im Jahr 1117 v. Chr. die Nachricht vom Tode Nebukadnezars von Babylon eintraf, hofften sie, der Prinz werde sie gen Süden führen. Aber Assur-resch-ischi war zu jener Zeit gleichfalls krank, und Tiglatpilesar tat gut daran, an der Seite seines Vaters zu bleiben: denn im folgenden Jahr starb auch der König von Assyrien und Tiglatpilesar bestieg den Thron.

Ein Jahr später durfte die assyrische Armee endlich marschieren.

Die altgedienten Kompanieführer, die ein Regiment nach dem anderen vom Paradeplatz außerhalb der Stadtmauer von Assur ausschwenken sahen, gaben ihrer Überzeugung Ausdruck, dies sei das größte und gewaltigste Heer aller Zeiten. Über die Zahlen wußten sie nicht Bescheid, doch bewegten sich ihre Schätzungen zwischen dreißig- und hunderttausend Mann. Während, wie immer, die Bogenschützen in der Mehrzahl waren, mußten mindestens einer von zwanzig Wagenlenker sein. Diesmal konnte doch gewiß nichts dem Ansturm der Assyrer standhalten.

Und so kam es denn auch. Sie marschierten in nördlicher und westlicher Richtung den Tigris entlang, vorbei an Ninive, auf das Gebirge zu. Dort schwenkten sie in die große Weststraße ein, die zum Meer führte; zur Rechten stiegen die Berge zum Himmel, zur Linken wogte die fruchtbare Ebene zum Horizont und über ihn hinaus zum Euphrat.

Bald sprach es sich in der Truppe herum, daß es ins alte Mitanni-Land ging – Hanigalbat hatten sie es immer genannt –, um die assyrischen Grenzen so wiederherzustellen, wie sie in Tukulti-Ninurtas Tagen bei der Stadt Karkemisch verlaufen waren. Daß dies nicht ohne Kampf möglich war, wußten sie – aber schließlich hatten sie sich ihr Leben lang auf den Kampf vorbereitet. Deshalb inspizierten sie mit besonderer Gründlichkeit die Waffen und Ausrüstungen der ihnen unterstellten Mannschaften. Man würde die Reservisten bald genug brauchen.

Noch ehe die Armee drei Wochen auf dem Marsch war, traf von der fahrenden Vorhut die Nachricht ein, die Kampfwagen hätten Feindberührung. Der Nachrichtendienst seinerseits stellte durch Befragen von Kriegsgefangenen und Auswertung von Agentenberichten fest, daß fünf Bergfürsten ein Heer aufgestellt hätten, um den Vormarsch der Assyrer aufzuhalten. Es handelte sich um vorgeschobene Stämme der Mosker, die jetzt über Hattusas herrschten und Anspruch auf das gesamte vormals hethitische Reich erhoben.

Keine der beiden Seiten versuchte, der Schlacht auszuweichen. Die mächtige assyrische Armee schwenkte nordwärts in das zerklüftete Bergland ein, formierte sich zur Kampflinie und umfaßte und überwältigte den Feind. Die Mosker wußten offenbar nicht im entferntesten, mit wem sie es zu tun hatten. In seinem amtlichen Bericht sprach Tiglatpilesar von der Vernichtung einer Streitmacht von zwanzigtausend Mann; Haufen abgeschnittener Köpfe, die die Assyrer auf dem Schlachtfeld als grausige Trophäe und Warnung auftürmten, sind eine Gewähr für die ungefähre Richtigkeit dieser Zahl. Der lange Zug von Gefangenen dürfte ebenfalls die Richtigkeit der Zahl sechstausend bestätigen.

Jeder weitere Anschauungsunterricht erübrigte sich. Die an der Handelsstraße gelegenen Städte, darunter keine geringere als Karkemisch, beeilten sich, durch Gesandtschaften ihrer Dankbarkeit für die erfolgte Befreiung Ausdruck zu verleihen und von vornherein jedem von ihrem Oberlehnsherrn Tiglatpilesar für richtig gehaltenen Tribut zuzustimmen. Dieser stationierte Besatzungstruppen im neugewonnenen Territorium, dann machte er sich auf den Heimweg.

In jenem Winter ging es auf den assyrischen Sklavenmärkten lebhaft zu, denn die nach Hause zurückgekehrten Soldaten verkauften ihren Anteil an Gefangenen den Bauern und Handwerkern, die auf Grund der restlosen Erfassung aller wehrdienstfähigen Männer unter einem akuten Mangel an Arbeitskräften litten. Im folgenden Frühling zog die Armee wieder aus.

Sie marschierte auf der gleichen Route wie im Vorjahr, hatte sich doch der damalige Erfolg als nicht ganz so entscheidend erwiesen, wie man zunächst dachte. Die Bergkantone waren offensichtlich nur in Anwesenheit der assyrischen Armee zur Ableistung von Tribut bereit: inzwischen hatten sie die Besatzung an die Luft gesetzt und dachten nicht daran, zu zahlen. Damit bewiesen sie freilich zum zweiten Male ihre falsche Einschätzung der neuen assyrischen Schlagkraft. Diesmal war Tiglatpilesar voll und ganz entschlossen, ihnen einen Denkzettel zu erteilen; und die Soldaten, die wütend waren, weil sie dasselbe Volk zweimal unterwerfen mußten, setzten seine diesbezüglichen Befehle ohne Nachsicht in die Tat um. Sie wüteten mit Feuer und Schwert an der ganzen Länge der nach Westen führenden Straße und ließen dabei kein noch so kleines Seitental nach Norden aus, das in das steile, dürre Bergland hinaufführte. Alles, was nicht mitgeschleppt werden konnte, wurde kurzerhand verbrannt, alle Menschen, denen die Flucht ins Hochgebirge nicht gelang, mußten über die Klinge springen oder den Weg in die Sklaverei antreten. Diesmal lautete die Devise: Keinen Pardon!

Eines hatten die Aufständischen indessen gelernt. Ihre Streitkräfte gingen einer offenen Feldschlacht aus dem Wege und zogen sich in die Berge zurück, wobei sie den Tigris in der Nähe seiner Quelle überschritten und mit den Kurden – diesen unermüdlichen Kriegern aus dem Bergland, die sich nie der assyrischen Herrschaft gebeugt hatten – einen Pakt schlossen. Dort, an einem Gebirgspaß und auf einem Gelände, das ihnen jeden möglichen Vorteil sicherte, machten sie endlich kehrt und stellten sich zum Kampf.

Die Schlacht war lang und blutig. Das Fußvolk kämpfte sich mühsam an den felsigen Hängen hoch, wobei es einem ununterbrochenen Pfeilregen ausgesetzt war. Hatte es

Soldaten von Karkemisch, wie sie in Relief auf einer Steinplatte dargestellt sind.

einen Kamm besetzt, so erhielt es doppelt starken Beschuß von der nächsten Erhöhung; und wenn die Assyrer schließlich das Feld behaupteten, so war das nur ihrer überwältigenden zahlenmäßigen Überlegenheit zuzuschreiben. Jedenfalls errangen sie den Sieg; der oberste Kurdenführer geriet in Gefangenschaft, und es wurde beträchtliche Beute eingebracht. Daraufhin erschienen abermals Abgesandte aus den Stadtstaaten im Norden und Westen an den Grenzen Kleinasiens, um Beteuerungen von Gehorsam und Freundschaft zu übermitteln.

Im folgenden Winter, als die Berge um Assyrien von Schnee bedeckt waren, faßten die unbesiegten Staaten indessen Mut und zogen ihre Ergebenheitsadressen zurück. Daraufhin zog die Armee im Frühjahr wieder aus, um die zweimal getane Arbeit ein drittes Mal in Angriff zu nehmen. Wieder ging es wochenlang vorwärts, wieder wurde alles, was nicht rechtzeitig in die Berge entweichen konnte, unterschiedslos niedergemacht. Aber zu einer Schlacht kam es diesmal nicht. Die Rebellentruppen hielten sich in sicherem Abstand, und die jenseits der verbrannten Erde ansässigen Völkerschaften überboten einander an kriecherischen Unterwürfigkeitskundgebungen.

Nachdem die Männer einen weiteren Winter zu Hause verbracht und im Frühjahr die Felder angesät hatten, zogen sie wiederum unter dem Kommando Tiglatpilesars aus, aber diesmal in östlicher Richtung. Den unabhängigen Bergbewohnern von Luristan mußte drastisch vor Augen geführt werden, daß der König von Assyrien trotz seiner Inanspruchnahme im Westen nicht daran dachte, ihre räuberischen Überfälle auf das Flachland tatenlos hinzunehmen. Tief in das Bergland schoben sich Fußvolk und Kampfwagen auf steilen steinigen Pfaden, nachdem die in der Vorhut marschierenden Pioniere Flußübergänge geschaffen und Geröllhalden passierbar gemacht hatten. Das Ganze lief freilich mehr auf eine großangelegte Demonstration hinaus als auf einen Krieg. Die Lullubi und andere, in ihrem Rücken angesiedelte Stämme, die den neuen persischen Stämmen angehörten, unterwarfen sich, ohne aufzubegehren, und es wurde ihnen ein Tribut auferlegt, von dem jedermann wußte, daß sie ihn nie zu zahlen gedachten. Für alle Fälle aber zähmte man sie, indem man fast alle jungen Leute zum Waffendienst in der assyrischen Armee zwang.

Dann stellte sich mit aller Deutlichkeit heraus, daß es ein Fehler gewesen war, dem Westen diese Ruhepause von einem Jahr zu gewähren. Karkemisch und die noch weiter nordöstlich ansässigen Völker hatten in Assyrien stets eine wenn auch sehr ferne, so doch reale Bedrohung erblickt. Ein- oder zweimal in jedem Jahrtausend war die assyrische Armee aus ihrem angestammten Bereich ausgebrochen, eine Art Naturkatastrophe, die man wie jede andere göttliche Fügung erdulden und, wenn sie sich ausgetobt hatte, so bald wie möglich vergessen mußte. Tiglatpilesar hatte, wie sie meinten, bei ihnen eine sinnlos strenge Machtdemonstration veranstaltet, und jetzt wiederholte er sie anderswo. Es lag gewiß nicht in seiner Absicht, die am westlichen Ende der mesopotamischen Handelsstraßen gelegenen Gebiete für immer zu beherrschen, denn diese unterstanden traditionsgemäß den Hethitern und waren kleinasiatische Einflußsphäre. Zugegeben, Hattusas war vor etwa siebzig Jahren geschluckt worden, aber das bedeutete keineswegs, daß Karkemisch, Aleppo, Hama und Ugarit deshalb weniger hethitisch geworden wären – im Gegenteil, der Sturz des alten Reiches hatte sie zu Erben und Bannerträgern der ruhmreichen großhethitischen Tradition gemacht. Kein Hethiter hatte sich je den Assyrern unterworfen, und sie dachten nicht daran, jetzt damit anzufangen. Wenn der nördliche Teil ihres Reiches an die Phrygier verlorengegangen war, würden die Hethiter im Süden die Fahne Suppiluliumas' erst recht hochhalten.

Und Tiglatpilesar setzte sich wiederum nach Westen in Marsch.

Seine Soldaten waren jetzt erprobte Kämpfer. Sie konnten zwanzig Meilen an einem Tag hinter sich bringen und noch am gleichen Abend ein befestigtes Lager errichten, wenn sie auch weidlich auf die Spähtrupps schimpften, die für sie einen Platz ausgesucht hatten, von dem man Steingeröll zweihundert Meter wegschleppen mußte, und auch die Proviantmeister, die die Verpflegung immer erst mitten in der Nacht heranschafften, mit Kraftausdrücken bedachten. Sie verstanden sich meisterhaft darauf, unterwegs ein paar Ziegen einzufangen oder mit ihren Bogen oder Schleudern Hasen, Trappen und gelegentlich sogar eine Gazelle zu erlegen, um etwas Abwechslung in den aus Buchweizen und Datteln bestehenden Speisezettel zu bringen. Sie konnten Treiber spielen, wenn der König und sein Generalstab sich einen freien Tag gönnten, um in der Wüste eine Löwenjagd zu veranstalten oder in den Sümpfen des Khabur Wildrinder, ja einmal sogar einen Elefanten zu erlegen, und genossen die Hetzjagd nicht minder als der König. Dann waren sie natürlich auch erfahrene Plünderer, die mit unheimlicher Sicherheit in Städten und Dörfern die Gegenstände herauszugreifen verstanden, die man zu Hause in klingende Münze umsetzen konnte, und alles andere in Schutt und Asche legten. Bei den Gefangenen unterschieden sie sehr genau zwischen denen, die sich für die Sklaverei eigneten, und den anderen, die zum Totschlagen gerade gut genug waren. Im Massakrieren kannten sie sich gründlich aus; mit zugespitzten Pfählen durchbohrten sie den Gefangenen mit einem wohlgezielten Stoß sauber und ohne überflüssiges Getue die Brust – ohne Mitgefühl oder Zimperlichkeit, denn es handelte sich bei ihnen ja um Rebellen, die ihr hartes Los selbst heraufbeschworen hatten, statt sich zu unterwerfen und so ihr Leben zu retten. Taten sie das nicht, so kam das einem Glücksspiel gleich, bei dem ihr Leben den Einsatz bildete, und sie durften nicht klagen, wenn sie das Spiel verloren. Auch die assyrischen Soldaten trugen schließlich und endlich ihre Haut zu Markte, und wenn sie sie verspielten, jammerten sie ja auch nicht... Zahllose Männer, die seinerzeit gegen Elam und Babylon gekämpft hatten, hatten in den westlichen Sumpfgebieten ihr Leben lassen müssen; Assur und Ninive waren voll von Witwen und Waisen, die auf die Mildtätigkeit ihrer Verwandten angewiesen waren. Es gab Kriegsversehrte und verstümmelte Kameraden zu Hause – nicht viele zwar, denn wer auf einem Kriegszug verwundet wurde, hatte wenig Aussicht, die Heimat wiederzusehen. Ein kleiner Haufen von lahmen, blinden oder sonstwie zu Krüppeln gewordenen Kameraden stand immer wartend bereit, wenn die Armee zurückkehrte, in der Hoffnung, ihre alten Waffenbrüder würden ihnen etwas von der mitgebrachten Beute überlassen. Und diese armen Teufel hatten mehr Anspruch auf Mitleid als die Aufständischen, mit denen reiner Tisch gemacht werden mußte.

Dieses Mal war die Armee ebenso fest entschlossen wie ihr Herrscher, die Feinde im Westen endgültig niederzuschlagen, damit ihnen für alle Zukunft die Lust an neuen Revolten verginge. Jetzt wollten die Assyrer ihren Vormarsch fortsetzen, bis es keine unabhängigen Stämme mehr gab, in denen der Same des Aufstandes schlummern konnte. Während das Gros der Truppen auf der gut ausgefahrenen Straße geschlossen westwärts marschierte, operierten die inzwischen für ein selbständiges Vorgehen ausgebildeten Streitwagen an den Flanken. Sie stießen nach Norden vor, zersprengten einen Verband unter dreiundzwanzig kurdischen Anführern durch eine blitzschnelle Einzelaktion und vereinigten sich noch vor Karkemisch wieder mit dem Heer. Diese Stadt war die reichste und blühendste in der ganzen Gegend und eines der Zentren der neohethitischen Bewegung. Immer wieder hatte ihr König sich Tiglatpilesar zum Schein unterworfen und ihm anschließend den Gehorsam aufgekündigt. Die Befestigungsanlagen von Karkemisch hätten gewiß einer langen, kostspieligen Belagerung standgehalten, deshalb versuchte es der Herrscher von Karkemisch abermals mit Verhandlungen, um annehmbare Kapitulationsbedingungen herauszuschlagen. Auch diesmal entging die Stadt der Zerstörung, aber der König wurde durch einen assyrischen Gouverneur ersetzt und eine starke assyrische Besatzung zog in die Zitadelle ein. Außerdem mußte die Stadt einen jährlichen Tribut zahlen: drei Tonnen Silber und einundzwanzig Pfund Gold.

Von Karkemisch führte die Königsstraße in nordwestlicher Richtung nach Hattusas, ins Herz von Kleinasien. Auf ihr waren in lang vergangenen Tagen die hethitischen Heere ausgezogen, um Mitanni zu erobern und – vor einem halben Jahrtausend – Babylon in Schutt und Asche zu legen und auszuplündern. Jetzt widerhallte sie vom Rasseln und Rumpeln einer nach Norden marschierenden assyrischen Armee.

Die zentralen Gebiete des einstmals großen Hatterreiches waren vor langer Zeit in die Hand der Phrygier gefallen; jetzt sollte dem südlichen Landesteil, der sich noch immer als hethitisch bezeichnete, der Gnadenstoß erteilt werden. Auf halber Strecke nach Hattusas, nachdem das Heer einhundertachtzig Meilen auf der Königsstraße zurückgelegt hatte, lagen Kanesch und Kumana, die letzten Bollwerke der Hethiter. Ein Marsch von einer Woche und ein blitzschneller Sturm machten aus ihnen Besitzungen des Königs von

Assyrien. Einer alten Überlieferung zufolge hatten einstmals Assyrer in Kanesch gelebt und Handel getrieben, und zwar zu einer Zeit, da es noch gar kein Hethiterreich gab. Hier setzte Tiglatpilesar feierlich den westlichen Grenzstein seines Reiches, unmittelbar am Saum des phrygischen Territoriums. Dann schwenkte er südwärts in Richtung Ugarit und Mittelmeer.

In andächtiger Scheu bestaunten die assyrischen Soldaten die grenzenlose blaue Wasserfläche. Während ihrer Kindheit und Jugend hatten sie immer wieder Erzählungen von den Heldentaten des legendären Schamsi-Adad gehört, der sieben Jahrhunderte früher (also zu einem Zeitpunkt, von dem sie ebenso weit entfernt waren wie wir von den Kreuzzügen) seine Assyrer bis an die Küste des Mittelmeeres geführt hatte. Jetzt konnte zum erstenmal seit jenen heroischen Tagen ein assyrisches Heer seine Standarten in das Mittelmeer tauchen. Im Triumph zog es weiter, um die Ergebenheitsadressen der Städte an der vormals hethitischen Küste entgegenzunehmen.

Die Jahreszeit für kriegerische Unternehmungen war weit vorgeschritten und Tiglatpilesar kehrte mit seinen Garderegimentern in die Heimat zurück. Ausnahmsweise blieb das Gros der Truppen zurück, um den Winter in den Küstenstädten zu verbringen. In Ugarit, Tyrus, Arvad, Byblos, Beirut und Sidon quartierten die Offiziere sich bei den wohlhabenden Kaufleuten ein; ihre Kompanien hatten sie in Kasernen und Warenhäusern so untergebracht, daß sie jederzeit für sie erreichbar waren. Im großen ganzen wurden die Herren freundlich aufgenommen, denn man war in den Hafenstädten an Hausbesuche von Fremden gewöhnt und machte daher kein besonderes Aufheben von einer Besatzungsmacht, solange diese das Geschäftsleben nicht störte. Außerdem hatten die assyrischen Soldaten Geld in der Tasche, und sie lernten bald genug, es auszugeben.

Die älteren assyrischen Offiziere, die an der Tafel ihrer Gastgeber speisten oder in den Hafenschänken Rezina tranken, erweiterten in dieser neuen Welt tagtäglich ihren Horizont. Sie trafen mit Angehörigen neuer Rassen zusammen – Ägyptern, Griechen und Philistern – und erfuhren allerlei über kriegerische und politische Zusammenhänge in Ländern, von denen sie bisher nie etwas gehört hatten.

Auf Ägypten traf das insofern nicht zu, als sie ihr ganzes Leben über dieses älteste, größte und reichste Land der Erde Bescheid wußten. In vergangenen Zeiten war es auch das mächtigste Land der Erde gewesen, und Assyrien hatte mehr als einmal von Ägypten Unterstützung gegen seine Feinde erhalten und umgekehrt. Jetzt freilich war Ägypten, wie jedermann wußte, der «kranke Mann» des Ostens, eine abgewirtschaftete Großmacht, ohne Besitzungen, ohne Einfluß jenseits der Landenge von Suez. Deshalb wunderten sich die Assyrer zunächst etwas über die vielen Ägypter, von denen es an der Küste des Libanon wimmelte. In Byblos befand sich ein Amuntempel, in dem immer Hochbetrieb herrschte; ägyptische Handelsschiffe legten häufig in den Hafenstädten an, wenn ihre Offiziere auch schlimme Einzelheiten über Zusammenstöße mit philistinischen Piraten in der Nähe der alten ägyptischen Provinz Kanaan zu berichten wußten, wobei die Seeräuber sich als Zollbeamte getarnt hatten.

Die assyrischen Offiziere gaben sich große Mühe, Näheres über die politische Lage in Ägypten zu erfahren, doch klang alles höchst verworren. In der Deltastadt Tanis saß ein Pharao, der sich als Herrscher über ganz Ägypten bezeichnete; es war der gleiche, der Tiglatpilesar vor kurzem ein lebendes Krokodil geschickt hatte («da ich weiß, wie sehr S. Majestät sich für die Jagd und für exotische Tiere interessiert»). Die Amunpriester in

Dies ist eine der frühesten Darstellungen eines Reitkamels aus der aramäischen Siedlung Tel Halaf im nördlichen Irak.

Byblos behaupteten hingegen, Nesubenebded, der Thronräuber von Tanis, habe lediglich das Delta in der Hand, und auch das nur, solange seine libyschen Söldner – Nachkommen der Seeräuber, die früher viele Angriffe auf Ägypten unternommen hatten – es ihm ließen. Diese Söldnertruppen hielten zur Zeit die westlich des Deltas gelegenen Oasen besetzt, und es stand in ihrem Belieben, im Delta selbst jederzeit die Macht an sich zu reißen. Die Amunpriester schlugen Tiglatpilesar vor – falls er diplomatische Beziehungen mit Ägypten aufnehmen wollte –, sich an den Hohenpriester Amuns in Theben, Hrihor, zu wenden, der als bevollmächtigtes Sprachrohr Ramses' amtierte. Die Pharaonen, zumindest die oberägyptischen, hießen immer Ramses: der gegenwärtige war der elfte Träger dieses Namens. Tatsächlich aber wurde in Oberägypten die Regierungsgewalt vom Hohenpriester Amuns ausgeübt, dem volle Königstitel zuzuerkennen die Priester von Byblos sich nicht scheuten.

Ob nun Hrihor oder Ramses oder Nesubenebded oder die Libyer die eigentlichen Machthaber in Ägypten waren, jedenfalls stand fest, daß sie samt und sonders außerhalb Ägyptens nichts zu melden hatten. Schon unmittelbar jenseits der ägyptischen Ostgrenze, in Palästina, pflegten die Philister – entfernte Verwandte der Libyer – ägyptische Schiffe mit erpresserischen Zöllen zu belegen, ja in vielen Fällen rundheraus zu plündern, während sie gleichzeitig gegen ein unbeugsames, im Innern des Landes ansässiges Volk namens Israel Krieg führten. Sie hatten gerade einen israelitischen Führer namens Samson gefangengenommen und erzählten freudestrahlend, wie dieser geblendet worden sei und jetzt als Sklave in Gaza arbeitete.

Die Assyrer lernten bald, die Ägypter, die Philister und die Aramäer aus dem neuen Königreich Damaskus voneinander zu unterscheiden, wenn sie sie in den Basaren von Tyrus oder Beirut sahen. Anders erging es ihnen mit den Vertretern der diversen Völker aus dem fernen Westen, deren Schiffe häufig die levantinischen Häfen anliefen und die in den Augen der Assyrer alle ziemlich gleich aussahen. Das waren die Leute, die das Olivenöl und den Süßwein ins Land brachten und dazu andere exotische Handelsgüter wie Bernstein und Schwämme, die früher gelegentlich zu Lande nach Assyrien geliefert worden waren. Erst jetzt erfuhr man, daß diese Menschen jenseits des Meeres lebten, auf fernen Inseln oder Halbinseln. Sie sprachen eine völlig unverständliche Sprache und bezeichneten beispielsweise die Hethiter an der libanesischen Küste als Phönizier. Viele von ihnen waren blond wie die neuaufgetauchten persischen Stämme im Bergland östlich von Assyrien. Sie waren große Trinker vor dem Herrn und gewohnt, in berauschtem Zustand endlose Balladen zu singen, in denen es sich den Dolmetschern zufolge um die vor hundert Jahren erfolgte Zerstörung und Plünderung einer asiatischen Stadt namens Troja handelte. Die in der Kunst des Zerstörens und Plünderns selbst in hohem Maße bewanderten Assyrer konnten nicht begreifen, warum vom Verschwinden einer einzigen Stadt soviel Aufhebens gemacht wurde. Die Dolmetscher meinten aber, der Grund liege wohl darin, daß die Zerstörung von Troja die letzte Heldentat der Achäer vor ihrer eigenen Unterwerfung war. Ihr Land war nämlich kürzlich von neuen Stämmen aus dem Norden, den Dorern, überrannt worden, die ein göttliches Recht zur Beherrschung Griechenlands für sich geltend machten mit der Begründung, sie stammten von einem alten achäischen Heros namens Herkules ab. Die achäischen Fürsten waren von den Dorern des Landes verwiesen worden und hatten sich teils in Zypern, teil in Kleinasien niedergelassen – nicht in Troja, denn mittlerweile hatte ein anderer nördlicher Stamm in Kleinasien dort seinen Einzug gehalten und hielt seither Troja besetzt.

Das alles war für eine Landmacht wie Assyrien schwer zu begreifen und überdies recht bedeutungslos. Offensichtlich brauchte man nicht mit der Möglichkeit einer Invasion Asiens oder gar einer Eroberung Mesopotamiens durch den Herrscher über die Leute, die sich als Griechen bezeichneten, zu rechnen. Die Welt konnte es sich ohne Bedenken leisten, Griechenland zu ignorieren.

Mit einem Gefühl des Bedauerns erfuhren die assyrischen Besatzungssoldaten, daß Tiglatpilesar sich wiederum auf dem Wege zu ihnen befand. Die Fleischtöpfe des Westens hatten sich als äußerst verlockend erwiesen, so daß die Mannschaften keinerlei Bedürfnis nach Ablösung empfanden. Im übrigen sollte der Feldzug dieses Sommers viel Schweiß und Mühe kosten: denn nachdem Tiglatpilesar den Austausch der Besatzungstruppen vorgenommen und einen Triumphzug entlang der Küste (einschließlich einer Tümmlerjagd) eingelegt hatte, führte er seine Leute in die Wüste hinter dem Anti-Libanon – also tief in aramäisches Gebiet hinein, bis zur Oase Palmyra weit südlich des Euphrat.

Warum man nun gerade mit den Aramäern Händel suchte, war mehr, als die Truppe zunächst begreifen konnte. Das berittene Kamelkorps, das der König aus Gefangenen zusammenstellte, konnte nicht gut der einzige Grund sein. Als es sich dann aber herumsprach, daß das eigentliche Ziel dieses Vorgehens die Beherrschung der Gebiete auf beiden Seiten der Euphrat-Handelsstraße sei – der südlichen Route, die den Kontinent unter Berührung von Babylon durchschnitt –, ging den Männern ein Licht auf. Es hieß also,

Die Jagd war das Hauptvergnügen der assyrischen Edelleute. Diese Szene auf einem zylinderförmigen assyrischen Siegel zeigt einen vergnüglichen Vorfall auf einer Straußenjagd. Damals gab es in der syrischen Wüste Strauße, Löwen und Elefanten.

sich mit Babylon zu messen, und endlich würde man der Welt zeigen, wer der eigentliche Herr in Mesopotamien war.

Aber dann verging nach ihrer Heimkehr doch ein weiteres Jahr mit Vorbereitungen aller Art, mit der Herstellung von Waffen aus Eisen und eisenbeschlagenen Kampfwagen, wozu man die in den westlichen Feldzügen erbeuteten Metallvorräte gut gebrauchen konnte. Im darauffolgenden Sommer begnügte sich Tiglatpilesar mit der Errichtung von Stützpunkten am Unterlauf des Zab in Nordbabylonien, wobei er eine Grenzverletzung durch babylonische Vorposten, die etliche Stück Vieh und zwei Tempelstatuen weggeschleppt hatten, zum Vorwand nahm. Endlich marschierte er dann 1107 v. Chr. in voller Kampfstärke nach Süden.

Das Gros der babylonischen Armee stellte sich ihm bei Marrili im oberen Akkad, und der Ausgang des Entscheidungskampfes stand im vorhinein fest. Die alterprobte assyrische Armee war hunderttausend Mann stark und das größte Heer der damaligen Welt. Die unbeugsam harten Wüstenkämpfer drückten in einem einzigen Sturmangriff die babylonische Schlachtfront ein. Alles weitere durfte den Genietruppen und Mauerbrecherspezialisten überlassen bleiben. Die Städte Dur-Kurigalzu, Opis, beide Sippar und endlich Babylon selbst wurden im Sturm genommen. Der Abschluß des Feldzugs beschränkte sich auf eine großangelegte Plünderungsaktion – und die Assyrer erachteten sich auf diesem Gebiet mit Recht als unübertroffene Meister.

Nie zuvor war Assur so mit beweglichen Werten angefüllt gewesen wie im folgenden

Winter. Die Märkte quollen über von Sklaven. Die Schatzkammern des Reiches waren bis zur Grenze ihrer Aufnahmefähigkeit mit Gold und Silber angefüllt; der Überschuß an Edelmetallen floß in die Taschen des Militärs. An Rindvieh und Schafen herrschte ein solches Überangebot, daß ein Preisdumping sondergleichen eintrat. Der Reichtum eines ganzen Kontinents strömte auf den Rücken von endlosen Eselskarawanen und mittels Geleitzügen von schwerbeladenen Frachtkähnen ins Land. Tiglatpilesar war der Herr der Welt. Im folgenden Sommer fand zum erstenmal seit zehn Jahren kein Feldzug statt.

Ungefähr um diese Zeit zog sich die Mehrheit der um 1160 v. Chr. Geborenen, aus denen das Rückgrat der Armee bestand, vom aktiven Wehrdienst zurück. Sie standen jetzt in der Mitte ihres sechsten Jahrzehnts und hatten größtenteils bereits Söhne unter den Fahnen. Jetzt konnten sie es sich leisten, die ihnen für jahrzehntelangen Waffendienst zugestandenen Landschenkungen, sei es in der Heimat, sei es in eroberten Gebieten, anzunehmen. Mit den von ihnen erbeuteten Herden und Sklaven, die letztere hüten sollten, konnten sie sich auf dem Land niederlassen, um den Rest ihres Lebens als Gutsbesitzer zu verbringen.

Sogar für Tiglatpilesar gab es keine weiteren Gebiete mehr zu erobern. Er hatte seinen großen Vorgänger Schamsi-Adad in den Schatten gestellt; wie der mythische Sargon aus uralten Zeiten herrschte er über ein Gebiet, das vom Mittelmeer bis zum Indischen Ozean reichte. Natürlich mußte man hin und wieder in begrenztem Umfang vom Leder ziehen, doch handelte es sich bei solchen Anlässen mehr um Polizeiaktionen als um regelrechte Feldzüge. So war es ihm möglich, sich den Freuden der Weltherrschaft hinzugeben, wie z. B. den großartigen Löwen- und Elefantenjagden, durch die der Bestand dieser wilden Tiere in den Flußtälern allerdings in bedenklichem Ausmaß verringert wurde, und andererseits der Aufgabe, neue Tempel und Paläste zu bauen. Mit dem großen Wohlstand seines Reiches, zu dem die Silbervorkommen im Taurusgebirge sowie die Zedern vom Libanon zu zählen sind – alles Dinge, die unbeschränkt zu seiner Verfügung standen –, baute er in Ninive und Assur die Tempel Bals, Ischtars und Adads auf das Prunkvollste wieder auf und umgab sie mit Parkanlagen, in denen Rehe, Hirsche und Steinböcke unter exotischen Pflanzen und Bäumen zu sehen waren. Bei den seltenen Anlässen, zu denen sie in die Stadt kamen, blickten die Veteranen voll Besitzerstolz auf diese nationale Schaustellung der Erfolge, die sie mit ihren Waffen errungen hatten.

Sie lebten zufrieden auf ihren Höfen und besuchten sich gegenseitig. Unter Waffenbrüdern konnten sie über die Weinkrüge hinweg von den Schlachten reden, die sie in der Blüte ihrer Jugend oder als reife Männer geschlagen hatten – von den Verteidigungskriegen gegen Elam und Babylon, den Wüstenmärschen und den Sturmangriffen im felsigen Bergland – von den friedvollen Tagen an der phönizischen Küste – und natürlich immer wieder von der Erstürmung Babylons, jenem großen Geschehen, das der Höhepunkt ihres Kriegserlebens war.

Dieses Kapitel entspricht den historischen Tatsachen. Die Annalen Tiglatpilesars vermitteln uns eine Darstellung der Ereignisse, wie wir sie uns nicht genauer wünschen können, und auch Nebukadnezar von Babylon hat die Geschehnisse seiner Regierungszeit aufgezeichnet. Hier sei darauf hingewiesen, daß es sich bei ihm nicht um den aus der Bibel bekannten Nebukadnezar (II.) handelt, der etwa ein halbes Jahrtausend später über Babylon herrschte (604–562 v. Chr.).

20

Die keltische Morgenröte
1090 - 1020 v. Chr.

Die Berge des Kaukasus verliefen in tief südlicher Richtung. Vom Schwarzen Meer bis zum Kaspischen Meer reichten sie; ihre Gipfel ragten zum blauen Himmel empor und waren mit ewigem Schnee bedeckt, der von Anbeginn dagewesen war wie die Berge selbst, wie die endlos dahinrollenden Ebenen und wie die Menschen, die sie bevölkerten.

Die Menschen hatten schon immer in den Ebenen gelebt. Ihre Äcker und Wiesen zogen sich in den Tälern der großen, träge dahinfließenden Ströme oder flußaufwärts ins Vorgebirge hin. Zwischen den Flüssen dehnten sich endlos Grasflächen aus, die die Hirten mit ihren riesigen Herden von Rindvieh und Pferden durchzogen. Hirten und Bauern gehörten seit Anbeginn der Zeit dem gleichen Volksstamm an; die Hügelgräber, mit denen die Ebenen übersät waren, deckten die Gebiete ihrer gemeinsamen Vorfahren.

Wie es sich bei einem alten Volk geziemt, reichten ihre Überlieferungen weit zurück. In der Frühzeit ihres Geschlechtes, so sangen die Barden, waren ihre Söhne in alle Himmelsrichtungen ausgezogen. Bis zum Ende der Welt waren sie gegangen, und wo auch immer sie sich niederließen, hatten sie als Herren gelebt. Es hatte eine Zeit gegeben, da ein junger Mann aus ihrer Mitte vom Jenessei bis zum Rhein, vom Indus bis zur Ostsee, vom Mittelmeer bis zum Weißen Meer reisen und immer bei seinesgleichen einkehren konnte.

Aber diese Tage waren längst vorbei. Die keltischen Herren hatten sich mit ihren Untertanen vermischt; ihre gemeinsame Sprache war in Vergessenheit geraten, sie hatten sich entzweit und den Zusammenhalt verloren. Sogar die Erinnerung daran, daß ihre Vorfahren aus den Steppen gekommen waren, war verflogen. Jetzt grenzten fremde Länder an ihre Weidegründe.

An diesen Grenzen herrschten unsichere Verhältnisse. Die Könige und ihre adligen Ratgeber trafen häufig zusammen, um Pläne für die Behebung der latenten Unruhe im Süden und Osten auszuarbeiten. Aber es wurde immer schwerer, den Aufruhr in Zaum zu halten.

Die Länder im Süden jenseits des Gebirges waren schon immer verlockend durch ihre unbegrenzten Möglichkeiten. Dort lagen die reichen Gegenden der Stadtbewohner und von dort kamen die Kaufleute, die Waffen und Schmuckgegenstände aus Eisen und Bronze brachten – bronzene Kessel, Möbelstücke mit eingelegten Elfenbeinzieraten, dann Wein, Datteln, schöne Kleider, Weihrauch, Gewürze und Juwelen. Die Kaufleute kamen jedes Jahr zu den großen Pferdemärkten, die auf freier Bahn bei Maikop abgehalten wurden, und kauften die Pferde hundertweise, um dann auf ihrem Rücken Ballen von Filz, Pelzen und Häuten nach Süden zu verfrachten. Viele junge Männer zogen mit den Pferden nach Süden, wie sie es seit grauer Vorzeit gewohnt waren, um in den dortigen Armeen als Fahrer, Pferdetrainer und berittene Bogenschützen eine Zeitlang Dienst zu tun.

Während der letzten dreißig bis vierzig Jahre hatten die Rekrutierungs- und Remontenoffiziere aus dem Süden eine besondere Geschäftigkeit an den Tag gelegt. Jenseits des Gebirges war damals Krieg gewesen. Das neugegründete Königreich Urartu im Norden des Van-Sees hatte in den nördlichen Ebenen Mesopotamiens einen verzweifelten Existenzkampf gegen die Assyrer führen müssen. Der kürzlich verstorbene, große Assyrerkönig Tiglatpilesar war tief in das Bergland vorgestoßen und hatte dabei den Urartiern, die als Na'iru bezeichnet wurden, eine Niederlage nach der anderen beigebracht. Damals hatte der Söldnerdienst anziehende Möglichkeiten verheißen, so daß große Mengen von jungen Leuten seinen Verlockungen gefolgt und nach Süden gezogen waren. Natürlich hatten sie ihre Dienste auf beide kriegführenden Parteien verteilt, denn die eine galt ihnen soviel wie die andere, und man ließ sich von demjenigen anwerben, der am meisten zahlte und die besten Plünderungsaussichten bot.

Im Verlauf der Kriege waren Tausende von Flüchtlingen über die Berge in das Land der großen Ebenen gekommen, und nach Tiglatpilesars Tod kehrten viele nicht mehr ganz junge Männer mit ihrem Besitz, ihren fremdländischen Gewohnheiten und exotischen Frauen aus der Fremde in die Heimat zurück. Das Land fing an, in gefährlicher Weise übervölkert zu werden – nicht zuletzt, weil es seine östlichen Weidegründe verloren hatte.

Die Kelten hatten seit Generationen Verbindung zu den Völkern im Osten unterhalten. Sie waren immer unbequeme Nachbarn gewesen und beanspruchten seit langem Weideflächen, die ihnen nicht gehörten. Es hatte schon Zusammenstöße zwischen berittenen Bogenschützen gegeben, Vieh war von beiden Seiten fortgetrieben worden, Pferdediebstahl und Frauenentführungen waren an der Tagesordnung. Gelegentlich ging ein Zeltlager in Flammen auf, nachdem die Bewohner niedergemacht und skalpiert worden waren. Während das alles vor sich ging, fanden Friedensverhandlungen statt und ging der Handel weiter; die Häuptlinge machten sich gegenseitig feierliche Besuche, auf denen eindrucksvolle Geschenke, pompöse Freundschaftskundgebungen und mitunter auch Gefangene getauscht oder politische Flüchtlinge ausgeliefert wurden – das übliche Gezänk und Schachern in einer Grenzzone zwischen zwei losen Staatenbünden.

Man war sogar bereit, die östlichen Stämme zu den entfernten Verwandten zu zählen. Diese Stämme waren aus den Geschlechtern hervorgegangen, die sich zur Zeit der großen Völkerwanderung vor rund tausend Jahren in östlicher und nördlicher Richtung ausgebreitet hatten und über den Ural hinausgelangt waren. Ihre Angehörigen hatten noch immer die weiße Haut ihrer Vorfahren und sprachen nach wie vor die gleiche verständliche Sprache wie jene; nur oben am Jenissei war ein fremder Blutstrom dazugekommen, was sich in glatten schwarzen Haaren, gelber Haut und hohen Backenknochen auswirkte.

Die Stämme der östlichen Verbände trugen viele Namen, und der Bund selbst war zumeist unter dem Namen seines bedeutendsten Stammes bekannt. Jetzt aber, seit die Perser und Meder und die übrigen südlichen Völker vor zwei Generationen ausgeschwärmt waren und sich auf dem iranischen Hochplateau angesiedelt hatten, war zur Kennzeichnung der restlichen Völker allmählich der Name Skythen aufgekommen, während die Völkerschaften nördlich des Kaukasus sich als Kimmerier bezeichneten.

Mit den Skythen war nicht gut Kirschen essen. Die Annahme eines gemeinsamen Namens war nur ein Symptom für einen engeren Zusammenschluß und eine größere Zielstrebigkeit. Derjenige unter ihren Fürsten, der die Hauptrolle spielte, begnügte sich nicht mit der Erneuerung der traditionellen Rechtsansprüche seines Volkes: er setzte sie auch in die Tat um. Zwar behauptete er, unter dem Druck seiner eigenen östlichen Nachbarn zu stehen, einer sarmatischen Stammesgemeinschaft, die mit den gelben Menschen in Sibirien verwandt war. Vielleicht war etwas Wahres an diesem Vorwand. Jedenfalls hatte der Skythenführer die strittigen Weidegründe gewaltsam an sich gerissen und ließ sich daraus nicht vertreiben.

Der Rat der kimmerischen Fürsten tagte zur Zeit der großen Pferdemesse in der Ebene von Maikop. Zwischen den Hürden, Marktständen und Wagenringen erhoben sich ihre mächtigen geschweiften Zelte aus besticktem Filz nicht weit von den Grabhügeln ihrer Vorfahren. Wo am Versammlungsort ihre Standarten aufgestellt waren, saßen sie auf ihren Satteldecken und führten lautstarke Gespräche. Jeder freie Mann durfte als Zuhörer an den Beratungen der Führer teilnehmen und – wenn er sich Gehör verschaffen konnte – seine Meinung äußern.

In jenen Jahren wurden viele ernste Beschwerden vorgebracht. Die östlichen Mitglieder der Konföderation, die ihrer Weidegründe verlustig gegangen waren, hatten sich auf Kosten ihrer westlichen Nachbarn breitgemacht. Auf diese Weise wurden die Grasflächen zweimal im Jahr abgeweidet, und der Boden zeigte bereits Symptome von Erschöpfung. Die hungernden Herden waren in die Ackerflur der Bauern eingebrochen und hatten das junge Getreide abgeweidet, was zu Gewalttätigkeiten zwischen Bauern und Hirten führte. Die heimkehrenden Söldner verlangten angestammte Weiderechte auf Gebieten, über die während ihrer langen Abwesenheit anders verfügt worden war. Zu viele Menschen und Tiere machten sich das verfügbare, aber nicht ausreichende Land streitig.

Die traditionelle Lösung für einen solchen Übelstand (von dem man schließlich wußte, daß er alle paar Generationen eintrat) war die Suche nach neuen Ländereien. Auf diese Debatte verwendete man daher nicht viel Zeit. Auch die Richtung, in die man ziehen sollte, stand eigentlich von vornherein fest, denn der Süden war von den assyrischen Armeen und der nicht unbeträchtlichen Macht von Urartu blockiert. Die Skythen im Osten hatten sich nie endgültig zurückwerfen lassen. In Norden wurde das Weideland fortschreitend schlechter, bis es allmählich in Moor und Wald überging. Diese Gegend eignete sich nur für die Jagd und für stellenweisen landwirtschaftlichen Anbau.

Der Westen hingegen blieb, was er schon immer gewesen war: ein Land voller Möglichkeiten. Man verlegte die Diskussion daher auf das Wo und Wie ihrer Erschließung.

Damals befand sich der Westen in einer beispiellosen Gärung und Unruhe. Seit die Bewohner Mitteleuropas vor dreihundert und mehr Jahren ihre eigenen Bronzegießereien und Waffenschmieden errichtet hatten, befanden sie sich auf dem Vormarsch zur Mittelmeerküste, mit dem Ziel, die reichen Schiffahrts- und noch reicheren Handelszentren zu plündern. Seitdem vor hundert Jahren die Achäer aus Griechenland Troja, den Torwächter zwischen Europa und Asien, vernichtet und dadurch ihre eigene Position geschwächt hatten, waren die Völker Europas in organisierten Trupps unterwegs, um die nunmehr ungeschützten Länder zu besetzen und auszurauben.

Der größte Teil der Arbeit war bereits getan. Die Phrygier und Mosker hatten den Übergang nach Kleinasien vollzogen und das Hethiterreich aus den Angeln gehoben. Westlich davon waren vor kaum zwei Jahrzehnten die Dorer in Griechenland eingefallen und hatten die Schlüsselfestung Mykene aufgebrochen. Seitdem waren die südlich der Donau ansässigen Völkerschaften ungehindert nach Griechenland und Kleinasien gezogen, hatten sich auf alles gestürzt, was frühere Plünderer zurückgelassen hatten, worauf sie neue Wohnsitze in den reichen, fruchtbaren Tälern der sagenumwobenen Mittelmeerküste bezogen. In ihrem Rücken waren die Thraker aus ihrer Heimat nördlich des Schwarzen Meers in die fast menschenleeren Ebenen am Unterlauf der Donau nachgestoßen.

Die Thraker wiederum waren die unmittelbaren westlichen Nachbarn der Kimmerier. Ganz hatten sie ihre heimatlichen Weidegründe freilich nicht aufgegeben, doch waren viele Familien und auch vereinzelte Häuptlinge mit sämtlichen Stammeszugehörigen in südwestlicher Richtung getreckt. Damals konnte man auf thrakischem Gebiet Land erwerben, indem man – je nachdem – die Oberhoheit eines thrakischen Fürsten anerkannte oder sich seiner Autorität widersetzte.

Die Zusammenkunft wurde abgebrochen, nachdem man zu folgendem Beschluß gelangt war: Obgleich an einen Krieg gegen so alte Freunde wie die Thraker nicht zu denken war, sollte die Westgrenze fortan als offenes Territorium gelten. Wer es wünschte, sollte sie ruhig überschreiten und trachten, mit den Einwohnern von drüben zu irgendeiner tragbaren Lösung zu gelangen. Wurde gegen solche Auswanderer Gewalt angewendet, so sollte der König mit seinen Häuptlingen darüber entscheiden, welche Hilfe ihnen zuteil werden könne.

Während der folgenden Jahre überquerte ein beträchtlicher Teil der kimmerischen Völkerschaften die offene Grenze. Es handelte sich dabei nicht um eine organisierte Bewegung. Sobald bekanntwurde, daß eine bestimmte Gegend menschenleer oder nur schwach besiedelt sei, machte sich ein Teil des Stammes oder auch nur eine Familiengruppe auf den Weg und besetzte diese Region. Manchmal kam es dabei zu Geplänkeln mit anderen Interessenten; in anderen Fällen ließ die Angelegenheit sich im Handumdrehen durch die Abgabe von ein paar Dutzend Stück Vieh oder das Versprechen auf einen jährlichen Zehnten regeln. Es kam aber auch vor, daß die neuen Siedler wieder aus dem Land gejagt wurden, kehrtmachten oder sich anderswohin in Marsch setzten; und mitunter wurden sie gar im Kampf geschlagen und zu Sklaven gemacht. Im großen und ganzen rollte die Bewegung aber gleichmäßig und erfolgverheißend ab.

Die Vorhut bestand immer aus altgedienten Söldnern der assyrischen Feldzüge. Sie waren hervorragende Reiter und Kämpfer, die das Leben in vollen Zügen genossen und mit der größten Unbefangenheit das Land aussaugten, in dem sie sich jeweils befanden, die auch mit dem Treuebegriff ziemlich wahllos umsprangen, wenn es nicht um ihresgleichen ging. Obgleich sie jetzt von ihren Familien begleitet waren und ihre ganze Habe mitgebracht hatten, neigten sie dazu, sich wie Freischärler nach alter Sitte in geschlossenen Abteilungen zu formieren, indem sie sich dem Banner eines erfahrenen und beliebten Führers unterstellten, um unter seinem Kommando auszuziehen, sobald ein Krieg oder auch nur ein Kriegsgerücht ihnen Chancen für eine einträgliche Dienstzeit zu verheißen schien.

Eine neue Generation von Glücksrittern wuchs in den Söldnerlagern von Osteuropa um die Mitte des letzten Jahrhunderts des 2. Jahrtausends v. Chr. heran.

Die Reiter kamen auf dem steinigen Mauleselpfad, der am klaren blauen Gletscherbach entlangführte, nur mühsam vorwärts. Das vor ihnen liegende Bergwerksdorf war noch durch einen föhrenbestandenen Bergvorsprung verdeckt, doch kündete eine dreihundert Meter oder höher in den Himmel aufsteigende dicke Rauchwolke seine Nähe an.

Sie verhüllte die vereisten Gipfel des Salzkammerguts und markierte den Standort der Bergwerke und Kupferhütten von Hallstadt. Am Abend gab es dort immer Rauch, sagten die Treiber, die nicht zum erstenmal hier waren: dann wurden die Feuer in den Erzgruben ausgeräumt und neue in den Stollen entzündet, die bis zu hundert Meter tief in das Gestein vorangetrieben wurden, damit durch die Hitze das Mineral, das am nächsten Tag verhüttet werden sollte, in Brocken zersprang. Der Führer der militärischen Eskorte nickte nachdenklich mit dem Kopf und notierte sich in Gedanken die Auskunft neben anderen technischen Einzelheiten, die er unterwegs aufgeschnappt hatte.

Seine Ausstaffierung war für den Kommandanten einer berittenen Eskorte ungewöhnlich üppig. Unter seinem Sattel aus gepunztem Leder fiel eine kunstvoll aus Filz gearbeitete und mit Wollquasten geschmückte Satteldecke auf beiden Seiten fast bis zur Erde hinab. Silberne Schnallen und die mit Silber eingelegte Kandare hoben das verschlungene Muster der aus Leder gefertigten Zügel und Trense hervor. Der Reiter hatte seinen Umhang zurückgeworfen, um seinen bronzenen Schuppenpanzer und den mit Gold besetzten Knauf seines Schwertes zur Geltung zu bringen. Auf dem Kopf trug er einen aus Bronzeplättchen gefertigten, mit rotem Filz gefütterten Helm, auf dem ein hermelinverbrämter Federbusch saß.

Er war kein einfacher Hauptmann eines Geleitschutzes. Am Hofe seines Herrschers, irgendwo im Donaubecken, bekleidete er den Rang des Oberstallmeisters, und trotz seiner fremdländischen Herkunft stand er nicht hinter den Prinzen des königlichen Hauses zurück. Er hatte als junger Mann im Dienste Tiglatpilesars gelernt, wie wichtig es manchmal ist, gewisse Zusammenhänge aus eigenem Augenschein zu beurteilen – und als sein jetziger Herr den Entschluß faßte, eine Transportkolonne in das südliche Bergland zu entsenden, um Bronze zu holen, hatte er die Gelegenheit wahrgenommen, sich die Herkunft des Metalls etwas genauer anzusehen. Denn die Bronze war für die Ausrüstung und Bewaffnung der ihm anvertrauten Truppe unersetzlich, und darum wollte er genau wissen, wo sie herkam, welche Mengen davon erzeugt werden konnten, und bis zu welchem Grad der Weg, den sie zurücklegen mußte, gefährdet war. Dabei hielt er selbst nicht sonderlich viel von der Bronze, wie jeder, der die Durchschlagskraft der aus Eisen gefertigten Waffen kannte. Die Bronze war höchstens das zweitbeste Material – und damit begnügte sich kein Truppenführer. Auch über diesen Punkt wollte er sich am folgenden Tag mit den Erzgießern unterhalten.

Das Thema kam indessen schon am gleichen Abend zur Sprache, während eines Banketts im Hause des königlichen Bergwerksdirektors. Der Sohn des Oberstallmeisters, den ein zufälliger Hinweis seines Vaters auf seine Dienstzeit in Assyrien ärgerte (wenn der Alte solche «zufällig eingestreuten Bemerkungen» nur endlich lassen wollte!), brachte es auf. Tiglatpilesar in Ehren, so sagte er – aber immerhin war der gute Mann seit dreißig Jahren tot, und man solle sich doch endlich klar darüber werden, daß halb Europa und Asien zwischen Assur und dem Salzgebirge lag. Was war denn letzten Endes Besonderes am Tigris – ja, wenn man schon davon sprach, auch am Nil –, was die Donau nicht auch für sich geltend machen konnte?

Er war eben sehr jung, noch nicht einmal zwanzig, und außergewöhnlich selbstbewußt, wie alle Angehörigen seiner Generation, die in den Reiterlagern von Mitteleuropa heranwuchsen und von jedem Stammesdünkel frei waren. Er blickte mit Verachtung auf alles Kimmerische herab: da er in Nyrax auf dem Territorium des Donaukönigs das

Licht der Welt erblickt hatte, gefiel er sich in der Rolle eines Kelten. Dem Vorbild der echten Kelten folgend, war er gerade dabei, sich einen wehenden Schnurrbart zuzulegen, und er trug seine lange blonde Mähne mit Hilfe von Pomade sorgfältig nach rückwärts gekämmt. Wenn er auch aus Bequemlichkeitsgründen die in der Steppe üblichen Hosen der europäischen Tunika vorzog, so legte er Wert darauf, mit Filz abgefütterte Rüstungen und Pferdedecken als skythische Unsitte zu verurteilen und nur wollene Kleidung zu tragen. Der massiv goldene, gedrehte Halsring und der gehörnte Bronzehelm, den er hinter sich an der Wand aufgehängt hatte, bewiesen, wie sehr er sich der am keltischen Hofe herrschenden Mode verpflichtet fühlte.

Trotz seines jugendlichen Hanges zu Übertreibungen schätzte ihn sein Vater als tapferen Krieger, glänzenden Reiter und erfahrenen Patrouillenführer: deshalb wurde der Ausbruch des Sohnes auch einer ernsten Antwort für wert befunden. Die Stromtäler des Tigris und des Nils seien, so erklärte ihm sein Vater mit sachlicher Besonnenheit, festgefügte politische Gebilde, wie das bei der Donau noch nicht der Fall war. Mesopotamien hatte sich zwar nach dem Tode seines alten Oberbefehlshabers Tiglatpilesar (bei diesem Namen lief es dem jungen Mann kalt über den Rücken) wieder in zwei Hälften gespalten, und die uralte Rivalität zwischen Assyrien und Babylonien war wieder aufgeflammt – nicht anders, wie auch Ägypten seit dem Tode des letzten Ramses in ein nördliches und ein südliches Reich zerfallen war, was zu endlosen Auseinandersetzungen zwischen rivalisierenden Pharaonen geführt hatte. Andererseits konnte in den beiden Stromtälern jeder Herrscher, der sich aufs Kriegführen verstand, die Einheit wiederherstellen, weil sie historisch fundiert war. Am Lauf der Donau hingegen mußte diese geschichtliche Voraussetzung erst in Zukunft geschaffen werden. Der Herrscher, in dessen Land sie sich jetzt befanden, hatte den Oberlauf der Donau und Drau fest in der Hand, während seine Landeshoheit vorerst nur lose auf thrakisches Gebiet – also auf die große Ebene um den Mittellauf des Stromes – übergriff. Das war alles.

Hinzu kam die große Bevölkerungsdichte im Niltal und in Mesopotamien mit ihren reichen Städten, während die sie umgebenden Wüstengebiete nur schwach besiedelt waren, so kriegerisch die Menschen dort auch sein mochten. Das europäische Bauerntum hatte es nur zu kleinen Städten aus Holzhäusern an den Flüssen gebracht wie Nyrax; die höher gelegenen Gegenden, in denen Landwirtschaft getrieben wurde, waren von halb seßhaften Hirtenstämmen – die man weder ignorieren noch in einem geschlossenen Reich ohne weiteres assimilieren konnte – verhältnismäßig dicht besiedelt. Wenn seinem Sohn etwa die Gründung eines keltischen Reiches vorschwebte – hier lächelte er flüchtig –, täte er gut daran, seine Kunst zuerst an den Hirten des Alpenvorlandes zu versuchen.

Im übrigen besaßen die Völker an Nil und Tigris etwas, was es im Donaubecken nicht gab, nämlich Eisen. Tatsächlich hatte man jetzt überall im Osten Eisen; sogar bedeutungslose Nationen wie die Philister und die Israeliten in Palästina bestritten ihre endlosen blutigen Auseinandersetzungen mit Eisenschwertern. Das Donaubecken konnte nun und nimmer mit den Großmächten konkurrieren, solange es Waffen aus Bronze gegen Eisenwaffen ins Treffen führte. Es konnte sich damit nicht einmal gegen kleinere, aber mit eisernen Waffen ausgerüstete Völker behaupten, wie etwa die Dorer aus Griechenland oder die neuen etruskischen Kolonien in Italien. Gab es – jetzt wandte der Oberstallmeister sich dem Bergwerksdirektor an seiner Linken zu – keine Möglichkeit, die Hallstädter Erzgießereien auf die Eisenerzeugung umzustellen?

Die technische Diskussion, die jetzt folgte, wurde auch am nächsten Tag unter Hinzuziehung der führenden Ingenieure und Gießereimeister fortgesetzt. Sie neigten alle offensichtlich dazu, den Vorschlag des Gastes als undurchführbar zu verwerfen. Zwar gab es – das durfte man ruhig sagen – Eisenerz in großen Mengen; schon vor Jahren hatten kleinasiatische Schürfer, die nach Silber und Zinn suchten, festgestellt, daß es mit Leichtigkeit im Tagabbau gewonnen werden konnte. Doch war der Schmelzprozeß beim Eisen ein ganz anderer als beim Kupfer. Das Eisen wurde sogar bei den höchsten Temperaturen, die in den offenen Bronzeschmelzgruben erzeugt werden konnten, nicht flüssig. Bestenfalls brachte man eine Art knetbare Schlacke zustande, die, wenn sie durch klopfen rohe Umrisse angenommen hatte, höchstens nur eine viel weichere Schnittfläche aufwies als die Bronze. Die Schmiede hatten keine Ahnung, wie man hartes Eisen herstellte, und mutmaßten, daß beim Guß ein anderer Bestandteil hinzukommen müsse – ähnlich wie es bei der Bronze der Fall war, die aus einer Legierung von Zinn und Kupfer bestand. Während der folgenden Tage bewiesen sie die Richtigkeit ihrer Ansichten, indem sie einen Karren voll Eisenerz in eine der Bronzeschmelzgruben am Fluß in der Nähe der Bergwerke schütteten. Über das Ergebnis des Experimentes war man dann einer Meinung: unbrauchbare, grobfaserige, geronnene Metallklumpen, die mehr nach Steinen aussahen und die, wenn sie in ausgekühltem Zustand mit dem Hammer in Berührung kamen, sofort in tausend Stücke zersprangen. Durch Anlegen eines Torfdaches über der Grube und fieberhaftes Schüren gelang es sogar, die Temperatur so weit zu erhöhen, daß ein wenig geschmolzenes Eisen in eine Form abfloß. Diese Gußeisenprobe zerbrach ebenfalls sofort, als der Schmied versuchte, eine Schneide daraus zu arbeiten. Und doch konnte man Eisen formen. Der General erinnerte sich, daß assyrische Schmiede an rotglühenden Eisenstangen herumgehämmert hatten, bis Schwerter, Messer oder Radreifen daraus wurden, die sich, ohne zu zerspringen, zu einem vollständigen Kreis biegen ließen. Hinter der Sache steckte offenbar ein Geheimnis, das man sich irgendwie beschaffen mußte.

Zu jener Zeit unterstand Hallstadt noch nicht lange der Schirmherrschaft des Keltenkönigs. Die eigensinnigen Bergleute und Gießereiarbeiter ergriffen deshalb gern die Gelegenheit, den Leuten aus dem Osten zu zeigen, daß zumindest einige ihrer neumodischen Vorstellungen praktisch undurchführbar seien. Diese Bauernlümmel aus dem mittleren Donaubecken hatten kein Interesse für Bronze aus dem Alpenland an den Tag gelegt, solange sie die Bergwerke in den Karpaten besaßen. Jetzt aber, seit die Thraker und andere Völkerschaften aus Rußland die Bergwerksdistrikte Siebenbürgens besetzt hielten, war Hallstadt für die Donauleute auf einmal gut genug. Sie bildeten sich weiß Gott ein, die dortigen Erzgießereien würden für sie ungarische Spezialitäten herstellen, z. B. breite Schwerter an Stelle von Stoßdegen, dazu Feuerkessel und allerlei billige Ornamente. Es sah ihnen ähnlich, diesen fremden Kriegshelden aus dem Kaukasus herzuschicken, der Hallstadt als Ersatz für die Eisenwerke in Kleinasien hochspielen und dort nach assyrischem Muster Eisenwaffen für seine Truppen herstellen lassen wollte.

Obgleich die Kelten Neuankömmlinge im Bergland waren und obgleich sie sich einen neuen Namen zugelegt hatten, konnte man sie nicht eigentlich als Fremde bezeichnen. Jahrhundertelang hatten ihre Ahnen die reichen Getreideböden der ungarischen Tiefebene bebaut und den größten Teil der Gerste erzeugt, ohne die es für die Rinder- und Schafherdenbesitzer im Oberland weder Kuchen noch Bier gegeben hätte. Mit Rücksicht darauf und nicht zuletzt auf den unbändigen Mut, mit dem sie sich und ihre Scholle zu verteidigen pflegten – wenn sie auch unberitten waren, verstanden sie es trotzdem, ihre breiten Schwerter mit verheerender Wucht gegen Reiter zu schwingen –, duldete man sie trotz ihrer seltsamen, ja höchst ungewöhnlichen Gepflogenheiten. Sie begruben beispielsweise ihre Toten nicht unter einem Erdhügel, wie das in ganz Europa seit einem Jahrtausend üblich war, sondern verbrannten sie und legten ihre Knochenreste in einen Topf, der dann in ein ganz gewöhnliches Loch im Boden gesteckt wurde. Auch hatten ihre Götter nichts mit der freien Natur und dem offenen Himmel zu tun – sie kannten keinen Sonnengott, keinen Wind- und keinen Donnergott, nicht einmal bäuerliche Gottheiten, wie man sie bei ihnen erwartet hätte, Getreidegeister oder Fruchtbarkeitsgöttinnen gab es bei ihnen. Nein, diese Kelten beteten ganz andersartige Götter an (ältere, wie man irgendwie in Erfahrung gebracht hatte) – Wald- und Jagdgötter mit Rehgehörnen oder drei Gesichtern, die in Eichbäumen oder Mistelbüschen lebten und die man bei Mondschein anrief.

Über hundert Jahre hielt nunmehr der Druck an, den Volk über Volk aus den östlichen Steppengebieten auf den mittleren Donauraum ausübte, dessen Bauernschaft dem Einzugsgebiet der Fremden quer vorgelagert war. Die Bauern hatten während dieser Zeit von ihren Breitschwertern und ihrem Mut guten Gebrauch gemacht: manche östliche Horde war umgekehrt, um anderswo einen leichteren Zugang nach Süden zu finden. Drei Generationen hatten nacheinander unter den Waffen gestanden, während Phrygier und Mosker, Jonier, Dorer und Thessalier ihr Äußerstes taten, um durchzubrechen, um schließlich südwärts nach Griechenland und Kleinasien abzuschwenken. Und immer neue Völker aus dem Osten traten auf den Plan.

Endlich brach der Widerstand der tapferen Bauern dann doch vor dem Ansturm der Thraker. Vor kaum einem Menschenalter waren ihre östlichen Verteidigungsstellungen in den Siebenbürger Bergen überrannt worden, und die thrakischen Reiter hatten den Durchgang durch das Eiserne Tor in die dahinterliegende Tiefebene erzwungen. Die nach Nordwesten vor ihnen in das schmaler werdende Donautal zurückweichenden Bauern gehörten jetzt zum großen Treck der Völker, die nach einer neuen Heimat suchten. Noch bildeten sie eine Macht, mit der man rechnen mußte: lauter entschlossene landhungrige Männer, mit Bronzewaffen siebenbürgischer Herkunft gut ausgerüstet und in ihrem Gebrauch bewandert. Sie hatten sich im Flachland vor Wien und in den Kärntner Bergen angesiedelt und bildeten nach ihrer Entwurzelung einen festeren und gefährlicheren Block als früher. Noch immer drängten sie, von berittenen Söldnern unterstützt, die sie bei den Steppenvölkern angeworben hatten, nach Westen weiter. Jetzt war aus ihnen ein geeintes Volk geworden, das sich zwar aus vielen Stämmen zusammensetzte, dabei aber einem einzigen Herrscher unterstand und den Gemeinschaftsnamen Kelten immer häufiger für sich anwandte.

Eine Handelsstraße überquerte die Alpen: sie folgte durch Tirol dem Lauf des Inn und stieg dann zum Brennerpaß empor. Südlich des Passes gabelte sie sich in mehrere Stränge und führte die Alpentäler entlang südwärts durch die Moore und Wälder der Poebene bis zum Adriatischen Meer. Die Straße war jetzt ziemlich heruntergekommen; über die morastigen Stellen führten zwar noch gepflasterte Dämme, und auf den waldigen Strecken waren die durch die dichten Bestände geschlagenen Trassen noch immer zu

Felszeichnung eines berittenen Kriegers aus Val Camonica.

sehen. Aber üppig wucherndes Unterholz und Brombeergestrüpp bedeckten sie bereits annähernd mannshoch, und lediglich ein schmaler Pfad war noch freigetreten. Viele Hospize, an denen die Straße vorbeiführte, waren verschwunden – Haufen von zusammengefallenem Mauerwerk oder von halbverkohlten Balken kündeten von dem Weg, den die Invasoren eingeschlagen und auf dem sie für ihre Unterkunft mit Feuer und Schwert bezahlt hatten.

Alte Leute wollten wissen, daß in früheren Tagen Hochbetrieb auf der Straße geherrscht hatte. Sie nannten sie die Bernsteinstraße, denn auf ihr war, neben Kupferbarren und Zinn, Pelzwerk, Häuten, Sklaven und Vieh, dazu Wollballen, Honigfässer und Salzsäcke, das «Gold» aus der fernen Ostsee nach Süden befördert worden. In entgegengesetzter Richtung hatten die kostbaren Erzeugnisse des Ostens: goldene und bronzene Schmuckstücke, Gegenstände aus Fayence, Topas und Elfenbein, prächtige Waffen und gediegenes Handwerkszeug, feingewebtes Leinen und schöner Damast, mit Wein oder Olivenöl gefüllte Tierbälge, Medikamente und Rauschgifte, Farbstoffe und Weihrauch den Weg nach Norden genommen. Im Gefolge der Kaufleute hatte ein buntscheckiges Gemisch von Vertretern aller nur denkbaren Berufsstände – Schmiede und Kesselflicker, Seiltänzer und Priester, Stellmacher, Metallschürfer und Ärzte – die Straße bevölkert, auf der es in der guten alten Zeit immer sehr lebendig zugegangen war.

Jetzt wurde die Bernsteinstraße nur wenig benutzt. Seit die Dorer Griechenland geschluckt hatten, kamen aus Mykene, Kreta und Pylos keine Schiffe mehr die Adria heraufgefahren. Nur gelegentlich löschte ein Küstensegler eine dürftige Ladung an der Pomündung, die vielleicht von dem einen oder andern südlich anlaufenden phönizischen Schiff übernommen worden war. Daraufhin legten die Kaufleute in den Städten des Deltas ihre Pflugschar zur Seite und stellten in aller Hast einen zwecks Einschüchterung der Räuberbanden an den Alpenpässen besonders schwerbewachten und entsprechend kostspieligen Geleitzug zusammen, um die Waren zu den Donaumärkten zu bringen, wo sie zu sündhaften Überpreisen abgesetzt wurden.

Der Oberstallmeister interessierte sich für die Bernsteinstraße. Sie verlief nur achtzig Meilen westwärts von Hallstadt, während andererseits in den zehn Jahren seit seinem fehlgeschlagenen Versuch, in den dortigen Bronzegießereien Eisen herzustellen, die keltischen Besitzungen sich im nördlichen Voralpenland in westlicher Richtung bis zum Inntal ausgedehnt hatten.

Es war ein von ständigem Kampf erfülltes Jahrzehnt gewesen. Wie er es seit langem vorausgesagt hatte, gab es für die Gründung eines starken Staates am Oberlauf der Donau nur zwei Möglichkeiten: man mußte die Unterstützung der das Tal beherrschenden Alpenstämme genießen oder sie unterwerfen – und gegen beides hatten sich die Bergbewohner hartnäckig zur Wehr gesetzt. Ihre Dörfer, von starken Zäunen geschützt oder, wo immer es anging, als Pfahlbauten im Schilf der Seen und Sümpfe errichtet, waren schwer anzugreifen. Wenn sie dann schließlich eingenommen und verbrannt wurden, zogen die Einwohner es vor, weiterzuwandern, statt sich zu unterwerfen. Die westliche Ausbreitung der Kelten verlief daher wie eine endlose Kettenreaktion, wobei Völker, die ihnen im Weg standen, entwurzelt wurden, um ihrerseits westwärts aufzubrechen und andere zu entwurzeln. Wie man hörte, übten die Völker bis zum Rheintal, ja bis in die Ebene Frankreichs hinein aufeinander den gleichen Druck aus, den in der Jugend des Stallmeisters die Skythen in den russischen Steppen auf die Kimmerier ausgeübt hatten.

Es war ein Jammer, daß die Alpenstämme – ein so hervorragendes Menschenmaterial – von der Völkerwanderung ergriffen wurden. Der Stallmeister nahm an, sie seien vor vielen Generationen aus seiner heimatlichen Steppe gekommen, bauten sie doch wie seine eigenen Vorfahren Hügelgräber für ihre Toten; außerdem enthielt ihre Sprache viele Wörter, die der seinigen verwandt und daher für ihn verständlich waren. Am Königshof, der sich jetzt in der Nähe von Wien befand, sprach er unerschütterlich für eine Politik der Versöhnung und für ein Schutz- und Trutzbündnis, demzufolge die alpinen Hirtenstämme auf friedlichem Wege in eine keltische Konföderation aufgenommen werden sollten.

Dabei wies er mit besonderem Nachdruck auf die Wichtigkeit der alten Bernsteinstraße hin. Auf ihr erreichten immer wieder vereinzelte Sendungen mit Gegenständen aus Eisen – Messer, Armreife, Äxte und gelegentlich sogar ein Schwert – von Süden her die keltischen Regionen. Diese Sachen kamen nicht auf dem Seeweg ins Land, sondern unmittelbar von der italienischen Halbinsel über die Apenninenpässe, aus der von den Etruskern in Mittelitalien bewohnten Gegend. Ihm schien es wichtig, sich dieser Straße zu bemächtigen und mit ihrer Hilfe einen umfassenden, regelmäßigen Warenaustausch mit den Etruskern einzurichten.

Seine Argumente hatten ihre Wirkung nicht verfehlt, und nun hielt er wiederum zu Pferde Einzug in ein neues Gebiet, diesmal als Botschafter, mit einer Eskorte und einem Herold, der einen weißen Stab trug. Er kam, um mit den Anführern der Alpenkantone in ihrem religiösen Zentrum in den südlichen Alpen Besprechungen zu führen.

Sonnenscheibe, Axt und Dolch; religiöse Symbole, die in die Felsen des Val Camonica eingemeißelt sind.

Gestern hatten sie den Brennerpaß überquert, und jetzt waren sie von der Bernsteinstraße abgebogen, um eine noch höhere, ins Camonica-Tal überleitende Paßhöhe zu bewältigen, von der es angeblich hundert Meilen bis zum Po war. Der Weg, auf dem sie jetzt hinter ihrem Führer und seiner zottigen Mähre einherritten, war kaum noch als Maultierpfad zu bezeichnen: er wand sich zwischen schneebedeckten Gipfeln in endlosen Schleifen in den schmalen, steinigen Taleinschnitt hinab. Während sie an Höhe verloren, wurde die Luft allmählich wärmer; das Tal weitete sich und verlief nunmehr in gerader Richtung. Die Reiterkolonne kam an sommerlich grünen Grasflächen mit weidendem Vieh vorbei; später, als der Baumwuchs einsetzte, waren eingezäunte Parzellen von Ackerland zu sehen und darauf hin und wieder ein Holzhaus mit schilfgedeckter Scheune. Weiter unten zur Ebene hin wurde die landwirtschaftliche Nutzfläche immer größer, sie bedeckte die ganze Talsohle. An terrassierten Südhängen wuchsen jetzt Weinreben. Hier stießen sie zum erstenmal auf bemalte Felsen. Ihr Führer hielt an einem Punkt, an dem der Pfad einen Bogen um einen herabhängenden Felsen machte, und zog die enganliegende Mütze vom Kopf. Als die Männer seinem Blick folgten, sahen sie, daß der Felsen mit Bildern bedeckt war – es waren in den Stein gehauene, in kräftigem Rot und Gelb ausgemalte Figuren.

Im ersten Augenblick konnte man mit diesen durcheinanderstehenden, farbigen Darstellungen nicht viel anfangen, die zum Teil ganz frisch, zum anderen Teil völlig verblaßt und kaum zu erkennen waren. Aber mit der Zeit konnte man Einzelheiten erkennen: Tanzende Gestalten, axtschwingende Männer, Dolche, Ochsen und Pferde. Ein oft wiederkehrendes Symbol war die von einem Strahlenkranz umgebene Sonnenscheibe oder das Vierspeichenrad, von dem sogar die Bewohner des Donaubeckens wußten, daß es die Sonne darstellte. Langsam begriff der Stallmeister, daß es sich hier um heilige Bildwerke handelte, worauf er in Erinnerung an den Sonnenkult seiner eigenen Heimat den hermelinverbrämten Helm vom Kopf nahm.

Während sie weiterritten und an vielen anderen behauenen und bemalten Felsen vorbeikamen, befragte er den Führer über Sinn und Zweck dieser bildlichen Darstellungen.

Man befinde sich hier, antwortete dieser, in einem heiligen Tal, halte sich doch der Donnerer – bei diesem Wort griff der Führer nach dem Dolch in seinem Gürtel – oft auf dem zerklüfteten Gipfel des Concarenaberges auf, der dräuend über dem Tal zum

Himmel ragte. Unmittelbar unter dem Wohnsitz der Götter pflegten die Talbewohner seit grauer Vorzeit die Sinnbilder der Unsterblichen, die Gestalten von Menschen, die diese anbeteten, von Opfertieren und anderen belebten oder unbelebten Gegenständen, deren Anblick die Götter erfreuen mußte, aus dem Stein zu hauen.

Auf diese Weise war das Tal zu einem noch heiligeren Ort geworden. Deshalb versammelten sich die freien Menschen aus dem Alpengebiet – der Führer legte eine gewisse Betonung auf das Wort «freien» – alle vier Jahre, um Spiele und religiöse Feiern abzuhalten und Angelegenheiten von öffentlichem Interesse zu besprechen. Und obgleich in diesem Jahr keine Spiele fällig waren, hatten die kantonalen Oberhäupter sich hier versammelt, um mit dem Abgesandten des Keltenkönigs zu verhandeln und sich seine Vorschläge anzuhören.

Bald danach hatte die Reiterkolonne ihr Ziel vor Augen, eine Ausweitung des Tals, in die andere Straßen aus Osten und Westen einmündeten und wo sich eine Ortschaft von beträchtlichen Ausmaßen befand. Der Führer wies auf die kleinen Holztempel, die an den Hängen oberhalb der Stadt standen und deren jeder einem Kanton gehörte, und auf das Schindeldach des eindrucksvollen Versammlungsgebäudes. Am folgenden Tag, nachdem sie sich gestärkt und ausgeschlafen hatten, trafen die Fremdlinge dort mit den Oberhäuptern der alpinen Konföderation zusammen. Diese Männer waren in Waffenröcke und Umhänge aus selbstgesponnener Wolle gekleidet; sie empfingen die Besucher mit großer Zurückhaltung und legten den Beweggründen des Keltenkönigs gegenüber ein tiefes Mißtrauen an den Tag. Sogar die Tatsache, daß dessen Abgesandte Hosen trugen, schien sie zu beunruhigen: in ihren Augen war das ein Zeichen, daß die Kelten sich von den europäischen Bräuchen abgewandt hatten und mit den Horden aus den russischen Steppen sympathisierten.

Der Stallmeister blieb ihnen die Antwort indessen nicht schuldig. Man könne, so meinte er, mit der Geschichte vorwärtsgehen oder sich an die Tradition klammern. Die Zukunft gehörte jedenfalls den Hosen, denn die Hose war für das Reiten bestimmt, wie sie auch zu den Reitern gehörte und nicht zu den Wagenlenkern. Mochten die Bewohner der Alpenkantone an ihren rückständigen Tuniken festhalten, wenn es ihnen beliebte: die Zukunft lag trotzdem hier im zentraleuropäischen Gebirgsmassiv, wo die große Ostweststraße den ebenso wichtigen Verbindungsweg zwischen Nord und Süd kreuzte. Wenn alle Alpenvölker wie ein Mann zusammenstanden, konnten sie Europa beherrschen.

Drei Tage danach machte sich der Abgesandte erwartungsgemäß mit einem nicht ganz eindeutigen Bescheid auf die Rückreise in die Hauptstadt. Immerhin befand sich unter den dem keltischen Volk erteilten Konzessionen das Recht des freien Durchzugs auf der Bernsteinstraße.

Im Verlauf des nächsten Jahrzehnts entschloß sich dann in der Tat die junge männliche Generation der Alpenkantone durchgehend zum Hosentragen. Auch kämpften militärische Kontingente aus dem Alpengebiet mit der keltischen Armee während der Feldzüge, die damals gegen die Bewohner des Oberrheintals und der bayerischen Wälder geführt wurden. Die Bernsteinstraße war wiederum dem Handelsverkehr erschlossen; blondbärtige keltische Kaufleute schacherten auf den halbasiatischen Märkten von Tarquinii in Etrurien oder sogar in den neuerrichteten phönizischen Kolonien in Sizilien mit phönizischen Schiffskapitänen und etruskischen Importeuren. Zu jener Zeit nahmen die

Vierräderiger Ochsenkarren, wie er in Val Camonica in den Felsen eingehauen ist.

Kelten an den Spielen von Val Camonica teil, wobei sie Darstellungen ihrer Krieger und Gladiatoren in das steinerne Bilderbuch der Felswände einfügten.

Der Stallmeister lebte lange genug, um den Zusammenschluß der beiden Völker zu einer keltischen Föderation mit eigenen Augen zu sehen und die Übernahme von keltischen Sitten und Gebräuchen durch die Bewohner der an den Seeufern gelegenen Dörfer zu erleben. Wenngleich er bei der Verbindung der zwei Völker mit die treibende Kraft gewesen war, schmerzte es ihn dennoch bis zu einem gewissen Grade, mit ansehen zu müssen, wie die Menschen aus dem Alpenland die Gewohnheit, ihre Toten in Hügelgräbern zu beerdigen, preisgaben und anfingen, gleich den Bauern die Verstorbenen zu verbrennen und in Urnenfriedhöfen beizusetzen. Er erteilte seinen Söhnen die strenge Weisung, ihn auf alle Fälle nach der Sitte seiner Väter mitsamt seinem Pferd und seinen Waffen unter einem Erdhügel zur Ruhe zu legen.

Wenn man dieses Kapitel nicht geradezu als frei erfunden bezeichnen will, so muß man zugeben, daß es sich bestenfalls um eine chronologische Projektion handelt. Die darin erwähnten Völker – Kelten, Kimmerier, Skythen und Sarmater, Thraker, Dorer und Etrusker – sind durchaus historisch. Sie werden aber in der Geschichte erst etliche hundert Jahre später mit Namen genannt, als das Geschehen in jenen Gebieten erstmalig aufgezeichnet wurde. Von den meisten erfuhr die Nachwelt erst durch die Schriften Herodots um 450 v. Chr., was natürlich nicht bedeutet, daß die Völker der europäischen Frühzeit um die Mitte des 5. Jahrhunderts v. Chr. aus dem Nichts entstanden sind. Nach ihren eigenen Überlieferungen hatten sie damals bereits jahrhundertelang an Ort und Stelle gelebt. Die Skythen erhoben den Anspruch, die älteste Rasse auf Erden zu sein; der Einbruch der Dorer in Griechenland erfolgte laut Überlieferung zwei Generationen nach dem Trojanischen Krieg; der Kalender der Etrusker läßt sich bis zum Jahre 935 v. Chr.

zurückverfolgen, und Vergils Bericht über Äneas' Ankunft in Italien im Anschluß an die Zerstörung von Troja ist nichts als das Spiegelbild einer alten etruskischen Sage. Es ist seit eh und je ein Steckenpferd der Archäologen, um jeden Preis die Identifizierung der geschichtlich nachgewiesenen Völker Europas mit bestimmten Kulturzentren, typischen handwerklichen Erzeugnissen und Ornamenten, Siedlungsformen und Besetzungsmethoden zu erreichen.

Das vorangegangene Kapitel ist unter Zugrundelegung solcher archäologisch belegten Tatsachen frei erfunden. Der späterhin weit ausgebreitete Kulturkreis, den die Griechen mit dem Wort «Keltoi» und die Römer mit dem Wort «Galli» bezeichneten, scheint in jener Zeit unter der ländlichen Bevölkerung am Oberlauf der Donau Wurzel geschlagen zu haben. Es liegen eindeutige Beweise dafür vor, daß der Aufstieg der Kelten nicht zuletzt mit dem Hinzukommen einer verhältnismäßig kleinen Zahl von Reitern aus der südrussischen Steppe zusammenhängt. Da die Kimmerier, wie feststeht, nicht viel später von den Skythen aus dem einschlägigen Gebiet vertrieben wurden, darf man folgern, daß es sich bei diesen Reitern um Kimmerier handelte. Jedenfalls ist dazumal die seit langer Zeit unter den Bauern des Donautals übliche Leichenverbrennung auch bei den Hirtenvölkern nördlich der Alpen heimisch geworden, um später in Gestalt von riesigen Urnenfeldern einen großen Teil von Mitteleuropa zu erfassen. Aus dieser «Kultur der Urnenfelder» hat sich, wie allgemein angenommen wird, das Keltenreich im Europa des 1. Jahrtausends v. Chr. entwickelt. Auf diesem Gesichtspunkt beruht zu einem großen Teil das Werk «The Celts» von T. G. E. Powell.

Über die Herkunft der Etrusker sind sich die Gelehrten noch immer nicht einig. Dieses Volk behauptete von sich, es sei aus Kleinasien zugewandert – eine Theorie, die dank hinreichender Spuren eines charakteristischen nahöstlichen Einschlags durchaus vertretbar erscheint. Aus archäologischen Zeugnissen geht hervor, daß die Etrusker um das Jahr 1000 v. Chr. bereits in Italien ansässig waren, und es ist keineswegs unmöglich, daß das Auftauchen der Teresch inmitten des «Seevolkes», das im 12. Jahrhundert v. Chr. einen Angriff auf Ägypten durchführte, zeitlich mit der ersten etruskischen Niederlassung in Italien zusammenfällt. Diese mag jedoch auch später zustande gekommen sein.

Eisen wurde in größerem Umfang allerdings erst um 700 v. Chr. in der Gegend von Hallstadt verhüttet, während man mit Kupfer und Bronze schon Jahrhunderte früher dort umzugehen verstand. Da aber ein gewisses Quantum Eisen schon vor der Jahrtausendwende dort eingeführt wurde, haben die metallverarbeitenden Betriebe jener Region sicherlich versucht, das neue Metall herzustellen.

Die Felsbilder von Val Camonica sind bis heute erhalten geblieben, und es gibt von ihnen eine gute Beschreibung von Emmanuel Anati in dem Band «Camonica Valley». Die Tatsache, daß sie sich nur in diesem einen Teil vorfinden (mit Ausnahme der Gegend um den Monte Bego 500 km weiter westlich), scheint mir zu beweisen, daß Val Camonica während jenes ganzen Jahrtausends ein religiöser Mittelpunkt für die Alpenbewohner war. Welche Formen dieser Kult gehabt hat, ist unbekannt geblieben, doch darf man wohl annehmen, daß er sich nicht wesentlich von den religiösen Übungen unterschied, die die Griechen nicht viel später ins Leben gerufen haben. Die Götter konnten vom Olymp herab auf periodisch wiederkehrende Feiern großen Stils herabblicken, die sich aus einer Mischung von politischem Kongreß, religiösen Zeremonien und nicht zuletzt aus den olympischen Spielen zusammensetzten.

21

Das Ende eines Zeitalters
1020 - 1000 v. Chr.

Der kriegerische König Wu war tot, und es sah so aus, als ob alle seine Eroberungen und die ganzen Dispositionen, die sein Vater vor ihm getroffen hatte, umsonst gewesen seien. Die Tschu-Dynastie war anscheinend zum Untergang bestimmt, ehe sie richtig Fuß gefaßt hatte. Schon innerhalb der nächsten Monate mochte wiederum ein Kaiser aus dem Hause Schang fest auf dem chinesischen Drachenthron sitzen.

Der neue Herrscher über Tschus Reich, König Tscheng, war ein Kind, und doch war sein vom Zerfall bedrohtes Reich noch jünger als er. Vor kaum sieben Jahren hatte sein Vater die Kampfwagen Tschus und seiner Bundesgenossen stromabwärts nach Osten geführt und die mächtige Stadt Schang erobert. Allerdings lag, wie der einfachste Landarbeiter von Tschu wußte, die Planung dieses Feldzuges weit zurück.

König Wen der Weise, Wus Vater, hatte vor einem Vierteljahrhundert anläßlich seiner Thronbesteigung das Projekt geschmiedet. Tschu war damals ein bedeutungsloses Fürstentum; von seiner Hauptstadt Feng regierte der König nur über die bäuerlichen Gemeinden des Wei-Tals, von den dem westlichen Gebirge vorgelagerten Hügelketten bis zum Zusammenfluß des Wei mit dem Gelben Fluß, hundert Meilen östlich von der Hauptstadt. Das Land Tschu war nicht reich; zwar ließ sich in guten Jahren mitunter eine beachtliche Ernte erzielen, doch war auf Regen kein Verlaß, so daß die Menschen in ständiger Angst vor einer Hungersnot lebten. Trotzdem waren sie ein starkes Geschlecht, und sie hatten in langer Erfahrung mit Grenzkonflikten den wirkungsvollen Einsatz der schweren, mit vier Pferden bespannten Kampfwagen erlernt, die sie von den Nomaden in der Steppe und in den Wüstenstrichen östlich ihres Gebietes eingehandelt hatten.

Aber wenn Tschu auch arm war, so hatte es sich trotzdem seine Unabhängigkeit bewahrt – wenigstens nach seiner eigenen Auffassung. Zugegebenermaßen stand seine Ostgrenze nach dem Königreich Schang offen, und dessen Herrscher erhoben Anspruch auf eine generelle Lehnsherrschaft über das Land, doch geschah von seiten Schangs nichts, um diese Oberhoheit, die der Hof von Feng leidenschaftlich in Abrede stellte, zu erzwingen.

Die Mutter Wens des Weisen war eine Prinzessin aus dem Haus Schang gewesen, und es hieß, sie habe sich nie mit der Notwendigkeit abgefunden, unter Leuten leben zu müssen, die sie als westliche Barbaren ansah. Deshalb hatte sie ihren Sohn mit Schilderungen der Herrlichkeiten des Reiches Schang und seiner ruhmvollen Geschichte überschüttet. Als Folge davon wuchs dieser mit dem festen Entschluß auf, zu beweisen, daß Tschu in jeder Hinsicht Schang überlegen war. So wußten denn auch alle Leute in Tschu, daß der Kaiser von Schang und sein adliger Hof in dekadentem Luxus lebten. Ihr eigener kraftvoller und genügsamer Menschenschlag hingegen war, wenn es ums Ganze ging, den versoffenen Weichlingen am Unterlauf des Stromes turmhoch überlegen.

Bei seiner Thronbesteigung im Jahr 1045 v. Chr. machte der Fürst kein Geheimnis aus seinen ehrgeizigen Plänen, Schang zu erobern und seine Herrschaft bis zur Mündung des Gelben Flusses, zum Ostmeer und zur Stätte des Sonnenaufgangs auszudehnen. Zu diesem Zweck machte er sich an die Aufstellung und Ausrüstung einer großen Armee; gleichzeitig führte er ein strenges Regiment der Anspruchslosigkeit im Alltagsleben, wobei der Genuß von Wein außer für Trinkopfer und bei gewissen Festen verboten war. Nun dauerte König Wens Regierung aber nur sieben kurze Jahre, die nicht genügt hatten, die großen Vorbereitungen abzuschließen. Um sein Heer zu trainieren, zog er gegen die mit Kampfwagen ausgerüsteten Nomaden im Westen zu Felde, und es gelang ihm, dabei die Pferde einzufangen, die er für seine eigenen schweren Wagen brauchte. Gleichzeitig sicherte er so die Grenze in seinem Rücken.

König Wu hatte es sich gleich bei seiner Thronbesteigung vor achtzehn Jahren pflichtgemäß zur Aufgabe gestellt, als guter Sohn die Wünsche seines Vaters in die Wirklichkeit umzusetzen. Trotzdem vergingen neun Jahre, bis er sich stark genug fühlte, einen Schlag gegen das mächtigste Reich der ihm bekannten Welt zu führen. Und selbst damals war es nur die Probe aufs Exempel, in Gestalt eines schnellen Vorstoßes über den Gelben Fluß, der die Grenze zwischen den zwei Ländern bildete.

Wiederum zwei Jahre später teilte ihm der Geist seines Vaters endgültig auf dem Umweg über die Orakelknochen mit, daß die Stunde für den Angriff gekommen sei. Daraufhin versammelte er seine Kampfwagen und die seiner Verbündeten um sich und schlug los. Von Feng bis zur großen Stadt Schang waren es fast vierhundert Meilen, und mehr als die Hälfte der Strecke führte durch Feindesland. Die Tschu-Armee erwies sich jedoch als unwiderstehlich; außerdem lieferten die Reis- und Hirsefelder im Tal des Gelben Flusses reichliche Verpflegung für Mannschaften und Pferde. Nahe bei der Hauptstadt war das Invasionsheer von der um ein Vielfaches größeren Schang-Armee zum Kampf gestellt worden, doch hatte die überlegene Ausbildung der Männer aus Tschu mit ihren schweren Wagen (in Tschu bespannte man einen Kampfwagen mit vier Pferden, während man sich in Schang zumeist mit deren zwei begnügte) den Sieg. Der sybaritische Kaiser von Schang, Tschu-hsin, hatte sich sehr vornehm das Leben genommen, indem er sich in seinen Sommerpalast zurückzog, seine kostbarsten Gewänder und Juwelen anlegte und den Palast anzündete. Er selbst war in den Flammen umgekommen – während seine zwei Lieblingskonkubinen sich erhängt hatten.

Seither hatte König Wu von Tschu sieben Jahre lang über das Gebiet am Gelben Fluß bis zum Ostmeer geherrscht. Seine Heerführer und Bundesgenossen waren von ihm mit Land- und Herzogwürden überall in den eroberten Gebieten belohnt worden, wobei sie allerdings die Auflage erhielten, aus dem Bereich ihrer Lehen Truppen für die königliche Armee zu stellen. Was mit dem eigentlichen Schang-Distrikt anzufangen sei, war ein dornenvolles Problem gewesen. Die feindselige Einstellung von so mächtigen Geistern, wie es die der abgeschiedenen Schang-Kaiser waren, konnte man unmöglich in Kauf nehmen; mit ihrer Mißgunst gegen die neuen Herrscher mußte aber sicher gerechnet werden, außer wenn sie weiterhin regelmäßig ihre Opfergaben erhielten. Diese konnte aber nur einer aus ihrem eigenen Geschlecht darbringen. Zum Glück erklärte sich der Sohn des letzten Schang-Kaisers zur Zusammenarbeit bereit. Man ließ ihn deshalb als Vasallen in der Stadt Schang mit der speziellen Aufgabe, seinen Vorfahren zu opfern, während zwei Brüder von König Wu, die Herzöge von Kuan und Ts'ai, ihm für die eigentlichen Regierungsgeschäfte an die Seite gestellt wurden. Gleichzeitig wurde ein jüngerer Bruder von König Wu zum Herzog von Tschu ernannt.

Nach diesen Geschehnissen hatte sieben Jahre lang Friede in Tschu geherrscht, obgleich die Grafen und Herzöge in den Grenzgebieten ständig mit der Abwehr von Angriffen von außen oder der Erweiterung ihrer Domänen, also indirekt mit der Vergrößerung der Machtsphäre des Tschu-Reiches immer weiter nach Norden und Süden beschäftigt waren.

Jetzt aber war König Wu tot, und sein Sohn war ein Kind. Die mächtigen Herzöge aber mit ihren auf sie eingeschworenen Armeen brauchten, um die Männer in Schach zu halten, einen König, der sich auf die Kriegsführung verstand. Bald traf in der Hauptstadt Feng die Nachricht ein, daß die Schang-Herzöge Kuan und Ts'ai dem jungen König die Anerkennung verweigerten und den Thron für ihren Schützling, den König von Schang, beanspruchten.

In diesem kritischen Augenblick des Jahres 1020 v. Chr. trat der Herzog von Tschu ins Rampenlicht. Bisher hatte man ihm keinerlei Ehrgeiz nach Macht oder militärischen Ruhm nachgesagt. Er war ein angesehener Philosoph und ein für seine Klugheit und Rechtschaffenheit bekannter Mann. Auch erwies er sich, obwohl er zunächst von vielen Seiten angegriffen wurde, seinem Neffen, dem jungen König, gegenüber als vollkommen loyal. Er übernahm im ursprünglichen Staat Tschu die Regentschaft und erstickte durch die Kraft seiner Persönlichkeit allen Defaitismus. Er rief seine Barone samt deren Gefolgsleuten und Kampfwagen unter die Waffen und marschierte gegen Schang.

Diesmal handelte es sich nicht um einen Blitzkrieg. Seine Brüder, die zwei aufrührerischen Herzöge von Schang, hatten sich unter den in der Nähe ansässigen Adligen – insbesondere unter den früheren Vasallen der Schang-Kaiser, die sich Wu sofort unterstellt hatten und dafür in ihrem Lehnsverhältnis bestätigt worden waren – viele Anhänger zu verschaffen gewußt. Andere hohe und niedrigere Adlige schwankten noch und konnten durch diplomatische Mittel, Drohungen oder Schmeicheleien von der einen wie der anderen Seite gewonnen werden. In diesem Spiel entwickelte der Herzog von Tschu eine meisterliche Fertigkeit, so daß die Schang-Herzöge alsbald isoliert und von feindlich gesinnten Adligen umgeben dastanden.

Nach drei Jahren wurden sie im Kampf geschlagen, und der Herzog von Tschu hielt in der Stadt Schang einen triumphalen Einzug. Dem Herzog Ts'ai gelang die Flucht über die Grenzen des Tschu-Reiches, während Herzog Kuan und der Schang-König gefangengenommen und hingerichtet wurden.

Nun war die Gefahr vorüber, und die Tschu-Dynastie saß wieder fest auf dem Thron. Aber der Herzog war entschlossen, jedes Wiederaufflackern des alten Übels zu verhindern. Schang durfte nie wieder zum Nährboden der Rebellion werden. Deshalb wurden alle Bewohner der mächtigen Stadt, die Kaiser Pang Keng vor genau dreihundert Jahren erbaut hatte, evakuiert, und die Stadt zerstört. Ihre gewaltigen Mauern aus gestampftem Lehm wurden dem Erdboden gleichgemacht. Die Einwohner wurden weiter südlich in einer neuen, unbefestigten Stadt, Tsch'ao Ke, angesiedelt. Tsch'ao Ke wurde Hauptstadt eines neuen Landes namens Wei, das nur aus einem Teil des früheren Schang-Staates bestand; K'ang, ein weiterer Bruder des Herzogs, erhielt diesen neuen Staat als Lehen. Stadt und Staat Schang hatten zu existieren aufgehört.

Die Geister der früheren Schang-Kaiser ließen sich allerdings nicht so leicht aus der Welt schaffen. Man mußte daher einem Mitglied der Schang-Dynastie einen entsprechenden Rang verleihen, hinreichende Mittel zur Verfügung stellen und weiterhin

Sühneopfer für diese gefährlichen Geister bringen. Darum faßte der Herzog den Entschluß, Tschi Tsu, einen Halbbruder des letzten Schang-Kaisers, der sich vor Jahren mit dem Monarchen entzweit hatte und außer Landes gegangen war, aus dem Exil zurückzurufen. Dieser erklärte sich mit der Übernahme der Ahnenopfer einverstanden und wurde daraufhin zum Herzog von Sung erhoben, einem winzigen Fürstentum, das im Süden des Gelben Flusses gelegen war und außerdem – was ebenfalls stark ins Gewicht fiel – hundertfünfzig Meilen von Schang entfernt war.

Sieben Jahre waren nötig, um das Tschu-Reich wiederherzustellen. Endlich durfte der Herzog im Jahr 1013 v. Chr. sein Lebenswerk als vollendet ansehen. Der König Tscheng war jetzt ein erwachsener Mann. Ihm überließ der Herzog zur Überraschung gewisser Adliger, die ehrgeiziger waren als er selbst, jetzt die Zügel der Regierung und erteilte seinem Nachfolger gleichzeitig einen letzten Rat. König Wu, so sagte er zu ihm, war fest davon überzeugt, daß das Nordchinesische Reich auf die Dauer nicht von einer so weit im Westen gelegenen Metropole wie Feng regiert werden könne – und die Ereignisse nach seinem Tode hätten ihm recht gegeben. Nun sei es immer gut, die Wünsche der Eltern zu erfüllen; deshalb täte der König gut daran, den Bau einer neuen, östlich gelegenen Hauptstadt zu beginnen.

König Tscheng war mit diesem Vorschlag einverstanden. Ein Platz am Gelben Fluß, rund einhundertundfünfzig Meilen im Südwesten der Hirsefelder, die sich an der Stätte der verschwundenen Hauptstadt Schang erstreckten, wurde gewählt. Während der friedlichen Jahre, die folgten, widmete der Herzog einen nicht unbeträchtlichen Teil seiner Zeit den umfangreichen Bauarbeiten an der neuen Hauptstadt Lo-yang mit der massiven Mauer aus gestampftem Lehm, die sie umgab. Trotzdem hielt er sich in der Hauptsache auf seinen Ländereien im Süden des Wei-Flusses auf, wo er jagte und an seinem philosophischen System des rechten Verhaltens arbeitete. Wenn er von dort über das Tal hinweg zum jenseitigen Plateau hinüberblickte, konnte er die gewaltigen Grabhügel erkennen, unter denen die sterblichen Überreste seines Vaters, des Königs Wen, und seines Bruders, des Königs Wu, ruhten. Zu gegebener Zeit würde auch sein eigenes Hügelgrab sich dort erheben.

In diesen Jahren legte der Herzog von Tschu den Grundstein zu einem Reich, das bereits das Meer berührte und das sich dank dem Wohlwollen seiner abgeschiedenen Ahnen eines Tages vom Südchinesischen Meer bis zu den Steppen Asiens und dem Dach der Welt ausdehnen mochte. Gleichzeitig träumten im barbarischen Europa die Krieger der keltischen Stämme von einem Großreich, das die Täler von Rhein und Donau in ihrer ganzen Länge umschließen und bis Gott weiß wohin reichen würde. Aber in den dazwischenliegenden, endlosen Gebieten, wo es einst blühende Reiche gegeben hatte, herrschte jetzt wieder das Chaos: kleine Fürsten bekämpften sich um noch kleinerer Einsätze willen, und die Bauern mußten ihre Felder mit gegürtetem Schwert und mit einem auf den Horizont gerichteten Auge umpflügen.

In Ägypten war der letzte Ramses, der elfte seines Namens, vor fünfundsechzig Jahren gestorben. Bei seinem Tod hatte der Hohepriester des Amun in Theben, in dessen Händen sich seit langer Zeit die eigentliche Macht im Süden befand, offiziell den Titel Pharao angenommen. In der Deltastadt Tanis blieb trotzdem ein rivalisierendes Pharaonengeschlecht bestehen. Wenn zwischen den zwei Machtzentren eine kriegerische Auseinandersetzung bisher vermieden worden war, so hauptsächlich, weil die Führer beider Parteien sich nicht auf ihre Söldnerheere verlassen konnten: zeitweilig sah es so aus, als bestünde ein geheimes Übereinkommen, daß der Titel Zweiländerkönig abwechselnd vom Monarchen des Nordens und dem des Südens geführt werden solle. Im Augenblick – 1020 v. Chr. – regierte in Theben Menkheperre als Hoherpriester mit königlichen Vollmachten, obwohl er Amenemopet von Tanis den Titel Pharao zubilligte. Das ägyptische Volk war es zufrieden, daß schwache, miteinander konkurrierende Pharaonen

Umrisse eines Drachens auf einem rituellen Weingefäß aus Bronze (Schang- oder frühe Tschu-Dynastie in Nordchina).

um seine Gunst buhlten – und was die jenseits der ägyptischen Grenze liegenden Länder betraf, so atmete man dort auf, da man wohl wußte, daß keiner der beiden Rivalen sich auf Auslandsabenteuer einlassen konnte, ohne dem anderen die Chance einer Machtergreifung im ganzen Land zu geben.

In Assyrien waren während der 58 Jahre seit dem Tode des großen Tiglatpilesar fünf Könige dahingegangen. Jetzt saß sein Urenkel, abermals ein Salmanassar, auf dem Thron und regierte über ein zusammengeschrumpftes Erbe. Die Aramäer aus der Wüste hatten alle Eroberungen des großen Feldherrn an sich gerissen und sogar aus dem ursprünglich assyrischen Land große Stücke für sich selbst herausgeschnitten. Mit Babylonien waren sie noch schlimmer umgesprungen. Dort hatte ein aramäischer Häuptling, Adad-apal-iddina, die Hauptstadt Babylon erobert und den Thron bestiegen. Jetzt aber waren die Aramäer von Babylon zusammen mit ihren chaldäischen Vettern aus den südlichen Städten das Ziel räuberischer Überfälle durch einen anderen Wüstenstamm, die Sutu.

Die Lage in Palästina ist typisch für den ganzen Mittleren Osten. Die friedlichen Tage, als Palästina eine ägyptische Kolonie war, liegen mehr als ein Vierteljahrtausend zurück (so weit wie für uns gesehen der Tod Ludwigs XIV. von Frankreich). Man erzählte sich damals, daß vor siebenhundert Jahren (zu einem Zeitpunkt demnach, der ebensoweit zurücklag wie für uns die Kreuzzüge) ein aus Palästina stammendes Volk Ägypten erobert und beherrscht habe. Die jetzt lebenden Menschen fühlen sich freilich den Hyksos nicht verwandt, so eng die Bande zwischen den beiden Völkern auch gewesen sein müssen. Palästina ist geteilt: Das Hügelland im Innern und die tiefgelegene Jordanebene sind im Besitz der Kinder Israel, bäuerlicher Hirten, deren Vorfahren – so behaupten sie – vor acht Generationen ins Land gekommen sind, nachdem sie lange Zeit als Nomaden in der Wüste und während eines noch längeren Zeitraums im ägyptischen Delta gelebt hatten. Die Küstengebiete und das flache Land bis zu den Vorbergen gehören den Philistern, deren Ururgroßväter vor gut hundertfünfzig Jahren im Verlauf der großen Völkerwanderungswelle auf dem Seeweg von Kleinasien her ins Land gekommen sind. Sie haben von ihren kanaanitischen Vorgängern (deren Sprache sie sprechen und deren Blut in ihren Adern fließt) die Neigung zu kriegerischen Auseinandersetzungen mit den israelitischen Bergbewohnern übernommen. Soweit die Erinnerung zurückreicht, ist kaum je mehr als ein Jahr verstrichen, ohne daß sie eine Expedition in die Berge oder einen auf Plünderung abzielenden Vorstoß in die Hochebene unternommen hätten. Beide Seiten bekämpfen einander aber nur mit halbem Herzen. Für die Philister sind die Bergbewohner ein unzähmbares Räuberpack, das die ehrlichen Seeleute daran hindert, ihre ganze Aufmerksamkeit dem Ausbau des Überseehandels zu widmen, der gerade zu neuem Leben erwacht ist. Die Israeliten ihrerseits müssen ohne Unterlaß ein wachsames Auge auf die östlich und südlich von ihnen gelegenen Wüstengebiete richten, wo die räuberischen Beduinen auf schnellen Kamelen jede Gelegenheit ausnützen, dort zuzuschlagen, wo eine Armee gerade auswärts beschäftigt ist.

Im Augenblick ist Israel in Parteien zersplittert, während die Fünf Städte des Philisterlandes eine enge Gemeinschaft bilden. Vor rund dreißig Jahren hatten die Bergbewohner in der Schlacht bei Ebenezer eine entscheidende Niederlage erlitten; bei dieser Gelegenheit war ihr Sammelpunkt, eine Art tragbarer Schrein, den sie die Bundeslade nannten, in Feindeshand gefallen. Sie erhielten sie später zurück – was wahrscheinlich ein Fehler war, denn das wurde den Philistern nicht vergolten.

Bei den Juden war die Priesterschaft schon immer eine machtvolle Institution gewesen, seit den Tagen Mosis, ihres fast legendären Priesterkönigs. Jetzt ruft der oberste Hüter der Bundeslade, ein alter Mann namens Samuel, in flammenden Worten das Volk zum Aufstand gegen die Herrschaft der Philister auf, wenngleich diese Herrschaft nur dem Namen nach besteht. Gleichzeitig ist aber ein Guerillakrieger namens Saul aufgestanden, und es entwickelt sich ein Machtkampf zwischen Priestern und Kondottieri. Saul war als militärischer Führer kürzlich durch einen hervorragenden Marsch zur Befreiung der Stadt Kabesch östlich des Jordan, die von Beduinen angegriffen wurde, bekanntgeworden, und kein Geringerer als der Oberpriester Samuel hatte ihn daraufhin zum König gesalbt. Ein weltlicher Führer aber war für die Kinder Israel etwas Ungewohntes, und es scheint, daß die Priesterschaft sich über die schwerwiegenden Folgen dieser Erhebung nicht klargeworden ist: Saul zeigte nämlich als König sofort eine vollständige Gleichgültigkeit gegenüber den Wünschen der Priester. Von seinem Lager im Jordantal unweit Jericho schickte er unter dem Kommando seines Sohnes Jonathan eine Streitmacht ins Hügelland, die die Garnison der Philister in der Stadt Geba angriff und bis zum letzten Mann niedermachte. Daraufhin schickten die Philister natürlich sogleich eine Strafexpedition in die Berge, die als Vergeltungsmaßnahme mehrere Dörfer niederbrannte. Saul ging einer offenen Schlacht aus dem Wege und zog sich nach Süden zurück, wo er im nordöstlichen Zipfel der Halbinsel Sinai die Amalekiter vernichtend schlug.

Lokale kriegerische Auseinandersetzungen dieser Art waren damals an der Grenze zwischen Wüste und Ackerland gang und gäbe, und die Könige der Philister ließen sich durch die Erfolge Sauls und durch seinen neuen Königstitel keineswegs aus der Ruhe bringen. Auch ein weiterer Zusammenstoß zwischen ihren Truppen und den Streitkräften Sauls ließ sie kalt, wiewohl er eine Note besonderer Art durch den Zweikampf zwischen einem ihrer hochgewachsenen Schwertkämpfer, einem gewissen Goliath aus Gath, und Sauls Schildknappen, einem jungen Krieger namens David, gewann. Es war ein Prestigeverlust für sie, daß ihr großer Kriegsheld dabei sein Leben ließ; doch vertrauten sie fest darauf, daß auf lange Sicht ihre besseren Waffen – Schwerter und Speere aus Eisen sowie Kampfwagen mit eisenbeschlagenen Rädern – den altmodischen Bronzewaffen der Israeliten überlegen wären. Ja, es schien so, als ob Goliaths Tod den Philistern zu einem unverhofften Vorteil verhelfen sollte. Der junge David wurde nämlich von einem Tag auf den anderen bei den Israeliten so populär, daß die Priesterschaft sich sogleich auf ihn stürzte, um aus ihm einen Rivalen von König Saul zu machen. Der innere Zwiespalt, der schon so oft den Zusammenschluß der Männer aus dem Hügelland und ihr gemeinsames Vorgehen gegen die Küstenstädte verhindert hatte, brach offenbar erneut aus.

Während der folgenden Jahre erschöpfte sich die ungestüme Kraft der Bergbewohner durch internen Hader zwischen den zwei Parteien. Wenn die Philister in den Küstenstädten den Meldungen ihrer Geheimagenten im Bergland nachsannen, wurden sie sich nie richtig klar darüber, ob David in offener Rebellion gegen Saul stand oder nicht. Seine Freundschaft mit Jonathan, dem Sohn Sauls, war sprichwörtlich; es gelang Jonathan auch tatsächlich mehrmals, die beiden Führer miteinander zu versöhnen. Samuel war inzwischen gestorben, aber die offenkundige Bevorzugung Davids durch die Priesterschaft führte immer wieder zum Ausbruch von Streitigkeiten zwischen dem König und dem beliebten Helden, bis David sich gezwungen sah, sich mit seinen Waffengefährten vom Hof zurückzuziehen und ein Versteck in den Bergen aufzusuchen.

Dann erschien David eines Tages im letzten Jahr des Millenniums mit einem Gefolge von sechshundert Mann vor den Toren der Stadt Gath, einem Außenposten der Philister, wo er um Asyl bat. König Achisch von Gath erteilte ihm die Erlaubnis, sich in der nahe gelegenen Ortschaft Ziklag niederzulassen, und benachrichtigte die Fürsten der Fünf Städte, daß die Israeliten nunmehr ernstlich untereinander verfeindet seien und daß der Zeitpunkt gekommen sei, sie ein für allemal zu vernichten.

Über die Vorbereitungen zu diesem Unternehmen ging der Winter hin, sollten doch nicht nur die Fünf Städte der Philisterliga, sondern alle Küstensiedlungen einschließlich des phönizischen Gebiets sich zusammentun, um ein starkes Heer aufzustellen. Im folgenden Frühjahr setzten sich die Streitkräfte der Philister, Reiter, Fußvolk und Kampfwagen, von der Küste nördlich des Karmelgebirges nach dem Landesinnern zu in Bewegung. Unweit der Ruinen der alten Stadt Megiddo stießen sie mit der Armee des Königs Saul zusammen und rieben sie vollständig auf. Saul sowie drei seiner Söhne, darunter Jonathan, kamen in der Schlacht ums Leben.

Bei Anbruch des neuen Jahrtausends zog David von Gath weg, um sich beim geschlagenen Volk Israel um die Königswürde zu bewerben.

Die zeitliche Festlegung der Thronbesteigung Sauls auf das Jahr 1020 v. Chr. und derjenigen Davids im Jahr 1000 v. Chr. ist nur annähernd richtig, dürfte aber der Wirklichkeit nahekommen. Im übrigen bestätigen archäologische Zeugnisse die biblische Schilderung der zwischen Philistern und Israeliten geführten Kriege, wie aus W. F. Albrights Werk: «Archäologie in Palästina» klar ersichtlich wird.

Über den Zeitpunkt des Niedergangs von Schang und das Aufkommen der Tschu-Dynastie in China sind die Meinungen geteilt. Die von uns für diese Vorgänge angesetzten Daten stützen sich auf bereits im Anschluß an Kapitel 16 dargelegte Gesichtspunkte, wo auch auf weitere Literatur verwiesen wurde.

22
Beginn eines Zeitalters

Überall auf der Welt werfen zahllose Menschen der verschiedensten Völker einen flüchtigen Blick auf den Sonnenuntergang eines recht gewöhnlichen Tages, ohne zu wissen, daß eben diese Sonne sich hinter einem verglimmenden Jahrtausend zur Ruhe begibt.

Seit wir die Sonne über einem anderen, ebenfalls recht gewöhnlichen Tag aufgehen sahen, sind tausend Jahre verstrichen; und in der Tat beleuchten die Strahlen des Tagesgestirns heute eine andere Welt, als es die damalige war. Dreißig Generationen stehen zwischen den Menschen, die von der Morgenröte des neuen Jahrtausends gegrüßt wurden, und denen, die Zeugen seines Ausgangs sind. Es ist eine andere Welt – und auch die Menschen haben sich verändert. Sprache, äußere Erscheinung und Rassenmerkmale, Kleidung und Waffen, alles ist völlig neu – besonders letztere. Während Dinge, wie Messer, Nägel, Hämmer und Sägen, die wir heute benutzen, im großen und ganzen noch die gleichen sind wie zur Zeit Karls des Großen, hat im Europa von 1000 v. Chr. das Bronzeschwert die Lanzenspitze aus Feuerstein, die tausend Jahre früher als Universalwaffe galt, völlig verdrängt. Im Nahen Osten hinwiederum arbeiten die Bauern bereits mit Eisensicheln an Stelle der bei ihren Vorvätern gebräuchlichen Sicheln aus Bronze. Unser eigenes fortschrittliches Jahrtausend hat uns kein einziges neues Haustier beschert, während im 2. Jahrtausend v. Chr. das Pferd, das Kamel und vielleicht das Lama «entdeckt» wurden. Man darf hinzufügen, daß das Schwert damals eine ebenso revolutionierende Neuheit war wie in unserem Zeitalter die Atombombe.

Beim Rückblick auf jene dreißig Generationen sind wir heute in der Lage, geschichtliche Tendenzen und Bewegungen, ja vielleicht sogar Ursache und Wirkung zu erkennen, während wir uns in den vorangegangenen Kapiteln auf das Registrieren von Tatsachen beschränken mußten.

Zu Beginn des 2. Jahrtausends gibt es im Mittleren Osten zivilisierte Stadtstaaten und Völker, deren Wirtschaft auf der Bronze beruht und die Tendenz zeigt, größere Gemeinschaften zu bilden: eine am Nil, eine am Unterlauf von Euphrat und Tigris, eine am Oberlauf des Tigris und eine am Indus.

Europa ist von unabhängigen bäuerlichen Gemeinwesen durchsetzt, die mit Werkzeugen aus Feuerstein arbeiten, deren landwirtschaftliche Überschüsse für den Unterhalt großer Armeen aber zu gering sind.

Zwischen diesen zwei Gesellschaftsordnungen – dem Bauernstand und dem ersten «Industriezeitalter» – entwickelt sich langsam der Handel. Er erhält einen gewaltigen Auftrieb durch die Vorteile, die die Bronze dem Material Stein gegenüber hat, ebenso durch das zufällige Vorkommen von Kupfer- und Zinnadern.

Im ganzen spiegelt die wirtschaftliche Struktur der damaligen Welt das Bild einer beständigen, fortschrittlichen Ausbreitung.

Diese Vorgänge werden aber gleichzeitig vom Druck überlagert, den die im Aufbruch befindlichen nomadisierenden Hirtenvölker auf ihre Umgebung ausüben. In Osteuropa und im südlichen Rußland sprechen diese Völker indoeuropäisch, während sie in den syrischen Wüstengebieten und auf der arabischen Halbinsel semitisch sprechen. Diese Menschen werden zum Teil durch den Druck des Bevölkerungszuwachses und vielleicht auch durch klimatische Veränderungen aus ihrer Heimat vertrieben; andere erliegen der Anziehungskraft eines höheren Lebensstandards, der sie in die landwirtschaftlich erschlossenen Gebiete und in zivilisierte Gegenden lockt. Dank der Verwandlung des Pferdes und später des Kamels in Haustiere erhalten sie die Möglichkeit, sich über weite Flächen auszudehnen.

Sowohl die Kulturstaaten des Mittleren Ostens wie auch die bäuerlichen Gemeinschaften Europas weisen stabile und zugleich elastische Strukturen auf, die es ihnen ermöglichen, einen bedeutenden Bevölkerungszufluß aufzunehmen und zu assimilieren. Nomaden, die von landwirtschaftlich erschlossenen Gebieten Besitz ergreifen, werden automatisch zu Bauern; dringen sie in Kulturstaaten ein, so werden auch sie alsbald zivilisiert – es sei denn, der sie vor sich herschiebende Druck ist zu stark.

Diesen Vorgang können wir in den tausend Jahren überall beobachten. Semitisch sprechende Völkerschaften stoßen in die hochzivilisierten Gegenden von Mesopotamien und später von Ägypten vor, wo sie nach einer kurzen, für die Assimilierung notwendigen Pause Mesopotamien und Ägypten zu weiterer kultureller Entwicklung anspornen. Gleichzeitig dringen indoeuropäisch sprechende Völkerschaften von Osten in das bäuerliche Europa und von Norden in die östlichen Kulturstaaten ein.

In Europa werden sie zunächst ohne Schwierigkeit absorbiert, wenngleich die nomadisierenden Hirten fürs erste die alteingesessenen Bauern beherrschen. Im Mittleren Osten nehmen sie zivilisatorische Einflüsse in sich auf, indem sie sich mit den Ortsansässigen vermischen und sie oftmals unterjochen. Es kommt aber auch vor, daß sie nach dem Muster der Kulturstaaten eigene Staaten gründen. Nur in dem von der Welt abgeschnittenen Industal zerstören sie eine Kultur, ohne von der Zivilisation infiziert zu werden. Dort behalten sie ihr Hirtendasein bei, als Nomaden oder in kleinen Dörfern, bis am Ende des Millenniums die Vorliebe für städtisches Leben erneut vom Westen her geweckt wird.

Die Invasion indoeuropäisch sprechender Völkerstämme in Europa und Vorderasien vermag die unaufhaltsam wachsenden Handelsbeziehungen nicht zum Stillstand zu bringen. Im Gegenteil: durch die Völkerwanderung werden neue Märkte erschlossen, und es kommt noch hinzu, daß, ähnlich wie früher bei den semitisch sprechenden Stämmen, die Lebensgewohnheiten der Nomaden dem freien Güterumschlag zugute kamen. Wo immer die Indogermanen mit dem Meer und den seefahrenden Völkern in Berührung kommen, erliegen sie der Verlockung des Wassers und führen die Seefahrt und den Seehandel zu nie gekannter Blüte. Seltsamerweise trifft das ganz besonders auf die Gegenden zu, in denen sowohl semitisch wie indogermanisch sprechende Geschlechter sich mit den Ureinwohnern vermischt haben.

Der Zustrom von Indo-Europäern wie Semiten, bei dem es sich nicht um ein ständiges Fließen, sondern um Wellen handelt, will nicht aufhören. Den bewaffneten Einfällen von außen, die eine ausgewogene Kultur – sei sie industrieller oder landwirtschaftlicher Prägung – ertragen kann, ohne daran zu zerbrechen, sind aber Grenzen gesetzt.

Um das Jahr 1200 v. Chr. ist diese Grenze erreicht. Mit dem Fall von Troja, Mykene und dem hethitischen Mutterland brechen die Ränder der zivilisierten Welt ab. Die Wellen dieser Erschütterung setzen sich bis nach Ägypten und England fort. Der Handel kommt zum Stillstand; Abkapselung und örtliche Autarkie sind die zwangsläufige Folge. Die Kriegführung im kleinen wird zu einem ständigen Übel; die Völker kämpfen mehr um das Prinzip der Macht und um das Recht des Stärkeren als um die Vergrößerung ihres Wohlstandes. Alle diese Vorgänge werden durch Kenntnis der Eisenverarbeitung wenn auch nicht hervorgerufen, so doch verstärkt.

Ein ähnlicher Niedergang sollte sich nach dem Zusammenbruch des römischen Weltreiches wiederholen. Auch da sollte ein «dunkles» Zeitalter folgen, wenn auch in beiden Fällen die ersten Ansätze zur Wiedergeburt bereits mitten im Sturm der Vernichtung aufkeimten.

Das wäre die Geschichte des Jahrtausends, wenn man sie nach historischen Tendenzen und Bewegungen aufzeichnen wollte. Wir dürfen aber nicht außer acht lassen, daß sie diesen Rahmen in Wahrheit sprengt, denn wir haben von lebendigen Menschen und fortlaufenden Generationen, von Geburt und Tod, von freudigen und traurigen Anlässen gehört. Niemand, der während jenes Jahrtausends lebte und atmete und der über seine eigene Vergangenheit, geschweige denn Zukunft, nichts von dem wußte, was uns Heutigen davon bekannt ist, konnte spüren, wohin die Welle ihn trug.

Der Atem des sterbenden Jahrtausends verebbt im Kriegslärm, den die vom Dunkel umgebenen Völker vollführen. Auf die Helligkeit, den Prunk und die Aufklärung des Bronzezeitalters senkt sich ein Zeitalter der Nacht herab. Kaum etwas weist darauf hin, daß in weniger als fünfhundert Jahren ein persisches Imperium sich von den Dardanellen bis zu den Grenzen Libyens und bis Indien ausdehnen wird, daß in Griechenland bildende Kunst und Rhetorik, Philosophie und Architektur, lyrische Dichtung und Drama sich zu Höhen aufschwingen sollen, die seither nie wieder erreicht wurden, und daß dann in Palästina, Indien und China drei von den großen, heute noch existierenden Religionen bereits in der Blüte stehen werden. Ja kaum etwas kündet all das an – aber ganz ohne Vorboten ist diese Entwicklung doch nicht geblieben.

In China zeichnet beispielsweise der Herzog von Tschu bereits unmittelbar vor der Jahrtausendwende ein philosophisches System auf, das später kein Geringerer als Konfuzius als das Fundament seiner Ethik bezeichnet hat. In der Weltanschauung des alten Tschu wird zum erstenmal das Postulat erhoben, daß der Mensch sein eigenes Herz erforschen muß, wenn er wissen will, was er zu tun hat.

In Indien haben sich die arischen Eindringlinge mittlerweile in Schwärme von kriegslüsternen Fürstentümern aufgespalten, die in der Mahabdarata so anschaulich geschildert werden. Sie bringen keine Gesellschaftsordnung zustande, die sich für die philosophische Meditation eignet. Trotzdem wird schon damals ersichtlich, daß die extrovertierte Gottesauffassung der Steppe mit ihren Göttern in Menschengestalt vor einer neuen Religion mit anderen Göttern zurückweicht, die nur aus dem Glaubensbereich der niedergeworfenen Kultur des Industals stammen können. Diese Religion beruht auf der Vorstellung, daß das menschliche Leben einen Zyklus durchlaufen und daß die Seele innerhalb vieler Daseinsformen als Endziel eine nicht genau definierte Vollkommenheit erstreben muß. Es ist dies eine von Zukunftsmöglichkeiten erfüllte Religion.

Die Kinder Israels kannten schon seit langer Zeit den monotheistischen Gottesbegriff. Sie waren während der Regierung Echnatons in Ägypten ansässig, und sein mißglücktes religiöses Experiment mag sich sehr wohl auf ihre Zukunft ausgewirkt haben. Die Vorstellung eines einzigen, unsichtbaren, allumfassenden Gottes stellt jedenfalls einen neuen Faktor von nicht abzuschätzender Durchschlagskraft dar.

Im Norden von Israel beginnen gegen Ende des Jahrtausends die Phönizier an der libanesischen Küste mit der Wiederaufnahme des Seehandels. Ihre Schiffe wagen sich bis ins westliche Mittelmeer und zu der fast mythischen Meerenge von Gibraltar vor, die das Tor zur Außenwelt bildet. Sie tragen sich ernsthaft mit dem Gedanken, an einem Punkt der tunesischen Küste, den sie später Karthago nennen werden, eine Kolonie zu gründen. Außerdem haben sie mit dem Alphabet eine äußerst bedeutsame Erfindung gemacht. Mit dieser Errungenschaft läßt sich viel anfangen. Ihr größter Vorteil ist, daß jeder halbwegs helle Kopf nunmehr lesen und schreiben lernen kann, während vorher der Schreiber ein Spezialist mit lebenslangem Berufstraining gewesen war. Das Alphabet ist der Schlüssel zu allem: zu Demokratie, zu Philosophie, zur Geschichte und zu den meisten Künsten.

Namenregister

Sachregister

Quellenverzeichnis der Tafel-Abbildungen

TAFEL I: Mit freundlicher Genehmigung des Metropolitan Museum of Art; TAFEL II: Mit freundlicher Genehmigung des Metropolitan Museum of Art, Museum Excavations, 1919–1920; Rogers Fund, Contribution of Edward S. Harkness; TAFEL III oben: Directorate General of Antiquities, Bagdad, Irak – unten: Bettmann Archive; TAFEL IV oben und unten: Fotos des Autors; TAFEL V: Foto vom Nationalmuseet Copenhagen; TAFEL VI: Foto von J. K. St. Joseph; TAFEL VII: Mit freundlicher Genehmigung von Professor P. V. Glob; TAFEL VIII oben: Mit freundlicher Genehmigung der Turkish Historical Society – unten: Forhistorisk Museum, Aarhus, Dänemark; TAFEL IX oben und unten: Mit freundlicher Genehmigung des Archives Photographiques, Paris; TAFEL X: Foto von Harry Burton, mit freundlicher Genehmigung des Metropolitan Museum of Art; TAFEL XI: Mit freundlicher Genehmigung des Vorderasiatischen Museums, Berlin; TAFEL XII: Foto vom Nationalmuseet Kopenhagen; TAFEL XIII, XIV, XV: Mit freundlicher Genehmigung von Professor P. V. Glob; TAFEL XVI: © Unesco/Keating 1960; TAFEL XVII: British Crown Copyright reproduced by permission of the Ministry of Works; TAFEL XVIII: Foto der Hulton Picture Library; TAFEL XIX: Foto von Harry Burton, mit freundlicher Genehmigung des Metropolitan Museum of Art; TAFEL XX: Mit freundlicher Genehmigung vom Ashmolean Museum; TAFEL XXI: Bettmann Archive; TAFEL XXII, XXIII, XXIV: Fotos von Harry Burton, mit freundlicher Genehmigung des Metropolitan Museum of Art; TAFEL XXV: Unesco/Laurenza; TAFEL XXVI: Unesco/P. Almasy; TAFEL XXVII oben: Foto von Harry Burton, mit freundlicher Genehmigung des Metropolitan Museum of Art – unten: Mit freundlicher Genehmigung von Professor J. Garstang und Messrs. Constable & Co; TAFEL XXVIII: Mit freundlicher Genehmigung von Alisons Frantz, Athen; TAFEL XXIX: Foto: A. J. B. Wace Mycenae (Princeton, 1949); TAFEL XXX oben: Mit freundlicher Genehmigung: Trustees of the British Museum – unten: Mit freundlicher Genehmigung des Museum of Fine Arts, Boston; TAFEL XXXI, XXXII: Mit freundlicher Genehmigung von Professor P. V. Glob

780/1

121/32–32c

674/6